KB047829

제2판

언론과 인격권

김재형

박영사

제 2 판 서   문

표현의 자유는 자아실현을 위한 기본권이자 민주주의를 지탱하는 기둥이다. 자유로운 의사표현과 토론이 보장되어야 민주주의가 유지될 수 있다. 그러나 표현의 자유를 이유로 다른 사람의 권리를 침해해서는 안 된다. 따라서 표현의 자유와 인격권은 긴장관계에 있을 수밖에 없다. 이와 같이 사람이 누리고 있는 기본적 권리가 서로 충돌하는 문제를 해결하는 것은 이론적으로나 실천적으로나 매우 중요한 과제이다.

언론과 인격권에 관한 글을 모아 책을 펴낸 지 10여 년 만에 개정판을 낸다. 공인보도와 인격권(제1장 제4절), 그리고 초상권(제1장 제5절)을 추가하였는데, 언론중재위원회 정기세미나에서 논문 형태로 발표하고 토론한 내용이다. 언론과 인격권에 관하여 그동안 나온 주요 판례를 후기에서 추가하였으며 표현을 부분적으로 수정하기도 하였다. 분량이 늘어나 책이 두꺼워지지 않도록 판형을 키웠다.

저자는 2016년 대법관으로 임명되어 언론에 의한 인격권 침해 문제를 다룬 판결을 몇 차례 선고하였다. 공인의 정치적 이념에 대한 비판이나 문제 제기에 대해서는 명예훼손 책임을 제한적으로 인정해야 한다는 대법원 2018. 10. 30. 선고 2014다61654 전원합의체 판결을 비롯하여 표현의 자유를 신장하기 위한 판결이 많았다. 이 과정에서 언론법이나 인격권법을 연구하면서 가졌던 문제의식을 판결에 반영하기도 하였다.

이 책의 초판은 영예롭게도 대한민국 학술원 우수학술도서로 선정되었다. 이 책 제4장에 수록되어 있는 「인격권에 관한 입법제안」은 인격권과 퍼블리시티권에 관한 법무부 민법개정안에 반영되었다. 이 책이 표현의 자유와 인격권의 조화에 기여하고 이 분야에 대한 연구에 조금이나마 도움이 될 수 있기를 기대한다.

2023년 11월

김 재 형

초판 서   문

　　인격권은 현대사회의 특징을 잘 보여주는 권리이다. 명예, 사생활, 개인정보 등을 비롯하여 인격적 이익을 침해하는 현상이 빈발하고 있고 이에 대응하여 인격권이 법적 권리로 자리 잡았다. 최근에는 인터넷이나 소셜 네트워크 등이 발달함에 따라 인격권을 둘러싼 분쟁 양상도 더욱 다양하고 복잡하게 전개되고 있다. 종전에는 재산권을 중심으로 법률관계가 형성되었는데, 오늘날에는 인격권도 이에 못지않은 중요한 권리로 인식되기에 이르렀다.

　　그러나 우리 민법은 인격권을 보호하는 것을 소홀히 하였다. 민법을 제정할 당시 재산권에 관해서는 법규정을 촘촘하게 짜 두었지만, 인격권에 관해서는 별다른 주목을 하지 않았다. 신체, 자유, 명예를 침해하거나 정신상 고통을 주는 경우에 손해배상책임이 인정된다는 규정 등 매우 간략한 규정이 있을 뿐이다.

　　대법원 판례는 1980년대에 인격권이라는 용어를 사용하기 시작하였다. 1987년 민주화 이후에는 언론에 의한 명예훼손이나 프라이버시 침해가 문제되는 사건이 대폭 증가하였다. 언론에 의한 인격권 침해에 관한 판례는 인격권법의 발달에 견인차 역할을 하였다. 결국 2005년에 제정된 「언론중재 및 피해구제 등에 관한 법률」에서는 인격권에 관하여 상세한 규정을 두었다.

　　헌법 제10조는 인간으로서의 존엄과 가치를 가장 중요한 기본권으로 선언하고, 헌법 제17조는 사생활의 비밀과 자유를 보장하고 있다. 인격권은 이러한 헌법 규정에 근거를 두고 있다. 한편 헌법 제21조는 언론·출판의 자유를 보장하고 있다. 따라서 언론 등 표현행위에 의한 인격권 침해 문제는 표현의 자유와 인격권이 서로 충돌하는 문제를 발생시킨다. 그러나 인격권에 관한 모든 문제를 헌법적 차원에서 해결할 수는 없다. 인격권 침해가 인정되는 경우는 어떠한 경우인지, 인격권 침해의 경우에 어떠한 구제수단이 어떠한 방식으로 인정되는지 등은 민법의 분야에서 해결해야 할 문제이다. 이 책은 인격권에 관하여 주로 민법적 시각에서 접근한 것이다.

오래전에 인격권에 관한 글을 모아 책을 낼 계획을 세웠다. 그 계획에 따라 글을 쓴 것은 아니지만, 인격권에 관한 논문, 강연문, 판례동향 등이 하나둘 쌓여 갔다. 이제 글을 한곳에 모아 한 권의 책으로 묶는다.

판사로 근무할 당시였다. 명예훼손이나 사생활 침해에 관한 사건들을 다룰 기회가 있었다. 언론사를 상대로 반론보도를 청구하는 사건도 있었고, 명예훼손이나 프라이버시 침해 등을 이유로 출판금지 가처분을 신청한 사건도 있었다. 특히 이휘소 박사를 모델로 한 소설 '무궁화꽃이 피었습니다'에 대한 출판금지 가처분 사건과 같이 새로운 법적 쟁점을 내포하고 있는 사건들을 접하기도 하였다. 재판기록에 첨부된 기사나 책을 읽으면서 사실과 허위의 경계가 무엇인지, 표현의 자유의 한계는 무엇이고 인격권은 어디까지 보장되어야 하는지를 생각해야 했다. 이는 법적 논리와 형평감각을 시험하는 문제로 다가왔다. 언론이나 인격권과 관련된 사건을 맡게 된 것은 여러 우연이 겹친 결과이지만, 언론과 인격권에 관하여 실제 사안을 가지고 구체적으로 생각할 수 있는 계기가 되었다.

교수가 된 다음 '모델소설과 인격권'이라는 논문을 썼다. 판사로서 판결을 한 경험에 터 잡아 소설에 의한 인격권 침해 문제에 관하여 이론적으로 좀 더 세밀하게 검토한 글이다. 그 후 인격권에 관한 글을 쓸 기회가 종종 생겼다. 방송에서 인터뷰를 내보낸 것이 사생활 침해가 되는지 여부가 문제된 소송이 대법원에 계류되어 있었는데, 이 사건에 관하여 비교법적으로 검토하는 글을 쓰게 되었다. 나중에 대법원도 필자의 주장과 동일하게 판결을 선고하였다. 그 무렵 심포지엄에서 언론 등 표현행위에 의한 인격권 침해에 관하여 총괄적인 논문을 발표하였다. 2000년대에 들어와서는 인터넷에 의한 인격권 침해에 관한 판결들이 나오기 시작하였는데, 이에 관한 논문을 발표하기도 하였다. 이 책의 제1장은 이러한 논문들로 구성된 것이다.

제2장에 있는 '언론에 의한 인격권 침해에 대한 구제수단'이라는 논문은 과분하게도 철우언론법상을 수상하였다. 우리나라에서는 인격권 침해에 대하여 손해배상뿐만 아니라, 금지청구를 비롯하여 '다양한 구제수단'이 인정된다는 점에 주목하여 그 구제수단을 포괄적으로 검토해 보고자 하였다.

제3장에서는 인격권에 관한 판례의 흐름을 살펴본 글들을 실었고, 제4장에는 인격권에 관한 입법제안을 담고 있다. 인격권에 관한 포괄적인 규정을 민법에

담을 것을 제안하였다. 인격권에 관한 규정을 민법에 두지 않은 채 인격의 보호를 계속 판례 법리나 개별 법률에 맡겨두는 것이 올바른 길인지 생각해 볼 필요가 있다.

이 책에서 위와 같이 4개의 장으로 구분하여 필자가 발표했던 논문 등을 수록하였는데, 처음 발표할 당시의 내용이나 형식을 크게 바꾸지 않으려고 했다. 다만 글을 발표한 이후에 관련 법률이 개정되기도 하고 새로운 판례가 나오기도 했기 때문에, 각주나 후기에서 논문 발표 이후의 법률이나 판례의 변화를 간략하게 소개하였다. 또한 표현을 수정하거나 약간의 보완을 한 부분도 있다.

필자가 일찍부터 인격권에 관심을 가지고 연구를 할 수 있는 기회를 주신 분들께 진심으로 감사드린다. 또한 필자의 글을 읽고 좋은 의견을 주신 분들께도 감사드린다.

2012년 9월

김 재 형

목   차

제 1 장 인격권, 그 형성과 전개

제 2 장   인격권에 관한 구제수단

제 1 절   언론에 의한 인격권 침해에 대한 구제수단

제3장　인격권에 관한 판례 동향

제1절　인격권에 관한 판례의 동향

제 4 장 인격권에 관한 입법론

제 1 절 인격권에 관한 입법제안

인격권, 그 형성과 전개

제1절 인격권 일반*

― 언론 기타 표현행위에 의한 인격권 침해를 중심으로 ―

I. 서   론

1. 우리 사회에서 인격권(人格權)에 관한 분쟁이 관심을 불러일으킨 것은 비교적 최근의 일이다. 그러나 인격권은 매우 짧은 기간 내에 매우 중요한 권리로 인식되었으며, 광범위한 영역에서 영향력을 발휘하고 있다. 망원렌즈, 비디오 카메라, 도청기, 컴퓨터 등 과학기술의 발달과 함께 타인의 사생활을 탐색하는 것이 쉽게 되었으며, 언론(言論)의 상업주의 또는 선정주의 경향으로 말미암아 허위·과장 보도도 빈번하게 행해짐으로써, 개인의 명예나 프라이버시가 침해되는 사례가 증가하고 있다.1) 반면에 가치관의 변화에 따라 소유권 등 재산권이 침해된 경우뿐만 아니라 자신의 사생활, 인격적 가치 또는 감정이익(感情利益)이 침해된 경우에도 법에 호소하려는 경향이 강해지고 있다. 또한 유명한 사람의 사진, 성명 등을 경제적

---

* 이 논문은 1998. 8. 6. "언론매체에 대한 민사적 조명"이라는 주제로 개최된 민사판례연구회 하계심포지엄에서 발표한 것을 수정·보완한 것이다.

1) 언론에 의하여 인격권이 침해되는 경우에는 언론중재를 신청하는 경우가 많기 때문에, 언론중재사건을 통하여 언론에 의한 인격권 침해사건의 추이를 추측해 볼 수 있다. 1988년 명예훼손에 따른 정정보도신청건수가 50건이었으나, 1996년에는 556건으로 증가하였다가, 1997년에는 490건으로 감소하였다(이 중 합의가 성립한 사건은 161건이고, 법원의 결정 등을 통하여 정정 또는 반론보도 등이 게재된 사건은 129건으로, 피해자가 구제를 받은 사건은 모두 290건으로 나타나 피해자 구제율이 60.7%였다. 이에 관하여는 언론중재위원회 조사연구실 편, 1997년도 연차보고서, 1998, 41면 참조). 1997년에 중재신청사건이 전년도에 비하여 다소 감소하기는 하였으나, 10년 만에 언론중재신청사건이 10배 정도 증가하였다는 것을 알 수 있다. 그리고 언론중재위원회는 1997년에 언론사의 보도 중 명예훼손 등으로 판단된 469건에 대하여 이를 보도한 92개 언론사를 상대로 시정을 권고하였는데(위 1997년도 연차보고서, 41면), 거의 모든 언론사가 인격권에 관한 분쟁에 휘말릴 위험에 처해 있다고 볼 수 있다. 법원이 명예 등 인격권의 침해를 이유로 가처분신청이나 손해배상청구를 받아들인 사건도 증가하고 있는데, 특히 1996년 이후 많은 대법원 판결들이 나오고 있다.

으로 이용할 가치가 인식됨에 따라 퍼블리시티권(right of publicity)도 독자적인 위치를 차지해 가고 있다. 따라서 인격권은 현대사회의 특징을 잘 보여주는 법현상 가운데 하나라고 할 수 있다.

　2. 우리 민법 제정 당시에는 인격권이 별다른 주목을 받지 못하였고 입법례도 거의 없었으므로, 민법전에 인격권의 내용이 무엇인지, 인격권 침해에 대한 구제수단으로서 손해배상 이외에 금지청구 등을 할 수 있는지, 그 요건이 무엇인지에 관하여 규정하지 않았다. 형법에 명예훼손죄와 모욕죄에 관하여 명확한 규정을 두고 있는 것과 비교해 보면, 인격권에 관한 규율은 민법보다는 형법에 맡겨두었다고 볼 수 있다. 또한 현대 생활에서 매우 중요한 의미를 갖는 프라이버시 또는 사생활 침해에 관해서는 형법 등 다른 법률에서도 충분히 규율하고 있지 못하다.

　우리나라에서 인격권에 관한 논의는 종래 언론이 허위의 사실을 보도한 경우에 명예훼손이 성립하는지를 중심으로 행해졌고 이에 관한 판결들도 상당수 나와 있다. 언론에서 개인의 사생활을 보도하거나, 광고에서 타인의 사진을 허락 없이 이용함으로써 인격권의 침해가 문제되는 경우도 있다. 그리고 인격권의 침해는 언론 등 표현행위에 의하여 발생할 뿐만 아니라 행정기관, 근로관계 등 다양한 영역에서 발생하고 있다.[2] 또한 인격권의 침해 시에 그 구제수단으로 손해배상, 금지청구, 철회청구, 정정보도청구 등 다양한 방법이 이용되고 있다.[3]

---

[2] 대판 1995. 11. 7, 93다41587(공 1995, 3890)은, 고문치사 사실을 은폐하거나 고문치사에 가담한 범인을 축소하는 등으로 그 진상을 은폐하는 것이 유족의 인격적 법익을 침해한 것이라고 하였다. 그리고 대판 1998. 2. 10, 95다39533(공 1998, 652)은 이른바 성희롱에 관한 것인데, "특히 남녀관계에서 일방의 상대방에 대한 성적 관심을 표현하는 행위는 자연스러운 것으로 허용되어야 하지만, 그것이 상대방의 인격권을 침해하여 인간으로서의 존엄성을 훼손하고 정신적 고통을 주는 정도에 이르는 것은 위법하여 허용될 수 없는 것"이라고 판결하였다. 나아가 근로관계에서 단순한 성별의 차이에 따른 불이익을 주는 것도 인격권의 침해에 해당할 수 있다.
　한편 컴퓨터의 발달로 인하여 컴퓨터 통신에 의한 인격권 침해를 규제하는 약관의 효력이 문제되기도 한다. 대판 1998. 2. 13, 97다37210(공 1998, 736)은, 컴퓨터 통신에 노조활동과 관련하여 대체로 타인을 비방하고 중상 모략하거나 명예를 훼손하며 불법적인 노조활동을 선동하거나 교사하는 등 사회질서를 해하는 내용과 건전한 미풍양속을 해할 염려가 많은 상스럽고 저질스러운 표현을 담고 있는 내용이 게시되자, 컴퓨터 통신 사업자가 이용약관에 따라 게시물을 삭제하거나 그 전용게시판 서비스를 일시 중지시킨 사안에서, 컴퓨터 통신 사업자의 행위가 채무불이행 또는 불법행위가 되지 않는다고 판단하였다.
[3] 구 「정기간행물의 등록등에 관한 법률」 등은 종전의 언론기본법과 마찬가지로 반론보도청구권에 관하여 규정하고 있었다(현재는 2005년 제정된 「언론중재 및 피해구제 등에 관한 법률」에서 규정하고 있다). 반론보도청구는 보도사실과 개별적 관련성이 있으면 인격권의 침해 여부와 상관없이 인정되지만, 인격권 침해시의 구제수단으로서도 중요한 기능을 수행하고 있다. 이

이와 같이 인격권은 그 실체를 파악하기 어려울 정도로 포괄적인 성격을 가진 권리이다. 소유권을 모든 권리의 출발점이 되는 포괄적인 권리라는 점에서 '영원한 모성(母性)'에 비유할 수 있는데, 인격권도 여러 권리와 구제수단을 발생시키는 모권(母權) 또는 기초권이라고 할 수 있다.[4] 또한 인격권은 그 침해 시에 금지청구권이 발생하는데, 이것도 소유권과 유사한 측면이다. 그러나 인격권은 표현의 자유 등 타인의 다양한 권리와 충돌하는 경우가 많기 때문에, 인격권의 침해 여부를 결정할 때 법익 및 이익형량을 하여야 하는 경우가 많다는 점에서 소유권과는 많은 차이가 있다.

3. 이 심포지엄의 주제가 「언론매체에 대한 민사적 조명」인데, 언론에 의한 인격권 침해 문제는 인격권과 언론의 자유의 충돌이라는 매우 중요한 법률적 문제를 내포하고 있는 것으로, 인격권법(人格權法)에서 핵심적인 위치를 차지한다.

여기에서는 인격권에 관한 일반적인 내용을 살펴보고자 한다. 그러나 인격권은 문제되는 국면에 따라 매우 다양한 모습을 띠고 있기 때문에, 언론 기타 표현행위와 관련하여 발생하는 문제에 한정하기로 한다. 먼저 인격권에 관한 헌법과 법규정의 의미(아래 Ⅱ)와 인격권의 보호 범위(아래 Ⅲ)를 살펴보고, 인격권과 언론의 자유나 예술의 자유의 충돌 문제가 민사책임에서 어떠한 의미를 갖는지를 검토한 다음(아래 Ⅳ), 인격권에 특유한 문제로서 사자(死者)의 인격보호 문제를 다루고자 한다(아래 Ⅴ). 끝으로 논의를 정리하고 장래의 과제를 살펴보고자 한다(아래 Ⅵ).

Ⅱ. 인격권에 관한 헌법과 민법 등 법규정의 의미

우리 민법에서 인격권에 관한 부분만큼 외국의 이론·판결에 관한 소개나 비교법적 연구가 주목을 받고 있는 부분도 드물다. 인격권에 관한 법규정은 재산법의 경우와는 달리 명확하지 않고 현재로서는 판례나 학설도 불충분하기 때문에, 외국

제도가 도입된 이후 언론피해자가 언론사를 상대로 언론중재나 반론보도청구 등을 쉽게 제기할 수 있게 되었기 때문에, 이 제도는 인격권에 관한 논의를 활성화하는 데 매우 큰 기여를 하였다.

4) 독일에서는 일반적 인격권이 Rahmenrecht(총괄권 또는 포괄권이라고 할 수 있음)에 해당한다고 한다. 이에 관해서는 Fikentscher, Schuldrecht, 8. Aufl., 1991, S. 1216 참조.

의 이론이나 판례가 작용할 여지가 많은 것은 사실이다. 그러나 독일의 인격권에
관한 이론, 미국의 프라이버시에 관한 이론 등이 혼재된 채로 수입되고 있어 혼란
을 불러일으키는 면도 없지 않다. 이러한 혼란을 정돈하고 우리 민법에서 인격권
이 어떠한 위치를 차지하고 있는지를 확인하기 위해서는 인격권에 관한 우리 헌법
과 법규정의 의미와 내용을 살펴볼 필요가 있다.

(1) 헌법의 민법에 대한 영향

헌법 제10조는 "모든 국민은 인간으로서의 존엄과 가치를 가지며, 행복을 추구
할 권리를 가진다."라고 규정하고 있고, 헌법 제17조는 "모든 국민은 사생활의 비밀
과 자유를 침해받지 아니한다."라고 규정하고 있다. 인격권은 이러한 헌법규정에 근
거를 둔 것으로 헌법에서 가장 근본적이고 중심적인 기본권으로 인정되고 있다.

그렇다면 헌법상의 인격권 규정이 사법(私法)상의 인격권에 어떠한 영향을 미
치는지 문제된다.5) 이와 관련하여 독일에서 일반적 인격권(allgemeines Persönlich-
keitsrecht)6)이 승인되는 과정을 살펴볼 필요가 있다. 즉 독일 민법 제823조 제 1 항
은 "고의 또는 과실로 인하여 타인의 생명, 신체, 건강, 자유, 소유권 또는 기타의
권리를 위법하게 침해한 자는 그 타인에게 이로 인하여 발생한 손해를 배상할 의무
를 진다."라고 규정하고 있다. 독일 민법 제정 당시 위 규정에서 말하는 '기타의 권
리'는 소유권과 같은 절대권을 가리키는 것이고, 이러한 '기타의 권리'에 개별 법률
에 규정된 성명권, 초상권 등 개별적 인격권이 포함되나, 명예 등 일반적 인격권은
포함되지 않는다고 보았다. 그러나 2차 세계대전 이후 나치 독재의 경험을 통하여
인간의 존엄과 인격의 자유를 보호할 필요성이 인식되었고 1949년에 제정된 서독
기본법에서 인격권을 헌법상의 기본권으로 규정한 것에 영향을 받아 독일 연방대법
원이 일반적 인격권을 독일 민법 제823조 제 1 항의 '기타의 권리'로 승인하였다.7)

---

5) 헌법학에서는 기본권의 대사인적 효력(對私人的 效力) 또는 기본권의 방사효(放射效)의 문제
로 논의되고 있다.

6) 독일에서 개인의 명예, 인격상(人格像), 사적 영역 등을 침해하는 것은 일반적 인격권을 침해
하는 것이라고 한다. 그러므로 미국에서 프라이버시라는 이름으로 보호되는 것은 독일에서는
대체로 일반적 인격권에 의하여 보호되고 있다고 볼 수 있다(MünchKomm/Schwerdtner, 3.
Aufl., 1993, §12 Rn. 157 참조). 특히 사적 영역은 프라이버시와 유사한 의미로 사용되고 있다.
그러나 독일에서 명문의 규정이 있는 초상권과 성명권은 통상 개별적 인격권으로 분류되고 있
기 때문에, 독일의 사적 영역의 침해가 미국의 프라이버시 침해와 동일한 것은 아니다.

7) 이에 관하여는 BGHZ 13, 334(독자의 편지 사건); BGHZ 26, 349(Herrenreiter 사건); Larenz/

우리나라에서도 사법상의 인격권의 내용과 한계를 정하는 데 헌법 규정이 중요한 의미를 갖는다. 특히 언론 등 표현행위에 의한 인격권 침해 문제는 표현의 자유와 인격권이 서로 충돌하는 기본권의 충돌 문제를 발생시키는데, 이것은 후술하듯이 인격권 침해의 위법성 판단에 직접적인 영향을 미치고 있다.

그러나 인격권에 관한 모든 문제를 헌법적 차원에서 해결할 수는 없다. 이를테면 어떠한 요건에 따라 인격권 침해가 인정되는지, 인격권 침해로 인하여 어떠한 청구권이 발생하는지, 그 한계가 무엇인지 등은 결국 사법(私法)의 분야에서 해결해야 할 문제이다.

(2) 민법의 불법행위 규정

(가) 인격권의 침해 시에 발생하는 불법행위책임은 인격권의 보호를 위하여 매우 중요한 위치를 차지하는데, 우리 민법의 불법행위 규정은 독일, 일본의 경우와는 다른 방식으로 규정되어 있다.

첫째, 민법 제750조는 "고의 또는 과실로 인한 위법행위로 타인에게 손해를 가한 자는 그 손해를 배상할 책임이 있다."라고 규정함으로써, 불법행위에 관하여 포괄적인 규정을 두고 있다. 따라서 독일 민법이나 일본 민법과 달리, 소유권 등 절대권이 침해된 경우 이외에도 위법성이 있으면 불법행위가 성립한다. 통설[8])에 의하면, 위법성의 판단은 피침해이익의 종류와 침해행위의 태양의 상관관계에 의하여 결정되는데, 인격권은 위 규정으로 보호받아야 할 이익에 속한다. 그러므로 인격권이 절대권에 해당하는지와 상관없이 인격권 또는 인격적 이익의 침해를 위 규정에 쉽게 포섭할 수 있다. 다만 인격권 침해로 인한 불법행위의 성립과 관련하여 고의·과실과 위법성을 어떻게 판단할지가 중요한 문제이다.

둘째, 민법 제751조 제 1 항은 "타인의 신체, 자유 또는 명예를 해하거나 기타 정신상 고통을 가한 자는 재산 이외의 손해에 대하여도 배상할 책임이 있다."라고 규정하고 있다. 이것은 명예를 침해하거나 정신상 고통을 가한 경우에도 민법 제750조의 불법행위가 될 수 있다는 것을 명확히 한 것이고, 이러한 경우에 비재산적 손해에 대한 배상책임을 인정하였다. 독일 민법(제253조)에서는 비재산적 손해를

Canaris, Lehrbuch des Schuldrechts Ⅱ/2, 13. Aufl., 1994, S. 491ff.; Wieacker, Privatrechtsgeschichte der Neuzeit, 2. Aufl., 1967, S. 525 참조.

8) 곽윤직, 채권각론, 신정판, 박영사, 1995, 709면 이하; 김증한, 채권각론, 박영사, 1988, 464면.

원인으로 한 손해배상은 법률에 규정이 있는 경우에만 허용된다고 규정하고 있었기 때문에, 일반적 인격권의 침해를 이유로 한 손해배상을 인정할 것인지에 관하여 많은 논란이 제기되었다. 그러나 우리 민법에서는 인격권의 침해에 대하여 손해배상을 인정하는 데 별다른 장애가 없기 때문에, 인격권을 쉽게 불법행위법에 의하여 보호할 수 있다. 한편 미국에서는 명예훼손이나 프라이버시 침해의 경우에 징벌적 손해배상이 인정되기도 하는데, 이는 손해의 범위를 넘는 배상을 인정하는 것이기 때문에, 우리 민법의 해석론으로 이를 도입할 수 없다.

셋째, 민법 제764조는 "타인의 명예를 훼손한 자에 대하여는 법원은 피해자의 청구에 의하여 손해배상에 갈음하거나 손해배상과 함께 명예회복에 적당한 처분을 명할 수 있다."라고 규정하고 있다. 명예회복에 적당한 처분으로서 정정보도청구,9) 철회청구, 사죄광고 등을 들 수 있으나, 사죄광고에 관하여는 헌법에 위반한다는 헌법재판소의 결정10)이 나온 바 있다. 한편 명예훼손 이외의 인격권이 침해된 경우에도 손해배상 이외에 원상회복을 위한 조치 또는 피해자에게 만족을 줄 수 있는 조치를 명할 수 있다는 하급심 판결11)이 있다.

(나) 성문법(成文法)의 중요한 기능 중의 하나는 권리의무의 내용을 명확히 함으로써 예측가능성과 법적 안정성을 확보하는 데 있다. 그러나 인격권에 관한 명문의 법규정이 예측가능성이나 법적 안정성에 기여하는 정도는 높다고 볼 수 없다. 한편 불법행위에 관한 민법 규정은 일반조항적 성격으로 인하여 민법 제정 이후 인격권법의 발달에 나름대로 긍정적인 기능을 수행하고 있다.

(다) 그런데 우리 민법하에서 인격권이라는 용어를 사용하는 것이 타당한지 문

---

9) 1995년 12월 30일 개정 이전의 「정기간행물의 등록 등에 관한 법률」제16조의 정정보도청구권은 그 용어 표현과는 달리 반론보도청구권의 성질을 가질 뿐이기 때문에, 이 규정에 기하여 기사의 정정을 명할 수는 없다. 대판 1998. 2. 24, 96다40998(공 1998, 842) 등. 그리하여 1995년 위 법률을 개정하여 반론보도청구라는 용어로 개정하였다. 그러나 허위 보도로 명예가 훼손된 경우에는 민법 제764조의 규정에 의한 "명예회복에 적당한 처분"으로서 정정보도청구──문자 그대로 보도의 정정을 구한다는 의미에서──가 허용된다고 보아야 한다.

10) 헌재 1991. 4. 1, 89헌마160(헌집 3, 149)은, 법원이 사죄광고를 명하고 이를 강제집행하는 것이 양심의 자유와 인격권을 침해하는 것으로서 헌법에 위반된다고 하였다. 이 결정에 관하여는 다양한 논의가 있는데, 인격권 침해로 인한 구제수단이 타인의 인격권에 의하여 제한될 수 있다는 것도 흥미로운 점이다.

그 후 대판 1996. 4. 12, 93다40614, 40621(공 1996, 1486)은 비방광고로 인한 손해액을 산정하면서 "부정적 광고에 대하여 효율적인 구제수단인 사죄광고가 허용되지 아니하는 점"을 참작한 원심을 지지하였는데, 이는 위 헌법재판소 결정을 수용한 것이라고 볼 수 있다.

11) 서울고판 1994. 9. 27, 92나35846(하집 1994-2, 1).

제된다. 학설과 판례는 대체로 인격권이라는 개념을 긍정하고 있지만,[12] 우리 민법 제750조는 불법행위의 성립요건을 포괄적으로 규정하고 있고, 제751조가 "타인의 … 명예를 해하거나 기타 정신상 고통을 가한 자"는 손해배상책임을 진다고 규정하고 있으므로, 불법행위의 성립 여부는 위 규정에 해당하는지를 판단하면 충분하고 인격권이라는 개념을 도입할 필요가 없다는 견해가 있다.[13] 우리 민법에서 불법행위로 인한 손해배상의 방법은 금전배상이 원칙인데, 인격권이 침해된 경우에 손해배상청구 이외에 침해의 금지 및 예방청구도 가능하다.[14] 이러한 금지청구나 철회청구 등이 인정되는 것은 인격권이 물권과 같은 배타성을 갖는 권리라는 점에서 찾을 수 있고,[15] 따라서 우리 민법하에서도 인격권이라는 개념이 유용하다고 생각한다.

또한 일반적 인격권과 개별적 인격권을 구분하는 것이 적절한지 검토해 볼 필요가 있다. 인격권을 일반적 인격권과 개별적 인격권으로 구분하는 견해[16]에 의하면, 일반적 인격권은 자유, 명예, 신체 등의 인격적 이익의 총체를 말하며, 개별적 인격권은 자유권, 명예권, 신체권 등 각각의 인격권을 가리킨다고 한다. 이러한 견

---

12) 곽윤직, 민법총칙, 신정판, 박영사, 1995, 100-101면; 김상용, 불법행위법, 법문사, 1997, 102 면; 주석 채권각칙(Ⅳ), 한국사법행정학회, 1987, 118면(박철우 집필부분); 강남진, "인격권의 보호에 대한 하나의 제안," 민사법학 제13·14호, 1996, 117면.

13) 이은영, 채권각론, 개정판, 박영사, 1995, 733면 이하.

14) 대판 1996. 4. 12, 93다40614, 40621(공 1996, 1486). 원심이 인격권은 그 성질상 일단 침해된 후의 구제수단(금전배상이나 명예회복 처분 등)만으로는 그 피해의 완전한 회복이 어렵고 손해전보의 실효성을 기대하기 어려우므로, 인격권 침해에 대하여는 사전(예방적) 구제수단으로 침해행위의 정지·방지 등의 금지청구권도 인정된다고 판결하였는데, 대법원도 이를 지지하였다. 대판 1997. 10. 24, 96다17851(공 1997, 3574).

그리고 헌재 1996. 10. 4, 93헌가13, 91헌바10(헌집 8-2, 212)은 이러한 금지청구권을 인정하는 것이 헌법상의 검열금지의 원칙에 반하지 않는다고 한다. 즉, 검열금지의 원칙은 정신작품의 발표 이후에 비로소 취해지는 사후적인 사법적 규제를 금지하는 것이 아니므로, 사법절차에 의한 영화상영의 금지조치 등은 헌법상 검열금지의 원칙에 위반되지 않는다고 한다.

15) 日最判 1986(昭和 61). 6. 11(民集 40권 4호, 872면)——북방저널 사건. 한편 인격권에 기한 금지청구의 경우에는 장래에 인격권 침해를 해서는 안 된다는 것을 요청하는 것으로, 민법 제750조에 기한 손해배상청구와는 달리 고의, 과실은 문제되지 않는다. 인격권에 기한 금지청구가 認容된 이후에도 인격권의 침해가 계속된다면 고의·과실이 있다고 볼 수도 있다. 그러나 위법성과 관련해서는 언론에 의한 인격권 침해의 경우 금지청구가 손해배상청구보다 표현의 자유에 대한 중대한 제약이라는 점, 헌법에서 검열이 금지되어 있다는 점을 고려하여 위법성이 현저하게 큰 경우에만 금지청구를 허용해야 한다. 日東京地決 1970(昭和 45). 3. 14(判例時報 586호 41면) 참조.

16) 김상용(주 12), 103면; 주석 채권각칙(Ⅳ), 118면(주 12). 헌법학에서 이와 같은 분류를 하고 있다.

해는 독일 법학의 영향을 받은 것인데, 우리나라에서 이와 같이 구분을 하는 것은 부적절하다. 그 이유는 다음과 같다. 우리나라에서 이 용어들은 독일에서와 동일한 의미로 사용되고 있는 것이 아니다. 독일에서도 일반적 인격권과 개별적 인격권을 구분하는 기준에 관하여 다양한 견해가 있지만,17) 대체로 독일 민법 등 실정법에 명문의 규정이 있는 성명권,18) 초상권19) 등을 개별적 인격권이라고 하고, 그 이외의 인격적 이익에 관한 권리를 일반적 인격권이라고 한다. 그러므로 개별적 인격권은 원래 인격의 보호를 실질적 내용으로 하고 있는 실정법을 전제로 하는 것이고, 따라서 그 성립요건도 명확하다. 그러나 우리나라에서는 성명권, 초상권 등에 관한 명문의 규정이 없는데도 이들을 개별적 인격권에 포함시키고 있고, 그 의미도 명확하지 않다. 오히려 우리나라에서 개별적 인격권은 인격권의 개개의 종류와 같은 의미로 사용되고 있는데, 이와 같은 의미로 사용하려면 일반적 인격권이나 개별적 인격권이라는 용어를 사용할 필요가 없고, 단순히 인격권이라는 용어를 사용하는 것으로 충분하다.

(3) 형법, 저작권법 등 다른 법률의 규정

첫째, 형법은 명예훼손죄와 모욕죄에 관하여 상세하게 규정하고 있다(형법 제307조부터 제312조까지). 사법상의 인격권 보호는 형법과는 별개의 문제이다. 그러나 인격권에 관한 사법상의 분쟁을 해결하기 위하여 좀 더 상세한 형법 규정을 참고할 수 있다. 실제로 사실을 적시한 경우에도 명예훼손이 될 수 있다는 점(형법 제307조 제 1 항), 진실한 사실로서 오로지 공공의 이익에 관한 행위는 위법성조각사유에 해당한다는 점(형법 제310조)은 사법상의 명예훼손의 성립 여부를 판단할 때에도 직접적인 영향을 미치고 있다.

둘째, 저작권법은 저작인격권에 관하여 상세하게 규정하고 있다. 특히 저작인격권을 침해한 경우에는 침해 등의 정지나 예방 등을 청구할 수 있고(구 저작권법 제91조; 개정 저작권법 제123조), 사망 후의 저작인격권도 보호하고 있다(저작권법 제14조 제 2 항, 구 저작권법 제96조; 개정 저작권법 제128조). 저작인격권은 인격권과 구

---

17) J. Helle, Besondere Persönlichkeitsrechte im Privatrecht, 1991, S. 6ff. 참조.
18) 독일 민법 제12조.
19) 독일 조형예술 및 사진 작품에 대한 저작권에 관한 법률(이하 예술저작권법이라 한다) 제22조 이하.

별되는 독자적인 의미가 있지만, 위와 같은 저작권법의 규정은 인격권에 기한 금지
청구, 사자의 인격보호 등에도 유추 적용될 수 있다. 이것은 사법상의 인격권에 관
하여 형법이 미치는 영향보다도 더욱 중요한 의미를 가지고 있다.

Ⅲ. 인격권의 보호 범위

1. 의   의

인격권에 의하여 보호되는 것에는 명예, 성명, 초상, 사생활 등 다양한 내용이
포함된다. 우선 인격권 침해의 유형 중에서 가장 많이 차지하는 것은 명예훼손인
데, 허위의 사실을 보도한 경우,[20] 허위의 사실과 인신공격적 표현이 들어 있는 수
기를 게재한 경우[21] 등이 이에 해당한다. 그리고 동의 없이 사진을 촬영하여 보도
한 경우,[22] 독자적으로 입수한 사진을 동의 없이 게재한 경우에는 초상권 침해에
해당한다.[23] 촬영에 동의한 경우라도 본인의 예상과 다른 방법으로 사진이 공표되
는 경우에도 초상권의 침해가 된다.[24] 또한 연극배우 윤석화로부터 연극 공연에

---

[20] 대판 1996. 5. 28, 94다33828(공 1996, 1973).

[21] 대판 1988. 10. 11, 85다카29(집 36-3, 민 1; 공 1988, 1392).

[22] 서울민사지판 1993. 7. 8, 92가단57989(국내언론관계판례집 제 3 집, 177면); 서울민사지판 1994.
3. 30, 93나31886(국내언론관계판례집 제 3 집, 180면).

[23] 서울지판 1997. 2. 26, 96가합31227(국내언론관계판례집 제 5 집 198면)과 그 항소심 판결인 서
울고판 1997. 9. 30, 97나14240(국내언론관계판례집 제 5 집 214면).

[24] 언론에 관한 것으로는, 여성잡지에 미스코리아 출신인 연예인인 원고의 명예를 훼손하는 보
도기사를 게재하면서 원고가 선전용으로 배포, 판매한 사진영상집의 사진 중 비교적 선정적으
로 보이는 2매의 사진을 무단으로 함께 게재하여 독자들이 위 사진을 기사의 일부로 인식하여
원고의 행실이 좋지 못하다는 강한 인상을 받게 한 경우가 있다. 서울민사지판 1989. 7. 25, 88가
합31161(법률신문 1989. 9. 21. 자, 8면).
광고에 관한 것으로는, 여자 탤런트를 모델로 한 카탈로그 제작용 사진의 촬영 및 광고에 관
하여 승낙을 얻었으나 그 승낙의 범위를 벗어나 당초 피해자가 모델계약을 체결할 때 예상했던
것과 상이한 별개의 광고 방법인 월간잡지에까지 피해자의 카탈로그용 사진을 사용하는 경우
등이 있다. 서울고판 1989. 1. 23, 88나38770(하집 1989-1, 148)과 1심인 서울민사지판 1988. 9. 9,
87가합6032(언론중재 1989년 봄호, 173). 동지: 서울민사지판 1989. 7. 25, 88가합31161(법률신문
1989. 9. 21. 자, 8면); 서울민사지판 1992. 9. 22, 92가합12051(법률신문 1992. 11. 26. 자, 9면).
또한 서울올림픽 성화봉송행사 사진 중 원고가 마부로서 말을 몰고 피고가 꽃마차를 타고
있는 사진을 피고가 원고의 동의 없이 개인적인 연하카드로 제작하여 발송한 경우도 초상권
침해에 해당한다. 서울지법 동부지판 1990. 1. 25, 89가합13064(하집 1990-1, 126).

관한 동의를 받지 않은 상태에서 윤석화가 연극을 공연한다는 내용을 홍보하고, 그러한 내용의 초청장과 초대권을 배부한 경우 성명권의 침해에 해당한다는 사례가 있다.[25]

한편 명예훼손, 사생활 침해, 초상권 침해 등이 동시에 문제되는 경우가 많다. 분유제조업체가 경쟁기업에 대하여 근거 없이 비방광고를 한 경우 그 기업의 인격과 명예, 신용 등이 훼손된다고 본 사례,[26] 호화 웨딩드레스 대여업자들의 횡포를 고발하는 뉴스에 그와 무관한 사람의 결혼식 장면을 자료화면으로 방송한 것에 대하여 명예훼손, 명예감정 손상 및 초상권 침해를 인정한 사례,[27] 유방 확대 수술을 받고 부작용으로 고통을 받고 있는 원고가 방송사에 대하여 자신의 사생활과 초상에 관한 방송을 동의하였으나, 원고가 예상한 것과 다른 방법으로 방송된 경우에는 사생활의 비밀과 자유 및 초상권의 침해가 된다는 사례,[28] 여배우와 그 여동생이 자매가 아니라는 소문이 있고 그 소문에 근거가 있는 듯한 인상을 일반 독자에게 주는 기사를 작성한 경우에는 명예훼손 및 프라이버시 침해가 된다는 사례[29] 등이 있다.

그 밖에도 타인의 전화를 도청하는 경우, 타인의 말을 엿듣고 녹음기로 비밀리에 녹음하는 경우는 사생활 침해에 해당한다. 편지와 일기 등이 보호대상에 포함될 뿐만 아니라, 전화광고나 전자우편(e-mail) 광고도 인격권의 침해가 될 수 있다.

인격권의 보호 범위는 매우 광범위하기 때문에 그 범위를 한정하기가 어렵다.[30] 사회의 발전에 따라 끊임없이 새로운 보호영역이 발견되어 그 보호 범위가 넓어질 것이다. 이와 같은 인격권의 포괄적 성격은 긍정적인 측면이 있는 것은 분명하지만, 어떠한 경우에 인격권으로 보호되는지가 불명확하여 법의 예측가능성이

---

25) 서울지판 1996. 4. 25, 95가합60556.
26) 대판 1996. 4. 12, 93다40614, 40621(공 1996, 1486). 이 판결에 대한 평석으로는 강용현, "비방광고를 한 자에 대하여 사전에 광고금지를 명하는 판결 및 그 판결절차에서 명하는 간접강제," 대법원판례해설 제25호(2006년 상반기), 69면 이하가 있다.
27) 서울고판 1996. 6. 18, 96나282(국내언론관계판례집 제5집 157면).
28) 대판 1998. 9. 4, 96다11327(공 1998, 2377). 그 원심판결인 서울고판 1996. 2. 2, 95나25819(국내언론관계판례집 제4집 242면)에 관하여 상세한 것은 김재형, "언론의 사실 보도로 인한 인격권 침해," 서울대학교 법학 제39권 1호(1998. 5), 189면 이하 참조. 그리고 서울지법 남부지판 1997. 8. 7, 97가합8022(언론중재 1997. 가을(통권 64호), 165면)도 비슷한 취지이다.
29) 서울고판 1997. 9. 30, 97나14240(국내언론관계판례집 제5집 214면).
30) 인격권이라는 용어 자체가 명확한 개념이 아니고, 인격권의 보호 범위에 속하는 명예나 프라이버시라는 개념도 또한 모호하기는 마찬가지이다.

나 법적 안정성이라는 요청을 충족시키지 못하고 있다는 문제점이 있다. 따라서 인격권의 내용을 확정하는 것은 가능하지 않고 바람직하지도 않지만, 이를 유형별로 분류하고 각 유형에 따른 법적 효과를 명확히 할 필요가 있다.

이와 관련하여 독일의 인격영역론(人格領域論)을 주목할 필요가 있다.31) 이것은 인격의 영역을 다양한 영역, 예를 들면 내밀영역(Intimsphäre 또는 Intimbereich), 비밀영역(Geheimsphäre), 사적 영역(Privatsphäre), 사회적 영역(Sozialsphäre), 공개적 영역(Öffentlichkeitssphäre)으로 구분하고, 각각의 영역에 따라 인격권 침해 여부를 판단한다.32) 내밀영역에 해당하는 것으로 성적 영역에 관한 사항을 들 수 있는데 원칙적으로 절대적인 보호를 받는다.33) 비밀영역에는 개인적인 편지의 내용, 비밀스러운 전화 내용, 사생활에 관한 일기 등이 이에 속한다.34) 비밀영역에 속하는 사항들이 비밀스러운 성격을 갖고 있는 경우에, 원칙적으로 당사자의 동의가 있어야만 공개할 수 있고, 동의한 방식에 따라 공개해야 한다.35) 사적 영역36)은 가족, 가정, 친구, 친척과 같이 친밀한 범위 내에서 이루어지는 일상생활의 영역으로, 결혼 전의 이야기, 부부간의 다툼 등이 이에 속한다. 가족 구성원이나 친구 등 가까운 사이에서는 친밀성 때문에 좀 더 솔직하고 거리낌 없는 행동을 할 수 있기 때문에 보호받아야 한다. 사적 영역은 내밀영역과 달리 절대적인 보호를 받지 못한다. 사적 영역이 언론에 보도된 경우에는 언론, 표현의 자유와 긴장관계에 있게 된다. 이러한 경우 이익형량을 하여야 하는데, 여러 사정에 비추어 정보의 이익(Informationsinteresse)이 당사자의 개인적인 이해보다 우월한 경우에는 언론이 당사자의 동의를 받지 않고 사적 영역에 관하여 공표하는 것이 허용될 수 있다.37) 사

---

31) 상세한 것은 박용상, "표현행위의 위법성에 관한 일반적 고찰," 민사재판의 제문제 제 8 권, 1994, 255면; 김재형(주 28), 196면 이하 참조.
32) Wenzel, Das Recht der Wort- und Bildberichterstattung, 4. Aufl., 1994, Rn. 5.29ff; Dunz, BGB-RGRK, 12. Aufl., 1989, §823 Anh. I, Rn. 12ff.
33) BGH NJW 79, 647; BGH NJW 81, 1366.
34) 형법의 비밀침해죄, 업무상 비밀누설죄는 비밀영역을 보호하는 것이라고 한다.
35) BVerfGE 65, 1 = BVerfG NJW 84, 419은 독일연방헌법재판소는 통계목적으로 개인정보를 조사할 수 있도록 한 국세조사법(國勢調査法, Volkszählungsgesetz)이 일반적 인격권을 침해한다고 결정하였다.
36) Wenzel(주 32), Rn. 5.46ff. 박용상(주 31), 264면은 사사적(私事的) 영역이라고 한다.
37) BVerfGE 35, 202(Lebach 사건). 한편 BGHZ 27, 284는 대화 상대방의 동의 없이 대화를 녹음하는 것은 통상 일반적 인격권을 침해하는 것이라고 하고, 증거를 수집하려는 목적이 있다는 것만으로 인격권의 침해를 정당화할 수 없다고 하였다.

회적 영역38)은 사회공동체의 구성원으로서 활동하는 개인의 생활영역으로, 직업활동이나 사회활동이 이에 속한다. 사회적 영역에 관해서도 언론이 자유롭게 보도할 수는 없고 원칙적으로 당사자에게 보도 여부에 대한 결정권이 유보되어 있다. 그러나 언론은 사회적 영역을 사적 영역의 경우보다는 훨씬 자유롭게 보도할 수 있다. 공개적 영역39)은 모든 사람이 인식할 수 있고 경우에 따라서는 인식하여야 할 인간 생활의 영역으로서, 사회정치적 영역, 국가영역이 있다. 이에 관하여 보도를 하는 것은 인격권 침해에 해당하지 않는다. 그러나 공개적 영역에서 녹취한 개인의 대화나 촬영한 사진을 영리목적으로 이용하는 것까지 허용되지는 않는다.

독일에서 내밀영역은 원칙적으로 절대적인 보호를 받아야 하고, 그것을 침해한 경우에는 위법성을 띠게 된다. 그런데 비밀영역, 사적 영역 등 그 밖의 영역에 대한 침해가 문제되는 경우에는 영역의 구분에 따라 해결할 수 없고 정보획득의 방법이 더 중요한 의미를 갖는다는 견해가 있다.40) 결국 사생활 침해의 위법성을 판단할 때 인격영역의 어떤 부분이 침해되었는지, 침해의 방법이 위법한지 여부 등을 상관적으로 고려하여야 한다.

2. 명예훼손과 프라이버시 침해

(1) 명예와 프라이버시가 인격권의 내용에 포함된다는 점에는 이견이 없다.

먼저 명예훼손(名譽毀損)에 관하여 보면, 대법원은 "민법 제764조에서 말하는 명예란 사람의 품성, 덕행, 명성, 신용 등 세상으로부터 받는 객관적인 평가를 말하는 것이고 특히 법인의 경우 그 사회적 명성, 신용을 가리키는 데 다름없는 것이며 명예를 훼손한다는 것은 그 사회적 평가를 침해하는 것"41)이고, "단순히 주관적으로 명예감정이 침해되었다고 주장하는 것만으로는 명예훼손이 되지 않는

---

38) Wenzel(주 32), Rn. 5.54ff.

39) Wenzel(주 32), Rn. 5.60ff.

40) 그 이유는 첫째, 민주주의와 사법사회는 자유로운 정보와 의사소통에 의존하는 것인데, "비밀영역"(Geheimsphäre)에 대한 절대권을 인정할 수 없고, 둘째, 예컨대 사진을 은밀하게 촬영하는 것으로부터 보호하는 것은 사적 영역이나 내밀영역에 특유한 것은 아니고, 거래관계에서도 원칙적으로 동일하게 보장되기 때문이다. Larenz/Canaris(주 7), S. 503f.

41) 대판 1988. 6. 14, 87다카1450(공 1988, 1020). 이는 종중과 같이 소송상 당사자능력이 있는 비법인사단 역시 마찬가지이다. 대판 1990. 2. 27, 89다카12775(공 1990, 760); 대판 1997. 10. 24, 96다17851(공 1997, 3574).

다."42)고 판결하였다. 그리고 명예훼손이 되려면 객관적으로 보아 혐오 또는 경멸을 받게 할 우려가 있어야 하고,43) 그렇지 않으면 주관적으로 명예가 훼손되었다고 생각하더라도 명예훼손이라고 볼 수 없다.

한편 프라이버시는 미국에서 생성된 개념44)으로 "홀로 있을 권리(the right to be let alone)"를 의미하는 것이었다. 프로써는 프라이버시 침해의 유형을 ① 원고의 신체적, 장소적 사영역(私領域)에 대한 침입 또는 그 사적 사항에 대한 침투,45) ② 사생활(私生活)의 공개, ③ 공중에게 원고에 대한 잘못된 인식을 심어주는 행위(false light in the public eye),46) ④ 성명 또는 초상 등에 대한 침해47)로 구분하였는데,48) 이것은 매우 유용한 것으로 받아들여지고 있다.49) 그리고 유명인 등의 성명, 초상, 경력 등을 상업적으로 이용할 권리(right of commercial appropriation)를 퍼블리시티권이라고 하는데, 프라이버시권의 재산적 측면이라고 볼 수 있다.50)

---

42) 대판 1992. 10. 27, 92다756(공 1992, 3252). 또한 대결 1997. 7. 9, 97마634(공 1997, 2599)은 종중의 명예훼손을 이유로 한 족보등록발간금지 가처분 사건에서, "신청인 종중이 주장하는 신청원인 사실을 그대로 인정한다 하더라도 그로 인하여 신청인 종중이 명예감정을 침해받는 것은 별론으로 하고, 법원이 개입하여 보호할 필요가 있을 정도로 신청인 종중에 대한 사회적 평가가 저하될 것이라고 보기 어렵다."라고 하였다.
43) 양창수, "정보화사회와 프라이버시의 보호," 민법연구 Ⅰ, 박영사, 1991, 513면 이하. 이 점에서 명예훼손은 프라이버시의 침해와 구별된다고 한다.
44) Warren/Brandeis, "The Right to Privacy," 4 Havard Law Review 193 (1890).
45) 집이나 숙소에 침입하는 것, 가게에서 가방을 불법적으로 수색하는 것, 도청기로 대화를 도청하는 것, 강제로 혈액검사를 하는 것 등이 이에 속한다.
46) 책, 사설의 집필자로 타인의 이름을 기재하거나, 아무런 권한 없이 타인의 이름으로 탄원서를 작성하는 경우, 원고와 합리적인 연관이 없는 책이나 논문에 원고의 사진을 게재하는 경우 등이 이에 해당한다.
47) 이를 도용(Appropriation)이라고 표현하는데, 원고의 이름이나 초상을 그의 동의 없이 광고 등에 사용하는 경우가 이에 해당한다.
48) Prosser, "Privacy," 48 California Law Review 383, 389 (1960)에서 프라이버시에 관한 판결들을 분석하여 이것은 하나의 불법행위가 아니라 네 개의 불법행위의 집합이라고 한다. 이들은 홀로 있을 권리에 간섭한다는 점을 제외하고는 공통점이 없다고 한다. 이에 반하여 웨스틴은 프라이버시권을 개인, 그룹 또는 조직이 자기에 관한 정보를 언제, 어떻게, 또 어느 정도 타인에게 전할 것인지를 스스로 결정할 수 있는 권리라고 하였다. 즉 프라이버시권은 자기에 관련된 정보의 흐름을 지배할 권리라고 한다. 상세한 것은 Prosser/Keeton, The Law of Torts, 5th ed., 1984, pp. 851-866 참조.
49) Second Restatement of Torts § 652A도 프로써의 구분을 따르고 있다. 그런데 우리나라에서는 위 ①, ②의 유형을 프라이버시라는 이름 아래 다루는 데 이견이 없지만, 위 ③, ④의 유형에 관하여는 논란이 되고 있다. 이에 관하여는 우선 양창수(주 43), 511면 이하 참조.
50) 퍼블리시티권에 관하여는 송영식, 이상정, 황종환, 지적소유권법, 육법사, 제 4 전정판, 1996, 1035면; 한국지적소유권학회, 광고와 저작권, 공보처, 1994, 125면; 한위수, "퍼블리시티권의 침해와 민사책임(상)," 인권과 정의 제242호(1996. 10), 29면 참조.

우리나라에서는 프라이버시라는 용어가 매우 다양하게 사용된다. 프라이버시는 "사생활이 함부로 공개되지 아니하고 사적 영역의 평온과 비밀을 요구할 수 있는 법적 보장"을 의미하기도 하고,51) "자기에 관한 정보를 통제할 법적 능력"을 의미하기도 한다.52) 후자는 공법관계에서 주로 문제되는데,53) 공법에서는 개인정보라는 용어를 사용하기도 한다.54)

그런데 프라이버시 침해는 사생활 침해만을 가리키는 것으로 볼 것인지, 아니면 초상권이나 성명권의 침해 등도 이에 포함시킬 것인지 문제된다. 사생활 침해와 초상권 및 성명권의 침해는 명예가 훼손되었는지 여부와 상관없이 성립한다는 특징을 가지고 있다. 언론에서 사실대로 보도하는 경우에 명예훼손으로 인한 불법행위가 성립할 가능성이 작지만, 사생활 침해와 초상권 및 성명권의 침해가 동시에 문제될 수 있다. 그리하여 이러한 것을 포괄적으로 지칭하기 위하여 프라이버시라는 용어를 사용할 수 있다.55) 프라이버시라는 용어가 원래 초상권과 성명권을 포함하는 의미가 있는데, 프라이버시를 사생활의 침해에만 한정하는 의미로 사용하는 것56)은 프라이버시라는 용어의 연원과 맞지 않아 혼란을 불러일으킬 우려가

---

51) 대판 1974. 6. 11, 73다1691(공 1974, 7931)은 "사람이 그의 독점적 지배하에 있는 주택 내부에서 사생활을 함에 있어서 외부로부터 차단되어 공개되지 아니하고 자유로히[이] 기거 처신할 수 있음은 인간의 자유권에 속하는 침해되지 아니할 하나의 법익"이라고 판결하였는데, 이와 같이 주택 내부를 들여다보는 것은 사생활에 침입하는 것에 해당한다.

52) 양창수(주 43), 511면 이하. 헌법상의 논의에 관하여는 김철수, 헌법학개론, 제10전정신판, 1998, 513면 이하; 허영, 헌법이론과 헌법, 신정 3 판, 1998, 502면 이하; 권영성, 헌법학원론, 신판, 1998, 399면 이하; 변재옥, 정보화사회에 있어서의 프라이버시의 권리, 서울대 박사학위논문, 1979 참조.

53) 대판 1997. 5. 23, 96누2439(공 1997, 1888). 원심은, 원고가 공개를 청구한 이 사건 자료 중 일부는 개인의 인적 사항, 재산에 관한 내용이 포함되어 있어서 공개될 경우에는 타인의 사생활의 비밀과 자유를 침해할 우려가 있다고 판단하였는데, 대법원은 원심판단이 정당하다고 하였다.

54) 「공공기관의 개인정보보호에 관한 법률」은 공공기관의 컴퓨터에 의하여 처리되는 개인정보의 보호를 위하여 제정된 것인데, 같은 법 제 2 조 제 2 호에 의하면 "개인정보"라 함은 생존하는 개인에 관한 정보로서 당해 정보에 포함되어 있는 성명, 주민등록번호 등의 사항에 의하여 당해 개인을 식별할 수 있는 정보(당해 정보만으로는 특정개인을 식별할 수 없더라도 다른 정보와 용이하게 결합하여 식별할 수 있는 것을 포함한다)를 말한다(이 법률은 2011. 9. 30. 폐지되고 「개인정보 보호법」에 의하여 대체되었다).

55) 하나의 보도로 인하여 초상권과 사생활을 침해한 경우에 사생활 침해에 기한 손해배상청구의 소를 제기한 경우에, 나중에 별개의 소를 제기하여 초상권에 기한 손해배상청구를 할 수 있는지 문제되는데, 이것은 허용되지 않는다고 보아야 한다.

56) 일본에서도 프라이버시권이 인정되고 있다. 東京地判 1964(昭和 39). 9. 28(下民集 15권 9호 2317면; 判例時報 385호 12면); 日最判 1981(昭和 56). 4. 14(民集 35권 3호, 620면). 일본의 학

있다. 그리고 프라이버시의 재산적 측면을 강조하여 퍼블리시티권이 중요한 개념으로 등장하고 있는데, 이러한 개념에 대응하는 의미로서 프라이버시를 인정할 필요도 있다. 그러므로 프라이버시를 인격권의 하위개념으로 보아, 인격권에는 명예권 이외에 프라이버시에 해당하는 초상권, 성명권, 사생활의 비밀과 자유 등이 포함된다고 볼 수 있다.

(2) 명예훼손과 프라이버시 침해는 여러 가지 점에서 차이가 있지만, 주요한 것을 보면 다음과 같다.

첫째, 명예훼손은 사회적 평가에 대한 침해이고, 프라이버시는 제 3 자의 평가와는 상관없이 개인의 내면적 감정에 중점을 둔다.

둘째, 명예훼손의 경우에는 진실의 증명 또는 상당성의 증명이 중요하다. 즉 판례57)는 타인의 명예를 훼손하는 행위를 한 경우에도 그것이 공공의 이해에 관한 사항으로서 그 목적이 오로지 공공의 이익을 위한 것인 때에는 진실한 증명이 있거나, 증명이 없더라도 행위자가 그것을 진실이라고 믿을 상당한 이유가 있는 경우에는 불법행위가 성립하지 않는다고 한다.58) 그러나 프라이버시 침해의 경우에는 진실인지, 진실이라고 믿었는지는 전혀 문제되지 않는다. 즉 보도 내용이 진실하거나 진실이라고 믿은 데에 상당한 이유가 있다는 것이 증명되더라도 위법성이 조각되지 않고, 프라이버시 침해가 인정될 수 있다.

셋째, 법인이나 비법인단체에 대해서 명예훼손이 성립할 수 있으나, 프라이버시 침해는 인정되지 않는다.

한편 명예훼손이나 프라이버시 침해의 경우에 언론기관의 불법행위책임을 판단할 때 언론의 보도 내용이 공적 인물이나 공공의 이익에 관한 것인지를 고려하여야 한다. 그러나 명예훼손과 프라이버시 침해의 경우에 공적 인물이나 공적 이익을 동일한 방식으로 고려하여야 하는 것은 아니고, 또한 프라이버시의 유형에 따라 공적 인물이나 공적 이익에 관한 이론은 상이하게 나타난다(아래 Ⅳ. 참조).

설은 인격권에 명예권, 초상권, 성명권, 프라이버시권 등이 포함된다고 하는데(五十嵐淸, 人格權論, 一粒社, 1989, 11면), 프라이버시라는 용어를 미국과는 달리 초상권, 성명권을 제외한 개념으로 사용하고 있다. 한편 프라이버시라는 용어가 매우 모호하므로, 일본에서는 이 용어를 사용할 필요가 없다는 견해(菅野孝久, "「プライバシー」概念の機能の檢討," ジュリト 653호(1977. 12), 60면 이하)도 있다.

57) 대판 1988. 10. 11, 85다카29(집 36-3, 민 1); 대판 1996. 5. 28, 94다33828(공 1996, 1973); 대판 1997. 9. 30, 97다24207(공 1997, 3279) 등 다수.

58) 상세한 것은 아래 Ⅳ. 1. (2) (가) 참조.

Ⅳ. 인격권과 다른 기본권의 충돌 문제

인격권의 중요한 특징은 다른 기본권, 특히 언론·출판의 자유, 예술의 자유, 종교의 자유, 학문의 자유 등과 충돌 문제가 발생한다는 점이다. 이와 같은 헌법상 기본권의 충돌 문제59)가 사법상의 인격권 보호에도 영향을 미치고 있는데, 대법원은 구체적인 사건에서 이익형량을 통하여 인격권의 침해 여부를 결정하고 있다.

1. 표현의 자유와의 충돌

(1) 의   의

헌법 제21조 제 1 항은 언론·출판의 자유를 보장하고 있고, 제 4 항은 "언론·출판은 타인의 명예나 권리 또는 공중도덕이나 사회윤리를 침해하여서는 아니 된다. 언론·출판이 타인의 명예나 권리를 침해한 때에는 피해자는 이에 대한 피해의 배상을 청구할 수 있다."라고 규정하고 있다. 그리하여 인격권의 침해 여부를 결정할 때 인격권과 표현의 자유의 충돌을 조정할 필요가 있다. 이에 관하여 대판 1988. 10. 11, 85다카29[60])는 "구 헌법(1980. 12. 27. 개정) 제20조, 제 9 조 후단의 규정 등에 의하면 표현의 자유는 민주정치에 있어 최대한의 보장을 받아야 하지만 그에 못지않게 개인의 명예나 사생활의 자유와 비밀 등 사적 법익도 보호되어야 할 것이므로, 인격권으로서의 개인의 명예의 보호와 표현의 자유의 보장이라는 두 법익이 충돌하였을 때 그 조정을 어떻게 할 것인지는 구체적인 경우에 사회적인 여러 가지 이익을 비교하여 표현의 자유로 얻어지는 이익, 가치와 인격권의 보호에 의하여 달성되는 가치를 형량하여 그 구제의 폭과 방법을 정하여야 할 것이다."라고 판결하였다.[61]) 이것은 언론의 사실 보도로 인하여 프라이버시 침해가 문제되는 경

---

59) 기본권의 충돌 문제에 관하여는 김철수(주 52), 298면 이하; 허영, 한국헌법론, 신정 9 판, 1998, 258면 이하; 권영성(주 52), 303면 이하; 권영성, "기본권의 갈등," 서울대학교 법학 제36권 1호(1995. 5), 45면 이하 참조.

60) 집 36-3, 민 1.

61) 헌재 1991. 9. 16, 89헌마165(헌집 3, 518)는 정정보도청구권에 관한 것인데, "모든 권리의 출발점인 동시에 그 구심점을 이루는 인격권이 언론의 자유와 충돌하게 되는 경우에는 헌법을 규범조화적으로 해석하여 이들을 합리적으로 조정하여 조화시키기 위한 노력"을 해야 한다고 하였다.

우에도 마찬가지이다. 한편 사실을 보도한 경우가 아니라 의견을 표명하는 것은 충분하게 보장되어야 한다. 그러나 비방하려는 목적의 비평은 허용되지 않는다.

　인격권과 표현의 자유의 충돌 문제를 명예훼손의 경우와 프라이버시 침해의 경우로 구분하여 살펴보고자 한다.

(2) 명예훼손

㈎ 언론매체의 경우

　(a) 다수의 대법원 판결62)은 타인의 명예를 훼손하는 행위를 한 경우에도 그것이 공공의 이해에 관한 사항으로서 그 목적이 오로지 공공의 이익을 위한 것인 때에는 진실한 증명이 있거나, 증명이 없더라도 행위자가 그것을 진실이라고 믿을 상당한 이유가 있는 경우에는 위법성이 없다고 한다. 이것은 형법의 명예훼손죄에 관한 위법성조각사유를 민사책임의 성립 여부를 판단할 때에도 수용한 것으로, 언론의 자유와 인격권이라는 두 법익을 조정하는 하나의 방식이다. 그러나 이것이 유일한 기준인 것은 아니고, 이외에도 다른 기준이 등장할 수 있음은 물론이다.

　(b) 대법원의 위와 같은 법리는 '공익성'과 '진실 또는 상당성의 증명'으로 나누어 살펴볼 필요가 있다. 여기서 '오로지 공공의 이익에 관한 때'란 적시된 사실이 객관적으로 볼 때 공공의 이익에 관한 것으로서 행위자도 공공의 이익을 위하여 그 사실을 적시한 것이어야 하며, 이 경우에 적시된 사실이 공공의 이익에 관한 것인지는 당해 적시 사실의 구체적 내용, 당해 사실의 공표가 이루어진 상대방의 범위, 그 표현의 방법 등 그 표현 자체에 관한 제반 사정을 감안함과 동시에 그 표현에 의하여 훼손되거나 훼손될 수 있는 명예의 침해 정도 등을 비교·고려하여 결정하여야 하고, 행위자의 주요한 목적이나 동기가 공공의 이익을 위한 것이라면 부수적으로 다른 사익적 동기가 내포되어 있었다고 하더라도 공공의 이익을 위한 것으로 보아야 한다.63) 피해자가 공인(公人), 즉 공적 인물에 해당하는 경우에는 보도 내용 등이 공공의 이해에 관한 사항이거나 행위의 목적이 공공의 이

---

62) 대판 1988. 10. 11, 85다카29(집 36-3, 민 1); 대판 1996. 5. 28, 94다33828(공 1996, 1973); 대판 1997. 9. 30, 97다24207(공 1997, 3279) 등 다수. 이러한 판결에 관한 분석으로는 이광범, "불법행위로서의 명예훼손과 그 구제방법," 재판자료 제77집, 법원도서관, 1997, 152면 이하 등이 있다.
63) 대판 1996. 10. 11, 95다36329(공 1996, 3297); 대판 1998. 7. 14, 96다17257(공 1998, 2108).

익을 위한 것이라는 요건을 충족할 가능성이 크다.

한편 상당한 이유가 있는지를 판단할 때 기사의 성격상 신속한 보도가 요청되는 것인가, 정보원이 믿을 만한가, 피해자와의 대면 등 진실의 확인이 용이한가 등을 고려하여야 한다고 하였다.64)

그런데 최근 상당성의 증명에 관하여 중요한 판결이 나왔다. 대판 1998. 2. 27, 97다19038[65]은 "방송 등 언론매체가 사실을 적시하여 개인의 명예를 훼손하는 행위를 한 경우에도 그것이 공공의 이해에 관한 사항으로서 그 목적이 오로지 공공의 이익을 위한 것일 때에는 적시된 사실이 진실이라는 증명이 있으면 그 행위에 위법성이 없다 할 것이고, 그 증명이 없다 하더라도 행위자가 그것이 진실이라고 믿었고 또 그렇게 믿을 상당한 이유가 있으면 그 행위에 대한 고의, 과실이 없다고 보아야 할 것"이라고 하였다.[66] 이 판결은 종래의 판례와는 달리 상당성 증명을 위법성이 아니라 과실의 문제[67]라고 함으로써 많은 논란을 불러일으킬 것이다. 그러나 이 판결로 인하여 대법원의 입장이 확정된 것이라고는 할 수 없다. 왜냐하면 이 판결 이후에도 여전히 상당성 증명을 위법성 판단의 문제로 보고 있는 판결[68]이 나오고 있기 때문이다.

상당성 증명의 문제를 고의·과실의 문제로 볼 것인지, 아니면 위법성의 문제로 볼 것인지는 과실과 위법성의 구별문제 등 이론적으로 중요한 문제를 내포하고 있다. 진실이라고 믿었는지 또는 진실이라고 믿는 데 상당한 이유가 있는지는 주관적 사실이기 때문에 고의·과실 문제로 볼 여지도 있다. 그러나 뚜렷한 근거를 제시하지 않고 위와 같은 전환을 시도한 이 판결에는 몇 가지 문제가 있다. 첫째, 명예훼손에 대한 고의·과실은 사회적 평가의 저하에 대한 것이지, 위법성조각사유에 대한 것이 아니다. 우리나라에서는 진실한 사실을 보도한 경우에도 명예훼손이 될 수 있는데, 허위의 사실을 진실이라고 믿고 이에 상당한 이유가 있다고 하더라도 명예훼손에 대한 고의·과실은 있을 수 있다. 논리적으로 볼 때, 공익성이 없으

---

64) 대판 1997. 9. 30, 97다24207(공 1997, 3279).

65) 공 1998, 867.

66) 종전에 이와 같은 취지의 판결로는 대판 1995. 6. 16, 94다35718(공 1995, 2496)이 있다. 또한 대판 1998. 5. 8, 96다36395(공 1998, 1572)도 마찬가지이다.

67) 이것은 日最判 1966(昭和 41). 6. 23(民集 20권 5호 1118면)의 입장과 동일하다.

68) 대판 1998. 5. 8, 97다34563(공 1998, 1575). 행정상 공표에 관한 대판 1998. 5. 22, 97다57689 (공 1998, 1713)도 마찬가지이다.

면, 언론매체가 진실한 사실을 보도한 경우뿐만 아니라, 허위의 사실을 진실이라고 믿고 이에 상당한 이유가 있는 경우에도 명예훼손에 대한 고의·과실이 있을 수 있다. 공익성이 있으면 전자의 경우, 즉 진실증명이 있는 경우에는 위법성이 없게 되고, 후자의 경우, 즉 상당성 증명이 있는 경우에는 고의·과실이 없게 된다고 보는 것은 납득하기 곤란하다. 공익성 유무에 따라 위법성의 존부는 달라질 수 있어도 고의·과실의 존부가 달라질 수는 없기 때문이다. 둘째, 이 사건에서 대법원은 상당성이 있는지를 판단하면서 "특히 적시된 사실이 역사적 사실인 경우 시간이 경과함에 따라 점차 망인이나 그 유족의 명예보다는 역사적 사실에 대한 탐구 또는 표현의 자유가 보호되어야" 한다는 점도 고려하고 있는데,[69] 이것은 과실 여부와는 아무런 관련이 없는 것으로, 오히려 위법성 판단에 포섭하는 것이 바람직하다. 즉, 역사적 사실인지는 고의·과실 문제가 아니라 위법성 문제로 파악하여야 한다. 셋째, 정책적으로 볼 때 언론에 의한 인격권 침해 문제를 고의·과실 문제로 해소하는 것은 결국 언론의 자유에 대한 제약으로 작용할 우려가 있다. 비교법적으로 보면 언론매체의 상당성 증명을 요구하는 것 자체가 언론의 자유를 과도하게 제한하는 것이라고 볼 수 있다.[70] 언론매체에 상당성 증명을 요구하는 것에서 나아가 언론매체에 주의의무를 부과하고 그 주의의무를 기준으로 책임의 성립 여부를 가리는 것은 언론의 자기 검열을 강화하게 함으로써 언론의 자유를 지나치게 위축시키는 결과를 초래한다.[71]

(나) 언론매체가 아닌 경우

수사기관이 피의자의 자백을 받아 기자들에게 보도자료를 배포하는 방법으로 피의사실을 공표함으로써 피의자의 명예를 훼손한 경우,[72] 국회의원이 기자회견 등에서 한 오대양사건에 관한 발언이 명예훼손에 해당하는지 문제된 경우,[73] 일정

---

69) 이러한 관점에서 불법행위책임을 부정한 결론에는 찬성한다.
70) 대판 1998. 5. 8, 97다34563(공 1998, 1575)은 "피해자가 공적 인물이라 하여 방송 등 언론매체의 명예훼손 행위가 현실적인 악의에 기한 것임을 그 피해자측에서 입증하여야 하는 것은 아니다."라고 함으로써, 미국의 뉴욕타임즈 사건[New York Times Co. v. Sullivan, 376 U.S. 254 (1964)] 등에서 인정된 공적 인물에 관한 현실적 악의(actual malice) 이론을 배척하고 있다.
71) 판례에서 말하는 상당한 이유는 불확정적인 개념으로서 언론매체의 책임을 완화하는 데 도움이 될 수 있다. 상당성 문제를 과실 문제 또는 주의의무 위반 문제로 볼 경우에는 언론매체의 책임이 더 넓게 인정될 수도 있다.
72) 대판 1996. 8. 20, 94다29928(공 1996, 2776).
73) 대판 1996. 10. 11, 95다36329(공 1996, 3297).

한 행정목적 달성을 위하여 언론에 보도자료를 제공하는 등 이른바 행정상 공표의 방법으로 실명을 공개함으로써 타인의 명예를 훼손한 경우[74]에도 진실성에 대한 상당성 이론이 적용된다. 다만 행정상 공표의 경우에는 진실이라고 믿은 데에 상당한 이유가 있는지를 판단할 때 사인(私人)의 행위에 의한 경우보다는 훨씬 더 엄격한 기준이 요구된다고 한다. 왜냐하면 행정기관은 공권력의 행사를 통하여 광범한 사실조사 능력이 있고, 국민들이 행정기관의 공표 사실에 관하여는 진실성에 대한 기대와 신뢰가 높기 때문이다. 따라서 행정기관의 공표사실이 의심의 여지 없이 확실히 진실이라고 믿을 만한 객관적이고도 타당한 확증과 근거가 있는 경우가 아니라면 그러한 상당한 이유가 있다고 할 수 없다고 한다.[75]

이에 반하여 종교적 표현은 종교의 자유에 의하여 강한 보호를 받는다. 즉, 우리 헌법 제20조 제 1 항은 "모든 국민은 종교의 자유를 가진다."라고 규정하고 있는데, 종교의 자유에는 자기가 신봉하는 종교를 선전하고 새로운 신자를 규합하기 위한 선교의 자유가 포함되고, 선교의 자유에는 다른 종교를 비판하거나 다른 종교를 믿는 사람에게 개종을 권고하는 자유도 포함된다. 종교적 선전, 타 종교에 대한 비판 등은 동시에 표현의 자유의 보호대상이 되는 것이나, 그 경우 종교의 자유에 관한 헌법 제20조 제 1 항은 표현의 자유에 관한 헌법 제21조 제 1 항에 대하여 특별 규정의 성격을 갖고 있으므로, 종교적 목적을 위한 언론·출판의 경우에는 그 밖의 일반적인 언론·출판에 비하여 보다 고도의 보장을 받게 된다. 따라서 다른 종교나 종교집단을 비판할 권리는 최대한 보장받아야 할 것인데, 그로 인하여 타인의 명예 등 인격권을 침해하는 경우에 종교의 자유 보장과 개인의 명예보호라는 두 법익을 어떻게 조정할 것인지는, 그 비판행위로 얻어지는 이익, 가치와 공표가 이루어진 범위의 광협, 그 표현 방법 등 그 비판행위 자체에 관한 제반 사정을 감안함과 동시에 그 비판에 의하여 훼손되거나 훼손될 수 있는 타인의 명예 침해의 정도를 비교·고려하여 결정하여야 한다.[76]

(3) 프라이버시 침해

언론에서 개인의 사생활이나 사적 사항을 보도하는 경우에 프라이버시 침해가

---

74) 대판 1993. 11. 26, 93다18389(공 1994, 194); 대판 1998. 5. 22, 97다57689(공 1998, 1712).
75) 대판 1993. 11. 26, 93다18389(공 1994, 194); 대판 1998. 5. 22, 97다57689(공 1998, 1712).
76) 대판 1996. 9. 6, 96다19246, 19253(공 1996, 2983).

될 수 있으나,[77] 프라이버시의 보호가 언론의 자유와 충돌하는 경우가 있다. 그리하여 어떠한 내용이 보도가치, 뉴스가치가 있는 것으로서 언론의 자유에 의하여 보장되어야 하는지, 어떠한 경우에 단순히 대중의 호기심을 충족시키는 것에 불과한 것인지 문제된다. 이와 관련하여 공적 인물에 관한 이론을 주목할 필요가 있다.[78] 이것은 프라이버시권이 침해되었다고 주장하는 자의 사회적 지위에 따라 프라이버시권의 한계를 정한다.

미국에서는 공적 인물이나 공적 이익에 관한 보도는 원칙적으로 프라이버시 침해가 되지 않는다고 한다. 이것은 언론의 자유를 넓게 보장하기 위한 것으로 미국의 특수한 사정을 반영하고 있다.[79] 우리나라에서 공적 인물에 관한 미국의 이론을 그대로 수용하는 것은 무리라고 생각된다. 그러나 공적 인물에 관한 보도는 공공의 이익에 속하는 경우가 많을 것이기 때문에, 공적 인물에 관한 보도인지는 인격권의 침해 여부를 판단할 때 중요한 고려요소가 된다. 따라서 공적 인물의 사생활을 보도하거나 사진을 게재하는 경우에는 언론이 거의 책임을 지지 않게 된다.[80] 그런데 공적 인물에 관한 이론은 프라이버시 침해의 유형 중에서는 '사생활의 공개'와 '공중에게 왜곡된 인상을 심어주는 행위'[81]에 대해서만 적용된다. 이에

---

77) 미국에서 보통법상 사적 사항의 공개(public disclosure of private facts)가 프라이버시 침해가 되기 위해서는 ① 사적 사실들의 공개가 사적 공개가 아니라 공적인 공개이어야 하고, ② 공중에 공개된 사실들이 공적 사실이 아니라 사적 사실이어야 하며, ③ 공개된 사실이 통상의 감수성을 가진 합리적인 사람에게 매우 불쾌하게 여겨지는 것이어야 한다고 한다. 위 ②의 요건에 관하여는 사적 사실과 공적 사실의 구분이 모호하다는 비판이 있다. 어떤 사실이 공개된 장소에서 발생했더라도 공개가 허용되는 것은 아니다. 그러나 위 ③의 요건에 관하여는 이견이 없다. Prosser/Keeton(주 48), pp. 857-859.
일본에서도 프라이버시 침해에 대하여 법적 구제가 주어지기 위해서는 공개된 내용이 ① 사생활상의 사실 또는 사생활상의 사실인 것처럼 받아들여질 우려가 있는 사항일 것, ② 일반인의 감수성을 기준으로 하여 당해 사인의 입장에 선 경우 공개를 의욕하지 않았을 것이라고 인정되는 사항일 것, 바꾸어 말하면 일반인의 감각을 기준으로 하여 공개되는 것에 의하여 심리적인 부담, 불안을 느꼈을 것이라고 인정되는 사항일 것, ③ 일반인에게 아직 알려지지 않은 사항일 것을 필요로 한다고 하였다. 東京地判 1964(昭和 39). 9. 28(下民集 15권 9호 2317면; 判例時報 385호 12면). 위 판결과 같은 취지의 판결로는 東京地判 1987(昭和 62). 11. 20(判例時報 1258호 22면); 東京高判 1989(平成 元年). 9. 5(判例時報 1323호 37면)가 있다.
78) 한편 독일 예술저작권법 제23조 제1항 제1호는 시대사적 인물(Person der Zeitgeschichte)의 초상을 게재하는 것을 허용하고 있다.
79) 예컨대, 독일의 Lebach 사건(BVerfGE 35, 202)에서는 살인사건의 범인이 출소하기 직전에 텔레비전에서 그 사건에 관한 다큐멘터리를 방송한 것이 문제되었는데, 독일연방헌법재판소는 범인의 사회복귀 이익이 정보의 이익보다 우선한다는 이유로 허용되지 않는다고 하였다.
80) Prosser/Keeton(주 48), p. 862.
81) Time, Inc. v. Hill, 385 US 374, 17 L ed 2d 456, 87 S Ct 534 (1967)에서는 허구의 연극이

반하여 공적 인물의 사생활에 침입하거나 성명, 초상 등을 영리적으로 이용하는 것은 통상 프라이버시 침해가 된다.[82] 하급심 판결 중에는 광고 등에서 유명인 등 공적 인물의 사진을 상업적으로 이용하는 경우에는 초상권 침해에 해당하지만, 단순히 언론보도에서 공적 인물의 사진을 게재하는 데 그치는 경우에는 원칙적으로 초상권 침해에 해당하지 않는다고 한 사례들이 있다.[83]

2. 예술의 자유와의 충돌[84]

(1) 개　설

실존 인물을 모델로 한 소설이나 영화 등에서 작중인물의 사회적 평가를 저하시키는 내용이 있거나 실존 인물의 비밀스러운 생활을 묘사하는 부분이 있는 경우에, 이것은 모델이 된 인물에 대한 인격권의 침해가 될 수 있다. 헌법 제22조 제 1항은 "모든 국민은 학문과 예술의 자유를 가진다."라고 규정하고 있는데, 소설 등에 의한 인격권 침해 문제는 헌법적 차원에서 표현 및 예술의 자유, 특히 문학창작의 자유와 인격권이라는 기본권의 충돌 문제를 발생시킨다. 여기서는 모델소설 (Schlüsselroman)을 중심으로 살펴보겠는데, 이것은 영화, 연극,[85] 만화,[86] 텔레비전 연속극 등에서도 마찬가지이다.[87]

범죄피해자인 원고의 실제 경험을 재연한 것이라고 보도한 것이 프라이버시 침해가 되는지 문제되었다. 미국의 연방대법원은 언론기관이 과실로 원고에 대하여 오해를 낳게 하는 표현을 사용하였다고 하더라도 현실적 악의가 없는 한, 프라이버시의 침해에 대한 책임을 지지 않으며, 언론기관이 진실이 아님을 알고 있었거나 또는 그 진위를 무모하게 무시하였다는 점을 원고가 증명해야만 언론기관이 프라이버시 침해로 인한 책임을 진다고 판결하였다.

82) Prosser/Keeton(주 48), p. 859.
83) 서울지판 1995. 6. 23, 94카합9230(하집 1995-1, 323); 서울지결 1995. 9. 26, 95카합3438(법률신문 제2453호 13면). 공적 인물의 경우 그 사람은 자신의 사진, 성명, 가족들의 생활상이 공표되는 것을 어느 정도 수인하여야 한다고 하였다.
84) 상세한 것은 김재형, "모델소설과 인격권," 인권과 정의 제241호(1997. 11), 44면 이하 참조.
85) KG JW 1928, 363.
86) BVerfGE 75, 369.
87) 독일, 미국, 일본에서 소설이나 영화에 의한 인격권 침해와 관련된 판결들은 인격권법의 발전에서 중요한 위치를 차지하고 있다. 일본의 잔치의 흔적 사건[東京地判 1964(昭和 39). 9. 28(下民集 15권 9호 2317면; 判例時報 385호 12면)], 미국의 *Melvin v. Reid* 사건[112 Cal. App. 285, 297 Pac. 91 (1931)], 독일의 메피스토 사건(BGHZ 50, 133; BVerfGE 30, 173) 등 참조.

(2) 피해자의 특정성

소설에 의한 인격권 침해가 성립하려면, 작중인물과 피해자가 동일한 인물이라고 볼 수 있어야 한다. 이것이 피해자의 특정성 또는 동일성 문제이다. 작가가 어떤 사람을 모델로 하여 소설을 썼다고 하더라도 실존 인물과는 전혀 다른 인물을 창출하였다고 볼 수 있는 경우에는 인격권의 침해가 문제되지 않는다. 그러나 이름이 동일하거나 유사한 경우뿐만 아니라, 이름이 전혀 다르더라도 경력이나 주위사정 또는 전체적인 줄거리가 실제 상황과 동일한 경우에는 작중 인물과 피해자의 동일성을 인정할 수 있다.

(3) 인격권 침해의 판단기준

이와 같이 작중인물과 피해자 사이에 동일성이 인정되는 경우에 소설로 인하여 인격권이 침해되었다고 볼 수 있는지 문제된다. 이러한 경우에도 결국 예술의 자유를 보장하여 얻는 이익과 인격권을 보호함으로써 얻는 이익을 비교형량하여 판단하여야 하는데, 그 기준을 마련할 필요가 있다.

소설에서 실제와 달리 성도착적인 행위를 하고 출세를 위하여 야비한 방법을 사용하였다고 묘사한 경우,[88] 부끄러운 과거 등 내밀영역을 폭로하거나 비열한 인간으로 묘사하는 경우[89]에 인격권의 침해를 인정할 수 있다. 이와 같은 경우에는 인격권 침해의 태양 및 정도에 비추어 개인의 인격권이 중대하게 침해되었다고 볼 수 있기 때문이다. 그리고 작가가 모델이 된 사람을 비방하려는 의도를 가지고 있었는지도 중요한 의미가 있다.

그러나 예술작품이 독자적인 세계를 이루어 픽션으로 승화되었다고 볼 수 있는 경우에는 인격권 침해는 문제되지 않는다. 이러한 경우에는 인격권 침해의 정도가 사소한 데 비하여 예술의 자유를 보장할 필요성이 더욱 크기 때문이다.[90] 그리고 그 침해 여부는 예술작품을 전체적으로 보아 판단하여야 하므로, 사소한 부분에서 명예를 손상시키는 내용이 있는 경우에도 인격권의 침해에 해당하지 않는

---

88) BGHZ 50, 133; BVerfGE 30, 173.
89) Melvin v. Reid, 112 Cal. App. 285, 297 Pac. 91 (1931); 東京地判 1964(昭和 39). 9. 28(下民集 15권 9호 2317면; 判例時報 385호 12면).
90) 서울지판 1995. 6. 23, 94카합9230(하집 1995-1, 323).

다. 또한 예술작품에서 어떤 표현이 오해를 불러일으킨다고 해서 무조건 인격권 침해를 인정할 수 없다. 예컨대 풍자나 만화의 경우에는 항상 오해의 위험을 내포하고 있다고 볼 수 있기 때문이다.[91]

한편 예술작품의 성격이나 인격권의 내용이 문제되기도 한다. 예를 들면 예술작품이 사실기록의 성격을 가지는 경우에는 예술의 자유보다 인격권의 일종인 정보에 대한 자기결정권이 우선된다.[92] 이에 반하여 인격권을 상업적으로 이용할 권리가 문제되는 경우에는 예술의 자유가 원칙적으로 우위에 있다. 예술가는 그의 소재를 종종 단지 현실로부터 끌어낼 수밖에 없는 반면에, 이러한 경우에는 인격권을 침해하는 정도가 미미하기 때문이다.[93]

3. 그 밖의 권리

인격권의 침해를 판단할 때 고려해야 하는 상대방의 권리는 표현의 자유나 예술의 자유에 한정된 것은 아니다. 예를 들면, 근로자가 인격권을 침해하는 내용의 유인물을 배포하였다는 이유로 근로자를 해고한 것이 정당한 것인지 문제되는 경우가 있다. 대법원은 유인물로 배포된 문서에 기재되어 있는 문언에 의하여 타인의 인격, 신용, 명예 등이 훼손 또는 실추되거나 그렇게 될 염려가 있고, 또 그 문서에 기재되어 있는 사실관계의 일부가 허위이거나 그 표현에 다소 과장되거나 왜곡된 점이 있다고 하더라도, 그 문서를 배포한 목적이 타인의 권리나 이익을 침해하려는 것이 아니라 근로조건의 유지·개선과 근로자의 복지증진 기타 경제적·사회적 지위의 향상을 도모하기 위한 것으로서 그 문서의 내용이 전체적으로 보아 진실한 것이라면 이는 근로자의 정당한 활동 범위에 속한다고 하였다.[94] 여기에서 직접 문제된 것은 해고의 정당성이지만, 인격권 침해를 판단할 때 근로자 개인의 권리나 이익을 고려하여야 한다는 것을 알 수 있다.

---

91) BGHZ 84, 237(Horten-Moritat 사건); MünchKomm/Schwerdtner, §12 Rn. 214.; Staudinger/Schäfer, §823 Rn. 228ff.
92) BVerfGE 34, 269.
93) Larenz/Canaris(주 7), S. 527. 또한 독일의 예술저작권법 제23조 제1항에 의하면 초상을 유포하는 것은 예술의 더 높은 이익에 봉사하는 한, 피촬영자의 동의 없이도 허용된다고 한다.
94) 대판 1993. 12. 28, 93다13544(공 1994, 517); 대판 1997. 12. 23, 96누11778(공 1998, 416); 대판 1998. 5. 22, 98다2365(공 1998, 1718).

V. 사자(死者)의 인격권 침해[95]

1. 의   의

민법 제 3 조는 "사람은 생존한 동안 권리와 의무의 주체가 된다."라고 규정하고 있다. 따라서 사람은 사망한 후에는 권리의무의 주체가 될 수 없다. 재산권의 경우에는 이 점에 의문이 없으나, 사망한 이후에도 인격권의 주체가 될 수 있는지에 관해서는 논란이 되고 있다. 특히 형법 제308조는 사자의 명예훼손죄에 관하여 규정하고 있는데, 사자의 명예훼손을 이유로 그 유족이 사법상 금지청구권을 행사할 수 있는지 문제된다.[96]

사자의 명예를 훼손하는 행위가 있는 경우에 유족의 명예도 훼손될 수 있다. 이때 사자의 명예를 훼손하는 행위로 인하여 유족 등 살아있는 사람의 인격권도 똑같은 정도로 침해되었다면, 사자의 인격권을 문제삼을 필요가 없다. 이러한 경우에는 살아있는 사람의 인격권 침해로 해결할 수 있기 때문이다. 그러나 사자의 인격권이 침해되었지만, 유족의 인격권이 침해되지는 않았거나 그 침해의 정도가 매우 적어서 유족의 인격권에 기해서는 언론출판의 자유 또는 예술의 자유와 관련하여 금지청구를 할 수 없는 경우가 있다. 이러한 경우에 사자의 인격권에 관한 논의가 실익이 있게 된다.

2. 사자의 인격권 인정 여부

이 문제는 독일과 일본에서 많이 논의되었는데, 독일의 판례와 다수설은 사자의 인격권을 인정하고 있고, 일본의 학설은 대립하고 있으나, 일본의 하급심에서는 유족의 명예 또는 추모의 정을 보호하는 방법으로 해결하고 있다. 우리나라에서는 사자 자신의 인격권을 인정하는 견해[97]와 이를 부정하고 유족에 대한 불법행위로

---

95) 상세한 것은 김재형(주 84), 63면 이하 참조.
96) 사자의 인격권에서 문제되는 것은 통상 금지청구권에 관한 것이고, 손해배상청구가 문제되지는 않는다.
97) 민법주해(Ⅰ), 256면(양삼승 집필부분); 손동권, "언론보도와 사자의 명예훼손," 언론중재, 1992.

해결해야 한다는 견해98) 등이 대립하고 있다.99) 그리고 하급심 판결 중에는 원칙적으로 사자의 인격권을 긍정한 사례가 있다.100)

우리나라에서는 전통적으로 사후에도 생전의 사회적 평가가 왜곡되지 않기를 기대하는 정도가 매우 높다. 저작권법에서 사자의 저작인격권을 보호하고 있는 것101)과 비교해 보면, 명예 등 인격권을 침해하는 경우에 대하여는 사법상 아무런 보호를 하지 않는 것은 불합리하다. 그렇다고 유족의 명예나 추모감정을 보호하는 방법으로 해결하는 것만으로는 곤란한 경우가 있음은 위에서 본 바와 같다. 살아있는 동안 헌법상의 인간의 존엄과 가치를 실효성 있게 보장하기 위해서는 적어도 사후에 명예를 중대하게 훼손시키는 왜곡으로부터 그의 생활상이 보호받을 수 있어야 하기 때문에, 사자의 인격권을 인정하여야 한다. 한편 사자의 인격권의 보호기간을 정하는 것은 어려운 문제이다. 일반적으로 말하자면 사망한 때로부터 시간의 경과가 오래될수록 인격권의 침해를 인정하기 곤란할 것이고, 시간의 경과로 인하여 역사적 인물이 되었다면 그에 대한 인격권의 침해를 부정하여야 한다.102)

3. 사자의 인격권 보호 범위와 행사 방법

사자의 인격권의 보호 범위는 원칙적으로 살아있는 사람의 경우와 마찬가지라

봄, 언론중재위원회, 9면.

98) 지홍원, "인격권의 침해," 사법논집 제10집, 1979, 226면; 주석 채권각칙(IV), 132-133면(주 12); 한위수, "명예의 훼손과 민사상의 제문제," 사법논집 제24집, 1993, 401-402면.

99) 이은영(주 13), 740면은, 사자의 명예도 일정한 경우에는 불법행위책임법으로 보호되어야 한다고 하면서, 명예훼손의 효과로서 발생하는 청구권은 상속인이나 근친자에 의해서 행사되어야 하므로 엄밀한 의미에서는 상속인이나 근친자에 대한 불법행위책임이 발생할 뿐이라고 한다.

100) 서울지판 1995. 6. 23, 94카합9230(하집 1995-1, 323).

101) 저작권법 제14조 제2항은 "저작자의 사망 후에 그의 저작물을 이용하는 자는 저작자가 생존하였더라면 그 저작인격권의 침해가 될 행위를 하여서는 아니 된다. 다만, 그 행위의 성질 및 정도에 비추어 사회통념상 그 저작자의 명예를 훼손하는 것이 아니라고 인정되는 경우에는 그러하지 아니하다."라고 규정한다. 구 저작권법 제96조(개정 저작권법 제128조), 저작권법 제14조 제2항에 의하면, 유족들은 이미 사망한 저작자의 명예를 훼손했다는 이유로 제95조의 규정에 따른 명예회복 등의 청구를 할 수 있다. 그러나 유족들은 위와 같은 침해행위를 이유로 손해배상을 청구할 수는 없다. 허희성, 신저작권법축조해설, 범우사, 1988, 422면; 정재훈, "저작권 침해에 대한 손해배상," 법조 통권 제486호(1997. 3), 114면.

102) 대판 1998. 2. 27, 97다19038(공 1998, 867) 참조.

고 볼 수 있다.103) 사자의 명예훼손이나 인격상의 왜곡뿐만 아니라 정보에 관한 자기결정권도 보호 범위에 속한다. 예컨대 언론에서 사자의 내밀영역에 관하여 사실대로 보도하는 경우에도 사자의 인격권을 침해하는 행위에 속한다. 그리고 사자의 일기나 편지가 왜곡된 형태로 공표된 경우에도 사자의 인격권의 보호 범위에 속한다.

그런데 사망한 사람이 직접 금지청구권을 행사할 수 없기 때문에, 누가 금지청구권을 행사할 수 있는지 문제된다. 이에 관하여는 저작권법 규정104)을 유추 적용하여 유족(즉 배우자·자·부모·손·조부모 또는 형제자매)이나 유언집행자가 그러한 청구를 할 수 있다고 보아야 한다.

Ⅵ. 결   론

인격권은 20세기에 들어와 뚜렷한 징표를 가지고 승인되기 시작하였는데, 그 보호 범위가 계속 확대되고 있다. 장래 인격권의 인정범위가 어느 정도로 확대될 것인지 현재로서는 예측하기 어렵지만, 인격권은 인간의 생활에 지대한 영향을 끼칠 것이다. 독일의 한 교수는 "개인적 자유가 20세기까지 가장 중요한 기본권이었고, 새로운 시대의 가장 중요한 기본권은 일반적 인격권"이라고 하였는데,105) 현대 사회의 다양한 영역에서 인격권의 보호문제가 중요한 문제로 등장하고 있다. 따라서 인격권의 내용과 인정범위를 명확히 하기 위하여 개별적인 분야에 대한 연구가 축적되어야 한다.

그리고 포괄적인 입법을 통한 인격권의 보호도 중요한 과제이다. 특히 스위스에서는 민법전에 인격적 관계를 보호하는 규정을 두고 있었는데, 1983년 민법과 채무법을 개정하여 "인격의 보호"에 관하여 매우 상세하게 규정하고 있다(스위스

---

103) Larenz/Canaris(주 7), S. 533.
104) 구 저작권법 제96조에 의하면 저작자가 사망한 후에 그 유족(사망한 저작자의 배우자·자·부모·손·조부모 또는 형제자매를 말한다)이나 유언집행자는 당해 저작물에 대하여 제14조 제2항의 규정에 위반하거나 위반할 우려가 있는 자에 대하여는 침해의 정지 등을 청구할 수 있으며, 고의 또는 과실로 저작인격권을 침해하거나 저작자의 명예를 훼손한 경우 명예회복 등을 청구할 수 있다고 한다(개정 저작권법은 제128조에서 이를 규정하고 있다).
105) Leisner, "Von der persönlichen Freiheit zum Persönlichkeitsrecht," Festschrift für Heinrich Hubmann zum 70. Geburtstag, 1985, S. 302.

민법 제28조 이하와 스위스 채무법 제49조). 독일에서도 채택되지는 않았지만, 상세한 개정안이 마련된 적이 있었다.106) 현대사회에서 인격권은 매우 중요한 위치를 차지하고 있고 현행 민법의 해석만으로 해결하기 곤란한 경우가 많이 있다. 많은 논의가 필요하겠지만, 우리나라에서도 민법을 개정하여 인격권에 관한 규정을 신설하여야 한다. 이때 인격권의 개념 또는 보호 범위에 명예훼손과 사생활 침해를 명시하여야 하고,107) 사전적 구제수단으로 금지 및 예방청구권을 명문화하며, 사후적 구제수단도 손해배상 이외에 철회청구권 등을 규정하여야 한다. 또한 인격권 침해를 배제하는 사유도 규정할 필요가 있다.

[민사판례연구(XXI), 박영사, 1999, 631~660면]

---

106) 독일 법률가대회에서 인격권에 관한 개정방안이 논의되었다. 그 후 독일 연방법무부는 입법 초안을 제출하였다. Nipperdey, "Tatbestandsaufbau und Systematik der deliktischen Grund-tatbestände," NJW 1967, 1985ff. 참조.

107) 형법에도 사생활 침해에 관한 규정을 신설하는 것이 바람직하다.

제2절 모델소설과 인격권*

Ⅰ. 서 론

1. 소설(小說)이란 작가의 상상에 의하여 가상적인 인물들을 창출하고 그들이 전개해 가는 이야기를 엮어낸 창작물이다. 따라서 소설은 허구의 인물과 허구의 이야기를 전제로 한다. 그런데 모델이 없는 소설은 거의 없다고 말할 수 있을 만큼,1) 작가는 실제로 존재하는 인물을 모델로 삼아 소설 속 인물을 창출하는 경우가 많다. 인간의 상상력에는 한계가 있기 때문이기도 하지만, 작가가 소설에 현실감을 더하거나 독자에게 더 큰 흥미와 감동을 불러일으키기 위하여 역사적 인물이나 사회에서 널리 알려진 인물을 모델로 하기도 한다. 이와 같이 작가가 실존 인물을 모델로 하여 소설 속 인물을 창출한 소설을 모델소설(Schlüsselroman)이라고 할 수 있다.

헌법 제22조 제1항은 "모든 국민은 학문과 예술의 자유를 가진다."라고 규정하고 있는데, 소설은 그 형태와 내용이 어떠하든 예술창작물로서 이 규정에 의하여 보호되어야 한다. 한편 소설이 허구라고 하지만, 독자들은 소설 속 인물이 실존 인물을 모델로 한 것이라는 것을 알게 되는 경우에는 양자를 동일시하고 소설이 허구라는 사실을 잊어버리는 경우가 많다. 특히 모델소설의 내용 중에 작중인물의 사회적 평가를 저하시키는 내용이 있거나 실존 인물의 비밀스러운 생활을 묘사하는 부분이 있는 경우에, 이것이 모델이 된 인물에 대한 인격권을 침해하는지 문제된다.2)

---

* 이 연구는 1996년도 서울대학교 발전기금 일반학술연구비의 지원에 의하여 이루어졌다.
 1) 곽윤직, 채권각론, 신정판, 박영사, 1995, 695면.
 2) 이것은 만화, 연극, 영화, 텔레비전 연속극 등의 작품에서도 마찬가지이다. 따라서 이러한 작품에 의하여 인격권이 침해되는 경우도 필요한 한도에서 다룰 것이다. 그리고 자전적 소설은 작가의 삶을 토대로 한 것인데, 이 경우에 자기 자신에 대해서는 인격권 침해의 문제가 발생하지 않지만, 그 주변 인물에 대해서는 인격권 침해의 문제가 발생할 수 있다.

인격권이라는 용어는 독일 민법학에서 유래하는 것인데,3) 우리 민법에서도 유용한 개념이다.4) 인격권은 자신의 인격적 이익에 관한 권리로서 명예나 프라이버시 등이 이에 포함되는데,5) 헌법에 의하여 보장되고 있는 인간으로서의 존엄과 가치6)와 사생활의 비밀과 자유7)에 근거를 두고 있다. 따라서 소설에 의한 인격권 침해 문제는 헌법적 차원에서 표현 및 예술의 자유와 인격권이라는 기본권의 충돌 문제를 발생시킨다.8) 즉, 이 문제는 표현 및 예술의 자유, 특히 문학창작의 자유가

---

3) 독일에서 인격권(Persönlichkeitsrecht)은 성명권(독일 민법 제12조), 초상권(독일 조형예술 및 사진 작품에 대한 저작권에 관한 법률(이하 예술저작권법이라 한다) 제22조 이하) 등 실정법에 규정되어 있는 개별적 인격권과 그렇지 않은 일반적 인격권(allgemeines Persönlichkeitsrecht)으로 구분된다.

　일반적 인격권을 침해하는 것이 불법행위에 해당하는지 문제되는데, 독일 민법 제정 당시 일반적 인격권은 불법행위법의 보호대상에 포함되지 않는 것으로 해석되었다. 독일 민법 제823조 제 1 항은 "고의 또는 과실로 인하여 타인의 생명, 신체, 건강, 자유, 소유권 또는 기타의 권리를 위법하게 침해한 자는 그 타인에게 이로 인하여 발생한 손해를 배상할 의무를 진다."라고 규정하고 있는데, 위 규정에서 말하는 '기타의 권리'는 절대권을 가리킨다고 보았다. 그러나 2차세계대전 이후 제정된 독일 기본법에서 인격권을 헌법상의 기본권으로 규정한 것에 영향을 받아 독일 연방대법원이 일반적 인격권을 독일 민법 제823조 제 1 항의 "기타의 권리"로 승인하였다. 이에 관해서는 BGHZ 13, 334(독자의 편지 사건); BGHZ 26, 349(Herrenreiter 사건); Larenz/Canaris, Lehrbuch des Schuldrechts Ⅱ/2, 13. Aufl., 1994, S. 491ff.; Wieacker, Privatrechtsgeschichte der Neuzeit, 2. Aufl., 1967, S. 525; J. Helle, Besondere Persönlichkeitsrechte im Privatrecht, 1991, S. 3ff. 참조.

　한편 스위스에서는 민법전에 인격적 관계를 보호하는 규정을 두고 있었는데, 1983년 민법과 채무법을 개정하여 인격(Persönlichkeit)의 보호에 관하여 매우 상세하게 규정하고 있다(스위스 민법 제28조 이하와 스위스 채무법 제49조).

4) 우리나라에서는 대체로 인격권이라는 권리 개념을 긍정하고 있다. 곽윤직, 민법총칙, 신정판, 박영사, 1995, 100-101면; 김상용, 불법행위법, 법문사, 1997, 102면; 주석 채권각칙(Ⅳ), 한국사법행정학회, 1987, 118면(박철우 집필부분); 강남진, "인격권의 보호에 대한 하나의 제안," 민사법학 제13·14호, 1996, 117면. 이에 반하여 우리 민법 제750조는 불법행위의 성립요건을 포괄적으로 규정하고 있고, 제751조가 "타인의 … 명예를 해하거나 기타 정신상 고통을 가한 자"는 손해배상책임을 진다고 규정하고 있으므로, 불법행위가 성립하는지는 위 규정에 해당하는지를 판단하면 충분하고 인격권이라는 개념을 도입할 필요가 없다는 견해가 있다. 이은영, 채권각론, 개정판, 박영사, 1995, 733면 이하. 그러나 인격권은 불법행위를 원인으로 한 손해배상청구뿐만 아니라 금지청구의 기초가 될 수 있기 때문에, 우리 민법하에서도 인격권이라는 개념은 유용하다고 생각한다.

5) 인격권의 가장 중요한 내용으로 명예와 프라이버시를 들 수 있지만, 이것에 한정되는 것이 아님은 물론이다.

6) 헌법 제10조는 "모든 국민은 인간으로서의 존엄과 가치를 가지며, 행복을 추구할 권리를 가진다."라고 규정하고 있다.

7) 헌법 제17조는 "모든 국민은 사생활의 비밀과 자유를 침해받지 아니한다."라고 규정하고 있다.

8) 기본권의 충돌 문제에 관해서는 김철수, 헌법학개론, 제 9 전정신판, 박영사, 1997, 290면 이하; 허영, 한국헌법론, 신정 5 판, 박영사, 1996, 258면 이하; 권영성, 헌법학원론, 신판, 박영사,

어느 정도까지 보호되어야 하는지, 이것이 개인의 인격권과 충돌하는 경우에 이를 어떻게 조화시킬 것인가라는 문제와 밀접한 관련이 있다. 그런데 이것은 소설에 의한 인격권 침해가 민법상의 불법행위를 성립시키는지, 그 구제수단으로서 금지 청구를 하거나 명예회복을 위한 적당한 처분을 구하는 것이 허용되는지 등에 관한 사법(私法)상의 문제로 귀결되기 때문에 민법학의 중요한 과제이기도 하다.

2. 종래 소설에 의한 인격권 침해가 문제된 적도 있었으나 대부분 당사자들의 합의 등으로 종결되었다. 그런데 1994년에 이휘소를 모델로 한 소설들("무궁화꽃이 피었습니다," "소설 이휘소")에 대하여 이휘소의 유족이 제기한 출판금지 가처분 사건9)은 많은 관심을 불러일으켰다.

소설에 의한 인격권 침해 문제는 인격권이 소설에 의하여 침해된다는 점에 특색이 있을 뿐이기 때문에, 인격권 일반에 관한 논의를 전제로 하여야 하지만, 여기에서는 인격권에 관한 일반적인 탐구는 별도의 논문으로 미루고, 모델소설과 관련된 인격권 침해에 특유한 문제를 중심으로 다루고자 한다. 먼저 모델소설에서 피해자의 특정 문제를 일반적인 명예훼손 등의 경우와 비교하여 살펴보고(아래 Ⅱ), 어떠한 경우에 소설에 의하여 인격권이 침해되었다고 볼 수 있는지, 그 구제수단이 무엇인지에 관하여 편의상 명예훼손의 경우와 프라이버시 침해의 경우로 나누어 검토하고자 한다(아래 Ⅲ). 그리고 소설 속 모델이 이미 사망한 사람이거나 공적 인물인 경우에는 인격권 침해에 어떠한 영향을 미치는지(아래 Ⅳ, Ⅴ) 등에 관해서도 다루고자 한다. 이러한 문제들에 관하여 우리나라에서는 논의가 미미하기 때문에, 독일, 일본, 미국 등에서는 어떻게 다루어지고 있는지도 살펴보고자 한다. 마지막으로 논의를 정리하고 장래의 과제에 관하여 언급하고자 한다(아래 Ⅵ).

Ⅱ. 모델소설과 피해자의 특정 문제

1. 개   설

어떤 사람이 모델소설에 의하여 인격권이 침해되었다고 볼 수 있으려면, 우선

1996, 303면 이하; 권영성, "기본권의 갈등," 서울대학교 법학 제36권 1호(1995. 5), 45면 이하 참조.
9) 아래 Ⅲ. 1. (5)에서 상세하게 다룬다.

그가 소설의 모델이 되었다고 볼 수 있어야 한다. 실명소설이나 실화소설과 같이 소설에서 실존 인물과 동일한 이름을 사용하고 그의 행동이나 생활과 동일하게 묘사하는 경우에는 피해자가 특정되었다고 인정하는 데 별다른 어려움이 없다. 그러나 소설에서 실제와 다른 이름을 사용하거나, 소설 속 인물이 실존 인물을 토대로 한 것이지만 실제와 많은 부분에서 차이가 있는 경우에는 피해자를 특정하는 것이 중요한 문제로 된다. 소설로 인한 피해자의 특정 문제는 사실 보도나 수기의 경우보다 애매하기 때문에,10) 양자를 구별하여 볼 필요가 있다.

2. 사실 보도로 인한 피해자의 특정

명예훼손에 의한 불법행위가 성립하려면 피해자가 특정되어 있어야 한다.11) 그러나 반드시 사람의 성명을 명시하여야만 피해자가 특정되는 것은 아니고 사람의 성명을 명시하지 않은 경우라도 그 표현의 내용을 주위사정과 종합해 볼 때 그 표시가 누구를 지목하는가를 알아차릴 수 있을 정도이면 피해자가 특정되었다고 보아야 한다.12) 대법원13)은 "… 위 기사를 읽어 본 사람 중 적어도 원고를 아는 사람이면 위 기사에서 말하는 조○○ 장인 또는 조모양의 친정아버지가 원고를 지목하는 것이라는 것쯤은 쉽게 알아차릴 수 있는 상황이었다고 보기에 충분"하다는 이유로 기사로 명예가 손상될 피해자가 특정되었다고 판결한 바 있다. 그리고 하급심 판결로는 수기에 의한 명예훼손이 문제된 사안에서 '수기에 기재된 필자의 주소, 연령, 가족관계 등 인적 사항, 아파트 15층에 거주한다는 점, 가족 모두가 교회에 다닌다는 점 등을 종합해 볼 때 비록 필자와 망인 등의 이름을 다르게 표시했다고 하더라도 원고들을 알거나 추락사한 망인에 대해 보도된 신문 기사에 관심

---

10) 모델소설에 의한 인격권 침해의 특질로는 허구에 의한 피해자의 특정이 애매하다는 점과 예술활동에 의한 침해라는 점을 들 수 있다. 石村善治, "モデル小說," 現代損害賠償法講座 2 名譽・プライバシー, 日本評論社, 1980, 202면; 榎原猛 編, プライバシー權の總合的研究, 法律文化社, 1993, 210면(抱喜久雄 집필부분).

11) 박용상, "표현행위에 대한 부작위청구권," 기업과 법(도암 김교창 변호사 화갑기념논문집), 1997, 957면은 이것을 개별적 연관성이라고 한다. 즉, 부작위청구권은 표현행위에 의해 자기의 법적으로 보호받는 영역이 이미 침해되었거나 그러한 침해가 우려되는 자에게 주어지고, 그 권리는 표현행위가 피해자와 개별적 연관성(individuelle Betroffenheit)이 있는 경우에만 인정된다고 한다.

12) 대판 1994. 5. 10, 93다36622(공 1994, 1643).

13) 대판 1994. 5. 10, 93다36622(공 1994, 1643).

을 가졌던 독자라면 누구나 쉽사리 수기의 필자가 원고라고 단정할 수 있다'고 한 사례14)가 있다. 또한 서울대 사회대 86학번 여학생이라고 표시되었을 뿐이고 성명이 전혀 표시되지 않았는데도 명예훼손을 원인으로 한 불법행위가 성립한다고 한 판결15)이 있다. 이것은 형법의 명예훼손죄의 경우에도 마찬가지이다.16) 그리고 반론보도청구권의 경우에 보도 내용과 개별적 연관성이 있으면 반론보도를 청구할 수 있는데, 성명으로 특정되지 않더라도 나이, 경력, 가족관계 등이 유사한 경우에는 개별적 연관성이 있다고 볼 수 있다.17)

---

14) 서울민사지판 1986. 12. 24, 86가합3104(국내언론관계판례집 제 1 집, 256면).

15) 서울지판 1996. 5. 14, 94가합91515. 사안은 다음과 같다. 조선일보사에서 발행하는 월간지 '필'(FEEL) 1994년 8월호에 '호스티스 출신 서울대 여대생의 충격 고백'이라는 제목으로 전주 출신으로 서울대학교 사회대를 1986년에 입학(이하 86학번이라 한다)한 여학생이 운동권 선배와 연애끝에 배신당하여 호스티스 생활을 하다가 재벌회장과 동거했다는 내용을 수기 형식으로 게재하였다. 원고들은 서울대 86학번 여학생 49명 중 12명인데, 그중에는 전주 출신 2명도 포함되어 있었다.

위 판결은 "일반적으로 명예훼손의 주체는 특정한 자임을 요하지만 반드시 성명을 명시하여야 하는 것은 아니고 표현의 전취지나 주위의 사정상 특정인을 추지(推知)할 수 있으면 족하고, 특히 잡지의 배포에 의한 사실적시라는 방법이 취하여진 때에는 그 독자 전원이 명예가 훼손된 특정인이 누구인가를 알 것을 요하는 것이 아니라 적어도 동인을 알고 있는 불특정 또는 다수인에 있어서 그 사실의 표현 전체나 특정인에 대한 예비지식을 종합해서 적시된 사실이 누구에 관한 것인가를 추지할 수 있으면 족하다 할 것이며, 한편 일반적으로 취재원의 성명을 밝히지 아니한 채 수기 형식의 기사를 게재할 경우에는 취재원의 동일성에 관한 오인가능성이 높은 만큼 취재원의 특정에 관하여 이를 아예 추상화하거나 아니면 비록 성명을 밝히지 않더라도 가능한 특정 방법을 통해 일반인으로 하여금 취재원의 동일성에 관하여 오인을 하지 않도록 해야 할 것이고, 나아가 단순히 독자들에게 가벼운 오락거리를 제공하려는 의도에서 가공의 사실을 수기 형식으로 기사화하는 경우에도 독자들이 기사 중의 모델을 실재의 인물에 맞추어서 추측하는 수도 있으므로 기사의 형식과 내용면에서 일반인들이 그 기사 내용을 완전한 허구라고 인식할 수 있을 정도로 승화시켜 특정인의 구체적 행동을 추지할 수 없을 정도가 되어야 하는바, … 원고들이 생활하는 범위내의 주변 사람들 사이에서는 이 사건 기사의 모델이 원고들일 수 있다고 추지하기에 충분하다."라고 판단하였다.

16) 대판 1982. 11. 9, 82도1256(공 1983, 130)은 "형법 제307조 제 2 항의 명예훼손죄가 성립하려면 피해자가 특정된 허위사실의 적시행위가 있어야 함은 소론과 같으나, 반드시 사람의 성명을 명시하여 허위의 사실을 적시하여야만 하는 것은 아니므로 사람의 성명을 명시한 바 없는 허위사실의 적시행위도 그 표현의 내용을 주위사정과 종합 판단하여 그것이 특정인을 지목하는 것인가를 알아차릴 수 있는 경우에는 그 특정인에 대한 명예훼손죄를 구성한다."라고 하였다. 대판 1989. 11. 14, 89도1744(공 1990, 72)도 같은 취지이다.

17) 대판 1986. 1. 28, 85다카1973(공 1986, 417). 특히 서울지결 1995. 1. 21, 94카기4881(언론중재 1995년 봄호, 171면)은 '필'(FEEL)지의 기사(주 15)에 대한 반론보도청구사건에 관한 것인데, 위 기사에서 서울대 사회대 86학번 여학생이라고 표시되었을 뿐이고 신청인들의 성명이 전혀 표시되지 않았는데도, 신청인들의 반론보도청구가 받아들여졌다.

3. 소설에 의한 피해자의 특정

소설로 인하여 명예 등 인격권이 침해되었다고 볼 수 있으려면 객관적으로 작품 속의 인물에서 실존 인물을 연상할 수 있어야 한다. 그러므로 실존 인물을 모델로 한 소설이라고 하더라도 실존 인물을 연상할 수 없는 경우에는 모델소설에 의한 인격권 침해는 문제되지 않는다.

(1) 일본의 경우

일본에서는 모델소설[18]에 의하여 명예나 프라이버시가 침해되었는지 문제된 사례가 많다. 일본 하급심 판결은 "幹事長과 女秘書"라는 소설에 의하여 명예훼손죄가 성립한다고 하였는데, 위 소설이 자유당 간사장이었던 佐藤榮作을 모델로 한 것이라고 판결하였다.[19] 그 이유로 소설의 주인공인 後藤大作이 소설의 배경인 인적 관계, 기타 사회적 사건과 관련하여 볼 때 실재의 佐藤榮作을 가리키고 있다는 점이 명백하고, 집필자도 주관적으로 佐藤榮作을 모델로 하여 이 작품을 집필하였으며 잡지편집장도 이를 인식하고 있었다는 점을 들었다. 그리고 "잔치의 흔적"이라는 소설이 전 외무대신 有田八郎을 모델로 한 것인지 문제된 사건[20]에서는 위 소설이 원고의 실명을 사용하지 않아 소위 폭로소설, 실록소설(實錄小說)과는 차이가 있지만, 세인의 기억에 생생한 사건을 소설의 줄거리에 전면적으로 사용하고 있다는 이유로 일반 독자가 원고가 소설의 모델이라는 것을 쉽게 알 수 있다고 보았다.

---

[18] 石村善治(주 10), 212면 이하에서는 허구, 픽션의 정도에 따라 모델소설을 다음과 같이 유형화하고 있다.
  (1) 어떤 실재의 인물의 성격이나 행동에서 힌트를 얻어 쓰기 시작하지만, 작중인물은 실재 인물을 떠나서 독자로 활동하여 행동하는 경우
  (2) 소설의 기본골격이 줄곧 실재 인물의 행동에 따르고 있는 경우
    (가) 작가가 동일인물을 연상시키지 않도록 배려하여, 인명, 직업, 장소, 상황 등을 변경한 경우
      (ㄱ) 주관적 배려대로 객관적으로도 동일인물을 연상시키지 않는 경우
      (ㄴ) 주관적 배려에도 불구하고 객관적으로는 동일인물을 연상시키는 경우
        (a) 모델로서 실재의 인물을 연상할 수 있는 자가 한정된 소수에게 그치는 경우
        (b) 많은 일반 독자가 쉽게 모델이 누구인지를 알 수 있는 경우
    (나) 작가가 동일인물을 연상시키지 않도록 배려를 하지 않았거나 게을리한 경우
  위 유형에서 (1) 및 (2) (가) (ㄱ)의 경우를 제외하고, 권리침해를 야기할 가능성이 있다고 한다.
[19] 東京地判 1957(昭和 32). 7. 13(判例時報 119호 1면).
[20] 東京地判 1964(昭和 39). 9. 28(下民集 15권 9호 2317면; 判例時報 385호 12면).

한편 소설에 의한 명예훼손이 문제되었으나, 피해자가 특정되지 않았다는 이유로 명예훼손을 부정한 사례가 있다.21) 즉, 피고 舟橋聖一은 1955년 6월부터 1956년 3월까지 아사히신문(朝日新聞)에 "하얀 마어(魔魚)"라는 소설을 연재하였다. 원고는 위 소설로 인하여 원고의 명예가 훼손되었다고 주장하면서, 작가에게 사죄광고와 위자료를 청구하였다.22) 그러나 법원은 위 소설에서의 綾瀨의 집안과 원고의 집안 사이에 가옥의 구조와 위치, 가업, 경제적 파탄 등의 점에서 공통·유사한 부분이 있지만, 원고의 집안 부근에 있는 가옥구조도 비슷하고, 인물의 유사성이 인정되지 않는다고 한 다음, "소설과 현실 사이에 동일성 또는 유사성이 존재함에도 불구하고, 그러한 것만으로 위 소설이 원고를 모델로 한 것을 추인하는 근거로 되기에 충분하지 않다."라고 판단하였다.23)

(2) 미국의 경우

소설 속 인물과 실존 인물이 동일한지에 관하여는 소설이나 영화에 나오는 인물이 원고와 이름, 신체, 나이, 주소, 직업, 경력, 인간관계, 성격 등에서 유사한 점이 있는지에 따라 판단하여야 한다고 한다.24) 소설 등에서 원고의 이름을 사용하지 않았다고 하더라도 신체적 특징, 직업, 작품에서의 역할 등에 비추어 합리적인 독자의 입장에서 소설 속 인물이 원고를 묘사한 것이라고 믿을 만한 경우에는 명

---

21) 岐阜地判 1959(昭和 34). 3. 28(判例時報 182호 17면).
22) 이 소설의 내용은 다음과 같다. 岐阜市 元浜町에 있는 미농지 도매상인 綾瀨光一郎의 점포는 岐阜縣에서 유명한 점포이다. 그의 딸은 동경에 있는 대학에서 공부하던 중 重岡이라는 학생과 교제하였는데, 위 점포가 망하게 되어 가처분을 받게 되고, 光一郎은 고뇌 끝에 병상에 눕게 되었다. 그의 아들 富夫는 점포의 사무원을 첩으로 두고 가업을 돌보지 않다가, 光一郎이 사망한 후, 여동생을 채권자인 靑木이라는 중년 실업가에 출가시켜 그의 재력으로 집안을 다시 일으키려고 하였다. 그러나 근대적 지성과 행동력을 가진 여동생은 오빠의 요청과 靑木의 집요한 구애를 거절하고, 어머니의 따뜻한 애정과 이해에 힘입어 청년 重岡과 사랑하게 되지만, 이 때문에 위 점포는 파산하게 된다.
   원고는, 위 소설에 등장하는 綾瀨光一郎이 원고를 모델로 한 것이라고 독자에게 전달되고 있는데, 원고의 점포가 가처분을 받지도 않았고 원고가 비련 속에서 인생을 마치지도 않았다고 하면서, 위 소설이 공표됨으로써 원고의 사회적 성가를 잃고, 자기의 명예감정이 현저하게 손상되었다고 주장하였다.
23) 이 사건은 피고가 원고의 실생활과 달리 묘사함으로써 원고의 명예가 손상되었다고 주장할 수도 있지만, 피고가 원고의 사생활을 공개했다고 볼 수 있기 때문에, 명예훼손보다는 프라이버시 침해가 문제되는 사건이라고 볼 수 있다는 견해가 있다. 小堀憲助, "モデル小說と名譽毀損 (2)," マスコミ判例百選, 別冊ジュリスト No. 31, 1971, 119면.
24) 표성수, 언론과 명예훼손, 육법사, 1997, 68면.

예훼손이나 프라이버시 침해가 될 수 있다. 통상 작가가 의도적으로 실존 인물을 묘사하려고 하였고 독자가 그와 같이 생각했으면 원고와 작중인물의 동일성이 인정된다고 한다.[25] 그러나 공표된 이야기가 허구적이고, 독자의 입장에서 소설상 인물이 원고와 동일한 인물이거나 원고가 소설상 인물과 동일시된다고 볼 수 없으면, 명예훼손이나 사생활 침해가 되지 않는다고 한다.[26]

(3) 우리나라의 경우

우리나라에서도 실존 인물과 동일한 이름을 사용한 경우("나는 사람 아닌 짐승을 죽였어요"에서 김부남의 경우,[27] "소설 이휘소"에서 이휘소의 경우)는 물론이고, 다른 이름을 사용한 경우("무궁화꽃이 피었습니다"에서 이용후라는 인물과 실제의 이휘소)에도 학력, 경력, 가족관계 등 제반사정에 비추어 동일성을 인정한 사례가 있다.[28] 그런데 "무궁화꽃이 피었습니다"에서 이용후의 딸이 실제의 이휘소의 딸을 모델로 한 것인지에 대하여는 "위 소설에서 이용후의 딸인 이미현은 이휘소의 딸인 신청인 아이린 앤 리와는 일치하는 부분이 거의 없어 신청인 아이린 앤 리가 위 소설 속의 이미현의 모델이라고 보기 힘들기 때문에 소설 속의 이미현에 관한 부분은 작가가 창작해 낸 허구라고 할 것이어서, 신청인 아이린 앤 리가 위 이휘소의 딸이라는 이유만으로 명예훼손을 이유로 위 소설의 출판금지를 구할 수는 없다."라고 판단하였다.[29] 소설의 주인공이 실존 인물을 모델로 한 경우에도 소설 주인공의

---

25) Second Restatement of Torts §564, Comment a. (1977); Prosser/Keeton, The Law of Torts, 5th ed., West Publishing Co., 1984, p. 783, pp. 852-853; Bindrim v. Mitchell, 92 Cal. App.3d, 61 (1979).

26) Middlebrooks v. The Curtis Publishing Company, 281 F. Supp. 1 (1968). 출판사인 피고가 1963년 잡지에 "Moonshine Light, Moonshine Bright"라는 단편소설을 게재하였는데, 십대 소년인 에스코 브룩스(Esco Brooks)와 얼 에지(Earl Edge)가 남부 캐롤라이나 주의 콜럼비아에 있는 지방착유소에서 버터를 절취하는 행위 등을 묘사하는 등 에스코 브룩스의 명예를 훼손하고 사생활을 침해하는 내용이 있었다. 원고는 에스코 브룩스가 저자의 친구인 원고(Larry Esco Middlebrooks)를 지칭한다고 주장하였으나, 법원은 실존하는 원고와 소설 속 인물 사이에는 나이, 주거지역, 활동 등에서 차이점이 크기 때문에, 이성적으로 판단할 때 소설 속 인물이 사실상 원고이거나 원고를 지칭하려는 의도가 있다고 볼 수 없다는 이유로 위 주장을 받아들이지 않았다.

이와 비슷한 취지의 판결로는 Wheeler v. Dell Publishing Co., 300 F.2d 372 (1962); Geisler v. Petroceli, 616 F.2d 636 (1980); Pring v. Penthouse International, Ltd., 695 F.2d 438 (1982) 등이 있다.

27) 서울형사지판 1993. 8. 27, 92고단3622(국내언론관계판례집 제 3 집 271면).

28) 서울지판 1995. 6. 23, 94카합9230(하집 1995-1, 323).

29) 서울지판 1995. 6. 23, 94카합9230(하집 1995-1, 323).

가족이나 동료가 실존 인물의 가족이나 동료와는 다르게 묘사되어 있다면 그 가족이나 동료까지 모델이 되었다고 볼 수 없다.

요컨대 창작품이 실존 인물을 모델로 하였는지는 작중인물의 이름, 성격, 경력과 주변상황 등을 종합적으로 고려하여 독자로 하여금 어떤 특정인을 모델로 하였고 작품내용이 그 모델에 관한 구체적 사실이라고 믿게 하느냐에 달려 있다.[30] 이름이 동일하거나 유사한 경우뿐만 아니라, 이름이 전혀 다르더라도 경력이나 주위사정 또는 전체적인 줄거리가 실제 상황과 비슷한 경우에는 모델소설로 볼 수 있다. 그러나 소설에서는 보도기사나 수기와는 달리, 인물을 자유롭게 창출할 수 있다는 점도 고려하여야 한다. 따라서 가족관계가 우연히 동일하다는 것만으로 실존 인물을 모델로 하였다고 볼 수는 없다. 그리고 소설 속 인물이 실존 인물을 연상시키는지는 독자의 입장에서 객관적으로 판단하여야 한다. 일반 공중은 잘 알 수 없다고 하더라도 모델로 된 사람을 아는 사람이 소설에서 실존 인물을 떠올릴 수 있으면 충분하다. 즉 작가가 모델을 상정하고 소설을 쓰고 독자가 객관적으로 모델이 누구인지를 알 수 있으면 모델소설이라고 볼 수 있다. 그리고 작가가 주관적으로 실존 인물과 다르게 묘사하려고 배려하였다고 하더라도 독자가 동일인이라고 생각하면 피해자가 특정되어 있다고 보아야 한다.

III. 소설에 의한 인격권 침해의 모습

소설에 의한 인격권 침해의 모습은 명예훼손과 프라이버시 침해로 나타난다. 양자를 구분하여 살펴보고자 한다.

1. 소설에 의한 명예훼손

(1) 개   설

어떤 사람을 모델로 한 소설이더라도 소설의 성격상 그의 실제모습과 다르게

---

30) 한위수, "명예의 훼손과 민사상의 제문제," 사법논집 제24집, 1993, 403면 이하; 石村善治(주10), 35면.

묘사된 부분이 있을 수밖에 없다. 실제와 다른 부분이 호의적으로 되어 있어 명예를 훼손했다고 볼 수 없는 경우에도 자신의 명예에 관하여 민감한 사람은 명예가 훼손되었다고 생각할 수 있다.

그렇다면 어떠한 경우에 명예훼손이 있다고 볼 수 있는가? 대법원은 "민법 제764조에서 말하는 명예란 사람의 품성, 덕행, 명성, 신용 등 세상으로부터 받는 객관적인 평가를 말하는 것이고 특히 법인의 경우 그 사회적 명성, 신용을 가리키는데 다름없는 것이며 명예를 훼손한다는 것은 그 사회적 평가를 침해하는 것"[31]이고, "단순히 주관적으로 명예감정이 침해되었다고 주장하는 것만으로는 명예훼손이 되지 않는다"[32]고 판결하였다. 그리고 명예훼손이 되려면 객관적으로 보아 혐오 또는 경멸을 받게 할 우려가 있어야 하고,[33] 그렇지 않으면 주관적으로 명예가 훼손되었다고 생각하더라도 명예훼손이라고 볼 수 없다.

그러므로 모델소설에 의한 명예훼손은 소설 속 특정 인물과 원고의 동일성이 인정되는 경우 소설의 내용이 원고의 실생활과 현저하게 다르고 독자 일반이 그 소설에 있는 허위 사실이 원고의 인격과 신용을 손상시킨다고 평가할 때 성립할 수 있다.[34]

그런데 소설에 의한 인격권 침해 문제는 표현 및 예술의 자유, 특히 문학창작의 자유와 충돌하게 된다. 명예권 등 인격권을 넓게 보호하게 되면, 이것은 결국 모델로 된 사람을 비판하는 방식의 소설은 허용되지 않고, 나아가 모델소설을 쓰지 말라는 결과가 될 수 있다. 이는 표현 및 예술의 자유에 대한 과도한 제한으로 작용한다. 헌법 제21조 제4항은 "언론·출판은 타인이 명예나 권리 또는 공중도덕이나 사회윤리를 침해하여서는 아니 된다. 언론·출판이 타인의 명예나 권리를 침해한 때에는 피해자는 이에 대한 피해의 배상을 청구할 수 있다."라고 규정함으로써 인격권이 우선하는 것처럼 보이지만, 표현의 자유와 인격권을 조정하는 것이 필요하다.

---

31) 대판 1988. 6. 14, 87다카1450(공 1988, 1020).
32) 대판 1992. 10. 27, 92다756(공 1992, 3252). 그러나 명예감정을 침해한 경우에도 불법행위가 성립될 수 있다. 이에 관하여는 이광범, "불법행위로서의 명예훼손과 그 구제방법," 헌법문제와 재판, 재판자료 77집, 법원도서관, 1997, 131-132면 참조.
33) 양창수, "정보화사회와 프라이버시의 보호," 민법연구 Ⅰ, 박영사, 1991, 513면 이하. 이 점에서 명예훼손은 프라이버시의 침해와 구별된다고 한다.
34) 同旨: 小堀憲助, "モデル小說と名譽毀損(2)," マスコミ判例百選, 別册ジュリスト No. 31, 1971, 119면.

대법원[35]은 인격권과 표현의 자유의 충돌 문제에 관하여 "구 헌법(1980. 12. 27. 개정) 제20조, 제 9 조 후단의 규정 등에 의하면 표현의 자유는 민주정치에 있어 최대한의 보장을 받아야 하지만 그에 못지않게 개인의 명예나 사생활의 자유와 비밀 등 사적 법익도 보호되어야 할 것이므로, 인격권으로서의 개인의 명예 보호와 표현의 자유의 보장이라는 두 법익이 충돌하였을 때 그 조정을 어떻게 할 것인지는 구체적인 경우에 사회적인 여러 가지 이익을 비교하여 표현의 자유로 얻어지는 이익, 가치와 인격권의 보호에 의하여 달성되는 가치를 형량하여 그 구제의 폭과 방법을 정하여야 할 것이다."라고 판결하였다.[36] 예술의 자유에 관해서는 헌법 제21조 제 4 항과 같은 규정이 없지만, 이것이 인격권과 충돌하는 경우에도 표현의 자유의 경우와 마찬가지로 보아야 한다.

그렇다면 예술의 자유를 보장하여 얻는 이익과 인격권을 보호함으로써 얻는 이익을 비교형량하여 소설에 의한 인격권의 침해 여부를 결정하여야 하는데, 구체적으로 어떻게 비교형량을 할 것인지 구체적인 기준을 세워야 한다. 먼저 독일, 일본, 미국에서 이 문제가 어떻게 처리되고 있는지 살펴보고, 우리나라에서 문제된 사례를 검토할 필요가 있다.

(2) 독일의 경우

독일 기본법 제 5 조 제 3 항은 예술과 학문의 자유를 보장하고 있는데, 우리 헌법과는 달리 이 규정에 대해서는 아무런 법률유보도 없다. 이 점은 중요한 의미가 있으나,[37] 예술의 자유가 아무런 제한 없이 보장되어야 한다고 볼 수는 없다. 독일에서도 예술작품에 타인의 인격권을 침해하는 내용이 있으면 인격권과 예술의 자유의 충돌 문제가 발생한다.[38] 이와 관련하여 먼저 소설에 의한 인격권 침해를 긍정한 메피스토(Mephisto) 사건을 살펴보아야 한다.

---

35) 대판 1988. 10. 11, 85다카29(집 36-3, 민 1).
36) 헌재 1991. 9. 16, 89헌마165(헌집 23, 518)는 정정보도청구권에 관한 것인데, "모든 권리의 출발점인 동시에 그 구심점을 이루는 인격권이 언론의 자유와 충돌하게 되는 경우에는 헌법을 규범조화적으로 해석하여 이들을 합리적으로 조정하여 조화시키기 위한 노력"을 해야 한다고 하였다.
37) BVerfGE 30, 173은 "예술의 자유에 대한 보장의 한계는 단지 헌법 자체에 의하여 결정되어야 한다."라고 하였다.
38) MünchKomm/Schwerdtner, §12 Rn. 212f.; Kastner, Literatur und Recht, NJW 1982, 602.

[메피스토 사건]

원고는 배우 겸 극장감독이었던 구스타프 그륀드겐스(Gustaf Gründgens)의 양자이자 단독상속인인데, 클라우스 만(Klaus Mann)의 소설 "메피스토(Mephisto)—한 입신출세자의 이야기"를 출판한 피고(님펜부르그 출판사)를 상대로 위 소설의 배포금지를 청구하였다. 그륀드겐스는 1920년대에는 클라우스 만과 친한 친구였고, 클라우스 만의 여동생인 에리카 만(Erika Mann)과 결혼하였다가 1928년 이혼하였다. 1933년 남매인 클라우스 만과 에리카 만은 정치적 망명을 하였다. 한편 메피스토 역을 통해 유명해진 그륀드겐스는 1934년 베를린 국립극장 감독으로 임명되었고, 1936년 프로이센 국가위원회에, 1937년에는 괴링(Göring) 소속 프로이센 국립극장의 총감독으로 임명되었다. 클라우스 만은 망명 직후 위 소설을 썼다. 위 소설에서 주인공은 연극배우인 헨드릭 회프겐(Hendrik Höfgen)인데, 그는 소시민적 환경에서 성장하여 연극에 재능이 있으나 기회주의자로서 나치에 동조하여 나치정권하에서 출세를 거듭하였다. 회프겐은 특히 흑인무용수와 성도착적인 행위를 하였는데, 그녀가 회프겐의 출세를 위태롭게 하자 야비한 방법으로 나치로 하여금 그녀를 추방하도록 하였다. 위 소설에서 회프겐의 모습은 그륀드겐스의 모습과 완전히 일치하는 것은 아니지만 상당 부분이 그륀드겐스의 실제 모습이나 생활과 유사한 것이었다. 위 소설은 1936년에 Querido 출판사에서 독일어로 출판되었다가, 그 후 1956년 동베를린에 있는 Aufbau 출판사에서 새로 출판되었으며,[39] 다시 1963년 8월에 피고가 위 소설의 출간을 발표하자, 1963. 10. 7. 원고가 이 사건 소를 제기하였다.

1심인 함부르크 지방법원은 원고의 청구를 기각하였으나, 2심인 함부르크 고등법원은 원고 승소판결을 내렸다. 이에 피고가 상고하였으나, 연방대법원[40]은 다음과 같은 이유로 상고를 기각하였다. 즉, 위 소설은 적지 않은 독자들에게 이미 사망한 그륀드겐스에 관하여 잘못되고 모욕적인 성격상(性格像)과 생활상(生活像)을 전달함으로써, 그의 인격상(人格像, Lebensbild)을 중대하게 왜곡하고 그의 명예를 침해하고 있다. 이에 대한 금지를 청구할 권리는 사망 후에도 존속하고, 고인의 양자이며 단독상속인인 원고가 위와 같은 금지청구권을 행사할 수 있다. 그리고 이와 같은 왜곡은 기본법 제 5조 제 3 항의 예술의 자유에 의해서도 보호되지 않는다고 하였다.

이에 대하여 피고(님펜부르그 출판사)는 고등법원과 연방대법원의 판결에 대하여 예술의 자유, 알 권리 등을 침해한다는 이유로 헌법소원을 제기하였다. 그러나 연방헌법재판소[41]는 이 헌법소원을 가부동수[42]로 기각하였다.[43]

---

39) 이 판에서는 소설의 마지막 페이지에 "이 책 속의 모든 인물들은 유형들을 묘사하고 있는 것이지 특정 인물을 묘사하고 있는 것은 아니다. K.M.(클라우스 만을 가리킴)"이라고 기재하였다.
40) BGHZ 50, 133. 이 판결에 관한 번역으로는 이시우 역, "독일연방대심원민사부 1968년 3월 20일 판결," 공법학의 현대적 지평(심천 계희열 박사 화갑기념논문집), 1995, 528면 이하가 있다.
41) BVerfGE 30, 173. 이 결정은 계희열, "메피스토-클라우스 만 결정," 판례연구 제 2 집, 고려

만화나 연극에서도 인격권과 예술의 자유가 충돌하는 모습을 볼 수 있다. 만화에서 정치가를 교미하는 돼지로 묘사한 것이 예술의 자유에 의하여 보호되는지 문제되었는데, 이것은 명예를 심각하게 훼손하는 것으로서 예술활동의 자유(독일 기본법 제 5 조 제 3 항)에 의하여 보호되지 않는다고 하였다.44) 연극에 관한 것으로는 Wilhelm Ⅱ./Piscator 사건45)이 유명하다. 배우가 빌헬름 2세의 가면을 쓰고 등장하는 연극에서 두 장면이 문제되었다. 첫 번째 장면에서는 빌헬름 2세가 몇 년 전 사열식에서 한 발언을 1차 세계대전과 관련하여 발언한 것으로 인용한다. 베를린 고등법원(KG)은 예술저작권법 제22조를 유추 적용하여 그 장면을 금지하였는데, 이는 정당하다고 한다.46) 왜냐하면 원문을 정당하지 않게 인용하는 것은 의견투쟁(Meinungskampf)에서 위험한 무기47)이고 인용은 예술작품 안에서도 그 자체로서 진실하게 행해져야 하며, 고의로 이를 왜곡하면 안 되기 때문이다. 두 번째 장면은 빌헬름 2세가 러시아 황제, 오스트리아 황제와 함께 승리를 기원한 것이었다. 법원은 이 장면도 금지하였다. 이에 대하여 그 장면이 픽션이라는 것이 명백하기 때문에 이를 금지한 것은 부당하다는 견해48)가 있다.

한편 예술작품에서 어떤 표현이 오해를 불러일으킨다고 해서 무조건 출판금지 청구를 받아들일 수는 없다고 한다. 예컨대 풍자나 만화의 경우에는 항상 오해의 위험을 내포하고 있다고 볼 수 있기 때문이다.49)

(3) 일본의 경우

(가) 일본에서 소설에 의한 명예훼손은 먼저 형사사건으로 문제되었다. 즉 1957

대 법학연구소, 1983, 7면 이하에 소개되어 있다.

42) 독일 연방헌법재판소법 제15조 2항 4문에 의하면 가부동수인 경우 기본법 및 연방법률에 대한 위반은 확인될 수 없다.

43) 그러나 이 소설은 1981년부터 독일에서 출판되고 있다. Klaus Mann, Mephisto, Rowohlt Taschenbuch Verlag GmbH, 1996.

44) BVerfGE 75, 369. 우리나라에서 만화에 의한 명예훼손을 부정한 사례로는 서울지판 1996. 9. 6, 95가합72771(하집 1996-2, 120)이 있다.

45) KG JW 1928, 363.

46) Larenz/Canaris(주 3), S. 529.

47) BVerfGE 54, 208("Böll/Walden"). 이 결정에서 텔레비전 방송이 하인리히 뵐의 글을 인용한 부분이 그의 인격권을 침해했다고 보았다.

48) Larenz/Canaris(주 3), S. 529.

49) BGHZ 84, 237(Horten-Moritat 사건); MünchKomm/Schwerdtner, §12 Rn. 214.; Staudinger/Schäfer, §823 Rn. 228ff.

년 "간사장과 여비서"라는 소설로 인하여 모델이 된 인물50)의 명예를 훼손하였다
는 이유로 집필자 등이 명예훼손죄로 처벌받았다.51) 법원은 소설작품이 픽션으로
서 사실이 아니라고 하기 위해서는 개개의 실제 모델로부터 나온 것이 작가의 머
리 속에서 충분히 연소(燃燒)되고 완전한 픽션으로 승화되어 특정인의 구체적 행동
을 추지(推知)할 수 없을 정도로 인간 일반에 관한 소설의 순수성을 가질 것까지
고양되어야 한다고 하였다.52)

　(나) 그 후 大阪府會滑稽譚사건53)에서는 잡지 문예춘추에 게재된 기사의 내용
이 원고의 명예를 훼손하는지가 문제되었다. 출판사와 집필자는 위 기사가 사실과
픽션을 혼합한 중간독물(中間讀物)54)에 해당한다는 주장을 하였는데, 오사카(大阪)지
방재판소55)는 명예훼손을 이유로 한 불법행위책임을 인정하였다. 즉, ① 기사에

---

50) 위 Ⅱ. 3. (1) 참조.

51) 東京地判 1957(昭和 32). 7. 13(判例時報 119호 1면). 1954년 11월 잡지 "面白倶樂部" 특대호
　　는 소설 "간사장과 여비서"를 게재하였다. 위 소설의 내용은 다음과 같다. '자민당의 간사장 後
　　藤大作은 어느 날 순진하지만 분방한 아프레(après)형의 여성을 비서로 두게 된다. 後藤 간사장
　　은 그녀에게 빠져 정무를 잊고 그녀와 교제하면서 뜻밖의 즐거움을 느끼기 시작한다. 결국 호
　　텔 방에서 그녀와 소주를 마시고 동침하였는데, 그 다음날 그녀는 몰래 지방 학교의 교사가 되
　　어 간사장의 곁을 떠나게 된다. 간사장은 안도와 미련의 감정을 느끼면서 그녀를 그리워한다.'
　　동경지방재판소는 위 소설이 자유당 간사장이었던 원고 佐藤榮作의 명예를 훼손하였다고 인정
　　하고, 집필자와 잡지편집장을 각 5만 엔의 벌금형에 처하였다.

52) 이 판결은 나아가 "요컨대 작가의 주관에서도 작품을 전체적으로 보더라도 실재의 특정인이
　　모델로 되어 있는 것이 명백하고, 개개의 재료가 작가의 창작력에 의하여 충분히 요리되어 있
　　지 않고 완전한 픽션으로 되어 있지 않은 경우에는 단지 소설이라고 하는 문학형식을 취하였기
　　때문이라고 하여, 특정인의 명예를 해하는 표현이 허용된다고 말할 수는 없다."라고 판단하고
　　있다. 또한 일본 형법 제230조의 2에서 말하는 "사실의 증명"에 관하여 그 증명이 없는 경우,
　　그 범의가 조각되기 위해서는 행위자가 단지 사실을 오신한 것만으로는 충분하지 않고, 적극적
　　으로 "오신한 것에 관하여 정당한 이유가 있다고 하는 것 같은 정황이 존재하는 것에 관한" 증
　　명을 필요로 한다고 하고 있다.

53) 大阪地判 1968(昭和 43). 7. 30(判例時報 528호 15면).

54) 이것은 일본에서 어떤 공공성이 있는 기사를 집필할 때 집필자의 집필의도에 맞도록 약간의
　　사실 또는 등장인물을 변경하거나 부가하여 읽을거리로서의 흥미를 증가시키는 것을 가리키는
　　용어이다. 이것은 고도의 예술적 승화도에까지 도달하지 못하고 있다는 점에서 픽션과는 다르
　　다고 한다. 小堀憲助, "中間讀物のモデルと名譽毀損," マスコミ判例百選, 別冊ジュリスト No.
　　31, 1971, 121면.

55) 이 기사의 내용은, '實田作夫가 大阪府로부터 40일간의 미국 출장명령을 받고, 그 여비, 일당,
　　숙박료 등의 지급을 받았는데도, 샌프란시스코에 도착한 다음날 바로 귀국하여 출장기간 중에
　　열해의 여관에서 지내고, 위 지급여비, 일당, 숙박료 등을 착복하였다. 그런데 그가 우연히 위
　　여관에서 피고 甲(三谷)에게 발견되자, 위 피고의 입을 막는 대가로 위 피고에게 금품을 제공하
　　여 진상의 폭로를 저지하려고 노력하였지만, 위 피고에게 거부되어 울상을 지었다.'고 한다.
　　　원고는 大阪府會議員으로서 1955년 大阪府로부터 17일간 미국출장명령을 받아 그대로 출장

등장하는 實田作夫와 원고 實野作雄은 명칭, 문자, 발음 등이 비슷하고, 원고를 아는 독자로 하여금 實田作夫가 원고라고 믿도록 하기에 충분하다. ② 위 기사는 전혀 사실무근일 뿐만 아니라, 그 내용이 원고의 명예를 현저하게 손상시킨다. ③ 피고는 위 기사가 '중간독물'이라고 하지만, 그 작중인물이 원고와 매우 유사하고, 그 인물의 행동에 관하여 허위로 추악한 사실을 기술하고 있어, '중간독물'로서 허용되어야 할 한도를 초과하고 있다. ④ 집필자에게는 원고의 명예를 침해한다는 것에 관한 고의가 있다. 또한 출판사에는 명예훼손을 미리 방지하여야 할 주의의무가 있고, 특히 이 사건처럼 大阪府의회에 관한 폭로 기사를 게재할 때에는 그 사실 및 등장인물에 관하여 그 사정을 아는 관계자에게 물어보는 등 적절한 방법으로 충분히 조사해야 할 의무가 있는 것으로 그 담당기관 혹은 사용인에게도 위와 마찬가지의 조사의무가 있다.

(다) 위에서 본 "하얀 마어(魔魚)"사건56)에서 명예훼손을 부정하였는데, 피고의 창작활동을 순수한 픽션으로 인정하고 창작의 세계에서 묘사의 승화도를 하나의 기준으로 본 것이라는 견해57)가 있다. 즉, 고도로 뛰어난 문필활동 ——살아있는 사실로부터의 승화도——은 모델소설에 의한 인격권 침해를 판단할 때 중요한 기준이 된다고 한다.

한편 사자(死者)를 모델로 한 소설에 대하여 명예훼손이 문제된 사건이 있는데, 이에 관하여는 아래 Ⅳ.에서 다룬다.

(4) 미국의 경우

미국에서는 명예훼손과 프라이버시 침해는 불법행위의 중요한 유형으로 다루어지고 있다. 소설이나 영화가 타인의 명예를 훼손하거나 프라이버시를 침해하는

을 다녀온 적이 있는데, 위 기사 중에는 大阪府로부터 미국출장을 명령받았다는 것 외에는 모두 허위의 사실이 기재되어 있어, 원고의 명예를 훼손하였다고 주장하였다. 이에 대하여 피고는 ① 위 기사가 大阪府議會나 의원, 나아가 일본의 의회 또는 의원이 매우 부패되어 있음을 폭로하여, 그 반성을 촉구하기 위한 것으로, 공익적 의도에서 작성된 것이고, ② 풍자적으로 픽션을 가미한 소위 중간독물에 해당하여, 기사의 중심인물인 實田作夫도 원고 實野作雄과는 아무런 관련이 없는 가공인물이고, 독자도 위 기사가 모두 진실이라고 생각하지 않으므로, 위 기사에 의하여 원고의 명예가 침해되지 않았다고 주장하였다.

법원은 피고인 출판사와 집필자가 기사취소 광고를 게재하고 각각 위자료 100만 엔을 지급하여야 한다고 판결하였다.

56) 위 Ⅱ. 3. (1) 참조.
57) 小堀憲助(주 34), 119면.

경우에는 손해배상책임이 발생한다. 그러나 명예훼손을 이유로 출판에 대한 사전의 금지명령(injunction)을 발하는 것은 언론의 자유를 부정하는 것으로서 위헌이라고 한다.58) 그리하여 명예훼손을 이유로 출판에 대한 금지명령이 허용되는 경우는 거의 없다.

공적 인물에 관한 소설이나 영화가 명예훼손에 해당하는지 문제되는 사례가 많이 있다.59) 영화 '실종'(Missing)의 내용 중에 미군 사령관인 원고의 명예를 손상할 만한 부분이 있었으나, 원고가 공적 인물에 해당하고 이러한 경우에 원고의 명예를 훼손하려고 하는 악의가 없는 한 명예훼손이 성립되지 않는다고 한 판결이 있다.60)

(5) 우리나라의 경우

우리나라에서 모델소설에 의한 인격권 침해에 관해서는 헌법상의 논의를 제외하고는 활발하게 논의되지 못하고 있고, 이에 관한 재판례도 거의 없었다.61) 그런데 1993년에 김부남 사건을 모델로 한 소설 "나는 사람 아닌 짐승을 죽였어요"를 쓴 기자를 명예훼손죄로 처벌한 하급심 판결62)과 1995년에 이휘소를 모델로 한 소설들이 이휘소와 그 유족의 인격권 등을 침해하는지가 문제된 하급심 판결이 있다.

---

58) Prosser/Keeton(주 25), p. 773. Near v. Minnesota ex rel. Olsen, 283 U.S. 697, 51 S.Ct. 625, 75 L.Ed. 1357 (1931)은 신문에서 공무원을 비판한다는 이유로 금지명령을 허용하는 州法은 언론에 대한 사전 제한에 해당한다는 이유로 위헌이라고 하였다.

59) 이에 관해서는 아래 Ⅴ.도 참조.

60) Davis v. Costa-Gavras, 654 F.Supp. 653 (1987).

61) 한편 여성잡지에 실린 수기에 의한 명예훼손이 문제된 사례들이 있다. "1등 압박 속에 스스로 죽음 택한 중 3 생 어머니 수기"[서울민사지판 1986. 12. 24, 86가합3104(국내언론관계판례집 제 1 집, 256면)], "한국 최초로 변호사를 상대로 승소한 중학중퇴 기능공의 법정투쟁기"[대판 1988. 10. 11, 85다카29(집 36-3, 민 1)], "호스티스 출신 서울대 여대생의 충격고백"[서울지판 1996. 5. 14, 94가합91515(주 15)]이라는 수기들에 대하여 명예훼손을 이유로 한 손해배상이 인정되었다. 그러나 이러한 사건들은 手記의 형식을 취하고 있기 때문에 모델소설의 경우와 동일하게 볼 수 없다.

62) 서울형사지판 1993. 8. 27, 92고단3622(국내언론관계판례집 제 3 집 271면). 이 판결은 작중인물에 피해자와 그 가족의 실명을 그대로 사용하여 독자들이 소설의 내용이 허구가 아니라 피해자 일가의 실제 생활사를 기술한 것으로 받아들이기 쉬운 내용의 소설책을 발행하면서, 성폭행 사실을 성적 흥미 위주로 묘사하고, 주위 사람들이 피해자를 미친 여자라고 말하는 것처럼 기술하는 등 공연히 사실을 적시하여 피해자들의 명예를 훼손하였다고 하였다.

[서울지판 1995. 6. 23, 94카합9230(하집 1995-1, 323: 이휘소 사건)]

재미 물리학자인 망 이휘소의 유족인 마리안 심 리(Marianne Sim Lee)외 2인이 이휘소를 모델로 한 소설 "무궁화꽃이 피었습니다"(김진명 저), "소설 이휘소"(공석하 저)의 각 저자와 발행인 등을 상대로 출판 등의 금지를 구하는 가처분을 신청하였다.63) 소설 "무궁화꽃이 피었습니다"에서 주인공인 '이용후'라는 인물은 이휘소를 모델로 한다. 이용후는 1935년생으로 서울대학교 화공과 재학시절 성적이 매우 뛰어나 1955년 미국으로 유학을 갔으며, 미국에서 우수한 논문으로 박사학위를 취득하고 프린스턴 고급연구소 정교수, 페르미 랩(Fermi Lab)의 이론물리학분야 책임자 등으로 많은 논문을 발표하는 등 물리학 분야에 탁월한 업적을 남겨, 노벨상을 탈 정도의 수준에 도달한 세계적인 핵물리학자였다. 그런데도 그는 박정희 대통령의 간곡한 요청으로 우리나라에 귀국하여 미군철수에 대비하여 핵무기 개발을 주도하였는데, 미국에서 핵개발에 관한 비밀정보를 국내에 반입하기 위하여 뼈수술을 받아 다리뼈 속에 핵개발 메모를 넣어 두고 박정희 대통령에게 이를 전달하였다. 그는 부인과 사별한 상태였는데, 삼원각 마담 신윤미와 성관계를 맺었으며, 인도로부터 플루토늄을 3천 5백만 불에 구입하였고, 한국의 핵무기 보유를 반대하는 미국 CIA 등의 사주에 의하여 북악 스카이웨이에서 폭력집단 두목에게 잔인한 방법으로 살해되었다고 되어 있다. 소설 속의 이용후는 이휘소의 실제의 모습과 많은 부분에서 다르게 묘사되어 있었다. 또한 위 소설에서 이용후의 딸인 '이미현'은 이휘소의 딸인 신청인 아이린 앤 리의 실제 모습과는 완전히 다르게 묘사되어 있다. 그리고 위 소설이 나온 이후에 출판된 "소설 이휘소"에서도 이휘소의 모습은 "무궁화꽃이 피었습니다"와 비슷하게 묘사되어 있다.64)

서울지방법원은 인격권, 명예훼손, 프라이버시, 저작권 등 많은 쟁점에 관하여 판

---

63) 신청인들은 평전인 "핵물리학자 이휘소(공석하 저)"의 출판금지도 구하고 있으나, 이 부분은 위 판결에서 크게 문제되지 않았다. 왜냐하면 이 책은 절판되어 현재 시중에 유통되지 않고 있으므로 위 책의 발간으로 신청인들이 주장하는 인격권 등을 침해하거나 침해할 우려가 없기 때문이다.

64) 소설 이휘소에서 주인공인 이휘소는 1935년생으로 어려서부터 총명하고 어머니에 대한 효성이 지극하였을 뿐만 아니라, 서울대학교 화공과 재학시절 성적이 매우 뛰어나 1955년 미국으로 유학을 갔다. 그는 미국에서도 프린스턴 고급연구소 정교수, 페르미 랩(Fermi Lab)의 이론물리학분야 책임자 등으로 많은 논문을 발표하여 물리학 분야에 탁월한 업적을 남겨, 노벨상을 탈 날이 머지않았다. 그런데도 그는 국내에 들어와 미군철수 등에 대비하여 핵무기 개발을 주도하다가 의문의 죽음을 당한다는 것이다. 위 소설에서 이휘소가 박정희 대통령의 간곡한 요청으로 우리나라에 귀국하여 핵무기 개발을 주도하였는데, 미국에서 수술을 받아 다리뼈 속에 핵개발에 관한 비밀정보를 넣고 우리나라에 들어와 박정희 대통령에게 이를 전달하였으며, 우리나라의 핵무기 보유를 반대하던 미국 CIA, FBI에 의하여 살해되었다는 부분 등은 이휘소의 실제 모습과 매우 다르게 묘사되어 있다. 이 소설의 저자인 공석하는 이휘소의 어머니 등으로부터 수집한 자료를 참고하여 "핵물리학자 이휘소"라는 평전을 발행하였다가, 위 평전을 절판한 다음 이를 소설의 형태로 재구성하여 위 "소설 이휘소"를 썼다.

단하였는데, 명예훼손과 관련된 부분을 정리해 보면 다음과 같다.

① 死者의 인격권

모델소설이 타인의 명예를 훼손하는 경우에는 명예훼손 또는 인격권 침해를 이유로 그 소설의 출판금지를 구할 수 있고, 그 모델이 된 사람이 이미 사망한 경우에도 그 유족이 명예훼손 또는 인격권 침해를 이유로 그 금지를 구할 수 있다. 왜냐하면 인간은 적어도 사후에 명예를 중대하게 훼손시키는 왜곡으로부터 그의 생활상의 보호를 신뢰하고 그 기대하에 살 수 있는 경우에만, 살아있는 동안 헌법상의 인간의 존엄과 가치가 보장되기 때문이다.

② 위 소설에 의하여 이휘소와 그 유족의 명예훼손 또는 인격권 침해가 있었는지 여부

㉠ 위 두 책은 주인공이 이휘소의 삶과 상당부분이 일치한다고 하더라도 전체적으로 허구임을 전제로 한 "소설"이다. 이러한 소설에서 실제의 이름을 그대로 사용할 수도 있고("소설 이휘소"의 경우), 실제의 이름과 다른 이름을 사용할 수도 있다("무궁화꽃이 피었습니다"의 경우). ㉡ 헌법상 예술의 자유와 출판의 자유가 보장되어 있는 점에 비추어 그 침해의 태양 및 정도를 고려하여 소설로 인하여 이휘소의 명예가 중대하게 훼손되었다고 볼 수 있는 경우에 한하여 소설의 출판 등을 금지시켜야 한다. ㉢ 위 소설들에서 이휘소를 모델로 한 주인공에 관하여는 전반적으로 매우 긍정적으로 묘사되어 있고, 소설을 읽는 우리나라 독자들로 하여금 이휘소에 대하여 존경과 흠모의 정을 불러일으킨다고 할 것이어서, 우리 사회에서 이휘소의 명예가 더욱 높아졌다고도 볼 수 있으므로, 위 소설에서 이휘소를 모델로 한 주인공의 모습이 이휘소의 실제 생활과 달리 묘사되어 신청인들의 주관적인 감정에는 부분적으로 이휘소의 명예가 훼손되었다고 여겨질지라도 위 소설의 전체 내용에 비추어 사회통념상 이휘소의 명예가 훼손되었다고 볼 수 없다. ㉣ 작가인 김진명과 공석하에게 이휘소의 명예를 훼손시키려는 의사가 있었다고 볼 수 없다. ㉤ 또한 위 이휘소는 뛰어난 물리학자로서 우리나라 국민에게 많은 귀감이 될 수 있는 사람으로서 공적 인물이 되었다고 할 것인데, 이러한 경우 위 이휘소와 그 유족인 신청인들은 그들의 생활상이 공표되는 것을 어느 정도 수인하여야 할 것이므로, 위 이휘소와 신청인들의 인격권 또는 프라이버시가 침해되었다고 볼 수도 없다.65)

③ 소설의 서문

한편 "무궁화꽃이 피었습니다"의 "작가의 말"에서 이휘소의 실제모습과 다르게 묘사한 부분66)은 인격권 침해 또는 명예훼손을 이유로 금지청구가 허용된다고 보았다.

---

65) 위 ①, ②부분은 "무궁화꽃이 피었습니다"와 "소설 이휘소" 두 소설에 공통되는 판단을 정리한 것이다.

66) 이휘소를 "개인의 최고 명예랄 수 있는 노벨상마저 포기하고 조국의 핵개발을 위해 죽음을 각오한 채 귀국했던 천재 물리학자"와 "그들과는 딴판으로 이미 죽음을 예견한 채 모든 영화를 버리고 조국으로 달려와 핵개발을 완료하려 했던 이휘소"라고 표현한 부분을 가리킨다.

즉, 이휘소는 우리나라에서 핵개발에 관여한 적이 없었으므로, 이 부분은 소설 부분과는 달리 이휘소의 삶을 실제와 현저하게 달리 묘사함으로써 이휘소에 대한 명예훼손 또는 인격권 침해가 된다(소설의 서문에서 소설의 모델이 된 인물을 밝히는 것은 허용되지만, 그 부분까지 소설의 구성부분이 된다고 볼 수는 없고, 최소한 서문에서는 소설의 모델이 된 인물에 관하여 기술하면서 실제와 달리 표현하여서는 안 될 것이다). 이휘소가 사망하였다고 하더라도 유족인 신청인들이 위 이휘소의 명예훼손 및 신청인들의 경건감정의 침해를 이유로 그 부분의 금지청구를 할 수 있다.

이 판결 이후 소설에 관한 것은 아니지만, 김우중을 모델로 한 평전인 "김우중, 신화는 있다"가 신청인 김우중의 인격권 등을 침해하였다는 이유로 제기된 출판금지 가처분 신청사건에서도 이휘소 사건에 관한 판결(특히 위 ②의 ㉢, ㉤부분)과 동일한 취지로 결정하였다.[67]

2. 소설에 의한 프라이버시 침해

(1) 개   설

프라이버시는 "사생활이 함부로 공개되지 아니하고 사적 영역의 평온과 비밀을 요구할 수 있는 법적 보장"과 "자기에 관한 정보를 통제할 법적 능력"이라고 파악되고 있다.[68] 우리 민법에서 프라이버시를 어떻게 파악할 것인지에 관하여는 논란의 여지가 많지만, 프라이버시는 인격권에 포함되는 것으로 보아야 한다. 프라이버시는 대체로 ① 원고의 신체적, 장소적 사영역에 대한 침입 또는 그 사적 사

---

67) 서울지결 1995. 9. 26, 95카합3438(법률신문 제2453호 13면)은 위 평전이 "신청인을, 불우한 소년시절을 보내면서도 경기고, 연세대를 졸업한 후 한성실업에 입사하여 쓰러져가는 회사를 살려내고, 1967년 500만 원으로 대우실업을 창업하여, 8년만에 수출 1억 달러를 돌파하고, 1979년 우리나라 단일기업 사상 최초로 수출 10억 달러를 돌파한 70년대 한국재계가 낳은 신데렐라이자 지금도 "세계경영"을 꿈꾸는 신화적 인물이라고 매우 긍정적으로 묘사하고 있는 평전인 바, 위 평전을 읽는 독자들은 대부분 신청인에 대하여 존경과 흠모의 정을 가지게 될 것이라고 보여져서, 위 평전으로 인하여 신청인의 명예는 더욱 높아졌다고도 볼 수 있으므로, 비록 신청인의 동의를 얻지 않고 쓰여졌음에도 신청인이 관련되어 있는 것처럼 오해를 불러일으킬 소지가 있어 신청인의 주관적인 감정으로는 부분적으로 신청인의 명예가 훼손되었다고 여겨질지라도 그것만으로 사회통념상 신청인의 명예가 훼손되었다고 볼 수도 없으며, 피신청인들에게 신청인의 명예를 훼손시키려는 의사가 있었다고 볼 수도 없다."라고 결정하였다.
68) 양창수(주 33), 511면 이하. 헌법상의 논의에 관하여는 우선 김철수(주 7), 466면 이하; 권영성, 헌법학원론(주 7), 399면 이하; 변재옥, "정보화사회에 있어서의 프라이버시의 권리," 서울대 법학박사학위논문, 1979 참조.

항에 대한 침투, ② 사생활의 공개, ③ 공중에게 원고에 대한 잘못된 인식을 심어주는 행위(false light in the public eye), ④ 성명 또는 초상 등에 대한 침해라는 네가지 유형으로 구분된다고 하는데,[69] 소설에 의한 프라이버시 침해가 문제되는 경우에는 프라이버시의 유형을 구분하는 것이 모호해진다. 왜냐하면 모델소설에는 '타인의 비밀이나 사생활을 공개하는 것'과 '실존 인물을 토대로 허구를 가미함으로써 공중의 눈에 오해를 낳게 하는 것'이 혼재하는 경우가 많고, 후자는 명예훼손과 구분하는 것이 모호하기 때문이다. 먼저 미국, 일본, 독일에서 소설에 의한 프라이버시 침해를 어떻게 취급하고 있는지 살펴볼 필요가 있다.

(2) 미국의 경우

프라이버시는 미국에서 생성된 개념인데,[70] 미국에서 소설, 영화에 의하여 개인의 프라이버시가 침해되는지 문제된 사례가 상당수 있다. Melvin v. Reid 사건[71]은 프라이버시에 관하여 중대한 의미를 가지는 사건인데, 영화에 의하여 개인의 프라이버시가 침해되었는지 문제되었다. 원고는 과거에 창녀였으며 살인 혐의로 기소되었다가 무죄판결을 받은 후 새 출발을 하여 결혼하고 가정생활에 충실하여 모범적이고 존경받는 생활을 하고 있었다. 그런데 피고들은 1925년 원고의 동의 없이 "붉은 기모노"(The Red Kimono)라는 영화를 제작·상영하였는데, 이 작품은 원고의 실화에 근거를 두었고, 결혼 전의 이름을 사용했으며, 이 작품은 원고에 대한 실화라고 선전했다. 이 영화의 상영으로 원고의 과거가 폭로되자, 원고의 친구들이 원고의 과거를 알고 원고를 비웃었다. 이에 원고는 정신적, 육체적 고통에 대하여 5만 불의 배상을 청구했다. 캘리포니아주 대법원은 프라이버시권의 침해를 이유로 원고의 청구를 인용했다. 이 판결은 피고의 행위가 행복추구라는 헌법에 의하여 보장된 불가양의 권리를 침해한 것이라고 하였으나, 프라이버시는 유명인인 경우, 뉴스를 전달하는 경우, 일반인의 정당한 관심 또는 보도의 공익에 따른 경우 등에는 문제되지 않고, 구두에 의하여 침해되지도 않는다고 하였다.

---

69) Prosser/Keeton(주 25), pp. 851-866. 그런데 우리나라에서는 위 ①, ②의 유형을 프라이버시라는 이름 아래 다루는 데 이견이 없지만, 위 ③, ④의 유형에 관하여는 논란이 되고 있다. 이에 관하여는 우선 양창수(주 33), 511면 이하 참조.

70) Warren/Brandeis, "The Right to Privacy," 4 Havard Law Review 193 (1890).

71) 112 Cal. App. 285, 297 Pac. 91 (1931).

그리고 Cason v. Baskin 사건[72])에서는 피고 Baskin 여사가 "Cross Creek"이라는 책에서 평범한 주부로서 생활하고 있는 원고의 이름을 사용하여 원고에 관한 이야기를 기술하면서, 전체적으로 보아 원고를 훌륭하고 매력적인 인물로 묘사했는데도 원고의 프라이버시가 침해되었다고 보았다.

한편 공중에게 잘못된 인식을 심어주는 행위도 프라이버시 침해가 되지만, 그 판단은 통상의 합리적인 인간을 기준으로 판단하여야 한다.[73]) 따라서 傳記에서 중요하지 않은 오류가 있다고 하더라도 이는 허용된다고 한다.[74]) 즉, 유명한 오케스트라 지휘자 쿠세비츠키(Koussevitzky)는 그의 동의 없이 출판된 자신의 전기가 많은 허구를 포함하고 있고 그의 음악가로서의 경력이 왜곡되어 있다고 주장하였다. 그러나 법원은 원고가 유명인으로서 공적 인물(public figure)에 해당하고, 이 책에는 감수성이 예민한 사람이 불쾌하게 생각할 만한 서술이 있으나 일반인의 관용성과 감각에 반하지 않으며, 또 일반적 관심사항에 관하여 정당한 정보를 제공하는 범위를 넘지 않는다고 판단하였다.

Time, Inc. v. Hill 사건[75])에서는 허구의 연극이 원고의 실제 경험을 재연한 것이라고 보도한 것이 프라이버시 침해가 되는지 문제되었다. 즉, 원고의 집은 1952년 3명의 탈주범에 의하여 점거되었고, 원고(Hill)와 그의 가족은 19시간 동안 인질로 붙잡혀 있었다. 1953년에 한 작가가 그 사건에 관한 소설을 펴냈는데, 몇 가지 사실은 완전한 허구였다. 그 후 소설은 연극으로 공연되었다. 1955년에 Life지는 연극의 사진과 그 기사를 실었는데, 위 연극이 원고와 그 가족의 실제 경험을 재연하는 것이라고 묘사하였다. 미국 연방대법원은 언론기관이 과실로 원고에 대하여 오해를 낳게 하는 표현을 사용하였다고 하더라도 현실적 악의(actual malice)가 없는 한, 프라이버시의 침해에 대한 책임을 지지 않으며, 언론기관이 진실이 아님을 알고 있었거나 그 진위를 무모하게 무시하였다는 점을 원고가 증명해야만 언론기관이 프라이버시 침해로 인한 책임을 진다고 판결하였다.[76])

72) 155 Fla. 198, 20 So.2d 243 (1944); second appeal, 159 Fla. 31, 30 So.2d 635 (1947).
73) Prosser/Keeton(주 25), p. 864.
74) Koussevitzky v. Allen, Towne & Health, 188 Misc. 479, 68 N.Y.S.2d 779, affirmed 272, App. Div. 759, 69 N.Y.S.2d 432 (1947).
75) 385 US 374, 17 L ed 2d 456, 87 S Ct 534 (1967).
76) 이것은 이른바 뉴욕타임즈의 원칙[New York Times v. Sullivan 376 US 254, 11 L ed 2d 686, 84 S Ct 710 (1964)]을 적용한 것이라고 할 수 있다.

(3) 일본의 경우

(가) 위에서 본 "잔치의 흔적"(宴のあと. '잔치 이후'로 번역하기도 한다) 사건77)은 일본에서 프라이버시권을 인정한 최초의 사례로 유명한데, 이것은 모델소설에 관한 것이었다.

사안: 전 외무대신인 원고(有田八郎)는 1959년의 동경도지사(東京都知事) 선거에서 사회당의 공천을 받아 출마하였다가 석패하였다. 원고의 처 畔上輝井은 요정을 경영한 적이 있었는데, 그녀는 원고의 선거운동에 진력하였으나, 선거 후 이혼하였다.

피고 三島由紀夫는 畔上輝井의 동의를 얻어 원고와 그의 처를 모델로 한 소설 "잔치의 흔적"을 썼다. 이 소설의 내용은 다음과 같다. 즉, 野口雄賢은 외교관 출신으로 외무대신을 지낸 적이 있고, 중의원 의원에 입후보하여 당선되었지만 재선에 실패하고, 혁신당으로부터 추천받아 동경도지사선거에 입후보하였다. 野口의 처 福澤은 유명한 요정 "雪後庵"의 여주인이었지만, 野口와 결혼한 후 요정을 휴업하고 野口의 선거를 도왔다. 野口는 도지사선거에서 유력한 후보였으나, 현직의 도지사는 野口의 처 福澤의 경력, 행상을 비방한 괴문서를 배포하였고, 선거는 野口의 석패로 끝났다. 그 후 처는 野口에게 배신당하고 '설후암(雪後庵)'을 재개하기 위하여 野口와 이혼하였다. 위 소설에는 두 사람 사이의 애무행위 등도 묘사되어 있다.

원고는 위 소설로 인하여 자신의 프라이버시가 침해되었다고 주장하면서, 작가와 출판사 등을 상대로 사죄광고와 위자료를 청구하였다. 동경지방재판소는 위 소설이 원고의 프라이버시를 침해했다는 이유로 손해배상의 청구를 받아들였다.78) 판결이유 중에서 모델소설에 의한 프라이버시 침해에 관련된 부분은 다음과 같다.

첫째, 이 소설은 원고와 그의 처를 모델로 한 소설인데,79) 원고가 프라이버시 침해로서 들고 있는 묘사는 모두 피고의 허구에 의한 것이고 원고의 사생활을 폭로한 것이 아니다. 그러나 독자로서는 사실과 허구의 구분이 명확하지 않아서, 소설의 주인공의 사생활을 묘사한 것을 모델인 원고의 사생활을 묘사한 것이 아닌가 하고 연상하기 때

---

77) 東京地判 1964(昭和 39). 9. 28(下民集 15권 9호 2317면; 判例時報 385호 12면). 이 판결은 프라이버시를 헌법의 기초인 개인의 존엄이라는 사상으로부터 도출될 뿐만 아니라, 성문법상으로도 그 일부가 표현되어 있다고 보고, 이를 하나의 권리라고 볼 수 있다고 하였다. 그 후 일본에서 프라이버시의 개념을 인정한 판례로는 日最判 1981(昭和 56). 4. 14(民集 35권 3호, 620면); 日最判 1994(平成 6). 2. 8(民集 48권 2호, 148면) 등이 있다.

78) 그러나 사죄광고를 청구한 부분에 관하여는 사생활을 공개한 경우에는 공개되지 않았던 상태, 즉 원상으로 회복시키는 것이 불가능하기 때문에, 명예나 신용을 훼손한 경우가 아닌 한 이를 청구할 수 없다고 판단하였다.

79) 피해자의 특정에 관해서는 위 Ⅱ. 3. (1) 참조.

문에, 이로 말미암아 원고가 정신적 고통을 느끼는 것도 무리가 아니다.

둘째, '프라이버시권은 사생활을 함부로 공개하지 않는다고 하는 법적 보장 또는 권리'라고 이해된다. 나아가 '사생활의 공개라 함은 공개된 바가 반드시 모두 진실이어야 한다는 것은 아니고, 일반인이 공개된 내용을 가지고 당해 사인(私人)의 사생활이라고 인식하더라도 불합리하지 않은 정도로 진실이라고 받아들여지는 것이라면' 충분하고, 이 공개에 의하여 '당해 사인이 일반의 호기심의 표적으로 되거나, 혹은 당해 사인을 둘러싸고 여러 가지 억측이 생길 것이라고 하는 것을 스스로 의식하는 것에 의하여 사인이 받는 정신적인 불안, 부담, 나아가서는 고통에까지 이르는'가 아닌가 문제로 된다.

셋째, 프라이버시 침해에 대하여 법적 구제가 주어지기 위해서는 공개된 내용이 ① 사생활상의 사실 또는 사생활상의 사실인 것처럼 받아들여질 우려가 있는 사항일 것, ② 일반인의 감수성을 기준으로 하여 당해 사인의 입장에 선 경우 공개를 의욕하지 않았을 것이라고 인정되는 사항일 것, 바꾸어 말하면 일반인의 감각을 기준으로 하여 공개되는 것에 의하여 심리적인 부담, 불안을 느꼈을 것이라고 인정되는 사항일 것, ③ 일반인에게 아직 알려지지 않은 사항일 것을 필요로 하고, 이러한 공개에 의하여 당해 사인이 실제로 불쾌, 불안한 생각을 느꼈던 것을 필요로 하지만, 공개된 내용이 당해 사인의 명예, 신용 등 다른 법익을 침해할 것을 필요로 하지 않는다는 것은 말할 것까지도 없다.

넷째, 피고가 주장하는 예술적 가치, 언론·표현의 자유, 공적 인물, 피해자의 승낙 등에 관련된 위법성조각사유는 없다고 보았다.

이 판결에서 프라이버시 침해의 경우에 공개된 내용이 '반드시 모두 진실이어야 한다는 것은 아니고, 일반인이 공개된 내용을 가지고 당해 사인(私人)의 사생활이라고 오인하더라도 불합리하지 않은 정도로 진실인 것처럼 받아들여지는 것이라면' 충분하다고 한 점은 주목할 필요가 있다. 따라서 이 사건에서는 '사생활의 공표'보다는 '공중의 눈에 오해를 불러일으키는 공표'가 문제되었다고 볼 수 있다. 그리하여 이 판결에서 비공지성(非公知性) 요건과 사생활에 관한 사실의 공표라는 요건은 불필요하다는 견해80)도 있다. 그리고 프라이버시의 가치와 예술적 가치의 기준은 완전히 이질적인 것이어서, 그 어느 쪽이 우위에 있다고 할 수 없다고 하였는데,81) 표현의 예술적 가치도 프라이버시권의 가치와 비교형량하여야 한다는 견해가 있다.82)

80) 阪本昌成, "プライバシーの權利性," 憲法の基本判例(第 3 版), 1985, 38면.
81) 이에 찬성하는 견해로는 阪本昌成(주 80), "プライバシーの權利性," 憲法の基本判例(第 3 版), 1985, 39면; 奧平康弘, "「宴のあと」事件判決について," 判例時報 389호 41면(1964)이 있다.
82) 伊藤正己, "プライバシーと表現の自由," 憲法の判例(第 3 版), 1977, 128면.

(나) '에로스와 학살' 사건은 영화에 관한 것으로, 1심83)과 항고심84)은 모두 프라이버시 침해를 이유로 한 상영금지 가처분신청을 받아들이지 않았다. 항고심은 "인격적 이익을 침해받은 피해자는 가해자에 대하여 현재 행해지고 있는 침해행위의 배제를 구하거나, 또는 장래 발생할 침해의 예방을 구할 청구권도 가진다."라고 한 다음, "인격적 이익의 침해가 소설·영화 등에 의하여 이루어진 경우에는 개인의 존엄 및 행복추구권의 보호와 표현의 자유(특히 언론의 자유) 보장의 관계에 비추어, 어떠한 경우에 위와 같은 청구권을 인정할 것인지 신중하게 고려하여야 한다. 일반적으로는 위 청구권의 존부는 구체적 사안에서 피해자가 배제 또는 예방의 조치가 이루어지지 않은 채 방치되는 것에 의하여 입는 불이익의 태양, 정도와 침해자가 위의 조치에 의하여 그 활동의 자유를 제약받는 것에 의하여 받는 불이익의 태양, 정도를 비교형량하여야 한다."라고 하였다.85)

---

83) 東京地決 1970(昭和 45). 3. 14(判例時報 586호 41면). 이것은 사회주의운동가, 여성해방운동가로서 중의원의원이었던 신청인(神近市子)이 영화 '에로스+虐殺'의 제작회사 등에 대하여 프라이버시 침해 및 명예훼손을 이유로, 위 영화의 상영금지 가처분을 신청한 사건에 관한 것이다. 위 영화는 헌병대위들에 의하여 학살된 무정부주의자 大杉榮을 둘러싸고 잡지의 편집장으로서 부인해방에 노력하는 伊藤野枝, 동경일일신문기자 正岡逸子(그것이 신청인의 가명인 점은 쉽게 알 수 있다), 大杉의 처 堀保子 등의 애증관계를 중심으로 하고 있다. 위 영화에서 현대의 젊은 남녀가 가공적인 인터뷰 등을 통하여 그들의 갈등과 좌절에 초점을 맞추면서 현대의 자유연애와 위 大杉 등의 자유연애를 대조적으로 묘사하고, 특히 여관 日蔭茶屋에서 正岡逸子가 大杉에게 질투하는 장면 및 칼로 상해를 입히는 장면을 강조하여 묘사하고 있으며, 正岡逸子가 타산적 언동을 하는 점 등에서 伊藤野枝와 어느 정도 대조되고 있다.
　　동경지방재판소는 '인격권의 침해에 대한 사전의 금지청구'는 표현의 자유에 대한 중대한 제약으로 되는 점, 헌법상의 검열금지 규정을 고려하여, 권리침해의 위법성이 고도로 높은 경우에만 금지청구가 인정된다고 하고, 이 사건은 그 정도의 고도의 위법성은 없다고 하여 신청을 각하하였다. 그 이유로 위 연애관계에 관한 갈등은 다수의 전기·소설 등으로 공간되어 공지의 사실로 되었고 또한 본인 스스로 이 사건의 개요를 저술하고 있어 프라이버시의 요건인 비익성(秘匿性. 비밀성이라고 할 수 있음)이 없는 점, 위 영화가 역사적 사실을 일부러 왜곡, 과장하고 있지는 않는 점을 들었다. 다만 영화에서 예컨대 칼로 상해를 입히는 사태의 인상이 선열한 점 등 사회적 평가에 영향을 주지 않는다고는 말할 수 없지만, 그것도 창작인 영화예술 표현의 자유권의 한계를 벗어나고 있지는 않고, 상연금지청구권을 발생시킬 고도의 위법성은 존재하지 않는다고 하였다.
84) 東京高決 1970(昭和 45). 4. 13(判例時報 587호 31면).
85) 이 결정은 인격적 이익과 표현의 자유가 충돌하는 경우에 개별적 형량설을 채택한 것이라고 하는데, 인격적 이익의 침해에 대하여 금지청구가 가능하다는 전제에 있다. 그 후 日最判 1986(昭和 61). 6. 11(民集 40권 4호, 872면)은 기사에 의한 명예훼손이 문제된 사건(북방저널 사건)에서 인격권으로서의 명예권을 물권과 같은 배타성을 갖는 권리로 인정하고 명예권에 기하여 부작위청구를 할 수 있다고 하였는데, 이 판결은 유형별 형량설을 채택한 것이라고 한다. 위 최고재판소의 판결은 박용상(주 11), 948면 이하에 상세히 소개되어 있다.

이 사건을 위 ㈎의 잔치의 흔적 사건과 비교해 볼 필요가 있다. 위 ㈎의 사건은 사후적 구제수단인 손해배상청구 부분을 받아들인 것이고, 이 사건은 사전적 구제로서 영화상영의 금지를 구하는 가처분신청 사건이기 때문에, 그 요건을 엄격하게 보아 가처분신청을 배척한 것이라고 볼 여지가 있다.[86]

(4) 독일의 경우

독일에서는 인격권이라는 개념으로 명예와 함께 프라이버시에 관한 내용을 다루고 있는데,[87] 프라이버시라는 용어를 사용하는 경우는 많지 않다. 독일의 인격권에 해당하는 것 중에서 사적 영역(Privatsphäre)에 대한 침입이나, 정보에 관한 자기결정권(Recht auf informationelle Selbstbestimmung), 초상권, 성명권 등의 침해가 프라이버시에 관한 것이라고 볼 수 있다.

독일 민법 제12조는 성명권을 보호하고 있는데, 소설 등의 작품에 의하여 성명권의 침해가 문제된 사례가 있다. Horten-Moritat 사건에서는 호르텐(Horten)이 그의 성명권을 이유로 금지청구를 할 수 없다고 하였다. 그리고 비더만(Biedermann)이라는 이름을 가진 사람도 예술작품에 그 이름을 이용하는 것을 방해할 수 없다고 한다.[88]

그러나 흔하지 않은 이름인 경우에는 달라진다. 소설에서 특이한 이름을 가진 인물을 등장시킨 경우에는 그러한 이름을 가진 사람은 성명권의 보호를 받는다. 연극에서 "베를린 출신의 작가 Julius Dejus"가 부인이 간통하는 줄을 모르는 남편이라고 우스꽝스럽게 묘사되었고 이것에 대하여 Rudolf Dejus라는 이름을 가진 베를린의 작가가 소를 제기한 경우에는 장래에 대한 부작위청구가 허용되어야 할 것이라고 한다.[89] 그 후 독일 제국법원[90]은 소설에서 타인의 성명을 무단으로 사용하는 것이 허용되지 않는다는 점을 명백히 하였다.

그리고 예술작품이 사실기록의 성격을 가지는 경우에는 예술의 자유가 인격권의 일종인 정보에 대한 자기결정권과 충돌할 수 있는데, 이러한 경우에는 예술의

---

86) 五十嵐淸, 藤岡康宏, "人格權侵害と差止請求," 判例評論 139호 4면 참조.
87) MünchKomm/Schwerdtner, 3. Aufl., §12 Rn. 157.
88) RGZ DJZ 1906, 544; Larenz/Canaris(주 3), S. 530.
89) KG OLG Rsrp. 30, 1915, 312.
90) RGZ JW 1939, 153.

자유보다 인격권이 우선된다고 한다.[91] 그리고 상업적 이용으로부터의 인격의 보호에 대하여, 예술의 자유는 원칙적으로 아무런 형량에 좌우되지 않고 우위를 차지한다고 한다. 예술가는 그의 소재를 종종 단지 현실로부터 끌어낼 수밖에 없는 반면에, 이러한 경우에는 인격권을 침해하는 정도가 미미하기 때문이다.[92]

(5) 우리나라의 경우

위에서 본 이휘소 사건에서 소설에 의하여 이휘소와 그 유족의 프라이버시 등이 침해되었는지 문제되었다. 그러나 소설에서 사생활이 공개되거나 실제와 다르게 묘사되었음을 이유로 한 프라이버시권의 침해나 성명권의 침해에 관해서는 이휘소와 그 유족 모두에 대하여 인정되지 않았다.

또한 위 판결은 우리나라에서 최초로 퍼블리시티권(right of publicity)을 언급하였는데, 이것은 재산적 가치가 있는 유명인 등의 성명, 초상 등 프라이버시에 속하는 사항을 상업적으로 이용할 권리(right of commercial appropriation)라고 한다.[93] 그러나 문학작품인 소설에서 유명인의 성명, 사진 등을 사용하였다고 하더라도 이를 상업적으로 이용했다고 볼 수 없다는 이유로 퍼블리시티권 침해를 부정하였다. 광고를 중심으로 발달한 퍼블리시티권에 관한 이론이 문학작품에 적용되는 경우는 거의 없다.[94] 문학작품의 경우에는 일반적으로 상업적 성격이 매우 미약한 반면, 예술의 자유에 의하여 보호될 필요성이 높기 때문이다.

3. 결 어

소설에 모델이 된 인물의 명예를 훼손시키는 내용이 있는 경우에 명예훼손이 성립할 수 있다. 그리고 소설에서 모델로 된 인물에 관한 묘사가 사생활을 공표하는 것에 해당하는 경우에는 프라이버시 침해로 된다. 물론 소설의 내용이 진실한

---

91) BVerfGE 34, 269(Lebach 사건).
92) Larenz/Canaris(주 3), S. 527. 이에 대하여 독일의 예술저작권법(KunstUrhG) 제23조 제1항 제4호가 유추 적용될 수 있는데, 이 규정에 의하면 초상을 유포하는 것은 예술의 더 높은 이익에 봉사하는 한, 피촬영자의 동의 없이도 허용된다.
93) 이에 관하여는 송영식, 이상정, 황종환, 지적소유권법, 육법사, 제3 전정판, 1994, 989면; 한국지적소유권학회, 광고와 저작권, 공보처, 1994, 125면; 한위수, "퍼블리시티권의 침해와 민사책임(상)," 인권과 정의 제242호(1996. 10), 29면 참조.
94) 한위수, "퍼블리시티권의 침해와 민사책임(하)," 인권과 정의 제243호(1996. 11), 121면.

경우에도, 명예훼손과는 달리 프라이버시 침해가 될 수 있다. 그리고 미국과 일본에서는 실존 인물을 토대로 소설을 쓰면서 허구를 가미한 경우에도 프라이버시 침해에 해당한다고 보고 있는데, 이것은 프라이버시의 유형 중에서 공중의 눈에 오해를 낳는 공표에 해당된다. 그런데 소설에서 이와 같이 타인의 인격권을 침해하는 내용이 있는 경우에 인격권의 보호와 표현 및 예술의 자유가 정면으로 충돌하게 된다. 이 문제가 모델소설에 의한 인격권 침해의 중심을 차지한다고 할 수 있다. 그렇다면 구체적으로 인격권이 침해되었는지를 결정하는 요소는 무엇인가?

첫째, 인격권의 보호와 표현 및 예술의 자유는 어느 한쪽이 일방적으로 우월하다고 볼 수는 없다. 예술적 가치가 높은 소설이라고 하더라도 타인의 인격권이 침해될 수 있다. 결국 인격권 침해의 정도와 예술적 가치를 비교형량하여 소설에 의하여 인격권이 침해되었다고 볼 수 있는지 결정하여야 한다.

예술작품이 독자적인 세계를 이루어 픽션으로 승화되었다고 볼 수 있는 경우에는 인격권 침해는 문제되지 않는다. 이러한 경우에는 대부분 모델소설에 해당한다고 볼 수도 없을 것이고, 모델소설로 볼 수 있다고 하더라도 인격권 침해의 정도가 매우 사소한 데 반하여 예술의 자유를 보장할 필요성이 더욱 크기 때문이다. 이와 같이 소설 속 인물이 실제 모습과 다를수록 소설의 허구적인 성격이 강해지는 반면에 인격권을 침해하는 요소가 줄어든다. 그러나 소설의 예술적인 승화도가 떨어지고 소설의 등장인물이 실존 인물과 유사할수록 인격보호가 훨씬 더 높은 비중을 차지하게 된다.

둘째, 작가의 의도가 모델이 된 사람을 비방하려는 의도가 있었는지 여부는 매우 중요한 의미를 가진다. 그리하여 예술가가 예술작품을 통하여 타인의 인격권을 침해하려는 의도가 있으면 인격권을 보호할 필요성이 높다. 독일의 메피스토 사건에서 소설의 출판금지를 결정한 이유는 본질적으로 소설 속 인물인 회프겐이란 배우가 그륀드겐스라는 배우와 매우 유사하고, 위 소설로 인하여 그륀드겐스의 인격상을 왜곡하고 명예를 침해했다는 데 있다.[95] 그런데 작가인 클라우스 만이

---

95) 위 연방대법원의 판결과 연방헌법재판소의 결정에 대하여 비판적인 견해가 있다. 위 소설, 즉 예술이 무기로서 이용되었을지라도 출판금지를 명한 것은 잘못된 판단이고, 오늘날에는 그러한 판결이 선고되지 않을 것이라고 한다. 그륀드겐스가 이미 사망한 점, 회프겐의 모습이 아주 본질적으로 그륀드겐스의 인격상과 다른 것이어서, 예술적으로 상관없는 것으로 되어 있는 점에 비추어 소설의 출판금지는 허용되지 않는다고 한다. Larenz/Canaris(주 3), S. 528f. 참조.

제3제국에서 그륀드겐스와 같은 인간의 행위뿐만 아니라 그륀드겐스라는 사람 자체를 비판하려는 의도를 가지고 있었던 점이 위와 같은 결정에 영향을 미친 것으로 보인다. 그리고 일본에서 소설에 의한 명예훼손을 인정한 사례도 모두 작가가 모델이 된 인물을 부정적으로 묘사하려는 의도가 있었다고 인정될 뿐만 아니라, 주인공의 여자관계 등에 관하여 추하게 묘사하고 있는 경우가 대부분이었다. 이에 반하여 우리나라의 이휘소 사건에서는 이휘소가 사망한 지 상당한 기간이 경과한 점 등도 고려된 것96)이지만, 작가가 이휘소에 대한 명예를 훼손하려는 의사가 전혀 없었고 오히려 주인공을 호의적으로 묘사하고 있었을 뿐만 아니라, 인물의 성격이나 사생활에 관한 묘사가 추하지 않게 되어 있는 점도 고려하여 명예훼손을 인정하지 않은 것이라고 할 수 있다.

한편 소설에서 타인의 내밀영역에 속하는 부분을 폭로하는 경우에는 쉽게 프라이버시의 침해가 인정된다. 그러나 그 이외의 경우에는 프라이버시를 침해하려는 의도가 있었는지가 중요한 판단기준이 될 수 있다.

셋째, 소설에 의한 인격권 침해는 소설 전체로서 판단하여야 하고 극히 사소한 부분에서 타인의 인격권을 침해하는 내용이 있는 경우에는 인격권이 침해되었다고 볼 수 없다. 그리고 소설의 주인공이 아닌 주변 인물이 실제 인물을 모델로 한 경우에도 인격권 침해가 인정될 수 있으나, 주인공의 경우보다 제한적으로 인정된다. 왜냐하면 독자가 주변 인물에 관하여는 주인공에 비하여 덜 주목하게 되고 실존 인물과 동일하다고 여길 가능성이 적기 때문이다.

넷째, 타인의 인격권을 침해하는 소설의 서문이나 말미에 실존 인물과는 상관없는 내용이라고 밝히더라도 인격권 침해가 될 수 있다. 예컨대 메피스토 사건에서 저자와 편집자는 소설의 내용이 허구임을 밝혔는데도 금지청구를 인용하였다. 오히려 모델이 없다는 부기는 독자로 하여금 모델이 있다는 추측을 불러일으키고, 독자는 그러한 기재에도 불구하고 주인공과 실존 인물을 일치시키려 하기 때문에, 인격권 침해가 될 소지가 줄어들지 않는다. 한편 후술하듯이 사망한 사람을 모델로 한 경우에는 생존자를 모델로 한 경우보다 엄격한 요건에 따라 명예훼손이 인정되고 있다.

다섯째, 소설이 인격권 침해에 해당하는 경우에 불법행위를 원인으로 한 손해

---

96) 이에 관해서는 아래 Ⅳ. 4., 5.에서 다룬다.

배상청구권뿐만 아니라 출판 등의 금지청구권(禁止請求權)[97]이 발생한다.[98] 그런데 소설에서 개인의 인격권이 침해되었다는 이유로 그 출판금지를 구하는 경우에는 헌법상 예술의 자유와 출판의 자유가 보장되어 있는 점에 비추어 그 침해의 태양 및 정도를 고려하여 제한적으로 허용하여야 한다. 그리고 소설의 일부분이 인격권 침해에 해당한다고 하더라도 무조건 소설 전체에 대하여 출판금지를 명해서는 안 된다.[99] 인격권을 침해하는 부분을 특정할 수 있고, 그 부분만을 금지시키더라도 충분하다면 그 부분만을 금지시키면 된다. "무궁화꽃이 피었습니다"라는 소설에서 소설 자체에 관해서는 인격권 침해를 이유로 한 금지청구가 허용되지 않는다고 하고 있지만, 소설의 서문 중에서 타인의 인격권을 침해한 부분에 대해서는 금지청구를 허용하고 있다.

여섯째, 유명인의 성명이나 초상 등 개인의 사적인 사항을 상업적으로 이용하는 경우에는 퍼블리시티권의 침해라고 한다. 소설이 예술작품에 해당하는 한, 광고의 경우와 달리 퍼블리시티권의 침해는 인정되지 않는다.

Ⅳ. 사자(死者)의 인격권 침해

1. 개   설

사자를 모델로 한 소설이 많기 때문에, 사자의 인격권 문제는 모델소설에서

---

97) 대판 1996. 4. 12, 93다40614, 40621(공 1996, 1486). 원심이 인격권은 그 성질상 일단 침해된 후의 구제수단(금전배상이나 명예회복 처분 등)만으로는 그 피해의 완전한 회복이 어렵고 손해 전보의 실효성을 기대하기 어려우므로, 인격권 침해에 대하여는 사전(예방적) 구제수단으로 침해행위의 정지·방지 등의 금지청구권도 인정된다고 판결하였는데, 대법원도 이를 지지하였다.
  그리고 헌재 1996. 10. 4, 93헌가13, 91헌바10(헌집 8-2, 212)은 이러한 금지청구권을 인정하는 것이 헌법상 검열금지의 원칙에 반하지 않는다고 한다. 즉, 검열금지의 원칙은 정신작품의 발표 이후에 비로소 취해지는 사후적인 사법적 규제를 금지하는 것이 아니므로, 사법절차에 의한 영화상영의 금지조치 등은 헌법상의 검열금지의 원칙에 위반되지 않는다고 한다.
98) 명예회복에 적당한 처분으로서 사죄광고를 청구할 수 있는지 문제되는데, 헌재 1991. 4. 1, 89헌마160(헌집 3, 149)은 사죄광고를 명하는 것은 양심의 자유와 인격권을 침해하는 것으로서 위헌이라고 하였다. 그 후 대판 1996. 4. 12, 93다40614, 40621(공 1996, 1486)은 비방광고로 인한 손해액을 산정하면서 "부정적 광고에 대하여 효율적인 구제수단인 사죄광고가 허용되지 아니하는 점"을 참작한 원심을 지지하였는데, 이는 위 헌법재판소 결정을 수용한 것이라고 볼 수 있다.
99) 박용상(주 11), 961면.

중요한 문제가 된다. 사자의 인격권을 침해했다는 이유로 금지청구나 손해배상청구를 인정할 수 있는지에 관하여 각국의 태도를 살펴보고 우리나라의 학설을 검토하고자 한다.

2. 다른 나라의 경우

(1) 독　　일

독일의 통설100)과 판례101)는 사자의 인격권을 긍정하고 있다. 독일 기본법 제1조 제1항에 의하면 인간의 존엄은 불가침이고, 이를 존중하고 보호하는 것이 모든 국가권력의 의무라고 한다. 그런데 이러한 의무는 개인의 사망으로써 종료되지 않는다고 한다.102) 따라서 사자는 권리능력이 없지만, 생존시에 창출한 가치와 작품이 존속하는 한 이러한 것에 대한 권리, 즉 인격권이 존속한다고 한다.103) 그리고 사자의 인격권에 의하여 보호하려고 하는 것은 사자의 이익(Interessen des Toten)이라고 한다.104)

이때 이론구성을 어떻게 할 것인지에 관하여 논란이 되는데, 사자의 부분적 권리능력을 인정하는 견해105)와 사자의 친족들이 사자의 인격권에 관한 신탁적인 보유자라고 인정하는 견해106) 등이 있다. 그러나 사자의 인격권이 침해된 경우 이에 대한 금지청구를 할 수 있지만, 사자의 인격권 침해를 이유로 위자료를 청구할 수는 없다고 한다.107)

---

100) Hubmann, Das Persönlichkeitsrecht, 2.Aufl., 1967, S. 340ff.; Larenz/Canaris(주 3), S. 531ff.; Deutsch, Unerlaubte Handlungen, Schadensersatz und Schmerzensgeld, 2.Aufl., 1993, S. 208; Schwerdtner, "Der zivilrechtliche Persönlichkeitsschutz," JuS 1978, 292; Staudinger/ Schäfer, §823 Rn. 259ff.
101) BGHZ 50, 133.
102) BVerfGE 30, 173.
103) Hubmann(주 100), S. 341.
104) Larenz/Canaris(주 3), S. 533; BGHZ 15, 249; BGHZ 50, 133; BGHZ 107, 384; BGH Nr. 36 zu Art.1 GG.
105) MünchKomm/Gitter, 3.Aufl., §1 Rn. 58.
106) Larenz/Canaris(주 3), S. 532.; Heldrich, Der Persönlichkeitsschutz Verstorbener, in: Festschrift für Heinrich Lange zum 70. Geburtstag, 1970, S. 169.
107) BGH NJW 1974, 1371ff.; Klippel, "Neuere Entwicklungen des Persönlichkeitsschutzes im deutschen Zivilrecht," in: Entwicklung des Deliktsrechts in rechtsvergleichender Sicht (Hrsg. Weick), 1987, S. 24.

그리고 사자의 인격권의 보호 범위는 살아 있는 사람의 경우와 마찬가지라고 한다. 사자의 명예훼손이나 인격상의 왜곡뿐만 아니라, 정보에 관한 자기결정권도 보호 범위에 속한다고 한다. 예컨대 언론에서 사자의 내밀영역(Intimsphäre)에 관하여 사실대로 보도하는 경우에도 사자의 인격권을 침해하는 행위에 속한다.108) 그리고 사자의 일기나 편지가 왜곡된 형태로 또는 동의 없이 공표된 경우에도 출판금지를 청구할 수 있고,109) 사자의 성명권도 보호될 수 있다고 한다.110)

(2) 일   본

일본에서는 학설이 대립하고 있다. 첫째, 직접보호설은 사자 자신의 명예침해를 인정하는 견해111)이다. 이 견해는 사자의 권리를 유족이 대행한다고 본다. 둘째, 간접보호설은 사자 자신의 명예훼손을 이유로 하는 청구는 실정법상 근거가 없어 인정되지 않고, 사자의 명예는 유족의 명예훼손에 대한 구제를 통하여 간접적으로 달성될 수 있다는 견해112)이다. 이 견해는 직접보호설에 의할 경우에도 사자 자신이 아니라, 그 유족이 청구권자로 될 수밖에 없기 때문에, 사자의 명예훼손은 유족의 "경애추모의 정"을 침해하는 불법행위라고 한다.

사자의 인격권에 관한 일본의 재판례로는 소설 "落日燃ゆ" 사건이 유명하다. 작가 Y는 군부에 저항하여 전쟁을 피하려고 노력하였으나 전후 전범으로 처벌되었던 廣田弘毅 전수상의 전기소설 "落日燃ゆ"를 썼다. 위 소설에 위 주인공과 대학의 동기생으로 중국주재 대사였던 A의 여성관계에 관하여 실명으로 "A는 화류계의 여성뿐만 아니라 부하의 처와도 관계를 가졌다."라고 묘사되어 있다. A의 조카인 X가 50년 전의 일이지만 위 문장은 사실무근이어서 A의 명예를 훼손하고, A를 아버지와 같이 경애하는 X에게 정신적 고통을 주었다는 이유로, Y에 대하여 사죄광고와 손해배상청구의 소를 제기하였다. 1심인 동경지방재판소113)와 2심인 동경

---

108) Larenz/Canaris(주 3), S. 535.
109) BGHZ 15, 249.
110) Larenz/Canaris(주 3), S. 533.
111) 五十嵐淸, 人格權論, 一粒社, 1989, 170면; 齊藤博, 人格權法の硏究, 一粒社, 1979, 210면 이하; 齊藤博, "故人に對する名譽毁損," 判例評論 228호 33면.
112) 竹田稔, 名譽・プライバシー侵害に對する民事責任の硏究, 酒井書店, 1983, 91면 이하; 平井宜雄, 債權各論 Ⅱ 不法行爲, 弘文堂, 1993, 164면; 幾本通, 德本伸一, 不法行爲法, 有斐閣, 1993, 89면; 川添利賢, "死者の名譽毁損と違法性," 現代民事裁判の課題⑦[損害賠償], 1989, 445면.
113) 東京地判 1977(昭和 52). 7. 19(判例時報 857호 65면). 이 판결에 대한 평석으로는 齊藤博, "故

고등재판소는 위 문장이 허위라고 볼 수 없다는 이유로 원고의 청구를 기각하였는데, 사자의 인격권에 관해서는 견해의 차이를 보이고 있다. 즉, 1심은 사자의 명예훼손을 ① 유족 등 생존자 자신의 명예도 훼손되는 경우와 ② 사자의 명예훼손에지나지 않는 경우로 나누고, 후자의 경우에 "허위허망으로써 그 명예훼손이 이루어진 경우에만 위법행위로 된다."라고 한 다음, 고의 또는 과실로 인하여 허위, 허망으로써 사자의 명예를 훼손하고, 이것에 의하여 사자의 친족 또는 그 자손(이것과 동일시해야 할 자를 포함한다)의 사자에 대한 경애추모의 정 등의 인격적 법익을사회적으로 타당한 수인의 한도를 넘어 침해한 자는 위 피해자의 유족에 대하여불법행위책임을 진다고 하였으나, 위 문장에 관해서는 허위허망이라고 인정할 수없다고 하였다. 그러나 2심인 동경고등재판소114)는 사자 자신의 명예 또는 인격권침해로 의한 불법행위가 성립할 수 있으나, 현행법상의 구제방법이 없다고 하였다. 다만 "고인에 대한 유족의 경애추모의 정도 일종의 인격적 법익으로서 이것을보호해야 할 것이므로, 이것을 위법하게 침해한 행위는 불법행위를 구성한다"고하였다.115)

그 후 밀고(密告) 사건116)에서는 작가 小堺昭三이 치안유지법하에서 경찰의 시인에 대한 탄압을 묘사한 실록소설(實錄小說)인 '밀고'를 집필·출판하였다. 위 소설에서 시인이었던 망 A가 경찰스파이였다고 하는 내용이 있었다. 이에 A의 차남인원고는 위 내용은 아무런 근거가 없는 것이고, 이로써 A와 A의 차남인 원고 자신의 명예가 크게 손상되었으며, 또한 원고가 아들로서 A에 대하여 품고 있던 경애추모의 정을 현저하게 침해받았다고 하여, 작가와 출판사에 대하여 A와 X를 위한명예회복 조치 및 X에 대한 위자료의 지급을 구하였다. 2심인 동경지방재판소117)

人に對する名譽毀損," 判例評論 228호 34면; 五十 淸, "死者の人格權," ジュリスト 653호 58면;伊藤博, "落日燃ゆ事件第1審判決," 判例タイムズ 367호 243면.

114) 東京高判 1979(昭和 54). 3. 14(判例時報 918호 21면). 이 판결에 대한 평석으로는 野直人, "死者の名譽毀損と不法行爲の成否," 判例タイムズ 411호 131면 참조.

115) 大阪地判 1989(平成 1). 12. 27(判例時報 1341호 53면)고 같은 취지이다.

116) 1심: 日大阪地堺支判 1983(昭和 58). 3. 23(判例時報 1071호 33면; 判例タイムズ 402호 180면). 2심: 東京地判 1983(昭和 58). 5. 26(判例時報 1094호 78면).

117) 즉, (1) 위 소설이 '밀고'라는 제목과 함께 허위의 사실을 실명으로 표시하여, 사건의 진상을알지 못하는 다수의 독자에게 저명한 시인이었던 사자 A가 동료를 경찰에 팔아넘긴 비열한 스파이였다고 믿게 하고, 모멸의 감정을 품게 하기에 충분하여, 사자 A의 명예가 현저하게 손상되었다고 하면서도, 일반 사법상 사자의 명예나 인격권을 보호하는 직접적인 규정이 없고, 누가민사상의 청구권을 행사할 수 있는가에 관하여' 정함이 없기 때문에, 결국 그 권리의 행사에 관

는 사자의 명예훼손을 이유로 사죄광고를 구하는 부분에 관해서는 기각하였으나, 유족의 명예와 사자에 대한 경애추모의 정을 침해하였다는 이유로 사죄광고와 손해배상을 청구할 수 있다고 판결하였다.118)

(3) 미　　국

보통법(common law)에 의하면 사자의 명예가 훼손되었다는 이유로 그 유족이 민사소송을 제기할 수 없다. 다만 사자에 대한 명예훼손이 유족 자신의 명예도 침해하게 되는 경우에는 예외이다.119) 이것은 사자의 프라이버시의 경우에도 마찬가지이다.120) 한편 유명인 등의 성명이나 초상을 상업적으로 이용할 권리, 즉 퍼블리시티권은 재산권적인 측면이 강하므로, 이것이 상속될 수 있는지에 관해서는 논란이 되고 있다.121)

(4) 결　　어

사자의 인격권에 관하여 각국의 태도가 매우 상이한 것처럼 보인다. 그러나 사자의 인격권 침해를 이유로 손해배상청구를 할 수 없다는 점은 독일, 일본, 미국이 모두 동일하다. 다만 사자의 인격권을 이유로 그 침해에 대한 금지청구를 할 수 있는지에 관하여 차이가 발생하고 있다. 그런데 미국에서는 살아있는 사람의 명예가 훼손되거나 프라이버시가 침해되는 경우에도 수정 헌법 제 1 조에서 보장하고 있는 표현의 자유를 넓게 보장하기 위하여 손해배상청구만을 허용할 뿐이고 금지청구를 허용하는 경우는 거의 없다는 점을 주목할 필요가 있다. 따라서 미국에

한 실정법상의 근거를 흠결한 것이라고 하여, 사자 A에 대한 명예회복조치를 거부하였다. (2) 그러나 원고에 대해서는 원고가 스파이 A의 자식이 됨으로써 그 명예를 훼손당하였을 뿐만 아니라, 부 A에 대하여 품고 있던 경애추모의 정도 위법하게 침해되었고, 이러한 침해는 장래에도 '밀고'가 출판되어 사회에 유포되는 한 계속될 것이라고 하여, 명예회복조치로서 사죄광고를 명하고 위자료를 지급하여야 한다고 판결하였다.

118) 보도기사에 의하여 사자의 명예훼손이 문제된 사건으로는 靜岡地判 1981(昭和 56). 7. 17(判例時報 1011호 36면)이 있다.

119) Prosser/Keeton(주 25), pp. 778-779; Second Restatement of Torts, §560 Comment a. (1977). 사자의 명예훼손을 처벌하는 주가 있다고 한다.

120) Second Restatement of Torts, §652 I Comment a, b. (1977). 제정법이 없으면, 프라이버시 침해로 인한 소송은 프라이버시가 침해된 사람이 사망한 후에는 유지될 수 없는데, 사자의 프라이버시 침해에 대하여 유족에 의한 소송을 인정하는 주가 있다고 한다.

121) 한국지적소유권학회, 광고과 저작권, 공보처, 1994, 121면 이하 참조.

서는 사자의 인격권에 기한 금지청구권을 인정하여야 할지에 관한 독일, 일본 등
에서의 논의가 큰 의미가 없다고 볼 수 있다.

3. 사자의 인격권 인정 여부

우리나라에서는 사자 자신의 인격권을 인정하는 견해,[122] 이를 부정하고 유족
에 대한 불법행위로 해결해야 한다는 견해,[123] 사자의 명예도 일정한 경우에는 불
법행위책임법으로 보호되어야 한다고 하면서, 명예훼손의 효과로서 발생하는 청구
권은 상속인이나 근친자에 의해서 행사되어야 하므로 엄밀한 의미에서는 상속인이
나 근친자에 대한 불법행위책임이 발생할 뿐이라는 견해[124]가 대립하고 있다. 그
리고 위 Ⅲ. 2.에서 본 바와 같이 사자의 인격권을 긍정한 하급심 판결이 있다.[125]

사자의 인격권을 침해하는 행위가 유족의 명예훼손이나 추모의 감정을 침해하
는 경우가 많다. 이때 사자의 명예를 훼손하는 내용이 유족 등 살아있는 사람의
인격권도 똑같은 정도로 침해하는 경우에는 사자의 인격권을 문제삼을 필요가 없
다. 이러한 경우에는 살아 있는 사람의 인격권 침해로 해결할 수 있기 때문이
다.[126] 그러나 사자의 인격권이 침해되었지만, 유족의 인격권이 침해되지는 않았거
나 그 침해의 정도가 매우 적어서 유족의 인격권에 기해서는 언론출판의 자유 또
는 예술의 자유와 관련하여 금지청구를 할 수 없는 경우가 있다. 이 경우에 사자
의 인격권에 관한 논의가 실익이 있게 된다. 결론부터 말하자면 사자의 인격권을
긍정하여야 한다고 본다.

형법과 저작권법은 사자의 인격권을 보호하는 규정을 두고 있다. 첫째, 형법

---

122) 민법주해(Ⅰ), 256면(양삼승 집필부분); 손동권 "언론보도와 사자의 명예훼손," 언론중재, 1992
   년 봄호, 언론중재위원회, 9면.
123) 지홍원, "인격권의 침해," 사법논집 제10집, 1979, 226면; 주석 채권각칙(Ⅳ), 132-133면(박철
   우 집필부분); 한위수(주 30), 401-402면.
124) 이은영(주 4), 740면.
125) 그리고 1982년 여성동아에 전혜린 평전인 "천재의 불꽃놀이"가 게재되자, 그 유족이 언론중
   재위원회에 이미 사망한 전혜린의 명예를 훼손하고 그 유족의 프라이버시가 침해되었다는 이유
   로 사과와 해명을 요구하는 신청을 하였는데, 중재가 성립된 적이 있다. 언론중재사례집 제 1
   집, 언론중재위원회, 1983, 106면 이하.
126) BGHZ 75, 160. 이 판결은 제 3 제국에서 유대인 학살이 없다고 한 것이 현재 살아있는 유대
   인, 특히 1945년 이후에 태어난 유대인의 인격권도 침해한다고 하였는데, 이러한 맥락에서 이
   해할 수 있다. 이것은 미국, 일본의 경우에도 마찬가지이다.

제308조는 사자의 명예훼손죄에 관하여 "공연히 허위의 사실을 적시하여 사자의 명예를 훼손한 자"를 처벌한다고 규정하고 있는데, 그 보호법익은 "사자에 대한 사회적, 역사적 평가"[127]라고 한다. 따라서 이 규정은 사자의 명예를 훼손하는 행위를 처벌하는 것이지, 유족의 경건감정을 침해한 것을 처벌하는 것이라고 볼 수 없다.[128] 둘째, 저작권법 제14조 제2항은 "저작자의 사망 후에 그의 저작물을 이용하는 자는 저작자가 생존하였더라면 그 저작인격권의 침해가 될 행위를 하여서는 아니 된다. 다만, 그 행위의 성질 및 정도에 비추어 사회통념상 그 저작자의 명예를 훼손하는 것이 아니라고 인정되는 경우에는 그러하지 아니하다."라고 규정한다.[129] 위 규정이 사자 자신의 저작인격권을 보호하려는 것임은 사망한 "저작자의 명예를 훼손"한다는 표현을 사용하고 있는 점에 비추어 분명하다.[130]

　민법 제3조는 "사람은 생존한 동안 권리와 의무의 주체가 된다."라고 규정하고 있다. 따라서 사람은 사망으로 인하여 권리의무의 주체가 될 수 없다고 볼 수 있다. 그러나 사자의 명예를 훼손시키는 행위를 금지시킬 수 없다면, 인간의 존엄과 가치라는 헌법상의 기본권을 실효성 있게 보장할 수 없다. 그리하여 사자의 인격권에 기하여 금지청구를 할 수 있어야 한다. 사자의 명예훼손에 대하여 형사처벌을 하고, 사자의 저작인격권이 침해된 경우에 한하여 저작권법상의 보호를 하는 것만으로 불충분하다. 그리고 저작자의 저작인격권에 관하여 사후에도 보호하고 있는 점과 비교해 보더라도, 명예 등 인격권을 침해하는 경우에 대하여는 아무런 보호를 하지 않는 것은 불합리하다.

　그런데 사망한 사람이 직접 금지청구권을 행사할 수 없기 때문에, 누가 금지청구권을 행사할 수 있는지 문제된다. 이에 관하여는 저작권법 규정[131]을 유추 적

---

127) 대판 1983. 10. 25, 83도1520(공 1983, 1782). 학설도 위 규정의 보호법익을 "역사적 존재로서의 그 인격의 외부적 명예"(유기천, 형법학[각론강의 상], 전정신판, 일조각, 1983, 146면)라고 하기도 하고, "역사적 존재로서의 사자의 인격적 가치"(이재상, 형법각론, 신정판, 박영사, 1997, 180면)라고 하기도 한다.

128) 그리고 사자의 명예를 훼손한 범죄에 대하여는 그 친족 또는 자손은 고소할 수 있고(형사소송법 제227조), 이러한 자가 없는 경우에 이해관계인의 신청이 있으면 검사가 고소권자를 지정하여야 한다(형사소송법 제228조).

129) 구 저작권법 제96조(개정 저작권법 제128조)에 의하면, 유족들은 이미 사망한 저작자의 명예를 훼손했다는 이유로 명예회복 등의 청구를 할 수 있다. 그러나 유족들은 위와 같은 침해행위를 이유로 손해배상을 청구할 수는 없다. 허희성, 신저작권법축조해설, 범우사, 1988, 422면; 정재훈, "저작권침해에 대한 손해배상," 법조 제486호(1997. 3), 114면.

130) 대판 1994. 9. 30, 94다7980(공 1994, 2836).

용하여 유족(즉 배우자·자·부모·손·조부모 또는 형제자매)이나 유언집행자가 그러한 청구를 할 수 있다고 보아야 한다. 이때에도 사자 자신의 인격권이 보호의 대상이라고 보아야 한다.

한편 사자의 인격권을 침해했다는 이유로 손해배상청구를 할 수 있는지 문제되나, 이것은 허용되지 않는다고 보아야 한다. 왜냐하면 사자의 인격권은 살아있는 동안 인간으로서의 존엄과 가치를 보장하기 위하여 최소한도로 보장되어야 하는데, 사후의 인격권을 침해한 것에 대하여 금지청구를 하거나 명예회복조치를 취할수 있도록 하는 것으로 충분하고, 사자의 인격권 침해를 이유로 손해배상청구권을 인정하면 사망시에 재산상속이 이루어지는 것과 조화롭게 설명할 수 없기 때문이다. 다만 사자에 대한 명예훼손이 유족의 명예도 훼손하거나 유족의 경건감정[132]을 침해하는 경우에는 유족 자신이 불법행위를 원인으로 한 손해배상청구를 할 수 있다.

4. 사자의 인격권 내용

명예훼손의 성립요건과 관련하여 보면 생존자와 사자는 구별할 필요가 있다. 형법 제307조는 공연히 사실을 적시하면 명예훼손죄가 성립한다고 하고 있으나, 제308조는 "공연히 허위의 사실을 적시"하여야 사자의 명예훼손죄가 성립한다고 하고 있다.[133] 사실을 적시한 때에도 사자에 대한 명예훼손죄가 성립한다면 진정한 역사가가 명예훼손죄로 처벌받게 되거나, 또는 역사의 정확성을 기하지 못하고

---

131) 구 저작권법 제96조에 의하면 저작자가 사망한 후에 그 유족(사망한 저작자의 배우자·자·부모·손·조부모 또는 형제자매를 말한다)이나 유언집행자는 당해 저작물에 대하여 제14조 제2항의 규정에 위반하거나 위반할 우려가 있는 자에 대하여는 침해의 정지 등을 청구할 수 있으며, 고의 또는 과실로 저작인격권을 침해하거나 저작자의 명예를 훼손한 경우 명예회복 등을 청구할 수 있다고 한다(개정 저작권법은 제128조에서 이에 관하여 규정하고 있다).

132) 인격권은 명예훼손이나 프라이버시 침해에 한정되는 것은 아니다. 대판 1995. 11. 7, 93다 41587(공 1995, 3890)은, 피고 A, B, C, D가 소외 망 박종철의 고문치사사실을 은폐하거나 위 망인의 고문치사에 가담한 범인을 피고 E, F 등 2인인 것처럼 축소하는 등으로 그 진상을 은폐한 사건에서, 피고 A, B, C, D의 위와 같은 진상은폐행위로 인하여 위 망인의 부모이거나 형과 누이인 원고들의 인격적 법익이 침해된 것으로 보아야 할 것이므로, 위 피고들과 피고 대한민국은 원고들에게 이로 인한 위자료를 지급할 의무가 있다고 판결하였다. 이러한 인격적 법익은 명예나 프라이버시라고 볼 수는 없다.

133) 대판 1972. 9. 26, 72도1798(집 23, 형 19)은 사실을 적시한 때에는 사자에 대한 명예훼손죄가 성립하지 않는다고 한다.

진실한 사실이 은폐될 가능성이 있기 때문이라고 한다.[134] 결국 사자에 대한 명예훼손죄는 생존자에 대한 경우보다 엄격한 요건이 필요하다. 그리고 저작권법 제14조 제 2 항 단서는 사자의 저작인격권에 대한 침해요건을 엄격하게 보고 있다. 그러므로 사자의 명예 또는 인격권을 침해하는 행위가 금지청구의 대상이 되는지를 판단할 때에도 마찬가지라고 보아야 한다. 따라서 사람이 사망한 경우에는 그의 인격권을 침해하는 행위의 성질 및 정도에 비추어 사회통념상 사자의 명예를 훼손하는 것이 아니라고 인정되는 경우에는 사자의 인격권이 침해되었다는 이유로 금지청구를 할 수 없다. 결국 사자에 대한 인격권 침해는 생존자에 대한 경우보다 심각하게 명예를 훼손시키는 경우에만 인정된다.

사자의 프라이버시가 인정되는지 문제되는데, 이것은 프라이버시를 어떻게 파악할 것인지와 관련되지만, 사자의 프라이버시를 전면적으로 부정할 수는 없다. 왜냐하면 사자의 비밀스러운 생활 등을 흥미 위주로 공개하는 것은 허용되어서는 안되기 때문이다. 그러나 사자의 명예훼손죄가 허위 사실을 보도하는 경우에만 성립된다는 점 등에 비추어 사자의 프라이버시는 사자의 명예훼손의 경우보다는 좀 더 엄격한 요건에 따라 인정하여야 한다.

5. 모델소설의 경우

위와 같은 논의는 사망한 사람을 모델로 한 소설에도 그대로 적용된다. 소설의 모델이 된 사람이 이미 사망한 경우에도 그 유족이 엄격한 요건에 따라 명예훼손 또는 인격권 침해를 이유로 그 금지를 구할 수 있다.

그리고 사망과 인격권 침해행위 사이의 시간적 간격도 사자의 인격권이 침해되었는지를 판단할 때 고려하여야 한다. 위에서 본 독일의 메피스토 사건에서 출판금지를 명했는데, 소설이 피해자의 생존 시에 집필되었고, 그가 사망한 직후 출판사에서 위 소설을 출판하였다는 점이 영향을 미쳤을 것으로 보인다. 한편 우리나라의 '이휘소' 사건에서는 소설의 서문에 의하여 사자의 인격권 침해를 인정하였으나, 이와 달리 본문인 소설에 의한 명예훼손을 부정하였는데, 모델인 이휘소가 사망한 지 17년이 지났다는 점을 고려하고 있다. 일본의 하급심 판결은 이 문제를

---

[134] 유기천(주 127), 145면; 이재상(주 127), 180면.

상세하게 다룬 적이 있다. 즉 동경고등재판소[135]는 "사자에 대한 유족의 경애추모의 정은 사망 직후에 가장 강하고 시간이 경과하면서 경감하여 가는 것도 일반적으로 인정되는 바이고, 다른 한편 사자에 관한 사실도 시간이 경과하면서 역사적 사실로 이행하여 간다고 말할 수 있으므로, 세월이 경과함에 따라 역사적 사실탐구의 자유 혹은 표현의 자유에의 배려가 우위에 선다."라고 하고, 이러한 행위의 위법성 판단에는 이익형량이 필요하다고 하여, "이 사건 문장은 그 사후 44년을 경과한 1974(昭和 49)년 1월에 발표되었다. 이러한 연월의 경과가 있는 경우 행위의 위법성을 긍정하기 위하여는 적어도 적시된 사실이 허위라는 것을 요하고, 또한 그 사실이 중대하여, 고인에 대한 경애추모의 정을 수인하기 어려운 정도로 침해하였다고 하는 경우에 불법행위의 성립을 긍정"할 수 있다고 판결하였다.

서울지판 1996. 7. 25, 95가합90717(미공간)은 역사적 사건을 다룬 드라마에 의한 인격권 침해가 문제되었다. 사실관계를 보면 다음과 같다. 한국방송공사는 1995년 광복 50주년 특집으로 백범 김구 선생의 일대기를 극화한 "광복 50주년 기획드라마 김구"라는 제목의 드라마를 제작하여 텔레비전으로 방영하였다. 이 사건 드라마 중 제 1 회(부제: 역사의 심판에는 시효가 없다)에서는 1949. 6. 26. 발생한 백범 김구 선생의 암살사건을 다루고 있는데, 이미 사망한 김창룡이 그 암살범인 안두희의 배후 세력인 것처럼 묘사한 부분이 있고, 제16회(부제: 김구가 살아있다면)에서 이 부분이 암살범 안두희의 회상 형식으로 다시 방영되었다. 서울지방법원은 다음과 같은 이유로 위 드라마가 김창룡과 그의 유족의 명예를 훼손한 것이 아니라고 판단하였다. 즉 "김구 선생의 암살 사건은 이 사건 방송 당시 이미 46년의 세월이 지나 역사적 사실이 되어 버렸는바, 이러한 역사적 사실에 대하여는 학문적으로나 예술적으로나 보다 자유롭게 탐구 또는 표현할 수 있도록 보장되어야 하고, 위와 같은 역사적 사실 탐구의 자유 또는 표현의 자유로 얻어지는 이익, 가치는 이미 세월의 경과로 세인의 기억 속에서 잊혀져가는 역사적 인물 또는 그 유족의 명예를 보호함으로써 달성되는 가치보다 소중한 것으로 배려되어야 할 것"이고, "역사적 사실에 관하여는 사건 현장의 검증이나 관계자들에 대한 탐문 등을 통하여 그 진실 여부를 상당한 정도까지 조사할 수 있는 현재의 사실과는 달리 객관적이고 확실한 자료를 확보하기 매우 어려워 그 진위 조사에 일정한 한

---

135) 東京高判 1979(昭和 54). 3. 14(判例時報 918호 21면).

계가 있을 수밖에 없"으므로, 명예훼손의 위법성을 판단할 때 이러한 사정들을 참작해야 한다고 하였다.

　요컨대 사망한 지 오래된 사람을 모델로 한 소설에서는 사자에 대한 인격권침해가 거의 인정되지 않는다. 특히 역사적 사실을 토대로 한 경우에도 표현의 자유나 예술의 자유가 우위에 있다고 보아야 한다.

V. 공적 인물의 문제

　유명인을 모델로 한 소설이 많이 있는데, 이러한 소설은 인격권 침해와 관련하여 양면적 성격을 가진다. 즉, 유명인은 그의 경력이나 생활이 일반 공중에게 노출되어 있기 때문에 일반인이 쉽게 소설이 누구를 모델로 한 것인지를 알 수 있다. 반면에 공중의 관심대상인 유명인을 모델로 한 소설은 국민의 알 권리를 충족시킨다는 측면이 있다.

　대법원은 타인의 명예를 훼손하는 행위를 한 경우에도 그것이 공공의 이해에 관한 사항으로서 그 목적이 오로지 공공의 이익을 위한 것일 때에는 진실한 사실이라는 증명이 있거나, 증명이 없더라도 행위자가 그것을 진실이라고 믿을 상당한 이유가 있는 경우에는 위법성이 없다고 한다.[136] 나아가 상당한 이유가 있는지 여부를 판단할 때 기사의 성격상 신속한 보도가 요청되는 것인가, 정보원이 믿을 만한가, 피해자와의 대면 등 진실의 확인이 용이한 사항인가와 같은 여러 사정을 종합적으로 고려하여야 한다고 하였다.[137] 이때 보도 내용 등이 공공의 이해에 관한 사항인지, 행위의 목적이 공공의 이익을 위한 것인지를 판단하는 단계에서 피해자가 공적 인물(public figure)에 해당하는 경우[138]에는 위와 같은 요건을 충족할 가능

---

[136] 대판 1988. 10. 11, 85다카29(집 36-3, 민 1). 이 판결은 "신문에 비하여 신속성의 요청이 덜한 잡지에 인신공격의 표현으로 비난하는 내용의 기사를 게재함에 있어서는 기사내용의 진실여부에 대하여 미리 충분한 조사활동을 거쳐야 할 것"이라고 하였는데, 이것은 상당한 이유를 판단할 때 매체가 신문인지 잡지인지에 따라 달라질 수 있음을 보여준다.

　　이 판결 이후 이 문제를 다룬 판결이 많이 나왔고 학설은 판례의 태도를 둘러싸고 미묘한 입장 차이를 보여주고 있다. 이에 관하여는 우선 이광범(주 32), 144면 이하 참조.

[137] 대판 1997. 9. 30, 97다24207(공 1997, 3279).

[138] 서울지결 1995. 9. 26, 95카합3438(주 67)은 신청인 김우중이 뛰어난 기업인으로서 우리나라 국민들에게 많은 귀감이 될 수 있는 사람으로서 이미 우리 사회의 공적 인물이 되었다고 할 것

성이 높다. 즉 보도의 대상이 공적 인물에 해당하는 경우에는 언론의 자유와 관련하여 명예훼손이나 프라이버시 침해를 제한적으로 보아야 한다.139) 그러나 공적 인물의 경우에도 사생활의 비밀은 보장되어야 한다.140) 그리고 공적 인물에는 정치가나 연예인 등 자발적으로 공적 인물이 된 경우와 범죄에 관련된 사람 등과 같이 공중의 관심을 끌게 된 '자발적이지 않은 공적 인물'로 구분된다.

그런데 소설은 예술성을 추구하는 것을 주된 목적으로 하는 것이기 때문에, 사회비평적 소설이라고 하더라도 공공의 이해에 관한 사항으로서 오로지 공공의 이익을 위하여 집필하였다고 볼 수 있는 경우를 상정하기 힘들다. 그리고 진실성에 관한 증명이나 진실이라고 믿을 상당한 이유가 있으면 위법성이 없다는 것이 허구를 전제로 하는 소설에 적용되는 경우는 매우 드물다. 공적 인물에 관한 이론은 사실을 전달하는 기사에 적용되는 것이고 허구를 전제로 한 소설, 만화, 드라마에는 적용되지 않는다고 볼 여지가 있다. 미국에서는 살인사건에 관련된 사람을 소설화한 기사가 프라이버시를 침해하였는지 문제된 사건에서 원고들이 범죄 사건으로 인하여 비자발적인 공적 인물이 되었다고 하더라도 프라이버시 침해가 된다는 연방대법원 판결141)이 있다. 그리고 일본의 '잔치의 흔적' 사건에서 공적 인물을 모델로 한 소설에서 그의 사생활을 묘사하는 것이 프라이버시 침해에 해당한다고 하였는데,142) 이 판결에 따르면 공적 인물을 모델로 한 소설에서도 그의 사생

인데, 공적 인물이 되었다고 볼 수 있는 경우 그 사람은 자신의 사진, 성명, 가족들의 생활상이 공표되는 것을 어느 정도 수인하여야 한다고 할 것인바, 이 사건과 같이 신청인을 모델로 하여 쓰여진 평전의 표지와 그 신문광고에 신청인의 사진을 사용하거나 성명을 표기하는 것과 그 내용에 신청인의 가족관계를 기재하는 것은 위 평전이 신청인의 명예를 훼손시키는 내용이 아닌한 허용되어야 한다고 하였다.

139) Warren/Brandeis(주 70), p. 214에 의하면 공공 또는 일반의 이익에 관한 것을 공표하는 것은 프라이버시권 침해가 아니라고 하였다.
    그러나 미국의 판례가 위와 같은 입장을 취한 것은 아니고 공적 인물에 대하여는 명예훼손이나 프라이버시 침해를 제한적으로 보아야 한다는 입장을 취하고 있다. 이에 관한 중요한 판결로는 New York Times Co. v. Sullivan, 376 U.S. 254 (1964); Curtis Publishing Co. v. Butts, 388 U.S. 130 (1967); Gerts v. Robert Welch Inc., 418 U.S. 323 (1974) 등이 있다.

140) 프라이버시 침해의 유형 중에서는 '사생활의 공개'와 '공중에게 왜곡된 인상을 심어주는 행위'에 대해서만 공적 인물에 관한 이론이 적용된다. 공적 인물이라고 하더라도 '사생활에의 침입'이나 '사적 사항의 영리적 이용'으로 인한 프라이버시 침해가 성립할 수 있음은 물론이다. Prosser/Keeton(주 25), p. 859.

141) Garner v. Triangle Publications, S.D.N.Y. 97 F. Supp. 546 (1951).

142) 이 사건에서 법원은 프라이버시의 권리와 언론 · 표현의 자유 중에서 일반적으로 어느 한 쪽이 우선한다고 볼 수는 없고, 다만 공공의 질서, 이해에 직접 관계가 있는 사항이라든가 사회적

활을 묘사하는 것은 프라이버시 침해에 해당한다고 볼 여지가 많다고 한다.[143]

그러나 미국에서 공적 인물에 관한 이론이 사실 보도의 경우뿐만 아니라 정보, 교육, 연예, 오락의 경우에도 적용된다.[144] 그리고 미국에서 영화사가 이미 사망한 연예인의 생애를 영화화하자, 그의 유족들이 고인의 프라이버시 침해를 이유로 제소하였다. 다수의견은 그것이 영화이며 픽션이라는 점, 사적 사실의 영리적 이용이라는 점을 중시하여, 작품의 공익성을 인정하지 않고 원고의 청구를 인정했으나, 소수의견은 그 작품에는 일반인의 정당한 관심사항이 묘사되어 있고, 픽션의 요소가 포함되어 있다고 하여 프라이버시 침해를 인정할 수 없다고 하였다.[145] 소설은 문학적 가치로서 감명과 즐거움을 줄 뿐만 아니라, 교육과 지식을 전달하는 기능도 담당한다. 그리고 공적 인물에 대한 일반인의 관심은 언론뿐만 아니라 소설의 형태로 충족될 수도 있다. 그러므로 소설의 모델로 된 사람이 공적 인물이나 역사적 인물에 해당하는 경우에는 소설로 인한 인격권 침해를 좁게 인정하여야 한다.

Ⅵ. 결   론

1. 모델소설의 문제, 즉 소설에 의한 인격권 침해 문제는 인격권과 표현 및 예술의 자유가 충돌하는 경계선에서 발생하는 중대한 법적 문제이다. 먼저 이상의 논의를 간략하게 정리하면 다음과 같다.

작가가 어떤 사람을 모델로 하여 소설을 썼다고 하더라도 실존 인물과는 전혀 다른 인물을 창출하였다고 볼 수 있는 경우에는 인격권의 침해가 문제되지 않는다. 독자가 소설 속 인물에서 실제 인물을 연상하는 경우에 인격권의 침해가 문제

으로 저명한 존재인 경우에는 이러한 공적 성격으로 인하여 일정한 합리적인 범위 내에서 사생활의 측면에서도 보도, 논평 등이 허용되는 데 지나지 않고, 이를테면 보도의 대상이 공인, 공직의 후보자이더라도 무차별, 무제한하게 사생활을 공개하는 것이 허용되지 않는다고 판단하고 있다. 즉, 사생활에 대한 표현활동은 직접적인 공적 사항과 사회적으로 저명한 존재에 관하여 일정한 합리적인 한계 내에서 보도·논평하는 것에 한정하고 있다.

143) 石村善治(주 10), 216면.
144) Prosser/Keeton(주 25), p. 861.
145) Donahue v. Warner Bros. Pictures, 194 F.2d 6 (1952). 이 사건이 문제된 유타 주에서는 당시 사자의 프라이버시가 인정되고 있었다고 한다.

된다. 이것이 피해자의 특정성 문제이다. 물론 이름이 일치하지 않는 경우에도 피해자가 특정되었다고 볼 수 있는데, 이름, 경력, 주위사정, 전체적인 줄거리 등에 비추어 판단하여야 한다.

　모델소설에서 모델이 된 사람의 명예를 훼손하는 경우에는 인격권 침해를 이유로 그 소설의 출판금지나 손해배상청구를 구할 수 있다. 그러나 소설에서 개인의 명예가 훼손되거나 인격권이 침해되었다는 이유로 그 출판금지를 구하는 경우에는 헌법상 예술의 자유와 출판의 자유가 보장되어 있는 점에 비추어 그 침해의 태양 및 정도를 고려하여 개인의 명예가 중대하게 훼손된 경우에만 이를 인정하여야 한다. 그리고 그 모델이 된 사람이 이미 사망한 경우에도 그 유족이 사자의 인격권 침해를 이유로 금지청구를 할 수 있다. 왜냐하면 인간은 적어도 사후에 명예를 중대하게 훼손시키는 왜곡으로부터 그의 생활상의 보호를 신뢰하고 그러한 기대에서 살 수 있는 경우에만, 살아있는 동안 헌법상의 인간의 존엄과 가치가 보장되기 때문이다. 그러나 사자의 인격권 침해를 이유로 그 유족이 위자료를 청구할 수는 없고, 다만 그로써 유족의 명예 또는 경건감정을 침해하는 경우에 한하여 그 한도에서 위자료 청구가 허용된다. 나아가 사자를 모델로 한 경우에는 생존자에 대한 경우보다 더욱 엄격한 요건에 따라 출판금지를 허용하여야 하고, 사망한 때로부터 시간의 경과가 오래될수록 명예훼손을 인정하기 어렵다. 그리고 공적 인물에 관한 이론은 보도기사를 중심으로 발전된 것이지만 모델소설에서도 이를 고려하여야 한다.

　작가는 정도의 차이가 있지만 현실에서 창작의 소재를 끌어내고 있는 경우가 대부분이다. 작가가 현실을 묘사하는 것은 현실 그 자체가 아니라 하나의 창작이다. 창작이라는 이유만으로 제한 없는 자유를 누릴 수 있는 것은 아니지만, 인격권이 예술의 자유를 과도하게 제한하는 사적인 검열수단이 되어서는 안 된다.

　2. 우리 민법은 재산권을 중심으로 발달해 왔다고 할 수 있다. 그러나 사회와 경제가 발달함에 따라 인격적 가치 또는 감정이익에 관한 관심이 높아가고 있다. 그리하여 인격권에 관하여 다양한 유형의 분쟁이 발생하고 있다. 한편 우리나라의 인격권에 관한 최근의 논의는 독일의 인격권에 관한 이론, 미국의 프라이버시에 관한 이론 등이 혼재된 채로 수입되고 있어 매우 혼란스러운 양상을 보이고 있다. 이러한 혼란을 해소하고 인격권에 관한 분쟁을 적절하게 해결하기 위한 이론을 정립할 때 소설에 의한 인격권 침해 문제에 관해서도 좀 더 명확한 해결방안을 제시

할 수 있을 것이다.

[인권과 정의 제255호(1997. 11), 대한변호사협회, 44-71면]

[후기] (1) 본문(68면)에서 다룬 서울지판 1996. 7. 25, 95가합90717에 대한 제 2 심 판결은 서울고판 1997. 4. 16, 96나36700이고, 상고심 판결은 대판 1998. 2. 27, 97다 19038(공 1998, 865)이다. 대법원은 "적시된 사실이 진실이라고 믿을 상당한 이유가 있는지의 여부를 판단함에 있어서는 적시된 사실의 내용, 진실이라고 믿게 된 근 거나 자료의 확실성, 표현 방법 등 여러 사정을 종합하여 판단하여야 하고, 특히 적시된 사실이 역사적 사실인 경우 시간이 경과함에 따라 점차 망인이나 그 유족 의 명예보다는 역사적 사실에 대한 탐구 또는 표현의 자유가 보호되어야 하고 또 진실 여부를 확인할 수 있는 객관적 자료에도 한계가 있어 진실 여부를 확인하는 것이 용이하지 아니한 점도 고려되어야 할 것이다."라고 판결하였다.

   (2) 이 논문을 발표한 이후 영화나 소설에 의한 인격권 침해가 문제된 사건들 이 상당수 나왔다. 주요한 판결을 소개한다.

   (가) 서울중앙지판 2006. 8. 10, 2005가합16572(각공 2006, 2081)는 영화 "그때 그 사람들" 사건에 관한 것으로, 모델영화에 의한 인격권 침해에 관하여 상세하게 판 단하고 있다. 특히 이 판결은 "사람은 최소한 죽은 후에 자신의 인격적 가치에 대 한 중대한 왜곡으로부터 보호되어야만 살아 있는 동안의 인간으로서의 존엄과 가 치를 진정으로 보장받는 것이므로, 사자의 인격적 법익에 대한 침해가 있는 경우 에는 그 유족이 사자의 인격권 침해를 이유로 그 침해행위의 금지를 구할 수 있다 할 것이고, 다만 재산상속이 사망시를 기준으로 개시되는 이상 손해배상을 청구할 수는 없다 할 것이나, 사자의 인격적 법익이 침해됨으로써 그 유족의 명예, 명예감 정, 또는 유족의 사자에 대한 경애, 추모의 정 등이 침해된 경우에는 사자의 인격 적 법익의 침해와는 별도로 유족 자신의 인격적 법익의 침해를 이유로 그 침해행 위의 금지와 손해배상을 청구할 수 있다."라고 함으로써, 사자의 인격권 침해 자체 를 이유로 금지청구는 할 수 있으나 손해배상청구는 할 수 없다고 하였다. 이에

관해서는 이 책 84면 참조.

(나) 서울중앙지결 2007. 3. 6, 2007카합581은 공지영 소설에 관한 것으로, "소설의 주인공이 실재의 인물을 모델로 한 경우에도 소설 주인공의 가족이나 동료가 실재 인물의 가족이나 동료와는 다르게 묘사되어 있다면 그 가족이나 동료까지 모델이 되었다고 볼 수 없고, 소설의 주인공이 아닌 주변 인물이 실재의 인물을 모델로 한 경우에도 인격권 침해가 인정될 여지가 있으나, 독자로서는 주변 인물에 관해서는 주인공에 비하여 덜 주목하게 되고 실재의 인물과 동일하다고 여길 가능성이 작기 때문에 주인공의 경우보다 제한적으로 침해가 인정될 수 있을 것인데, 법원에 제출된 이 사건 소설의 1회 내지 10회 연재분에는 신청인을 모델로 한 것으로 추정되는 인물의 직업이 간략히 언급되어 있을 뿐 그 인물에 대하여 어떠한 구체적 서술이나 묘사가 되어 있지 아니한바, 현 상황에서 소설을 읽는 독자들이 모델이 된 인물을 신청인으로 특정할 수 있을 것으로 보이지 아니하고, 그 내용에 있어서도 신청인의 사생활에 대한 공표(내지 공중의 눈에 신청인의 사생활로 받아들여질 수 있는 것에 대한 공표)에 해당한다고 볼 만한 사항이 포함되어 있다고 볼 수도 없다."라고 하였다.

(다) 서울중앙지결 2007. 3. 22, 2007카합497은 영화 "그 놈 목소리" 사건에 대한 것이다. 피신청인은 신청인의 동의를 받지 아니한 채 이 사건 영화의 마지막 부분에 신청인의 실제 음성을 사용하였는데, 신청인의 음성을 아는 주변 사람들은 위 음성이 신청인의 것임을 알 수 있었다. 이에 대하여 법원은 일반인들의 감수성에 비추어 볼 때 약 16년 전에 자신과 함께 살던 양아들이 유괴되어 살해된 사실이나 자신이 그 범인과 통화한 내용 등은 타인에게 공개되기를 원하지 아니하는 사항으로 보아야 할 것인 점, 신청인과 이○○ 사건의 관계를 알지 못하면서 신청인의 목소리를 아는 신청인 주변의 사람들이 이 사건 영화를 통하여 신청인과 이○○ 사건의 관계를 알 수 있게 되었으므로 이로써 신청인의 사적 사항이 공개된 것인 점, 이러한 사항이 공개될 경우 신청인으로서는 상당한 심리적 부담감을 느끼게 될 것으로 보이는 점 등을 종합하여 보면, 피신청인은 이 사건 영화에서 신청인의 실제 음성을 사용함으로써 신청인의 프라이버시 등 인격권을 침해하였다고 결정하였다.

(라) 대판 2010. 7. 15, 2007다3483(공 2010, 1622)은 "영화 '실미도' 사건"에 대한

대법원 판결이다. 원고들은 1968. 4.경 북파 공작업무를 목적으로 창설된 특수부대의 훈련병이었던 이 사건 망인들의 유가족들이고, 피고 회사들은 영화 "실미도"의 공동제작사이며, 피고 강우석은 영화감독이다. 피고들은 소설 실미도를 원작으로 하여 시나리오 작업을 거친 다음 이를 토대로 위 영화를 제작하였다. 원고들은 피고들을 상대로 금지청구(피고들이 일반인으로 하여금 위 영화에 등장하는 훈련병들이 살인범 또는 사형수라고 오인하거나 용공주의자라고 오인할 수 있는 장면, 대사 및 자막을 그대로 유지하여 이를 상영하거나, 비디오테이프, 디브이디 디스크 및 인터넷 영상물 등으로 제작하여 제 3 자에게 인도, 임대, 양도 기타 일체의 처분을 하는 것을 금지한다는 내용이다)와 불법행위로 인한 손해배상청구를 하였다. 원심법원(서울고판 2006. 12. 6, 2005나68532)은 원고들의 청구를 받아들이지 않았다. 원고들이 상고하였으나, 대법원은 다음과 같은 이유로 이를 기각하였다.

① 실제 인물이나 사건을 모델로 한 영화가 허위사실을 적시하여 역사적 사실을 왜곡하는 등의 방법으로 그 모델이 된 인물의 명예를 훼손하는 경우에는 비록 그것이 예술작품의 창작과 표현 활동의 영역에서 발생한 일이라 하더라도 그 행위자에게 명예훼손으로 인한 불법행위책임 등을 물을 수 있다(대판 2010. 4. 29, 2007도8411 참조).

② 다만, 실제 인물이나 사건을 모델로 한 영화가 허위의 사실을 적시하여 개인의 명예를 훼손하는 행위를 한 경우에도 그것이 공공의 이해에 관한 사항으로서 그 목적이 공공의 이익을 위한 것일 때에는 행위자가 적시된 사실을 진실이라고 믿었고 또 그렇게 믿을 만한 상당한 이유가 있으면 그 행위자에게 불법행위책임을 물을 수 없다고 할 것인바, 그와 같은 상당한 이유가 있는지 여부를 판단함에 있어서는 적시된 사실의 내용, 진실이라고 믿게 된 근거나 자료의 확실성, 표현 방법, 피해자의 피해 정도 등 여러 사정을 종합하여 판단하여야 하고, 특히 적시된 사실이 역사적 사실인 경우 시간이 경과함에 따라 점차 망인이나 그 유족의 명예보다는 역사적 사실에 대한 탐구 또는 표현의 자유가 보호되어야 하며 또 진실 여부를 확인할 수 있는 객관적 자료의 한계로 인하여 진실 여부를 확인하는 작업이 용이하지 아니한 점 등도 고려되어야 한다(대판 1998. 2. 27, 97다19038 참조). 아울러 영리적 목적 하에 일반 대중을 관람층으로 예정하여 제작되는 상업영화의 경우에는 역사적 사실을 토대로 하더라도 영화제작진이 상업적 흥행이나 관객의 감동 고양을 위하여 역사적 사실을 다소간 각색하는 것은 의도적인 악의의 표출에 이르지 않는 한 상업영화의 본질적 영역으로 용인될 수 있으며, 또한 상업영화를 접하는 일반 관객으로서도 영화의 모든 내용이 실제 사실과 일치하지는 않는다는 전제에서 이러한 역사적 사실과 극적 허구 사이의 긴장관계를 인식·유지

하면서 영화를 관람할 것인 점도 그 판단에 참작할 필요가 있다.

③ 영화의 내용이 특정인의 명예를 훼손하는 내용을 담고 있는지의 여부는 당해 영화의 객관적인 내용과 아울러 일반의 관객이 보통의 주의로 영화를 접하는 방법을 전제로, 영화 내용의 전체적인 흐름, 이야기와 화면의 구성방식, 사용된 대사의 통상적인 의미와 그 연결 방법 등을 종합적으로 고려하여 그 영화 내용이 관객에게 주는 전체적인 인상도 그 판단기준으로 삼아야 하고, 여기에다가 당해 영화가 내포하고 있는 보다 넓은 주제나 배경이 되는 사회적 흐름 등도 함께 고려하여야 한다.

④ 실제 인물이나 역사적 사건을 모델로 한 영화라 하더라도 상업영화의 경우에는 대중적 관심을 이끌어 내고 이를 확산하기 위하여 통상적으로 광고·홍보행위가 수반되는바, 영화가 허위의 사실을 표현하여 개인의 명예를 훼손한 경우에도 행위자가 그 것을 진실이라고 믿었고 또 그렇게 믿을 만한 상당한 이유가 있어 그 행위자에게 명예훼손으로 인한 불법행위책임을 물을 수 없다면 그 광고·홍보의 내용이 영화에서 묘사된 허위의 사실을 넘어서는 등의 특별한 사정이 없는 한 그 광고·홍보행위가 별도로 명예훼손의 불법행위를 구성한다고 볼 수 없다. 나아가 이러한 상업영화에 있어서 그 내용의 특정 부분을 적시하지 않은 채 진실이라고 광고·홍보하였다고 하더라도 특별한 사정이 없는 한 그 영화의 모든 내용이 진실이라는 의미라고 보아서는 아니 되고 전체적으로 역사적 사실에 바탕을 두었으며 극적 허구와의 조화 속에서 확인된 사실관계를 최대한 반영하였다는 취지로 이해하여야 할 것이다.

(마) 대결 2019. 3. 6, 2018마6721(공 2019, 842)은 판문점 공동경비구역(JSA)에서 사망한 김훈 중위의 아버지가 위 사망 사건을 소재로 영화를 제작하고 있는 회사와 위 영화의 시나리오 작성과 연출을 맡고 있는 작가 겸 영화감독을 상대로 영화 내용 중 일부가 허위사실로 명예와 인격권 등을 침해한다며 영화의 제작·상영 등의 금지 등을 구하는 가처분을 신청한 사건에 대한 것이다. 대법원은 가처분 신청을 받아들이지 않은 원심 결정이 정당하다고 하면서 다음과 같이 판단하였다.

"영화의 내용이 특정인의 명예를 훼손하는 내용을 담고 있는지는 영화의 객관적인 내용과 함께 영화 내용의 전체적인 흐름, 이야기와 화면의 구성방식, 사용된 대사의 통상적인 의미와 그 연결 방법 등을 종합적으로 고려하여 그 영화 내용이 보통의 주의로 영화를 접하는 관객에게 주는 전체적인 인상도 그 판단기준으로 삼아야 하고, 영화가 내포하고 있는 보다 넓은 주제나 배경이 되는 사회적 흐름 등도 함께 고려하여야 한다. 영리 목적으로 일반 대중을 관람층으로 예정하여 제작되는 상업영화의 경우에는 역사적 사실을 토대로 하더라도 영화제작진이 상업적 흥행이나 관객의 감동 고양을 위하여 역사적 사실을 다소 각색하는 것은 의도적인 악의의 표출에 이르지 않는 한 상업영화의 본질적 영역으로 용인될 수 있다. 또한 상업영화를 접하는 일반 관객으로서도 영화의 모든 내용이 실제 사실과 일치하지는 않는다는 전제에서 이러한 역사적 사실과 극적 허구 사이의 긴장관계를 인식·유지하면서 영화를 관람할 것인 점도 그 판단에 참작할 필요가 있다(대판 2010. 7. 15, 2007다3483 등 참조).

사망한 사람이 관련된 사건을 모델로 한 영화에서 그 묘사가 사망자에 대한 명예훼손에 해당하려면 그 사람에 대한 사회적·역사적 평가를 저하시킬 만한 구체적인 허위사실의 적시가 있어야 한다. 그와 같은 허위사실 적시가 있었는지는 통상의 건전한 상식을 가진 합리적인 관객을 기준으로 판단하여야 한다(대판 2010. 6. 10, 2010다8341, 8358 등 참조)."

제3절 언론의 사실 보도로 인한 인격권 침해*

― 프라이버시 침해를 중심으로 ―

Ⅰ. 서   론

1. 최근 인격권과 관련된 분쟁이 빈발하고 있고, 이러한 분쟁은 사회적인 이목을 집중시키는 경우가 많다. 이것은 사회·경제가 발달함에 따라 인격적 가치 또는 감정이익에 관한 관심이 높아가고 있다는 것을 반영한다. 헌법 제10조는 "모든 국민은 인간으로서의 존엄과 가치를 가지며, 행복을 추구할 권리를 가진다."라고 규정하고 있고, 헌법 제17조는 "모든 국민은 사생활의 비밀과 자유를 침해받지 아니한다."라고 규정하고 있다. 인격권은 이러한 헌법규정에 근거를 둔 권리로서, 사법에서도 매우 중요한 개념으로 정착하고 있다. 그렇지만 인격권은 계속 형성 중인 권리이기 때문에 그 실체를 명확하게 파악하는 것은 매우 어려운 일이다.

인격권의 침해는 언론, 광고, 소설, 영화 등 다양한 분야에서 발생하고 있다. 특히 언론에 의한 인격권 침해 문제는 인격권법에서 핵심적인 위치를 차지하는데, 언론보도에 의하여 인격권이 침해되는 경우가 많을 뿐만 아니라 인격권과 언론 자유의 충돌이라는 매우 중요한 법률적 문제를 내포하고 있기 때문이다. 이 문제는 종래 언론이 개인이나 단체에 관하여 허위의 사실을 보도한 경우에 명예훼손이 성립하는지를 둘러싸고 논의되었고 상당수의 판결이 집적되어 있다. 그런데 언론이 사실대로 보도하는 경우(이를 '사실 보도'라고 부르기로 한다)에는 원칙적으로 명예훼손이 성립하지 않지만, 인격권, 그중에서도 특히 프라이버시 침해가 될 수 있다. 우리나라에서 명예훼손에 대해서는 헌법, 민법, 형법에 비교적 상세한 규정을 두고

---

* 이 글은 1997년 12월 11일 대법원 비교법실무연구회에서 발표한 내용을 수정·보완한 것으로, 당시 대법원에 계류되어 있던 사건에 관하여 비교법적인 검토를 한 것이다. 제목에 부제를 추가하였다.

있다.1) 프라이버시에 대해서는 사생활(私生活)의 비밀과 자유에 관한 헌법 제17조를 중심으로 논의되고 있으나, 그 개념이나 보호 범위와 관련하여 매우 혼란스러운 양상을 보여주고 있다.2)

2. 여기에서는 "PD수첩" 사건을 중심으로 언론의 사실 보도로 인한 인격권 침해 문제를 다루고자 한다. 그 사안은 다음과 같다. 원고는 유방 확대 수술을 받고 그 부작용으로 고통을 겪고 있었는데, 피고 A(방송국)의 "PD수첩" 프로그램 제작진의 일원인 피고 B가 원고를 취재하였다. 원고는 피고 B에게 원고를 알아보지 못하도록 하여 달라는 조건을 붙여 취재 및 방영을 승낙하였다. 피고 B는 1994. 7. 5. 위 "PD수첩" 프로그램을 통하여 위 취재내용을 방송하였다. 당시 원고의 성명 대신 가명을 사용하고 화면은 원고의 우측에서 조명을 투사하여 벽(셋팅)에 나타나는 그림자를 방영하였으나 그 그림자에 원고의 우측 옆모습, 즉 눈, 코, 입 모양과 머리 모양이 섬세하게 나타나고, 목소리는 원고의 육성을 그대로 방송하였다. "PD수첩" 프로그램에서 유방 확대 수술로 고통을 받고 있는 원고와의 인터뷰를 방송하면서 원고를 알아보지 못하도록 하겠다는 조건을 위반한 경우 불법행위가 성립하는지가 문제되었다. 1심3)은 불법행위의 성립을 부정하여 원고의 청구를 기각하였으나, 항소심인 서울고등법원4)은 "이 사건 방송을 시청한 원고의 주위 사람들이 쉽게 원고를 알아볼 수 있게 한 과실로 인하여 원고의 사생활의 자유와 비밀 및 초상권을 침해하였다."라고 판단하였다.

이 사건에서 방송기관이 인터뷰를 방송한 경우 인격권이 침해되었다고 볼 수

1) 헌법 제21조 제4항은 "언론·출판은 타인의 명예나 권리 또는 공중도덕이나 사회윤리를 침해하여서는 아니 된다. 언론·출판이 타인의 명예나 권리를 침해한 때에는 피해자는 이에 대한 피해의 배상을 청구할 수 있다."라고 규정하고 있다. 그리고 민법 제751조 제1항은 "타인의 신체, 자유 또는 명예를 해하거나 기타 정신상 고통을 가한 자는 재산 이외의 손해에 대하여도 배상할 책임이 있다."라고 규정하고, 제764조는 명예훼손의 경우에 "명예회복에 적당한 처분"을 명할 수 있다고 한다. 또한 형법 제307조 이하에서 명예훼손죄에 관하여 규정하고 있다.
2) 프라이버시에 관한 사법상의 논의에 관해서는 우선 양창수, "정보화사회와 프라이버시의 보호," 민법연구 제1권, 박영사, 1991, 505면 이하; 박용상, "언론의 프라이버시 기타 인격권 침해," 인권과 정의 제228호(1995.8), 31면; 이은영, 채권각론, 개정판, 박영사, 1995, 744면 이하 참조.
3) 인천지판 1995. 6. 13, 94가합16812(국내언론관계판결집 제4집, 247면)는 "피고들이 이 사건 방송을 함에 있어 방송관례나 사회통념에 비추어 피방영자의 신분노출을 위한 그 상황에 따른 적절하고 상당한 조치를 취한 것으로 인정되고, 거기에 피고들의 과실이 있었다고는 볼 수 없다."라고 하였다.
4) 서울고판 1996. 2. 2, 95나25819(국내언론관계판결집 제4집, 243면).

있는지 문제되고 있는데, 구체적으로 살펴보면 매우 다양한 법률적 문제를 내포하고 있다.

첫째, 언론이 개인에 관하여 사실대로 보도한 경우에 구체적으로 어떤 권리가 침해되었는지 문제된다. 특히 우리나라에서 사생활 침해, 초상권과 성명권의 침해 등을 포괄하기 위하여 프라이버시라는 용어를 사용하는 것이 바람직한지, 프라이버시라는 용어를 사용한다면 어떠한 의미로 사용하여야 하는지 문제된다. 이 문제는 단순한 용어의 문제라고 할 수도 있지만, 우리나라에서 미국의 프라이버시 이론과 독일의 인격권 이론을 어떻게 수용하여야 할지와 밀접하게 관련되어 있다.

둘째, 독일에서 사생활 침해와 관련하여 인격영역론(人格領域論)5)이 주장되고 있고, 위 판결에서도 유방 확대 수술에 관한 방송내용이 비밀영역에 관한 것이라고 하여 이를 수용하고 있다고 볼 수 있는데, 이것이 타당한지 문제된다.

셋째, 방송 등 언론의 인터뷰에 응한 경우에는 보도에 동의하였다고 볼 수 있다. 그러나 이 사건과 같이 본인의 예상과는 다른 방법으로 방송한 경우에는 불법행위가 성립할 수 있는데, 사생활 등의 공표에 대한 동의의 효력과 범위가 문제된다.

넷째, 이 사건의 원고가 공적 인물은 아니지만, 이 사건 방송은 유방 확대 수술의 부작용을 알리기 위한 것으로 공적 이익을 위한 것이라고 볼 수 있다. 그리하여 공적 인물이나 공적 이익에 관한 보도의 경우에 인격권 침해의 위법성 판단에 어떤 영향을 미치는지도 문제되고 있다.

3. 그리하여 먼저 미국, 독일, 일본에서의 프라이버시에 관한 논의를 간략하게 살펴보고, 우리나라에서 프라이버시의 개념을 어떻게 파악할 것인지 검토한 다음, 사생활 침해로 인한 인격권 침해 문제에 관하여 독일의 인격영역론을 중심으로 살펴보고자 한다(아래 Ⅱ). 다음으로 피해자의 동의 문제와 공적 인물, 공적 이익에 관한 문제를 다루고(아래 Ⅲ), 마지막으로 논의를 정리하고 손해배상액의 산정과 관련하여 징벌적 손해배상에 관하여 간략하게 언급하고자 한다(아래 Ⅳ).

---

5) 이에 관하여는 박용상, "표현행위의 위법성에 관한 일반적 고찰," 민사재판의 제문제 제 8 권 (오당 박우동 선생 화갑기념논문집), 1994, 255면 이하에 상세하게 소개되어 있다.

Ⅱ. 프라이버시의 개념과 인격영역론

1. 프라이버시의 개념

언론이 어떤 개인에 관하여 사실대로 보도한 경우에도 인격권, 특히 프라이버시가 침해될 수 있는데, 각국에서 이 문제를 다루는 방식이 상이하다. 먼저 프라이버시라는 개념이 생성된 미국에서의 논의에 관하여 살펴보고, 대륙법계인 독일과 일본에서 이것을 어떻게 다루고 있는지 검토한 다음, 우리나라에서 이 개념을 어떻게 수용하여야 할 것인지 살펴보고자 한다.

(1) 미국의 프라이버시권

프라이버시는 미국에서 생성된 개념[6]으로 "홀로 있을 권리(the right to be let alone)"[7]를 의미하는 것이었다. 프로써[8]는 프라이버시 침해의 유형을 ① 원고의 신체적, 장소적 사영역(私領域)에 대한 침입 또는 그 사적 사항에 대한 침투,[9] ② 사생활의 공개, ③ 공중에게 원고에 대한 잘못된 인식을 심어주는 행위(false light in the public eye),[10] ④ 성명 또는 초상 등에 대한 침해[11]로 구분하였는데, 이것은

---

6) Warren/Brandeis, "The Right to Privacy," 4 Havard Law Review 193 (1890).

7) 이것은 Cooley 판사가 사용한 말이라고 한다. Prosser/Keeton, *The Law of Torts*, 5th ed., 1984, p. 849.

8) Prosser, "Privacy," 48 California Law Review 383, 389 (1960)에서 프라이버시에 관한 판결들을 분석하여 이것은 하나의 불법행위가 아니라 네 개의 불법행위의 집합이라고 한다. 이들은 홀로 있을 권리에 간섭한다는 점을 제외하고는 공통점이 없다고 한다. 미국 불법행위법 리스테이트먼트도 프로써의 구분을 따르고 있다. The American Law Institute, Restatement of Law, Second, Torts §652A; Prosser/Keeton(주 7), pp. 851-866.

9) 집이나 숙소에 침입하는 것, 가게에서 가방을 불법적으로 수색하는 것, 도청기로 대화를 도청하거나 창문을 통해 집안을 들여다보는 것, 강제로 혈액검사를 하는 것 등이 이에 속한다.

10) 책, 사설의 집필자로 타인의 이름을 기재하거나, 아무런 권한 없이 타인의 이름으로 탄원서를 작성하는 경우, 원고와 합리적인 연관이 없는 책이나 논문에 원고의 사진을 게재하는 경우 등이 이에 해당한다. 1816년에 바이런(Byron)이 쓴 시가 아닌데도 그의 이름으로 유포한 행위에 대하여 금지시킨 바 있다(Lord Byron v. Johnston, 1816, 2 Mer. 29, 35 Eng.Rep. 851.)고 하는데, 이 유형에 해당하는 전형적인 예이다. 이 유형의 프라이버시 침해에 해당하면 명예훼손도 성립하는 경우가 대부분이지만, 항상 그러한 것은 아니다. 명예훼손의 소는 명성에 대한 인간의 이익을 보호하는 것임에 반하여, 이 유형의 프라이버시 침해는 홀로 있을 권리에 대한 이익을 보호하는 것이라고 한다. Prosser/Keeton(주 7), p. 863.

매우 유용한 것으로 받아들여지고 있다.[12] 그리고 유명인 등의 성명, 초상, 경력 등을 상업적으로 이용할 권리(right of commercial appropriation)를 퍼블리시티권(right of publicity)이라고 하는데, 프라이버시권의 재산적 측면이라고 볼 수 있다.[13] 그리고 가수 등의 목소리에 관해서도 퍼블리시티권을 인정하기도 한다.[14]

(2) 독일의 인격권

독일에서는 성명권,[15] 초상권[16]에 관하여 명문의 규정을 두고 있는데, 이들을 개별적 인격권이라고 한다. 한편 개인의 명예나 인격상을 보호하기 위하여 일반적 인격권(allgemeines Persönlichkeitsrecht)에 관한 이론이 발달하였다. 독일 민법 제정당시에는 일반적 인격권은 불법행위법의 보호대상에 포함되지 않는 것으로 해석되었다. 즉 독일 민법 제823조 제 1 항은 "고의 또는 과실로 인하여 타인의 생명, 신체, 건강, 자유, 소유권 또는 기타의 권리를 위법하게 침해한 자는 그 타인에게 이로 인하여 발생한 손해를 배상할 의무를 진다."라고 규정하고 있는데, 위 규정에서 말하는 권리는 소유권 등 절대권을 가리킨다고 보았다. 그러나 2차세계대전 이후 독일 연방대법원은 일반적 인격권을 독일 민법 제823조 제 1 항의 "기타의 권리"로 승인하였다. 나치독재에 의하여 인간의 존엄과 인격의 자유가 침해되는 현상을 보면서 이를 보호할 필요성을 인식하게 되었고, 1949년에 제정된 독일(당시는 서독을 가리킴) 기본법 제 1 조 제 1 항에서 인간의 존엄(Würde des Menschen)을 헌법상의 기본권으로 규정하여 인격권이 헌법상 근거를 갖게 됨으로써 민법에서도 인격권을 권리로 인정한다.[17]

---

11) 이를 도용(Appropriation)이라고 표현하는데, 원고의 이름이나 초상을 그의 동의 없이 광고 등에 사용하는 경우가 이에 해당한다. 단순히 원고의 이름과 동일한 이름을 사용하였다고 하여 이 유형에 포함되는 것은 아니고, 원고의 상징으로서 그의 이름을 사용하여야 한다.

12) 그런데 우리나라에서는 위 ①, ②의 유형을 프라이버시라는 이름 아래 다루는데 이견이 없지만, 위 ③, ④의 유형에 관하여는 논란이 되고 있다. 이에 관하여는 우선 梁彰洙(주 2), 511면 이하 참조.

13) 퍼블리시티권에 관하여는 송영식·이상정·황종환, 지적소유권법, 육법사, 제 4 전정판, 1996, 1035면; 한국지적소유권학회, 광고와 저작권, 공보처, 1994, 125면; 한위수, "퍼블리시티권의 침해와 민사책임(상)," 인권과 정의 제242호(1996. 10), 29면 참조.

14) Lahr v. Chemical Co., 300 F.2d 256 (1st Cir. 1962); Midler v. Ford Motor Co., 849 F.2d 460 (9th Cir. 1988); Waits v. Frito-lay Inc., 978 F.2d 1093 (1992).

15) 독일 민법 제12조.

16) 독일 조형예술 및 사진 작품에 대한 저작권에 관한 법률(이하 예술저작권법이라 한다) 제22조 이하.

개인의 명예, 인격상, 사적 영역(Privatsphäre) 등을 침해하면 일반적 인격권 침해가 인정된다.18) 그러므로 미국에서 프라이버시라는 이름으로 보호되는 사항은 독일에서 일반적 인격권으로 보호된다.19) 특히 사적 영역은 프라이버시와 유사한 의미로 사용되고 있다. 그러나 독일에서 명문의 규정이 있는 초상권과 성명권은 통상 개별적 인격권으로 분류되고 있기 때문에, 독일의 사적 영역의 침해가 미국의 프라이버시 침해와 동일하지 않다.20)

이러한 인격권에 포함되는 것은 매우 다양한데, 자신이 한 말에 대한 권리도 인격권에 포함된다. 따라서 자신이 한 말이 어떻게 사용될 것인지도 스스로 결정할 수 있다고 한다. 또한 자신이 쓴 글이 저작권으로 보호받지 못하는 경우에도 인격권으로 보호받을 수 있다.21) 물론 인터뷰를 한 적이 없는데도 인터뷰를 한 것처럼 날조한 경우에도 인격권 침해에 해당한다.22)

(3) 일본의 경우

일본에서는 1950년대 후반에 프라이버시에 관한 논의가 활발하게 이루어졌는데, 1964년 "잔치의 흔적" 사건23)에서 동경지방재판소가 프라이버시권을 최초로 인정한 이래, 프라이버시권에 관한 판결들이 계속 나오고 있다.24) 일본의 학설25)

---

17) 이에 관하여는 BGHZ 13, 334(독자의 편지 사건); BGHZ 26, 349(Herrenreiter 사건); Larenz/Canaris, Lehrbuch des Schuldrechts Ⅱ/2, 13. Aufl., 1994, S. 491ff.; Wieacker, Privatrechtsgeschichte der Neuzeit, 2. Aufl., 1967, S. 525; J. Helle, Besondere Persön-lichkeitsrechte im Privatrecht, 1991, S. 3ff. 참조.
　한편 스위스에서는 민법전에 인격적 관계를 보호하는 규정을 두고 있었는데, 1983년 민법과 채무법을 개정하여 인격(Persönlichkeit)의 보호에 관하여 매우 상세하게 규정하고 있다(스위스 민법 제28조 이하와 스위스 채무법 제49조).
18) 사적 영역에 무단으로 침입하거나 사생활을 동의 없이 공개하는 것으로부터 보호를 하는 것은 정보에 관한 자기결정권(Recht auf informationelle Selbstbestimmung)에 근거를 둔 것이라고 한다.
19) MünchKomm/Schwerdtner, 3. Aufl., 1993, §12 Rn. 157은 일반적 인격권을 명예권과 프라이버시권으로 나누고 있다. 그러나 독일에서 프라이버시(privacy)라는 용어를 그대로 사용하는 경우는 많지 않다.
20) 한편 미국에는 인격권에 대응하는 용어가 없었다. 그러나 현재는 인격권에 대응하는 용어로 moral right 또는 right of personality라는 용어를 사용하고 있다.
21) Hubmann, Das Persönlichkeitsrecht, 2. Aufl., 1967, S. 309ff.
22) BVerfGE 34, 269(Soraya 사건).
23) 東京地判 1964(昭和 39). 9. 28(下民集 15권 9호, 2317면; 判例時報 385호, 12면). 이 판결은 프라이버시권이 인격권에 포섭되는 것이지만, 이를 '하나의 권리'라고 볼 수도 있다고 하였다.
24) 日最判 1981(昭和 56). 4. 14(民集 35권 3호, 620면)에서 다수의견은 지방공공단체의 전과회답

은 인격권에 명예권, 초상권, 성명권, 프라이버시권 등이 포함된다고 하는데, 프라이버시라는 용어를 미국과는 달리 초상권, 성명권을 제외한 개념으로 사용하고 있다. 한편 프라이버시라는 용어가 매우 모호하므로, 일본에서는 이 용어를 사용할 필요가 없다는 견해26)도 있다.

(4) 우리나라의 경우

우리나라에서도 프라이버시라는 용어는 매우 다양하게 사용되고 있는데, 프라이버시는 "사생활이 함부로 공개되지 아니하고 사적 영역의 평온과 비밀을 요구할 수 있는 법적 보장"과 "자기에 관한 정보를 통제할 법적 능력"이라고 한다.27) 전자는 사법관계에서 주로 문제되는 것이고, 후자는 공법관계에서 주로 문제된다.

우리나라에서는 성명권이나 초상권에 관한 판결들은 상당수 있으나, 사생활의 침해를 인정한 판결들28)은 많지 않았다. 그런데 프라이버시 침해에는 사생활 침해만을 가리키는 것으로 볼 것인지, 아니면 초상권이나 성명권의 침해 등도 포함시킬 것인지 문제된다. 사생활 침해와 초상권 및 성명권의 침해는 명예가 훼손되었는지와 상관없이 성립한다는 특징을 가지고 있다. 언론에서 사실대로 보도하는 경우에 명예훼손이 성립할 가능성은 거의 없지만, 사생활 침해와 초상권 및 성명권의 침해가 동시에 문제될 수 있다. 그리하여 이러한 것을 포괄적으로 지칭하기 위하여 프라이버시라는 용어를 사용할 수 있다.29) 실제로 프라이버시라는 용어는 미

이 위법하다고 판결하면서 프라이버시라는 개념의 사용을 피하고 있는데, 伊藤正己 재판관은 보충의견에서 "타인에게 알리고 싶지 않은 개인의 정보는 그것이 비록 합치하는 것이라고 할지라도 그 사람의 프라이버시로서 법률상의 보호를 받아 이것을 함부로 공개하는 것은 허락되지 않으며, 위법하게 타인의 프라이버시를 침해하는 것은 불법행위를 구성하는 것"이라고 하였다.
　그 밖에 프라이버시를 긍정하는 판결로는 東京地判 1987(昭和 62). 11. 20(判例時報 1258호, 22면); 東京高判 1989(平成 元年). 9. 5(判例時報 1323호, 37면); 日最判 1994(平成 6). 2. 8(民集 48권 2호, 148면) 등이 있다.

25) 五十嵐清, 人格權論, 一粒社, 1989, 11면.
26) 菅野孝久, "「プライバシー」概念の機能の檢討," ジュリト 653호(1977. 12), 60면 이하.
27) 양창수(주 2), 511면 이하. 헌법상의 논의에 관하여는 김철수, 헌법학개론, 제10전정신판, 박영사, 1998, 513면 이하; 허영, 헌법이론과 헌법, 신정3판, 박영사, 1998, 502면 이하; 권영성, 헌법학원론, 신판, 박영사, 1998, 399면 이하; 변재옥, 정보화사회에 있어서의 프라이버시의 권리, 서울대 법학박사학위논문, 1979 참조.
28) 대판 1997. 5. 23, 96누2439(공 1997, 1888). 원심은, 원고가 공개를 청구한 이 사건 자료 중 일부는 개인의 인적 사항, 재산에 관한 내용이 포함되어 있어서 공개될 경우에는 타인의 사생활의 비밀과 자유를 침해할 우려가 있다고 판단하였는데, 대법원은 원심판단이 정당하다고 하였다.
29) 하나의 보도로 인하여 초상권과 사생활을 침해한 경우에 사생활 침해에 기한 손해배상청구의

국에서 유래된 것으로 초상권과 성명권을 포함하는 의미가 있다. 프라이버시를 사생활의 침해에만 한정하는 의미로 사용하는 것은 프라이버시라는 용어의 연원과 맞지 않아 혼란을 불러일으킬 우려가 있다. 그리고 프라이버시의 재산적 측면을 강조하여 퍼블리시티권이 중요한 개념으로 등장하고 있는데, 이러한 개념에 대응하는 의미로서 프라이버시를 인정할 필요도 있다. 그러므로 프라이버시를 인격권의 하위 개념으로 보아, 인격권에는 명예권 이외에 프라이버시에 해당하는 초상권, 성명권, 사생활의 비밀과 자유 등이 포함된다고 볼 수 있다.[30]

2. 인격영역론과 사생활 침해

(1) 의   의

개인의 사생활에 침입하거나 이를 공개하는 경우에 불법행위가 성립하는데, 사생활 침해를 판단하는 것은 매우 어려운 문제이다. 이와 관련하여 독일의 인격영역론(Sphärentheorie der Persönlichkeit)을 주목할 필요가 있다. 이것은 인격의 영역을 다양한 영역으로 구분하고 각각의 영역에 따라 인격권 침해 여부를 판단한다.[31]

(2) 인격영역의 구분

독일에서 인격권에 관한 연구로 유명한 Hubmann은 인격권의 보호 범위로 개인영역(Individualsphäre), 사적 영역(Privatsphäre), 비밀영역(Geheimsphäre)을 들고 있다.[32] 그 후 인격영역을 구분하는 다양한 견해가 제시되었는데, 여기에서는 Wenzel의 견해를 살펴보고자 한다.[33]

소를 제기한 후 나중에 별개의 소를 제기하여 초상권에 기한 손해배상청구를 할 수 있는지 문제되는데, 이것은 허용되지 않는다고 보아야 한다.

30) 인격권은 명예권과 프라이버시권으로만 구성된 것은 아니다. 최근 대법원은 성희롱도 인격권을 침해하는 것으로 보았다. 즉, 대판 1998. 2. 10, 95다39533(공 1998, 652)은 이른바 성희롱에 관한 것인데, "특히 남녀관계에서 일방의 상대방에 대한 성적 관심을 표현하는 행위는 자연스러운 것으로 허용되어야 하지만, 그것이 상대방의 인격권을 침해하여 인간으로서의 존엄성을 훼손하고 정신적 고통을 주는 정도에 이르는 것은 위법하여 허용될 수 없는 것"이라고 판결하였다.

31) Larenz/Canaris(주 17), S. 503.

32) Hubmann(주 21), S. 269.

33) 이하는 주로 Wenzel, Das Recht der Wort- und Bildberichterstattung, 4. Aufl., 1994, Rn. 5.29ff.에 따른 것이다. 그리고 Dunz, BGB-RGRK, 12. Aufl., 1989, §823 Anh. I, Rn. 12ff.도

㈎ 내밀영역

내밀영역(Intimsphäre 또는 Intimbereich)[34]은 인간의 자유의 최종적이고 불가침적인 영역을 포함한다. 내밀영역에 해당하는 것으로 성적 영역에 관한 사항을 들 수 있다. 이것은 가장 좁은 인격영역으로서, 제3자의 침입으로부터 가장 강력한 보호를 받는다. 내밀영역의 보호는 절대적이라고 한다.[35] 권리자가 이를 포기할 수도 있지만, 그 포기는 예외적으로 인정되어야 한다. 정치가의 경우에도 내밀영역의 보호를 받고, 특히 선거운동에서도 마찬가지이다.

㈏ 비밀영역

비밀영역(Geheimsphäre)[36]은 이성적으로 평가를 할 경우 공공에게 노출되어서는 안 될 인간의 생활영역이다. 개인적인 편지의 내용, 비밀스러운 전화 내용, 사생활에 관한 일기 등이 이에 속한다.[37] 비밀영역에 속하는 사항들이 비밀스러운 성격을 갖고 있는 경우에, 원칙적으로 당사자의 동의가 있어야만 공개할 수 있고, 동의한 방식에 따라 공개해야 한다. 나아가 직업적, 영업적인 기록도 비밀영역으로서 보호받을 수 있다고 한다.[38]

독일 연방헌법재판소는 통계목적으로 개인정보를 조사할 수 있도록 한 국세조사법(國勢調査法, Volkszählungsgesetz)이 일반적 인격권을 침해한다고 결정하였다.[39] 정보에 관한 자기결정권은 원칙적으로 개인적인 생활사실을 언제, 어떤 한계 내에서 공개할지를 스스로 결정할 권능이다. 따라서 당사자의 비밀유지의사가 있어야 비밀영역으로서 보호될 수 있고, 비밀영역에 속하는 사실이 일반적으로 알려진 경우에는 인격권에 의한 보호를 받지 못한다.

㈐ 사적 영역

사적 영역(Privatsphäre)[40]은 가족, 가정, 친구, 친척과 같이 친밀한 범위 내에서 이루어지는 일상생활의 영역으로, 결혼 전의 이야기, 부부간의 다툼 등이 이에 속한다. 가족 구성원이나 친구 등 가까운 사이에서는 친밀성 때문에 좀 더 솔직하고

비슷한 내용이다.
34) Wenzel(주 33), Rn. 5.39ff.
35) BGH NJW 79, 647; BGH NJW 81, 1366.
36) Wenzel(주 33), Rn. 5.33ff.
37) 형법의 비밀침해죄, 업무상 비밀누설죄는 비밀영역을 보호하는 것이라고 한다.
38) BGHZ 73, 120; BGH NJW 62, 32.
39) BVerfGE 65, 1 = BVerfG NJW 84, 419.
40) Wenzel(주 33), Rn. 5.46ff. 박용상(주 5), 264면은 사사적(私事的) 영역이라고 한다.

거리낌 없는 행동을 할 수 있기 때문에 보호를 받아야 한다. 또한 사적인 대화가
직업과 관련된 경우에도 사적 영역에 속할 수 있다. 종교적인 신념 등도 원칙적으
로 사적 영역에 속한다고 하는데, 이에 관해서는 논란이 되고 있다. 유명인이나 정
치가도 사적 영역에 관하여 보호를 받는다.[41]

사적 영역은 내밀영역과 달리 절대적인 보호를 받지 못한다. 사적 영역이 언
론에 보도된 경우에는 언론, 표현의 자유와 긴장관계에 있게 된다. 이러한 경우 이
익형량을 하여야 하는데, 제반 사정에 비추어 정보의 이익(Informationsinteresse)이
당사자의 개인적인 이해보다 우월한 경우에는 언론이 당사자의 동의를 받지 않고
사적 영역에 관하여 공표하더라도 적법할 수 있다.[42]

(라) 사회적 영역

사회적 영역(Sozialsphäre)[43]은 사회공동체의 구성원으로서 활동하는 개인의 생
활영역으로, 직업활동이나 사회활동이 이에 속한다. 사회적 영역에 관해서도 언론
이 자유롭게 보도할 수는 없고 원칙적으로 당사자에게 보도 여부에 대한 결정권이
유보되어 있다. 그러나 언론은 사회적 영역을 사적 영역의 경우보다는 훨씬 자유
롭게 보도할 수 있다.

(마) 공개적 영역

공개적 영역(Öffentlichkeitssphäre)[44]은 모든 사람이 인식할 수 있고, 경우에 따
라서는 인식하여야 할 인간의 생활영역으로, 사회정치적 영역, 국가영역이 있다.
이에 관하여 보도를 하는 것은 인격권 침해에 해당하지 않는다. 그러나 공개적 영
역에서 녹취한 개인의 대화나 촬영된 사진을 영리목적으로 이용하는 것까지 허용
되지는 않는다.

(3) 인격영역에 대한 침입

(가) 독일에서 내밀영역은 절대적인 보호를 받아야 하고, 그것을 침해한 경우에

---

41) BGHZ 73, 120. 이 판결은 기민당(CDU)의 간부인 원고들의 사적인 전화를 도청한 내용을
보도한 것에 대하여 인격권 침해를 인정한다.
42) BVerfGE 35, 202(Lebach 사건). 한편 BGHZ 27, 284는 대화상대방의 동의 없이 대화를 녹
음하는 것은 통상 일반적 인격권을 침해하는 것이라고 하고, 증거를 수집하려는 목적이 있다는
것만으로 인격권의 침해를 정당화할 수 없다고 하였다.
43) Wenzel(주 33), Rn. 5.54ff.
44) Wenzel(주 33), Rn. 5.60ff.

는 위법성을 띠게 된다고 한다. 그런데 비밀영역, 사적 영역 등 그 밖의 영역에 대한 침해가 문제되는 경우에는 영역의 구분에 따라 해결할 수 없고 정보획득의 방법이 더 중요한 의미를 갖는다는 견해가 있다.45) 이 견해에 따르면 내밀영역을 침해한 경우에는 결과불법이 있는 것이고, 그 밖의 영역에서는 행위자가 어떻게 행위했는지가 결정적인 것이기 때문에 행위불법이 문제된다고 한다.46)

(나) 원칙적으로 사기, 즉 고의로 착오를 유발하게 하는 것은 그 자체로 위법하다. 그러므로 인터뷰를 요청하는 사람이 자신의 신분을 속여 인터뷰를 받은 경우에는 위법하다고 한다.47)

(다) 은밀하게 정보를 획득하는 경우에도 위법하다. 아무런 권한 없이 타인의 말을 녹음하거나 도청하는 경우가 이에 속한다. 공개적인 발언, 예컨대 공개적인 장소에서 행해진 대화, 강연 등을 은밀하게 녹음한 경우에도, 정당한 사유가 없는 한 일반적 인격권 침해가 될 수 있다.48) 그리고 대체로 사진을 은밀하게 촬영하는 것도 위법하다. 사진을 유포할 목적이 없는 경우에도 마찬가지이다. 이러한 경우에도 사진이 유포될 위험이 있고, 또한 사진 촬영에 관한 본인의 의사를 무시한 것이기 때문이다.49)

그런데 백화점 또는 은행이 고객의 행위를 비디오로 감시하는 것은 위법한 것이 아니다. 법을 지키는 고객의 경우에는 그 침해가 심각하지 않은 반면에 범행을 위축시키거나 적발하는 데 기여할 수 있기 때문이다. 그러나 회사에서 비디오카메라를 설치하여 근로자를 감시하는 경우에는 위법한 인격권 침해가 된다.50)

(라) 강제와 강박으로 촬영하거나 녹취하는 경우가 있다. 강제 상황을 이용하는 경우도 있다. 이러한 경우에는 수단/목적 형량을 하여 위법성을 판단하여야 한다.

---

45) 그 이유는 첫째, 민주주의와 사법사회는 자유로운 정보와 의사소통에 의존하는 것인데, 비밀영역에 대한 절대권을 인정할 수 없고, 둘째, 예컨대 사진을 은밀하게 촬영하는 것으로부터 보호하는 것은 사적 영역이나 내밀영역에 특유한 것은 아니고, 거래관계에서도 원칙적으로 동일하게 보장되기 때문이다. Larenz/Canaris(주 17), S. 503f.
46) 미국에서도 원고의 사적 영역에 대한 침입 또는 사적 사항에 대한 침투가 있었는지 여부는 사용한 수단과 정보를 얻은 피고의 목적에 의하여 결정한다고 한다. 만일 피고가 사적 정보에 접근하는 데 비정상적인 수단을 사용한 경우에는 그 목적과 상관없이 프라이버시 침해가 될 수 있다고 한다. Prosser/Keeton(주 7), pp. 854-856.
47) Larenz/Canaris(주 17), S. 504.
48) Larenz/Canaris(주 17), S. 504ff.
49) Larenz/Canaris(주 17), S. 506.
50) Larenz/Canaris(주 17), S. 506.

예컨대 연사나 강연준비자가 반대하는데도 강연을 공연하게 녹취하는 경우, 근로자를 공연하게 설치된 카메라로 감시하는 경우에는 원칙적으로 위법하다고 한다.[51]

(4) 사적 사항의 공개

(가) 위 (3)에서 다룬 내용이 사생활에의 침입에 관한 것인데, 이것은 사생활 또는 사적 사항을 공개하기 위한 경우가 많다. 따라서 양자가 동시에 발생하는 경우도 많지만, 그렇지 않은 경우도 많다. 그리하여 양자를 구분하여 다루어야 한다.

(나) 미국에서 보통법상 사적 사항의 공개(public disclosure of private facts)[52]가 프라이버시 침해가 되기 위해서는 ① 사적 사실들의 공개가 사적 공개가 아니라 공적인 공개이어야 하고, ② 공중에 공개된 사실들이 공적 사실이 아니라 사적 사실이어야 하며, ③ 공개된 사실이 통상의 감수성을 가진 합리적인 사람에게 매우 불쾌하게 여겨지는 것이어야 한다고 한다.[53] 일본에서도 프라이버시 침해에 대하여 법적 구제가 주어지기 위해서는 공개된 내용이 ① 사생활상의 사실 또는 사생활상의 사실인 것처럼 받아들여질 우려가 있는 사항일 것, ② 일반인의 감수성을 기준으로 하여 당해 사인의 입장에 선 경우 공개를 의욕하지 않았을 것이라고 인정되는 사항일 것, 바꾸어 말하면 일반인의 감각을 기준으로 하여 공개되는 것에 의하여 심리적인 부담, 불안을 느꼈을 것이라고 인정되는 사항일 것, ③ 일반인에게 아직 알려지지 않은 사항일 것을 필요로 한다고 하였다.[54]

---

51) Larenz/Canaris(주 17), S. 507.

52) 이 유형의 프라이버시 침해로 유명한 사건은 Sidis v. F-R Publishing Corp. (2d Cir. 1940), 113 F.2d 806이다. 잡지가 과거의 수학 천재소년에 관한 이야기를 보도하면서 그의 현재의 행방과 활동을 기술하였다. 법원은 보통 사람에게 불쾌할 만한 것이 없다는 이유로 프라이버시 침해를 부정하였다.

53) 위 ②의 요건에 관하여는 사적 사실과 공적 사실의 구분이 모호하다는 비판이 있다. 어떤 사실이 공개된 장소에서 발생했더라도 공개가 허용되는 것은 아니다. 그러나 위 ③의 요건에 관하여는 이견이 없다. 한편 알프레드 힐(Alfred Hill)은 범죄가 발생한 지 오랜 시간이 지난 뒤에 강간 피해자의 이름을 공개하는 때와 같은, 공개의 충격적 성질이라는 하나의 원칙에 의하여 결정되어야 한다고 하였다. Prosser/Keeton(주 7), pp. 857-859.

    Second Restatement of Torts, Comment d of §652D는 위 세 요건에 공중이 그 정보에 관하여 정당한 이익을 갖지 않아야 한다는 것을 추가하고 있다.

54) 東京地判 1964(昭和 39). 9. 28(下民集 15권 9호, 2317면; 判例時報 385호, 12면). 이 사건에서는 '사생활의 공표'보다는 '공중의 눈에 오해를 불러일으키는 공표'가 문제되었다고 보고, 이 판결에서 비공지성(非公知性)의 요건과 사생활에 관한 사실의 공표라는 요건은 불필요하다는 견해가 있다. 阪本昌成, "プライバシーの權利性," 憲法の基本判例(第 3 版), 1985, 38면.

    위 판결과 같은 취지의 판결로는 東京地判 1987(昭和 62). 11. 20(判例時報 1258호, 22면); 東

(다) 독일에서는 사생활 공개의 위법성을 정보획득의 방법과 유포된 사실의 종류를 고려하여 판단하여야 한다고 한다.[55]

(a) 정보획득의 방법　　타인의 사생활에 관한 정보를 적법하게 획득한 경우에도 이를 공개하는 것이 위법하게 될 수 있다.[56] 그런데 진정한 사실을 적법하게 획득하여 이를 유포하는 경우에는 적법성이 추정된다. 그리하여 그것을 금지시키고자 하려면 특별한 근거가 필요하다. 그러나 위법하게 획득한 정보를 공표하는 경우에는 위법성이 추단된다. 그리고 의사, 변호사, 세무사, 신용기관, 사용자, 종업원 등이 침묵의무에 위반하여 정보나 인격적 요소를 유포하는 경우에도 위법성이 추단된다.[57]

(b) 유포된 사실의 종류　　어떤 사실을 발표하는 것이 당사자에게 특히 손해를 입히는 성질을 가지고 있으면 그것은 위법하게 된다.[58] 예컨대 오래된 범죄를 보도하는 경우가 그러하다. 즉, Lebach 사건에서 살인사건의 범인이 출소하기 직전에 텔레비전에서 그 사건에 관한 다큐멘터리를 방송한 것이 문제되었는데, 독일 연방헌법재판소는 범인의 사회복귀 이익이 정보의 이익보다 우선한다는 이유로 허용되지 않는다고 하였다.

(5) 결　　어

사적 사항과 공적 사항을 구별하는 것은 매우 곤란한 문제인데, 독일의 인격영역론은 인격의 영역을 구분하고 이에 따라 인격권에 의한 보호정도가 달라진다는 것을 유형화함으로써 매우 중요한 시사를 하고 있다. 그러나 독일에서도 인격영역론에 따라 사생활 침해를 결정할 수는 없다는 비판이 있음을 주목할 필요가 있다. 결국 사생활 침해의 위법성을 판단할 때 인격영역의 어떤 부분이 침해되었는지, 침해의 방법이 위법한지 여부 등을 상관적으로 고려하여야 한다.

京高判 1989(平成 元年). 9. 5(判例時報 1323호, 37면)가 있다.

55) Larenz/Canaris(주 17), S. 508f.
56) Hubmann(주 21), S. 302ff., S. 306ff.; Soergel/Zeuner §823 Rdn. 83; Larenz/Canaris(주 17), S. 508f.
57) Larenz/Canaris(주 17), S. 509f.
58) Larenz/Canaris(주 17), S. 512.

3. PD수첩 사건에 관한 분석

PD수첩에서 원고의 인터뷰를 보도하면서 원고의 얼굴 윤곽과 음성을 그대로 방송한 것이 어떠한 권리를 침해한 것인지 문제된다.

첫째, 위와 같은 방송으로 인하여 원고가 유방 확대 수술을 받았고, 그 부작용으로 고통받고 있다는 것이 공개되었기 때문에, 원고의 사생활이 침해되었다고 볼 수 있다. 나아가 서울고등법원은 "유방은 여성의 성적 부위의 하나로서 그 확대를 위한 성형수술은 여성의 비밀영역에 속한다고 할 것이므로 본인의 비밀보존의사가 있는 한 이를 가족, 친지, 친구 등으로부터도 비밀사항으로서 보호받아야 함이 마땅하다."라고 하였다. 내밀영역과 비밀영역을 구별하지 않고 성적 부분 등도 비밀영역이라고 한다면 위와 같이 볼 수 있다. 그러나 내밀영역과 비밀영역을 구분하여야 하고, 성적인 부분 등 내밀영역은 원칙적으로 절대적인 보호를 받아야 한다. 따라서 여성의 유방에 관한 내용은 내밀영역에 속하는 것으로, 이러한 영역에 대한 침해는 본인의 동의가 없는 한 위법한 것이라고 보아야 한다. 그러므로 유방 확대 수술에 관하여 "비밀보존의사"가 있는 한 보호되어야 한다든지, "비밀이 누설"되었다는 표현들은 부적절하다고 본다.

둘째, 원고의 얼굴 윤곽을 내보낸 것은 초상권 침해에 해당되는지 문제된다. 사진뿐만 아니라 몽타주, 소묘, 풍자화, 만화, 인형 등도 초상권의 보호를 받는다.59) 독일의 판례는 옷을 벗은 여자의 뒷모습,60) 축구선수의 뒷모습61)도 초상에 해당한다고 한다. 이때 초상이 법적으로 보호받을 수 있으려면 초상을 통하여 인

---

59) BGHZ 26, 349(Herrenreiter 사건). 이 사건에서 원고는 양조장의 공동소유자로 경기장에서 아마추어 기수로 활약하고 있었다. 피고는 성적 능력을 증진시키는 약제를 제조하고 있었는데, 이 약을 선전하는 포스터에 원고의 그림을 사용하였다. 그런데 이 그림의 원본은 원래 경기장에서 신문사가 촬영한 것이었고, 원고가 이 사진을 이용하는 것에 동의한 적이 없다. 그리하여 원고는 선전포스터의 유포로 인하여 발생한 손해의 배상을 청구하였다. 이에 대하여 피고는 원고의 사진을 그대로 사용한 것이 아니라 수정을 하였기 때문에 원고임을 알아볼 수 없고, 또한 광고업자를 신뢰하였기 때문에 책임이 없다고 항변하였다. 독일 연방대법원은 일반적 인격권의 침해를 인정하였다.
  우리나라에서도 1997년 텔레비전 드라마 "임꺽정"의 주인공으로 나온 정흥채가 정흥채의 모습을 그려 광고에 이용한 회사를 상대로 초상권 침해를 이유로 손해배상을 청구하는 소를 제기하여 승소판결을 받은 적이 있다. 서울지판 1997. 8. 1, 97가합16508.
60) BGH NJW 1974, 1947; OLG Hamburg Schulze OLGZ 113.
61) BGH NJW 1979, 2205.

물을 인식할 수 있어야 하는데, 평소에 그 인물을 알고 있는 주위 사람을 기준으로 결정하여야 한다.62) 또한 피해자의 얼굴을 전혀 알아볼 수 없다고 하더라도 사진에 대한 설명 등을 통하여 알 수 있으면 충분하다.63) PD수첩 사건에서 원고의 얼굴 윤곽을 내보냄으로써 원고의 초상권을 침해했다고 볼 수 있다.

셋째, 원고의 목소리를 변성 처리하지 않은 채 그대로 내보낸 것은 음성권을 침해했다고 볼 수 있다.

이와 같이 원고의 사생활, 초상권 및 음성권을 침해한 것은 인격권 중에서 프라이버시권 침해에 해당한다. 그런데 원고의 동의를 얻고 인터뷰를 하여 이를 보도한 것이기 때문에 방송이 위법하다고 볼 수 있는지 문제된다. 다음 항에서 다룬다.

Ⅲ. 사실 보도로 인한 인격권 침해의 위법성

1. 개   설

언론의 사실 보도로 의한 인격권 침해 문제는 표현의 자유와 인격권 사이의 기본권 충돌 문제를 발생시킨다. 대법원64)은 인격권과 표현의 자유의 충돌 문제에 관하여 "구 헌법(1980. 12. 27. 개정) 제20조, 제 9조 후단의 규정 등에 의하면 표현의 자유는 민주정치에 있어 최대한의 보장을 받아야 하지만 그에 못지않게 개인의 명예나 사생활의 자유와 비밀 등 사적 법익도 보호되어야 할 것이므로, 인격권으로서의 개인의 명예의 보호와 표현의 자유의 보장이라는 두 법익이 충돌하였을 때 그 조정을 어떻게 할 것인지는 구체적인 경우에 사회적인 여러 가지 이익을 비교하여 표현의 자유로 얻어지는 이익, 가치와 인격권의 보호에 의하여 달성되는 가치를 형량하여 그 구제의 폭과 방법을 정하여야 할 것이다."라고 판결하였다.65) 이

---

62) BGH NJW 1974, 1947; BGH NJW 1979, 2205; J. Helle(주 17), S. 93ff.; Wenzel(주 33), S. 291f.; 박용상(주 2), 39면. 곽윤직, 채권각론, 신정판, 박영사, 1995, 716면에 의하면 타인의 성명과 동일하거나 비슷한 것을 함부로 사용하여, 오인·혼동을 발생하게 하면, 위법하게 될 수 있다고 한다.
63) BGH NJW 65, 2148.
64) 대판 1988. 10. 11, 85다카29(집 36-3, 민 1).
65) 헌재 1991. 9. 16, 89헌마165(헌집 23, 518)는 정정보도청구권에 관한 것인데, "모든 권리의 출발점인 동시에 그 구심점을 이루는 인격권이 언론의 자유와 충돌하게 되는 경우에는 헌법을 규

것은 언론의 사실 보도로 인하여 프라이버시 침해가 문제되는 경우66)에도 마찬가지라고 할 수 있지만, 프라이버시 침해의 경우에는 불법행위의 성립 여부를 판단하는 단계에서 명예훼손의 경우와 다른 측면이 있다.

첫째, 언론에 의한 명예훼손의 경우에는 진실의 증명 또는 상당성의 증명이 중요한 의미를 갖는다. 즉, 판례67)는 타인의 명예를 훼손하는 행위를 한 경우에도 그것이 공공의 이해에 관한 사항으로서 그 목적이 오로지 공공의 이익을 위한 것인 때에는 진실한 증명이 있거나, 증명이 없더라도 행위자가 그것을 진실이라고 믿을 상당한 이유가 있는 경우에는 위법성이 없다고 한다. 이것이 명예훼손의 성부를 판가름하는 중요한 기준으로 작용한다. 그러나 프라이버시 침해의 경우에는 이 기준이 적용되지 않는다. 즉 보도 내용이 진실하다는 것이 증명되더라도 위법성이 조각되지 않고, 프라이버시 침해가 될 수 있다. 오히려 공표된 내용이 사실일수록 피해자의 손해가 크게 될 수 있다.68)

둘째, 언론이나 광고에서 타인의 초상이나 성명을 이용하거나 사생활을 보도하는 경우에는 피해자의 동의가 있는지가 중요한 쟁점으로 등장하는 경우가 많다.69) 피해자의 동의가 있으면 프라이버시 침해가 되지 않는다.70) 허위의 사실을 보도하여 명예를 훼손하는 것에 동의하는 경우는 거의 없기 때문에, 이것은 프라이버시 침해에 특유한 문제이다.

셋째, 명예훼손이나 프라이버시 침해의 경우에 언론기관의 불법행위책임을 판단할 때 언론의 보도 내용이 공적 인물이나 공공의 이익에 관한 것인지를 고려하여야 한다. 그러나 명예훼손과 프라이버시 침해의 경우에 공적 인물이나 공적 이익을 동일한 방식으로 고려하여야 하는 것은 아니고, 또한 프라이버시의 유형에 따라 공적 인물이나 공적 이익에 관한 이론은 상이하게 적용되는 면이 있다.

범조화적으로 해석하여 이들을 합리적으로 조정하여 조화시키기 위한 노력"을 해야 한다고 하였다.

66) 사실대로 보도한 경우에도 명예훼손이 될 수 있으나, 명예훼손에 관하여는 여기에서 다루지 않는다.

67) 대판 1988. 10. 11, 85다카29(집 36-3, 민 1); 대판 1996. 5. 28, 94다33828(공 1996, 1973); 대판 1997. 9. 30, 97다24207(공 1997, 3279) 등 다수.

68) 五十嵐淸(주 25), 95면.

69) 미국에서 프라이버시의 침해에 대한 방어방법으로서 주요한 것이 원고의 동의(consent)라고 한다. Prosser/Keeton(주 7), p. 867.

70) 초상, 성명의 사용에 관하여는 곽윤직(주 62), 716면.

프라이버시 침해의 위법성을 판별하는 사유로서 피해자의 동의와 공적 인물, 공적 이익에 관한 문제에 관하여 차례로 살핀다.

2. 피해자의 동의

(1) 동의의 의의와 법적 성질

인격권은 자신의 인격적 이익에 관한 권리이므로, 이를 포기할 수 있다. 그리하여 본인이 승낙 또는 동의71)하면 인격권이 침해되었다고 볼 수 없다.72) 프라이버시를 독립된 권리로 승인할 것을 주창한 Warren과 Brandeis의 논문에서는 프라이버시권의 범위 또는 한계로서 여섯 가지를 들고 있는데,73) 그중 하나로 본인의 동의를 들고 있다. 그러나 동의가 없는 경우에는 동의가 있다고 믿은 경우에도 인격권 침해가 인정된다.74)

그런데 동의의 법적 성질이 무엇인지 문제되는데, 초상권의 이용에 관한 승낙은 법률행위라는 견해가 있다.75) 독일에서는 동의가 일신전속적인 성격을 갖는 것이기 때문에, 그것이 법률행위 또는 준법률행위적인 성격을 가지는지, 아니면 법적으로 보호되는 법익을 침해하는 행위를 단순히 허용하는 데 지나지 않은지 활발하게 논의되고 있다. 이것은 행위능력에 관한 규정이 적용되는지와 밀접한 관련이 있다.

(가) 동의는 법률행위라는 견해가 다수설이다.76) 인격권의 이용에 관한 동의도 다른 재산권의 이용에 대한 동의와 마찬가지라고 한다. Nena 사건77)에서 여가수

---

71) 「공공기관의 정보보호에 관한 법률」에서는 동의라는 용어를 사용하였다. 계약의 성립요건인 승낙과 구별하기 위하여 동의라는 용어를 사용하는 것이 적절하다고 생각한다. 독일에서는 Einwilligung, 미국에서는 consent라는 용어를 사용하고 있다.

72) 독일 예술저작권법 제22조는 초상에 관한 자유로운 자기결정을 보호하고 있는데, 초상이 당사자의 동의 없이 유포되는 경우에만 초상권 침해의 성립요건이 충족된다.

73) Warren/Brandeis(주 6), pp. 214-219.

74) 한위수, "사진의 무단 촬영·사용과 민사책임," 민사재판의 제문제 제 8 권(오당 박우동 선생 화갑기념논문집), 1994, 221면은 초상권에 관하여 동일한 취지이다. 미국의 보통법에서도 승낙에 대한 오신은 징벌적 손해배상(punitive damages)을 감소시킬 수는 있으나 항변이 될 수 없다고 한다. Prosser/Keeton(주 7), p. 868.

75) 한위수(주 74), 221면.

76) BGHZ 2, 159; BGHZ 7, 198; BGH NJW 58, 905; OLG München AfP 83, 276; MünchKomm/Schwerdtner, §12, RdNr 167; J. Helle, "Die Einwilligung beim Recht am eigenen Bild," AfP 85, 93; J. Helle(주 17), S. 101ff.

Nena가 판매회사와 체결한 계약이 문제되었다. 그 계약에 의하면 그녀는 자신의 초상을 상업적으로 이용하는 데 필요한 모든 권리를 그 회사에 양도하였다. 독일 연방대법원은 그러한 양도의 유효성에 관하여 판단하지 않았으나, 그 계약으로 Nena가 초상을 경제적으로 이용할 권한을 회사에게 주었다고 보았다. 그리하여 회사는 동의 없이 그녀의 초상을 경제적으로 이용한 권리침해자에 대하여 부당이득 반환청구를 할 수 있다고 하였다.

이 견해에 따르면 미성년자의 경우에 행위능력에 관한 규정이 적용된다. 그런데 일정한 일신전속적인 법익에 관해서는 미성년자도 일정한 요건에 따라 스스로 결정하거나 공동으로 결정하도록 할 필요성이 있기 때문에, 행위능력에 관한 규정의 적용이 부당하다고 볼 여지가 있다. 그러나 인격권은 저작권과 유사하게 상업적인 측면도 아울러 가지고 있다. 특히 초상권과 성명권은 예컨대 광고에 이용함으로써 다양한 방법으로 상업화할 수 있기 때문에, 인격권의 상업적 측면이 강하게 부각된다. 그 밖의 인격적 영역도 경제적으로 환가될 수 있다. 예컨대 생활상을 공개하는 특별인터뷰를 하고 이에 대하여 많은 대가를 받는 경우가 이에 해당한다. 이러한 경제적 의미에 비추어 동의는 법률행위적 성격을 갖는다고 한다.[78] 따라서 동의하는 사람은 행위능력이 있어야 한다. 만일 의사표시를 한 사람이 만취되어 있으면, 유효한 동의가 있다고 볼 수 없다.[79] 미성년자가 자신의 사진을 배포하는 것에 대한 동의는 법정대리인의 동의가 있어야 유효하다고 한다.

한편 미성년자의 인격권과 관련하여 기본권행사능력(Grundrechtsmündigkeit)[80]을 고려해야 한다는 견해가 있다.[81] 비록 법률행위 능력은 없다고 하더라도 찬반을 비교하고 이러한 통찰에 따라 결정할 수 있는 자연적인 능력이 있으면 기본권 행사능력이 있다고 한다.[82] 예컨대 미성년자인 청소년이 나체사진을 촬영하였는데, 법정대리인이 그 대가를 받는 데 동의하였다고 하자. 법정대리인이 미성년자의

---

77) BGH GRUR 1987, 128.

78) J. Helle(주 76), S. 93; Wenzel(주 33), Rn. 6.89; Rn. 7.38.

79) Frankfurt NJW 87, 1087.

80) 이것은 기본권능력과는 구별된다. 헌법상 보장된 기본권을 향유할 수 있는 능력을 기본권능력이라고 하고, 기본권능력을 가진 기본권주체가 기본권을 구체적으로 행사할 수 있는 능력을 기본권의 행사능력이라고 한다. 이러한 기본권행사능력은 민법상의 행위능력과 일치하는 것이 아니다. 김철수(주 27), 269면; 허영, 한국헌법론, 신정 9 판, 박영사, 1998, 231면.

81) Wenzel(주 33), Rn. 4.15. 이 견해에 대한 비판으로는 J. Helle(주 17), S. 104f. 참조.

82) BGHZ 29, 33; BGHZ 38, 49; Wenzel(주 33), Rn. 6.90.

의사에 반하여 동의를 한 경우에, 기본권행사능력이 있는 미성년자가 이의를 제기할 수 있고, 이때 법정대리인의 동의는 무효라고 한다. 즉 미성년자가 거부권(Vetorecht)을 행사할 수 있다고 한다.[83] 그러나 미성년자가 나체사진을 공개적으로 이용하는 것에 원칙적으로 동의하고 단지 더 많은 대가를 받으려고 하는 경우에는 법정대리인의 동의가 완전히 유효하고, 미성년자는 법정대리인의 의사에 이의권을 주장할 수 없다. 이러한 경우에는 오로지 경제적 문제가 있을 뿐이기 때문이다.[84]

(나) 한편 독일에서는 동의가 법률행위가 아니라는 견해도 있다.[85] 그 이유는 다음과 같다. 첫째, 동의는 인격권적인 권한이고 인격권은 일신전속적 권리이다. 둘째, 행위능력은 법률행위 능력을 획일적으로 정한 것인데, 이것을 인격권적인 이해관계에 전용(轉用)하는 것은 부당하다. 미성년자가 인격권에 관하여 아무런 권리를 행사할 수 없도록 하는 것은 인격권의 일신전속적인 성격에 반한다고 한다.[86] 또한 동의는 단순한 사실행위이지만, 법률행위적인 의사표시에 관한 원칙이 적용될 수 있다는 독일 연방대법원 판결도 있다.[87]

(다) 동의의 법적 성격은 독일에서 혼미를 거듭하고 있는 부분으로 좀 더 검토할 여지가 있으나, 여기서는 법률행위설을 따르기로 한다. 이와 같이 동의를 법률행위로 볼 경우에 이것은 상대방의 수령을 요하는 단독행위에 해당한다.[88] 인격적 징표의 이용에 대한 동의는 의료행위에 대한 동의와 유사한데, 후자는 통상 법률행위가 아니라고 한다.[89] 다만 의료행위에 대한 동의는 거래상대방의 신뢰를 보호할 필요가 없으나, 인격권의 경우에는 재산권적 측면이 있기 때문에 양자를 동일하게 볼 수는 없다.

---

83) Steffen, BGB-RGRK, §823, Rn. 378; Wenzel(주 33), Rn. 7.38.
84) BGH NJW 74, 1947.
85) Böhmer, Zum Problem der "Teilmündigkeit" Minderjähriger, MDR (Monatsschrift für Deutsches Recht), 1959, S. 707.
86) Staudinger/Schäfer, 12. Aufl., 1986, §823, Rn. 461; Steffen, BGB-RGRK, §823, Rn. 377.
87) BGH NJW 80, 1903.
88) J. Helle(주 17), 102f.
89) 환자의 의료행위에 대한 동의는 법률행위가 아니라고 한다. 김민중, "의사책임 및 의사법의 발전에 관한 최근의 동향," 민사법학 제9 · 10권, 1993, 342면; 김천수, "환자의 친권자, 후견인의 동의권," 민법학논총 · 제2(후암 곽윤직 선생 고희기념논문집), 박영사, 1995, 457면. 한편 이영준, 민법총칙, 전정판, 박영사, 1995, 151면은 치료행위에 대한 동의를 용서에 유사한 준법률행위로 본다.

(2) 동의의 의사표시

동의의 종류에는 명시적, 묵시적 동의와 추정적 동의가 있다.

(가) 명시적·묵시적 동의

법률행위설에 따를 경우 동의의 의사표시(Erklärung der Einwilligung)를 필요로 한다. 이러한 동의에는 의사표시에 관한 민법총칙의 규정이 적용된다. 단순한 내적인 동의(Zustimmung)(의사방향설)만으로는 충분하지 않지만, 명백하게 의사표시가 있어야 할 필요는 없고, 묵시적으로 할 수도 있다.[90] 그리하여 침묵의 의사표시로도 충분하다. 초상권의 경우에 피촬영자가 촬영하는 목적을 알고서 촬영에 동의한 경우에는 묵시적 동의가 있다고 볼 수 있다.[91] 예컨대 결혼피로연에서 사진 촬영을 허용하는 경우가 그러하다.[92] 언론사의 사진 촬영이 예상되는 패션쇼에 마네킹걸로 참가하는 경우에도 묵시적 동의가 있다고 한다.[93] 그러나 텔레비전 기자가 불시에 들이닥쳐 사진 촬영을 하자, 촬영의 목적을 모른 채 묵인한 경우에는 공표의 목적과 범위를 인식할 수 없기 때문에, 사진을 공표하는 것에 동의했다고 볼 수 없다고 한다.[94]

동의는 추단적 행위(schlüssige od. konkludente Handlung)에 의해서도 행해질 수 있다.[95] 텔레비전 카메라에 친근하게 웃는 경우에는 추단적 행위에 의한 동의가 있다고 볼 수도 있다. 신문기자에게 기꺼이 설명하는 경우에도 출판에 대하여 동의한 것으로 추론될 수 있다. 그러나 당사자가 예컨대 비밀스러운 사건을 공표하는 것에 동의할 수 없다는 의사표시를 명백히 한 경우에는 동의가 있다고 추단할 수 없다고 한다.[96]

---

90) Wenzel(주 33), Rn. 6.91. 묵시적 의사표시에 관하여 상세한 것은 이호정, "묵시적 의사표시," 현대민법학의 제문제(청헌 김증한 박사 화갑기념논문집), 1981, 58면 이하 참조.
91) BGH GRUR 68, 652(Ligaspieler). 이것은 미국에서도 마찬가지이다. Prosser/Keeton(주 7), p. 867는 묵시적 동의가 있는 예로 사진의 사용목적을 알고서 사진의 포즈를 취하는 경우 등을 든다.
92) BGH GRUR 62, 211(Hochzeitsbild).
93) Wenzel(주 33), Rn. 7.37.
94) Frankfurt GRUR 91, 49.
95) 이영준(주 89), 118면은 '포함적 의사표시'라고 한다.
96) Wenzel(주 33), Rn. 6.91.

(나) 추정적 동의

명시적, 묵시적인 동의 이외에, 추정적인 동의(mutmaß liche Einwilligung)가 있다. 이것은 당사자의 동의를 얻을 수 없었으나, 여러 사정에 비추어 동의를 했을 것이라고 인정되는 경우를 가리킨다고 한다.[97]

(3) 동의의 내용과 효력 범위

동의가 유효하게 성립한 경우에, 그 내용과 효력 범위가 문제된다. 당사자는 자유로운 의사에 따라 동의의 내용과 범위를 자유롭게 결정할 수 있다. 따라서 동의의 내용과 효력 범위는 의사표시의 해석에 의하여 결정된다. 그런데 원고가 그의 사진을 공표하는 데 동의한 경우에도 피고가 사진을 변경하는 경우, 예상과는 다른 방식으로 공표된 경우, 허용된 기간을 초과한 경우와 같이 계약을 위반한 경우에는 동의의 범위를 벗어난다.[98]

(가) 의사표시의 해석에서 법률행위의 목적이 중요하다. 사진 촬영에 대한 동의를 할 당시 그 사진이 공표되리라는 것을 인식할 수 있었다면, 그 사진의 공표에 동의했다고 볼 수 있다.[99] 또한 어떤 초상을 잡지의 표지 사진으로 이용하는 것에 동의한 경우에는 통상 그 잡지의 광고를 위하여 표지를 이용하는 것도 허용된다.[100]

그런데 동의의 직접적인 계기가 된 출판물의 종류에 따라 동의의 범위가 정해질 수 있다. 어떤 배우가 라디오 방송잡지에 사진이 나오는 것으로 예상하고 모토롤러에 앉아서 사진을 촬영하도록 하였으면, 그 사진을 모토롤러의 광고에 이용하는 것에 동의한 것이라고 볼 수는 없다.[101] 또한 시사적인 보도를 위하여 사진을 이용하는 것에 동의했다고 하더라도, 달력, 포스터 또는 광고에 계속해서 사진을 이용하는 것이 허용된 것은 아니다.[102] 이와 같이 보도를 위하여 촬영하였으나 광고목적으로 이용되는 경우에는 초상권 침해가 된다는 사례가 많이 있다.[103]

(나) 동의에 관해서는 장소적·시간적·내용적인 제한을 할 수 있고, 오히려 이

---

97) Wenzel(주 33), Rn. 6.92; Steffen, BGB-RGRK, §823, Rn. 383.
98) Prosser/Keeton(주 7), p. 867.
99) J. Helle(주 17), S. 106.
100) Wenzel(주 33), Rn. 7.40.
101) BGHZ 20, 345(Paul Dahlke).
102) BGH NJW 79, 2203; Karlsruhe NJW 82, 647.
103) Freiburg GRUR 53, 404는 어떤 근로자(도박장 주인의 보좌인)가 그의 고용주(도박장)를 위하여 사진을 찍었다면, 광고목적으로 안내서에 사진을 게재하는 것에 동의한 것이라고 하였다.

러한 제한이 있는 경우가 통상적이다. 명백한 의사표시가 없는 경우에도 그러한 제한이 인정될 수 있다.104) 대가를 받은 경우에도 장래의 이용을 제한 없이 허용하는 것은 아니다.105)

사진을 이용하는 것 자체에 관하여 동의를 받은 경우에도 그 사용목적 등에 비추어 동의의 범위를 초과하는 경우에는 위법하게 된다. 당사자가 일정한 생활의 경과 자체를 보도하는 것에 동의했다고 하더라도, 그것이 편파적이고 평가를 저하시키는 표현형태에도 동의했다고 볼 수는 없다.106) 그리고 어떤 사람이 생물학 책에서 남성과 여성의 차이를 설명하기 위한 사진으로 다른 모델과 함께 나체사진을 찍은 경우에, 그 사진이 나중에 언론매체에 게재되는 것에 동의한 것은 아니다.107) 또한 여배우가 인기를 올리기 위하여 나체사진을 대가를 받지 않고 이용하게 했으면, 비록 그 사진이 대중잡지에 게재하는 것에 대한 동의가 있다고 할지라도, 남성잡지에 게재되는 것을 동의한 것은 아니라고 한다.108) 원고가 광고사진을 찍었는데 피고가 정치적인 선전을 위하여 원고가 소속 정당(SPD)과 다른 정당(CDU)에 참여하고 있다는 인상을 불러일으킨 것은 원고의 인격상을 왜곡한 것이 된다. 피고가 원고의 사진을 위와 같은 목적으로 사용하려면 그 점에 관한 동의를 얻어야 한다.109) 그리고 어떤 사람이 성문제에 대한 인터뷰를 한 경우에, 그 사진을 영화에 이용하는 것도 허용되지 않는다.110)

(4) 동의의 취소와 철회

(가) 동의자가 계획된 공표의 동기, 목적 또는 종류에 관하여 착오에 빠진 경우, 또는 사진사가 기망하여 동의를 얻은 경우에는 민법 규정에 따라 착오 또는 사기를 이유로 취소할 수 있다.

(나) 철회권은 장래에 향하여(ex nunc) 효력을 발생시키는 것인데, 중대한 사유가 있으면 동의를 철회할 수 있는지 문제된다. 독일 예술저작권법 제22조에 의한

---

104) BGHZ 20, 345(Paul Dahlke).
105) AG Kaufbeuren AfP 88, 277.
106) LG Bielefeld MDR 75, 54.
107) BGH NJW 85, 1617.
108) Wenzel(주 33), Rn. 7.41.
109) BGH NJW 80, 994.
110) Wenzel(주 33), Rn. 7.42.

동의가 독일 민법 제182조의 동의와는 구별되지만, 이를 철회할 수 있다고 한
다.111) 즉, 사진의 촬영과 이용에 동의한 후에, 직업의 변경 등으로 그 사진을 이
용하는 것이 인격권을 침해하게 될 경우에는 동의를 철회할 수 있다. 오스트리아
에서 바이올리니스트가 집시밴드의 단장이라고 표시한 사진을 배포하는 것에 동의
하였다가, 나중에 연주회의 바이올리니스트가 된 후에 위 사진의 배포에 대한 동
의를 철회할 수 있다는 사례가 있다.112) 한편 영화 "차량으로"에 나체사진이 나오
는 27세의 여배우가 단순히 진지한 전문가가 되고자 "희망"한다는 이유로 2년 전
에 그러한 사진의 배포에 대한 동의를 철회할 수는 없다고 하였다.113)

그리고 인터뷰, 특히 텔레비전 인터뷰에서 통지를 받은 내용과 다른 질문이
행해진 경우 혹은 인터뷰를 받는 사람이 인터뷰를 실패했다고 여기는 경우에도 철
회할 수 있다. 그러나 이때 즉시 철회를 함으로써 인터뷰를 다시 할 수 있도록 하
여야 한다.114)

미국에서는 대가를 받지 않고 한 동의를 무상동의 또는 호의동의라고 하는데,
이러한 동의는 침해가 행해지기 전에는 언제든지 철회할 수 있다고 한다. 그러나
그 합의가 계약으로 이루어진 경우에는 통상 철회할 수 없고, 그 계약에 따라 공
표하거나 이용하는 것에 대하여 아무런 책임이 없다고 한다.115)

(5) 동의에 대한 증명책임

동의가 유효하게 행해졌다는 점에 대한 증명책임은 타인의 사생활을 공개하거
나 초상을 유포한 사람이 진다.116) 그러나 대가를 지급한 경우에는 사정이 달라진
다. 독일 예술저작권법 제22조 제 2 항에 의하면, 피촬영자가 사진을 촬영하게 하고
그 대가를 지급받은 경우에는 동의가 있는 것으로 추정되므로, 초상권자가 사진의

---

111) OLG München AfP 89, 570; München NJW-RR 90, 999; LG Oldenburg GRUR 88,
    694(Grillfest); LG Köln AfP 89,766; J. Helle(주 17), S. 118; Wenzel(주 33), Rn. 7.44f.
112) OGH ÖBl 70, 155. Wenzel(주 33), Rn. 7.44에서 재인용. 그러나 Freiburg OLG GRUR 53,
    404는 직업이 변경(도박장주인 보좌인에서 총대리인으로)되었다고 하더라도 동의를 철회할 수
    없다고 하였다.
113) OLG München AfP 89, 570.
114) Wenzel(주 33), Rn. 7.46.
115) Prosser/Keeton(주 7), pp. 867-868.
116) BGHZ 20, 345(Paul Dahlke); BGH NJW 1965, 1374; Wenzel(주 33), Rn. 7.39; J. Helle(주
    17), S. 108.

공표에 동의하지 않았다는 점을 증명해야 한다. 다만 회사의 피용자가 통상적인 임금을 수령한 경우에는 회사의 광고사진을 찍고 이를 배포하는 것에 대한 보수를 받았다고 볼 수 없다고 한다.[117]

(6) 우리나라의 재판례에 대한 분석

(가) 우리나라에서 동의의 범위와 관련된 재판례들이 상당수 있다.[118] 1989년 여자 탤런트를 모델로 한 카탈로그 제작용 사진의 촬영 및 광고에 관하여 승낙을 얻었으나 그 사진을 여성 월간잡지의 광고에 게재한 사건에서 "그 승낙의 범위를 벗어나 당초 피해자가 모델계약을 체결할 때 예상했던 것과 상이한 별개의 광고 방법인 월간잡지에까지 피해자의 카탈로그용 사진을 사용하는 행위는 초상권 침해로 인한 불법행위를 구성"한다고 한 하급심 판결이 있었다.[119] 그 후에도 동일한 취지의 하급심 판결들[120]이 계속 나오고 있다. 그리고 서울올림픽 성화봉송행사 사진 중 원고가 마부로서 말을 몰고 피고가 꽃마차를 타고 있는 사진을 피고가 원고의 동의 없이 개인적인 연하카드로 제작하여 발송한 사건에서, 원고는 서울올림픽 성화봉송이라는 공식행사에 참가함으로써 그 초상이 촬영·공표되는 것에는 동의를 한 것으로 보아야 할 것이나 공식행사와는 관계없이 피고가 그 사진을 사적인 연하카드에 사용한 것은 원고의 초상권을 침해한다고 하였다.[121] 또한 언론기관이 원고의 결혼식 장면을 촬영하여 원고와 무관한 호화결혼식에 관한 보도의 배경화면으로 사용한 사건에서, 원고가 위 촬영에 대하여 묵시적으로 동의하였다고 하더라도 촬영 당시 그 장면을 원고가 예상할 수 없는 방법으로 공표하는 것에 대하여 묵시적으로 동의하였다고 볼 수 없다고 하였다.[122]

특히 언론보도와 관련하여 서울민사지판 1989. 7. 25, 88가합31161[123]을 주목할

---

117) Wenzel(주 33), Rn. 7.39; J. Helle(주 17), S. 108.
118) 동의 없이 사진을 촬영하여 보도한 것이 문제된 사건으로는 뉴스위크지 사건이 유명하다. 서울민사지판 1993. 7. 8, 92가단57989(국내언론관계판례집 제 3 집, 177면); 서울민사지판 1994. 3. 30, 93나31886(국내언론관계판례집 제 3 집, 180면).
119) 서울고판 1989. 1. 23, 88나38770(하집 1989-1, 148). 1심인 서울민사지판 1988. 9. 9, 87가합6032(언론중재 1989년 봄호, 173면)도 마찬가지이다.
120) 서울민사지판 1989. 7. 25, 88가합31161(법률신문 1989. 9. 21. 자, 8면); 서울민사지판 1992. 9. 22, 92가합12051(법률신문 1992. 11. 26. 자, 9면).
121) 서울지법 동부지판 1990. 1. 25, 89가합13064(하집 1990-1, 126).
122) 서울고판 1996. 6. 18, 96나282.
123) 법률신문 1989. 9. 21. 자, 8면.

필요가 있다. 초상 본인은 촬영에 동의한 경우라도 본인이 예상한 것과 다른 방법
으로 사진이 공표되지 아니할 권리를 보유하고 동일한 초상의 경우라도 그것이 공
표되는 방법에 따라 초상권의 침해 여부가 달라질 수 있다. 미스코리아 출신 연예
인인 원고가 선전용으로 기획한 사진영상집을 일반대중에게 배포, 판매한 사실은
위 사진의 공표에 관하여 원고의 일반적 동의가 있다고 해석할 수 있다. 그러나
피고가 여성잡지에 원고의 명예를 훼손하는 보도기사를 게재하면서 위 사진집의
사진 중 비교적 선정적으로 보이는 2매의 사진을 무단으로 함께 게재하여 독자들
이 위 사진을 기사의 일부로 인식하여 원고의 행실이 좋지 못하다는 강한 인상을
받게 한 것은 초상권의 침해에 해당한다고 판결하였다.124)

　　(나) 위에서 본 PD수첩 사건을 살펴보자. 서울고등법원은 "T.V. 등 언론매체에
대하여 자신의 사생활과 초상에 관한 방송을 동의한 경우에도 본인이 예상한 것
과 다른 방법으로 방송된 경우에는 사생활의 비밀과 자유 및 초상권의 침해가 있
다."125)라고 한 다음, "이 사건 방송을 시청한 원고의 주위 사람들이 쉽게 원고를
알아볼 수 있게 한 과실로 인하여 원고의 사생활의 자유와 비밀 및 초상권을 침해
하였다."라고 판단하였다. 사실인정의 문제에 속하겠지만, 원고가 방송사 측의 인
터뷰에 응하면서 아무도 원고를 알아보지 못하도록 한다는 조건을 붙였다고 하였
는데,126) 이러한 경우에는 방송사가 시청자들이 원고를 알아볼 수 없도록 조치를
취하고 방송하여야 한다. 이때 원고를 알아볼 수 있는지는 원고를 알고 있던 사람
을 기준으로 판단하여야 한다. 그러므로 방송사에서 원고의 모습을 그림자 처리하
였으나 그 그림자에 원고의 눈, 코, 입 모양과 머리 모양이 섬세하게 나타나도록
하고 원고의 음성을 변조하지 않은 채 원고의 인터뷰를 방송하였다면, 이는 원고
의 동의 범위를 벗어난다.

　　만일 이 사건 인터뷰 당시 원고에게 방송 방법에 관한 명확한 의사가 표시되
지 않았다면 원고의 얼굴 윤곽이나 목소리를 내보내는 것에 대한 묵시적인 동의가

---

124) 위와 같은 행위는 공중에게 잘못된 인상을 주는 행위에 해당하여 프라이버시 침해가 있다고
　　　볼 수도 있다.

125) 同旨: 서울지법 남부지판 1997. 8. 7, 97가합8022(언론중재 1997년 가을호, 165면).

126) 이 사건에서 원고와 방송사 사이에 방송출연계약이 체결되었다고 볼 여지도 있으나, 방송사
　　　의 방송출연계약 위반으로 인한 채무불이행책임이 성립하는 경우에도 방송사와 기자가 인격권
　　　을 침해했다는 이유로 불법행위책임을 질 수 있음은 물론이다. 서울고판 1994. 9. 27, 92나
　　　35846(하집 1994-2, 1) 참조.

있는지를 살펴보아야 한다. 원고는 1994. 5. 말경 위 수술로 인한 후유증에 관하여 기자들의 질문에 대답한 적이 있었는데, 그 대답 중 일부가 같은 달 25. 피고 회사의 '뉴스데스크' 프로그램에 약 10초간 그 육성을 변성 처리하지 않고 그 뒷모습과 함께 방영되었으나, 원고가 이의를 제기하지 않았고, 위 PD수첩 프로그램의 인터뷰 요청에 응했다. 이러한 사정들이 있다고 하더라도 원고가 PD수첩 프로그램에서 원고의 목소리를 내보내는 것에 묵시적으로 동의했다고 볼 수는 없다. 뉴스데스크의 보도로 인하여 원고가 유방 확대 수술을 받았다는 사실이 일반인들에게 알려졌다면 방송사 측이 다시 원고의 목소리를 내보내는 것이 별문제가 되지 않을 수 있다. 그러나 뉴스시간에 약 10초 동안 원고의 뒷모습과 원고의 육성을 내보냈다고 하여 원고의 주위 사람들이 원고임을 쉽게 알아볼 수 없었을 것이다. 결국 뉴스데스크의 보도와 PD수첩의 방송은 인터뷰의 시간, 내용, 방식 등이 상이한 점, PD수첩의 방송에는 뉴스데스크의 보도와는 달리 원고의 얼굴 윤곽이 나온 점 등에 비추어 개별적으로 동의받아야 한다. 그리고 어떤 사람의 내밀영역에 속하는 부분에 관하여 방송할 경우에는 가명을 사용하고 화면처리 방법으로 원고의 영상을 모자이크 무늬로 가리거나 뭉개거나 뒷모습을 촬영하여 방영할 뿐만 아니라 목소리도 변성 처리함으로써 신분 노출을 막는 것이 통상적이다. 또한 원고가 유방 확대 수술을 받았다는 사실이 공개되는 것에 동의하는 것은 우리 사회의 관념에 비추어 이례적이므로, 방송사 측이 그에 관하여 명확한 증명을 하지 못하는 한 이에 관한 묵시적 동의가 있다고 볼 수 없다.

(다) 서울지법 남부지판 1997. 8. 7, 97가합8022[127]은, 연대 성악과 학생인 원고들이 피고 주식회사 문화방송과 '시사매거진 2580' 프로그램 기자 2명을 상대로 제기한 손해배상청구 사건에서 원고 1인당 200만원에서 600만원의 위자료를 인정하였는데, 위 판결과 동일한 취지로 판결하였다. 사안은 다음과 같다. 원고들은 피고 주식회사 문화방송의 '시사매거진 2580' 프로그램에 자신들이 식당에서 한 여흥 장면과 식사 장면을 방송하는 것을 승낙하기는 하였으나, 신세대 대학생들이 신입생 환영회에서 생기발랄하고 재미있고 즐겁게 노는 모습을 긍정적으로 방송할 것을 조건으로 승낙하였고, 피고 회사의 기자인 피고 B도 이를 약속하였다. 그런데도 피고 B는 1997. 3. 16. 원고들을 취재한 장면을 방송하면서 대학생이 신입생 환영회

---

127) 언론중재 1997년 가을호, 165면.

에서 술을 많이 마셔 숨겼다는 사실, 고대 경영학과 학생들의 막걸리 사발식 장면, 나이트클럽의 무대장면, 술에 취한 학생들이 길바닥에 쓰러지거나 여관으로 업혀 가는 장면, 신촌의 유흥가 밀집 장면, 지방대학 학생들의 철야음주 형태, 신입생 환영회에서 숨진 학생과 관련된 고소장 등과 편집하여 '공포의 통과의례'라는 제목으로 방송하였다. 서울지방법원 남부지원은 ① 위 방송은 시청자로 하여금 원고들을 포함한 연대 성악과 학생들이 마치 퇴폐적인 유흥에 물든 신입생 환영회를 하는 것처럼 인식하게 하였으며, ② 피고 C는 원고들 중 일부가 나이트클럽 화장실에서 대화하는 장면을 그들의 동의 없이 촬영하고 피고 B가 그들의 모습 및 음성을 그대로 방송함으로써 이 사건 방송을 시청한 원고들의 주위 사람이 쉽게 원고들을 알아볼 수 있게 한 과실로 인하여 원고들의 사생활의 자유와 비밀 및 초상권을 침해하였다고 판단하였다. 이 판결의 결론은 타당하다고 생각되나, 위 ① 부분은 사생활의 자유와 비밀 및 초상권을 침해한 것이라기보다는 오히려 공중에게 잘못된 인상을 주는 행위에 해당한다.

3. 공적 인물과 공적 이익에 관한 보도

방송법 제 4 조 제 2 항128)은 "방송은 공익사항에 관하여 취재, 보도, 논평 기타의 방법으로 민주적 여론형성에 기여하여야 하며, 사회 각계각층의 다양한 의견을 균형 있게 수렴함으로써 그 공적 임무를 수행한다."라고 규정하고 있는데, 언론보도의 위법성을 판단할 때 보도가 공적 인물(public figure)이나 공익에 관한 것인지는 매우 중요한 의미를 갖는다. 여기서는 프라이버시 침해를 중심으로 이 문제를 간략하게 살펴보겠다.

(1) 공적 인물

미국에서는 수정 헌법 제 1 조에서 언론출판의 자유를 보장하고 있는데, 공적 인물이나 뉴스와 기타 공적 관심사를 보도하는 것은 언론의 특권이라고 한다. 공적 인물의 사생활을 보도하는 경우에는 허위 보도의 경우와 달리 언론이 거의 책

---

128) 이 논문을 발표할 당시의 규정이다. 현행 방송법은 제 5 조에서 방송의 공적 책임에 관하여, 제 6 조에서 방송의 공정성과 공익성에 관하여 상세하게 규정하고 있다.

임을 지지 않는다고 한다.129) 이를 공적 인물의 이론이라고 하는데, 프라이버시권
이 침해되었다고 주장하는 자의 사회적 지위에 따라 프라이버시권의 한계를 정한
다.130) 그 근거로는 공적 인물은 ① 공개를 원했거나 공개에 동의했다는 점, ② 그
의 존재나 직업이 이미 공적 성격을 띤다는 점, ③ 언론은 대중에게 공익에 관한
정당한 관심사항으로 된 것을 알릴 특권을 헌법상 보장받는다는 점 등을 든다.131)

공적 인물에는 공무원, 천재소년, 배우, 운동선수, 예술가 등과 같이 업적, 생
활양식, 직업 등에 의하여 어느 정도 명성을 얻은 사람이 포함된다.132) 나아가 범
죄 사건의 피해자도 공적 인물이 될 수 있는데, 이를 비자발적인 공적 인물이라고
한다.133) 그러나 유명한 영화배우라도 친구끼리 모여 노는 것과 같은 단순한 사생
활은 프라이버시에 의하여 보호된다고 한다.

위와 같이 공적 인물의 사생활을 공개하는 경우에 원칙적으로 프라이버시 침
해에 해당하지 않는다. 그렇지만 공중의 눈에 오해를 불러일으키는 표현으로 인한
프라이버시 침해는 공적 인물에 대해서도 성립할 수 있다. Time, Inc. v. Hill 사
건134)에서는 허구의 연극이 범죄피해자인 원고의 실제 경험을 재연한 것이라고 보
도한 것이 프라이버시 침해가 되는지 문제되었다.135) 미국 연방대법원은 언론기관
이 과실로 원고에 대하여 오해를 낳게 하는 표현을 사용하였다고 하더라도 현실적
악의(actual malice)가 없는 한, 프라이버시의 침해에 대한 책임을 지지 않으며, 언론
기관이 진실이 아님을 알고 있었거나 그 진위를 무모하게 무시하였다는 점을 원고

---

129) Prosser/Keeton(주 7), p. 862.
130) 독일 예술저작권법 제23조 제1항 제1호는 시대사적 인물(Person der Zeitgeschichte)의 초
상을 게재하는 것을 허용하고 있는데, 이 규정은 공공 생활의 필요를 고려하기 위하여 규정된
것이다. J. Helle(주 17), S. 130.
공적 인물에 관한 이론은 일본에서도 수용되고 있는데, 日最判 1981(昭和 56). 4. 16(判例時
報 1000호, 25면)은, 특히 공직자나 공직후보자의 경우 그 사생활에 관한 사실도 널리 공공의
이해에 관한 것이라고 하여 보도, 논평하는 것이 정당하다고 하였다.
131) Prosser/Keeton(주 7), p. 411.
132) Prosser/Keeton(주 7), p. 410.
133) 공적 인물을 공무원, 전면적 공적 인물, 지역적인 전면적 공적 인물, 논쟁 사안의 공적 인물,
제한적인 공적 인물, 비자발적인 공적 인물로 세분하기도 한다.
134) 385 US 374, 17 L ed 2d 456, 87 S Ct 534 (1967).
135) 즉, 원고의 집은 1952년 3명의 탈주범에 의하여 점거되었고, 원고(Hill)와 그의 가족은 19시
간 동안 인질로 붙잡혀 있었다. 1953년에 한 작가가 그 사건에 관한 소설을 펴냈는데, 몇 가지
사실은 완전한 허구였다. 그 후 소설은 연극으로 공연되었다. 1955년에 Life지는 연극의 사진과
그 기사를 실었는데, 위 연극이 원고와 그 가족의 실제 경험을 재연하는 것이라고 묘사하였다.

가 증명해야만 언론기관이 프라이버시 침해로 인한 책임을 진다고 판결하였다.[136) 이것은 공적 인물이나 공공의 이익에 관한 보도에 대해서도 현실적 악의가 있으면 공중의 눈에 오해를 낳게 하는 표현으로 인한 프라이버시 침해가 성립할 수 있다고 한다.

(2) 공공의 이익

언론이 공공의 이익에 관한 사항을 보도한 경우에는 프라이버시 침해가 되지 않는다는 이론이 있다.[137) 보도가치나 뉴스가치가 있는 것을 보도하는 것은 국민의 알 권리를 충족시키는 것으로 언론의 자유에 의하여 보장해야 한다고 한다. 공공의 이익은 정보의 이익이라고도 하는데, 사회구성원이 어떤 사실을 아는 데 정당한 관심이 있고, 그것을 아는 것이 사회에 이익이 되는 것을 가리킨다. 그러나 단순히 대중의 호기심을 충족시키는 것에 불과한 것은 정당한 관심의 대상이라고 보기 어렵다.

미국의 판례에서 영화회사가 뉴스영화의 한 부분으로 원고 등 비만한 여자들이 살 빼는 기구를 이용하여 체조하는 장면을 촬영하여 영화관에서 상영한 경우[138)에 공공의 이익에 관한 것이라고 보았다. 한편 Barber v. Time Inc. 사건[139)을 살펴볼 필요가 있다. Barber 여사는 희귀한 병에 걸려 종합병원에 입원하여 치료받고 있었다. 병의 증상은 계속 먹어도 체중이 줄어드는 특이한 것이었다. 이 사실이 언론에 알려지자 사진기자는 그녀의 항의에도 불구하고 사진을 찍어 신문에 보도하였다. 그 후 Time지는 '의학'난에 그녀에 관한 기사를 게재하였는데, 이 기사의 표제는 "굶주린 대식가"이었고 그녀의 얼굴을 클로즈업한 사진의 아래에는 "탐욕스런 대식가 Barber, 그녀는 열 사람 분을 먹는다"라는 문구가 쓰여 있었다. 미주리 주 대법원은 프라이버시권에는 사적 사항을 공개당하지 않는 상태에서 가정이나 병원에서 의학적 치료를 받을 수 있는 권리가 포함되고, 공중에게 의학정

---

136) 이것은 명예훼손에 관한 뉴욕타임즈의 원칙[New York Times v. Sullivan, 376 US 254, 11 L ed 2d 686, 84 S Ct 710(1964)]을 적용한 것이다. 그 후 Cantrell v. Forest City Publishing Co., 419 U.S. 245, 95 S.Ct. 465 (1974)에서는 피고측이 공중에게 원고에 대하여 오해를 불러 일으킬 것이라는 것을 알면서 보도를 하였다는 이유로 피고의 책임을 인정하였다.

137) Warren/Brandeis(주 6), p. 214에 의하면, 프라이버시는 공공의 이익 또는 일반적 이익이 되는 사항의 공개를 금지하는 것은 아니라고 하였다.

138) Sweenek v. Pathe News, Inc., 6 F. Supp. 746 (1936).

139) 348 Mo. 1199 (1942).

보를 제공하기 위하여 원고의 성명을 밝힐 필요는 없다고 하여 원고승소의 판결
을 하였다.

그리고 일반적으로 공개되는 공적 기록(public record)으로부터 얻은 정보는 대
체로 공공의 이익에 관한 것이라고 볼 수 있는데, 미국에서 언론기관이 소송기록
에 있는 강간 피해자의 이름을 보도한 경우에도 프라이버시 침해를 부정한 사례가
있다.140) 한편 미국의 Macon Telegraph Publishing Co. v. Tatum 사건141)에서는
침입자가 손에 칼을 들고 바지를 내린 상태에서 침대에 접근하는 순간 그를 총으
로 쏘아 죽인 여자의 이름과 주소를 공표한 것은 프라이버시 침해에 해당한다고
보았다.142)

(3) 결   어

(가) 미국에서는 언론의 자유를 넓게 보장하기 위하여 공적 인물이나 공적 이익
에 관한 보도는 원칙적으로 프라이버시 침해가 되지 않는다고 보고 있다. 공적 인
물에 관한 이론은 일본이나 독일에서도 어느 정도 수용되고 있으나, 동일한 것은
아니다. 우리나라에서는 공적 인물에 관한 이론을 수용하여야 할 것인지에 관하여
논란이 있는데, 하급심 판결 중에는 공적 인물에 관한 보도라는 이유로 프라이버
시의 침해를 인정하지 않는 사례들도 있다. 우리나라에서 공적 인물에 관한 미국
의 이론을 그대로 수용하는 것은 무리라고 생각된다. 그러나 언론의 자유와 인격
권이 충돌하는 경우에 이익형량이 요구되는데, 이때 공적 인물이나 공공의 이익에
속하는 사항에 관한 보도인지 여부는 매우 중요한 고려요소가 된다.143)

(나) PD수첩 사건에서 원고가 실리콘을 이용한 유방 확대 수술을 받고 부작용
으로 고통을 받고 있다고 하여 공적 인물이 되었다고 볼 수는 없다. 그러나 실리

---

140) Cox Broadcasting Corp. v. Cohn, 420 U.S. 469 (1975).
141) 208 Ga. App. 111, 21 Media L. Rep. 1116 (1993).
142) 조지아 주에는 언론이 성범죄의 피해자의 이름을 공표하는 것을 금지하는 강간비밀보호법
    (Rape shield law)이 있는데, 원고의 소가 이 법률이 아니라 보통법상의 프라이버시 침해에 근
    거를 두었다. 그러나 법원은 프라이버시를 보호하기 위하여 위 법률이 제정되었다는 점을 고려
    하였다.
143) 공적 인물에 관한 이론은 미국에서도 논란이 되고 있고 우리나라에서 수용할 필요가 있는지
    여부에 관하여 의문을 제기하기도 하지만, 공적 인물에 관한 보도는 공공의 이익에 속하는 경
    우가 많을 것이기 때문에, 공적 인물에 관한 보도인지는 인격권 침해의 위법성을 판단할 때 중
    요한 고려요소가 된다.

콘을 이용하여 유방 확대 수술을 받는 것은 위험하다는 보도 내용은 공적 이익에 관한 것이고, 이를 일반국민들이나 의사들에게 경각심을 고취시키기 위하여 원고와의 인터뷰를 방송했다고 볼 수 있다. 그러나 이러한 경우에도 시청자들이 원고를 알아볼 수 있도록 할 필요는 없다. 공공의 이익에 관한 사항을 보도하는 경우에도 개인의 사생활을 과도하게 침해하는 것까지 허용된다고 볼 수는 없다.

Ⅳ. 결   론

1. 언론의 사실 보도로 인하여 발생하는 인격권 침해 문제에 관하여 PD수첩 사건을 중심으로 살펴보았다. 인터뷰를 하는 경우에는 대체로 그 공개에 대해서도 동의가 있다고 볼 수 있다. 그런데 방송내용에 따라서는 얼굴이나 목소리를 공개하지 않기로 하는 경우가 있다. PD수첩 사건에서 원고의 인터뷰 내용이 유방 확대 수술에 관한 것으로 주위 사람에게 공개되기를 바라지 않는 내밀영역에 속하는 것이었다. 서울고등법원은 유방 확대 수술이 여성의 비밀영역에 속한다고 보았으나, 이것은 인격영역의 구분 방법에 따라 달라질 수 있는 것으로 이 사건의 결론에는 별다른 영향이 없다.

내밀영역에 속하는 내용을 보도하는 경우에는 방송국에서 화면처리나 변성 처리를 함으로써 인터뷰를 하는 사람의 동일성을 인식할 수 없도록 하는 것이 보통이다. 그러나 방송국에서 원고의 얼굴 윤곽을 내보내고 육성을 그대로 방송함으로써 원고 주변의 사람들이 원고를 알아볼 수 있게 하였다. 그러므로 이 사건은 매우 특이한 사례에 속한다고 할 수 있는데, 이러한 경우에는 방송국이 원고의 얼굴 윤곽과 육성을 내보내는 것에 대한 동의를 받았다는 증명을 하지 못하는 한 불법행위가 성립한다. 기자가 원고와 인터뷰할 당시 시청자들이 원고를 알아볼 수 없도록 조치를 취하고 방송하기로 약속하였는지가 불명확한 경우에는 방송사나 기자가 그에 관한 증명책임이 있기 때문이다. 그리고 유방 확대 수술의 부작용을 알린다는 공공의 이익을 위하여 방송프로그램을 제작하였다고 하더라도 원고의 신원을 알게 하는 것까지 허용된다고 볼 수 없다.

2. 이 사건에서 서울고등법원은 손해배상액에 관하여 원고의 나이, 직업, 결

혼·이혼 경력, 원고가 방송된 경위, 방송내용과 방송시간, 방송 후의 결과 등 이 사건 변론에 나타난 여러 사정을 종합하여 1천만원으로 정하였다. 언론피해로 인한 손해배상액을 산정하는 기준을 정립할 필요성이 제기되고 있고, 언론 등의 횡포를 방지하기 위하여 손해배상액을 높여야 한다는 주장이 있다. 이와 관련하여 미국의 징벌적 손해배상(punitive damages)[144]을 도입해야 한다는 견해가 있다. 징벌적 손해배상은 가해자가 악의적으로 불법행위를 저지른 경우에 가해자를 징벌하고, 장래에 유사한 행위를 억제하기 위하여 부과되는 손해배상이다. 따라서 징벌적 손해배상은 손해의 전보를 목적으로 하는 것이 아니라 징벌과 불법행위의 억제를 목적으로 한다. 언론에 의한 명예훼손의 경우에 징벌적 손해배상을 명하는 것이 언론의 자유를 정하고 있는 미국 수정헌법 제 1 조에 위배되지 않는다고 한다.[145] 그러나 주에 따라서는 명예훼손 소송에서 징벌적 손해배상을 부정하기도 한다.[146] 징벌적 손해배상액을 산정할 때 피고의 재산 정도, 현실적 손해 유무, 보상적 손해배상에 대한 합리적인 비율 등을 고려한다.[147] 프라이버시 침해의 경우에 징벌적 손해배상을 인정한 사례들도 있다.[148] 그러나 우리나라에서는 입법론으로서 징벌적 손해배상을 도입할 것인지 하는 문제는 차치하고 해석론으로 이를 도입할 수 없다고 본다. 왜냐하면 우리 민법하에서는 손해의 범위 안에서 손해배상액을 정할 수밖에 없는데, 징벌적 손해는 현실로 발생하는 손해의 범위를 벗어난 것이기 때문이다.

[서울대학교 법학 제39권 1호(1998. 5), 서울대학교 법학연구소, 189-219면]

---

144) 징벌적 손해배상을 소개한 글로는 송홍섭, "미국의 징벌적 손해배상제도 개관," 재판자료 제58집 외국사법연수논집 9, 1992, 509면 이하; 표성수, 언론과 명예훼손, 육법사, 1997, 142면 등이 있다.

145) Dun & Bradstreet, Inc. v. Greenmoss Builders, Inc., 105 S. Ct. 2939 (1985); Smolla, Law of Defamation, 1995, §9.08.

146) Wheeler v. Green, 286 Or. 99, 593 P.2d 777 (1979)은 오리건 주에서 명예훼손 소송에서 징벌적 손해배상을 명하는 것이 금지된다고 하였다. Smolla(주 145), §9.09.

147) 표성수(주 144), 142면에 의하면 언론의 명예훼손으로 인한 소송에서 실제 확정된 배상액은 1980-1995년간 평균 240,598달러라고 한다.

148) Macon Telegraph Publishing Co. v. Tatum, 208 Ga. App. 111, 21 Media L. Rep. 1116 (1993)은 보상적 손해배상 3만 달러와 징벌적 손해배상 7만 달러를 인정했고, Peoples Bank & Trust C. v. Globe International, 786 F.Supp. 791 (1992)은 보상적 손해배상 65만 달러와 징벌적 손해배상 85만 달러를 인정하였다.

[후기] 이 논문을 발표한 이후 이 논문에서 다룬 서울고등법원 판결에 대한 상고
심 판결인 대판 1998. 9. 4. 96다11327(공 1998, 2377)이 선고되었다. 그 내용은 대체
로 필자가 주장한 것과 유사하다. 이 판결에 관하여 상세한 것은 이 책 243면 이
하 참조.

제 4 절 공인보도와 인격권*

Ⅰ. 서 론

1. 공인보도(公人報道)는 언론보도의 중핵을 차지한다. 공인에 관한 보도는 일반인에 관한 보도에 비하여 대중의 관심이나 흥미를 불러일으키기 때문이다. 공인보도 없이는 언론을 지탱할 수 없다고 해도 지나친 말이 아니다. 이처럼 언론에서 공인을 많이 다루는 만큼, 공인에 관하여 잘못된 보도를 하거나 공인의 사생활을 침해할 위험도 높다.

실제로 유명인사 등 공인의 명예훼손이나 프라이버시 침해를 이유로 법적 분쟁이 발생하는 경우가 많다. 언론중재위원회의 통계에 의하면 2012. 1. 1.부터 2014. 9. 30.까지 공인 관련 조정신청 사건이 571건이나 된다. 조정이 성립하지 않아 법원에 소를 제기하는 경우도 있고 법원에 바로 명예훼손 등의 소를 제기하는 경우도 있다. 공인은 명예훼손이나 이미지 실추로 인한 타격이 클 수 있기 때문에, 일반인에 비하여 명예훼손이나 사생활 침해를 이유로 소를 제기하는 경우가 많다고 볼 수 있다. 이러한 소송은 정치적으로나 사회적으로 중요한 의미를 갖는 경우도 적지 않다. 또한 공인이 명예훼손 소송을 전략적으로 이용하는 경우도 있다. 따라서 공인 보도로 인한 인격권 침해 문제는 중요할 뿐만 아니라 시의적절한 문제이기도 하다.

공인에 대한 인격권 침해의 경우에 두 가지 문제가 등장한다. 첫 번째 문제는 누가 공인인가이다. 공인은 사인에 대비되는 개념이다. 그러나 공인이 누구인지를

---

* 이 논문은 2014년 10월 17일 언론중재위원회(위원장 박용상) 정기세미나에서 발표한 글을 다듬은 것이다. 본문은 「언론중재」 제133호(2014년 겨울호)에 수록되어 있고, 언론중재위원회 2014년도 정기세미나 종합자료집(2014. 10)에는 토론문이 수록되어 있다.

판단하는 것은 어려운 문제이다. 또한 공인에 속하는 경우라고 하더라도 언론보도에 의한 인격권 침해를 판단할 때 모든 공인을 동일하게 취급할 것인지, 아니면 공인을 다시 몇 가지 유형으로 분류할 것인지 문제된다. 두 번째 문제는 공인의 경우에 어떠한 요건에 따라 인격권 침해로 인한 책임이 발생하는가이다. 언론에 의한 인격권 침해에서 언론의 자유와 인격권의 충돌을 어떻게 조정할 것인지가 중요한 문제이다. 언론의 자유를 보장할 것인지 아니면 인격권을 보호할 것인지에 따라 결론이 달라진다. 이와 같은 법익을 형량하는 단계에서 피해자가 공인인지 여부는 중요한 고려요소이다.[1]

2. 먼저 공인은 어떠한 의미를 갖는지 생각해 볼 필요가 있다. 공인이라는 용어는 다의적으로 사용된다. 전통적으로는 고위 공직자를 공인이라고 하였다. 그러나 사회적으로 저명한 사람을 공인이라고 부르기도 한다. 언론에 의한 인격권 침해가 문제되는 경우에는 공적 인물이라는 용어를 사용하는 경우가 많다. 현재로서는 공인 개념에 관한 사회적인 합의가 없다고 말할 수도 있다. 유명 연예인이 물의를 빚은 것을 사과하면서 공인으로서 책임을 다하지 못했다고 말하면, 연예인도 공인이냐고 비아냥거리기도 한다. 판례에서 사용하는 공적 인물이나 공인이라는 용어는 일반인들의 언어 용법과 일치하지 않는다.

인격권(Persönlichkeitsrecht) 개념은 독일법에서 형성된 것을 우리나라에서 수용한 것이다. 미국에서는 인격권이란 용어를 사용하지 않고 '프라이버시 침해'나 '명예훼손' 등 개별적 유형으로 나누어 해결하고 있다. 독일에서 일반적 인격권이 승인된 것은 1950년대이다. 이때 '인격'은 일반적인 용어와는 다른 의미로 사용된다. 보통 인격이 훌륭하다느니 그렇지 않다느니 하는 말을 하는데, 이 경우에 인격은 훌륭한 품성을 뜻하는 말이다. 그러나 인격권이라고 할 때는 사람이 사람으로서 가진 권리를 통칭한다. 모든 사람은 인격권을 가진다. 흉악범이나 사형수라고 하더라도 인격권을 가진다. 그 사람이 좋은 품성을 가졌는지 나쁜 마음씨를 가졌는지는 아무런 관계가 없다. 사람이 자기 자신과 분리할 수 없는 이익을 법적으로 보호하는 것이 인격권이다.

3. 이 글에서는 먼저 공인의 개념에 관하여 살펴본 다음, 공인에 대한 인격권 침해를 명예훼손과 사생활 침해로 구분하여 검토하고자 한다. 특히 공인 이론이

---

1) 상세한 것은 아래 Ⅲ. 참조.

발달한 미국법과 우리나라의 인격권 법리의 형성에 영향을 미친 독일법을 살펴보
고 우리나라의 공인 관련 판결을 검토하고자 한다.

Ⅱ. 공인의 개념과 범주

1. 공인의 의의

공인(公人)의 개념은 무엇인지, 공인과 사인을 구별하는 기준은 무엇인지는 언
론법에서 핵심적인 문제이다. 이에 대한 답은 공인에 대한 인격권 침해에 관하여
상세히 검토한 다음에야 얻을 수 있다. 여기에서는 논의의 전제로서 법원의 판결에
서 공인의 개념을 어떻게 파악하고 있는지에 관해서만 간략하게 언급하고자 한다.

공인의 사전적 의미는 '공적인 일에 종사하는 사람'이다.2) 고위 공무원이나 국
회의원 등 공직자가 공인 또는 공적 인물에 속한다는 점은 의문의 여지가 없다.
법원의 판결에서 공인 이론이 적용된 전형적인 경우로는 대통령, 국무총리, 도지사
등 공직자에 대한 명예훼손 사건이 있다.3) 그러나 인격권 침해사건에서 나타나는
'공인' 또는 '공적 인물'은 그보다 넓은 개념이다.

그런데 공인과 공적 인물이 동의어인지 문제된다. 공인은 사인에 대비되는 것
으로 공적 인물의 줄임말이라고 볼 수 있다. 그러나 공적 인물을 공인보다 넓은 의
미로 사용하고 있는 듯한 경우도 있다. 한편 공직자나 공무원이 공적 인물에 포함
되는지도 모호하다. 대법원은 공인과 사인 또는 공적 인물과 사적 인물을 대비하여
사용하고 있는데, 이러한 경우에 공인이나 공적 인물은 공직자라는 의미를 포함하
고 있다고 볼 수 있다.4) 그러나 공직자('공무원'이라고도 한다)와 공적 인물을 구분하
여 공적 인물은 공직자 이외에 사회적 영향력이 있는 유명인을 가리킨다고 볼 수도
있다. 사람이 아닌 단체를 지칭하기 위하여 '공적 존재'라는 표현을 사용한다.5)

---

2) 국립국어원 표준국어대사전(http://stdweb2.korean.go.kr/search/List_dic.jsp).
3) 대판 2003. 7. 8, 2002다64384(공 2003, 1683).
4) 대판 2005. 4. 29, 2003도2137(공 2005, 882)은 "명예훼손적 표현으로 인한 피해자가 공무원 내지
   공적 인물과 같은 공인(公人)인지 아니면 사인(私人)에 불과한지"라고 하고 있다.
5) 대판 2022. 1. 22, 2000다37524, 37531(집 50-1, 민 43).

2. 공인에 관한 재판례

⑴ 공인, 즉 공적 인물에 관한 판례는 특히 2000년대 이후에 많이 나왔다. 2009년부터 2013년까지 5년 동안 법원의 판결에서 공인으로 인정한 사례로는, 고위 공무원, 정부기관의 장, 정치인, 대학총장, 전 청와대 비서관, 국회의원 후보자, 방송인, 재벌그룹 부회장, 방송사 국장, 언론사 대표, 연예인, 대통령 조카사위가 있었다. 이에 반하여 방송사 최대 주주, 전직 구의회 부의장, 은퇴 연예인, 환경운동가에 대해서는 공인으로 인정하지 않았다.[6] 법원의 판결에서는 공인 개념이나 공인과 사인의 구별기준을 명확하게 제시하지 않고 공인에 해당하는지를 개별적으로 판단하고 있다. 따라서 고위 공직자 이외에 어떠한 사람이 공인에 포함되는지에 관해서는 명확한 기준이 정립되어 있지 않다고 할 수 있다. 그러나 법원이 판결에서 공인이라고 판단하면서 어떠한 사항에 중점을 두고 있는지를 살펴보는 것은 공인 개념을 구성하는 데 도움이 된다.

⑵ 우리나라에서 공간된 판결 중에서 공적 인물의 개념에 관하여 판단한 초기의 판결은 1995년 이휘소 박사에 관한 판결이다.[7] 이 판결에서 "위 이휘소는 뛰어난 물리학자로서 우리나라 국민에게 많은 귀감이 될 수 있는 사람으로서 공적 인물이 되었다."라고 하였다. 그 후 대우그룹 김우중 회장에 대해서도 동일한 방식으로 판단한 하급심 결정이 있다.[8]

나아가 법원은 뉴스앵커나 유명 연예인도 공적 인물에 포함된다고 보고 있다. 먼저 TV 뉴스앵커를 지낸 방송사 보도국 차장에 대해서도 공적인 인물이라고 하면서 "원고는 티브이 뉴스 앵커를 지낸 국내 유수 방송사의 (…) 차장으로서 중견 언론인인 동시에 방송을 통하여 국민들에게 얼굴도 널리 알려져 있고, 원고와 같은 언론인은 사회의 부정과 비리를 국민에게 알림으로써 사회발전에 기여함을 사명으로 하고 있어 공무원의 공적인 역할 못지않게 공적인 기능을 수행하고 있으므

---

6) 장원상, "판례에 나타난 공인 개념," 2014년도 정기세미나 종합자료집, 75-87면.
7) 서울지판 1995. 6. 23, 94카합9230(하집 1995-1, 323). 필자는 판사로 근무할 당시 재판부의 구성원으로서 이 판결의 주심판사였다. 이 판결에 관하여 상세한 것은 김재형, "모델소설과 인격권," 언론과 인격권, 박영사, 2012, 39면 참조.
8) 서울지판 1995. 9. 27, 95카합3438(하집 1995-2, 184)은 "신청인은 뛰어난 기업인으로서 우리나라 국민에게 많은 귀감이 될 수 있는 사람으로서 이미 우리 사회의 공적 인물이 되었다"고 하였다.

로 우리 사회에서 공적인 인물이라고 봄이 상당"하다고 판단한 사례가 있다.9) 가
수 신해철에 대해서도 공적 인물이라고 판결하였는데, "원고 신해철은 일반인들에
게 널리 알려진 유명 연예인으로서 상당한 인기를 누리고 있는 '스타'라고 할 것이
므로, 이른바 '공적 인물'이라고 볼 것"이라고 판결하였다.10) 배우 전지현에 대해서
도 동일한 방식으로 판단하고 있다.11)

한편 공인, 즉 공적 인물의 가족 등 주변 인물을 공인으로 볼 수 있는지 문제
된다. 위 신해철 사건에서 신해철과 결혼할 것이라고 보도된 상대방은 1996년 미
스코리아 대회에 뉴욕 진으로 참가한 적이 있기는 하나, 이것만으로 공적 인물이
라고 보기는 어렵고, 원고 신해철과 결혼할 사이라고 해서 공적 인물이 된다고 볼
수도 없다고 하였다.12) 그러나 공직자의 친인척을 공인이나 이에 준하는 지위에
있다고 판단한 사례도 있다.13)

(3) 대법원은 전국민주노동조합총연맹(민노총)을 공적인 존재라고 하였는데, 민
노총에 대한 명예훼손의 위법성을 판단하면서 "원고 민노총이 공적인 존재로서 국
가사회에 미치는 영향력 그리고 원고 민노총이 노동운동의 한계를 넘어 스스로 정
치투쟁에 뛰어듦으로써 정치적 논평을 자초한 점"을 언급하고 있다.14) 대법원은
언론보도에 관한 것은 아니지만, 변호사법 제 1 조를 언급하면서 변호사를 '공적인
존재'로 판단하기도 하였다. 즉, "변호사는 공공성을 지닌 법률 전문직으로서 기본
적 인권을 옹호하고 사회정의를 실현함을 사명으로 하는 공적인 존재에 해당"한다
고 한다.15)

3. 공인의 개념과 범주

판례는 공직자의 도덕성, 청렴성, 업무처리에 대하여 비판하는 보도에 대해서

---

9) 서울지판 1997. 9. 3, 96가합82966.
10) 서울지결 2001. 12. 19, 2001가합8399.
11) 서울중앙지판 2005. 7. 6, 2004가합82527.
12) 서울지결 2001. 12. 19, 2001가합8399.
13) 서울중앙지판 2007. 5. 9, 2006가합73138; 서울중앙지판 2013. 1. 16, 2012가합32404, 32411,
    32428, 32435; 서울남부지판 2018. 8. 16, 2017가합108418; 서울중앙지판 2023. 2. 10, 2022가단
    5015109 등 참조.
14) 대판 2002. 1. 22, 2000다37524, 37531(집 50-1, 민 43).
15) 대판(전) 2011. 9. 2, 2008다42430(공 2011, 1997).

는 명예훼손을 거의 인정하지 않는다. 이러한 경우에는 오히려 공적 인물이라는 표현을 사용하지 않는 경우가 많은데, 판례에서 문제된 공직자는 고위 공무원으로서 공인에 해당한다는 점이 명백하기 때문이다. 공직자의 범위에 관해서는 공직자윤리법 제 3 조에서 정한 등록의무자나 「공직자 등의 병역사항 신고 및 공개에 관한 법률」 제 2 조에서 정한 신고의무자가 이에 속한다고 볼 수 있다.16) 위 법률에서 말하는 공직후보자도 공적 인물로 취급해야 한다. 공직자윤리법 제 3 조의2에서 정하고 있는 공직유관단체는 대체로 공적 존재라고 볼 수 있다.

　고위 공직자나 고위 공무원이 아닌 경우에도 공적 인물 또는 공적 존재가 될 수 있다. 법원의 판결을 보면 일반인에게 알려진 유명한 사람을 공인으로 보고 있는 것이 아닌가라고 생각할 수 있다. 이를테면 유명 연예인으로서 상당한 인기를 누리고 있는 스타는 공적 인물에 속한다고 할 수 있다. 따라서 연예계에서 은퇴한 후 가정생활에 전념하고 있는 전직 연예인은 공적 인물이 아니라고 볼 수 있다.17)

　법원은 물리학자 이휘소 박사,18) 김우중 대우그룹회장,19) 배우 윤정희,20) 대통령의 아들,21) 유명 개그우먼22)을 공적 인물이라고 하였다. 전국민주노동조합총연맹23)은 단체이기 때문에 공적 존재라는 표현을 사용하였다. 이러한 판결들에서 공적 인물을 판단하는 기준을 명확하게 밝히고 있지 않다. 법원은 개별적인 사례에서 공적 인물로 볼 수 있는 요소를 끄집어내어 판단하고 있을 뿐이다.24)

　그렇지만 법원의 위와 같은 판결에서 고위 공직자 이외에 공적 인물이라고 판

---

16) 국가·지방자치단체의 정무직 공무원, 4급 이상 공무원, 교육감·교육장, 법관·검사, 대령 이상 장교, 공기업의 장, 공직유관단체임원 등이 이에 속한다. 공무원이라고 하더라도 이 범주에 속하지 않는 경우에는 공적 인물인지 여부를 일률적으로 정할 수 없다.

17) 서울지판 1997. 2. 26, 96가합31227.

18) 서울지판 1995. 6. 23, 94카합9239(하집 1995-1, 323).

19) 서울지판 1995. 9. 27, 95카합3438(하집 1995-2, 184).

20) 서울지판 1997. 2. 26, 96가합31227.

21) 서울지법 서부지판 1996. 1. 26, 94가합5021.

22) 서울지판 2010. 12. 29, 2010가합79614.

23) 대판 2002. 1. 22, 2000다37524, 37531(집 50-1, 민 43).

24) 다만 서울중앙지판 2014. 10. 28, 2014가단123116은 "공적 인물이란 재능, 명성, 생활양식 때문에 또는 일반인이 그 행위, 인격에 관하여 관심을 가지는 직업 때문에 공적 인사가 된 사람을 말하는 것으로 공직자, 정치인, 운동선수, 연예인 등 자의로 명사가 된 사람뿐만 아니라 범인과 그 가족 및 피의자 등 타의로 유명인이 된 사람도 포함된다. 또한 일정한 공적 논쟁에 스스로 참여하거나 개입하여 공적 인물로 인정되는 경우도 있을 수 있는바, 이는 논쟁에 자발적으로 참여함으로써 비판적인 보도와 논평의 대상이 될 수 있는 위험을 감수하였다고 볼 수 있기 때문이다."라고 판단하였다.

단하는 요소는 다음과 같이 정리할 수 있다. 뛰어난 학자나 기업가로서 일반인들에게 널리 알려진 사람은 공적 인물이라고 볼 수 있다. 사회적인 영향력이 있는 사람이나 단체도 공적 인물 또는 공적 존재라고 할 수 있다. 이를테면 유명 연예인, 스포츠 스타와 널리 알려진 단체 등을 들 수 있다. 또한 정치적인 논쟁이나 사회적인 논쟁에 뛰어들어 영향력을 미치는 사람도 공적 인물이라고 볼 수 있다. 한편 유명인의 가족이나 약혼녀 등은 그 자체만으로 공적 인물이라고 볼 수 없고 공적 논쟁에 뛰어드는 등으로 공적 관심 인물이 되는 경우에 비로소 공적 인물이 될 수 있다.

공인은 고위 공직자와 공적 인물을 포함한 개념으로 사용할 수 있다. 그런데 일반인에게 널리 알려진 사람이라고 하더라도 악명이 높은 사람을 공인이나 공적 인물이라고 하지는 않는다. 이를테면 흉악범에 대한 보도가 명예훼손이나 초상권 침해가 되는지 문제되는 경우가 있다. 미국의 판례에서는 흉악범을 공적 인물(public figure)이라고 하여[25] 흉악범에 대한 보도의 경우 표현의 자유를 넓게 보장하고 있다. 그러나 우리나라에서는 흉악범에 대한 보도를 넓게 허용해야 한다는 결론을 받아들이더라도 흉악범을 공인 또는 공적 인물이라고 부르는 것에는 강한 거부감이 있다. 우리나라의 언어 용법상 흉악범을 공인 또는 공적 인물이라고 할 수는 없다.[26] 또한 유명 연예인이나 스포츠 스타에 대해서는 공인이라고 부르는 것이 부적절하다는 의견도 적지 않다. 따라서 이러한 경우에는 공인이라는 표현보다는 유명인이라는 용어를 사용하는 것이 나을 수 있다. 그러나 유명 연예인 등을 공인이라 부를 것인지와 상관없이 이들에 대해서도 공인 이론이 적용되는 것은 분명하다. 여기에서는 용어상의 문제점은 있지만 논의의 편의상 공인을 공직자와 공적 인물을 포함하는 개념으로 사용하고자 한다.

---

25) 이를테면 Ruebke v. Globe Communications Corp., 241 Kan. 595 (1987) 참조.

26) 김재형, "언론보도에 의한 초상권 침해에 관한 법적 검토," 언론중재 2012 겨울호, 33면("흉악범을 공인에 속한다고 본다면 일상용어와 법률 용어가 서로 다른 의미를 갖게 될 것이고, 흉악범을 공인이라고 부르는 것은 어법에 맞지 않는다. 물론 공인은 법률용어에 해당하기 때문에 일상용어와 달리 이해할 수도 있으나, 가급적 일반인이 받아들일 수 있는 표현을 사용하는 것이 좋을 것이다.").

Ⅲ. 공인에 대한 명예훼손

1. 미   국

공인 이론은 미국 연방대법원의 판례에서 유래하는 것으로 미국 명예훼손법의 핵심을 차지하고 있다. 미국에서 명예훼손법은 각 주의 불법행위법에 따라 규율되고 있는데, 미국 연방대법원은 수정 헌법 제 1 조에 기하여 공인 이론을 발전시킴으로써 명예훼손법의 본질적인 부분을 헌법화하였다.27) 따라서 미국 명예훼손법은 주법과 연방법, 보통법과 헌법이 결합되어 있기 때문에 그 전모를 파악하기가 쉽지 않다.

미국의 공인 이론에 관해서는 우리나라에서도 많이 소개되었다. 여기에서는 미국의 공인 이론을 살펴보고 사인과 관련된 부분은 필요한 한도에서 간략하게 언급하는 데 그치기로 한다.

(1) 미국 불법행위법 리스테이트먼트의 규정

미국의 공인 이론은 뉴욕타임즈 판결 이후의 미국 연방대법원 판례에 의하여 발전되었다. 그 내용을 파악하기가 쉽지 않지만, 미국 불법행위법 리스테이트먼트를 보면 비교적 쉽게 그 내용을 개관할 수 있다.28) 불법행위법 리스테이트먼트 제 2 판 제580A조는 '공무원(public officials; 공직자라고 번역하기도 한다)과 공적 인물에 대한 명예훼손'이라는 표제로 "공무원과 공적 인물에 대한 허위의 명예훼손적 의사표시에 대하여 (a) 진술이 거짓이고 타인의 명예를 훼손한다는 사실을 알고 있는 경우, 또는 (b) 이러한 사실에 대하여 무모하게 무시하고 행위를 한 경우"에만 책임이 있다고 규정하고 있다.29) 위 규정의 다음 조문인 제580B조에서는 '사인에 대

---

27) Rodney A. Smolla, Law of Defamation, Vol. 1. 2nd ed., 2002, § 1:1.

28) American Law Institute, Restatement of the Law Second, 1986. 미국법학원(ALI; 미국법조협회라고 번역하기도 한다)에서 판례를 조문 형식으로 정리하여 발간한 것으로 의회에서 제정된 법률은 아니지만 각 주의 법원에서 채택하고 있어 실제 판결에 지대한 영향을 미치고 있다. 미국은 판례법 국가이기 때문에 법상황을 파악하기가 쉽지 않다.

29) "공무원 또는 공적 인물에 관하여 그 지위에서의 행위, 자질 또는 역할과 관련하여 허위의 명예훼손적 의사표시를 공표한 자는 오직 다음의 경우에만 책임이 있다. (a) 진술이 거짓이고 타인의 명예를 훼손한다는 사실을 알고 있는 경우, 또는 (b) 이러한 사실에 대하여 무모하게 무

한 명예훼손'이라는 표제로 "사인에 대한 허위의 명예훼손적 의사표시에 대하여 (a) 진술이 거짓이고 타인의 명예를 훼손한다는 사실을 알고 있는 경우, (b) 이러한 사실에 대하여 무모하게 무시하고 행위를 한 경우, (c) 이를 확인하지 않고 과실로 행위를 한 경우"에만 책임이 있다고 정하고 있다.[30]

위 규정은 명예훼손책임에 관하여 '공무원과 공적 인물에 대한 명예훼손'과 '사인에 대한 명예훼손'으로 구분하고 있다. 피해자의 지위 또는 신분에 따라 2가지로 구분하고 있고, 공무원과 공적 인물에 대한 명예훼손에서는 위 (a)와 (b)에 해당하는 경우(위 두 경우를 합하여 '현실적 악의'라고 한다)에 한하여 책임을 진다. 그러나 사인에 대한 명예훼손에서는 현실적 악의가 있는 경우는 물론 위 (c), 즉 과실이 있는 경우에도 책임을 진다.[31] 위 규정에서 허위의 명예훼손적 의사표시라고 정하고 있기 때문에, 위 규정은 허위의 사실로 명예를 훼손한 경우에 한하여 적용되고 의견의 표현에 대해서는 적용되지 않는다.

(2) 뉴욕타임즈 판결과 그 이후의 전개

(가) 미국에서 원래 명예훼손은 보통법상의 명예훼손 법리에 따라 엄격책임의 원칙이 적용되었다.[32] 따라서 가해자는 공표내용이 허위인지를 알았는지, 그리고 이를 확인하는 과정에서 과실이 있었는지를 묻지 않고 명예훼손 책임을 지게 된다. 그러나 미국 연방대법원은 표현의 자유를 보장하기 위하여 1964년 New York Times Co. v. Sullivan 판결[33]에서 공무원에 대한 명예훼손에 관한 획기적인 기준

시하고 행위를 한 경우".
30) "사인, 공무원이나 공적 인물의 공적 지위에서의 행위, 자질 또는 역할에 영향을 미치지 않는 순수한 사적인 사안에 관하여 허위의 명예훼손적 의사표시를 공표한 자는 오직 다음의 경우에만 책임이 있다. (a) 진술이 거짓이고 타인의 명예를 훼손한다는 사실을 알고 있는 경우, (b) 이러한 사실에 대하여 무모하게 무시하고 행위를 한 경우, (c) 이를 확인하지 않고 과실로 행위를 한 경우."
31) 다만 사인에 대한 명예훼손 요건은 각주마다 다르다. 위 규정은 일반적인 경우에 관한 것일 뿐이다.
32) Smolla(주 27), § 1:6, §1:7; American Law Institute, Restatement of the Law of Torts § 558 (1938). 엄격책임은 어떠한 행위로 인해 손해가 발생한 경우 행위자가 고의나 과실이 없어도 손해배상을 해야 하는 책임을 뜻한다.
33) 376 U.S. 254, 280 (1964). 2014년은 이 판결이 나온 지 50주년이 되는 해인데, 이 판결은 미국 역사상 언론의 자유를 가장 명확하고 가장 강력하게 옹호하고 있는 판결이라고 할 수 있다. The New York Times Editorial Board (March 8, 2014), "The Uninhibited Press, 50 Years Later."

을 제시하였다.

민권운동가들이 1960. 3. 29. 뉴욕타임즈에 전면광고를 게재하였는데, 이는 킹 (Martin Luther King Jr.) 목사가 앨라배마주의 수도 몽고메리에서 주도한 비폭력시위에 가담한 흑인들에 대한 테러·협박과 경찰의 가혹한 진압방법을 비난하는 내용이었다. 경찰국장인 설리반(Sullivan)이 신문사와 광고주를 상대로 명예훼손을 이유로 소를 제기하였다. 광고 내용 중에는 사실과 다른 내용이 포함되어 있었다. 앨라배마주 법원은 명예훼손을 이유로 징벌적 손해배상을 포함하여 50만 불의 손해배상을 인정하였다. 앨라배마주 대법원도 이를 지지하였다. 그러나 미국 연방대법원은 위 판결을 파기환송하였다.

이 판결은 허위사실의 공표는 자유로운 토론에서 불가피하고 언론의 자유가 생존할 수 있는 숨 쉴 공간(breathing space)을 확보하기 위해서는 허위사실의 공표도 어느 정도 보호되어야 한다고 하면서, 공무원에 대한 명예훼손 소송에서 '현실적 악의(actual malice)' 기준을 채택하였다.

뉴욕타임즈 판결에서 채택한 현실적 악의 기준은 공무원에 대한 명예훼손뿐만 아니라 공무원이 아닌 공적 인물에 대한 명예훼손에도 확대 적용되었다.[34] 미국 연방대법원은 사인이라고 하더라도 공익 또는 일반이익에 관한 표현에 대해서는 현실적 악의 기준을 적용해야 한다고 판결한 적도 있었다.[35] 이는 원고의 신분이나 지위가 아니라 표현내용이 공공의 중요한 이익에 관한 것인지에 따라 판단한다. 그러나 이러한 입장은 Gertz v. Robert Welch, Inc. 판결[36]에서 거부되었다. 피해자가 사인인 경우에는 공익성이 있는지와 상관없이 현실적 악의 기준을 적용해야 하는 것은 아니라고 하였다. 따라서 명예훼손의 피해자가 공무원 또는 공적 인물인 경우에 한하여 현실적 악의 기준이 적용되고, 사인의 경우에는 현실적 악의 기준이 적용되지 않는다고 한다. 이 판결은 '공무원과 공적 인물에 대한 명예훼손'과 '사인에 대한 명예훼손'을 이분법적으로 구분하는 태도를 확립하였다.[37] 공적 인물에 대해서도 공무원의 경우와 마찬가지로 현실적 악의 기준을 적용한 이유는

---

34) Curtis Publishing Co. v. Butts, 388 U.S. 130, 164-165 (1967).
35) Rosenbloom v. Metromedia, Inc., 403 U.S. 29 (1971).
36) 418 U.S. 323 (1974).
37) 다만 공무원과 공적 인물 대 사적 인물을 구분하는 법리는 허위 사실에 의한 명예훼손에 적용되는 것이고, 의견의 표현에 적용되는 것은 아니다. Smolla(주 27), §6:65.

언론매체에 접근하여 자신에 대한 비판을 반박할 수 있고 공적 논쟁에 뛰어들어 사회적인 영향을 미친다는 점을 들고 있다.

미국의 판례에 따르면, 원고가 공무원과 공적 인물인 경우에는 현실적 악의 기준에 따라 명예훼손 책임의 성립 여부가 결정된다. 즉, 언론을 대상으로 한 명예훼손 사건에서 승소하기 위해서, 공적 인물은 피고가 거짓이고 명예훼손적인 기사를 그것이 허위임을 알거나 그 허위성에 관하여 무모하게 무시한 채 게재하였음을 증명해야 한다.38) 무모한 무시(reckless disregard)는 보통법상의 무모함(recklessness) 또는 보통법상의 중과실(gross negligence)과 동의어가 아니고, 발행인이 "출판물의 진실성에 관하여 실제로 진지한 의심을 품고 있었다"는 증명이 있어야 한다.39) 나아가 민사소송에서 통상적으로 적용되는 증거의 우월 기준은 명예훼손 사건에서 공적 인물에는 적용되지 않는다. 공인은 설득력 있고 명백하게 현실적 악의를 증명해야 한다.40) 실제로 공인으로 판단된 사람이 명예훼손 소송에서 승소하는 것은 거의 불가능하다.41)

미국의 판례에서 공인 이론을 채택한 이유로는 수정 헌법 제 1 조에서 언론의 자유를 보장하고 있다는 점을 든다. 공인에 대한 명예훼손 책임을 넓게 인정할 경우 언론이 자기 검열을 강화하여 이른바 '냉각 효과(chilling effect)'가 발생한다고 한다. 공인의 활동을 보도하는 데 언론매체에 대한 보호를 적게 하면 공인에 관한 보도를 감소시키는 결과를 가져오고 공인에 대한 정확한 보도의 양도 줄어들게 된다. 뉴욕타임즈 판결은 최대량의 진실이 배포되는 것을 장려하기 위하여 허위 보도에 대해서도 언론의 책임을 제한한 것이다.42)

뉴욕타임즈 사건에서 문제된 것은 의견광고에 의한 명예훼손이었다. 그러나 이 광고는 정치적 비평에 속하는 내용이었기 때문에, 수정 헌법 제 1 조가 보호하는 핵심적인 사항에 해당하는 것이었다. 또한 설리번이 청구한 징벌적 손해배상을 인정하는 것은 뉴욕타임즈에 막대한 손해를 초래하는 것이었다. 그렇기 때문에 허

---

38) Curtis Publishing Co. v. Butts, 388 U.S. 130, 164-165 (1967).

39) St. Amant v. Thompson, 390 U.S. 727, 731 (1968).

40) New York Times Co. v. Sullivan, 376 U.S. 254, 285-286 (1964).

41) Hustler Magazine, Inc. v. Falwell, 485 U.S. 46 (1988)에서는 성직자인 공인을 패러디한 사건에서 고의적인 감정적 괴롭힘으로 인한 손해배상책임이 있는지 문제되었는데, 이 경우에도 현실적 악의 기준을 적용하여 언론사의 책임을 부정하고 있다. 박용상, 명예훼손법, 현암사, 2008, 188면은 우리나라에서 이 판결을 본받기는 어려울 것이라고 한다.

42) Frederick Schauer, Public Figures, 25 Wm. & Mary L. Rev. 905, 909 (1984).

위 보도에 대하여 엄격하게 책임을 추궁한다면, 설리번과 같은 공무원이 공적 행위에 대한 비평을 막기 위해 명예훼손법을 이용할 수 있다. 명예를 훼손하는 진술에 대한 모든 구제수단을 없앤다면 법이 진실의 유포를 극대화할 수 있게 될 것이다. 뉴욕타임즈 판결은 진실의 배포를 극대화하는 것을 유일한 목표로 삼지는 않았다고 할 수 있다. 언론매체가 단순한 과실이 아니라 고의적이고 의도적으로 명예를 훼손하는 경우에는 손해배상책임을 지도록 한 것이다.

(나) 공인 이론이 과도하게 적용되는 것인지 논란이 되는 경우들이 있다. 공인 이론이 적용되는 한계적인 사례를 살펴보고자 한다.

먼저 Ocala Star-Banner Co. v. Damron 판결[43]은 공무원 또는 공직 후보자에 대한 명예훼손책임이 문제되었다. 레너드 댐런(Leonard Damron)은 소도시의 시장이자 조세사정인(tax assessor) 후보였다. 형제인 제임스 댐런(James Damron)은 위증죄로 기소되었다. 신문 편집자는 착오로 위증죄로 재판을 받게 될 사람이 레너드 댐런이라고 생각하고 기사를 게재하였다. 신문사는 아무런 근거 없이 레너드 댐런에 대한 보도를 하였고 그는 조세사정인 선거에서 패배하였다. 댐런은 신문사를 상대로 한 손해배상 소송에서 승소하였으나, 이 판결은 대법원에서 파기되었다. 허위이자 명예훼손적인 위 기사가 공무원 및 공직후보자의 자격과 관련되었기 때문에, 위 기사는 명백하게 New York Times 판결의 면책특권(privilege)의 범위에 속한다. 신문사가 명백히 극도로 부주의하였지만, 현실적 악의가 없었으므로, 레너드 댐런에게는 구제수단이 주어지지 않는다.

Rood v. Finney 판결[44]은 공적 인물에 대한 명예훼손 사건에 대한 것이다. 플로이드 루드(Floyd Rood)는 특히 '하이웨이 골프(highway golf)'라는 활동을 통해 청소년을 돕는 일을 한 프로 골퍼이다. 루드는 청소년들의 약물 남용에 반대하는 전시를 하면서 전국을 여행하기 위하여 기금을 모으려고 하였다. 루드는 언론보도 자료에서 하이웨이 골프를 "(일반적인) 약물 중독 문제를 해결하는 것을 돕기" 위해 고안한 것이라고 설명하였다. 루드는 이 보도자료를 UPI 기자에게 주었는데, 그는 이 이야기를 휴스턴 신문(Houston Chronicle) 등에 전송하였다. 그러나 휴스턴 신문에서는 이 이야기를 게재하면서 루드가 "자신의 약물 중독 문제를 해결하는 것을

---

43) 401 U.S. 295 (1971).
44) 418 So. 2d 1 (La. Ct. App.), cert. denied, 420 So. 2d 979 (La. 1982), cert. denied, 103 S. Ct. 1254 (1983).

돕기 위해 창안한" 스포츠라고 보도하였다. 과실로 한 단어가 바뀌었고, 플로이드 루드는 약물중독자로 기사화되었다. 루드가 명예훼손을 이유로 소를 제기하였으나, 법원은 공인으로 판단하여 약식판결로 패소하였다. 루드가 휴스턴 신문의 과실 이외에는 어떤 것도 증명할 수 없었기 때문이다.

뉴욕타임즈 판결과는 달리 위 두 판결은 언론사의 책임을 인정하여야 한다고 생각할 수 있다. 그러나 위와 같은 허위 보도에 대해서도 언론사의 책임을 부정해야만 언론의 자유를 보장한 수정 헌법 제1조의 목적이 달성된다고 볼 수 있다.

(3) 공인과 사인의 구분

(가) 미국의 공인 이론은 원고가 공인인지 사인인지 여부, 즉 신분이나 지위에 따라 명예훼손책임의 요건을 다르게 보고 있다는 점에 특징이 있다. 즉, 공인은 언론사의 '현실적 악의'를 증명해야 하지만, 사인은 언론사의 과실을 증명하는 것으로 충분하다. 따라서 공인과 사인의 구별은 미국 명예훼손법에서 핵심적인 요소이다.

명예훼손의 피해자가 사인인 경우에는 공익성이 있는지 여부와 상관없이 현실적 악의 기준을 적용해야 하는 것은 아니다. 이러한 경우에는 연방대법원이 관여하지 않고 각 주의 명예훼손법에 따라 규율된다. 42개 주에서 사인의 경우에 과실이 있으면 명예훼손책임을 지지만, 뉴저지주 등 4개 주에서는 현실적 악의 기준을 채택하고 있고, 뉴욕주에서는 중대한 과실 기준을 채택하고 있다.[45]

공인과 사인을 구별하는 이유는 다음과 같다. 첫째, 공인은 사인보다 언론매체에 대한 접근의 기회가 많아 그 내용을 반박할 수단이 있다. 둘째, 공인은 스스로의 활동을 통해 공중의 주시와 비판의 대상이 될 위험을 어느 정도 감수하여야 할 사람들이다.

(나) 현실적 악의 기준이 적용되는 공무원은 모든 공무원을 포함하는 것이 아니고, 공무원 중에서 중요한 지위에 있는 사람을 말한다. 선거직 공무원과 고위직 공무원이 포함된다. 또한 경찰관 등 법집행을 담당하는 공무원도 포함된다. 공직후보자나 퇴직한 공무원에 대해서도 현실적 악의 기준이 적용된다.

그런데 이와 같은 공무원을 공무원이 아닌 공적 인물과 구별할 것인지 문제된

---

45) Smolla(주 27), §§3:30-3:33.

다. 그러나 미국 판례에서 이 구별은 중요하지 않다. 공적 인물에 대해서도 공무원 (public officials)에게 적용되는 기준과 동일한 기준이 적용된다. 즉, 공인으로 판단 된 사람은 공무원과 동일한 법적 취급을 받는다. 가수 마이클 잭슨이나 지휘자 레 오나드 번스타인은 명예훼손 소송에서 대통령이나 상원의원의 경우와 동일하게 취 급된다.46)

　공무원에 대한 명예훼손과 공인에 대한 명예훼손을 구분하지 않는 것에 대해 서는 비판적인 견해가 있다.47) 공인은 자발적으로 공적 영역에 뛰어들어 스스로 공적 토론의 대상이 된 것이라고 하지만, 공인으로 분류되는 모든 사람, 특히 공무 원이 아닌 공인에 대해 일률적으로 공적 영역에 뛰어들었다고 보기 어렵기 때문이 다. 이러한 견해에 따르면 공인에 대한 명예훼손에서는 공직자에 대한 명예훼손보 다 완화된 기준을 적용해야 한다고 한다. 공무원이 아닌 공인에 대한 논평이 수정 헌법 제 1 조에 의하여 보호되어야 한다고 하더라도, 공무원에 대한 논평만큼 엄격 하게 보호해야 하는 것은 아니라고 한다. 이를테면 공무원이 아닌 공인의 경우에 는 현실적 악의(actual malice) 기준을 충족하지 못한 경우에도 책임을 인정한다.48)

　공인은 일반적으로 그의 지위나 활동으로 말미암아 중요한 공적 논쟁의 중심 에 놓인 사람,49) 또는 명예훼손적 진술이 공표된 시점에 어떤 지위에 있었거나 중 요한 공적 논쟁에 자발적으로 참여하여 공적 관심의 대상이 된 사람50) 등을 뜻한 다. 그러나 공인의 개념이 명확하지 않아 개별 사안에서 공인인지 여부를 판단하 기 어려운 경우가 많다. 미국에서도 누가 공적 인물이고 누가 아닌지에 관한 쟁점 은 여전히 논란이 많다.

　(다) 공적 인물은 다시 여러 가지 종류로 구분된다.51) 그중에서 중요한 의미를 가지는 것은 전면적(무제한적) 공적 인물(unlimited/pervasive/all-purpose public figure)

---

46) Schauer(주 42), 908.
47) Curtis Publishing Co. v. Butts, 388 U.S. 130, 155 (1967)에서 Harlan 대법관의 견해; Schauer(주 42), 932.
48) Rosenbloom v. Metromedia, Inc., 403 U.S. 29 (1971).
49) Ehrlich v. Kovack, 135 F. Supp. 3d 638 (N.D. Ohio 2015); 50 Am. Jur. 2d Libel and Slander § 74.
50) Curtis Pub. Co. v. Butts, 388 U.S. 130, 154—55, 87 S.Ct. 1975, 18 L.Ed.2d 1094 (1967); Carson v. Allied News Co., 529 F.2d 206 (7th Cir. 1976).
51) 박용상(주 41), 253면은 공무원, 전면적인 공적 인물, 지역에서의 전면적인 공적 인물, 논쟁 사안의 제한적인 공적 인물, 제한적인 공적 인물, 타의에 의한 공적 인물, 사인으로 구분하여 소개하고 있다.

과 제한적 공적 인물(limited/vortex public figure)의 구분이다. 공적 인물이 위 두 유형 중 어느 것에 해당하든 현실적 악의 기준이 적용된다. 그러나 전면적 공적 인물의 경우에는 대부분 명예훼손행위에 현실적 악의 기준이 적용되지만,52) 제한적 공적 인물의 경우에는 공적 인물 지위를 발생시킨 공적 논쟁에 관한 발언에 대해서만 현실적 악의 기준이 적용된다.53)

전면적 공적 인물에 관한 기준이 명확한 것은 아니지만, 전면적 공적 인물은 사회적으로 광범위한 영향력을 갖고 모든 분야에서 공적인 인물로 취급되는 사람을 말한다. 예를 들면 대통령선거에 출마한 상원의원, 전국적인 명성을 가진 연예인이나 스포츠스타, 유명한 작가, 유명한 사회운동가나 종교지도자, 유명 변호사 등이 이에 포함된다. 공적 논쟁에 뛰어들었다고 볼 수 있는 정치인뿐만 아니라 연예인과 같이 공적 논쟁과는 무관하게 그의 명성을 이유로 전면적 공적 인물이 될 수 있는 경우도 있다. 뉴욕타임즈와 같은 주요 언론사가 원고로서 소를 제기하는 경우에 주요 언론사도 전면적 공적 인물에 속한다.54)

제한적 공적 인물은 관련 문제의 해결에 영향력을 행사하기 위하여 특별한 공적 논쟁의 전면에 자발적으로 나선 사람을 말한다.55) 제한적 공적 인물은 특정한 공적 논쟁에 자발적으로 참여함으로써 비판적인 보도와 논평의 대상이 될 수 있는 위험을 감수하였다고 볼 수 있다. 따라서 이들은 공적 논쟁과 합리적인 관련성이 있는 경우에만 공적 인물로 취급된다. 연예인이나 운동선수가 이에 속한다. 또한 끔찍한 범죄를 저지른 흉악범도 제한적 공적 인물에 속할 수 있다.56) 공적 인물의 주변인도 공적 인물로 본 사례도 있으나,57) 유명 기업가의 전처가 공적 인물이 아니라는 연방대법원 판결도 있다.58)

㈃ 공적 인물을 자발적 공적 인물과 비자발적인 공적 인물로 구분하기도 하는데, 비자발적인 공적 인물로는 공적 인물의 가족이나 범죄의 피해자 등을 들 수 있다. 자신의 비자발적 행위로 공적 인물이 될 가능성이 있지만, 비자발적 공적 인

---

52) Smolla(주 27), §3:22.
53) Smolla(주 27), §2:78.
54) 상세한 것은 Smolla(주 27), §2:82-2:92 참조.
55) Gertz v. Robert Welch, Inc., 418 U.S. 323 (1974); Time, Inc. v. Firestone 424 U.S. 448 (1976).
56) Ruebke v. Globe Communications Corp., 241 Kan. 595 (1987).
57) Carson v. Allied News Co., 529 F.2d 206 (7th Cir. 1976).
58) Time, Inc. v. Firestone, 424 U.S. 448 (1976).

물로 인정되는 경우는 거의 없다.59)

  (마) 공적 인물과 현실적 악의에 관한 판례가 표현의 자유를 보장하는 데 중대한 역할을 하였음은 분명하다. 그러나 미국의 판례에서 공적 인물의 개념이나 기준이 명확한 것은 아니다. 공적 인물인지 사적 인물인지, 전면적 공적 인물인지 제한적 공적 인물인지 판단하는 기준이 혼란스러운 것처럼 보인다. 공무원에 대한 현실적 악의 기준을 공무원이 아닌 공적 인물에 적용한 것에 대해서도 비판적인 견해가 있다. 그리하여 명예훼손책임의 성립 여부에 관한 새로운 기준을 제시하는 견해도 많지만, 미국의 판례는 쉽게 바뀌지 않을 것이라는 예측60)이 맞을 것으로 보인다.

2. 독   일

  독일에서 인격권은 '일반적 인격권(allgemeines Persönlichkeitsrecht)'과 '개별적 인격권(besonderes Persönlichkeitsrecht)'으로 구분된다. 법률에서 성명권,61) 초상권62)에 관하여 명문의 규정을 두고 있는데, 이들을 개별적 인격권이라고 한다. 이와 달리 명예나 사생활 등에 관해서는 명문의 규정이 없지만 판례에 의하여 인격권으로 보호되고 있는데, 이것이 일반적 인격권이다. 독일민법 제정 당시에는 일반적 인격권은 불법행위법의 보호대상에 포함되지 않는 것으로 해석되었다. 즉 독일 민법 제823조 제 1 항은 "고의 또는 과실로 인하여 타인의 생명, 신체, 건강, 자유, 소유권 또는 기타의 권리를 위법하게 침해한 자는 그 타인에게 이로 인하여 발생한 손해를 배상할 의무를 진다."라고 규정하고 있는데, 위 규정에서 말하는 권리는 소유권 등 절대권을 가리킨다고 보았다. 그러나 2차세계대전 이후 나치독재의 경험을 통하여 인간의 존엄과 인격의 자유를 보호할 필요성이 드러났고 1949년에 제정된 독일(당시는 서독을 가리킴) 기본법에서 인격권을 헌법상의 기본권으로 규정한 것에

---

59) Gertz v. Robert Welch, Inc., 418 U.S. 323 (1974); Wells v. Liddy, 186 F.3d 505 (4th Cir. 1999); Smolla(주 27), § 2:33.
60) 이에 관해서는 염규호, "공적 인물과 명예훼손 ─ 미국 언론법의 '현실적 악의'를 중심으로 ─," 언론중재 제20권 1호(2000. 3), 62면 이하.
61) 독일 민법 제12조.
62) 독일 조형예술 및 사진 작품에 대한 저작권에 관한 법률(이하 '예술저작권법'이라 한다) 제22조 이하.

영향을 받아 독일 연방대법원이 일반적 인격권을 독일민법 제823조 제 1 항의 '기타의 권리'로 승인하였다.63) 개인의 명예를 침해하거나 인격상(人格像)을 왜곡시키는 경우, 사적 영역(Privatsphäre) 또는 내밀영역(Intimsphäre)을 침해하는 경우가 일반적 인격권을 침해하는 대표적인 경우이다.64)

인격권을 침해한 경우에 곧바로 위법성이 있다고 추정할 수는 없다. 이는 독일 민법 제823조에서 열거하고 있는 소유권 등 절대권 침해와는 다르다. 인격권은 포괄적인 권리인데다가 그 내용이 확정되어 있지 않기 때문이다.65) 인격권 침해의 위법성은 포괄적인 이익 및 법익 형량을 통해서 결정된다. 피해자의 인격권 보호 이익과 침해자나 일반공중의 이익을 비교하여야 한다.66)

언론에 의한 인격권 침해의 경우에는 표현의 자유와 인격권의 충돌이 발생한다. 표현의 자유를 보호함으로써 얻는 이익과 인격권을 보호함으로써 얻는 이익을 형량하여 위법성을 판단한다.67) 이와 같이 이익을 형량하는 단계에서 당사자의 상황을 고려하고 있다. 이를테면 정치인과 같이 공중 앞에 나선 사람과 사인을 구별해야 한다.68) 그러나 명예훼손의 피해자가 공적 인물이라고 해서 그 성립요건이나 증명책임이 완전히 달라지는 것은 아니다. 따라서 미국의 공인 이론을 채택하고 있다고 볼 수는 없다.

3. 우리나라

우리나라에서 언론에 의한 명예훼손의 경우 위법성의 요건이 무엇인지, 공인의 경우 어떠한 특징이 있는지를 살펴보고자 한다.

---

63) 이에 관하여는 BGHZ 13, 334(독자의 편지 사건); BGHZ 26, 349(Herrenreiter 사건); Larenz/Canaris, Lehrbuch des Schuldrechts Ⅱ/2, 13. Aufl., 1994, S. 491ff. 참조.

64) 사적 영역에 무단으로 침입하거나 사생활을 동의 없이 공개하는 것으로부터 보호를 하는 것은 정보에 관한 자기결정권(Recht auf informationelle Selbstbestimmung)에 근거를 둔 것이라고 한다.

65) Larenz/Wolf, Allgemeiner Teil des Bürgerlichen Rechts, 9. Aufl., 2004, S. 127.

66) BVerfG NJW 2003, 3262; Larenz/Wolf(주 65), S. 138.

67) Larenz/Wolf(주 65), S. 140f.; Wenzel, Das Recht der Wort- und Bildberichterstattung, 4. Aufl., 1994, Rn. 6.59ff.

68) Wenzel(주 67), Rn. 6.67.

(1) 명예훼손의 위법성 판단방법

민법은 명예훼손에 관하여 간략하게 언급하고 있다. 그러나 형법에는 명예훼손죄에 관하여 상세한 규정을 두고 있다. 특히 형법 제310조는 명예훼손의 위법성 조각에 관하여 "제307조 제1항의 행위가 진실한 사실로서 오로지 공공의 이익에 관한 때에는 처벌하지 아니한다."라고 정하고 있다. 위 규정에 해당하는 경우에는 형사상 명예훼손죄로 처벌받지 않을 뿐만 아니라 민사책임도 부정된다고 보아야 한다.

그렇다면 허위 보도의 경우에는 항상 형사책임이나 민사책임을 진다고 보아야 하는지 문제된다. 대법원 1988년 판결은 허위 보도의 경우에도 명예훼손책임을 제한적으로 인정하였다. 즉, 언론기관에 의한 명예훼손으로 인한 손해배상책임이 문제된 사안에서 타인의 명예를 훼손하는 행위를 한 경우에도 그것이 공공의 이해에 관한 사항으로서 그 목적이 오로지 공공의 이익을 위한 것인 때에는 진실이라는 증명이 있거나, 진실이라는 증명이 없더라도 행위자가 그것을 진실이라고 믿을 상당한 이유가 있는 경우에는 위법성이 없다고 한다.[69]

이 법리는 편의상 '공익성'과 '진실 또는 상당성'으로 나누어 살펴볼 필요가 있다. '공익성'은 보도 내용이 객관적으로 볼 때 공공의 이익에 관한 것으로서 행위자도 공공의 이익을 위하여 그 사실을 적시한 것이라는 의미이다. 이 경우에 보도 내용이 공공의 이익에 관한 것인지는 보도의 구체적 내용, 공표가 이루어진 상대방의 범위, 표현의 방법 등 표현 자체에 관한 여러 사정을 감안함과 동시에 표현에 의하여 훼손되거나 훼손될 수 있는 명예의 침해 정도 등을 비교하여 결정하여야 한다. 보도 내용이 오로지 공익에 관한 것일 필요는 없다. 행위자의 주요한 목적이나 동기가 공공의 이익을 위한 것이라면 부수적으로 다른 사익적 동기가 내포되어 있었다고 하더라도 공공의 이익을 위한 것으로 보아야 한다.[70]

공익성이 있는 경우에는 보도 내용이 진실이 아니더라도 이른바 '상당성'이 있으면 위법성이 없다. 상당한 이유의 존부는 언론보도의 내용, 기사의 성격상 신속

---

69) 대판 1988. 10. 11, 85다카29(집 36-3 민, 1). 동지: 대판 1996. 5. 28, 94다33828(공 1996, 1973); 대판 1997. 9. 30, 97다24207(공 1997, 3279) 등 다수.

70) 대판 1996. 10. 11, 95다36329(공 1996, 3297); 대판 1998. 7. 14, 96다17257(공 1998, 2108); 대판 2002. 1. 22, 2000다37524, 37531(공 2002, 522).

한 보도가 요청되는 것인가, 정보원이 믿을 만한가, 피해자와의 대면 등 진실의 확인이 용이한가 등을 고려하여 통상적인 언론인을 기준으로 객관적으로 판단하여야 한다.71)

상당성 법리에 관해서는 이론적인 논란이 있다.72) 민법 제750조는 불법행위가 성립하려면 위법행위가 있어야 한다고 정하고 있다. 여기에서 위법행위는 매우 포괄적인 개념이다. 판례는 명예훼손의 위법성을 판단하는 기준으로 형법 제310조의 규정을 참작하여 상당성 법리를 채택한 것으로 볼 수 있다. 판례가 위법성이 배제되는 사유를 형법 제310조보다 넓게 인정한 것은 표현의 자유와 인격권의 충돌을 합리적으로 해결하기 위한 방안이었다고 볼 수 있다.

「언론중재 및 피해구제 등에 관한 법률」(이하 '언론피해구제법'이라 한다) 제 5 조 제 2 항은 "언론 등의 보도가 공공의 이익에 관한 것으로서 진실한 것이거나 진실하다고 믿는 데에 정당한 사유가 있는 경우"에는 인격권 침해에 대하여 책임을 지지 않는다고 정하고 있다. 이는 위와 같은 판례법리를 수용하여 언론보도가 책임을 지지 않는 사유를 명문화함으로써 이론적인 안정성을 확보한 것이다.

위 규정에서 정한 요건을 충족하려면 먼저 언론 등의 보도가 공공의 이익에 관한 것이어야 한다. 보도 내용에 공공의 이익과 관련 없는 사항이 포함되어 있다고 하더라도 주된 내용이 공공의 이익에 관한 것이라면 이 요건을 충족시킨다. 또한 보도가 진실한 것이거나 진실하다고 믿는 데에 정당한 사유가 있어야 한다. 종래 판례는 진실하다고 믿는 데에 상당한 이유가 있어야 한다고 하였으나, 위 규정에서는 '상당한 이유'라는 용어 대신 '정당한 사유'라는 용어를 사용하고 있다.

(2) 공인에 대한 명예훼손

(가) 공적 인물에 대한 명예훼손의 경우에 미국의 판례와 마찬가지로 언론사에게 현실적인 악의가 있는 때만 손해배상책임을 인정해야 할 것인지 논란이 있다.73) 미국의 뉴욕타임즈 판결은 미국 판례 가운데 우리나라에서 가장 많이 인용

---

71) 대판 1997. 9. 30, 97다24207(공 1997, 3279).

72) 김재형, 언론과 인격권, 박영사, 2012, 25면(이 책, 20면).

73) 이에 찬성하는 견해로는 김민중, "원고의 신분과 명예훼손법리의 적용," 언론중재 2000년 여름호(2000. 6), 32면이 있고, 이에 대하여 반대 하는 견해로는 박용상(주 41), 44면; 한위수, "공적 존재의 정치적 이념에 관한 문제제기와 명예훼손," 민사재판의 제문제 제11권, 2002, 611면이 있다. 문재완, "공인에 관한 최근 명예훼손 법리의 비교연구," 언론중재 2014년 봄호는 "공

되는 판결이다. 그러나 1997년에 대법원은 현실적 악의론을 거부하였다. 공인에 대한 명예훼손을 이유로 불법행위책임을 구하는 소송에서 위법성이 없다는 것에 대한 증명책임은 명예훼손행위를 한 언론매체에 있다고 한다.74) 그러나 점차 미국의 공인 이론을 부분적으로 수용하고 있다.

(나) 공적 인물에 대한 명예훼손에서도 개별적인 이익형량을 통하여 위법성이 있는지를 판단하고 있다. 그러나 공적 인물의 경우에는 사인(私人)의 경우와는 달리 언론의 자유를 우선시하고 있다.

헌재 1999. 6. 24, 97헌마265[75])는 형법상 명예훼손에 관한 사안에서, 공적 인물에 대한 명예훼손의 위법성을 판단할 때, 사인(私人)에 대한 명예훼손과는 다른 기준을 적용하여야 한다고 하였다.

① "당해 표현으로 인한 피해자가 공적 인물인지 아니면 사인(私人)인지, 그 표현이 공적인 관심 사안에 관한 것인지 순수한 사적인 영역에 속하는 사안인지, 피해자가 당해 명예훼손적 표현의 위험을 자초(自招)한 것인지, 그 표현이 객관적으로 국민이 알아야 할 공공성·사회성을 갖춘 사실(알 권리)로서 여론형성이나 공개토론에 기여하는 것인지 등을 종합하여 구체적인 표현내용과 방식에 따라 상반되는 두 권리를 유형적으로 형량한 비례관계를 따져 언론의 자유에 대한 한계 설정을 할 필요가 있는 것이다. 공적 인물과 사인, 공적인 관심 사안과 사적인 영역에 속하는 사안 간에는 심사기준에 차이를 두어야 하고, 더욱이 이 사건과 같은 공적 인물이 그의 공적 활동과 관련된 명예훼손적 표현은 그 제한이 더 완화되어야 하는 등 개별사례에서의 이익형량에 따라 그 결론도 달라지게 된다."

② "객관적으로 국민이 알아야 할 공공성·사회성을 갖춘 사실(알 권리)은 민주제의 토대인 여론형성이나 공개토론에 기여하므로 형사제재로 인하여 이러한 사안의 게재(揭載)를 주저하게 만들어서는 안 된다. 신속한 보도를 생명으로 하는 신문의 속성상 허위를 진실한 것으로 믿고서 한 명예훼손적 표현에 정당성을 인정할 수 있거나, 중요한 내용이 아닌 사소한 부분에 대한 허위 보도는 모두 형사제재의 위협으로부터 자유

인 이론이 누구나 알기 쉽게 유형별로 오보의 보호 범위를 정하려고 한 본래 취지 자체는 존중되어야 한다"고 한다. 전원열, 명예훼손 불법행위에 있어서 위법성 요건의 재구성, 서울대 법학박사학위논문, 2001, 195면은 미국의 공적 인물론이나 현실적 악의이론을 도입할 필요는 없지만 그 근저에 깔린 헌법정신, 즉 공공정책 결정에 관한 발언을 차등적으로 두텁게 보호하여야 한다고 하였다.

74) 대판 1997. 9. 30, 97다24207(공 1997, 3279); 대판 1998. 5. 8, 97다34563(공 1998, 1575); 대판 2004. 2. 27, 2001다53387(공 2004, 594).

75) 헌집 11-1, 768.

로워야 한다. 시간과 싸우는 신문보도에 오류(誤謬)를 수반하는 표현은 사상과 의견에
대한 아무런 제한없는 자유로운 표현을 보장하는 데 따른 불가피한 결과이고 이러한
표현도 자유토론과 진실확인에 필요한 것이므로 함께 보호되어야 하기 때문이다. 그러
나 허위라는 것을 알거나 진실이라고 믿을 수 있는 정당한 이유가 없는데도 진위(眞
僞)를 알아보지 않고 게재한 허위 보도에 대하여는 면책을 주장할 수 없다."

그 후 대판 2002. 1. 22, 2000다37524, 37531(집 50-1, 민 43)은 '일반론'이라는
제목 아래 언론에 의한 명예훼손에 관한 종래의 판결을 종합하여 전개하고 있다.
이 판결은 공인에 대한 명예훼손에 관한 기준이 되는 법리를 전개하고 있기 때문
에, 대법원 판결을 자세히 인용하고자 한다.

① "언론·출판의 자유와 명예보호 사이의 한계를 설정함에 있어서 표현된 내용이
사적(私的) 관계에 관한 것인가 공적(公的) 관계에 관한 것인가에 따라 차이가 있다는
점도 유의하여야 한다. 즉 당해 표현으로 인한 피해자가 공적인 존재인지 사적인 존재
인지, 그 표현이 공적인 관심사안에 관한 것인지 순수한 사적인 영역에 속하는 사안에
관한 것인지, 그 표현이 객관적으로 국민이 알아야 할 공공성, 사회성을 갖춘 사안에
관한 것으로 여론형성이나 공개토론에 기여하는 것인지 아닌지 등을 따져보아 공적 존
재에 대한 공적 관심사안과 사적인 영역에 속하는 사안 간에는 심사기준에 차이를 두
어야 한다. 당해 표현이 사적인 영역에 속하는 사안에 관한 것인 경우에는 언론의 자
유보다 명예의 보호라는 인격권이 우선할 수 있으나, 공공적·사회적인 의미를 가진 사
안에 관한 것인 경우에는 그 평가를 달리하여야 하고 언론의 자유에 대한 제한이 완화
되어야 한다. 그리고 피해자가 당해 명예훼손적 표현의 위험을 자초한 것인지의 여부
도 또한 고려되어야 한다(이상 헌법재판소 1999. 6. 24. 선고 97헌마265 결정 참조)."
② "당해 표현이 공적인 존재의 정치적 이념에 관한 것인 때에는 특별한 의미가 있
다. 그 공적인 존재가 가진 국가·사회적 영향력이 크면 클수록 그 존재가 가진 정치적
이념은 국가의 운명에까지 영향을 미치게 된다. 그러므로 그 존재가 가진 정치적 이념
은 더욱 철저히 공개되고 검증되어야 하며, 이에 대한 의문이나 의혹은 그 개연성이
있는 한 광범위하게 문제제기가 허용되어야 하고 공개토론을 받아야 한다. 정확한 논
증이나 공적인 판단이 내려지기 전이라 하여 그에 대한 의혹의 제기가 공적 존재의 명
예보호라는 이름으로 봉쇄되어서는 안 되고 찬반토론을 통한 경쟁과정에서 도태되도록
하는 것이 민주적이다.
그런데 사람이나 단체가 가진 정치적 이념은 흔히 위장하는 일이 많을 뿐 아니라 정
치적 이념의 성질상 그들이 어떠한 이념을 가지고 있는지를 정확히 증명해 낸다는 것

은 거의 불가능한 일이다. 그러므로 이에 대한 의혹의 제기나 주관적인 평가가 진실에 부합하는지 혹은 진실하다고 믿을 만한 상당한 이유가 있는지를 따짐에 있어서는 일반의 경우에 있어서와 같이 엄격하게 입증해 낼 것을 요구해서는 안되고, 그러한 의혹의 제기나 주관적인 평가를 내릴 수도 있는 구체적 정황의 제시로 입증의 부담을 완화해 주어야 한다. 그리고 그러한 구체적 정황을 입증하는 방법으로는 그들이 해 나온[내온] 정치적 주장과 활동 등을 입증함으로써 그들이 가진 정치적 이념을 미루어 판단하도록 할 수 있고, 그들이 해 나온 정치적 주장과 활동을 인정함에 있어서는 공인된 언론의 보도 내용이 중요한 자료가 될 수 있으며, 여기에 공지의 사실이나 법원에 현저한 사실도 활용할 수 있다."

대법원은 피해자가 공적 인물인지 아니면 사인(私人)인지, 그 표현이 공적인 관심 사안에 관한 것인지 순수한 사적인 영역에 속하는 사안인지에 따라 명예훼손책임의 인정 여부가 달라진다고 보고 있다. 특히 당해 표현이 공적인 존재의 정치적 이념에 관한 것인 때에는 명예훼손책임을 인정하는 데 더욱 엄격한 기준을 적용한다. 이에 대한 의혹의 제기나 주관적인 평가가 진실에 부합하는지 혹은 진실하다고 믿을 만한 상당한 이유가 있는지를 따질 때에는 일반의 경우와 같이 엄격하게 증명할 것을 요구해서는 안 되고, 그러한 의혹의 제기나 주관적인 평가를 할 수도 있는 구체적 정황의 제시로 증명의 부담을 완화해야 한다고 한다.

공적인 존재의 정치적 이념에 관하여 언론의 증명부담을 완화한 것은 표현의 자유를 위하여 바람직하다. 정치적 이념에 관한 논쟁이나 토론에 법원이 직접 개입하여 사법적 책임을 부과하는 것은 바람직하지 않다. 어떤 사람이 가지고 있는 정치적 이념은 사실문제이기는 하나 의견과 섞여 있는 것으로 논쟁과 평가 없이는 정치적 이념을 판단하는 것 자체가 불가능하기 때문이다.[76]

(다) 위 판결 이후 공적 인물에 대한 비판적인 보도에 관하여 위법성을 완화하는 판결들이 계속 나왔다.[77] 대판 2002. 12. 24, 2000다14613(공 2003, 425)[78]은 위 (나)항의 2002년 대법원 판결을 따르고 있는데, "이 사건 기사와 이 사건 프로그램

---

76) 김재형, "인격권에 관한 판례의 동향," 민사법학 제27호(2005. 3), 362면.
77) 대판 2002. 12. 24, 2000다14613(공 2003, 425); 대판 2003. 1. 24, 2000다37647; 대판 2003. 7. 8, 2002다64384(공 2003, 1683); 대판 2003. 7. 22, 2002다62494(공 2003, 1770); 대판 2003. 9. 2, 2002다63558(공 2003, 1936); 대판 2004. 2. 27, 2001다53387(공 2004, 594); 대판 2007. 12. 27, 2007다29379; 대판 2013. 2. 14, 2010다108579.
78) 이 판결에 대한 평석으로는 박철, "표현의 자유에 의한 명예훼손의 제한과 관용," 언론과 법 제 2 호(2003. 12), 333면 이하 참조.

에서 공방의 대상으로 된 좌와 우의 이념문제, 그 연장선상에서 자유민주주의 가치를 앞세운 이념이냐 민족을 앞세운 통일이냐의 문제는 국가의 운명과 이에 따른 국민 개개인의 존재양식을 결정하는 중차대한 쟁점이고 이 논쟁에는 필연적으로 평가적인 요소가 수반되는 특성이 있다. 그러므로 이 문제에 관한 표현의 자유는 넓게 보장되어야 하고 이에 관한 일방의 타방에 대한 공격이 타방의 기본입장을 왜곡시키는 것이 아닌 한 부분적인 오류나 다소의 과장이 있다 하더라도 이를 들어 섣불리 불법행위의 책임을 인정함으로써 이 문제에 관한 언로를 봉쇄하여서는 안 된다"고 하였다.

또한 대판 2004. 2. 27, 2001다53387(공 2004, 594)은 검사가 '한심한 검찰'이라는 제목으로 인터뷰를 보도한 방송에 대하여 명예훼손책임을 청구한 사건에 관한 것인데, 종래의 대법원 판결에서 나아가 공직자의 청렴성 등과 관련하여 새로운 위법성 요건을 추가하고 있다. 즉, "… 공공적, 사회적인 의미를 가진 사안에 관한 표현의 경우에는 언론의 자유에 대한 제한이 완화되어야 하고, 특히 공직자의 도덕성, 청렴성이나 그 업무처리가 정당하게 이루어지고 있는지 여부는 항상 국민의 감시와 비판의 대상이 되어야 한다는 점을 감안하면, 이러한 감시와 비판기능은 그것이 악의적이거나 현저히 상당성을 잃은 공격이 아닌 한 쉽게 제한되어서는 아니된다"고 하였다.[79] 공직자의 도덕성, 청렴성이나 그 업무처리와 관련해서는 "악의적이거나 현저히 상당성을 잃은 공격"에 해당하는 경우에 한하여 위법성이 인정된다고 한다.[80] 그러나 언론보도가 공직자 또는 공직 사회에 대한 감시·비판·견제라는 정당한 언론 활동의 범위를 벗어나 악의적이거나 심히 경솔한 공격으로서 현저히 상당성을 잃은 것으로 평가되는 경우에는, 비록 공직자 또는 공직 사회에 대한 감시·비판·견제의 의도에서 비롯된 것이라고 하더라도 명예훼손이 된다. 이에 해당하는지 여부는 언론보도의 내용이나 표현방식, 의혹 사항의 내용이나 공익성의 정도, 공직자 또는 공직 사회의 사회적 평가를 저하시키는 정도, 취재 과정이

---

79) 대판 2003. 7. 8, 2002다64384(공 2003, 1683); 대판 2003. 7. 22, 2002다62494(공 2003, 1770); 대판 2003. 9. 2, 2002다63558(공 2003, 1936).

80) 다만 표현행위자가 타인에 대하여 비판적인 의견을 표명하였다는 사유만으로 이를 위법하다고 볼 수는 없지만, 만일 표현행위의 형식 및 내용 등이 모욕적이고 경멸적인 인신공격에 해당하거나 혹은 타인의 신상에 관하여 다소간의 과장을 넘어서서 사실을 왜곡하는 공표행위를 함으로써 그 인격권을 침해한다면, 이는 명예훼손과는 별개 유형의 불법행위를 구성할 수 있다. 대판 2009. 4. 9, 2005다65494(공 2009, 608).

나 취재로부터 보도에 이르기까지의 사실 확인을 위한 노력의 정도, 기타 주위의 여러 사정 등을 종합하여 판단하고 있다.[81]

(라) 우리나라 판례가 미국의 공인 이론 또는 현실적 악의론을 채택한 것인지 문제된다. 판례가 공인에 대한 명예훼손 사건에서 "악의적이거나 현저히 상당성을 잃은 공격"인 경우에 불법행위책임을 인정하고 있다. 이처럼 공직자나 공적 존재에 관하여 언론의 자유를 넓게 보장하려고 하고 있다는 점, 악의적인 경우에 언론의 책임을 인정하려고 한 점은 언론의 자유를 보장하기 위하여 미국의 공인 이론 또는 현실적 악의론의 영향을 받았다고 볼 수 있다.

그러나 우리 판례가 미국의 공인 이론을 채택하고 있다고 볼 수는 없다. 첫째, 우리 판례에서 "표현된 내용이 공공적·사회적인 의미를 가진 사안에 관한 것인 경우에는 사적인 영역에 속하는 경우와는 달리 언론의 자유에 대한 제한이 완화되어야" 한다고 하고 있다. 이것은 표현된 내용이 무엇인지를 기준으로 판단하는 것으로 이른바 내용(content) 기준 접근방법이다. 미국의 공인 이론에서는 원고가 공인인지 사인인지라는 신분이나 지위를 기준으로 판단하는 지위(status) 기준 접근방법을 채택하고 있다. 둘째, 우리 판례는 특히 공적 존재의 정치적 이념, 공직자의 도덕성·청렴성이나 그 업무처리가 정당하게 이루어지고 있는지 여부에 관한 보도에서 언론의 자유를 넓게 보장하고 있다. 이것은 미국의 공인 이론이 적용되는 범위에 비하면 매우 좁다. 셋째, 미국의 공인 이론에서 말하는 '현실적 악의'는 언론사가 허위를 알았거나 허위인지를 무모하게 무시하였다는 것으로 고의 또는 미필적 고의가 있다는 의미이다. 이에 반하여 우리 판례에서 말하는 '악의적'이라는 표현은 나쁜 의도를 의미한다. 따라서 우리 판례의 '악의적'과 미국 판례의 '악의'라는 표현은 그 의미가 동일하지 않다.

4. 소   결

(1) 공인의 명예훼손에 관하여 미국의 공인 이론은 신분 기준 접근방법이라는 점에서 중요한 특징이 있다. 명예훼손의 피해자가 공인에 해당하면 피해자가 언론기관의 현실적 악의를 증명해야만 손해배상을 청구할 수 있다. 이에 비하여 우리

---

81) 대판 2007. 12. 27, 2007다29379(공 2008, 127); 대판 2001. 11. 9, 2001다52216; 대판 2003. 9. 2, 2002다63558; 대판 2006. 5. 12, 2004다35199; 대판 2013. 2. 14, 2010다108579 등 참조.

나라는 공인의 명예훼손에 관하여 내용 기준 접근방법을 채택하고 있다. 즉, 보도 내용이 공익에 관한 것인지가 중요한 의미를 갖고, 개별적인 이익형량을 통하여 언론의 책임을 판단하고 있다. 독일을 비롯하여 유럽 각국에서는 이익형량을 통하여 인격권 침해 여부를 판단하고 있다.82) 우리나라도 이익형량을 통하여 언론의 책임을 판단하고 있다. 우리나라에서 미국의 공인 이론을 채택할 경우에 현재보다 훨씬 많은 경우에 언론의 책임이 부정될 것이다.

(2) 그러나 우리나라에서 미국의 공인 이론을 그대로 받아들이기는 어렵다.

첫 번째 이유로는 헌법 차원의 차이를 들 수 있다. 미국 수정 헌법 제 1 조83)에서 표현의 자유에 대한 예외를 허용하지 않는 반면, 우리 헌법은 언론에 의한 명예훼손의 경우에 손해배상책임을 인정하는 규정을 두고 있다.84) 따라서 우리 헌법에서는 언론의 자유를 보장하고 있지만, 제한 없는 자유를 보장한 것은 아니다. 오히려 명예훼손의 경우에 피해의 배상을 청구할 수 있다는 것을 헌법상의 권리로 규정하고 있다. 이는 매우 이례적인 헌법 조항으로서 적절하지 않지만, 헌법 규정으로 존속하는 이상 이를 무시할 수 없다. 미국의 공인 이론은 표현의 자유를 제한하는 법률을 제정할 수 없다는 수정 헌법 제 1 조에 그 근거를 두고 있지만, 우리 헌법은 언론의 자유를 보장하면서 명예훼손으로 인한 피해의 배상도 헌법상의 가치로 보고 있다는 점에서 미국의 경우와는 헌법 차원에서 출발점이 다르다고 볼 수 있다.

두 번째 이유는 실체법상의 차이이다. 우리나라에서는 형법이나 언론피해구제법에서 공공의 이익에 관한 것인지에 따라 위법성이나 책임을 판단하고 있다. 공인 개념이 아니라 공공의 이익 개념을 위법성 판단의 중심으로 내세운다. 미국의 공인 이론에서는 원고가 공인인지 사인인지 여부 즉, 신분이나 지위가 중요하지만, 우리나라에서는 보도 내용이 공공의 이익에 관한 것인지가 중요하다. 이 점에서도 미국과 우리나라는 기본적인 출발점이 다르다고 할 수 있다.85) 언론피해구제법에

---

82) 미국을 제외한 대부분의 국가에서는 명예훼손의 피해자가 공인이라고 해서 그 성립요건이나 증명책임을 달리하고 있지 않다. 다만 공인의 경우에는 표현의 자유와 인격권 사이의 형량을 할 때 공인이라는 점을 중요하게 고려한다.

83) 수정 헌법 제 1 조는 "연방 의회는 국교를 정하거나 신앙의 자유를 금지하는 법률을 제정할 수 없으며 언론·출판의 자유를 제한하거나 국민들이 평화적으로 집회할 권리와 불만의 구제를 정부에 청원할 권리를 제한하는 법률을 제정할 수 없다."라고 정하고 있다.

84) 헌법 제21조 제 4 항은 "언론·출판은 타인의 명예나 권리 또는 공중도덕이나 사회윤리를 침해하여서는 아니 된다. 언론·출판이 타인의 명예나 권리를 침해한 때에는 피해자는 이에 대한 피해의 배상을 청구할 수 있다."라고 정하고 있다.

서 명시적으로 상당성 법리를 채택하는 입법적 결단을 한 상태에서 법원의 판례에
의하여 현실적 악의 기준을 채택하는 것은 바람직하지 않다. 그리고 우리나라에서
는 징벌적 손해배상을 인정하지 않고 있기 때문에, 징벌적 손해배상제도가 있는
미국에 비하여 현실적 악의 기준을 채택할 필요성이 크지 않다. 언론기관의 징벌
적 손해배상을 부정하는 대신 상당성 법리로 명예훼손의 위법성을 판단하는 것이
온당한 해결방안이라고 볼 수 있다.

　세 번째 이유는 절차법, 즉 민사소송법상의 차이이다. 우리나라에서는 미국과
달리 증거개시(discovery) 제도를 채택하고 있지 않다. 공인에 대한 명예훼손의 경우
에 피해자가 언론사의 현실적 악의를 증명할 것을 요구한다면 피해자가 승소하는
것은 거의 불가능하다.

　네 번째 이유는 역사적·문화적 차이이다. 미국은 역사적으로 언론 자유가 정
치와 사회제도를 지탱하는 중심축이었다. 영국에서는 명예의 보호를 중시한 반면
미국에서는 표현의 자유를 중시하였다고 한다.[86] 우리나라는 역사적으로 명예를
매우 중요한 가치로 보았다. 명예를 잃으면 모든 것을 잃어버리는 것처럼 생각하
는 경향이 적지 않다. 이에는 전통적인 성리학과 유교문화의 영향도 크게 작용하
였다. 명예에 관한 일반인의 관념이나 문화적 인식이 명예훼손에 관한 법적 판단
에 영향을 미칠 수 있다.

[표] 미국과 우리나라의 명예훼손에 관한 태도 비교

	미국	우리나라
접근방법	신분 기준 접근방법	내용 기준 접근방법
판단방법	피해자가 공적 인물인지 사적 인물인지에 따라 다른 판단기준	이익형량
판단기준	공적 인물 - 현실적 악의 사적 인물 -과실(원칙)	공익성과 진실 또는 상당성 기준 공적 인물의 경우 엄격한 기준 적용
구제수단	손해배상(징벌적 손해배상 인정)	손해배상(징벌적 손해배상 부정) 금지청구권 정정보도, 반론보도, 추후보도

---

85) 형법 제307조에서 사실을 적시한 경우에도 명예훼손이 된다고 규정하고 있는 점도 미국과는
　다른 점이라고 할 수 있다.
86) Smolla(주 27), §1:9.

(3) 우리나라의 판례는 표현의 자유와 인격권 사이의 형량을 하는 단계에서 미국의 공인 이론에 의하여 영향을 받고 있다. 보도 내용이 공인에 관한 것인지 사인에 관한 것인지, 공인의 지위가 무엇인지, 공적 영역이나 공적 사안에 관한 것인지는 언론의 자유와 인격권의 충돌에 관한 이익형량을 하는 데 중요한 의미가 있다.87) 대법원 판례에서 나타난 주요 유형을 살펴보면 공인의 정치적 이념, 좌와 우의 이념 문제, 공직자의 도덕성, 청렴성 또는 공직자 업무처리의 정당성 등에 대한 의혹의 제기에 관하여 언론의 책임을 대폭 완화하고 있다. 이는 언론의 자유를 보장하는 데 긍정적인 기능을 수행하고 있다. 그러나 공인에 대해서도 무차별적인 비판을 하는 것은 허용되지 않는다. 언론인으로서는 명예훼손적 허위의 사실을 보도하지 않도록 하기 위한 조치가 필요하다.

공인에 대한 명예훼손에 관하여 현실적 악의 기준을 채택할 수 없다. 이에 관해서는 실정법상 근거가 없을 뿐만 아니라 그 기준을 채택한다고 해서 공인에 대한 명예훼손이 명료하게 해결되는 것도 아니다. 그러나 명예훼손의 위법성을 판단하는 단계에서 공인에 해당하는지를 고려해야 한다. 이 경우 공인인지 여부에 따라 위법성에 관한 판단기준이 결정되는 것은 아니고 공인인지 여부와 함께 표현의 내용도 고려해야 한다. 따라서 내용 기준 접근방법에서 미국 판례와 같은 신분 기준 접근방법으로 전환할 필요는 없다. 공인이라고 해서 일률적으로 동일한 기준이 적용되는 것도 아니다. 명예훼손의 피해자가 고위 공직자인지, 어떠한 임무와 권한을 갖는지, 표현의 내용이 공익에 관한 것인지 등에 따라 위법성을 판단하는 기준이 달라질 수 있다.

Ⅳ. 공인의 사생활 침해

1. 미   국

미국에서 프라이버시권에 관한 법리가 발달하였으므로, 먼저 이에 관해서 살펴보고자 한다.

---

87) 박용상(주 41), 258면.

(1) 프라이버시 침해

(가) 프라이버시권은 1890년 미국에서 발표된 기념비적인 논문88)에서 처음으로 주장되었다. 이것은 처음에 '홀로 있을 권리(the right to be let alone)'89)를 의미하는 것이었으나, 현재는 프라이버시 침해를 4개의 유형으로 구분하고 있다. 타인의 사적 영역에 대한 부당한 침입, 타인의 성명 또는 초상의 도용, 타인의 사생활에 대한 부당한 공표, 공중에게 타인에 대한 잘못된 인상(false light)를 부당하게 심어주는 공표가 그것이다.90) 위 4개의 유형 중에서 언론보도와 관련된 것은 주로 사생활 공표와 잘못된 인상을 심어주는 공표이다.

(나) 일반적으로 사생활의 공표가 프라이버시 침해가 되기 위해서는 ① 사적 사실들의 공개가 사적 공개가 아니라 공적인 공개이어야 하고, ② 공중에 공개된 사실들이 공적 사실이 아니라 사적 사실이어야 하며, ③ 공개된 사실이 통상의 감수성을 가진 합리적인 사람에게 매우 불쾌하게 여겨지는 것이어야 한다.91) 미국 불법행위 리스테이트먼트 제2판은 제652D조에서 '사생활의 공표'에 관하여 다음과 같이 정하고 있다.

다른 사람의 사생활에 관한 사안을 공표한 자는 그의 프라이버시 침해에 대하여 다른 사람에게 책임이 있다. 다만 공표된 사실이 다음과 같은 종류의 것이어야 한다.

(a) 합리적인 사람에게 매우 불쾌하고,
(b) 공중의 정당한 관심사가 아닌 것.

일반인에 대한 보도라고 하더라도 공중의 정당한 관심사에 속하는 경우에는 프라이버시 침해가 되지 않는다. 원고에 관한 기사나 사진이 원고를 당혹스럽게

---

88) Samuel D. Warren and Louis D. Brandeis, The Right to Privacy (1890) 4 Harv. L. Rev. 193.

89) 이것은 Cooley 판사가 사용한 말이라고 한다. Prosser/Keeton, The Law of Torts, 5th ed., 1984, p. 849.

90) 이것은 Prosser, Privacy, 48 California Law Review 383 (1960)에서 제안된 것으로, 위 본문의 내용은 미국 불법행위법 리스테이트먼트 제652A조 제 2 항에 따라 번역한 것이다.

91) 위 ②의 요건에 관하여는 사적 사실과 공적 사실의 구분이 모호하다는 비판이 있다. 어떤 사실이 공개된 장소에서 발생했더라도 공개가 허용되는 것은 아니다. 그러나 위 ③의 요건에 관하여는 이견이 없다.

하거나 감정적인 괴롭힘을 주는 경우에도 보도할 가치가 있다면 공표를 할 수도 있다.[92] 이를 보도가치 원칙(newsworthiness principle)이라고 한다.

한편 공공장소에서 촬영을 하는 것은 허용된다. 이를테면 공원에서 사진을 촬영하여 공원 홍보에 사용한 사례에서 공공장소라는 점을 들어 프라이버시 침해를 부정한 판결이 있다.[93] 그러나 개인의 주택 등 사적 공간에서 촬영된 사진을 보도하는 것은 허용되지 않는다.[94]

(다) 미국에서는 대체로 타인에게 잘못된 인상을 심어주는 행위를 프라이버시 침해로 보고 있다. 이것을 명예훼손과 구별할 수 있는지 문제된다. 허위의 사실을 적시한다는 점에서는 명예훼손과 마찬가지이다. 그러나 잘못된 인상으로 인한 프라이버시 침해는 명예를 훼손할 필요가 없기 때문에, 명예훼손과는 구별된다.[95] 이 유형에 속하는 전형적인 예는 바이런이 지은 시가 아닌데도 바이런이 지은 시라고 발표한 사례이다.[96] 바이런이 형편없는 시를 썼다는 잘못된 인상을 심어주었다는 것이다.

미국 불법행위 리스테이트먼트 제2판 제652E조는 '사람에 대한 잘못된 인상을 심어주는 공표'라는 표제하에 다음과 같이 규정하고 있다.

"타인에 관한 사안에 대하여 공중에게 잘못된 인상을 심어주는 공표를 한 자는 다음과 같을 경우 프라이버시 침해에 대하여 책임이 있다.

(a) 타인에 대하여 심어준 잘못된 인상이 합리적인 사람에게 있어 심하게 불쾌하고,

(b) 행위자가 공표한 사안의 허위성과 타인에게 심어질 잘못된 인상에 대하여 알았거나 무모하게 무시하면서 행위를 한 경우"

공중에게 잘못된 인상을 심어주는 표현으로 인한 프라이버시 침해는 그것이

---

92) Cape Publication, Inc. v. Bridges, 423 So. 2d 426 (Fla. App. 1982), review denied, 431 So. 2d 988 (Fla. 1983); Howell v. New York Post, Inc., 612 N.E. 2d 699 (N.Y. 1993); Baugh v. CBS, INC., 828 F. Supp. 745 (N.D. Cal. 1993).
93) Schifano v. Greene County Greyhound Park. Inc., 624 So. 2d 178 (Ala. 1993).
94) Restatement Second of Torts 제552B조.
95) Prosser/Keeton(주 89), p. 863.
96) Lord Byron v. Johnston, 1816, 2 Mer. 29, 35 Eng. Rep. 851 (1816).

공적 관심사에 관한 것이라면 공인에 대한 명예훼손의 경우와 마찬가지로 현실적 악의 기준이 적용된다. Time, Inc. v. Hill 사건97)에서는 허구의 연극이 범죄피해자인 원고의 실제 경험을 재연한 것이라고 보도한 것이 프라이버시 침해가 되는지 문제되었다.98) 미국의 연방대법원은 언론기관이 과실로 원고에 대하여 잘못된 인상을 불러일으키는 표현을 사용하였다고 하더라도 현실적 악의가 없는 한, 프라이버시의 침해에 대한 책임을 지지 않으며, 언론기관이 진실이 아님을 알고 있었거나 그 진위를 무모하게 무시하였다는 점을 원고가 증명해야만 언론기관이 프라이버시 침해로 인한 책임을 진다고 판결하였다.99) 이 판결 이후에 나온 Gertz 판결에 의하여 이 판결의 법리가 수정되어야 하는지 논란이 있으나, 공중에게 잘못된 인상을 심어주는 경우에는 명예를 훼손하는 것은 아니기 때문에, 현실적 악의 기준이 적용된다고 볼 수 있다.100)

(2) 프라이버시의 한계: 공중의 정당한 관심사

공적 인물의 사생활이나 사진 또는 영상을 보도하는 경우에는 허위 보도의 경우와 달리 언론이 거의 책임을 지지 않는다.101) 그 근거로 공적 인물은 ① 공개를 원했거나 공개에 동의했다는 점, ② 그의 존재나 직업이 이미 공적 성격을 띤다는 점, ③ 언론은 대중에게 공익에 관한 정당한 관심사항으로 된 것을 알릴 특권을 헌법상 보장받는다는 점 등을 든다.102) 그러나 유명한 영화배우라도 친구끼리 모여 노는 것과 같은 단순한 사생활은 프라이버시에 의하여 보호된다.103)

그리고 언론이 공공의 이익에 관한 사항을 보도한 경우에는 프라이버시 침해가 되지 않는다.104) 보도가치 또는 뉴스가치가 있는 것을 보도하는 것은 국민의

---

97) 385 US 374, 17 L. ed. 2d 456, 87 S. Ct. 534 (1967).
98) 즉, 원고의 집은 1952년 3명의 탈주범에 의하여 점거되었고, 원고(Hill)와 그의 가족은 19시간 동안 인질로 붙잡혀 있었다. 1953년에 한 작가가 그 사건에 관한 소설을 펴냈는데, 몇 가지 사실은 완전한 허구였다. 그 후 소설은 연극으로 공연되었다. 1955년에 Life지는 연극의 사진과 그 기사를 실었는데, 위 연극이 원고와 그 가족의 실제 경험을 재연하는 것이라고 묘사하였다.
99) 이것은 명예훼손에 관한 뉴욕타임즈의 원칙을 적용한 것이다. 그 후 Cantrell v. Forest City Publishing Co., 419 U.S. 245, 95 S.Ct. 465 (1974)에서는 피고 측이 공중에게 원고에 대하여 오해를 불러일으킬 것이라는 것을 알면서 보도를 하였다는 이유로 피고의 책임을 인정하였다.
100) Smolla(주 27), § 10:16.
101) Prosser/Keeton(주 89), p. 862; 김재형(주 72), 132면.
102) Prosser/Keeton(주 89), p. 411.
103) Restatement (Second) of Torts § 652D (1977), Comment h.

알 권리를 충족시키는 것으로 언론의 자유에 의하여 보장되어야 하기 때문이다. 공공의 이익은 정보의 이익이라고도 하는데, 사회구성원이 어떤 사실을 아는 데 정당한 관심을 가지고 그것을 아는 것이 사회에 이익이 되는 것을 가리킨다.

미국의 판례는 영화회사가 뉴스영화의 일부분으로 원고 등 비만한 여성들이 살 빼는 기구를 이용하여 체조하는 장면을 촬영하여 영화관에서 상영한 사안에서, 이를 공공의 이익에 관한 것이라고 보았다.105)

그러나 단순히 대중의 호기심을 충족시키는 것에 불과한 것은 정당한 관심의 대상이라고 보기 어렵다. Diaz v. Oakland Tribune106) 사건에서는 대학 최초의 여성학생회장인 디아즈의 성전환 사실을 보도한 것이 허용되는지 문제되었다. 법원은 원고가 학생회장으로서 일정한 목적 하에 공적인 인물이 되지만, 성별은 뉴스 가치가 없다고 보아 프라이버시 침해를 인정하였다.

한편 Barber v. Time Inc. 사건107)에서는 원고의 성명을 밝힐 필요가 있는지 문제되었다. Barber 여사는 희귀한 병에 걸려 종합병원에 입원하여 치료받고 있었다. 병의 증상은 계속 먹어도 체중이 줄어드는 특이한 것이었다. 이 사실이 언론에 알려지자 사진기자는 그녀의 항의에도 불구하고 사진을 찍어 신문에 보도하였다. 그 후 Time지는 '의학란'에 그녀에 관한 기사를 게재하였는데, 이 기사의 표제는 '굶주린 대식가'이었고 그녀의 얼굴을 클로즈업한 사진의 아래에는 "탐욕스러운 대식가 Barber, 그녀는 열 사람 분을 먹는다"라는 문구가 쓰여 있었다. 미주리주 대법원은 프라이버시권에는 사적 사항을 공개당하지 않는 상태에서 가정이나 병원에서 의학적 치료를 받을 수 있는 권리가 포함되고, 공중에게 의학정보를 제공하기 위하여 원고의 성명을 밝힐 필요는 없다고 하여 원고승소의 판결을 하였다.

일반적으로 공개되는 공적 기록(public record)으로부터 얻은 정보는 대체로 공공의 이익에 관한 것이라고 한다. 이에 관한 미국 연방대법원은 매우 확고한 태도를 취하고 있다. 미국 연방대법원은 Cox Broadcasting Corp. v. Cohn 사건108)에서 언론기관이 소송기록에 있는 강간 피해자의 이름을 보도한 경우에도 프라이버

---

104) Warren/Brandeis(주 88), p. 214에 의하면, 프라이버시는 공공의 이익 또는 일반적 이익이 되는 사항의 공개를 금지하는 것은 아니라고 하였다.
105) Sweenek v. Pathe News, Inc., 6 F. Supp. 746 (1936).
106) 139 Cal. App. 3d 118 (1983).
107) 348 Mo. 1199 (1942).
108) 420 U.S. 469 (1975).

시 침해를 부정하였다. Florida Star v. B.J.F. 사건[109]에서는 경찰이 공중에 배포한 보도자료에서 입수한 강간 피해자의 이름을 공표한 것에 대하여 민사책임을 인정하는 것이 수정 헌법 제 1 조에 부합하는지가 문제되었다. 연방대법원은 이 경우에도 부정하였다. 문제된 정보가 형사사법절차가 개시되지도 않았고 용의자도 특정되지 않은 시점에서 경찰이 배포한 보고서에서 나온 경우에도 보도할 수 있다고 한다. 그러나 미국의 Macon Telegraph Publishing Co. v. Tatum 사건[110]에서는 침입자가 손에 칼을 들고 바지를 내린 상태에서 침대에 접근하는 순간 그를 총으로 쏘아 죽인 여자의 이름과 주소를 공표한 것은 프라이버시 침해에 해당한다고 보았다.[111] 강간 피해자의 이름을 공표하는 것은 허용되지 않지만, 공소장이나 경찰 보고서 등 공적 기록에 나와 있으면 이를 보도하는 것도 허용된다고 한다.

2. 독   일

독일에서는 인격권 침해와 관련하여 인격영역론이 전개되었고, 미국의 공인 개념에 상응하는 것이 시대사적 인물 개념이다.

(1) 인격영역론

㈎ 개   설

개인의 사생활에 침입하거나 이를 공개하는 경우에 불법행위가 성립하는데, 사생활 침해를 판단하는 것은 매우 어려운 문제이다. 이와 관련하여 독일의 인격 영역론(Sphärentheorie der Persönlichkeit)을 주목할 필요가 있다. 이것은 인격영역을 다양한 영역으로 구분하고 각각의 영역에 따라 구분하여 인격권 침해 여부를 판단한다.[112]

---

109) 491 U.S. 524 (1989).
110) 208 Ga. App. 111, 21 Media L. Rep. 1116 (1993).
111) 조지아 주에는 언론이 성범죄의 피해자의 이름을 공표하는 것을 금지하는 강간비밀보호법
    (Rape shield law)이 있는데, 원고의 소가 이 법률이 아니라 보통법상의 프라이버시 침해에 근
    거를 두었다. 그러나 법원은 프라이버시를 보호하기 위하여 위 법률이 제정되었다는 점을 고려
    하였다.
112) Larenz/Canaris(주 63), S. 503.

(나) 인격영역의 구분

독일에서 인격권에 관한 연구로 유명한 Hubmann은 인격권의 보호 범위로 개인영역(Individualsphäre), 사적 영역(Privatsphäre), 비밀영역(Geheimsphäre)을 들고 있다.[113] 그 후 인격영역을 구분하는 다양한 견해가 제시되었다. 여기에서는 인격영역을 상세하게 구분하고 있는 견해를 중심으로 살펴보고 이를 좀 더 간략하게 구분하는 견해를 살펴보고자 한다.

ㄱ) Wenzel은 인격영역을 5개의 영역으로 구분하고 있다.[114]

① 내밀영역

내밀영역[115]은 인간의 자유의 최종적이고 불가침적인 영역을 포함한다. 내밀영역에 해당하는 것으로 성적 영역에 관한 사항을 들 수 있다. 이것은 가장 좁은 인격영역으로서, 제3자의 침입으로부터 가장 강력한 보호를 받는다. 권리자가 이를 포기할 수도 있지만, 그 포기는 예외적으로 인정되어야 한다. 정치가의 경우에도 내밀영역의 보호를 받고, 특히 선거운동에서도 마찬가지이다.

② 비밀영역

비밀영역[116]은 이성적으로 평가할 경우 공공에게 노출되어서는 안 될 인간의 생활영역이다. 개인적인 편지의 내용, 비밀스러운 전화 내용, 사생활에 관한 일기 등이 이에 속한다. 비밀영역에 속하는 사항이 비밀스러운 성격을 갖는 경우에 원칙적으로 당사자의 동의가 있어야만 공개할 수 있고, 동의한 방식에 따라 공개해야 한다. 나아가 직업적, 영업적인 기록도 비밀영역으로서 보호받을 수 있다고 한다.[117] 정보에 관한 자기결정권은 원칙적으로 개인적인 생활사실을 언제, 어떤 한계 내에서 공개할지를 스스로 결정할 권능이다. 따라서 당사자의 비밀유지의사가 있어야 비밀영역으로서 보호될 수 있고, 비밀영역에 속하는 사실이 일반적으로 알려진 경우에는 인격권에 의한 보호를 받지 못한다.

---

113) Hubmann, Das Persönlichkeitsrecht, 2. Aufl., 1967, S. 269. 또한 H. Hubmann, JZ 1957, 521, 524도 참조.

114) 이하는 주로 Wenzel(주 67), Rn. 5.29ff.에 따른 것이다. 그리고 Dunz, BGB-RGRK, 12. Aufl., 1989, §823 Anh. I, Rn. 12ff.도 마찬가지 내용이다. 독일의 인격영역론은 이 책 85면에 있는 내용을 요약·보완한 것이다.

115) Wenzel(주 67), Rn. 5.39ff.

116) Wenzel(주 67), Rn. 5.33ff.

117) BGHZ 73, 120; BGH NJW 62, 32.

③ 사적 영역

사적 영역118)은 가족, 가정, 친구, 친척과 같이 친밀한 범위 내에서 이루어지는 일상생활의 영역으로, 결혼 전의 이야기, 부부간의 다툼 등이 이에 속한다. 가족 구성원이나 친구 등 가까운 사이에서는 친밀성 때문에 좀 더 솔직하게 행동할 수 있기 때문에 보호를 받아야 한다. 또한 사적인 대화가 직업과 관련된 경우에도 사적 영역에 속할 수 있다. 유명인이나 정치가도 사적 영역에 관하여 보호받는다.119)

사적 영역은 절대적인 보호를 받지 못한다. 사적 영역이 언론에 보도된 경우에는 언론, 표현의 자유와 긴장관계에 있게 된다. 이러한 경우 이익형량을 하여야 하는데, 제반 사정에 비추어 정보의 이익(Informationsinteresse)이 당사자의 개인적인 이해보다 우월한 경우에는 언론이 당사자의 동의를 받지 않고 사적 영역에 관하여 공표하더라도 적법하게 된다.120) 이를테면 시대사적 인물의 경우에는 사적 영역이나 가족의 영역에 관한 정보에 대하여 정당한 공공의 이익이 있다고 볼 수 있다. 그러나 신문의 독자에게 오락거리를 제공할 필요는 그와 같은 공격을 정당화하지 못한다.121)

---

118) Wenzel(주 67), Rn. 5.46ff.

119) BGHZ 73, 120.

120) BVerfGE 35, 202(Lebach 사건). 한편 BGHZ 27, 284는 대화상대방의 동의 없이 대화를 녹음하는 것은 통상 일반적 인격권을 침해하는 것이라고 하고, 증거를 수집하려는 목적이 있다는 것만으로 인격권의 침해를 정당화할 수 없다고 하였다.

121) OLG Hamburg NJW 1970, 1325. 이 판결에서 프러시아의 프리드리히 윌리엄 왕자의 부인인 원고의 이혼의사에 관한 신문 보도가 문제되었다. 원고는 프리드리히 윌리엄 왕자와 결혼함으로써, 결혼에서 출생한 아들과 함께 호헨졸레른 가문의 구성원이 되었다. 그러나 그렇다고 하더라도 그녀를 그 사생활을 언론이 동의 없이 보도할 수 있는 시대사적 인물이라고 볼 수는 없다. 그녀의 남편은 공공의 삶에서 맡은 역할도 없고, 예술, 과학 또는 스포츠에 관하여 일반적인 관심을 불러일으키지도 않았기 때문에, 시대사적 인물이라고 볼 수 없다. 호헨졸레른 가문의 최연장의 직계 자손이라는 사실만으로 그를 시대사적 인물이라고 볼 수 없고, 프러시아의 루이스 페르디난트 왕자가 그들 중에 포함되는지도 사실상 의문의 여지가 있다. 원칙적으로, 현재의 역사는 현재 중요하고 일반적으로 이익이 있는 사건들을 포함하는 것으로 이해되어야 한다. 호헨졸레른 가문의 구성원들은 이러한 점에 비추어 현재의 시대사적 인물에 해당하지 않는다. 왜냐하면 그들이 정치적 또는 문화적 삶에서 지위를 점하고 있지 않기 때문이다. 만약 루이스 페르디난트 왕자가 실제로 독일 국민이 그를 부를 경우에는 준비가 되어 있다고 말하였다고 하더라도 현세의 역사적 인물이 되지는 않는다. 왜냐하면 이는 개인의 주관적 태도에 관한 문제가 아니기 때문이다. 단절이 있기는 하였지만, 독일은 50년 동안 공화국이었고, 호헨졸레른 가문은 황제 빌헬름 2세의 퇴위 이래 역사적 중요성밖에 가지지 않게 되었다.

④ 사회적 영역

사회적 영역122)은 사회공동체의 구성원으로서 활동하는 개인의 생활영역으로, 직업활동이나 사회활동이 이에 속한다. 사회적 영역에 관해서도 언론이 자유롭게 보도할 수는 없고 원칙적으로 당사자에게 보도 여부에 대한 결정권이 유보되어 있다. 그러나 언론은 사회적 영역을 사적 영역의 경우보다는 훨씬 자유롭게 보도할 수 있다.

⑤ 공적 영역

공적 영역 또는 공개적 영역123)은 모든 사람이 인식할 수 있고, 경우에 따라서는 인식하여야 할 인간 생활의 영역으로, 사회정치적 영역, 국가영역이 있다. 이에 관하여 보도를 하는 것은 인격권 침해에 해당하지 않는다. 그러나 공적 영역에서 녹취한 개인의 대화나 촬영된 사진을 영리목적으로 이용하는 것까지 허용되지는 않는다.

ㄴ) 그러나 인격영역을 좀 더 단순하게 내밀영역, 사적 영역, 공공 또는 사회적 영역으로 구분하기도 한다.124) 내밀영역은 건강, 성별, 일기장에 기록한 개인적인 생각 등이 있다. 위 ㄱ)에서는 내밀영역과 비밀영역을 구분하고 있으나, 여기에서는 위 두 영역을 합친 것으로 볼 수 있다. 사적 영역은 가족, 집과 부부생활을 포함한다. 사적 영역의 공표는 이익형량을 통해서 결정된다. 사회적 또는 공공 영역에는 정치활동이나 경제활동이 포함된다.

(다) 인격영역에 대한 침해

인격영역론은 인격영역을 구분하여 인격권에 의한 보호의 정도를 다르게 본다. 이를테면 내밀영역은 절대적 보호를 받고, 사적 영역은 이익형량을 통하여 해결하며, 사회적 영역에 대해서는 사적 영역보다 자유롭게 보도할 수 있다.

독일에서 종전에 내밀영역은 절대적인 보호를 받아야 하고 그것을 침해한 경우에는 위법성을 띠게 된다고 하였다.125) 그러나 내밀영역에 대해서도 이익형량이 필요하다는 판결도 있었다.126) 독일 연방대법원은 최근에 포르노영화에 출연한 배

---

122) Wenzel(주 67), Rn. 5.54ff.
123) Wenzel(주 67), Rn. 5.60ff.
124) Löffler/Ricker, Handbuch des Presserechts, 5. Aufl., 2005, 325.
125) BGH NJW 79, 647; BGH NJW 81, 1366.
126) BGH, NJW 1988, 1984, 1985; OLG Hamburg, NJW 1967, 2314, 2316; KG Berlin Afp 2004, 371.

우에 대한 보도가 인격권을 침해하는지가 문제된 사안에서 내밀영역도 절대적으로
보호되지 않는다고 하였다.127)

비밀영역, 사적 영역 등 그 밖의 영역에 대한 침해가 문제되는 경우에는 영역
의 구분에 따라 해결할 수 없고 정보획득의 방법이 더 중요한 의미를 갖는다는 견
해가 있다.128) 내밀영역을 침해한 경우에는 결과불법이 있는 것이고, 그 밖의 영역
에서는 행위자가 어떻게 행위했는지가 결정적이기 때문에 행위불법이 문제된다고
한다. 공개적인 발언, 예컨대 공개적인 장소에서 행해진 대화, 강연 등을 은밀하게
녹음한 경우에도 정당한 사유가 없는 한 일반적 인격권 침해가 될 수 있다.129) 사
생활을 공개하는 경우에는 정보획득의 방법과 유포된 사실의 종류를 고려하여 위
법성을 판단한다.130) 타인의 사생활에 관한 정보를 적법하게 획득한 경우에도 이
를 공개하는 것이 위법하게 될 수 있다.131) Lebach 사건에서는 살인사건의 범인이
출소하기 직전에 텔레비전에서 그 사건에 관한 다큐멘터리를 방송한 것이 문제되
었는데, 독일 연방헌법재판소는 범인의 사회복귀 이익이 정보의 이익보다 우선한
다는 이유로 허용되지 않는다고 하였다.132)

공인의 경우에 사생활을 보호할 것인지는 이익형량을 통하여 위법성을 판단한
다. 그런데 이에 대한 판결들이 일관성을 갖는지는 명확하지 않다. 왕실 후손의 부
부 문제와 이혼 문제를 보도한 것이 적법하다고 한 판결이 있다.133) 반면에 독일
의 전 총리인 슈뢰더가 아내와 문제가 있고 유명 TV 저널리스트와 부적절한 관계
를 가졌다고 보도한 것을 금지한 하급심 판결도 있다.134) 이 판결에서는 사생활
보도를 정당화할 만한 공공의 이익이 없다고 보았다.

(3) 시대사적 인물 법리

(개) 독일 회화적 예술과 사진 작품에 대한 작가의 권리에 관한 법률(이하 '예술

---

127) BGH, Urteil vom 25. Oktober 2011 - VI ZR 332/09.
128) Larenz/Canaris(주 63), S. 503f.
129) Larenz/Canaris(주 63), S. 504ff.
130) Larenz/Canaris(주 63), S. 508f.
131) Hubmann(주 113), S. 302ff., S. 306ff; Soergel/Zeuner § 823 Rdn. 83; Larenz/Canaris(주
      63), S. 508f.
132) BVerfGE 35, 202.
133) BGH, NJW 1999, 2893, 2894.
134) LG Berlin, AfP 2003, 174, 176; LG Berlin, Afp 2006, 394, 395.

저작권법'이라 한다)[135) 제22조는 초상권에 관하여 정하고 있는데, 제23조에서 그 예외를 정하고 있다. 제23조 제 1 항 제 1 호는 시대사적 인물에 대해서는 피촬영자의 동의 없이도 공개될 수 있다고 정하고 있다. 그러나 피촬영자의 정당한 이익이 침해되어서는 안 된다고 한다(제23조 제 2 항). 독일의 학설과 판례는 시대사적 인물을 절대적 시대사적 인물과 상대적 시대사적 인물로 구분하고 있다. 절대적 시대사적 인물은 사생활에 속하지 않는 모든 것에 공중의 정당한 정보이익이 있는 인물로서 군주, 대통령, 유명 연예인이나 스포츠 스타 등이 포함된다. 상대적 시대사적 인물은 특정사건과 관련해서만 공중의 정당한 정보이익이 있는 인물이다.

독일 연방대법원 1965년 1월 15일 판결[136)에서는 피고가 원고의 사진 옆에 나치 친위대장에 관한 기사를 게재하여 원고가 마치 나치 친위대장으로 오인될 수 있도록 한 것이 문제되었다. 이 판결은 원고의 일반적 인격권과 초상권 침해를 인정하였다. 예술저작권법 제23조 제 1 항이 시대사적 인물에 대해 피촬영자의 동의 없이 사진을 게재할 수 있는 경우를 정하고 있지만, 시대사적 인물의 사진을 공개하는 것이 허용된다고 해서 그 옆에 있는 사람의 정당한 이익을 침해하는 사진을 게재하는 것까지 허용되지는 않기 때문이다.

(나) 모나코의 캐롤라인(Caroline) 공주가 파파라치가 찍은 사진을 보도한 독일의 언론사를 상대로 소를 제기한 일련의 판결은 사생활과 초상권에 관한 중요한 선례이다. 이를 상세히 살펴보고자 한다.

독일 연방대법원 1995년 12월 19일 판결[137)은 모나코의 캐롤라인 공주 사건에 관한 것이다. 언론사들이 캐롤라인 공주의 사진을 공표한 것이 그녀의 초상권을 침해하는 것인지 문제되었다. 사진들은 세 종류로 분류할 수 있다. (1) 캐롤라인 공주가 Saint-Rmy-de-Provence의 식당 정원에서 배우 Vincent Lindon과 함께 찍힌 사진. 이 사진에는 'Vincent와 그녀의 연애에서 가장 애정어린 사진'이라는 언급이 있었다. (2) 캐롤라인 공주가 공공장소에서 그녀의 아이들과 함께 있는

---

135) Gesetz betreffend das Urheberrecht an Werken der bildenden Künste und der Photographie (KunstUrhG).

136) BGH NJW 1965, 1374.

137) BGHZ 131, 332. 이 판결과 그 이후의 경과에 관한 소개로는 안병하, "독일 인격권 논의의 근래 동향 — 카롤리네(Caroline)와 말레네(Marlene)," 한독법학 제17권(2012), 77면 이하도 참조. Caroline은 독일어 발음으로는 카롤리네이지만, 우리나라에서는 캐롤라인으로 알려져 있어서 이 글에서는 캐롤라인이라고 표기한다.

사진. (3) 캐롤라인 공주 등이 공공장소에서 말을 타고 있는 사진, 그녀 혼자서 쇼
핑하는 사진, Lindon과 식당에서 식사하는 사진, 혼자 자전거 타는 사진, 시장에서
경호원들과 있는 사진.

위 법원은 다음과 같이 판단하고 있다.

① 독일 예술저작권법 제23조 제 1 항, 제 2 항에 의하면, 시대사적 인물의 사진들은
피촬영자의 정당한 이익이 침해되지 않는다면, 피촬영자의 동의 없이 유포되고 전시될
수 있다. 캐롤라인 공주는 절대적 시대사적 인물에 속한다.

② 절대적 시대사적 인물의 사진들을 동의 없이 사용하는 데 제한이 없는 것은 아니
다. 언론의 자유(독일 기본법 제 5 조)에 의하여 보호되는 정보에 대한 공공의 이익이
인격권(기본법 제 2 조)보다 우위에 있는지는 개별 사건에서 가치와 이익을 형량함으로
써 결정되어야 한다.

③ 사적 영역이 집 안으로 한정되는 것은 아니다. 공공장소라고 하더라도 분리된 장
소에서 촬영된 사진을 발행하는 것은 허용되지 않는다. 피고가 음식점 정원에서 촬영
된 캐롤라인 공주의 사진을 발행하는 것은 금지된다. 그러나 그 밖의 장소에서 촬영된
사진의 발행은 적법하다. 사진은 누구나 접근가능한 장소에서 촬영될 수 있다. 원고는
이러한 공공장소에 들어가서 대중의 일부가 된다. 원고는 절대적 시대사적 인물로서,
대중이 원고가 공공장소에서 무엇을 하고 어떻게 행동하는지, 그것이 시장에서 장을
보는 것이거나 카페에 있는 것이거나 운동을 하는 것이거나, 또는 그녀 자신의 삶에서
일상적인 행동이든지, 그것을 아는 데 정당한 이익을 가진다는 점을 받아들여야만
한다. 원고는 프랑스에서 그러한 것처럼[138] 독일에서 이러한 사진들의 출판이 금
지되기를 원하지만, 독일에서 그것은 불가능하다.

(다) 독일 연방헌법재판소 1999년 12월 15일 결정[139]은 위 연방대법원 판결에
대한 것이다. 이 결정은 위 (1) 식당 정원에서의 사진을 제외한 나머지 사진에 대
한 연방대법원 판결이 원고의 인격권을 침해하는지에 관하여 다음과 같이 판단하
였다.

캐롤라인 공주는 절대적 시대사적 인물이다. 캐롤라인 공주의 일반적인 인격
권이 인정된다고 해서 절대적 시대사적 인물이 사회에서 그들의 역할을 수행하는

---

138) 프랑스 민법 제 9 조는 "모든 사람은 그 사생활을 존중받을 권리가 있다."라고 정하고 있다.
 프랑스에서 이러한 사진들의 출판은 프랑스 민법 제 9 조에 따라 원칙적으로 피촬영자의 허락
 이 있을 경우에 한하여 허용된다.
139) BVerfG 101, 361.

사진에 한하여 동의 없이 공표될 수 있는 것은 아니다. 대중의 관심은 그들의 역할 수행에만 있는 것이 아니고, 그 특별한 역할과 영향 때문에, 이러한 인물들이 일반적으로 대중 앞에서 행동하는 방식에 관한 정보로 확장될 수 있다. 대중은 종종 우상이나 롤모델로 여겨지는 개인들의 사적인 행동이 공식적인 자리에서의 그들의 행동과 확실히 일치하는지 여부를 판단하는 데 정당한 관심을 가지고 있다.

캐롤라인 공주가 시장에서 보디가드를 동반하여 쇼핑을 하는 사진이나 사람이 많은 레스토랑에서 남자친구와 함께 식사하는 사진의 공표를 금지시킬 수는 없다. 일반대중으로 번잡한 공개된 장소나 다른 사람에게 노출되어 있던 장소에서 촬영된 사진의 공표는 허용된다. 캐롤라인 공주가 혼자 말을 타고 있거나 자전거를 타는 사진에 관해서도 마찬가지이다. 그러나 그녀의 아이들과 함께 있는 신청인의 사진들은 가족이나 자녀에 관한 기본법 규정과 관련하여 이익형량이 필요하다. 이러한 사진에 관하여 독일 연방대법원의 판결을 파기환송하였다.

독일 연방헌법재판소는 캐롤라인 공주가 절대적 시대사적 인물이기 때문에 비록 사적인 활동을 하고 있더라도 공공장소에서 촬영된 사진을 보도할 수 있다고 판결하였다.

(라) 이에 대해 캐롤라인 공주는 유럽인권협약(The European Convention on Human Rights)을 위반했다고 주장하면서 유럽인권법원에 제소하였다.

1998년 유럽인권협약 제 8 조 제 1 항은 "모든 사람은 그의 사생활과 가족생활, 그의 가정과 그의 서신에 대하여 존중받을 권리가 있다."라고 정하고 있고, 제10조 제 1 항 제1문에서 "모든 사람은 표현의 자유를 가진다."라고 정하고 있다. 위 두 권리가 충돌하는 경우에는 두 권리를 형량하는 것이 필요하다. 또한 위 두 권리는 상호 동등하게 가치가 있기 때문에, 절대적이지도 상하관계에 있지도 않다.[140]

유럽인권법원은 2004년 von Hannover v. Germany 판결[141]에서 다수의견은 캐롤라인 공주가 모나코 국가를 대표하여 활동하고 있지 않고, 공중은 캐롤라인 공주가 어디에 있으며 사생활에서 그녀가 어떻게 살고 있는지를 알아야 할 정당한

---

[140] Resolution 1165 (1998) of the Parliamentary Assembly of the Council of Europe on the Right to Privacy.

[141] European Court of Human Rights, 24 June 2004 (Application no. 59320/00). 이에 관한 소개로는 김수정, "사생활의 자유와 언론의 자유의 형량," 민사법학 제31호(2006. 3), 269면 이하도 참조.

이익이 없다고 하면서 유명인이 사적인 장소에서 찍힌 가족사진을 게재하는 것은 위법하다고 하였다. 유명인도 언제 어떤 상황에서 사진이 찍힐지 결정할 수 있는 자유가 있다고 보고, 분리된 공간이 아닌 곳에서도 사생활의 정당한 기대를 갖는 다고 보았다. 캐롤라인 공주는 모나코 왕가 소속이지만, 공적인 임무를 맡고 있지 않으므로, 공적 인물로 볼 수 없다고 하였다.

그 후 독일에서는 절대적 시대사적 인물의 경우에는 공공장소에서 촬영된 사진의 공개를 금지시킬 수 없다는 종전의 견해를 변경하였다. 이러한 사진이 시대사적 사건과 관련되어 공중의 정당한 정보이익이 있는 경우에만 동의 없이 공개될 수 있다고 한다.[142]

3. 우리나라

(1) 사생활 침해의 위법성[143]

(가) 사생활을 침해하거나 공개하면 프라이버시 침해가 인정된다. 이 경우에는 명예훼손과는 달리 진실인지, 진실이라고 믿었는지는 문제되지 않는다. 프라이버시 침해의 경우에는 보도 내용이 진실하거나 진실이라고 믿은 데에 상당한 이유가 있다는 것이 증명되더라도 위법성이 조각되지 않는다.[144] 언론피해구제법 제 5 조 제 2 항은 제2호에서 "언론 등의 보도가 공공의 이익에 관한 것으로서, 진실한 것이거나 진실하다고 믿는 데에 정당한 사유가 있는 경우"에는 인격권 침해에 대하여 책임을 지지 않는다고 하고 있다. 그러나 이것은 명예훼손에 관하여 발전된 것인데, 프라이버시 등 인격권 침해에 일반적으로 적용되는 요건으로 정한 것은 문제가 있다.

피해자가 동의[145]한 경우에는 사생활을 공개하더라도 프라이버시 침해를 이유로 한 불법행위책임이 발생하지 않는 것이 원칙이다. 언론피해구제법 제 5 조 제 2

---

142) BVerfG NJW 2008, 1793.

143) 김재형, "언론에 의한 명예 등 인격권 침해에 대한 구제수단과 그 절차," 인권과 정의 제399호(2009. 11), 101면 이하 참조.

144) 양창수, "정보화사회와 프라이버시의 보호," 민법연구 제1권, 박영사, 1991, 514면.

145) 독일에서는 Einwilligung, 미국에서는 consent라는 용어를 사용하고 있다. '승낙'이라는 용어를 사용할 수도 있으나, 계약의 성립 요건인 승낙과 구별하기 위하여 '동의'라는 용어를 사용하고자 한다.

항 제1호에서 인격권 침해가 "피해자의 동의를 받아 이루어진 경우"에는 책임을 지지 않는다고 정하고 있다. 피해자가 동의한 경우에는 원칙적으로 인격권 침해가 인정되지 않는다.

그렇다면 피해자의 동의가 없는 경우에는 사생활 등 프라이버시 침해가 허용되지 않는지 문제된다. 명예훼손에서 본 바와 같이 프라이버시의 경우에도 미국에서 발달한 공인 이론을 그대로 수용하는 것은 쉽지 않다. 그러나 공적 인물에 관한 보도는 공공의 이익 또는 공적 관심사에 속하는 경우가 많을 것이기 때문에, 공인에 관한 보도인지는 프라이버시 침해 여부를 판단할 때 중요한 고려요소가 된다.

대판 1998. 9. 4, 96다11327[146]은 피고 방송사가 PD수첩 프로그램에서 원고가 실리콘백을 이용한 유방 확대 수술을 받은 다음 후유증으로 고생하였다고 진술하는 장면을 방영한 사안에 관한 것인데, 언론에 의한 프라이버시 침해에 관하여 중요한 판단기준을 제시하였다. 즉, "사람은 자신의 사생활의 비밀에 관한 사항을 함부로 타인에게 공개당하지 아니할 법적 이익을 가진다고 할 것이므로, 개인의 사생활의 비밀에 관한 사항은 그것이 공공의 이해와 관련되어 공중의 정당한 관심의 대상이 되는 사항이 아닌 한, 비밀로서 보호되어야 하고, 이를 부당하게 공개하는 것은 불법행위를 구성한다."라고 판결하였다. 따라서 사생활의 비밀에 속하는 사항이 "공공의 이해와 관련되어 공중의 정당한 관심의 대상이 되는 사항"에 해당하는 경우에는 이를 공개하더라도 불법행위가 되지 않는다고 볼 수 있다. 이 사건에서 원고가 실리콘을 이용한 유방 확대 수술을 받고 부작용으로 고통을 받고 있다고 하여 공적 인물이 되었다고 볼 수는 없다. 그러나 실리콘을 이용하여 유방 확대 수술을 받는 것이 위험하다는 보도 내용은 공적 이익에 관한 것이고, 일반국민들이나 의사들에게 이에 관한 경각심을 고취하기 위하여 원고와의 인터뷰를 방송했다고 볼 수 있다. 그러한 수술을 받고 부작용으로 고생하고 있는 사례로 위 방송에서 소개된 사람이 누구인가 하는 점은 개인의 사생활의 비밀에 속한 사항이지 공중의 정당한 관심의 대상이 되는 사항이 아니다. 공공의 이익에 관한 사항을 보도하는 경우에도 개인의 사생활을 과도하게 침해하는 것까지 허용된다고 볼 수는 없다.

한편 대판 2006. 10. 13, 2004다16280(집 54-2, 민 37)은 보험회사 직원이 보험가

---

146) 공 1998, 2377.

입자를 미행하며 사진을 촬영한 사건에 대한 것이다. 대법원은 초상권 및 사생활의 비밀과 자유에 대한 침해는 그것이 공개된 장소에서 이루어졌다거나 민사소송의 증거를 수집할 목적으로 이루어졌다는 사유만으로는 정당화되지 않는다고 한다. 나아가 초상권이나 사생활의 비밀과 자유를 침해하는 행위를 둘러싸고 서로 다른 두 방향의 이익이 충돌하는 경우에는 구체적 사안에서의 사정을 종합적으로 고려한 이익형량을 통하여 위 침해행위의 최종적인 위법성이 가려진다고 하면서, 이익형량 과정에서 고려해야 할 요소를 세밀하게 제시하였다.

(나) 하급심 판결에서 정치인이나 고위직 공무원이 아닌데도 공적 인물에 해당한다고 보아 초상권 침해를 부정한 사례들이 있다. 위에서 본 이휘소 박사 사건147)과 대우그룹 회장인 김우중 평전 사건148)에서 공적 인물의 경우 자신의 사진, 성명, 가족들의 생활상이 공표되는 것을 어느 정도 수인하여야 한다고 판단하였다. 최근에도 국내 유명 재벌그룹의 경영인으로 우리 사회에 널리 알려져 있는 사람을 이른바 '공적 인물'의 지위를 취득하였다고 판결한 사례가 있다.149) 공인이나 유명인의 경우에는 언론에서 그 사진이나 영상을 공개하는 것이 넓게 허용되고 있다고 볼 수 있다.

(2) 사생활의 보호 범위

(가) 내밀영역

위에서 본 대판 1998. 9. 4, 96다11327(공 1998, 2377)은 "개인의 사생활의 비밀에 관한 사항은, 그것이 공공의 이해와 관련되어 공중의 정당한 관심의 대상이 되는 사항이 아닌 한, 비밀로서 보호되어야 하고, 이를 부당하게 공개하는 것은 불법행위를 구성한다."라고 판단하였다. 위 판결의 원심판결에서 "유방은 여성의 성적 부위의 하나로서 그 확대를 위한 성형수술은 여성의 비밀영역에 속한다고 할 것이므로 본인의 비밀보존의사가 있는 한 이를 가족, 친지, 친구 등으로부터도 비밀사항으로서 보호받아야 함이 마땅하다"고 한 부분을 주목할 필요가 있다. 이것은 독일의 인격영역론에서 말하는 비밀영역에 관한 법리를 수용한 것으로 볼 수 있기 때문이다. 그러나 대법원에서는 이에 관한 판단을 하고 있지 않다. 다만 유방 확대

---

147) 서울지판 1995. 6. 23, 94카합9230(하집 1995-1, 323).
148) 서울지판 1995. 9. 26, 85카합3438(법률신문 제2453호 13면).
149) 서울고판 2012. 3. 9, 2011나89080.

수술은 비밀영역이라기보다는 내밀영역에 가까운 것으로 볼 수 있다.

이와 같은 비밀영역이나 내밀영역에 속하는 사항은 강하게 보호된다고 보아야 한다. 공인의 경우에도 내밀영역이나 비밀영역에 있는 사항은 보호받아야 한다. 전면적 공적 인물의 경우에도 마찬가지이다.150) 이러한 영역에 속하는 사항을 공개하는 것이 적법하려면 극히 예외적으로 공개의 이익 또는 정보의 이익이 더 커야 한다.

⑷ 사적 영역

대판 2013. 6. 27, 2012다31628151)에서는 재벌그룹 부회장인 원고 A와 그 약혼녀인 원고 B에 대한 사생활 침해가 문제되었다. 피고들은 이 사건 보도에서 원고들의 동의 없이 원고들의 사생활 영역에 속하는 양가 상견례, 데이트 장면 등을 상세히 묘사하고, 원고들을 무단으로 촬영한 사진을 함께 실었다. 또한 원고 B의 동의 없이 그녀의 얼굴을 무단으로 촬영하고 그 사진을 게재하였다.

원심은 피고들이 원고들의 사생활의 비밀과 자유를 침해하였고, 또 원고 B의 초상권을 침해하였으므로, 특별한 사정이 없는 한 피고들은 공동불법행위자로서 원고들이 입은 정신적 손해를 배상할 의무가 있다고 판단하였다. 나아가 원심은 이 사건 제2, 5기사 중 원고 B의 초상과 원고 A의 세부적인 사생활 장면이 나타나는 사진을 제외한 부분의 보도는 공중의 정당한 관심의 대상이 된 원고들의 사생활 영역에 관한 사항을 상당한 방법으로 공표한 것이라고 볼 수 있으므로 비록 이로 인하여 원고들의 사생활의 비밀과 자유가 침해되더라도 그 위법성이 조각되고, 피고들이 이 사건 제1, 3, 4, 6기사를 공표하고 이 사건 제2, 5기사 중 위에서 본 사진 부분을 공표한 행위는 원고들의 사생활의 비밀과 자유, 원고 B의 초상권을 침해하는 행위로서 그 위법성이 조각되지 않는다고 판단하였다.

대법원은 피고들의 상고를 기각하고 다음과 같이 판단하였다.

"개인의 사생활과 관련된 사항의 공개가 사생활의 비밀을 침해하는 것이더라도, 사생활과 관련된 사항이 공공의 이해와 관련되어 공중의 정당한 관심의 대상이 되는 사항에 해당하고, 그 공개가 공공의 이익을 위한 것이며, 그 표현내용·방법 등이 부당한 것이 아닌 경우에는 위법성이 조각될 수 있다. 초상권이나 사생활의 비밀과 자유를 침

---

150) 박용상(주 41), 442면.
151) 이 판결의 사건명은 '사생활침해행위금지 등'이다.

해하는 행위를 둘러싸고 서로 다른 두 방향의 이익이 충돌하는 경우에는 구체적 사안에서의 사정을 종합적으로 고려한 이익형량을 통하여 침해행위의 최종적인 위법성이 가려진다. 이러한 이익형량 과정에서, 첫째 침해행위의 영역에 속하는 고려요소로는 침해행위로 달성하려는 이익의 내용 및 그 중대성, 침해행위의 필요성과 효과성, 침해행위의 보충성과 긴급성, 침해방법의 상당성 등이 있고, 둘째 피해이익의 영역에 속하는 고려요소로는 피해법익의 내용과 중대성 및 침해행위로 인하여 피해자가 입는 피해의 정도, 피해이익의 보호가치 등이 있다. 그리고 일단 권리의 보호영역을 침범함으로써 불법행위를 구성한다고 평가된 행위가 위법하지 아니하다는 점은 이를 주장하는 사람이 증명하여야 한다(대법원 2006. 10. 13. 선고 2004다16280 판결, 대법원 2009. 9. 10. 선고 2007다71 판결 등 참조).”

이 판결은 초상권 침해에 관한 2006년 판례 법리를 사생활 침해에도 그대로 적용하고 있는데, 사생활 침해의 위법성 판단기준을 제시하고 있다. 먼저 ① 사생활과 관련된 사항이 공공의 이해와 관련되어 공중의 정당한 관심의 대상이 되는 사항에 해당하고, ② 그 공개가 공공의 이익을 위한 것이며, ③ 그 표현내용·방법 등이 부당한 것이 아닌 경우에 위법성이 조각될 수 있다고 한다. 사생활 공개의 위법성이 조각되려면 위 세 요건을 충족해야 한다.

A 부회장은 공적 인물이라고 할 수 있지만, 사생활 영역에 속하는 양가 상견례, 데이트 장면 등을 상세히 묘사하고 원고들을 무단으로 촬영한 사진을 싣는 것은 사생활 침해에 해당한다고 보았다. 또한 A 부회장의 약혼녀의 동의 없이 그녀의 얼굴을 무단으로 촬영하고 그 사진을 게재한 것은 초상권 침해에 해당한다고 보았다. 유명인의 약혼녀의 초상과 유명인의 세부적인 사생활 장면이 나타나는 사진을 게재한 것은 초상권 침해에 해당하지만, 그 이외의 보도는 공중의 정당한 관심의 대상이 된 원고들의 사생활 영역에 관한 사항을 상당한 방법으로 공표한 것이라고 보아 사생활 침해의 위법성이 조각된다고 보고 있다.

서울중앙지판 2005. 7. 6, 2004가합82527은 원고 왕지현(예명: 전지현)은 일반인들에게 널리 알려진 유명 연예인으로서 상당한 인기를 누리고 있는 ‘스타’로 이른바 ‘공적 인물’이라고 할 수 있을 것이므로, 원고 왕지현의 사생활에 관한 사항에 해당하는 것이라도 공중의 정당한 관심의 대상인 경우도 있을 수 있을 것인데, 이 사건 기사의 경우 미혼의 유명 여자연예인인 원고 왕지현의 결혼 예정 사실 등을 보도하고 있어 그 내용이 일반인들로서 관심을 가질 만한 것이라고 판결하였다.

유명 연예인의 사생활에 관한 사항을 공중의 정당한 관심의 대상으로 보고 있는
점은 주목할 만하다.

집이나 호텔방과 같이 개인을 위하여 차단된 공간에서 이루어지는 생활은 사
생활로서 보호를 받는다. 공공장소에서는 사생활 보호가 약화될 수 있다. 가공개된
장소에서도 사생활의 비밀이나 초상권이 보호받을 수 있다.[152] 따라서 공개된 장
소인지 여부는 사생활 보호의 결정적인 기준이 되는 것은 아니다.

공적 인물의 경우에도 양가 상견례나 데이트 장면은 사생활로서 보호를 받는
다. 그러나 사생활에 속하는 사항이라고 하더라도 공중의 정당한 관심의 대상이
되는 사항에 해당하는 경우에는 그 공개가 위법하지 않다.

공적 인물의 가족이나 연인은 공적 인물은 아니다. 따라서 이들의 사생활은
보호를 받아야 한다. 그러나 공중의 정당한 관심의 대상이 되는 범위에서는 사생
활의 공개가 허용된다. 위 대법원 판결은 공적 인물의 약혼녀에 대해서는 동의 없
이 사진을 촬영하여 공개할 경우 사생활 침해와 초상권 침해로서 위법하다고 보고
있다. 이러한 부분은 공중의 정당한 관심사에 속하지 않는다고 보아야 한다.

(다) 공적 영역

대판(전) 2011. 9. 2, 2008다42430[153]은 언론보도에 관한 것은 아니지만, 사적
영역과 공적 영역의 구분에 관하여 시사하는 점이 있다. 변호사에 관한 정보를 제
공하는 업체인 피고가 원고 변호사들의 신상정보, 인맥지수, 승소율을 제공한 것이
인격권을 침해하는 것인지 문제되었다. 대법원은 이 사건 사건정보, 승소율이나 전
문성 지수 등에 대하여 원고들의 인격권을 침해하는 위법한 행위에 해당하지 않는
다고 판단하였다. 변호사를 '공적인 존재'로 파악하고, 이 사건 사건 정보를 공적
정보로 보고 있다.

"변호사는 공공성을 지닌 법률 전문직으로서 기본적 인권을 옹호하고 사회정의를 실
현함을 사명으로 하는 공적인 존재에 해당하므로(변호사법 제 1 조, 제 2 조), 그 직무수
행은 국민들의 광범위한 감시와 비판의 대상이 된다. 또한 이 사건 사건정보는 변호사
개인의 사적이고 내밀한 영역보다는 변호사의 직무수행의 영역에서 형성된 공적 정보
로서의 성격을 강하게 지니고 있고, 그러한 공적 정보로서의 성격은 이 사건 사건

---

152) 대판 2006. 10. 13, 2004다16280(집 54-2, 민 37).
153) 공 2011, 1997.

정보가 피고에 의하여 변호사별로 재가공되더라도 변함이 없다."[154]

원고들은 변호사로서 적어도 변호사업무와 관련해서는 공적인 존재에 해당한다. 모든 변호사를 유명한 사람인지 여부와 무관하게 일률적으로 공적인 인물로 보고 그의 개인정보를 공개하는 것이 허용된다고 볼 수는 없다. 그렇다고 해서 변호사의 업무와 관련된 부분까지 무조건 사적인 영역에 속하는 것으로 볼 수도 없다. 우리나라에서는 변호사법의 규정, 변호사의 사회적 위치 등을 고려해 볼 때 변호사업무와 관련된 한도에서 변호사를 공적인 존재로 볼 수 있다. 그러나 변호사는 변호사의 업무와 무관한 영역에서는 공적 존재에 해당하지는 않는다. 따라서 변호사도 사생활에 관한 부분은 일반인과 마찬가지로 보호받아야 한다.

(라) 실명보도와 얼굴사진의 보도

언론에서 범죄사실을 보도하면서 실명으로 보도하는 것이 허용되는지, 익명이나 가명으로 보도해야 하는지 문제되는 경우가 있다. 대판 2009. 9. 10, 2007다71(공 2009, 1615)에서는 언론기관이 범죄사실을 보도하면서 피의자의 실명을 공개하는 것[155] 이 허용되는 기준을 제시하고 있는데, 피의자의 실명공개가 허용되는 경우

---

154) 그러나 인맥지수 서비스에 관해서는 다수의견과 반대의견이 대립하였다. 다수의견은 원고들의 청구를 받아들여야 한다고 하면서 "위와 같이 산출된 인맥지수는 법조인 간의 친밀도라는 사적이고 인격적인 정보를 내용으로 하는 전혀 별개의 새로운 가치를 갖는 정보"이고, "이러한 인맥지수에 의하여 표현되는 법조인 간의 친밀도는 변호사인 원고들의 공적 업무에 대한 평가적 요소와는 무관한 사적인 영역에 속하는 정보"라고 파악한다. 이에 대하여 반대의견은 "이 사건 개인신상정보는 이미 불특정 다수인에게 공개되어 있는 정보일 뿐만 아니라, 원고들의 사적이고 내밀한 영역에 대한 것이 아니라 원고들이 변호사로서 영위하는 공적 활동에 관련된 것으로 일반 법률수요자가 변호사를 선택하기 위하여 최소한도로 제공받아야 할 개인적 및 직업적 정보"라고 하고, 이러한 정보를 기초로 산출된 정보도 피고의 표현의 자유와의 이익형량 관계에서 상대적으로 그 보호가치가 높지 않다고 한다.
155) "언론기관이 범죄사실을 보도하면서 피의자를 가명(假名)이나 두문자(頭文字) 내지 이니셜 등으로 특정하는 경우에는 그 보도 대상자의 주변 사람들만이 제한적 범위에서 피의자의 범죄사실을 알게 될 것이지만, 피의자의 실명을 공개하여 범죄사실을 보도하는 경우에는 피의자의 범죄사실을 알게 되는 사람들의 범위가 훨씬 확대되고 피의자를 더 쉽게 기억하게 되어 그에 따라 피의자에 대한 법익침해의 정도 역시 훨씬 커질 것이므로, 범죄사실의 보도와 함께 피의자의 실명을 공개하기 위해서는 피의자의 실명을 보도함으로써 얻어지는 공공의 정보에 대한 이익과 피의자의 명예나 사생활의 비밀이 유지됨으로써 얻어지는 이익을 비교형량한 후 전자의 이익이 후자의 이익보다 더 우월하다고 인정되어야 할 것이다. 또한 전자의 이익이 더 우월하다고 판단되더라도 그 보도의 내용이 진실과 다를 경우 실명이 보도된 피의자에 대한 법익침해의 정도는 그렇지 아니한 경우보다 더욱 커지므로, 언론기관이 피의자의 실명을 공개하여 범죄사실을 보도할 경우에는 그 보도 내용이 진실인지 여부를 확인할 주의의무는 더 높아진다고 할 것이다."

를 예시하고 있다. ① 사회적으로 고도의 해악성을 가진 중대한 범죄에 관한 것이거나 사안의 중대성이 그보다 다소 떨어지더라도 정치·사회·경제·문화적 측면에서 비범성을 갖고 있어 공공에게 중요성을 가지거나 공공의 이익과 연관성을 갖는 경우 또는 ② 피의자가 갖는 공적 인물로서의 특성과 그 업무 또는 활동과의 연관성 때문에 일반 범죄로서의 평범한 수준을 넘어서서 공공에 중요성을 갖게 되는 등 시사성이 인정되는 경우 등은 실명보도가 허용된다고 한다.

그리고 범죄사실을 보도하면서 사진을 게재하는 것이 문제되는 경우가 많다. 헌재 2014. 3. 27, 2012헌마652[156])는 사법경찰관이 기자들에게 피의자가 경찰서 내에서 수갑을 차고 얼굴을 드러낸 상태에서 조사받는 모습을 촬영할 수 있도록 허용한 것이 위헌인지 문제된 사건에 대한 것이었다. "원칙적으로 '범죄사실' 자체가 아닌 그 범죄를 저지른 자가 누구인지, 즉 '피의자' 개인에 관한 부분은 일반 국민에게 널리 알려야 할 공공성을 지닌다고 할 수 없다."라고 선언하고, 다만 이에 대한 예외의 하나로 "피의자가 공인으로서 국민의 알권리의 대상이 되는 경우"를 들고 있다. "특히 피의자를 특정하는 결과를 낳게 되는 수사관서 내에서 수사 장면의 촬영은 보도과정에서 사건의 사실감과 구체성을 추구하고, 범죄정보를 좀 더 실감나게 제공하려는 목적 외에는 어떠한 공익도 인정하기 어렵다."라고 하였다.[157]

언론에서 피의사실을 보도하는 경우에도 위 결정 내용을 적용해볼 수 있다. 피의자가 공인으로서 국민의 알 권리의 대상이 되는 경우에는 피의사실을 보도하면서 피의자의 얼굴을 공개할 수 있다. 피의자가 사인인 경우에는 원칙적으로 피의자의 얼굴을 공개하는 것은 허용되지 않는다. 다만 예외적으로 위 2009년 대법원 판결에서 판단하였듯이 실명보도가 허용되는 경우에는 얼굴을 공개하는 것도 가능하다.[158]

---

156) 공 210, 654.

157) 이 결정은 나아가 "피의자의 얼굴은 개인의 인격주체성을 결정짓는 가장 기본적인 정보로서 공개 시 어떠한 개인정보보다 각인 효과가 크고, 현대 정보화 사회에서 신문이나 방송에 한 번 공개된 정보는 즉각 언제나 인터넷을 통해 다시 볼 수 있다는 점에서 그 파급효가 예전보다 훨씬 강력하다. 이후 피의자가 재판을 통해 무죄의 확정판결을 받는다 하더라도 방송에 공개됨으로써 찍힌 낙인 효과를 지우는 것은 거의 불가능하다. 가사 촬영허용행위에 대한 목적의 정당성이 인정된다고 하더라도, 수사기관으로서는 피의자의 얼굴 공개가 가져올 피해의 심각성을 고려하여 모자, 마스크 등으로 피의자의 얼굴을 가리는 등 피의자의 신원이 노출되지 않도록 침해를 최소화하기 위한 조치를 취하여야 한다."라고 하였다.

4. 소 결

사적 사항과 공적 사항을 구별하는 것은 매우 곤란한 문제인데, 독일의 인격
영역론은 인격의 영역을 구분하고 이에 따라 인격권에 의한 보호정도가 달라진다
는 것을 유형화함으로써 중요한 시사점을 주고 있다. 그러나 독일에서도 인격영역
론에 따라 사생활침해를 결정할 수는 없다는 비판이 있음을 주목할 필요가 있다.
결국 사생활침해의 위법성을 판단할 때 인격영역의 어떤 부분이 침해되었는지, 침
해의 방법이 위법한지 여부 등을 상관적으로 고려하여야 한다.

공인이나 유명인의 경우에도 사적인 모습, 특히 성관계 등 내밀한 영역을 보
도하는 것은 허용되지 않는다. 이와 같은 내용을 보도할 만한 공익을 상정하기가
쉽지 않기 때문이다.[159]

일반적인 부부생활이나 가족사에 관한 내용은 사적 영역에 속하는 것으로 이
익형량을 통해 그 위법성을 판단하여야 한다. 공인의 경우에도 사적 영역은 보호
받아야 하지만, 이를 공개할 이익이 우월한 경우에는 보도의 대상이 된다고 보아
야 한다. 그리고 공인으로서 그의 활동과 관련된 사항을 보도하는 것은 공중의 정
당한 관심사에 해당하는 것으로서 허용된다.

한편 공인이나 유명인의 가족이나 연인의 경우에는 원칙적으로 공인에 해당한
다고 볼 수 없다. 최근 피겨스케이트 선수였던 김연아의 남자친구가 공인인지 문
제되었다. 김연아는 공인에 해당한다고 볼 수 있다. 그러나 김연아가 사귀는 남자
친구가 공인이라고 볼 수는 없다. 다만 김연아의 남자친구가 국가대표선수로서 물
의를 일으킨 것을 보도하는 것은 공중의 정당한 관심사에 속하는 것이기 때문에
허용된다고 볼 수 있다.

---

158) 「특정강력범죄의 처벌에 관한 특례법」 제8조의2, 「성폭력범죄의 처벌 등에 관한 특례법」 제25
조는 검사나 사법경찰관이 피의자의 얼굴 등을 공개할 수 있는 요건과 절차를 정하고 있는데,
이러한 규정에 따라 피의자의 얼굴 등이 공개된 경우에는 언론에서도 피의자의 얼굴 등을 공개
할 수 있다.
159) 김재형(주 26), 33면.

V. 결   론

공인에 관한 보도에서 언론의 자유와 인격권의 충돌을 어떻게 조정할 것인지
는 매우 어려운 문제이다. 언론에 의한 인격권 침해의 위법성은 이익형량의 방법
으로 판단하여야 한다. 그런데 공인에 관한 보도의 경우에는 사인에 관한 보도의
경우와는 달리 위법성 판단의 기준을 좀 더 엄격하게 정해야 한다. 공인에 대한
비판과 감시는 언론의 기본적 임무이다. 따라서 공인에 대한 보도의 경우에는 사
인과 달리 언론의 자유를 넓게 보장하여야 한다.

미국의 공인 이론은 특히 언론의 입장에서는 매력적인 것처럼 보인다. 미국의
공인 이론은 미국의 헌법과 판례법을 기초로 형성된 것으로, 우리나라에서 그대로
수용할 수는 없다. 언론에 의한 인격권 침해로 인한 책임을 판단할 때 미국에서는
공인 기준이 중심에 있는 반면 우리나라에서는 공익성 기준이 중심에 있다. 그 결
과 미국의 공인 이론은 공익성 개념을 매개로 수용되고 있다고 볼 수 있다. 미국
과는 헌법과 법률이 다를 뿐만 아니라 명예 등 인격권이나 언론에 관한 일반 관념
이 다르기 때문이다. 그러나 미국의 공인 이론의 영향으로 우리 판례에서도 공인
에 대한 언론보도를 점차 넓게 인정하고 있다. 공인에 대한 언론보도가 허용되는
유형이나 범위를 좀 더 명확하게 정하는 데 미국의 공인 이론은 우리나라에서도
도움이 될 수 있다. 공인과 사인을 구분하고 공인의 범주를 유형화하는 것은 언론
에 의한 인격권 침해의 위법성을 판단하는 단계에서 중요한 고려요소가 된다고 할
수 있다.

공인보도에서 공인의 개념이나 범주를 어떻게 설정할 것인지는 핵심적인 문제
이다. 공인의 범주를 고위 공직자나 유력 정치인에 한정할 수 있는 단계는 지났다.
언론에 의한 인격권 침해 여부를 판단하는 경우에는 사회에서 막대한 영향력을 행
사하는 스포츠 스타나 유명 연예인 등도 공적 인물의 범주에 포함시켜야 한다. 이
것이 일상적인 언어관행과 다를 수 있기 때문에, 공인이라는 용어 대신 유명인 등
다른 용어를 사용할 것인지는 또 다른 문제이다.

공인의 범주가 넓어짐에 따라 다종다양한 공인이 있을 수 있다. 공인의 유형
을 세분하여 그 지위나 역할에 따라 차별적으로 취급하여야 한다. 미국에서 발달

한 전면적 공적 인물과 제한적 공적 인물 등의 구분은 유용한 도구로 사용될 수 있다. 그렇다고 해서 공인의 범주를 정하는 것을 문제의 종착점으로 보아야 하는 것은 아니다. 독일에서는 시대사적 인물에 관해서 특별한 취급을 하고 있는데도 그러한 인물의 사생활이 보호될 수 있다고 하고 있다.160) 공인의 경우에도 사생활을 무분별하게 공개하는 것은 허용되지 않는다. 공인의 경우에도 내밀영역은 보장되어야 한다. 그리고 공인의 가족이나 연인 등 주변 인물은 그러한 사실만으로 공인에 포함되지는 않는다. 다만 공인의 가족 등이 공적 논쟁에 뛰어들었거나 공중의 정당한 관심사에 속하는 경우에는 공인의 가족 등의 사생활을 보도하는 것이 허용된다고 보아야 한다.

[언론중재 제133호(2014년 겨울호), 62-101면]

〈토   론〉

2014년 10월 17일 언론중재위원회 2014년도 정기세미나에서 이 논문을 발표한 다음 '종합토론'이 이어졌는데, 그중 필자가 발언한 부분은 다음과 같다(이 책에 수록하면서 사소한 표현을 바꾼 부분이 있다).161)

(1) 공인 개념의 모호성

공인에 관한 정의는 여전히 어려운 문제입니다. 미국의 이론에 관해서도 논란이 많고 미국뿐만 아니라 독일, 프랑스, 유럽인권법원에서도 그 표현이나 내용이 같지 않습니다. 캐롤라인 공주 사건을 예로 들면, 독일 법원은 시대사적 인물이라 해서 사생활에 관한 보도를 넓게 허용했습니다. 하지만 유럽인권법원에서는 그렇

---

160) 비교법적 연구는 우리 현실에 맞는 판단기준을 정립하는 데 도움이 되지만, 외국의 어느 한 쪽의 이론에 숙고 없이 경도되는 것은 바람직하지 못하다.

161) 토론 내용 전체는 언론중재위원회 2014년도 정기세미나 종합자료집(2014. 10), 89-99면에 수록되어 있는데, 필자 이외에도 박용상 언론중재위원회 위원장, 조정진 세계일보 논설위원, 장진훈 서울 제2중재부 중재부장, 정철운 미디어오늘 기자, 유제민 서울남부지방법원 판사, 김상우 JTBC 보도부국장, 임동수 MBN 사회2부 부장, 유의선 서울 제1중재부 중재위원의 발언이 소개되어 있다.

지 않다고 판단했습니다. 이는 보도 범위 등에 관한 판단을 할 때 공인 개념에 관한 판단이 나라마다 다름에 기인합니다. 프랑스의 경우 미테랑 전 대통령의 부인에 관한 보도에서 사생활을 엄격히 보호한 바 있습니다. 다른 예로, 미국 거츠 판결에서 인권 변호사를 공인이 아닌 사인으로 취급했습니다만, 우리나라에서는 변호사를 공적 존재라고 본 사례도 있습니다. 이 점에 한정하면 우리나라가 공인에 관한 범주를 미국보다 넓게 인정했다고 생각할 수도 있습니다만, 모든 경우에 그와 같이 볼 수는 없습니다. 결국 공인을 명확히 하나의 개념으로 정의하는 것은 쉽지 않습니다. 차라리 공인의 유형을 설정하여 그에 따라 차별적으로 접근하는 방법이 현실적인 대안이라고 생각합니다.

(2) 공인 사생활 보도의 허용 범위 설정을 위한 제안

공인의 사생활 공개를 허용하는 범위 또한 문제입니다. 발제문에서 언급하였지만, 사생활을 내밀영역과 사적영역으로 구분하는 것이 유익한 방법이라고 생각합니다. 우선 내밀영역에 해당하는 것은 공인이라도 동의 없이는 보도가 불가능하며 동의를 하더라도 신중하게 접근해야 한다고 생각합니다. 사적 영역에 관해서는 동의하면 보도할 수 있고 공인일 경우 동의가 없어도 보도가 허용될 수도 있다고 생각합니다. 공적 인물의 경우에는 직무에 관한 것이 아닌 한 사적 영역에 대한 보도는 안 된다고 생각하는데, 판단하기 어려운 부분들이 많으므로 세밀히 접근해야 합니다. 성관계에 관한 보도는 엄격히 보호받아야 할 사생활이기 때문에 유명인이라도 허용되지 않는다고 할 수 있습니다. 그리고 아이에 관한 보도는 엄격하게 제한되고, 직무와 관련이 있더라도 아이의 신원이 드러나지 않도록 해야 합니다. 예를 들면, 아이의 실명이나 학교 등을 명시하지 않도록 해야 합니다. 보도로 인한 언론의 책임 여부는 법적으로 해결해야 할 것입니다. 그러나 해당 기사가 좋은 보도인지 여부는 법적 책임 유무와는 별개의 문제입니다. 개인적으로는 인격권 침해가 없는 보도가 언론의 가치를 높이는 것 아닌가 생각합니다.

(3) 공인에 대한 제안에 대한 답변

공인의 범주와 관련한 제안162)은 일반적 관념에 맞을 수도 있다고 생각합니

---

162) 종합토론 당시 조정진 세계일보 논설위원은 "공인의 범주와 관련하여 국민의 세금을 급여로

다. 공인은 국록을 받는 사람이거나 '공무원'에서 말하는 공(公)과 똑같은 표현을 사용하기 때문입니다. 다만 그와 같이 분류한다면 유명인의 문제는 여전히 남습니다. 유명인을 따로 분류해서 공인과 유사하게 취급하거나 공인과 똑같이 취급할지를 정해야 하는 문제가 생길 것 같습니다.

(4) 공인의 자녀나 주변 인물에 관해서는 공인 여부보다 공적 관심사인지 여부가 더 중요

(가) 이번과 같은 세미나 자리에서 일반적인 문제에 대한 의견이 아니라 개별적·구체적 사안에 대해 답변을 하는 것은 부적절하다고 생각합니다. 따라서 일반론임을 전제로 하고 말씀을 드리겠습니다. 공인의 자녀와 관련해서는 아무리 논란의 중심에 있다고 하더라도 여전히 공인으로 볼 수는 없다고 생각합니다. 대신, 공적 관심사 해당 여부나 공익성을 고려해 해결해야 할 것입니다. 공인으로 해결하는 것과 공익성을 기준으로 해결하는 것 사이에 큰 차이가 없을 수 있습니다. 예를 들어, 자녀를 공인으로 보더라도 그 신원을 노출시키지 말아야 한다고 생각할 수도 있고 또 공익성을 기준으로 판단하더라도 책임을 면한다고 생각할 수도 있습니다. 그런데도 공인으로 분류해서 일도양단적으로 해결하는 것보다 공익성이나 공중의 정당한 관심사에 의해 판단하도록 하는 것이 어떨까 생각합니다.

(나) 공인의 주변 인물은 원칙적으로 공인이라고 볼 수는 없을 것 같습니다. 모든 사람이 개별적으로 인격을 갖기 때문에 공인의 자녀라고 하여 당연히 공인이 되는 것은 아닙니다.

(5) 초상권 관련 묵시적 동의 판단의 어려움

묵시적 동의 문제는 판단이 매우 어렵습니다. 독일의 판결을 소개하면, 어떤 배우가 공항에서 찍힌 사진이 신문에 보도되었습니다. 그런데 노출이 심한 장면이어서 배우가 소를 제기했습니다. 이에 대해 독일 법원은 묵시적 동의가 있다고 판결했습니다. 기자가 사진을 찍으려는 것을 보고 배우가 살짝 웃는 표정을 지었기 때문에 동의가 있었다고 본 것입니다. 이 사안에서 중요한 점은 배우가 기자를 보고 웃었다는 점입니다. 그저 기자들 곁을 지나갔다는 사실만으로는 묵시적 동의로

받는 사람만을 공인으로 보면 어떨까 생각한다."는 의견을 제시하였다.

보기 어려울 것 같습니다. 실제 사건에서는 다양한 상황들이 있을 수 있는데 각각
의 사안에서 구체적 정황을 고려해 판단해야 합니다.

　　[후기] (1) 이 논문을 발표한 이후 공인의 정치적 이념에 대한 비판이나 문제
제기에 대해 명예훼손으로 인한 불법행위책임을 지는지에 관한 대판(전) 2018. 10.
30, 2014다61654(공 2108, 2347)가 나왔다. 이 판결은 언론에 의한 인격권 침해에
관한 유일한 대법원 전원합의체 판결로서 이 분야에서 가장 주목해야 할 판결로서
다수의견과 반대의견이 대립하였다. 필자는 이 판결의 주심대법관으로서 다수의견
을 집필하였는데, 그 요지는 다음과 같다.

　　㈎ 명예훼손과 모욕적 표현은 구분해서 다루어야 하고 그 책임의 인정 여부도
달리함으로써 정치적 논쟁이나 의견 표명과 관련하여 표현의 자유를 넓게 보장할
필요가 있다.

　　표현행위로 인한 명예훼손책임이 인정되려면 사실을 적시함으로써 명예가 훼
손되었다는 점이 인정되어야 한다. 명예는 객관적인 사회적 평판을 뜻한다. 누군가
를 단순히 '종북'이나 '주사파'라고 하는 등 부정적인 표현으로 지칭했다고 해서 명
예훼손이라고 단정할 수 없고, 그러한 표현행위로 말미암아 객관적으로 평판이나
명성이 손상되었다는 점까지 증명되어야 명예훼손책임이 인정된다.

　　표현행위가 명예훼손에 해당하는지를 판단할 때에는 사용된 표현뿐만 아니라
발언자와 그 상대방이 누구이고 어떤 지위에 있는지도 고려해야 한다. '극우'든 '극
좌'든, '보수우익'이든 '종북'이나 '주사파'든 그 표현만을 들어 명예훼손이라고 판단
할 수 없고, 그 표현을 한 맥락을 고려하여 명예훼손에 해당하는지를 판단해야 한
다. 피해자의 지위를 고려하는 것은 이른바 공인 이론에 반영되어 있다. 공론의 장
에 나선 전면적 공적 인물의 경우에는 비판을 감수해야 하고 그러한 비판에 대해
서는 해명과 재반박을 통해서 극복해야 한다. 발언자의 지위나 평소 태도도 그 발
언으로 상대방의 명예를 훼손했는지 판단할 때 영향을 미칠 수 있다.

　　민주주의 국가에서는 여론의 자유로운 형성과 전달에 의하여 다수의견을 집약
시켜 민주적 정치질서를 생성·유지시켜 나가야 하므로 표현의 자유, 특히 공적 관
심사에 대한 표현의 자유는 중요한 헌법상 권리로서 최대한 보장되어야 한다. 다

만 개인의 사적 법익도 보호되어야 하므로, 표현의 자유 보장과 인격권 보호라는 두 법익이 충돌하였을 때에는 구체적인 경우에 표현의 자유로 얻어지는 가치와 인격권의 보호에 의하여 달성되는 가치를 비교형량하여 그 규제의 폭과 방법을 정하여야 한다.

타인에 대하여 비판적인 의견을 표명하는 것은 극히 예외적인 사정이 없는 한 위법하다고 볼 수 없다. 그러나 표현행위의 형식과 내용이 모욕적이고 경멸적인 인신공격에 해당하거나 타인의 신상에 관하여 다소간의 과장을 넘어서 사실을 왜곡하는 공표행위를 하는 등으로 인격권을 침해한 경우에는 의견 표명으로서의 한계를 벗어난 것으로서 불법행위가 될 수 있다.

(나) 언론에서 공직자 등에 대해 비판하거나 정치적 반대의견을 표명하면서 사실의 적시가 일부 포함된 경우에도 불법행위책임을 인정하는 것은 신중해야 한다. 위에서 보았듯이 대법원이 언론보도가 공직자 또는 공직 사회에 대한 감시·비판·견제라는 정당한 언론 활동의 범위를 벗어나 악의적이거나 심히 경솔한 공격으로서 현저히 상당성을 잃은 것으로 평가되는 경우에 한하여 책임을 인정하고 있는 것도 이러한 맥락이다.

표현이 공적인 존재의 정치적 이념에 관한 것인 때에는 특별한 의미가 있다. 공적인 존재가 가진 국가·사회적 영향력이 크면 클수록 그 존재가 가진 정치적 이념은 국가의 운명에까지 영향을 미치게 된다. 그러므로 그 존재가 가진 정치적 이념은 더욱 철저히 공개되고 검증되어야 하며, 이에 대한 의문이나 의혹은 그 개연성이 있는 한 광범위하게 문제제기가 허용되어야 하고 공개토론을 받아야 한다. 정확한 논증이나 공적인 판단이 내려지기 전이라고 해서 그에 대한 의혹의 제기가 공적 존재의 명예보호라는 이름으로 봉쇄되어서는 안 되고 찬반토론을 통한 경쟁 과정에서 도태되도록 하는 것이 민주적이다.

그런데 사람이나 단체가 가진 정치적 이념은 외부적으로 분명하게 드러나지 않는 경우가 많을 뿐 아니라 정치적 이념의 성질상 그들이 어떠한 이념을 가지고 있는지를 정확히 증명해 낸다는 것은 거의 불가능한 일이다. 그러므로 이에 대한 의혹의 제기나 주관적인 평가가 진실에 부합하는지 혹은 진실하다고 믿을 만한 상당한 이유가 있는지를 따질 때에는 일반의 경우와 같이 엄격하게 증명해 낼 것을 요구해서는 안 되고, 그러한 의혹의 제기나 주관적인 평가를 내릴 수도 있는 구체적 정황의 제시로 증명의 부담을 완화해 주어야 한다.

　나아가 공방의 대상으로 된 좌와 우의 이념문제 등은 국가의 운명과 이에 따른 국민 개개인의 존재양식을 결정하는 중차대한 쟁점이고 이 논쟁에는 필연적으로 평가적인 요소가 수반되는 특성이 있다. 그러므로 이 문제에 관한 표현의 자유는 넓게 보장되어야 하고 이에 관한 일방의 타방에 대한 공격이 타방의 기본입장을 왜곡시키는 것이 아닌 한 부분적인 오류나 다소의 과장이 있다 하더라도 이를 들어 섣불리 불법행위의 책임을 인정함으로써 이 문제에 관한 언로를 봉쇄하여서는 안 된다.

　정치적 이념에 관한 논쟁이나 토론에 법원이 직접 개입하여 사법적 책임을 부과하는 것은 바람직하지 않다. 어떤 사람이 가지고 있는 정치적 이념은 사실문제이기는 하지만, 많은 경우 의견과 섞여 있어 논쟁과 평가 없이는 이에 대해 판단하는 것 자체가 불가능하기 때문이다.

　(다) 어느 시대, 어느 사회에서나 부정확하거나 바람직하지 못한 표현들은 있기마련이다. 그렇다고 해서 이러한 표현들 모두에 대하여 무거운 법적 책임을 묻는것이 그 해결책이 될 수는 없다. 일정한 한계를 넘는 표현에 대해서는 엄정한 조치를 취할 필요가 있지만, 그에 앞서 자유로운 토론과 성숙한 민주주의를 위하여 표현의 자유를 더욱 넓게 보장하는 것이 전제되어야 한다. 자유로운 의견 표명과 공개 토론과정에서 부분적으로 잘못되거나 과장된 표현은 피할 수 없고, 표현의 자유가 제 기능을 발휘하기 위해서는 그 생존에 필요한 숨 쉴 공간이 있어야 하기 때문이다. 따라서 명예훼손이나 모욕적 표현을 이유로 법적 책임을 지우는 범위를 좁히되, 법적으로 용인할 수 있는 한계를 명백히 넘는 표현에 대해서는 더욱 엄정하게 대응해야 한다.

　명예훼손으로 인한 책임으로부터 표현의 자유를 보장하기 위해서는 이른바 '숨 쉴 공간'을 확보해 두어야 한다. 부적절하거나 부당한 표현에 대해서는 도의적 책임이나 정치적 책임을 져야 하는 경우도 있고 법적 책임을 져야 하는 경우도 있다. 도의적·정치적 책임을 져야 하는 사안에 무조건 법적 책임을 부과하려고 해서는 안 된다. 표현의 자유를 위해 법적 판단으로부터 자유로운 중립적인 공간을 남겨두어야 한다.

　표현의 자유를 보장하는 것은 좌우의 문제가 아니다. 진보든 보수든 표현을 자유롭게 보장해야만 서로 장점을 배우고 단점을 보완할 기회를 가질 수 있다. 비록 양쪽이 서로에게 벽을 치고 서로 비방하는 상황이라고 하더라도, 일반 국민은 그들의 토론과 논쟁을 보면서 누가 옳고 그른지 판단할 수 있는 기회를 가져야 한다. 정치적·이념적 논쟁 과정에서 통상 있을 수 있는 수사학적인 과장이나 비유적인 표현에 불과하다고 볼 수 있는 부분에 대해서까지 금기시하고 법적 책임을 지우는 것은 표현의 자유를 지나치게 제한하는 결과가 될 수 있다.

(라) 이 사건에서 피고들이 트위터 글이나 기사들에 원고들을 비판하는 글을 작성·게시하면서 '종북', '주사파', '경기동부연합'이라는 표현으로 지칭하였다. 위 표현행위의 의미를 객관적으로 확정할 경우 사실 적시가 아니라 의견 표명으로 볼 여지가 있다. 명예훼손에 해당하려면 사실의 적시가 있는지 따져보고 그것이 진실인지 허위인지에 따라 손해의 정도를 달리 보아야 하는데, 위 표현행위에 사실의 적시가 포함되어 있다고 하더라도 공인인 원고들에 대한 의혹의 제기나 주장이 진실이라고 믿을 만한 상당한 이유가 있다고 볼 만한 구체적 정황의 제시가 있다. 이러한 점 등에 비추어 피고들이 트위터 글이나 기사들에서 한 위 표현행위는 의견 표명이나 구체적인 정황 제시가 있는 의혹 제기에 불과하여 불법행위가 되지 않거나 원고들이 공인이라는 점을 고려할 때 위법하지 않다.

(2) 대판 2021. 3. 25, 2016도14995(공 2021, 935)는 형사판결로서, 공적 인물, 즉 공인과 관련된 공적 관심사에 관한 의혹 제기가 명예훼손죄에 해당하는지에 관하여 다음과 같이 판단하였다.

"민주주의 국가에서는 여론의 자유로운 형성과 전달을 통하여 다수의견을 집약시켜 민주적 정치질서를 생성·유지시켜 나가야 하므로 표현의 자유, 특히 공적 관심사에 대한 표현의 자유는 중요한 헌법상 권리로서 최대한 보장되어야 한다. 다만 개인의 사적 법익도 보호되어야 하므로, 표현의 자유 보장과 인격권 보호라는 두 법익이 충돌할 때에는 구체적인 경우에 표현의 자유로 얻어지는 가치와 인격권의 보호로 달성되는 가치를 비교형량하여 그 규제의 폭과 방법을 정해야 한다(대판(전) 2018. 10. 30, 2014다61654 참조).

명예훼손죄에서 '사실의 적시'란 가치판단이나 평가를 내용으로 하는 '의견표현'에 대치되는 개념으로서 시간적으로나 공간적으로 구체적인 과거 또는 현재의 사실관계에 관한 보고나 진술을 뜻하고, 표현내용을 증거로 증명할 수 있는 것을 말한다. 보고나 진술이 사실인지 의견인지를 구별할 때에는 언어의 통상적 의미와 용법, 증명가능성, 문제 된 표현이 사용된 문맥, 표현이 이루어진 사회적 상황 등 전체적 정황을 고려하여 판단하여야 한다(대판 2011. 9. 2, 2010도17237 참조). 객관적으로 피해자의 사회적 평가를 저하시키는 사실에 관한 발언이 보도, 소문이나 제3자의 말을 인용하는 방법으로 단정적인 표현이 아닌 전문 또는 추측의 형태로 표현되었더라도, 표현 전체의 취지로 보아 사실이 존재할 수 있다는 것을 암시하는 방식으로 이루어진 경우에는 사실을 적시한 것으로 보아야 한다(대판 2008. 11. 27, 2007도5312 참조).

그러나 공론의 장에 나선 전면적 공적 인물의 경우에는 비판과 의혹의 제기를 감수해야 하고 그러한 비판과 의혹에 대해서는 해명과 재반박을 통해서 이를 극복해야 하며 공적 관심사에 대한 표현의 자유는 중요한 헌법상 권리로서 최대한 보장되어야 한다(위 대법원 2014다61654 전원합의체 판결 참조). 따라서 공적 인물과 관련된 공적 관심사에 관하여 의혹을 제기하는 형태의 표현행위에 대해서는 일반인에 대한 경우와 달리 암시에 의한 사실의 적시로 평가하는 데 신중해야 한다.

기자회견 등 공개적인 발언으로 인한 명예훼손죄 성립 여부가 문제 되는 경우 발언으로 인한 피해자가 공적 인물인지 사적 인물인지, 발언이 공적인 관심사안에 관한 것인지 순수한 사적인 영역에 속하는 사안에 관한 것인지, 발언이 객관적으로 국민이 알아야 할 공공성이나 사회성을 갖춘 사안에 관한 것으로 여론형성이나 공개토론에 기여하는 것인지 아닌지 등을 따져보아 공적 인물에 대한 공적 관심사안과 사적인 영역에 속하는 사안 사이에 심사기준의 차이를 두어야 한다. 문제 된 표현이 사적인 영역에 속하는 경우에는 표현의 자유보다 명예의 보호라는 인격권이 우선할 수 있으나, 공공적·사회적인 의미를 가진 경우에는 이와 달리 표현의 자유에 대한 제한이 완화되어야 한다. 특히 정부 또는 국가기관의 정책결정이나 업무수행과 관련된 사항은 항상 국민의 감시와 비판의 대상이 되어야 하고, 이러한 감시와 비판은 표현의 자유가 충분히 보장될 때 비로소 정상적으로 이루어질 수 있으며, 정부 또는 국가기관은 형법상 명예훼손죄의 피해자가 될 수 없다. 그러므로 정부 또는 국가기관의 정책결정 또는 업무수행과 관련된 사항을 주된 내용으로 하는 발언으로 정책결정이나 업무수행에 관여한 공직자에 대한 사회적 평가가 다소 저하될 수 있더라도, 발언 내용이 공직자 개인에 대한 악의적이거나 심히 경솔한 공격으로서 현저히 상당성을 잃은 것으로 평가되지 않는 한, 그 발언은 여전히 공공의 이익에 관한 것으로서 공직자 개인에 대한 명예훼손이 된다고 할 수 없다(대판 2006. 10. 13, 2005도3112, 대판 2011. 9. 2, 2010도17237 등 참조). 이때 그러한 표현이 국가기관에 대한 감시·비판을 벗어나 공직자 개인에 대한 악의적이거나 심히 경솔한 공격으로서 현저히 상당성을 잃은 것인지는 표현의 내용이나 방식, 의혹 사항의 내용이나 공익성의 정도, 공직자의 사회적 평가를 저하하

는 정도, 사실 확인을 위한 노력의 정도, 그 밖의 주위 여러 사정 등을 종합하여 판단
해야 한다(대판 2013. 6. 28, 2011다40397 등 참조)."

제 5 절 언론보도에 의한
초상권 침해에 관한 법적 검토*

I. 서   론

1. '한 장의 사진'이 글로는 표현할 수 없는 생생한 인상과 정보를 효과적으로 전달하는 경우가 적지 않다. 1972년 베트남전쟁 당시 9살의 베트남 소녀가 폭격으로 화상을 입고 벌거벗은 채 울부짖으며 도로 한복판을 달리는 장면을 찍은 유명한 사진이 있다. 이 사진을 찍은 AP통신 기자는 퓰리처상을 받기도 했는데, 베트남전의 참상과 비극을 가장 사실적으로 전달하였다는 평가를 받았다. 올해 위 사진이 나온 지 40주년이 되어 이를 회고하는 기사가 나왔다.[1] 사진 속의 소녀는 얼마나 충격이 컸을까 하는 생각이 들었는데, 기자와 소녀가 당시를 회상하며 인터뷰를 한 내용을 읽으면서 조금은 안도감이 느껴졌다. 위 사진으로 베트남전의 참혹한 모습을 알렸다는 점에서 기자가 칭송을 받았지만, 현재의 관점에서 보면 초상권(肖像權) 문제는 어떻게 될까 하는 의문도 생긴다.

사진이나 영상이 없는 신문이나 방송을 생각할 수 없을 만큼, 신문과 방송에서 사진이나 영상은 필수불가결한 위치를 차지한다. 인터넷이나 소셜 미디어 서비스가 발달하면서 사진이나 영상은 더욱 중요해지고 있다. 그러나 그와 함께 초상권에 관한 분쟁도 점점 증가하고 있다.

---

* 필자는 언론중재위원회(위원장 권성)가 2012년 10월 25일 "영상·사진 보도와 초상권"라는 주제로 개최한 정기세미나에서 "초상권 침해에 대한 법리적 검토 및 올바른 보도방법 고찰"이라는 제목으로 PPT 파일을 이용하여 발표하였는데, 청중이 대부분 언론중재위원과 기자, PD 등 언론기관 종사자이기 때문에, 초상권에 관하여 가급적 쉽게 설명하려고 하였다. 이를 녹취하여 문헌과 판례를 추가하고 수정·보완하여 「언론중재」 제125호(2012. 12)에 게재한 것이 이 글이다.

1) 연합뉴스 2012. 6. 1. 자 "베트남전 '네이팜 소녀 사진' 탄생 40주년" (http://news.naver.com/main/read.nhn?mode=LSD&mid=sec&sid1=104&oid=001&aid=0005633712).

2. 초상권은 인격권의 내용을 구성하는 것으로, 인격권이라는 용어가 대법원 판결에서 처음 등장한 것은 1980년이다.2) 그리고 하급심 법원에서 초상권에 기하여 본인의 동의 없이 사진을 게재해서는 안 된다는 판단을 한 것은 1982년이다.3) 따라서 1980년대에 비로소 초상권이 법적 권리로서 구체적으로 실현되기 시작했다고 볼 수 있다. 광고에 의하여 초상권이 침해되는 경우 초상권 또는 퍼블리시티권으로 보호를 받을 수 있는데, 법원의 판결에서 퍼블리시티권이란 용어는 1995년에 처음 사용되었다.4)

2000년대에 들어와 10여 년 동안 법원의 판결에서 초상권에 관한 분쟁이 빈번하게 다루어지고 있다. 최근에는 유명한 가수그룹 'FT아일랜드(FTisland)'에 속한 가수들의 초상권 침해에 대해서 4천만 원의 손해배상을 인정한 판결5)이 나왔다. 또한 언론중재위원회에서도 명예훼손에 관한 분쟁 다음으로 많이 문제되는 것이 초상권에 관한 분쟁이다. 초상권은 법원의 판결에 의하여 개별적으로 규율되다가, 2005년부터 시행되고 있는 「언론중재 및 피해구제 등에 관한 법률」(이하 '언론피해구제법'이라 한다)에서 초상에 대한 권리에 관하여 명시적인 규정을 두게 되었다.

3. 언론보도가 사람의 초상권을 침해하는 경우에 표현의 자유를 보장해야 할 것인지 아니면 초상권을 보호해야 할 것인지 문제된다. 헌법에서 보장하고 있는 두 개의 중요한 권리, 즉 언론의 자유와 인격권이 서로 충돌하는 상황에서 어떻게 해결할 것인지가 법원의 재판이나 언론중재위원회의 조정·중재에서 중요한 문제로 등장한다. 이것은 결국 '이익형량(利益衡量)'을 통해 해결하고 있는데, 보도의 필요성이 더 큰가 아니면 인격권을 보호할 필요성이 더 큰가를 저울질하여 어느 쪽이 무겁고 어느 쪽이 가벼운지를 판단하는 방법이다. 그 결론에 따라 어떤 경우는

---

2) 대판 1980. 1. 15, 79다1883(공 1980, 12586).

3) 서울민지결 1982. 7. 21, 82카19263(국내외 언론관계 판례집 157면). 이 결정은 '서울은 지금 몇 시인가 - 신선호와 율산드라마'라는 책에 신청인 신선호의 동의를 받지 않고 수록한 사진을 삭제하여야 한다고 결정하였다.

4) 서울지판 1995. 6. 23, 94카합9230(하집 1995-1, 323). 당시 필자는 서울지방법원 판사로서 '무궁화 꽃이 피었습니다'와 '소설 이휘소'에 대한 출판금지 가처분 사건에 대한 판결문을 작성하였는데, 그 판결에서 퍼블리시티권이라는 용어를 사용하였다.

5) 원고들은 'FTisland'의 멤버들로서 A회사와 광고출연계약을 체결하였는데, A회사가 원고들이 모델로 출연한 광고물을 국내에서만 한정하여 사용하기로 한 약정에 반하여 광고물을 말레이시아에 수출하였다. 서울중앙지판 2012. 10. 9, 2012가합15515는 원고들의 초상권을 침해하였다는 이유로 불법행위에 기한 손해배상책임을 인정하였다(이 글에서 판결의 출처를 기재하지 않은 것은 공간되지 않은 것이다).

초상권 침해를 이유로 책임을 인정하고, 어떤 경우는 초상권 침해로 인한 책임을 부정하기도 한다.

　　실제 사건에서 이익형량을 하는 것은 매우 어려운 일이다. 예를 들어 이른바 흉악범에 관한 보도를 생각해보자. 예전에는 흉악범이라고 하더라도 그의 얼굴을 가리기 위해 모자를 쓰고 마스크를 한 상태로 보도하는 관행이 있었다. 요즈음에는 그럴 필요가 없다고 생각해서인지 흉악범의 얼굴을 신문과 방송에서 공개하는 추세이다.6) 이와 같이 언론에서 범인의 모자와 마스크를 씌운 상태에서 보도하다가 얼마 지나지 않아 얼굴을 그대로 공개하기로 입장을 바꾼 것 자체가 언론에 의한 초상권 침해에 관한 이익형량의 기준을 판단하는 것이 매우 어렵다는 것을 보여준다. 또한 흉악범의 얼굴과 이름을 공개하는 방식이 언론사별로 차이가 있는 것을 보면, 이 문제가 아직 명확하게 정리가 되지 않았다고 볼 수 있다. 나아가 범인으로 지목된 사람의 몸은 다 보여주면서 얼굴만을 가리고 보도하면 언론사는 면책되는가와 같은 문제도 있다.

　　4. 여기에서는 초상권의 개념, 위법성, 구제수단 등에 관하여 법원의 판결들을 중심으로 살펴보고 바람직한 보도방법을 생각해보고자 한다. 이 세미나에는 언론중재위원과 기자, PD 등 언론기관 종사자들이 대부분이기 때문에, 언론보도와 관련하여 실제 사례를 중심으로 초상권에 관한 법리를 다루고자 한다. 따라서 초상권에 관한 일반적인 논의나 광고 등에 의한 초상권 또는 퍼블리시티권 침해 문제 등에 관해서는 관련되는 한도에서 간략하게 언급하고자 한다.7)

Ⅱ. 초상권의 개념과 근거

1. 초상권의 개념

　(1) 초상권(肖像權)은 초상에 대한 권리라고 할 수 있다. '초상'에 '권(權)'이라는

---

6) 얼마 전에 한 언론사에서 흉악범의 사진을 잘못 내보내 정정보도를 하기도 하였다.
7) 초상권에 관한 이론이나 판결에 관해서는 정경석, "국내 초상권 이론 및 사례의 전개," 변호사 제38집(2008. 1), 서울지방변호사회, 96면 이하에서 시기를 구분하여 일목요연하게 정리하고 있다.

글자를 붙여서 초상권이라고 한 것이므로, 초상을 권리로서 보호한다는 뜻이다. 초상은 "사진, 그림 따위에 나타낸 사람의 얼굴이나 모습"을 말한다.8) 판례는 초상권을 사람이 자신의 얼굴 그 밖에 사회통념상 특정인임을 식별할 수 있는 신체적 특징에 관하여 함부로 촬영·그림묘사 되거나 공표되지 않으며 영리적으로 이용되지 않을 권리라고 한다.9) 따라서 초상권은 사진 등에 나타난 사람의 얼굴이나 모습을 보호하는 권리이다.

사람한테서 재산을 빼앗는 경우, 법은 그 재산을 보호해준다. 이와 같이 재산을 보호해주는 권리를 재산권이라고 한다. 다른 사람의 신체를 침해한다든지, 생명을 박탈한다든지 하는 경우에 신체에 관한 권리 또는 생명에 관한 권리를 법적 권리로서 보호해왔다. 인격권은 인격적 이익을 법적인 권리로 보호하는 것인데, 초상권은 인격권의 한 내용으로서 초상에 대한 이익을 법적으로 보호하는 권리이다.

언론피해구제법에서는 인격권에 관하여 매우 포괄적으로 규정하고 있다. 즉, 인격권은 생명, 자유, 신체, 건강, 명예, 사생활, 초상, 성명, 음성, 대화 등에 관한 권리를 가리키는 개념으로 사용된다. 이와 같은 인격권(Persönlichkeitsrecht) 개념은 독일법에서 형성된 것을 우리나라에서 수용한 것이다. 미국에서는 인격권이란 용어를 사용하지 않고 '프라이버시권'이나 '명예훼손'으로 해결한다. 미국에서는 '프라이버시권'을 4가지 유형으로 나누는데, 그중에서 초상권이나 성명권을 보호하는 것이 하나의 유형으로 되어 있다.10)

독일에서 일반적 인격권이 승인된 것은 1950년대이다. 이때 '인격'은 일반적인 용어와는 다른 의미로 사용된다. 보통 인격이 훌륭하다느니 그렇지 않다느니 하는 말을 하는데, 이 경우에 인격은 훌륭한 품성을 뜻하는 말이다. 그러나 인격권이란 사람이 사람으로서 가진 권리를 통칭하는 말이다. 모든 사람은 인격권을 가진다. 흉악범이나 사형수라고 하더라도 인격권을 가진다. 그 사람이 좋은 품성을 가졌는지 나쁜 마음씨를 가졌는지는 아무런 관계가 없다. 사람이 자기 자신과 분리할 수 없는 이익을 법적으로 보호하는 것이 인격권이다.

(2) 얼굴 등 사람의 모습은 당연히 초상권으로 보호받는다. 몽타주, 소묘, 풍자

---

8) 국립국어원 표준국어대사전(http://stdweb2.korean.go.kr/search/List_dic.jsp).

9) 대판 2006. 10. 13, 2004다16280; 대판 2013. 6. 27, 2012다31628.

10) Prosser, "Privacy," 48 California Law Review 383, 389 (1960); The American Law Institute, Second Restatement of Torts, 1977, § 652A.

화, 만화, 인형 등도 초상권의 보호를 받을 수 있다. 1997년 TV 드라마 '임꺽정'의 주인공 정홍채의 모습과 비슷한 이미지를 광고에서 무단으로 사용한 적이 있다. 이에 대하여 법원은 정홍채의 초상권을 침해하였다고 인정하였다.[11] 그리고 독일에서 축구선수의 뒷모습도 초상권에 의하여 보호된다고 판단한 사례가 있다.[12] 반드시 얼굴이 아니더라도 그 사람의 외관상의 특색을 드러내는 경우라면 초상권으로 보호받을 수 있다. 이와 달리 피해자와 비슷한 모델을 이용한 사진을 사용하였다고 하더라도 그 사진이 피해자라고 오인할 만큼 유사하지 않은 경우에는 초상권 침해에 해당하지 않는다.[13] 초상권을 법적으로 보호받으려면 초상을 통해 인물을 인식할 수 있어야 하는데, 이는 평소에 그 인물을 알고 있는 주위 사람들을 기준으로 결정한다. 또한 피해자의 얼굴을 전혀 알아볼 수 없는 경우라도 사진에 대한 설명 등을 통해서 피해자를 알 수 있으면 충분하다.[14] 실제로 얼굴의 윤곽이 방영된 것에 대해 초상권 침해를 인정한 판결이 있다. 방송에서 원고의 성명 대신 가명을 사용하고 화면은 원고의 우측에서 조명을 투사하여 벽(셋팅)에 나타나는 그림자를 방영하였으나 그 그림자에 원고의 우측 옆모습, 즉 눈, 코, 입 모양과 머리 모양이 섬세하게 나타나고, 목소리는 변성 처리하지 않고 원고의 육성을 그대로 내보냈다. 이에 대해 서울고등법원은 사생활의 자유와 비밀 및 초상권을 침해했다고 판결하였다.[15] 따라서 얼굴이 그대로 나와야만 초상권에 의하여 보호되는 것은 아니고 피해자라고 인식할 수 있는 모습이 나오면 초상권에 의하여 넓게 보호된다고 볼 수 있다.

  모든 국민은 인격권으로서 사생활의 비밀과 자유 및 초상권을 침해받지 아니할 권리가 있다. TV 등 언론매체에 대하여 자신의 사생활과 초상에 관한 방송을 동의했어도 본인이 예상한 것과 다른 방법이나 내용으로 방송이 되었다면 사생활

---

11) 서울지판 1997. 8. 1, 97가합16508.
12) BGH NJW 1979, 2205.
13) 서울중앙지판 2012. 10. 9, 2012가단64664는 광고에 관한 것으로 "피고가 게재한 광고의 모델이 원고라고 오인할 만큼 유사하다고 보이지 않고, 원고가 이 사건 병원의 광고모델이라고 오인하도록 연출하였다고 보기 어려우며, 설사 원고와 혼동할 가능성이 높은 모델을 사용하였다고 하여도 그것만으로 원고의 초상권을 침해하였다고 볼 수는 없"다고 하였다.
14) 박용상, 명예훼손법, 현암사, 2008, 525면.
15) 서울고판 1996. 2. 2, 95나25819(국내언론관계판결집 제 4 집, 243면). 대판 1998. 9. 4, 96다11327(공 1998, 2377)은 피고의 상고를 기각하여 원심판결을 지지하였는데, 초상권에 관해서는 언급하지 않고 사생활의 비밀을 무단 공개한 것이라고 하였다.

의 비밀과 자유 및 초상권의 침해가 인정된다. 초상권은 사람이 자신의 초상에 대하여 갖는 인격적·재산적 이익, 즉 사람이 자기의 얼굴 기타 사회 통념상 특정인임을 식별할 수 있는 신체적 특징에 관하여 함부로 촬영되어 공표되지 않으며 광고 등에 영리적으로 이용되지 않는 법적 보장이라고 할 수 있다.

2. 초상권의 근거

초상권의 근거는 우선 헌법 제10조를 들 수 있다. 이 규정은 "모든 국민은 인간으로서의 존엄과 가치를 가지며 행복을 추구할 권리를 가진다. 국가는 개인이 가지는 불가침의 기본적 인권을 확인하고 이를 보장할 의무를 진다."라고 정하고 있다. 여기서 국가가 보장하여야 할 인간으로서의 존엄과 가치는 생명권, 명예권, 성명권 등을 포괄하는 인격권을 의미한다.16) 따라서 "초상권은 우리 헌법 제10조 제 1 문에 의하여 헌법적으로 보장되는 권리"17)라고 할 수 있다.

민법은 제750조에서 불법행위에 관한 일반 규정을 두고, 제751조 제 1 항에서 "타인의 신체, 자유 또는 명예를 해하거나 기타 정신상 고통을 가한 자는 재산 이외의 손해에 대하여도 배상할 책임이 있다."라고 정하여 비재산적 손해에 대한 배상책임을 명시적으로 인정하고 있다. 이러한 규정에 따라 초상권이 불법행위법에 의하여 보호를 받는다. 또한 언론피해구제법 제 5 조 제 1 항에서 "… 타인의 생명·자유·신체·건강·명예·사생활의 비밀과 자유·초상·성명·음성·대화·저작물 및 사적 문서 그 밖의 인격적 가치 등에 관한 권리(이하 '인격권'이라 한다)를 침해하여서는 아니 되며, …"라고 규정함으로써 초상에 관한 권리를 인격권 개념으로 포섭하고 있다. 따라서 초상권은 이제 명시적인 법적 근거를 갖게 되었다고 볼 수 있다.

---

16) 인격권에 관한 논의에서 일반적 인격권과 개별적 인격권을 구분하고, 일반적 인격권에는 개별적인 인격권이 포함된다고 설명한다. 일반적 인격권과 개별적 인격권의 구분은 독일법에서 유래한 것인데, 우리나라에서는 이와 같은 용어를 쓸 필요가 없다고 생각한다. 독일에서는 성명권이나 초상권 등에 관하여 법률에서 규정을 두고 있기 때문에 이들을 개별적 인격권이라고 지칭한 것인데, 우리나라에서는 이에 관한 개별적인 법률이 없어 독일과는 상황이 다르기 때문이다.

17) 대판 2006. 10. 13, 2004다16280(집 54-2, 민 37); 대판 2012. 1. 27, 2010다39277.

Ⅲ. 초상권의 내용과 보호 범위

초상권의 내용은 일반적으로 다음 세 가지로 나누어 설명한다.[18] 첫 번째는 '촬영·작성 거절권'으로, 얼굴 기타 사회 통념상 특정인임을 알 수 있는 신체적 특징이 함부로 촬영 또는 작성되지 아니할 권리를 말한다. 두 번째는 '공표거절권'으로, 촬영된 사진 또는 작성된 초상이 함부로 공표·복제되지 아니할 권리이다. 피촬영자가 승낙하여 촬영된 사진이라고 하더라도 이를 함부로 공표하는 행위, 일단 공표된 사진이라고 하더라도 다른 목적에 사용하는 행위는 모두 초상권의 내용인 공표거절권의 침해에 해당한다. 세 번째는 '초상영리권'으로, 초상이 함부로 영리목적에 이용되지 아니할 권리로서, 퍼블리시티권이라는 용어를 사용하기도 한다.[19]

대법원 판결에서 초상권에 관하여 상세히 판단한 것은 2006년이다. 대판 2006. 10. 13, 2004다16280[20]의 사안은 다음과 같다. 교통사고 피해자들이 보험회사를 상대로 손해배상을 청구하는 소를 제기하였다. 보험회사 직원이 위 피해자들의 장해정도에 관한 증거자료를 수집할 목적으로 피해자들의 일상생활을 촬영하였다. 이에 대하여 위 피해자들이 보험회사 직원의 위와 같은 행위가 불법행위에 해당한다고 주장하면서 이 사건 소를 제기하였다. 대법원은 보험회사 직원이 위 피해자들의 일상생활을 촬영한 행위가 불법행위에 해당한다고 보았는데, 초상권에 관하여 다음과 같이 판단하고 있다.

"사람은 누구나 자신의 얼굴 기타 사회통념상 특정인임을 식별할 수 있는 신체적 특징에 관하여 함부로 촬영 또는 그림묘사되거나 공표되지 아니하며 영리적으로 이용당하지 않을 권리를 가지는데, 이러한 초상권은 우리 헌법 제10조 제 1 문에 의하여 헌법

---

18) 배병일, "초상권에 관한 연구," 재산법연구 제 9 권 1호(1992. 12), 119면 이하; 한위수, "사진의 무단 촬영·사용과 민사책임 -초상권의 침해-," 민사재판의 제문제 제 8 권, 1994, 213면 이하; 엄동섭, "언론보도와 초상권 침해," 민사판례연구(XXI), 1999, 754면.

19) 한위수(주 18), 215면 이하; 배병일(주 18), 120면 이하. 그러나 초상권과 퍼블리시티권의 관계에 관해서는 논란이 많다. 우선 초상영리권과 퍼블리시티권을 별개의 권리로 보는 견해도 있다. 함석천, "초상권에 대한 새로운 인식과 법리 전개," 법조 제603호(2006. 12), 212면 이하. 이에 반하여 우리나라에서는 초상권 개념으로 충분하고 퍼블리시티권을 인정할 필요가 없다는 견해도 있다. 정경석, "초상권의 침해요건과 구제방법," 저스티스 제98호(2007. 6), 122면 이하.

20) 집 54-2, 민 37.

적으로도 보장되고 있는 권리이다. 또한 헌법 제10조는 헌법 제17조와 함께 사생활의 비밀과 자유를 보장하는데, 이에 따라 개인은 사생활 활동이 타인으로부터 침해되거나 사생활이 함부로 공개되지 아니할 소극적인 권리는 물론, 오늘날 고도로 정보화된 현대사회에서 자신에 대한 정보를 자율적으로 통제할 수 있는 적극적인 권리도 가진다. 그러므로 초상권 및 사생활의 비밀과 자유에 대한 부당한 침해는 불법행위를 구성하는데, 위 침해는 그것이 공개된 장소에서 이루어졌다거나 민사소송의 증거를 수집할 목적으로 이루어졌다는 사유만으로는 정당화되지 아니한다."

한편 유명인 등 개인의 이름이나 사진을 상업적으로 이용할 수 있는 권리를 인정할 것인지 문제되고 있다. 이를 퍼블리시티권(right of publicity)이라고 한다. 위 이휘소 사건에서 소설에 이휘소의 사진을 게재한 것이 문제되었는데, 퍼블리시티권의 개념 자체는 인정하고 있다.21) 그 후 퍼블리시티권에 관한 판결이 많이 나왔다. 퍼블리시티권을 부정하는 판결도 있고,22) 이를 긍정하는 판결도 있다.23) 이에 관한 법적 규율이 불명확하기 때문에, 퍼블리시티권을 인정할 것인지는 해석론적 차원뿐만 아니라, 입법론적 차원에서도 중요한 문제가 되었다.24) 다만 퍼블리시티권은 주로 광고에서 문제되는 것이고, 언론보도로 인한 퍼블리시티권의 침해가 문제되는 경우는 많지 않다.

Ⅳ. 초상권 침해의 위법성

1. 개   설

초상권 침해가 어떠한 경우에 허용되고 어떠한 경우에 허용되지 않는지가 중

---

21) 서울지판 1995. 6. 23, 94카합9230(하집 1995-1, 323).

22) 서울고판 2002. 4. 16, 2000나42061(하집 2002-1, 28); 서울고판 2015. 1. 9, 2014나6802; 서울중앙지판 2015. 2. 12, 2013나64259; 서울중앙지결 2017. 8. 14, 2017카합81063; 서울중앙지판 2018. 7. 13, 2017가합574613.

23) 서울고판 2000. 2. 2, 99나26339; 서울중앙지판 2004. 12. 10, 2004가합16025; 서울동부지판 2004. 2. 12, 2002가합3370; 서울중앙지판 2005. 9. 27, 2004가단235324(각공 2006, 18); 서울동부지판 2006. 12. 21, 2006가합6780(각공 2007, 507).

24) 이에 관하여 저작권법에 규정하자는 법안이 국회에 제출되기도 했는데, 필자는 저작권법에 이를 규정하는 것은 맞지 않고 민법에 규정하는 것이 바람직하다고 생각한다. 상세한 것은 김재형, 언론과 인격권, 박영사, 2012, 456면 이하(이 책, 451면 이하 참조).

요한 문제이다. 이것이 초상권 침해의 위법성 문제이다.

초상권 침해의 위법성에 관해서는 세 가지로 구분할 수 있다. 첫째, 피해자가 동의한 경우에 촬영이나 공개 등이 허용된다. 이를 '동의' 기준이라고 할 수 있다. 둘째, 공중의 정당한 관심사에 해당하면 초상권 침해가 위법하지 않다. '공중의 정당한 관심사' 기준이다. 셋째, 공적 인물의 문제로서 정치인 등 공적 인물의 경우에는 촬영이나 보도를 감수해야 한다. 이를 '공적 인물' 기준이다.

2. 초상권자의 동의[25)]

(1) 언론사는 초상권자의 동의를 얻어 그의 사진을 촬영하여 보도할 수 있다. 언론피해구제법은 제 5 조 제1호에서 언론 등에 의한 피해구제의 원칙을 정하고 있는데, 인격권 침해에 대하여 책임을 지지 않는 사유 중의 하나로 "피해자의 동의를 받아 이루어진 경우"를 들고 있다. 따라서 초상권자가 동의를 한 경우에는 초상권 침해에 대한 책임이 발생하지 않는다.[26)]

재판례를 보면, 피해자의 동의가 없다는 이유로 초상권 침해가 인정되는 사례들이 다수 있다. 이를 분류해보면, ① 동의 없이 사진을 촬영하여 보도한 경우, ② 독자적으로 입수한 사진을 동의 없이 게재한 경우, ③ 촬영에 동의한 경우라도 본인의 예상과 다른 방법으로 사진이 공표되는 경우로 구분해 볼 수 있다.

(2) 언론에서 사진을 보도한 경우 피해자의 동의가 없다는 이유로 초상권 침해를 인정한 판결들이 적지 않다. 이러한 판결은 1980년대부터 나오기 시작하였다. 한 여성잡지가 미스코리아 출신인 연예인 원고의 명예를 훼손하는 보도기사를 게재하면서 원고가 선전용으로 배포, 판매한 사진영상집의 사진 중 비교적 선정적으로 보이는 2매의 사진을 무단으로 함께 게재했다. 법원은 독자들이 이 사진을 기사의 일부로 인식하여 원고의 행실이 좋지 못하다는 강한 인상을 받을 수 있어 허

---

25) 초상권 등 인격권 침해에 대한 동의 문제에 관해서는 김재형(주 24), 118면 이하 참조.
26) 포괄적으로 초상권의 사용을 허락할 수도 있다. 이를테면 포토 라이브러리용 사진은 사용처나 사용 용도를 미리 특정하여 촬영하는 것이 아니라 여러 컷의 사진을 미리 촬영해 두었다가 이후에 수요자가 나타나면 이를 양도하거나 이용을 허락하기 위한 목적으로 촬영할 수 있다. 이러한 경우에는 사진을 촬영한 사람이 직접 상업적, 비상업적으로 이용하는 행위뿐만 아니라 사진에 대한 권리를 제 3 자에 양도하여 그 제 3 자로 하여금 사진을 이용할 수 있게 허락할 수도 있다. 서울중앙지판 2009. 5. 21, 2008가합126326.

용되지 않는다고 보았다.27) 법원은 독자들이 어떻게 인식했는지를 중요한 기준으로 판단하고 있다.

이와 같이 피해자의 동의 없이 사진을 촬영하여 보도하거나 광고를 한 경우에 초상권 침해를 이유로 손해배상책임을 인정하는 판결들은 최근까지 꾸준히 나오고 있다.28) 촬영을 하여 보도한 뒤 촬영한 방송자료를 폐기하기로 하였으나 이를 위반하여 다시 방송한 경우에도 동의가 없는 경우와 동일하게 취급하고 있다. 즉, 서울남부지판 2009. 5. 19, 2009가합311(각공 2009, 1007)에서는 피고 방송사가 행동장애를 가진 초등학생을 촬영한 방송자료를 폐기하기로 약정하였는데도 이를 위반하여 피촬영자 측의 동의 없이 뉴스 프로그램 등에서 촬영분을 다시 방송한 것(제목: "못된 아이 매인가? 치료인가?")이 문제되었다. 법원은 "피고는 원고들의 모습이 담긴 (명칭1 생략) 방송자료를 폐기하기로 한 원고 1 및 소외인과 사이에 체결한 약정을 위반하였고, 더구나 원고들의 동의 없이 (명칭 3 생략) 등 3개 프로그램에서 원고들의 촬영분을 다시 방송함으로써 위 원고들의 초상권, 명예 및 프라이버시를 침해하였다"고 판단하였다. 이러한 경우에는 원고들이 위와 같은 약정 위반을 이유로 한 손해배상을 청구할 수도 있다.

(3) 초상권 침해가 문제된 유명한 사건은 이른바 '돈의 노예들' 사건이다. 1991년에 뉴스위크 잡지가 "너무 빨리 부자가 되다(Too Rich Too Soon)"라는 제목의 기사를 게재하면서, 이대 정문 앞에서 여대생 5명이 걸어 나오는 천연색 사진을 삽입하였다. 그 사진 아래에는 "돈의 노예들 : 이화여자대학교 학생들('Slaves to Money': Students at Ewha Women's University)"이라는 부제를 붙였다. 이에 대하여 위 사진에 나오는 3인이 손해배상을 청구하는 소를 제기하였다. 1심 법원은 초상권 침해와 명예훼손을 인정하여 1인당 3천만 원씩, 총 9천만 원을 손해배상으로 인정하였다.29) 먼저 초상권 침해에 관해서는 피고가 원고들의 동의를 받지 않은 채 원고들의 얼굴 사진을 찍고 이를 잡지에 게재하여 배포함으로써 원고들의 초상권을 침해하였다고 하였다. 다음으로 명예훼손에 관해서는 "돈의 노예들"이라는 부제까지 달아 놓아, 그 사진 속에 나오는 사람들이 최소한 그 기사에서 나오는 부

---

27) 서울민사지판 1989. 7. 25, 88가합31161(법률신문 1989. 9. 21. 자, 8면).
28) 언론보도에 관한 것으로는 서울고판 2012. 3. 9, 2011나89080이 있고, 광고에 관한 것으로는 서울고판 2010. 12. 22, 2010나58188이 있다.
29) 서울민사지판 1993. 7. 8, 92가단57989.

정적 측면 또는 위 부제에서 의미하는 내용과 관련되어 있거나 그러한 경향이 있는 사람들이라고 생각할 수 있게 함으로써 원고들의 명예를 훼손하였다고 하였다. 그 후 2심인 서울민사지방법원에서 손해배상액을 1천만 원씩 줄여서 1인당 2천만 원씩, 총 6천만 원을 인정하였다.[30] 이 사건에서 초상권과 함께 명예훼손이 인정된 것이지만, 당시의 손해배상실무를 감안할 경우 위자료 액수가 상당히 많았다고 볼 수 있다. 그런데 이 사건의 원고들이 미국에서 소를 제기했으면 징벌적 손해배상이 인정되어 훨씬 많은 손해배상액이 인정될 수 있다.[31]

이 사건에서 사진을 촬영한 장소가 대학교로서 공공장소라고 할 수 있는데, 이와 같이 공공장소에서 촬영하여 사진을 보도하는 경우에 초상권 침해가 인정되는지 문제된다. 공공장소에서도 원칙적으로 초상권이 인정된다.[32] 그러나 개인의 사적인 공간에 있는 모습을 몰래 촬영한 경우에는 그 자체로 초상권 침해가 인정되지만, 공공장소에서 사람의 사진을 촬영하여 보도하는 경우에는 초상권과 표현의 자유 사이에서 이익을 형량하는 과정을 통하여 위법성이 부정되는 경우가 많아진다.[33] 또한 집회나 시위를 주도하는 사람은 사진 촬영에 묵시적으로 동의하였다고 볼 수 있는 경우도 있고, 그렇지 않더라도 그 사진을 촬영하여 보도하는 것이 공중의 정당한 관심사에 해당하여 위법하지 않게 될 수도 있다.[34]

(4) 피촬영자의 동의를 받아 촬영을 한 경우에도 동의의 조건을 어기고 보도한 것이 문제되는 경우가 많다. 이를테면 서울고판 1996. 6. 18, 96나282[35]에서는 호화 웨딩드레스 대여업자들의 횡포를 고발하는 뉴스에 그와 무관한 사람(임수경)의 결혼식 장면을 자료화면으로 방송한 것에 대하여 명예훼손, 명예감정 손상 및 초상권 침해를 인정하였다.

---

30) 서울민사지판 1994. 3. 30, 93나31886(국내언론관계판례집 제 3 집, 180면).
31) 이 판결은 초상권 침해와 명예훼손을 인정하고 있는데, 돈의 노예들이라는 표현이 명예훼손인지에 관해서는 논란이 있을 수도 있다. 이것은 사실에 관한 것이라기보다는 의견이라고 볼 수도 있기 때문이다. 미국에서는 허위의 보도에 대해서만 명예훼손으로 인한 불법행위책임을 인정하고 있고, 공중에게 잘못된 인상을 주는 경우를 프라이버시 침해의 한 유형으로 보고 있다. 따라서 이 사건은 명예훼손이 문제되는 것이 아니라 프라이버시권 침해로 해결해야 한다고 생각할 수도 있다.
32) 한위수(주 18), 227면.
33) 이와 유사한 견해로는 엄동섭, "초상권 보호의 한계," 민사법학 제38호(2007. 9), 189면 참조.
34) 한편 공공장소에서 통상 예상한 방법으로 사진을 촬영하는 것은 초상권 침해가 아니라는 견해도 있다. 함석천(주 19), 201면 이하 참조.
35) 국내언론관계판례집 제 5 집, 157면.

1997년 서울지방법원 남부지원은 이른바 '공포의 통과의례' 사건에 대한 판결에서 피해자의 동의 문제에 관하여 상세하게 다루고 있다. 이 판결은 기자가 피촬영자들로부터 사진의 촬영에 동의를 받았으나 방송의 조건을 지키지 않아 손해배상책임을 인정하였다.[36] 사안은 다음과 같다. 연대 성악과 학생인 원고들은 피고 주식회사 문화방송의 '시사매거진 2580' 프로그램에 자신들이 식당에서 한 여흥 장면과 식사 장면을 방송하는 것을 승낙하였다. 당시 원고들은 신세대 대학생들이 신입생 환영회에서 생기발랄하고 재미있고 즐겁게 노는 모습을 긍정적으로 방송할 것을 조건으로 승낙하였다. 피고 회사의 기자인 피고 B도 이를 약속하였다. 그런데도 피고 B는 1997. 3. 16. 원고들을 취재한 장면을 방송하면서 대학생이 신입생 환영회에서 술을 많이 마셔 숨졌다는 사실, 고대 경영학과 학생들의 막걸리 사발식 장면, 나이트클럽의 무대장면, 술에 취한 학생들이 길바닥에 쓰러지거나 여관으로 업혀가는 장면, 신촌의 유흥가 밀집장면, 지방대학 학생들의 철야음주행태, 신입생 환영회에서 숨진 학생과 관련된 고소장 등과 편집하여 '공포의 통과의례'라는 제목으로 방송하였다. 그리하여 원고들은 피고 주식회사 문화방송과 '시사매거진 2580' 프로그램 기자 2명을 상대로 손해배상을 청구하는 소를 제기하였다.

위 법원은 원고 1인당 200만 원에서 600만 원의 위자료를 인정하였는데, 그 이유는 다음과 같다. ① 위 방송은 시청자로 하여금 원고들을 포함한 연대 성악과 학생들이 마치 퇴폐적인 유흥에 물든 신입생 환영회를 하는 것처럼 인식하게 하였으며, ② 피고 C는 원고들 중 일부가 나이트클럽 화장실에서 대화하는 장면을 그들의 동의 없이 촬영하고 피고 B가 그들의 모습 및 음성을 그대로 방송함으로써 이 사건 방송을 시청한 원고들의 주위 사람들이 쉽게 원고들을 알아볼 수 있게 한 과실로 인하여 원고들의 사생활의 자유와 비밀 및 초상권을 침해하였다고 판단하였다. 이 판결의 결론은 타당하지만, 위 ① 부분은 사생활의 자유와 비밀 및 초상권을 침해한 것이라기보다는 오히려 공중에게 잘못된 인상을 주는 행위에 해당한다.

초상권에 관하여 직접 판단한 것은 아니지만, 대판 1998. 9. 4, 96다11327[37]에서는 유방 확대 수술을 받고 부작용으로 고통을 받고 있던 원고가 방송사에 인터

---

36) 서울지법 남부지판 1997. 8. 7, 97가합8022(언론중재 1997년 가을호, 165면).
37) 공 1998, 2377.

뷰하면서 촬영함으로써 방송에 동의하였으나 원고가 예상한 것과 다른 방법으로 방송을 한 경우에 사생활 침해로 인한 불법행위책임을 인정하였다. 이 판결은 사생활 침해에 대하여 판단한 것으로, 이 판결의 논리는 초상권에 대해서도 동일하게 적용될 수 있다.

언론매체에 대하여 자신의 초상에 관한 방송을 동의한 때에도 예정한 방법과 달리 또는 방송사의 주의의무를 위반한 상태로 방송된 경우에는 초상권의 침해가 인정된다.[38] 특히 누드사진과 같이 개인의 사생활의 비밀이나 초상권을 침해할 가능성이 큰 사진을 제공받아 이를 게재할 때에는 초상 본인의 의사를 확인하거나 적어도 사진의 출처 또는 촬영 경위를 확인하여 사진이 공표되어도 되는지를 확인할 주의의무가 있다고 보아야 한다.[39]

3. 공중의 정당한 관심사

언론피해구제법 제5조 제2항은 '언론등의 보도가 공공의 이익에 관한 것으로서 진실한 것이거나 진실하다고 믿는 데에 정당한 사유가 있는 경우'에 인격권 침해에 대하여 책임을 지지 않는다고 정하고 있다. 이것은 명예훼손에 대한 것으로 볼 수 있으나, 초상권 침해의 경우에 공공의 이익에 관한 것이라면 면책된다고 볼 수 있다.

위에서 본 대판 1998. 9. 4, 96다1132[40]에서 "사람은 자신의 사생활의 비밀에 관한 사항을 함부로 타인에게 공개당하지 아니할 법적 이익을 가진다고 할 것이므로, 개인의 사생활의 비밀에 관한 사항은, 그것이 공공의 이해와 관련되어 공중의 정당한 관심의 대상이 되는 사항이 아닌 한, 비밀로서 보호되어야 하고, 이를 부당

---

[38] 서울중앙지판 2006. 11. 29, 2006가합36290(각공 2007, 141) 참조. 의정부지판 2011. 10. 20, 2011나6848(각공 2011, 1479)은 "원고가 이 사건 제보 당시 자신의 신분 노출을 극도로 꺼렸으므로 설령 피고가 원고의 사전 승낙을 받아 취재 및 방송을 하였다고 하더라도, 원고가 이 사건 기자와 인터뷰하는 장면을 취재하여 방송하는 경우 음성변조나 모자이크 처리를 제대로 하여 원고 주위의 사람들이나 브로커 일당이 원고의 얼굴을 알아볼 수 없도록 하여야 할 업무상 주의의무가 있"다고 보고, "위 방송 당시 원고의 음성이 변조되지 않았으며 원고의 뒷모습이 완전하게 모자이크 처리되지 않는 등 이를 게을리하였고, 그로 인하여 위 방송을 본 원고의 주위 사람들이나 위 브로커 일당이 인터뷰 대상이 원고임을 알아차릴 수 있도록 하여 원고의 초상권을 침해하였다."라고 판단하였다.

[39] 서울서부지판 2010. 1. 13, 2008가단76436.

[40] 주 37.

하게 공개하는 것은 불법행위를 구성한다."라고 하고 있다. 따라서 사생활의 비밀에 속하는 사항이더라도 공공의 이해와 관련되어 공중의 정당한 관심의 대상이 되는 사항인 경우에는 불법행위를 구성하지 않는다고 보아야 한다. 이것은 사생활 침해의 위법성을 판단하는 중요한 기준이라고 볼 수 있다. 초상권 침해의 경우에도 이와 마찬가지로 공공의 이해와 관련되어 공중의 정당한 관심의 대상이 되는 사항에 대해서는 피해자의 동의가 없더라도 위법성이 배제된다고 보아야 한다.

한편 개인의 사진을 촬영하여 보도함으로써 초상권과 언론의 자유가 충돌하는 경우 이익형량을 통하여 위법성을 판단하여야 한다. 즉, 초상권을 침해하는 행위를 둘러싸고 서로 다른 두 방향의 이익이 충돌하는 경우 구체적 사안에서 여러 사정을 종합적으로 고려한 이익형량을 통하여 침해행위의 최종적인 위법성이 가려진다. 이러한 이익형량 과정에서, 첫째 침해행위의 영역에 속하는 고려요소로는 침해행위로 달성하려는 이익의 내용 및 그 중대성, 침해행위의 필요성과 효과성, 침해행위의 보충성과 긴급성, 침해방법의 상당성 등이 있고, 둘째 피해이익의 영역에 속하는 고려요소로는 피해법익의 내용과 중대성 및 침해행위로 인하여 피해자가 입는 피해의 정도, 피해이익의 보호가치 등이 있다. 그리고 일단 권리의 보호영역을 침범함으로써 불법행위를 구성한다고 평가된 행위가 위법하지 않다는 점은 이를 주장하는 사람이 증명하여야 한다.[41]

4. 공적 인물

공인, 즉 공적 인물(public figure)[42]의 경우에는 그 사진이나 영상을 보도하더

---

41) 보험회사 직원의 사진 촬영행위에 관한 대판 2006. 10. 13, 2004다16280(집 54-2, 민 37) 참조. 언론보도에 관한 판결로는 부산지판 2010. 3. 26, 2009나18455; 의정부지판 2011. 10. 20, 2011나6848(각공 2011, 1479); 서울고판 2012. 3. 9, 2011나89080이 있다. 또한 구청 직원의 촬영행위에 관해서는 대판 2008. 11. 27, 2008다11993 참조.

42) 공인이라는 용어에 관하여 생각해 볼 필요가 있다. 우리나라에서 공인의 사전적 의미는 "공적인 일에 종사하는 사람"을 뜻한다. 국립국어원 표준국어대사전(http://stdweb2.korean.go.kr/search/List_dic.jsp). 따라서 고위직 공무원, 국회의원 등 정치인이 공인에 속한다고 볼 수 있다. 그러나 유명 연예인을 공인이라고 부르는 것은 부적절하다는 의견이 많다. 따라서 공인이라는 표현보다는 유명인이라는 용어를 사용하는 것이 나을 수 있다. 한편 흉악범에 대해서도 공인에 대한 언론보도에 관한 법리를 적용할 것인지 논란이 있다. 이를테면 흉악범이 어떻게 공인이 될 수 있는가라는 문제가 제기되고 있다. 흉악범을 공인에 속한다고 본다면 일상용어와 법률용어가 서로 다른 의미를 갖게 될 것이고, 흉악범을 공인이라고 부르는 것은 어법에 맞지 않는다. 물론 공인은 법률

라도 프라이버시 침해의 위법성이 없다고 한다. 공적 인물은 ① 공개를 원했거나 공개에 동의했다는 점, ② 그의 존재나 직업이 이미 공적 성격을 띤다는 점, ③ 언론은 대중에게 공익에 관한 정당한 관심사항으로 된 것을 알릴 특권을 헌법상 보장받는다는 점을 이유로 프라이버시 침해를 인정하지 않는다.[43]

고위직 공무원, 영화배우, 스포츠 스타 등을 공적 인물이라고 한다. 흉악범의 사진을 보도할 수 있는지 논란이 많다. 공인 이론은 미국에서 유래한 것인데, 고위직 공무원 등을 자발적 공적 인물이라고 하고, 흉악범 등을 비자발적 공적 인물이라고 구분한다. 그러나 실제로는 공인인지 여부를 판단하기 어려운 경우가 많다. 심지어 범죄 사건의 피해자가 공적 인물에 해당하는지 논란이 되기도 한다.

우리나라의 하급심 판결에서 정치인이나 고위직 공무원이 아닌데도 공적 인물에 해당한다고 보아 초상권 침해를 부정한 사례들이 있다. 1995년 서울지방법원 판결에서 이휘소는 뛰어난 물리학자로서 우리나라 국민에게 많은 귀감이 될 수 있는 사람으로서 공적 인물이 되었고 이휘소가 사망한 지 이미 18년이 지났으므로, 이휘소를 모델로 하여 이휘소라는 실명을 사용하여 창작된 소설에서 이휘소의 사진을 사용하는 것은 위 소설이 이휘소에 대한 명예를 훼손시키는 내용이 아닌 한 허용된다고 판단하였다.[44] 또한 대우그룹 회장인 김우중 평전 사건에서 김우중이 뛰어난 기업인으로서 우리나라 국민에게 많은 귀감이 될 수 있는 사람으로서 이미 우리 사회의 공적 인물이 되었다고 할 것인데, 공적 인물이 되었다고 볼 수 있는 경우 그 사람은 자신의 사진, 성명, 가족들의 생활상이 공표되는 것을 어느 정도 수인하여야 한다고 판단하였다.[45] 그 후에도 국내 유명 재벌그룹의 경영인으로 우리 사회에 널리 알려진 사람을 이른바 '공적 인물'의 지위를 취득하였다고 판결한 사례가 있다.[46]

공인이나 유명인의 경우에는 언론에서 그 사진이나 영상을 공개하는 것이 넓게 허용된다. 그러나 이는 언론보도에 적용되는 것이고, 광고의 경우에는 퍼블리시티권의 침해 문제가 발생하여 전혀 다른 논리가 전개된다.

용어에 해당하기 때문에 일상용어와 달리 이해할 수도 있으나, 가급적 일반인이 받아들일 수 있는 표현을 사용하는 것이 좋다.

43) Prosser/Keeton, The Law of Torts, 5th ed., 1984, p. 862; 김재형(주 24), 132면.
44) 서울지판 1995. 6. 23, 94카합9230(하집 1995-1, 323).
45) 서울지판 1995. 9. 26, 85카합3438(법률신문 제2453호 13면).
46) 서울고판 2012. 3. 9, 2011나89080.

한편 공인이나 유명인의 경우에도 사생활을 무분별하게 공개하는 것은 허용되지 않는다. 최근 프랑스 잡지에서 영국 왕세손비인 케이트 미들턴에 관한 사진을 보도한 것이 논란이 되었다. 영국 왕실은 사진의 공개를 금지하는 청구를 하였는데, 프랑스 낭테르 법원은 2012년 9월 18일 프랑스 잡지 '클로제' 측에 노출 사진의 추가 보도와 배포를 금지하고, 24시간 내에 모든 사진 파일을 왕실에 돌려주는 한편 2,000유로(약 290만 원)를 배상하라고 판결했다. 잡지사가 이를 지키지 않을 경우 하루에 1만 유로의 벌금을 부과하라고 판결했다.47) 공인이나 유명인이라고 할지라도 본인의 사적인 모습, 특히 아주 내밀한 모습을 찍어서 보도하는 것은 허용되지 않는다고 볼 수 있다.

V. 초상권 침해에 대한 구제수단

1. 불법행위에 기한 손해배상청구권

(1) 책임의 근거

(가) 일반불법행위책임

초상권 침해에 대하여 여러 가지 구제수단이 있는데, 가장 중요한 것이 불법행위에 기한 손해배상청구이다.48) 민법 제750조는 "고의 또는 과실로 인한 위법행위로 타인에게 손해를 가한 자는 그 손해를 배상할 책임이 있다."라고 정하고 있고, 민법 제751조 제 1 항은 "타인의 신체, 자유 또는 명예를 해하거나 기타 정신상 고통을 가한 자는 재산 이외의 손해에 대하여도 배상할 책임이 있다."라고 정하고 있다. 또한 언론피해구제법 제30조 제 1 항은 "언론 등의 고의 또는 과실로 인한 위법행위로 인하여 재산상 손해를 입거나 인격권 침해 그 밖의 정신적 고통을 받은 자는 그 손해에 대한 배상을 언론사 등에 청구할 수 있다."라고 정하고 있다.

---

47) 연합뉴스 2012. 9. 18. 자("불법원, 케이트 노출사진 추가보도·재판매 금지"). (http://app.yonhapnews.co.kr/YNA/Basic/article/new_search/YIBW_showSearchArticle_New.aspx?searchpart=article&searchtext=%ec%bc%80%ec%9d%b4%ed%8a%b8+%eb%85%b8ec%b6%9c%ec%82%ac%ec%a7%84+%ed%8c%90%ea%b2%b0&contents_id=AKR20120918210500081).

48) 물론 사진 촬영에 관하여 계약을 체결한 경우에는 민법 제390조에 따라 채무불이행에 기한 손해배상책임이 성립할 수 있다.

이것은 언론피해의 경우에 불법행위에 기한 손해배상청구권이 발생한다는 것으로, 민법 제750조에서 도출되는 손해배상청구권과 동일한 취지이다. 따라서 언론에 의한 초상권 침해로 인한 불법행위책임의 근거로는 언론피해구제법 제30조와 민법 제750조, 제751조를 들 수 있다.

(나) 사용자책임과 공동불법행위책임

기자나 PD가 타인의 초상권을 침해하여 보도한 경우에 언론사와 기자나 PD는 불법행위에 기한 손해배상책임을 진다. 민법 제756조는 사용자책임에 관하여 규정하고 있는데, 그 제1항 본문에서 피용자가 그 사무집행에 관하여 불법행위를 저지른 경우에 사용자가 손해배상책임을 진다고 정하고 있다. 따라서 언론사의 직원인 기자가 취재 과정에서 불법행위를 한 경우에 언론사는 사용자책임을 진다.[49]

그리고 여러 사람이 공동으로 불법행위를 저지른 경우에는 민법 제760조에 따라 공동불법행위가 성립한다. 이를테면 초상권을 침해하는 기사가 신문에 보도된 경우에 기사를 공동으로 작성한 기자들, 사진기자들, 신문의 발행인은 공동불법행위자로서 손해배상책임을 질 수 있다.[50]

대판 2008. 1. 17, 2007다59912[51]에서는 외주제작사가 무단 촬영한 장면에 관하여 방송사업자가 피촬영자의 방송 승낙 여부를 확인하지 않고 피촬영자의 식별을 곤란하게 하는 별도의 화면 조작 없이 그대로 방송한 경우, 피촬영자의 초상권 침해에 대하여 외주제작사와 공동불법행위책임을 지는지가 문제되었다.

이 판결의 사안을 간략하게 보면 다음과 같다. ① 원고 2는 2005. 8. 2. 건국대학교병원(이하 '건대 병원'이라 한다)에서 임신 29주 만에 원고 1 등 세쌍둥이 미숙아를 출산하였는데, 그중 2명은 출생 직후 사망하고, 원고 1만이 생존하여 2005. 9. 말경까지 위 병원 신생아 중환자실에서 요양을 받았다. 원고 3은 원고 2의 남편이자 원고 1의 아버지이다. ② 피고 학교법인 건국대학교(이하 '피고 건대'라 한다)는 건대 병원을 경영하는 법인이고, 피고 2는 건대 병원의 홍보팀장이다. 피고 한국방송공사(KBS)는 텔레비전 방송 등을 목적으로 설립되어 매주 화요일 자정에 '병원 24시'라는 프로그램(이하 '병원 24시'라 한다)을 방영하는 법인이고, 피고 4는 피고 한국방송공사의 직원으로서 병원 24시의 프로듀서(연출자)이다. 피고 주식회사 제이알

---

49) 의정부지판 2011. 10. 20, 2011나6848(각공 2011, 1479).
50) 서울고판 2012. 3. 9, 2011나89080 참조.
51) 공 2008, 215.

엔(이하 '피고 제이알엔'이라 한다)은 방송프로그램 등을 제작·판매하는 회사이고, 피고 6은 피고 제이알엔의 직원으로서 '병원 24시' 중 '1,000g 아가들의 전쟁 – 세쌍둥이 미숙아' 편(이하 '이 사건 프로그램'이라 한다)의 제작에 있어 촬영 및 연출을 담당한 사람이다. ③ 피고 한국방송공사는 2005. 7. 1. 피고 제이알엔과 사이에 위 피고로부터 병원 24시를 편당 18,264,000원에 제작·납품받기로 하는 내용의 방송프로그램 외주제작계약(이하 '이 사건 제작계약'이라 한다)을 체결하였다. ④ 피고 제이알엔은 "세쌍둥이 미숙아의 삶에 대한 본능과 그들을 온전히 성장시키기 위한 젊은 부부 및 의료진의 노력 등을 통해 생명의 소중함을 다시 생각해 본다."라는 기획의도로 이 사건 프로그램을 제작하기로 결정하고, 피고 2 등의 협조 아래 피고 6으로 하여금 2005. 9. 16. 이후 2005. 9. 30.까지 보름 동안 건대 병원 신생아 중환자실에서 세쌍둥이 미숙아와 그 부모 등에 대해 촬영하도록 하였다. ⑤ 피고 한국방송공사가 매주 화요일 방송한 이 사건 프로그램은 세쌍둥이 미숙아의 출산과 약 보름 동안 위 미숙아들이 신생아 중환자실에서 겪게 되는 여러 상황 및 그 부모의 생활 모습 등을 중심으로 구성되어 있다.

원심판결52)중 초상권 침해에 관한 판단 부분은 다음과 같다. ① "피고 6은 원고 1의 친권자인 원고 2, 3의 동의 없이 제1, 2장면을, 원고 2의 동의 없이 제3장면을 각 촬영하여 텔레비전을 통해 방영되게 함으로써 원고 1, 2의 초상권을 부당하게 침해하였다고 할 것이므로, 피고 6과 그 사용자인 피고 제이알엔은 각자 이로 인하여 원고 1, 2가 입은 손해를 배상할 책임이 있다." ② 이 사건 제작계약의 내용에 의하면, 피고 한국방송공사는 피고 제이알엔의 제작현장에 수시로 입회하는 등 병원 24시의 제작에 관여할 수 있고, 제작이 완료된 병원 24시를 검수하여 불충분한 사항에 대해서는 피고 제이알엔에 수정 또는 보완을 요구할 수 있으며, 병원 24시에 대한 방송권자 또는 방송의 주체로서 병원 24시에 대한 최종적인 편집권한이 있으므로, 피고 4로서는 병원 24시의 프로듀서로서 병원 24시를 통하여 이 사건 프로그램을 방영하게 된 이상 이 사건 프로그램이 타인의 초상권을 침해하고 있는지 등에 대해 주의를 기울여야 할 의무가 있다(이 사건 제작계약에 의하면 병원 24시와 관련하여 피고 제이알엔의 귀책사유로 발생하는 모든 책임을 피고 제이알엔이 부담하도록 되어 있으나, 이는 피고 한국방송공사 및 피고 제이알엔의 내부적인 구상관계

---

52) 서울고판 2007. 7. 25, 2006나80294.

를 정해 둔데 불과하다). 이에 위반하여 만연히 이 사건 장면이 포함된 이 사건 프로
그램을 방영한 잘못이 있으므로, 피고 4와 그 사용자인 피고 한국방송공사는 이로
인한 위 원고들의 초상권 침해에 대하여 피고 제이알엔, 피고 6과 공동불법행위자
로서의 손해배상책임을 면할 수 없다. ③ 이 사건 프로그램이 공익목적을 지향하
여 제작·방영한 것이라 하여도, 그러한 목적 달성을 위해 이 사건 프로그램 중에
위 원고들의 초상을 넣지 않으면 안 되는 어떤 필연성이나 그 초상을 촬영함에 있
어 미리 위 원고들의 동의를 구하는 절차를 생략·배제해도 용인될 만큼의 무슨 긴
급성도 엿보이지 아니하는 이 사건에서, 전혀 공적인 존재가 아닌 위 원고들에 대
하여 단지 프로그램의 공익성만을 내세워 그 초상권 침해의 위법성이 조각된다고
할 수는 없다. ④ 위 피고들이 배상할 위자료에 관해서는 이 사건 프로그램의 방
영 목적이 주로 생명의 소중함을 일깨워주는 등 공익을 위한 것이고, 이 사건 장
면이 비교적 단시간으로 구성되었으며, 그 내용 역시 부정적인 면을 포함하고 있
지는 아니하나, 그 촬영에 앞서 원고 3이 원고들을 대표하여 이 사건 장면의 촬영
을 담당한 피고 6에게 원고들이 처한 사정을 설명하면서 이 사건 장면의 촬영을
거절하는 뜻을 분명히 밝힌 점 등 이 사건 변론에 나타난 여러 사정을 두루 참작
할 때, 원고 1, 2에 대하여 각 700만 원으로 정함이 상당하다.

피고 한국방송공사 외 2인이 상고하였으나, 대법원은 다음과 같은 이유로 원
심판결을 지지하면서 피고들의 상고를 기각 또는 각하하였다.

"방송법 제72조 제1항 및 같은 법 시행령 제58조 제1항에 의하여 방송위원회가 고
시하는 일정 비율 이상의 외주제작 방송프로그램 편성이 방송사업자에게 강제되고 이
에 따라 방송사업자가 외주제작사에 방송프로그램의 제작을 의뢰한 경우라고 하더라도
외주제작사와 체결한 제작계약에서 방송프로그램의 방송권이 방송사업자에게 귀속하고
납품된 방송프로그램의 최종적인 편집권한이 방송사업자에게 유보된 사정 아래에서 방
송사업자가 제작과정에서 외주제작사에 의하여 무단 촬영된 장면에 관하여 피촬영자로
부터 그 방송의 승낙 여부를 확인하지 아니하고 나아가 피촬영자의 식별을 곤란하게
하는 별도의 화면조작(이른바 모자이크 처리 등) 없이 그대로 방송하게 되면 외주제작
사와 공동하여 피촬영자의 초상권을 침해한 불법행위의 책임을 면할 수 없다 할 것이
고, 이러한 방송사업자의 책임은 그가 방송의 주체로서 자신의 독립적 판단하에 외주
제작 방송프로그램이 납품된 상태 그대로 방송한 데 기초한 것이므로 그 제작과 관련
하여 방송사업자와 외주제작사 사이의 법률관계가 민법상의 도급인과 수급인의 관계인

지 또는 실질적으로 사용자와 피용자 관계인지 여하에 따라 그 책임관계가 달라지는
것은 아니라 할 것이다.”

이 판결은 외주제작계약에 따라 제작된 프로그램에 대하여 방송사의 책임을
인정하였다는 점에서 선례로서 의미가 있다. 그 근거는 다음과 같다. 외주제작계약
에 따라 피고 한국방송공사는 피고 제이알엔의 제작현장에 수시로 입회하는 등
“병원 24시” 프로그램의 제작에 관여할 수 있고 제작이 완료된 “병원 24시” 프로
그램을 검수하여 불충분한 사항에 대해서는 피고 제이알엔에 수정 또는 보완을 요
구할 수 있으며 “병원 24시” 프로그램에 대한 방송권자 또는 방송의 주체로서 “병
원 24시” 프로그램에 대한 최종적인 편집권한이 있고, 피고 4로서는 “병원 24시”
프로그램의 프로듀서로서 이 사건 프로그램을 방영하게 된 이상 그 프로그램이 타
인의 초상권을 침해하고 있는지 등에 대해 주의를 기울여야 할 의무가 있다. 그런
데도 이에 위반하여 만연히 원심 판시 제1, 2, 3장면이 포함된 이 사건 프로그램을
방영한 잘못이 있다. 이러한 경우에 피고 4와 그 사용자인 피고 한국방송공사는
이로 인한 원고 1, 2의 초상권 침해에 대하여 피고 제이알엔 및 피고 6과 공동불
법행위자로서의 손해배상책임을 진다고 판단하였다.

나아가 대법원은 피고 4가 피고 한국방송공사의 피용자로서 이 사건 프로그램
의 방송과 관련하여 피촬영자의 승낙 등 초상권 침해 여부에 관하여 필요한 주의
의무를 다하지 않은 과실이 있음을 이유로 위 피고들에게 손해배상책임을 인정한
것에 대하여 “원심이 인정한 이러한 과실책임은 피촬영자의 승낙 여부를 확인하는
것이 현실적으로 곤란하다면 편집권에 기하여 문제될 수 있는 장면을 삭제하거나
피촬영자의 동일성 식별을 곤란하게 하는 화면조작 등으로 초상권 침해의 결과를
회피할 수 있는 수단이 피고 한국방송공사에게 부여되어 있음을 전제한 것으로서
피고 4에게 이행이 불가능한 수준의 주의의무를 요구하는 것이거나 방송사업자에
게 일정 비율의 외주제작 방송프로그램 의무편성을 규정한 방송법 제72조 제 1 항
의 취지에 위반되는 것이라고 볼 수 없다.”라고 판결하였다.

이 판결은 외주제작사가 무단 촬영한 장면에 관하여 방송사업자가 피촬영자의
방송 승낙 여부를 확인하지 않고 피촬영자의 식별을 곤란하게 하는 별도의 화면
조작 없이 그대로 방송한 경우, 피촬영자의 초상권 침해에 대하여 외주제작사와

공동불법행위책임을 지게 된다고 하였다.53) 방송사가 외주제작사와 계약을 체결하면서 외주제작사가 전적으로 책임을 지고 방송사는 지지 않는다고 약정하기도 한다. 그러나 이는 방송사와 외주제작사의 내부관계에서 적용되는 것이고, 이는 피해자가 방송사에 불법행위에 기한 손해배상을 청구하는 데에는 아무런 영향을 미치지 않는다.

㈐ 정보통신서비스 제공자의 책임

인터넷에 의한 초상권 침해가 중요한 문제가 되고 있다. 인터넷에 다른 사람의 사진을 무단으로 올린 경우에는 초상권 침해로 인한 불법행위책임을 진다. 이를테면 다른 사람의 사진을 무단으로 복사하여 인터넷 커뮤니티에 게시한 경우에 초상권 침해를 인정한 하급심 판결들이 있다.54) 그런데 인터넷서비스제공자가 위와 같은 초상권 침해에 대하여 어떠한 책임을 질 것인지 문제된다.

「정보통신망 이용촉진 및 정보보호 등에 관한 법률」제44조 제 2 항은 정보통신서비스 제공자가 자신이 운영·관리하는 정보통신망에 사생활 침해 또는 명예훼손 등 타인의 권리를 침해하는 정보가 유통되지 아니하도록 노력하여야 한다고 정하고 있다. 따라서 사생활 침해 또는 명예훼손 등 타인의 권리를 침해하는 정보가 정보통신망에 유통될 경우 정보통신서비스 제공자는 불법행위책임을 질 수 있다.

명예훼손에 관한 것이긴 하지만, 대판(전) 2009. 4. 16, 2008다53812 55)은 인터넷 종합 정보제공 사업자의 불법행위책임에 관하여 기준적인 판단을 하고 있다. 자살을 한 여자의 어머니가 인터넷에 딸의 남자친구를 비난하는 글을 올렸다. 이 글은 많은 반향을 일으켰다. 네이버 등에 이에 관한 기사 및 댓글이 게재되었다. 피해자가 네이버 등을 상대로 불법행위에 기한 손해배상을 청구하는 소를 제기하였다. 이 사건은 이른바 포털이 언론인가 하는 논의를 촉발시켰는데, 대법원은 인터넷 종합 정보제공사업자가 자신의 컴퓨터에 보도매체의 기사를 보관하면서 스스로 그 기사의 일부를 선별하여 게시한 경우, 그로 인하여 명예가 훼손된 자에게 불법행위책임을 진다고 판결하였다. 보도매체로부터 기사를 전송받아 자신의 자료저장 컴퓨터 설비에 보관하면서 스스로 그 기사 가운데 일부를 선별하여 자신이 직접 관리하는 뉴스 게시 공간에 게재하였고 그 게재된 기사가 타인의 명예를 훼

---

53) 서울서부지판 2008. 5. 29, 2007나9003도 위 판결과 동일하게 판결하였다.
54) 수원지판 2012. 7. 25, 2012나7974.
55) 공 2009, 626. 이 판결에 관해서는 김재형(주 24), 362면 이하 참조.

손하는 내용을 담고 있다면, 이는 단순히 보도매체의 기사에 대한 검색·접근 기능을 제공하는 경우와는 달리 인터넷뉴스서비스 사업자가 보도매체의 특정한 명예훼손적 기사 내용을 인식하고 이를 적극적으로 선택하여 전파한 행위에 해당한다고 한다. 그러나 댓글에 관해서는 매우 엄격한 요건 하에서 인터넷 종합 정보제공 사업자의 책임을 인정했다. 즉, ① 인터넷 종합 정보제공 사업자가 제공하는 인터넷 게시 공간에 게시된 명예훼손적 게시물의 불법성이 명백하고, ② 위 사업자가 그 게시물이 게시된 사정을 구체적으로 인식하고 있었거나 그 게시물의 존재를 인식할 수 있었음이 외관상 명백히 드러나며, ③ 기술적, 경제적으로 그 게시물에 대한 관리·통제가 가능한 경우에 위 사업자가 그 게시물을 삭제하고 향후 같은 인터넷 게시 공간에 유사한 내용의 게시물이 게시되지 않도록 차단할 주의의무가 발생한다고 했다. 이러한 주의의무를 게을리한 경우에 위 사업자는 명예훼손으로 인한 손해배상책임을 진다. 이 경우 피해자가 삭제요청을 하지 않았더라도 위 사업자는 손해배상책임을 진다.

위 판결이 제시한 판단기준은 초상권에도 적용될 수 있다. 인터넷 종합 정보제공 사업자가 초상권을 침해하는 사진이나 영상을 선별하여 게시하는 경우에는 언론과 마찬가지로 초상권 침해로 인한 불법행위책임을 진다. 또한 일반인들이 인터넷에 사진을 올려 초상권을 침해하는 경우에 인터넷 종합 정보제공 사업자가 제공하는 인터넷 게시 공간에 게시된 게시물의 불법성이 명백하고, 위 사업자가 그 게시물이 게시된 사정을 구체적으로 인식하고 있었거나 그 게시물의 존재를 인식할 수 있었음이 외관상 명백히 드러나며, 기술적, 경제적으로 그 게시물에 대한 관리·통제가 가능한 경우에는 위 사업자가 그 게시물을 삭제하고 향후 같은 인터넷 게시 공간에 유사한 내용의 게시물이 게시되지 않도록 차단할 주의의무가 발생한다. 아직 이에 관한 논의가 활발하지는 않지만, 이 문제는 조만간 중요한 문제로 등장할 것이다.

(2) 손해배상의 범위와 손해배상액의 산정

초상권 침해로 인한 손해에는 재산적 손해와 비재산적 손해가 있다. 언론보도에 의한 초상권 침해의 경우에는 주로 정신적 손해가 문제된다. 대법원은 초상권에 대한 부당한 침해는 불법행위를 구성하고, 그 침해를 당한 사람에게는 특별한

사정이 없는 한 정신적 고통이 수반된다고 봄이 상당하다고 한다.[56]

　정신적 손해의 배상은 위자료로 나타난다. 정신적 고통을 금전으로 계량하는 것은 불가능하지만, 정신적 고통을 가늠하여 금전으로 배상하는 것이 위자료이다. 불법행위로 입은 정신적 고통에 대한 위자료 액수에 관해서는 사실심 법원이 제반 사정을 참작하여 그 직권에 속하는 재량에 의하여 이를 확정할 수 있다.[57] 법원의 판결에서 위자료를 산정할 때 고려하는 요소로는 당사자 쌍방의 사회적 지위, 직업, 자산 상태, 가해의 동기, 가해자의 고의·과실 등을 들 수 있다.

　한편 초상권 침해의 경우에 재산적 손해를 산정하기 어려운 경우가 많다. 언론피해구제법 제30조 제2항은 손해액의 산정에 관하여 법원은 언론 등에 의한 인격권 침해 등으로 인한 손해가 발생한 사실은 인정되나 손해액의 구체적인 금액을 산정하기 곤란한 경우에는 변론의 취지 및 증거조사의 결과를 참작하여 그에 상당하다고 인정되는 손해액을 산정하여야 한다고 정하고 있다. 판례는 채무불이행이나 불법행위로 인한 손해배상의 경우에도 이와 동일한 법리를 인정하고 있다.[58] 따라서 손해가 발생한 사실이 인정되나 손해액을 산정하기 곤란한 경우에 법원이 변론 전체의 취지와 증거조사의 결과를 참작하여 손해액을 산정하여야 한다.[59]

　언론에서 원고에 대해 성로비 의혹을 제기하면서 원고의 알몸 뒷면을 담은 컬러 사진을 일간신문에 게재한 사건에서 명예훼손책임을 인정하여 손해배상액을 1억 5,000만 원으로 정하였다.[60] 그러나 단순한 초상권 침해의 경우에는 100만 원 정도의 낮은 금액이 손해액으로 인정되는 경우가 많다. 초상권에 관한 사례를 모아 유형별로 분류하여 손해배상액이 얼마나 인정되었는지를 정리하여 초상권 침해로 인한 손해배상액을 산정하는 기준을 마련할 필요가 있다.

　한편 징벌적 손해배상을 도입해야 할 것인지 문제된다. 언론피해구제법을 제

---

56) 대판 2012. 1. 27, 2010다39277.
57) 대판 1988. 2. 23, 87다카57(공 1988, 573); 대판 1999. 4. 23, 98다41377(공 1999, 998); 대판 2002. 11. 26, 2002다43165(공 2003, 211); 대판 2006. 1. 26, 2005다47014, 47021, 47038(공 2006, 313).
58) 대판 2004. 6. 24, 2002다6951, 6968(공 2004, 1201); 대판 2005. 11. 24, 2004다48508; 대판 2006. 9. 8, 2006다21880(공 2006, 1662); 대판 2009. 8. 20, 2008다51120, 51137, 51144, 51151(공 2009, 1516).
59) 김재형(주 24), 422면; 김재형, "프로스포츠 선수계약의 불이행으로 인한 손해배상책임," 민법론 Ⅲ, 박영사, 2007, 389면 이하.
60) 서울중앙지판 2008. 12. 17, 2007가합96787. 그 후 서울고등법원에서 손해배상액을 8천만 원으로 조정결정하였다.

정할 당시 징벌적 손해배상을 도입하자는 의견이 있었다. 필자는 징벌적 손해배상을 도입하는 것에 반대하였다.61) 우리나라에서는 언론피해에 대하여 금지청구, 반론보도청구, 정정보도청구, 손해배상청구 등 다양한 구제수단이 있다. 이에 반하여 미국에서는 금지청구나 반론보도청구는 미국 연방 수정헌법 제 1 조에서 정하고 있는 표현의 자유를 침해한다고 해서 인정되지 않고 있다. 미국에서는 언론피해에 대한 구제수단으로 징벌적 손해배상이 중요한 위치를 차지하고 있지만, 우리나라에서 손해배상은 여러 구제수단 중의 하나에 불과하다. 이와 같이 여러 구제수단이 있는 상태에서 징벌적 손해배상을 추가적으로 도입하면 표현의 자유를 좀 더 심각하게 침해하게 된다.

2. 금지청구권

초상권 침해에 대하여 금지청구권이 인정된다. 판례는 인격권에 기한 금지청구권을 인정하고 있다.62) 언론피해구제법 제30조 제 3 항은 "제 1 항에 따른 피해자는 인격권을 침해하는 언론사등[언론사·인터넷뉴스 서비스사업자 및 인터넷 멀티미디어 방송사업자를 가리킨다]에 대하여 침해의 정지를 청구할 수 있으며, 그 권리를 명백히 침해할 우려가 있는 언론사등에 대하여 침해의 예방을 청구할 수 있다."라고 정하고 있고, 제30조 제 4 항은 제 1 항에 따른 피해자는 제 3 항의 규정에 의한 청구를 하는 경우에 침해행위에 제공되거나 침해행위에 의하여 만들어진 물건의 폐기나 그 밖의 필요한 조치를 청구할 수 있다고 정하고 있다.

손해배상은 인격권이 침해된 후의 구제수단이라면, 금지청구권은 인격권의 침해를 미리 예방하는 사전적 구제수단이라고 할 수 있다. 언론보도로 인한 인격권 침해가 발생하거나 발생할 우려가 있는 경우에 금지청구의 상대방은 침해행위를 정지 또는 예방할 수 있는 지위에 있는 언론사 등이다. 그리하여 언론피해구제법은 금지청구권의 상대방을 언론사 등이라고 하고 있다. 그러나 기자 등이 침해행위를 정지 또는 금지할 수 있는 지위에 있는 경우에는 인격권에 기하여 기자 등을 상대로 금지청구를 할 수도 있다.

---

61) 상세한 것은 김재형(주 24), 463면 이하 참조.
62) 대판 1996. 4. 12, 93다40614, 40621(공 1996, 1486).

초상권 침해가 계속되고 있는 경우에 그 상태를 제거하기 위하여 침해행위의 정지 등을 청구할 수 있다. 초상권 침해의 경우에 침해행위의 정지 등은 초상권을 침해하는 사진을 삭제하는 형태로 나타난다. 또한 피고들이 이를 이행하지 아니할 개연성이 있는 경우에는 법원은 간접강제를 명할 수 있다.

헌법 제21조 제2항은 언론·출판에 대한 허가제 또는 검열제도를 허용하지 않고 있다. 그런데 언론보도에 대한 금지청구권이 이 규정을 위반하는 것인지 문제되나, 헌법재판소는 이를 부정한다.[63]

그러나 금지청구권은 표현의 자유를 위축시킬 수 있기 때문에 대법원은 표현 행위에 대한 사전 억제는 엄격하고 명확한 요건을 갖춘 경우에만 예외적으로 인정 하고 있다. 즉, 표현내용이 진실이 아니거나, 그것이 공공의 이해에 관한 사항으로 서 그 목적이 오로지 공공의 이익을 위한 것이 아니며, 또한 피해자에게 중대하고 현저하게 회복하기 어려운 손해를 입힐 우려가 있는 경우에 한하여 사전 금지가 허용된다. 그와 같은 표현행위는 그 가치가 피해자의 명예에 우월하지 않은 것이 명백하고, 또 그에 대한 유효적절한 구제수단으로서 금지의 필요성도 인정되기 때 문이다.[64]

언론보도로 초상권을 침해하는 경우에 그것이 공공의 이익을 위한 것이 아니 고 그 보도로 인하여 피해자에게 중대하고 현저하게 회복하기 어려운 손해를 입힐 우려가 있는 경우에 한하여 금지청구권이 인정된다고 보아야 한다.

3. 정정보도·반론보도·추후보도청구권

언론피해구제법은 정정보도청구, 반론보도청구, 추후보도청구를 인정하고 있 다. 정정보도는 언론의 보도 내용의 전부 또는 일부가 진실하지 아니한 경우 이를 진실에 부합되게 고쳐서 보도하는 것이고(제2조 제16호), 반론보도는 보도 내용의 진실 여부와 관계없이 그와 대립되는 반박적 주장을 보도하는 것이며(제2조 제17 호), 추후보도는 언론 등에서 범죄혐의나 형사상의 조치를 받았다는 보도나 공표가 있은 후 추가적인 보도를 하는 것이다.[65] 이러한 구제수단은 허위의 보도를 하였

---

63) 헌재 1996. 10. 4, 93헌가13, 91헌바10(헌집 8-2, 212); 헌재 2001. 8. 30, 2000헌바36.
64) 대결 2005. 1. 17, 2003마1477(공 2005, 391).
65) 김재형(주 24), 258면 이하.

는지 문제되는 경우에 많이 이용되지만, 초상권을 침해한 경우에도 이용될 수 있다. 이를테면 사진을 실으면서 엉뚱한 내용의 기사를 쓴 경우에 사진이나 기사에 관하여 반론보도 등을 청구할 수 있다.

Ⅵ. 결론 — 올바른 보도 방법

1. 그렇다면 언론의 올바른 보도 방법은 무엇인가? 이에 관해서는 필자가 말하기 어려운 부분이다. 이것은 언론인이 찾아야 할 내용이다. 법적 관점에서 섣불리 올바른 보도 방법을 제안할 경우 생생한 사진이나 영상을 보도하는 데 장애가 될 수도 있기 때문이다. 다만 위에서 검토한 내용을 토대로 초상권 침해를 예방할 수 있는 방법이 무엇인지 생각해보는 차원에서 간략한 의견을 밝히고자 한다.

언론보도에 의한 초상권 침해 여부를 판단할 때 사진이나 영상을 보도할 필요성이 얼마나 큰 것인지와 초상권을 보호할 필요성이 얼마나 큰 것인지가 매우 중요하다. 법원에서는 결국 사진 등의 보도 이익과 초상권 보호의 이익을 형량하는 방식으로 초상권 침해 여부를 판단하고 있기 때문이다. 언론중재위원회에서도 이와 비슷한 방법으로 해결하고 있을 것이다. 그런데 사진 등을 보도할 필요성이 큰 것인지, 초상권을 보호할 필요성이 큰 것인지에 대해서는 사진기자나 편집부에서 판단할 수밖에 없다. 그러나 언론사에서 이것을 판단하는 것이 쉽지 않다는 점이 문제이다.

그리하여 언론사나 기자의 입장에서는 피촬영자의 동의를 얻고 동의의 범위를 명확하게 하는 것이 중요하다. 사진이나 영상을 촬영하기 전에 동의를 얻을 수도 있지만, 사진 등을 촬영한 이후에 동의를 얻을 수도 있다. 매 순간 동의를 얻은 다음에 촬영한다면 생생한 사진이나 영상을 확보하는 것이 불가능하다. 동의는 명시적으로 할 수도 있지만, 묵시적으로 할 수도 있다. 또한 피촬영자가 실제로 동의하였다는 증거가 없더라도 여러 사정을 고려하여 동의한 것으로 볼 수 있는 경우를 추정적 동의라고 한다.

실제 언론 현장에서는 동의를 얻지 못하는 경우가 많이 발생한다. 공적 인물이나 유명인에 관한 보도의 경우에는 초상권 침해의 위법성이 부정될 수 있다. 또한 공적 인물이 아닌 사인의 사진 등을 보도하는 경우에도 그것이 공중의 정당한 관심사에 관한 보도인 경우에는 위법성이 부정될 수 있다. 그러나 유명인에 관한 보도도 지나치게 내밀한 사생활에 해당하는 장면을 보도하는 것은 허용되지 않는다. 결국 사진이나 영상을 보도할 필요성이 큰 것인지, 아니면 초상권자를 보호할 필요성이 큰 것인지를 판단하면서 보도해야 한다.

2. 언론이 사법부의 법적 판단에 대하여 비판을 하는 것은 당연한 일이지만, 언론보도도 법적인 판단의 대상이 될 수 있다. 언론의 자유와 인격권은 모두 헌법에 근거를 두고 있는 중요한 기본권이다. 지난 30년 동안 어떤 경우에 언론에 의한 인격권 침해가 인정되고 어떤 경우에 인정되지 않는지에 관하여 판례가 축적되었다. 언론피해구제법에서는 판례를 수용하여 언론에 의한 인격권 침해 문제에 관하여 상세한 규범을 규정화하였다. 이제 인격권은 우리의 사회생활을 규율하는 기초적인 권리로 자리매김하고 있다. 따라서 언론도 인격권을 인식하면서 취재나 보도 관행을 형성해 가야 한다. 인격권은 언론에 대한 하나의 도전일 수 있지만, 그 가치를 인정하면서 슬기롭게 대응한다면 우리 언론이 한 단계 도약할 수 있는 기회가 될 것이다.

[언론중재 제32권 4호(2012 겨울호), 언론중재위원회, 24-46면]

〈토   론〉

2012년 10월 25일 언론중재위원회 2012년도 정기세미나에서 제2주제로 이 글을 발표한 직후 '제2주제 지정토론'과 '종합토론'이 이어졌는데, 그중 필자가 발언한 부분은 다음과 같다(이 책에 수록하면서 사소한 표현을 바꾼 부분이 있다).[66]

---

66) 토론 내용 전체는 언론중재 제125호(2012 겨울호), 42-46면(제2주제 지정토론)과 47-54면(종합토론)에 수록되어 있는데, 제2주제 지정토론에서는 필자의 답변 전에 김정탁 성균관대학교 신문방송학과 교수와 박도윤 CJ E&M 법무팀 부장의 발언이 소개되어 있고, 종합토론에서는 필자 이외에도 박현채 서울 제5중재부 중재위원, 김철관 한국인터넷기자협회 회장, 김정숙 영남대학교 국사학과 교수, 박도윤 부장, 오동명 한국인터넷기자협회 사진특위원장, 손영준 국민대학교 언론정보학부 교수, 이정우 한국인터넷기자협회 부회장, 임병렬 서울중앙지법원 부장판사, 김대오 오마이스타 국장대우, 배재만 한국사진기자협회 부회장, 오광건 언론중재위원회 사무총장, 한박무 대전중재부 중재위원의 발언이 소개되어 있다.

1. 제 2 주제 지정토론에 대한 답변

흉악범 보도의 경우에 어떤 방식으로 하는 것이 좋겠느냐에 관해 말씀하셨는데, 매우 어려운 부분입니다. 사진을 그대로 보도하는 것이 좋으냐 아니냐 하는 것인데 그게 아주 끔찍한 범행이고 사회적으로도 큰 논란을 일으켰다든지 하는 경우라면, 사진을 보도하더라도 문제 삼는 경우는 많지 않습니다. 그런 경우는 전세계적으로 보도하기도 합니다. 그것에 반해서 청소년이 폭행한 것 등이 문제가 된 경우라면 대체로 얼굴까지 내보낼 필요는 없다는 의견도 있고, 학교나 이름을 내보내는 것에 대해서도 부정적인 의견들이 많이 있습니다. 이와 같이 똑같은 범죄라 할지라도 그게 흉악범이냐 아니냐 그리고 그 사람이 성년이냐 아니면 10대 청소년이냐에 따라서 달라집니다. 흉악범 보도에 대해서 일률적으로 이야기하기가 매우 어렵고 오히려 일률적인 기준을 만드는 것이 위험할 수도 있습니다.

청소년은 범죄를 저질렀다고 하더라도 얼굴이라든지 이름을 내보내서는 안 된다고 일반적으로 생각합니다. 그 이유는 '청소년은 자라고 있는 학생이고 이후에 바뀔 수도 있기 때문에 정상적으로 성장하는 것을 돌보아 주어야 한다'는 생각이 더 크기 때문입니다. 이것에 비해서 흉악범죄라고 한다면 '그와 같은 피의자나 흉악범죄를 저지른 사람에 대한 인격적 이익은 고려를 덜 해야 한다'라는 생각 때문입니다.

이와 관련해서 독일에서 유명한 판결이 있습니다. Lebach 사건에서 아주 끔찍한 범죄를 저질렀고 그것에 관해서 보도되었습니다. 그 사람이 20년쯤 지나서 출소하게 되었습니다. 그 무렵 언론에서 이 사건에 관해 보도했습니다. 독일 연방헌법재판소에서 '범죄를 막 저질렀을 때 보도하는 것은 괜찮지만 시간이 많이 지난 시점에서는 그 사람이 사회에 복귀할 필요성, 사회에 복귀할 이익이 일반 국민들이 가지고 있는 정보의 이익보다 크기 때문에 그런 경우에는 방송해서는 안 된다'고 판결했습니다. '어떤 구체적인 사건에 직면해서 여러 사건에서 어떤 방식으로 형량해야 하느냐'에 따라서 개별적으로 해결할 수밖에 없지 않을까 생각합니다. 그래서 '무조건 얼굴을 가려야 된다'라는 점에는 동의하기 어렵습니다만, 어떤 범죄인지에 따라서 다른 양상을 띨 수 있습니다.

박도윤 부장님 말씀과 관련해서 몇 가지 말씀드리겠습니다. 초상권 침해 여부를 주위 사람이 알아볼 수 있는지를 기준으로 판단해야 한다면, 제작하는 쪽에서는 어려운 문제들이 있을 수밖에 없습니다. 예를 들면, 유방 확대 수술을 받은 사람이 '자기를 알아볼 수 없도록 해달라'고 하면서 인터뷰했습니다. 그런 경우라면 인터뷰에 동의했더라도 주위 사람들이 정말 모르게 해야 할 것입니다. 이것은 1998년 대법원 판결입니다. 1998년에는 '유방 확대 수술을 했다는 것을 다른 사람이 알 경우 그 사람의 명예가 훼손될 것' 혹은 '그 사람의 사생활이 침해될 것'이라고 보통 생각했을 것입니다. 그러나 10여 년이 지난 현재는 아마 똑같은 유방 확대 수술이라고 할지라도 다르게 생각할지도 모르겠습니다. 한편 성적인 부분은 여전히 수치스럽게 생각하고 있기 때문에 좀 더 강하게 보호할 수밖에 없을 것입니다. '사람이 가지고 있는 내밀영역 혹은 비밀영역에 해당하는 부분은 좀 더 강하게 보호해야 한다'고 말할 수 있습니다.

그리고 '한 번 사진을 촬영한다든지 인터뷰한 것에 동의했는데 나중에 변심한 경우 어떻게 되느냐' 혹은 '인터뷰와 사진 찍는 것을 다 허용했는데 나중에 보니까 사진이 잘 안 나왔을 경우 철회를 할 수 있느냐'는 질문이 있었습니다. 철회할 수 있는 경우도 있고, 없는 경우도 있습니다. 미국에서는 이른바 대가를 받았는지 아닌지에 따라서 크게 좌우되고, 계약 형태로 되어 있는지 아닌지에 따라서 달라집니다. 이른바 '무상동의', '호의동의'라고 하는 것, '아무런 대가 없이 사진을 찍어도 좋다'고 한 경우라면 대체로 인터뷰 끝난 다음에 얼마든지 철회할 수 있습니다. 그러나 대가를 받은 경우에는 쉽게 철회할 수 없습니다. 계약을 체결한 이후에 계약 취소 사유가 있어야 하며 쉽게 철회할 수 없습니다.

미성년자, 이를테면 초등학생, 중학생의 동의를 받았다고 하더라도 마음대로 내보내서는 안 되고 법정대리인에 해당하는 부모의 동의가 필요한 경우들이 있습니다. 실제로 '미성년자인데 나체사진을 찍어서 내보내는 것에 아이가 동의를 했는데 그런 경우 어떻게 되느냐'에 관해서 독일에서 많이 논의된 적이 있습니다.

공인과 관련하여 연예인의 경우에 논란이 많은데 대체로 우리나라에서도 유명한 연예인의 경우에는 공인 또는 공적 인물이라고 봐서 책임을 면해주는 경우가 점점 늘어나고 있습니다. 그렇다고 하더라도 건강이나 성적인 문제 등은 보도나 방영을 허용하지 않는 경우가 많습니다. 물론 그런 경우에도 동의를 받으면 허용될 수 있습니다. 그런데 '데이트하는 정도까지는 어떻게 되느냐' 이런 것은 애매한 부분인 것 같습니다. 이에 관해서는 좀 더 생각해볼 문제가 있습니다.

언론분쟁과 관련하여 손해배상기준표에 관해서 말씀하셨는데 기준표를 작성하더라도 그것이 판사를 완전히 구속하는 것은 아닙니다. 그러나 그런 기준표는 여러 사례들을 통해서 점점 만들어가고 수정되는 것이 필요합니다. 양형위원회가 만들어져서 양형에 관해 기준표를 만들고 있습니다. 손해배상 기준에 관해서 많은 논란이 있기 때문에 손해배상기준표를 만드는 작업이 필요하지 않을까 생각합니다.

공동불법행위에 관해서는 결국 외주사업자가 문제가 많이 될 것이라고 생각합니다. 피해자는 그런 계약이 체결되어 있는지도 모르고, 방송사 입장에서도 외주사업자를 통제하기는 현실적으로 불가능할 것입니다. '피해자는 외주사업자뿐만 아니라 방송국에 대해서도 책임을 추궁할 수 있다'는 것이 기본적 원칙입니다. 그런 경우에 방송국에서 외주사업자에 대해서 다시 피해를 회복하는 것, 이른바 구상권을 행사하는 방식으로 해결될 것입니다. 구상권에 관해서 분담 부분은 모호하기 때문에 외주제작계약을 체결할 때 손해배상책임을 추궁당했을 때 어떤 방식으로 구상권을 행사한다든지, 손해를 분담할 것인지에 관해서도 세밀한 기준을 정해서 계약서에 기재하는 것들이 필요하지 않을까 생각합니다.

2. 종합토론에 대한 답변

(1) 법원과 언론중재위원회의 손해배상 액수가 차이가 많은 부분에 대해서는 여러 가지 이유를 생각할 수 있습니다. 먼저 사안이 가벼우면 조정이나 중재 단계에서 끝날 수도 있는데 법원에 가서 소를 제기하고 변호사 선임할 정도면 사건이 중대하기 때문에 손해배상 액수가 커질 수 있습니다. 그리고 법원에서 재판하면 변호사 선임 등에 필요한 비용도 들기 때문에 그런 것까지 감안해서 손해배상 액수가 정해질 수도 있습니다. 법원에서 평균적으로 1천만원 정도의 손해배상액이 인정된다고 해서 그와 똑같이 중재위원회에서도 평균 천만원 정도로 손해배상액을 인정한다는 것은 여러 가지 사안이 다르기 때문에 오히려 맞지 않을 수 있습니다. 다만 현재 통계수치에 나와 있듯이 수준 차이가 너무 크다면, 손영준 교수님께서 말씀하신 것처럼 어떤 문제가 있는지 한번 검토해야 할 것 같습니다.

그리고 김철관 회장님께서 범죄를 저질렀거나 아주 큰 잘못을 저지른 경우에 사진을 보도하느냐 마느냐에 대해 말씀하셨는데, 그 부분을 판단하는 것 자체가 매우 어려운 일입니다. 경찰에서 발표하더라도 그게 정말 믿을 만한 것인지 어느 정도 근거를 가지고 발표하는 것인지에 대해서는 기자가 판단할 수밖에 없는 상황입니다. 그래서 가능하면 피해자 등에게 확인한다든지 등의 노력이 필요합니다. 예를 들어 어떤 회사에 전화를 해보면 그 회사가 쉽게 반박할 수 있는 자료를 제시할 수 있었는데 아예 전화도 해보지 않았다면 책임을 질 수도 있을 것입니다.

불량만두 사건에 관련해서는 공익에 관한 보도는 단순히 허위라고 해서 책임을 지우는 것은 아닙니다. 허위라 하더라도 언론기관 입장에서 진실이라고 믿을 만한 사정이 있었다면 언론기관의 책임을 면해주고 있습니다. 그런 경우에는 사진이 포함되어 있더라도 책임을 면할 수 있을 것입니다. 그리고 익명보도 원칙에 관해 대법원에서 1999년에 아주 중요한 판단을 한 적이 있습니다. "가급적 익명으로 보도하라. 특히 사인의 경우에는 그렇게 하라."는 것인데, 공인에 대해서는 다른 문제가 있겠습니다만, 그것이 이름을 보도할 필요성이 있는지 아닌지에 따라서도 내용이 달라질 수 있습니다.

⑵ 오래전에 사진을 찍었다고 하더라도 지금 살아있는 사람이라면 초상권은 여전히 보호받을 수 있습니다. 사망한 경우에도 사자의 인격권이라고 해서 「언론중재 및 피해구제에 관한 법률」에서 보호하는 규정이 있습니다. 그런데 그 기간이 너무 오래 지났다면 보호받을 수 없습니다. 예를 들면 죽은 지 30년이 지난 경우에는 원칙적으로 아무 문제가 없는 것으로 되어 있습니다. 다만 제임스 딘의 사진을 광고에 이용하는 등 상업적으로 이용하는 경우에 관해서는 이른바 '퍼블리시티권 침해'라고 해서 따로 보호받을 수도 있습니다. 대법원 판결은 없고, 지방법원 판결에서 인정 여부에 관하여 논란이 있었습니다. 퍼블리시티권을 인정할 경우 그 보호기간에 관해서도 명확한 규정이 없기 때문에 30년을 기준으로 해야 한다는 견해도 있고, 50년을 기준으로 해야 한다는 견해도 있고, 70년을 기준으로 해야 된다는 견해도 있습니다. 초상권에 관해서는 살아 있는 경우라면 계속 보호받지만, 사망한 다음에는 기간에 따라서 또는 언론에 의한 보도인지 광고에 이용하는 것인지에 따라서 조금 다른 방식으로 되어 있습니다.

초상권을 침해했다고 인정될 수 있으면 사진의 크기에 따라서 또는 1면에 있느냐 뒷면에 있느냐에 따라 손해배상액이 달라질 것으로 생각합니다.

(3) 대선 후보에 관한 보도는 어떤 사진을 올려도 법적으로는 문제가 되지 않습니다. 대선 후보는 그야말로 공적 인물 중에서도 공적 인물이고 대선 후보로 나섰으면 모든 부분에 관해서 검증하는 것이 당연하기 때문에, 현재 방송이나 신문에서 보도하는 사진이 법적 책임을 질 가능성은 거의 없다고 생각합니다. 다만 그것이 대선 후보에 대한 아주 내밀한 부분, 성적인 부분에 대해서는 허용되지 않겠지만, 그 이외의 것은 사진이 사실이라면 그 부분에 대해 책임지는 일이 없다고 생각합니다.

그러나 그것에 관해서 공정성 시비는 있을 수 있습니다. 언론사가 한 후보에 대해서는 찡그리는 모습을 내보내고 한 후보에 대해서는 활짝 웃는 모습을 내보냈더라도 악의적인 것이 아니라면 법적으로 큰 문제는 없을 것입니다. 그러나 그것이 '공정하지 않다'라는 공격을 받을 수 있습니다.

나주 성폭행 피의자 고모씨의 경우 오보로 판명된 사람이라면 당연히 초상권 침해로 손해배상청구를 하고 손해배상액을 산정하는 절차를 거치게 될 것입니다. 그러나 언론사에서 방어할 수 있는 게 아예 없는 것은 아닙니다. 공인에 관한 보도라고 볼 수 있기 때문에 진실이라고 믿을 만한 상당한 이유가 있다면 방어할 수 있습니다. 이에 관한 증거에 따라 판단할 수밖에 없을 것입니다.

피의자라고 지목된 사람이 나중에 무죄를 받은 경우에도 비슷한 점이 있습니다. 흉악범이 공적 인물이라는 이유로 그 사람의 초상권을 사인과 다르게 취급한다면, 언론에서 보도한 다음에 재판이 무슨 의미가 있느냐는 의견이 있었습니다. 어떤 사건에 대해 재판이 3심까지 가면 현실적으로 1년이 걸릴지 3년이 걸릴지 모르고, 중간에 혹시 위증한 사람이 있어서 재심이 들어온다면 또 시간이 지날 것입니다. 재판이 모두 끝나고 판결이 확정된 다음에 보도하는 것은 거의 의미가 없게 됩니다. 재판이 시작되기 전이라고 하더라도 사람들이 흉악범죄가 일어나고 있는 것을 아는 것에 어떤 이익이 있을 수 있습니다. 그것은 독자나 시청자, 넓게는 국민의 이익이라고 생각합니다. 그것을 포괄적으로 '알 권리'라고 한 것입니다. 결국은 '알 권리'가 있다고 볼 수 있는지, 독자들이 알아야 하는지, 그로 인해서 공적인 논의를 촉발시키는 것이 우리 사회에 도움이 되는지까지 포함해서 판단할 수밖에 없습니다.

(4) 2002년 가수 비가 인기 있었을 무렵인데, 서울대 대학원 법학과 학생들에게 "가수 비는 공인인가?"라고 질문했더니, '공인이 아니다'는 대답이 꽤 많았습니

다. 그런데 이번 학기에 '언론·인터넷·인격권'이라는 로스쿨 강의에서 "유명가수가 공인인가?"라는 질문에서 '공인이다'라고 답변하는 학생이 대부분이었습니다. 그 사이에 언론과 관련된 법이 알려지기도 했고 관련 대법원 판결이 많이 나왔기 때문에 이러한 변화가 있었다고 생각합니다.

그러나 이것은 우리나라의 전통적인 관념하고는 맞지 않는 표현방식입니다. 일반적으로 공인은 공무원 중에서도 장관이나 국회의원 등 고위직에 있는 사람들을 말하는 것이기 때문에 연예인을 공인이라고 하는 것은 일반적으로 사용하는 '공인' 용어와는 맞지 않습니다. 그 부분을 잘 지적해 주셨는데, 유명인이라는 표현이 좀 더 나을 수도 있다고 생각합니다.

사실 미국 뉴욕타임즈 사건에서 공인이 고위직 공무원을 가리키는 것으로 출발했습니다. 그 후 언론의 면책 범위를 넓히기 위해서 고위직 공무원뿐만 아니라 유명인으로 넓혀가면서 공인이라는 용어를 본격적으로 사용했습니다. 미국법 이론이 우리나라에 수입되면서 우리나라에서도 공인이라는 표현을 쓰고 있는데, 사실 미국에서도 공인 기준에 관해서 논란이 많습니다. 공인이라는 것이 '기준이 되지 않는다'거나 '도움이 되지 않는다'는 의견도 있고, 미국에서도 유명인이라는 표현을 쓰기도 합니다. 연예인이 공인인지 유명인인지 단정적으로 말씀드릴 수 없는데, 이것에 따라서 결론이 크게 달라지지는 않습니다. 유명인이라고 하더라도 그에 관해 알아야 할 이익이 있기 때문에 그런 사람에 대해 보도하는 것에 대해 언론사가 면책되는 범위가 일반 사인에 대해서 보도하는 것보다 커질 수밖에 없습니다.

파파라치는 유명인이나 공인인 경우에만 따라다니고 일반인을 따라다니며 취재하지는 않을 것입니다. 그래서 면책 범위가 넓겠지만, 취재 방법에 문제가 있거나 몰래 미행했다면 책임이 쉽게 인정될 수 있습니다. 예를 들어 호텔에 낯선 남자와 들어가는 모습 등은 쉽게 보도해서는 안 될 내용이지만, 길거리를 돌아다니거나 레스토랑에 들어가는 것을 보도했다고 해서 책임을 추궁당하진 않을 것입니다. 그래서 사적인 영역이라도 일반인의 사적인 영역이라면 그 자체로 보호되고 동의 없이는 보도하거나 사진을 찍어서 내보내서는 안 되겠지만, 유명인이라면 그 범위가 그보다 넓어지게 됩니다.

(5) 20년 지난 과거 사진을 올리는 것은 새로운 문제로 앞으로 연구를 해야 할 좋은 주제가 될 것 같습니다. 동의와 관련해서는 명시적으로 동의를 받는 것이 가

장 좋겠지만, 묵시적 동의도 당연히 가능합니다. 실제로 묵시적 동의가 있는 경우가 많습니다. 말씀하신 것처럼 TV 카메라에 친근하게 웃는 경우라면 명시적으로 동의했다고 하진 않았지만, 그 행동에서 동의했다는 것을 알 수 있기 때문에 묵시적 동의를 했다고 보고 있습니다. 독일에서 비행기에서 여배우가 내리면서 살짝 포즈를 취하며 숄을 벗은 모습이 실린 적이 있었습니다. 그것에 관해서도 동의가 있다고 보았습니다. 명시적 동의가 아니더라도 여러 상황을 봐서 '동의했을 것이다'라고 인정되면 추정적 동의가 인정됩니다.

⑹ 사인인 경우 공중의 정당한 관심사에 해당하면 보도가 가능하다는 것은 피해자가 유명인이 아니더라도 공중의 정당한 관심사항에 해당하는 것이라면 언론사가 책임을 면한다는 것입니다.

[후기] 이 논문을 발표한 이후 초상권에 관한 대법원 판결로는 대판 2013. 2. 14, 2010다103185(공 2013, 454); 대판 2013. 6. 27, 2012다31628(공 2013, 1297); 대판 2021. 7. 21, 2021다219116(공 2021, 1520); 대판 2023. 4. 13, 2020다253423 등이 있는데, 기존 법리를 구체적 사안에 적용한 사례라고 할 수 있다. 필자가 주심으로 선고한 대판 2021. 4. 29, 2020다227455(공 2021, 1053)는 초상권 침해의 위법성에 관한 법리를 다음과 같이 정리하였다.

"사람은 누구나 자신의 얼굴 그 밖에 사회통념상 특정인임을 식별할 수 있는 신체적 특징에 관해 함부로 촬영되거나 그림으로 묘사되지 않고 공표되지 않으며 영리적으로 이용되지 않을 권리를 갖는다. 이러한 초상권은 헌법 제10조 제1문에 따라 헌법적으로도 보장되고 있는 권리이다. 또한 헌법 제10조는 헌법 제17조와 함께 사생활의 비밀과 자유를 보장하는데, 개인은 사생활이 침해되거나 사생활이 함부로 공개되지 않을 소극적인 권리뿐만 아니라 고도로 정보화된 현대사회에서 자신에 대한 정보를 자율적으로 통제할 수 있는 적극적인 권리도 가진다(대판 1998. 7. 24, 96다42789 참조). 그러므로 초상권, 사생활의 비밀과 자유에 대한 부당한 침해는 불법행위를 구성하고 위 침해는 그것이 공개된 장소에서 이루어졌다거나 민사소송의 증거를 수집할 목적으로 이루어졌다는 사유만으로는 정당화되지 않는다(대판 2006. 10. 13, 2004다16280 참조).
  개인의 사생활과 관련된 사항의 공개가 사생활의 비밀을 침해하는 것이더라도, 사생활과 관련된 사항이 공공의 이해와 관련되어 공중의 정당한 관심의 대상이 되는 사항에 해당하고, 공개가 공공의 이익을 위한 것이며, 표현내용·방법 등이 부당한 것이 아

닌 경우에는 위법성이 조각될 수 있다. 초상권이나 사생활의 비밀과 자유를 침해하는
행위를 둘러싸고 서로 다른 두 방향의 이익이 충돌하는 경우에는 구체적 사안에서 여
러 사정을 종합적으로 고려한 이익형량을 통하여 침해행위의 최종적인 위법성이 가려
진다. 이러한 이익형량과정에서 첫째, 침해행위의 영역에 속하는 고려요소로는 침해행
위로 달성하려는 이익의 내용과 중대성, 침해행위의 필요성과 효과성, 침해행위의 보충
성과 긴급성, 침해방법의 상당성 등이 있고, 둘째, 피해이익의 영역에 속하는 고려요소
로는 피해법익의 내용과 중대성, 침해행위로 피해자가 입는 피해의 정도, 피해이익의
보호가치 등이 있다. 그리고 일단 권리의 보호영역을 침범함으로써 불법행위를 구성한
다고 평가된 행위가 위법하지 않다는 점은 이를 주장하는 사람이 증명하여야 한다(대
판 2013. 6. 27, 2012다31628 참조)."

제 6 절   인터넷에 의한 인격권 침해

I. 서   론

인터넷을 이용할 수 있는 사람이라면 누구든지 인터넷을 통하여 의견을 자유롭게 표명하고 정보를 교환할 수 있다. 전통적인 언론매체인 신문이나 방송은 일방적으로 정보를 전달하지만, 인터넷의 등장으로 정보를 서로 주고 받는다는 의미에서 쌍방향적인(interactive) 통신이 가능해졌다. 그리고 인터넷의 중요한 특징으로 익명성을 드는데, 익명이나 가명으로 인터넷에 글이나 영상을 올리는 데 별다른 제약이 없다. 이로 말미암아 자유로운 의사소통이 촉진되는 측면이 있다. 그러나 무책임한 소문이 많은 사람에게 전파될 가능성이 높아졌을 뿐만 아니라 소문의 진원지를 찾기 어려운 경우가 많아졌다. 한편 사이버 공간의 커뮤니케이션에는 전자신문, 전자게시판, 전자우편 등 다양한 형태가 이용되고 있고, 정보의 유통과정에 관여하는 시스템운영자, 정보제공자와 이용자는 동일한 공간에서 동시에 2개 이상의 역할을 수행하기도 한다.

최근 배우나 가수의 내밀한 사생활을 담은 동영상 비디오가 인터넷을 통하여 급속하게 유포되어 인터넷에 의한 인격권 침해 문제가 사회적으로 커다란 관심을 불러일으켰다. 인터넷은 그 전파속도가 빠르고 그 전파범위도 광범위하기 때문에, 잘못된 정보로 말미암아 개인에게 치명적인 피해를 입힐 수 있다. 특히 인터넷에 글을 올리는 데는 별다른 여과장치가 없기 때문에, 기존의 언론매체에 보도되는 것은 상상할 수 없는 내용이 인터넷을 통하여 유포되기도 한다. 또한 PC통신이나 인터넷에 떠도는 소문이 여과 없이 기존 언론매체에 보도되는 경우에는 그 타격의 정도가 더욱 커진다.[1]

---

1) 서울지판 2000. 2. 2, 99가합64112(언론중재 2000년 봄호, 136면)에서는 신문기자가 PC통신과

인터넷은 인격권 침해와 관련하여 여러 가지 측면에서 새로운 문제상황을 낳고 있다. 먼저 인터넷에 의한 인격권 침해 문제를 어떠한 시각에서 접근해야 할 것인지를 정해야 한다. 인터넷은 표현의 자유와 정보의 무한한 교류를 이상으로 하고 있고, 상대방도 언제든지 반박을 할 수 있기 때문에, 종래의 언론매체에 의한 인격권 침해와는 달리 책임을 부정하거나 이를 제한적으로 인정해야 한다는 주장이 있다. 그러나 모든 정보의 교류가 항상 유익하고 바람직한 것은 아니다. 인터넷을 통하여 반박할 수 없는 경우도 많고 이것이 가능하다고 하더라도 반박하는 행위 자체를 꺼리는 사람도 많다. 인터넷을 통한 의사소통을 보장하여야 하지만, 인터넷을 통하여 개인의 명예나 사생활이 침해되는 것을 막는 것이 필요하다. 따라서 인터넷에 의한 표현의 자유와 인격권 보호의 충돌을 조정하는 방안을 마련하여야 한다.

그렇다면 과연 종래의 인격권에 관한 법리2)로써 인터넷에 의한 인격권 침해 문제를 해결할 수 있는가? 이를 수정하여야 한다면 어떠한 이유로, 어떠한 점에서 수정하여야 하는가? 이것은 인격권의 보호와 관련하여 인터넷의 특성을 어떻게 고려할 것인지에 관한 문제이다. 여기에서는 투고자나 정보제공자의 책임과 인터넷서비스제공자의 책임을 구분하여 검토한 다음, 그 구제수단에 관하여 살펴보고자 한다.

Ⅱ. 정보제공자의 책임

1. 인터넷을 이용하여 타인의 인격권을 침해하는 글이나 영상을 게재한 경우

인터넷에서 비롯된 원고의 이혼사유와 그 배경 등에 관한 '소문'에 대하여 별다른 확인 절차도 거치지 않고 해명의 기회를 준다는 명목으로 원고에 대한 명예훼손사실을 전국에 판매되는 일간지에 그대로 보도한 것이 문제되었다. 이 판결에서 전국에 판매되는 일간지를 통하여 확산되는 정보는 아직까지는 PC통신이나 인터넷을 통한 정보의 유통에 비하여 그 속도와 범위에서 우월한 위치를 차지한다고 하여 사생활 침해와 명예훼손을 인정하였다. 개인이 홈페이지나 PC통신을 통하여 퍼뜨린 정보는 다른 설득력 있는 정보의 뒷받침이 없으면 공인되지 않은 소문에 불과하지만, 그 소문이 공신력 있는 언론기관에 의하여, 특히 전국 일간지에 게재되면 그 소문의 피해가 PC통신의 게시판이나 개인 홈페이지에 머물러 있을 때에 비하여 더욱 확산된다고 한다.

2) 이에 관하여는 우선 김재형, "인격권 일반——언론 기타 표현행위에 의한 인격권 침해를 중심으로——," 민사판례연구(XXI), 1999, 631면 이하; 김재형, "언론의 사실 보도로 인한 인격권 침해," 서울대학교 법학 제39권 1호(1998. 5), 189면 이하.

에는 투고자나 정보제공자(여기에서는 정보를 직접 제공하는 자 또는 1차적인 정보제공
자를 가리키는 의미로 사용하고자 한다)의 책임에 관해서는 인격권에 관한 일반이론이
적용된다. 민사상 명예훼손이 성립하기 위해서는 특정 피해자의 사회적 평가를 저
하시킬 만한 구체적 사실의 적시가 있어야 하는데, 이것은 인터넷에 의한 명예훼
손의 경우에도 마찬가지이다. 그리하여 인터넷 홈페이지에 게재한 기사에 의한 명
예훼손의 성립 여부는 신문, 방송과 같은 매체에 의한 경우와 같이 기사의 객관적
인 내용과 아울러 일반 독자가 기사를 접하는 통상적인 방법을 전제로 기사의 전
체적인 흐름, 사용된 어휘의 통상적인 의미, 문구의 연결방법 등을 종합적으로 고
려하여 그 기사가 독자에게 주는 전체적인 인상도 그 판단기준으로 삼아야 한다.3)
다만 구체적 사실을 적시하지 않은 경우에는 형법상 모욕죄에 해당할 수 있고, 민
법상으로도 불법행위가 성립할 수 있다.

　　언론매체에서 인격권을 침해하는 보도를 하는 경우에 표현의 자유와 인격권의
보호 사이의 충돌 문제가 발생한다. 판례는 타인의 명예를 훼손하는 행위를 한 경
우에도 그것이 공공의 이해에 관한 사항으로서 그 목적이 오로지 공공의 이익을
위한 것인 때에는 진실한 증명이 있거나, 증명이 없더라도 행위자가 그것을 진실
이라고 믿을 상당한 이유가 있는 경우에는 위법성이 없다고 한다.4) 이것은 전자신
문이나 전자방송에도 그대로 적용된다. 기존의 언론매체가 인터넷에 홈페이지를
개설하여 신문과 방송에서 보도한 내용을 그대로 게재하는 경우에 신문·방송의 보
도와 인터넷을 통한 보도를 다르게 취급할 이유가 없기 때문이다. 인터넷 홈페이
지를 개설하여 독자적인 언론 활동을 하는 경우도 마찬가지다. 또한 인터넷에 의
하여 프라이버시를 침해하는 경우에는 기존 언론에 의한 프라이버시의 침해와 동
일한 법리가 적용된다. 한편 인터넷에 소설을 쓰거나 비디오 등 동영상을 띄우는
경우가 있는데, 이러한 경우에 예술창작의 자유와의 충돌을 조정하는 문제는 소설
이나 영화에 의한 인격권 침해의 경우5)와 마찬가지이다.

　　그런데 인터넷은 기존 언론매체와는 달리 쌍방향적인 통신수단이라는 특성이
있다. 피해자도 인터넷을 통하여 반박을 할 수 있기 때문에, 인터넷에 의한 인격권

---

3) 서울지판 2001. 9. 19, 2000가합86668(Jurist 2001년 11월호, 154면).

4) 대판 1988. 10. 11, 85다카29(집 36-3, 민 1); 대판 1996. 5. 28, 94다33828(공 1996, 1973); 대
판 1997. 9. 30, 97다24207(공 1997, 3279) 등 다수.

5) 이에 관하여는 김재형, "모델소설과 인격권," 인권과 정의 제241호(1997. 11), 44면 이하 참조.

침해와 그 규율의 양상이 달라질 수 있다. 미국에서는 온라인에서 행해지는 명예
훼손에 관해서는 온라인으로 맞대응할 수 있다는 이유로 온라인명예훼손의 개념은
존재하지 않는다는 주장도 있고, 온라인으로 명예훼손을 당한 사람은 반박할 수
있으므로 손해배상을 제한하여야 한다는 주장도 있다. 이러한 주장에 대하여는 비
판적인 견해가 많다. 온라인으로 반박하는 것이 곤란한 경우도 있고 온라인에 접
속할 수 있다는 것이 명예훼손에 대한 적절한 구제수단인지는 논란의 여지가 있기
때문이다.6) 또한 PC통신이나 인터넷을 이용한 인격권 침해가 다양한 방식으로 이
루어지고 있기 때문에, 그 매체의 종류, 침해의 모습과 방식에 따라 유형별로 구분
하여 고찰할 필요가 있다.

  2. 인격권에 관한 규율은 초기에는 민법보다는 형법의 명예훼손죄에 의하여
이루어졌다. 인터넷에 의한 인격권 침해 문제도 형사사건으로 문제되기 시작했다.
먼저 1996년 한 은행원이 PC통신 천리안 '주제토론실'난에 3차례에 걸쳐 15대 국
회의원 출마예정자인 박지원을 비방하였다는 이유로 공직선거및선거부정방지법상
의 후보자비방죄 등으로 기소되었다. 그러나 원심7)은 후보자비방죄에 대하여 무죄
를 선고하면서 컴퓨터 통신의 특징을 다음과 같이 설명하고 있다. 즉 "컴퓨터 통신
은 전체적인 토론주제 범위 내에서 어떠한 의견을 통신문으로 게재하고 이에 대하
여 반박이 있으면 그 반박에 대하여 다시 답변하는 내용으로 토론이 진행되는데,
그 통신문은 통신가입자에게는 모두 공개되어 있어 누구라도 그 토론의 주제에 참
여하여 의견을 개진할 수 있다."라고 한다. 대법원8)도 원심판결을 지지하면서, 피
고인이 이 사건 통신문을 게재하게 된 경위, 즉 "쌍방향적인 컴퓨터 통신에 있어
다른 통신가입자의 반박에 대한 대응"이라는 점 등을 참작하고 있다. 이 판결이 명
예훼손에 관한 것은 아니지만, 컴퓨터 통신이 서로 의견을 주고받는 쌍방향통신이
라는 것을 고려하고 있다는 점은 주목할 필요가 있다.

  그 후 대판 2000. 5. 12, 99도5734(공 2000, 1458)에서는 직장의 전산망에 설치된
전자게시판에 직장 동료의 명예를 훼손하는 내용의 글을 게시한 것이 형법상 명예
훼손죄를 구성하는지 문제되었으나,9) 대법원은 위 게시내용이 공익성이 없다고 보

---

  6) Delta/Matsuura, Law of the Internet (New York: ASPN, 1999), pp. 7-28.
  7) 서울고판 1996. 10. 29, 96노1916. 명예훼손도 공소사실에 포함되어 있었으나, 이 부분은 고소
    가 취소되어 판결에서 다루어지지 않았다.
  8) 대판 1997. 4. 25, 96도2910(공 1997, 1689).

아 명예훼손죄의 위법성을 긍정하였다.[10) 또한 서울지판 2001. 3. 8, 2001고단81(미공간)은, 인터넷 사이트를 통하여 가수 B 양이 성행위를 하는 영상을 담은 파일을 판매한 사건에 관하여 명예훼손죄를 인정하였다.

3. 최근에는 인터넷에 의한 인격권 침해를 이유로 민사소송을 제기하는 사례도 나오고 있다. 서울지법 동부지판 2000. 5. 25, 99가단4264411)는 하급심 판결이기는 하지만 네티즌 사이의 명예훼손을 인정한 중요한 판결이다. 먼저 사실관계를 보자. 피고가 PC통신의 공개게시판에 가수 박지윤에 대하여 비방·모욕하는 글을 게시하자, 이에 대해 그 가수의 팬클럽 동호회 회원인 원고가 법적 조치를 취하겠다는 글을 올렸다. 피고는 가수 박지윤은 물론 원고에 대해서도 더욱 심한 비방과 모욕을 하고, 허위사실을 적시하여 명예를 훼손하는 글을 게시하였다. 원고는 피고를 상대로 손해배상으로 3천만 원을 청구하는 소를 제기하였다.

1심은 피고의 불법행위책임을 인정하여 200만 원의 위자료를 인정하였다. 피고가 항소하였으나, 2심12)은 1심 판결을 인용하여 이를 기각하였고, 이 판결은 확정되었다. 1심법원의 판결이유는 다음과 같다.

PC통신의 게시판에 피고가 대중가수의 모습이나 행동, 사회적 영향에 대하여 비판하

---

9) 형법 제310조는 "제307조 제 1 항의 행위가 진실한 사실로서 오로지 공공의 이익에 관한 때에는 처벌하지 아니한다."라고 규정하고 있다. 공연히 사실을 적시하여 사람의 명예를 훼손한 행위가 위 규정에 따라서 위법성이 조각되어 처벌받지 않기 위해서는 그 사실이 객관적으로 볼 때 공공의 이익에 관한 것으로서 행위자도 공공의 이익을 위하여 그 사실을 적시한 것이어야 한다. 대판 1995. 11. 10, 94도1942(공 1995, 3961); 대판 1996. 10. 25, 95도1473(공 1996, 3491); 대판 1997. 4. 11, 97도88(공 1997, 1516); 대판 1999. 6. 8, 99도1543(공 1999, 1437); 대판 2000. 2. 11, 99도3048(공 2000, 740); 대판 2000. 2. 25, 98도2188(공 2000, 885) 등 다수.

10) 대판 2000. 5. 12, 99도5734(공 2000, 1458)는 "이 경우에 적시된 사실이 공공의 이익에 관한 것인지 여부는 당해 적시 사실의 구체적 내용, 당해 사실의 공표가 이루어진 상대방의 범위, 그 표현의 방법 등 그 표현 자체에 관한 제반 사정을 감안함과 동시에 그 표현에 의하여 훼손되거나 훼손될 수 있는 타인의 명예의 침해의 정도도 비교·고려하여 결정하여야 할 것"이라고 하였다. 이 사건에서 피고인과 피해자의 관계, 위 게시내용에 포함된 사실이 진실한 사실이기는 하나 피해자를 비방하는 취지가 게시내용의 주조를 이루고 있는 등 표현의 방법과 위 전자게시판은 위 공단의 임직원 모두가 열람할 수 있는 점 및 피고인의 이 사건 범행에 의하여 훼손되거나 훼손될 수 있는 피해자의 명예의 침해 정도 등에 비추어 이 사건 범행이 오로지 공공의 이익에 관한 것이라고는 할 수 없다는 원심의 판단을 지지하였다.

11) 언론중재 2000년 겨울호, 132면. 이 판결에 관하여는 김재형, "'언론과 인격권'에 관한 최근 판결의 동향," 언론중재 2001년 봄호, 114면 이하 참조.

12) 서울지판 2000. 10. 26, 2000나40161.

는 글을 게시하였고, 이에 대한 원고의 대응과 피고의 맞대응의 과정에서 발생한 논쟁의 일환으로 글이 게시되었다. 이러한 점에서 피고의 글이 다소 원고에 대하여 비판적인 논조를 띨 수밖에 없다는 당시 상황을 감안하더라도, 그 표현의 정도가 PC통신을 이용하는 통상의 이용자가 수인할 수 있는 한도를 벗어날 정도로 모욕적인 수준에 이르렀다고 판단하였다. 나아가 위 하이텔과 같은 PC통신 및 인터넷 웹 페이지, 뉴스그룹 등 소위 사이버공간은 자유로운 정보의 소통과 표현의 자유의 폭넓은 보장이라는 순기능뿐 아니라 특히 최근 들어 허위사실의 유포에 따른 명예감의 훼손과 이로 인한 정신적 고통, 익명성을 이용하여 표현의 자유를 벗어나는 질 낮은 언어가 범람하는 등 그 역기능이 날로 더해 가는 점을 감안할 때 그러한 공간에서 이루어지는 표현행위에 대하여도 일정한 법적 제한을 가하지 않을 수 없다고 하였다. 다만 손해배상액을 산정할 때 원고가 피고의 게시물에 대하여 과도하게 대응한 점도 고려하여 200만원의 위자료를 인정하였다.

한편 위 사건의 피고가 원고를 상대로 제기한 별도의 손해배상청구의 소는 기각되었다.13) 위 사건에서 피고의 잘못이 더욱 크고 원고의 잘못이 위자료를 산정할 때 이미 고려되었다는 것이다.

이 판결은 네티즌 사이의 인격권 침해를 이유로 손해배상책임을 인정한다. PC통신이나 인터넷은 서로 의견을 주고받을 수 있는 쌍방향 매체라는 특징을 가지고 있고, 이 사건에서도 서로 맞대응하는 과정에서 명예훼손의 정도가 심해졌다. 이것은 종래의 언론매체에 의한 명예훼손과는 다른 측면이다. 그리하여 명예훼손을 인정하는 범위를 제한할 필요성이 있는데, 이 판결에서는 그 표현의 정도가 "PC통신을 이용하는 통상의 이용자가 수인할 수 있는 한도"를 벗어날 정도로 모욕적인 수준에 이르렀다고 판단하였다. 다만 이와 같이 수인한도론을 채택한 것은 PC통신을 서로 이용하는 자들 사이에 공방을 벌인 사건이기 때문이고, PC통신이나 인터넷을 전혀 이용하지 않는 사람에 대하여 명예훼손을 하는 경우에는 이와 같은 수인한도론을 채택할 수 없다.14)

4. 서울지판 2001. 9. 19, 2000가합86668 15)에서는 안티사이트에 게재된 내용이

---

13) 수원지법 안산시법원 2001. 1. 19, 2000가소32813(법률신문 제2956호 12면).
14) PC통신이나 인터넷을 이용한 명예훼손이나 프라이버시 침해가 다양한 방식으로 이루어지고 있기 때문에, 그 매체의 종류나 침해방식과 양상에 따라 유형별로 구분하여 해결책을 마련하는 작업이 필요하다. 김재형(주 11), 115면.
15) JURIST 2001년 11월호, 154면.

명예훼손에 해당하는지가 문제되었다. 피고는 2000년 7월경 스포츠투데이에 대한 안티사이트인 안티스투 홈페이지를 개설하고 그 홈페이지의 '스포츠투데이 바로알기 운동본부'의 관련글 모음 게시판에 '노우스투(knowstoo)'라는 이름으로 글을 쓰거나 다른 홈페이지나 신문에 게재된 스포츠투데이 관련 글을 복사하여 게재하는 등 홈페이지 운영을 하고 있다. 피고는 2000년 8월과 9월에 위 스포츠투데이를 비판하는 글을 게재하거나 다른 사람이 쓴 기사를 자신의 ID로 안티스투에 게재하였다. 원고 A(스포츠투데이신문 주식회사)와 그 회사의 이사인 원고 B는, 명예훼손을 이유로 피고를 상대로 손해배상을 구하는 청구를 하였다. 그러나 서울지방법원은 다음과 같은 이유로 원고들의 청구를 기각하였다.

먼저 법원은 피고가 게재한 기사가 원고들의 명예를 훼손하고 있다는 점은 인정한다. 원고 A에 대한 판단 부분을 보면, 일반 독자들에게 스포츠투데이가 재미와 상업성을 추구하며 이미 공급과잉인 스포츠지 시장에 뛰어들어 음란하고 폭력적인 저질의 기사를 공급하는 반사회적, 반도덕적이고 반기독교적인 신문으로서 폐간되어야 한다는 인상을 주고 있다고 한다. 원고 B에 대한 판단 부분을 보면, 원고 B가 스포츠서울과 일간스포츠를 거쳐 일간스포츠의 기자들을 대거 데리고 나와 스포츠투데이의 창간과 운영에 참여하여 스포츠신문의 음란물화에 일등공신이라는 내용으로서, 일반 독자들에게 원고 B가 스포츠신문의 수준을 저하시키는 적극적인 역할을 한 인물이라는 인상을 주고 있다는 점을 들고 있다.

그러나 법원은 명예훼손의 위법성을 부정하였다. 누구나 인터넷 홈페이지에 자신의 의견, 주장을 자유롭게 표현할 권리가 있고, 이 사건에서와 같이 어떠한 언론사에 대해 문제점을 지적하는 글을 올림으로써 네티즌 사이에 자유로운 토론의 장을 여는 것은 공공의 사항에 관한 공정한 평론인 한 허용된다. 나아가, 안티스투와 같이 어떤 대상에 대한 안티임을 적극적으로 표방하는 홈페이지의 경우, 이에 접속하여 그 게재된 기사를 읽게 되는 독자(네티즌)는 그러한 문제에 대해 관심을 가진 사람들로서 그 게재된 기사들이 그 대상에 대한 비판적인 입장에서 작성된 것임을 알고 읽게 될 것이므로, 그 기사의 표현에 다소 과격한 면이 있다 하더라도 이를 표현 그대로 받아들이지는 않을 것으로 보인다. 따라서, 안티사이트에 게재된 기사의 경우, 다른 언론매체의 기사에 비해 보다 폭넓은 비평이 허용된다. 또한 안티스투에 게재된 이 사건 각 기사는 종교적(기독교적) 관점이 반영된 것이므로 이러한 점에서도 그 비평의 허용 범위가 넓어진다. 피고의 이 사건 각 기사의 작성 또는 게재는 기독교계 나아가 이 사회의 건전한 문화를 위한 것으로서 그 공익성이 인정되고, 스포츠투데이가 재미와 상업성을 추구하여 다소 폭력성과 음란성이 있는 기사를 게재한 것은 사실이다. 따라서 피고가 진실한 사실을 전제로 공익을 위하여 스포츠투데이에 대해 의견을 표명하면서 '반사회적', '반기독교적', '부도덕한 신문', '스포츠지의 저질화를 강화시키고 있다', 'TV보다 해로운 문화선교지', '사탄' 등의 표현을 쓴 것은 다소 과격한 면이 있으나, 스포츠투데이에 대한 종교적 성격의 안티사이트에서의 평론의 한계를 넘지는 않는 것으로 보이고, 원고 B에 대한 '스포츠지 음란물화의 일등공신'이라는 표현 또한 위와 같은 맥락에서 그 평론의 한계 내에 있다고 한다.

신문이나 방송에 대한 안티사이트에서 신문기사나 방송보도에 관하여 반론을 펴거나 비판을 하는 것은 그것이 허위의 사실에 기한 것이거나 비방을 하는 것이 아니라면 넓게 허용되어야 한다. 이것도 표현의 자유에 의하여 보장될 뿐만 아니라, 신문이나 언론이 언제든지 반박을 할 수 있기 때문에, 위법성을 매우 엄격한 요건에 따라 인정하여야 한다.

Ⅲ. 인터넷서비스제공자의 책임

1. 개   설

인터넷을 익명이나 가명으로 이용하는 경우에 피해자로서는 명예를 훼손하는 글을 올린 사람이 누구인지 알 수 없고, 그를 찾아내더라도 자력이 없거나 권리행사를 하기 곤란한 경우가 대부분이다. 따라서 피해자의 구제에 실효를 거두기 위해서는 인터넷서비스제공자[16])에게 책임을 추궁할 필요가 있다. 인터넷 자료실이나 게시판의 접속횟수가 증가할수록 인터넷서비스제공자가 광고 등을 통하여 이익을

---

16) 인터넷서비스제공자(Internet Service Provider), 온라인서비스제공자(Online Service Provider), 서비스제공자(Service Provider), 전자게시판 운영자(Bulletin Board System Operator)라는 용어가 사용된다. 독일에서는 서비스제공자(Diensteanbieter)라는 개념을 사용하는데, 이것은 직접 자신의 정보를 제공하는 자와 타인이 제작한 정보를 제공하는 자를 포함한다.

얻게 되므로, 그로 인한 손해도 배상하도록 하는 것이 근거가 없는 것은 아니다.

그러나 인터넷서비스제공자가 모든 게시물을 확인할 수 없다. 만약 인터넷서비스제공자에게 엄격한 책임을 추궁하면, 그는 책임을 면하기 위하여 사적 검열을 강화할 것이다. 이는 표현의 자유를 위축시키는 결과를 초래한다. 그리고 손해배상책임으로 인한 비용을 인터넷이용자에게 전가할 것이므로, 결국 이용자가 이를 부담하는 결과가 된다. 그리하여 인터넷서비스제공자의 책임을 추궁하는 것이 인터넷을 통한 표현의 자유를 보장하는 것과 조화를 이루는 기준을 마련하여야 한다.

인터넷서비스제공자가 타인의 인격권을 침해하는 정보를 직접 제공한 것인지, 아니면 전자게시판을 운영할 뿐이고 제 3 자의 정보를 매개하는 역할만을 하는 것인지 여부에 따라 구분할 필요가 있다.

2. 인터넷서비스제공자가 직접 정보를 제공하는 경우

인터넷서비스제공자가 직접 제공한 정보가 타인의 인격권을 침해하는 경우에 그는 정보제공자로서 법적 책임을 진다. 이것은 위 Ⅱ.에서 본 투고자, 즉 정보제공자의 책임과 동일하다. 기존 언론매체가 전자신문을 운영하는 경우가 많은데, 이러한 전자신문에 타인의 인격권을 침해하는 기사가 게재되어 있는 경우에 기존 언론매체에 의한 인격권 침해와 다르게 볼 이유가 없다. 독일에서는 멀티미디어시대에 발생하는 법률문제를 포괄적으로 규율하기 위하여 1997년 7월 22일 연방법인 「정보 및 통신서비스법」(Das Informations- und Kommunikationsdienste-Gesetz; IuKDG)을 제정하여 1997년 8월 1일부터 시행하고 있는데, 이 법은 세 개의 새로운 법률을 포함하고 있다. 그중 통신서비스법(Teledienstgesetz; TDG) 제 5 조에서 서비스제공자의 책임에 관하여 규정하고 있다.17) 자신이 직접 제공하는 정보에 대해서는 일반법에 따라 책임을 진다고 규정하고 있다(제 5 조 1항). 서비스제공자가 제공한 내용에 대해서는 자기책임의 원칙이 적용된다.18) 이와 달리 서비스제공자가 타인

---

17) 1997년 8월 1일 위 법률과 함께 독일 연방의 각 주들 사이에 「미디어서비스에 관한 주간계약」(Mediendienste-Staatsvetrag; MDStV)을 체결하였는데, 제 5 조에서 서비스제공자의 책임에 관하여 위 법률과 동일한 내용을 규정하고 있다. Gounalakis, "Der Mediendienste-Staatsvetrag der Länder," NJW 1997, 2995.

18) Engel-Flechsig/Maennel/Tettenborn, "Das neue Informations- und Kommunikations-dienste-Gesetz," NJW 1997, 2984.

이 제공한 정보를 매개하는 경우에는 책임을 완화하고 있다.[19)]

3. 인터넷서비스제공자가 제 3 자가 제작한 정보를 매개하는 경우

(1) 인터넷서비스제공자의 통제권

인터넷서비스제공자가 전자게시판을 마련해 놓았는데, 이용자들이 전자게시판에 타인의 인격권을 침해하는 글을 올리는 경우에 어떠한 조치를 취할 수 있는지 문제된다.

대판 1998. 2. 13, 97다37210(공 1998, 736)은 PC통신회사가 전자게시판에 있는 게시물을 삭제할 권한이 있는지 문제되었다. 피고(한국피씨통신주식회사)는 하이텔(HITEL)을 통하여 원고 노동조합에 기업통신서비스(CUG; Closed User Group)를 제공하기로 하는 이용계약을 체결하였다. 이 사건 전용게시판(기업통신서비스망)은 원고 노동조합원뿐만 아니라 한국피씨통신정보서비스 이용계약을 체결한 일반 하이텔 이용자도 자유롭게 열람하고 글을 게시할 수 있는 공개된 게시판이다. 그런데 위 전용게시판에는 대통령, 정부기관, 소외 회사, 소외 회사의 경영진과 직원 등이 마치 원고 노동조합과 조합원들의 정당한 노조활동을 탄압하고 있는 양 그들을 상스럽고 저질스러운 표현으로 일방적으로 비방하고 매도하는 내용이 상당히 포함된 게시물과 원고 노동조합원을 선동하는 내용의 게시물이 다수 게재되었다. 원고 노동조합과 원고 A도 농성중인 노동조합 간부들을 옹호하면서 조합원들에게 투쟁에 적극 동참하고 투쟁의 강도를 높일 것을 선동하거나 소외 회사 등 타인을 비방하는 내용을 게시하였다. 일반게시판인 플라자(PLAZA)에도 원고 노동조합과 원고 B가 원고 노동조합의 투쟁 명령이나 피고의 삭제행위를 비난하는 내용 또는 소외 회사를 비방하는 내용을 게시하였다.

피고는 원고 노동조합에 자체적으로 게시물을 삭제하거나 수정할 것을 요청하고, 전용게시판 개설 계약이 해지될 수 있음을 경고하는 통지를 하였다. 그러나 그 후에도 계속하여 타인을 비방하는 등의 게시물이 여전히 게재되자 피고가 1995년 6월 6일 이 사건 전용게시판의 서비스를 일시 중지하였다가 6월 16일 폐쇄게시판으로 전환하여 재개하였다.

---

19) Spindler, "Haftungsrechtliche Grundprobleme der neuen Medien," NJW 1997, 3193.

원심은, 이 사건 게시물이 대체로 타인을 비방하고 중상모략하거나 명예를 훼손하며 불법적인 노조활동을 선동하거나 교사하는 등 사회질서를 해하는 내용과 건전한 미풍양속을 해할 염려가 많은 상스럽고 저질스러운 표현을 담고 있으므로 피고가 이 사건 게시물을 삭제한 행위는 한국피씨통신 정보서비스이용약관 제21조에 근거한 정당한 사유가 있는 삭제행위라고 판단하였고, 전용게시판 서비스를 일시 중지 및 폐쇄한 조치도 정당하다고 하였다.

이에 원고들이 상고하였으나, 대법원은 이를 기각하였다. 피고가 원고 노동조합의 회원들만 사용하는 회원메뉴게시판을 포함하여 이 사건 전용게시판 서비스를 일시 중지 및 폐쇄를 한 것은 법령 등에 위반한 게시물을 금지하기 위한 조치로서 적법하고 이를 필요한 한도를 넘은 과잉조치라고 말할 수 없다고 한다. 이와 같은 판단을 하면서 이 사건에서 전용게시판 서비스가 중단된 경위와 내용, 이 사건 전용게시판이 일반 이용자에게도 공개되고 거기에 게시된 정보가 다수 공중에게 직접적으로 순식간에 전파되는 성질을 가지고 있는 점, 전용게시판 서비스를 중지하지 않고서는 약관이나 관계 법령에 위반되는 계속적인 불온통신에 적절히 대처하기가 곤란한 점을 고려하고 있다.

이 사건에서 주목해야 할 점은 피고의 통제권의 근거가 어디에 있는지 여부이다. 대법원은 전기통신사업법의 관련규정과 서비스제공약정에 기하여 PC통신회사에게 타인의 명예를 훼손하는 글을 삭제하거나 서비스를 중단할 권한이 있다고 판단하였다. 첫째, 피고와 이용계약을 체결한 이용자에게 적용되는 한국피씨통신 정보서비스이용약관 제21조는 이용자가 게재 또는 등록하는 서비스 내의 내용물이 타인의 명예를 훼손시킨다거나 관계법령에 위반된다고 판단되는 경우[20]에 회사가 이용자에게 사전 통지 없이 게시물을 삭제할 수 있다고 규정하고 있다.[21] 둘째, 전

---

[20] 구체적으로는 ① 다른 이용자 또는 제 3 자를 비방하거나 중상모략으로 명예를 손상시키는 내용인 경우, ② 공공질서 및 미풍양속에 위반되는 내용의 정보, 문장, 도형 등을 유포하는 내용인 경우, ③ 범죄적 행위와 결부된다고 판단되는 내용인 경우, ④ 다른 이용자 또는 제 3 자의 저작권 등 기타 권리를 침해하는 내용인 경우, ⑤ 게시 시간이 규정된 기간을 초과한 경우, ⑥ 기타 관계 법령에 위배된다고 판단되는 내용인 경우를 들고 있다.

[21] 이 약관이 「약관의 규제에 관한 법률」 제 6 조 제 2 항 제 1 호 소정의 "고객에 대하여 부당하게 불리한 조항"이나 위 법 제10조 제 2 호 소정의 "상당한 이유 없이 사업자가 이행하여야 할 급부를 일방적으로 중지할 수 있게 한 조항"에 해당하는지 문제되었으나, 대법원은 이를 부정하였다. 나아가 컴퓨터통신에 게시된 게시물의 내용이 위 약관이 정한 삭제 사유에 해당하는지를 게시물의 문구만으로 판단할 것이 아니고 그 게시물이 게재될 당시의 상황, 게재자의 지위, 게시물을 게재하게 된 동기와 목적, 게시물의 표현방법과 내용 등 여러 가지 사정을 종합하여

기통신사업법 제 3 조 제 1 항은 전기통신사업자는 정당한 사유 없이 전기통신역무의 제공을 거부하여서는 아니 된다고 규정하고 있으므로, 전기통신사업자는 정당한 사유가 있으면 통신역무의 제공을 거부할 수 있다. 원고 노동조합은 위 전용게시판에 불온통신이 게재되지 않도록 관리할 의무가 있다. 이 사건 전용게시판에 게재된 게시물의 내용이 타인을 비방하고 불법행위를 선동하는 것이었는데도 원고 노동조합이 위 게시물을 자진 삭제하지 않는 등 이 사건 전용게시판에 대한 관리의무를 다하지 않았다.

전자게시판에 타인의 명예를 훼손하는 내용이 게재된 경우에 전기통신사업자가 전기통신사업법 제 3 조 제 1 항에 정한 "정당한 사유"가 있다는 이유로 그 내용을 삭제하거나 전자게시판을 폐쇄할 수 있다. 그러나 전기통신사업자가 정당한 사유를 자의적으로 판단할 수 있고, 이를 지나치게 넓게 인정하면 게시자의 표현의 자유를 침해할 수 있다. 다만 통신서비스에 관한 계약과 약관에 타인의 명예를 훼손하는 등의 내용이 게재되면 전기통신사업자가 이를 삭제하거나 서비스를 중단할 수 있다고 한 것은 위 법률의 내용을 구체화하여 좀 더 명확하게 규정한 것으로 이해할 수 있다. 따라서 위와 같이 구체적이고 명확하게 규정하고 있는 계약이나 약관이 무효라고 할 수는 없다.

그러나 인터넷사업자에게 타인의 인격권을 침해하는 내용을 삭제할 권한이 있다고 하더라도 그에게 삭제의무가 있는지, 나아가 명예훼손적인 내용을 삭제하지 않은 경우에 어떠한 책임을 지는지는 또 다른 문제이다.

(2) 인터넷서비스제공자의 책임

제공한 전자게시판에 타인의 인격권을 침해하는 내용이 게시되었는데도 인터넷서비스제공자가 아무런 조치를 취하지 않은 경우에 그는 어떠한 책임을 지는가? 이 문제는 미국, 독일, 일본 등에서 많이 논의되고 있기 때문에, 이에 관하여 살펴본 다음 우리나라에서의 논의와 판례를 검토하고자 한다.

㈎ 비교법적 고찰

(a) 미   국   미국은 인터넷사업이 가장 발달한 나라이기 때문에, 인터넷서비스사업자의 책임문제에 관한 논의도 활발하고 다른 나라의 논의에도 많은 영

───────────────

판단하여야 한다고 하였다.

향을 미쳤다.22)

　미국에서는 명예훼손적 발언을 직접 하는 경우뿐만 아니라, 이를 인용, 매개, 판매하는 경우에도 명예훼손책임을 질 수 있다. 다만 타인의 명예훼손 발언을 중개한 자의 과실의 판단기준을 발행자(publisher)·배포자(distributor)·공중통신업자(common carrier)의 3가지로 분류할 수 있다.23) 인터넷서비스제공자가 발행자 또는 배포자에 해당하는지에 따라 명예훼손책임의 성립 여부가 달라진다.

　인터넷서비스제공자의 명예훼손책임이 처음으로 문제된 것은 Cuby, Inc. v. CompuServe Inc. 사건24)이었다. 이 사건의 쟁점은 인터넷서비스제공자인 피고 CompuServe 사가 가입자가 쓴 명예훼손적 자료를 다른 가입자에게 공표·유포시킨 것에 대한 책임을 지는지였다. 법원은 인터넷서비스제공자가 명예훼손 진술의 존재를 알았거나 알 수 있었던 경우가 아닌 한 그 유포에 대한 책임을 지지 않는다고 판결하였다. 이것은 인터넷서비스제공자가 발행자나 발언자가 아니라 배포자에 지나지 않는다고 본 것이다. 나아가 이 사건에서 인터넷서비스제공자가 외부업체의 뉴스 서비스의 내용을 통제할 수 있는 검열삭제권을 가지고 있지 않고, 허위사실이 게재된 사실을 알았거나 알 수 있었다고 인정할 수 없다는 이유로 인터넷서비스제공자의 책임을 부정하였다.

　그러나 Stratton Oakmont Inc. v. Progidy Services Co. 판결25)은 인터넷서비스제공자의 명예훼손책임을 긍정하였다. 피고(Progidy Services Co.)는 인터넷서비스

---

22) 우리나라에 미국의 논의를 소개한 것으로는 이재진, "인터넷상의 명예훼손 현상에 대한 비판적 고찰―미국의 경우를 중심으로," 언론중재 1998년 봄호, 28면 이하; 이재진, "사이버공간에서의 표현의 자유와 인격권 보호," 언론중재 2000년 겨울호, 71면 이하; 이해완, "사이버스페이스와 표현의 자유," 헌법학연구 제 6 권 3호(2000. 11), 103면 이하; 황찬현, "사이버스페이스에서의 명예훼손과 인권보장," 저스티스 제34권 1호(2001. 2), 10면 이하가 있다.

23) 첫째, 서적, 잡지, 신문 등의 발행자는 그 발행하는 내용에 관하여 저자와 동일한 책임을 진다. 이것은 발행자가 편집출판의 과정에서 출판물의 내용을 통제할 수 있다는 점에 근거를 두고 있다. 둘째, 서점, 도서관, 뉴스 스탠드 등 배포자는 명예를 훼손하는 내용이 있다는 것을 알았거나 알 수 있었던 때에 한하여 책임을 진다. 셋째, 전화회사 등 공중통신업자는 이용자가 전화 등을 사용하여 타인의 명예를 훼손하는 등 행위를 하더라도 서비스제공의무를 중단할 수 없기 때문에 책임을 지지 않는다.

24) 776 F. Supp. 135 (S.D.N.Y. 1991). 피고(CompuServe Inc.)는 일반적 온라인 정보 서비스 또는 전자도서관서비스를 포함하는 컴퓨터 관련 상품 및 서비스를 개발, 제공하고 있었는데, 그중에 저널리즘에 관한 '저널리즘회의실'이 있었다. 피고는 다른 회사에 위 저널리즘회의실을 관리, 열람, 제작, 삭제, 편집하는 업무를 맡겼다. 그런데 원고(Cuby, Inc.)의 명예를 훼손하는 내용이 위 저널리즘회의실에 게재되었다. 이에 원고는 위 회사와 피고를 상대로 소를 제기하였다.

25) 23. Media L. Rep. (BNA) 1794 (N.Y. Sup. Ct. 1995).

제공자로서 'Money Talk'라는 전자게시판을 운영하였는데, 어떤 이용자가 원고가 부정행위를 저질렀다는 글을 게재하였다. 피고가 사전에 전자게시판에 투고된 내용에 대하여 편집권을 행사한다고 광고하였고, 게시판이용지침을 만들어 게시물에 대한 관리권을 행사하였다. 법원은 전자게시판을 운영하는 사업자는 원칙적으로 distributor에 해당하지만, 유해한 정보에 대하여 편집권이 있는 경우에는 사업자를 타인의 발언에 대한 publisher(발행자) 또는 speaker(발언자)로 보고, 고의나 과실이 없어도 책임을 부담한다고 판결하였다. 이 판결에 대하여는 인터넷서비스제공자가 통제권을 행사하지 않는 것이 명예훼손 소송에서 유리하게 되기 때문에, 인터넷서비스제공자의 자율규제를 소홀하게 하는 결과를 초래할 것이라는 비판이 제기되었다.

그 후 1996년 제정된 통신품위법(Communications Decency Act; CDA)은 제230조(c)에서 "쌍방향 컴퓨터 서비스공급자 또는 이용자는 다른 정보콘텐츠 공급자가 제공하는 정보의 발행자 또는 발언자로 취급되지 아니한다."[26]고 규정하고 있다. 스스로 게시물을 규제하는 인터넷서비스사업자를 보호한다는 의미에서 착한 사마리아인(Good Samaritan) 조항이라고 한다. 이것은 인터넷서비스제공자의 책임을 인정한 위 판례를 부정한 것으로, 서비스제공자의 책임을 면제함으로써 인터넷 사업을 지원하고 자율규제를 권장하려는 목적이 있다.[27]

그런데 이 조항에 따르더라도 사업자가 배포자에 해당하는지, 즉 사업자가 명예훼손발언을 알았거나 알 수 있었을 때에는 책임이 긍정되는지 문제된다. Zeran v. America Online, Inc. 판결[28]은 통신품위법하에서 선례라고 할 수 있다. 1995년 오클라호마시 폭탄테러 사건이 발생한 직후 어떤 사람이 AOL의 게시판에 "Naughty Oklahoma T-Shirts"를 광고하는 게시물을 올려놓았다. 그 게시물에는 폭탄테러의 희생을 경시하는 천박한 문구가 적혀 있었고, 그 게시자가 "Ken Z"라고 표시되어 있고, 위 티셔츠를 주문하려면 시애틀에 있는 Zeran에게 전화를 걸라고 하였다. 그 후 AOL에 가입한 적도 없는 Zeran은 많은 협박 전화를 받고, AOL에 위 메시지를 삭제하라고 요구하였다. AOL이 위 게시물을 삭제하였으나, 위와

---

26) "No provider or user of an interactive computer service shall be treated as the publisher or speaker of any information provided by another information content provider."

27) Delta/Matsuura(주 6), pp. 7-27; Street/Grant, The Law of Internet (New York : LEXIS Publishing, 2001), p. 781.

28) 129 F.3d 327 (4th Cir. 1997), Cert. denied, 524 U.S. 937, 118 S.Ct. 2341 (1998).

같은 게시물이 다시 게재되었다. Zeran은 AOL을 상대로 게시물을 좀 더 빨리 삭제하지 못하고 자신의 전화번호가 적힌 게시물이 올라오지 못하도록 막지 못한 데 과실이 있다고 주장하며 소를 제기하였다. 지방법원과 연방항소법원은 인터넷서비스제공자인 AOL의 책임을 부정하였다. 연방항소법원은 AOL 등 인터넷서비스제공자가 게시물이 명예를 훼손하고 있다는 내용을 알고 있는 경우조차 책임이 면제된다고 하였다. 그 이유는 다음과 같다. 위 제230조의 규정에서 인터넷서비스제공자가 발행자로 취급되지 않는다고 되어 있으나, 입법취지 등에 비추어 배포자로서의 책임도 면제한 것으로 보아야 한다. 그렇지 않고 배포자로서의 책임을 인정하면 사업자가 명예훼손에 관하여 알았거나 알 수 있는 경우에 책임을 진다. 사업자는 게재된 내용이 명예훼손이라는 통보를 받은 경우에 그 내용이 명예훼손에 해당하는지를 판단하기 곤란하기 때문에, 그 내용을 삭제하려고 할 것이고, 이는 언론의 자유를 위축시키는 효과를 초래한다. 또한 사업자가 전자게시판의 메시지를 조사·선별하려고 노력하면 명예훼손에 관하여 알 수 있는 가능성이 높아져 책임을 지게 될 수 있어 사업자의 자율규제를 소홀하게 할 수 있다.

그 후에 나온 여러 판결에서도 인터넷서비스제공자의 책임을 부정하고 있다.[29] Doe v. America Online 사건[30]에서는 위 판결들의 법리를 확장하여 배포된 자료가 아동포르노 판매광고인 경우에도 인터넷서비스제공자가 책임을 지지 않는다고 판결하였다.

미국의 통신품위법과 그 이후의 판례는 헌법상 보장된 언론의 자유를 보장하기 위하여 제3자가 작성한 게시물에 대하여 인터넷서비스사업자의 명예훼손책임을 면제하는 대신 자율규제를 촉진하고 권장하려는 태도를 취하고 있다고 볼 수 있다.[31] 따라서 인터넷서비스제공자에 대한 책임을 판단할 때 명예훼손적인 메시지를 통제할 수 있는 권한이나 기회가 있었는지는 아무런 의미가 없다. 그러나 인터넷서비스제공자가 직접 정보를 작성하여 제공하는 경우에는 면책되지 않는다.[32]

---

29) Blumenthal v. Drudge, 992 F. Supp. 44 (D,D.C. 1998); Ezra v. America Online, Inc., 206 F.3d 980 (10th Cir. 2000).

30) 1997 WL 374223 (Fla. Cir. Ct. June 26, 1997).

31) 그러나 영국에서는 1999년의 Godfrey v. Demon Internet Limited [1999] EWHC QB 244에서 인터넷서비스사업자가 1996년의 명예훼손법(Defamation Act)상의 면책요건을 충족시키고 있는지 문제되었는데, 미국 판례이론의 적용을 거부하였다. Street/Grant(주 27), pp. 788-790.

32) Street/Grant(주 27), p. 782.

(b) 독   일   위에서 본 바와 같이 독일의 통신서비스법 제 5조에서 인터넷서비스제공자의 책임에 관하여 명문의 규정을 두고 있다.[33) 서비스제공자가 타인이 제작한 정보를 제공하는 경우에는 그 내용을 알고 있었고 또한 그 이용을 차단하는 것이 기술적으로 가능하며, 그와 같은 조치를 합리적으로 기대할 수 있는 경우에 한하여 책임을 진다고 규정하고 있다(제 5 조 제 2 항). 타인의 정보에 관해서는 서비스제공자의 책임을 고의행위로 한정하였으므로, 서비스제공자가 개별적, 구체적 내용을 적극적으로 안 경우에만 책임이 발생할 수 있고, 과실로 이를 알지 못한 경우에는 책임이 발생하지 않는다.[34) 그리고 그 내용을 기술적으로 차단할 수 있어야 하기 때문에, 이것이 불가능한 경우에는 서비스제공자가 책임을 지지 않는다. 또한 위 규정은 기대가능성을 요구하고 있기 때문에, 차단조치가 많은 비용이 들어가지만, 그 효과가 비교적 적은 비용으로 회피될 수 있는 경우에는 책임이 발생하지 않는다.[35)

그러나 서비스제공자가 타인이 제작한 정보를 이용할 수 있도록 접속을 매개한 것(Zugang)만으로는 책임을 지지 않는다. 이용자의 요청에 따라 제 3 자의 내용물을 자동적, 일시적으로 저장하는 것은 접속매개로 간주된다(제 5 조 제 3 항). 다만 서비스제공자가 일정한 경우에 책임이 면제된다고 하더라도 정보의 내용을 적법하게 알고 있고 그 내용을 차단하는 것이 기술적으로 가능하며 또 합리적으로 기대할 수 있는 경우에는 불법적인 내용의 이용을 차단할 의무를 진다(제 5 조 제 4 항). 이른바 하이퍼링크(Hyperlink)에 대한 책임에 관하여는 논란이 있다. 각각의 하이퍼링크가 어떠한 성격을 갖고 있는지에 따라 결론이 달라진다. 하이퍼링크가 접속만을 매개하는 경우에는 서비스제공자가 매개한 내용에 대하여 제 5 조 제 3 항에 따라 책임을 지지 않는다. 그러나 서비스제공자가 단순히 접속을 매개하는 데서 나아가 매개한 내용을 자신의 것으로 하여 그가 정보를 제공한 것으로 볼 수 있는 경우에는 제 5 조 제 1항에 따른 책임을 지게 된다.[36)

(c) 일   본   일본에서는 인터넷상의 명예훼손이나 프라이버시 침해에 대해서 민사법이론이 적용된다고 한다. 전자게시판에 명예를 훼손하는 내용이 게재

---

33) 미디어서비스에 관한 주간계약 제 5 조도 마찬가지이다. Gounalakis(주 17), 2995.

34) Spindler(주 19), 3194ff.

35) Engel-Flechsig/Maennel/Tettenborn(주 18), 2985.

36) Engel-Flechsig/Maennel/Tettenborn(주 18), 2985.

된 것을 방치한 인터넷서비스제공자의 불법행위책임을 인정한 사례가 있다.37) 일본 컴퓨터 통신사업회사에 개설된 포럼인 "PSHISO" 내에서 어떤 개인이 원고의 명예를 훼손하는 내용의 발언을 4개월 동안 28회에 걸쳐 게재하였다. 위 포럼의 시삽은 이를 알고 있으면서도 1개월 동안 방치하였다. 이에 원고는 위 시삽을 상대로 불법행위에 기한 손해배상을 청구하고, 위 회사에 대하여 사용자책임에 기한 손해배상을 청구하였다. 법원은 다음과 같은 이유로 위 청구를 받아들였다. 위 시삽이 위 회사가 원고의 명예를 훼손하는 발언을 게재하였으며 이에 대하여 원고로부터 명예훼손이라는 지적이 있었는데도 회사에 대하여 문제점만을 지적하였을 뿐 삭제하기 위한 조치를 취하지 않았다. 이는 명예훼손에 해당하는 회원발언을 방지해야 할 조리상의 작위의무를 위반한 불법행위에 해당한다고 인정하고, 회사는 사용자책임을 진다고 한다. 이 판결은 시삽의 불법행위책임을 부작위에 의한 불법행위로 구성하고 있다.38)

그러나 都立大學 사건에서는 대학의 시스템 안에 명예훼손에 해당하는 홈페이지가 개설되어, 피해자 등의 신청에도 불구하고 삭제되지 않은 것에 대하여, 발신자와 함께 대학이 시스템관리자로서 책임을 지는지 문제되었다. 법원은 발신자의 명예훼손책임을 인정하였으나, 네트워크 관리자가 피해자에게 책임을 지는 것은 명예훼손 문서가 발신되고 있는 것을 실제로 인식하였을 뿐만 아니라, 그 내용이 명예훼손 문서에 해당하고 가해행위의 태양이 심각하게 악질적이며, 피해의 정도가 심각하다는 것 등이 명백한 경우처럼 매우 예외적인 경우에 한한다고 하여 네트워크 관리자의 삭제의무를 부정하였다.39)

(나) 우리나라

우리나라에서 인터넷서비스제공자의 책임에 관한 논의가 행해지고 있다. 사이버공간에서 인격권을 침해하는 정보를 올린 경우 인터넷서비스제공자가 그 공간과 시설을 제공하고 이를 매개하였다고 하더라도 책임을 지는 것은 아니라는 점에는 이견이 없다. 그렇다고 하여 인터넷서비스제공자의 책임이 무조건 면제된다고 볼 수는 없다.40)

---

37) 東京地判 1997(平成 9). 5. 26(判例時報 1610호 22면).
38) 상세한 것은 松井茂記·高橋和之 編, イソターネットと法, 제 2 판(2001), 69면 참조. 그러나 이 판결의 항소심은 1심판결을 파기하였다.
39) 東京地判 1999(平成 11). 9. 24(判例時報 1707호 139면).
40) 황찬현(주 22), 37면; 이광진, "인터넷 시대에서의 표현의 자유," 인터넷법률 제8호(2001. 9),

이때 인터넷서비스제공자에게 어떠한 주의의무가 있는지 문제된다. 조리상 인터넷서비스사업자에게 일정한 경우에 투고된 명예훼손의 내용에 대하여 이를 삭제하는 등의 적절한 조치를 취할 통제의무를 도출할 수 있다고 하고, 이를 방치한 경우에는 부작위에 의한 불법행위가 성립한다고 설명하는 견해가 있다.41) 이 견해는 사업자가 미국법상의 배포자에 준하는 정도의 책임을 져야 한다고 주장하면서, 사업자가 투고된 내용에 대하여 사전에 이를 점검할 의무는 없으나, 그 내용이 명예훼손적인 것을 알았거나 알 수 있었을 경우에 이를 삭제하는 등의 적절한 조치를 취하지 않고 방치하는 때에는 이에 대한 책임을 면할 수 없다고 한다.42) 한편 명확한 것은 아니지만 인터넷서비스사업자의 책임을 좀 더 제한하려는 견해가 있다.43) 이 견해에 의하면 인터넷서비스사업자에게 게시물에 대한 일반적이고 상시적인 감시의무를 부과하는 것은 인터넷상의 표현의 자유를 지나치게 제약하는 냉각효과를 초래할 것이므로 허용되지 않는다고 한다. 다만 우리 법에서는 피해자가 인터넷서비스사업자에게 명예훼손 사실을 통지하였거나 기타의 사유로 인터넷서비스사업자가 명예훼손적 게시물의 존재를 인식한 경우에는 인터넷서비스사업자의 책임을 긍정하게 될 것이 많을 것이라고 한다.

우리나라에서 인터넷서비스제공자의 책임에 관한 판결이 아직 많지는 않다. 먼저 홈페이지의 자료게시판을 통한 저작권 침해가 문제된 사건에서 인터넷서비스제공자가 이용자의 침해행위를 적극적으로 야기하였다거나 침해행위를 통제할 권능이 있고 침해행위를 인식하고도 이를 방치한 경우에는 인터넷서비스제공자의 책임이 인정된다는 하급심 판결이 있었다.44)

최근 전자게시판운영자의 손해배상책임을 인정한 중요한 판결이 선고되었다. 대판 2001. 9. 7, 2001다36801이 그것이다. 이 판결의 사안은 위에서 본 서울지법 동부지판 2000. 5. 25, 99가단42644와 동일하다. 다만 원고가 전자게시판에 원고의 명예를 훼손하는 글을 올린 사람(소외 A)을 상대로 소를 제기한 것이 아니라, 위 전자게시판을 설치·운영하는 전기통신사업자인 피고 회사를 상대로 손해배상책임

83면.
41) 황찬현(주 22), 33면.
42) 황찬현(주 22), 37면.
43) 이해완(주 22), 114면 이하.
44) 서울지판 1999. 12. 3, 98가합111554.

을 청구하는 소를 제기하였다.

　　원심[45)]은 다음과 같은 이유로 피고 회사의 손해배상책임을 인정하였다. 무릇 전자게시판을 설치, 운영하는 전기통신사업자는 그 이용자에 의하여 타인의 명예를 훼손하는 글이 전자게시판에 올려진 것을 알았거나 알 수 있었던 경우에 이를 삭제하는 등의 적절한 조치를 취하여야 할 의무가 있다. 하이텔의 공개게시판 플라자에 게재된 소외 A의 글들은 위 정보서비스이용약관 제21조에 정한 "다른 이용자 또는 제3자를 비방하거나 중상모략으로 명예를 손상시키는 내용인 경우"에 해당한다.[46)] 피고 회사로서는 원고와 정보통신윤리위원회의 시정조치 요구에 따라 그러한 글들이 플라자에 게재된 것을 알았거나 충분히 알 수 있었는데도, 무려 5, 6개월 동안이나 이를 삭제하는 등 적절한 조치를 취하지 않은 채 그대로 방치하여 두었다. 이로써 원고가 상당한 정신적 고통을 겪었을 것임은 경험칙상 명백하므로, 피고는 특별한 사정이 없는 한 원고에게 위와 같은 전자게시판 관리의무 위반행위로 인한 손해배상책임을 진다. 나아가 손해배상액을 100만 원으로 정하였는데, 피고 회사의 게시판 관리의무 위반행위의 태양, 원고가 위 A를 상대로 제기한 손해배상청구소송에서 일부 승소(인용액 200만 원)한 점 등을 참작하고 있다. 피고가 상고하였으나, 대법원은 상고를 기각하고 원심의 사실인정과 판단을 지지하였다.

　　㈐ 결　　　어

　　미국에서는 영국, 독일, 일본 등과는 달리 인터넷서비스제공자의 책임을 면제하고 있는데, 이것은 인터넷을 통한 언론의 자유를 보장하고 인터넷사업을 보호한다는 목적을 가지고 있다. 그러나 인터넷서비스제공자의 책임을 면제할 경우에 인터넷을 통한 명예훼손이나 프라이버시 침해를 막을 수 없다. 이 문제를 사업자의 자율규제로 해결한다고 한다. 인터넷사업자와 그 단체들의 자율규제가 중요한 것

---

45) 서울지판 2001. 4. 27, 99나74113(하집 2001-1, 144).

46) 피고 회사와 하이텔 이용계약을 체결한 이용자에게 적용되는 정보서비스이용약관 제18조 제2항은 '회사는 이용고객으로부터 제기되는 의견이나 불만이 정당하다고 인정할 경우에는 즉시 처리하여야 한다. 다만 즉시 처리가 곤란한 경우에는 이용고객에게 그 사유와 처리 일정을 통보하여야 한다.'라고 규정하고 있다. 그리고 제21조는 이용자가 게재 또는 등록하는 서비스 내의 내용물이 다음 각 호의 1에 해당한다고 판단되는 경우에 피고 회사가 이용자에게 사전 통지 없이 게시물을 삭제할 수 있다고 규정하면서, 그에 해당하는 경우로 1. 다른 이용자 또는 제3자를 비방하거나 중상모략으로 명예를 손상시키는 내용인 경우, 2. 공공질서 및 미풍양속에 위반되는 내용의 정보 등을 유포하는 내용인 경우, 3. 기타 관계 법령에 위배된다고 판단되는 내용인 경우 등을 들고 있다.

은 분명하지만, 인터넷사업자의 책임을 면제한다고 해서 자율규제가 활발하게 이루어지는 것은 아니다. 오히려 인터넷서비스사업자의 법적 책임에 관한 합리적인 기준을 마련할 때, 자율규제가 촉진될 수도 있다. 우리나라에서 인터넷사업자의 법적 책임을 면제한다면, 피해자를 법의 보호 밖에 방치하는 결과를 초래할 수 있다. 언론의 자유가 헌법상 보장된 기본권이지만, 인격권도 헌법상 보장된 기본권일 뿐만 아니라 포기할 수 없는 기본적 권리이다. 따라서 인터넷상의 표현의 자유와 인격권의 보호를 조정하기 위한 기준과 절차를 마련하여야 한다.

위에서 본 우리나라 대법원 판결은 대법원 판결로는 최초로 인터넷서비스제공자가 제공한 전자게시판에 타인의 명예를 침해하는 내용이 게시된 경우에 인터넷서비스제공자에게 손해배상책임을 인정하였다는 의미에서 매우 중요한 판결이다. 그러나 이 사건이 소액사건으로서 상고이유가 제한되어 있는데다가,[47] 대법원이 적극적으로 법률적인 의견을 밝히지 않고 단지 원심의 판단이 정당하다고 하고 있을 뿐이기 때문에, 이 문제에 관한 대법원의 법률적 견해가 명확하다고 볼 수는 없다. 이 판결의 사실관계를 보면 피고 회사가 게시물이 명예훼손에 해당한다는 것을 알았다고 볼 수 있고 게시물을 삭제할 것을 기대할 수 있었기 때문에, 이 사건에서 피고 회사의 책임을 인정한 구체적 판단은 정당하다고 생각한다. 그런데 이 판결의 원심은 전기통신사업자가 그 이용자들이 타인의 명예를 훼손하는 글을 전자게시판에 올린 것을 알았거나 알 수 있었던 경우에 이를 삭제하는 등의 적절한 조치를 취하여야 할 의무가 있다고 한다. 그러나 전기통신사업자가 이용자의 글이 명예훼손에 해당한다는 것을 몰랐다고 하더라도 이를 알 수 있었다는 이유로 책임을 지우는 것이 타당한지는 의문이다. 인터넷서비스사업자가 그 내용을 직접 작성하거나 게재하지 않기 때문에, 그 책임을 엄격한 요건에 따라 인정하여야 한다. 이러한 경우에는 인터넷서비스사업자가 게시물이 타인의 명예를 훼손하는 등 인격권을 침해한다는 것을 알고 이를 삭제할 수 있었는데도 이를 삭제하는 등의 조치를 취하지 않은 경우에 한하여 손해배상책임을 인정하여야 한다.

---

47) 소액사건에서는 제 2 심 판결이나 결정·명령에 대하여는 상고이유가 법률, 명령, 규칙 또는 처분의 헌법위반 여부와 명령, 규칙 또는 처분의 법률위반 여부에 대한 판단이 부당한 때, 대법원 판례에 상반되는 판단을 한 때로 제한되어 있다(소액사건심판법 제 3 조).

Ⅳ. 구제수단

1. 손해배상

인터넷사업자와 이용자는 정보서비스이용계약을 체결하는데, 그 약관에 사업자의 의무를 규정하고 있다. 만일 사업자에게 타인의 명예나 사생활을 침해하는 글을 삭제할 의무가 있다고 명시되어 있다면, 이러한 약관도 유효하다. 그런데 약관에 사업자에게 타인의 명예나 사생활을 침해하는 글을 삭제할 권한이 있다고 규정할 뿐이고, 명시적으로 삭제의무를 규정하지 않는 경우가 있다. 이러한 경우에도 계약이나 약관의 해석을 통하여 삭제의무를 도출할 여지가 있다. 사업자가 이러한 계약상의 의무를 이행하지 않아 이용자의 인격권이 침해되거나 그 침해가 가중된 경우에는 채무불이행에 기한 손해배상책임을 진다. 이러한 의무위반도 민법 제390조 본문의 "채무의 내용에 좇은 이행을 하지 아니한 경우"에 해당하기 때문이다. 다만 채무불이행책임에서는 채무자가 고의나 과실이 없다는 것을 증명하면 책임을 지지 않는다.

그러나 인터넷서비스제공자는 계약관계에 있지 않은 제3자에 대해서는 채무불이행책임을 지지 않는다. 이러한 경우에도 서비스제공자는 인격권을 침해하는 내용에 관한 통제를 게을리한 경우에 민법상의 불법행위책임을 질 수 있다. 민법 제750조는 "고의 또는 과실로 인한 위법행위로 타인에게 손해를 가한 자는 그 손해를 배상할 책임이 있다."라고 규정하고 있고, 제751조는 "타인의 신체, 자유 또는 명예를 해하거나 기타 정신상 고통을 가한 자는 재산 이외의 손해에 대하여도 배상할 책임이 있다."라고 규정하고 있다. 따라서 서비스제공자의 불법행위책임이 성립하려면, 고의 또는 과실, 위법행위, 인과관계, 손해라는 4가지 요건이 충족되어야 한다. 서비스제공자의 책임은 부작위에 의한 불법행위의 일종으로 파악할 수 있는데, 이것은 작위의무를 전제로 한다. 사업자에게 제3자가 전자게시판에 게재한 내용이 명예훼손이나 프라이버시 침해에 해당하는지를 사전에 적극적으로 감시할 의무는 없다. 이러한 의무를 인정한다면, 오히려 사적 검열을 조장하여 표현의 자유를 중대하게 제약하는 결과를 초래한다. 더군다나 인터넷을 통한 정보의 교류

는 신속하고 비용이 저렴하다는 이점이 있는데, 이러한 이점이 사장되지 않도록
하여야 한다. 그러나 서비스제공자가 인격권 침해사실을 알고 이를 제거할 수 있
는 경우에는 책임을 인정하여야 한다.

　위에서 본 바와 같이 서비스제공자가 나중에 그 내용이 명예훼손에 해당한다
는 사실을 알았거나 알 수 있는 경우에 피해의 확대방지를 위하여 적절한 조치를
취하여야 할 법률상 작위의무가 있는지 문제되고 있다. 명예훼손이라는 것을 알았
다면 그러한 작위의무를 인정할 수 있다. 그러나 명예훼손이나 프라이버시가 침해
되었다는 통보를 받았다고 하여 이러한 의무를 인정할 수는 없다. 특히 명예훼손
에 해당하는지를 판단하는 것은 어려운 문제이다. 그리하여 이를 판단하는 데 드
는 시간이나 비용을 고려하여 명예훼손적 발언을 확인하고 이를 삭제하는 것을 기
대할 수 있는 경우에 한하여 책임을 인정하여야 한다.

　2001년 개정된 「정보통신망 이용촉진 및 정보보호 등에 관한 법률」(2001. 1. 16.
공포, 2001. 7. 1. 시행) 제44조는 이러한 작위의무를 인정하는 근거가 될 수 있다. 법
제44조 제 1 항은 "정보통신망을 이용하여 일반에게 공개를 목적으로 제공된 정보
로 인하여 법률상 이익이 침해된 자는 해당 정보를 취급한 정보통신서비스 제공자
에게 당해 정보의 삭제 또는 반박내용의 게재를 요청할 수 있다."라고 규정하고,
제 2 항은 "정보통신서비스제공자는 제 1 항의 규정에 의한 당해 정보의 삭제 등의
요청을 받은 때에는 지체없이 필요한 조치를 취하고 이를 즉시 신청인에게 통지하
여야 한다."라고 규정하였다.[48] 따라서 이러한 조치를 취하지 않은 정보통신서비스
제공자는 불법행위책임을 지게 된다.

　나아가 이 법률은, 2011. 3. 29. 「개인정보 보호법」이 시행되기 전까지, 개인정
보의 보호를 위하여 개인정보의 수집, 개인정보의 이용 및 제공, 이용자의 권리에
관하여 상세한 규정을 두었다. 특히 제32조는 "이용자는 정보통신서비스 제공자
등[49]이 이 장의 규정을 위반한 행위로 손해를 입은 경우에는 그 정보통신서비스

---

[48] 2008년 6월 13일 위 법률이 개정되어 제44조, 제44조의 2, 3, 4에서 정보통신망에서의 권리보
호 등에 관하여 상세한 규정을 두고 있다. 개정된 조항은 개정법이라고 표시한다.

[49] 정보통신서비스 제공자와 그로부터 이용자의 개인정보를 제공받은 자를 포함한다. 법 제24조
제 3 항(개정법 제25조 제 1 항). 그 후 2020. 2. 4. 법률 제16955호로 위 법률을 개정하여 개
인정보 보호에 관한 사항이 삭제되고 「개인정보 보호법」 제6장(정보통신서비스 제공자 등의 개인
정보 처리 등 특례)으로 이관되었다가, 2023. 3. 14. 법률 제19234호로 「개인정보 보호법」이 전
면개정되어 조문의 위치와 내용이 바뀌었다.

제공자 등에 대하여 손해배상을 청구할 수 있다. 이 경우 당해 정보통신서비스 제공자 등은 고의 또는 과실이 없음을 증명하지 아니하면 책임을 면할 수 없다."라고 규정하였다.[50] 이용자가 정보통신서비스 제공자와 그로부터 정보를 제공받은 자의 고의·과실을 증명하기가 어렵기 때문에, 피해자 구제를 위하여 증명책임을 전환하는 규정을 두었다.

2. 침해금지 및 제거청구

인격권이 침해된 경우에 손해배상청구가 인정된다고 하더라도 이는 사후적인 구제수단에 불과하여 피해자를 보호하는 데 만족스럽지 못하다. 그리하여 인격권 침해에 대한 사전적 구제수단으로서 금지청구권이 인정된다.[51] 우리 민법에서 불법행위로 인한 손해배상의 방법은 금전배상이 원칙인데, 인격권 침해로 인한 손해배상청구 이외에 금지청구도 가능하다는 점은 인격권이 물권과 같은 배타성을 갖는 권리라는 점에서 찾아야 한다.[52] 그리고 인격권을 침해하는 행위가 계속되고 있는 경우에는 이를 제거하는 것을 청구할 수도 있다. 또한 불법행위를 원인으로 한 손해배상청구의 경우에는 민법 제750조에 따라 고의·과실이 있어야 하나, 인격권에 기한 금지청구의 경우에는 고의·과실이 요건이라고 볼 수 없다.[53]

---

50) 개정법 제32조에서는 표현을 수정하고 있다. 위 주 49에서 보았듯이 그 후 법률이 개정되어 현재는 「개인정보 보호법」에서 규정하고 있다. 한편 「신용정보의 이용 및 보호에 관한 법률」은 "신용정보회사등과 그로부터 신용정보를 제공받은 자가 이 법을 위반하여 신용정보주체에게 손해를 가한 경우에는 해당 신용정보주체에 대하여 그 손해를 배상할 책임이 있다. 다만, 신용정보회사등과 그로부터 신용정보를 제공받은 자가 고의 또는 과실이 없음을 증명한 경우에는 그러하지 아니하다."라고 규정하고 있다(종전에는 제28조에서 규정하였으나 현재는 제43조 제1항에서 규정하고 있다).

51) 대판 1996. 4. 12, 93다40614, 40621(공 1996, 1486). 원심이 인격권은 그 성질상 일단 침해된 후의 구제수단(금전배상이나 명예회복 처분 등)만으로는 그 피해의 완전한 회복이 어렵고 손해 전보의 실효성을 기대하기 어려우므로, 인격권 침해에 대하여는 사전(예방적) 구제수단으로 침해행위의 정지·방지 등의 금지청구권도 인정된다고 판결하였는데, 대법원도 이를 지지하였다. 대판 1997. 10. 24, 96다17851(공 1997, 3574)도 같은 취지이다.

헌재 1996. 10. 4, 93헌가13, 91헌바10(헌집 8-2, 212)은 이러한 금지청구권을 인정하는 것이 헌법상의 검열금지의 원칙에 반하지 않는다고 한다. 즉, 검열금지의 원칙은 정신작품의 발표 이후에 비로소 취해지는 사후적인 사법적 규제를 금지하는 것이 아니므로, 사법절차에 의한 영화상영의 금지조치 등은 헌법상의 검열금지의 원칙에 위반되지 않는다고 한다.

52) 日最判 1986(昭和 61). 6. 11(民集 40권 4호, 872면)——북방저널 사건.

53) 다만 금지청구는 손해배상청구의 경우보다 표현의 자유에 대한 중대한 제약이라는 점에서 좀

인터넷에 의한 인격권 침해의 경우에도 금지청구권이 허용된다. 피해자는 방해제거 및 예방청구권을 행사할 수 있는데, 이는 인격권을 침해하는 게재물을 삭제할 것을 청구하는 형태가 된다. 그런데 실제로 인격권을 침해하는 행위를 한 사람이 게재물을 삭제할 수 없고 서비스제공자나 시스템관리자만이 이를 제거할 수 있는 경우가 있다. 이러한 경우에는 전자게시판을 관리하는 인터넷서비스제공자, 홈페이지관리자, 시스템관리자 등을 상대로 방해제거를 청구할 수 있다.

3. 정정문 게재청구

민법 제764조는 "타인의 명예를 훼손한 자에 대하여는 법원은 피해자의 청구에 의하여 손해배상에 갈음하거나 손해배상과 함께 명예회복에 적당한 처분을 명할 수 있다."라고 규정하고 있다. 명예회복에 적당한 처분으로서 정정보도청구,[54] 철회청구, 사죄광고 등을 들 수 있으나, 사죄광고에 관하여는 헌법에 위반한다는 헌법재판소의 결정[55]이 나온 바 있다.

언론에 의한 명예훼손의 경우에 정정보도청구의 요건이 무엇인지, 손해배상에 갈음하여 정정보도청구를 인용할 것인지, 아니면 손해배상과 함께 이를 인용할 것인지 문제된다. 법원 실무는 대체로 명예훼손을 이유로 한 손해배상책임을 인정하는 경우에 명예회복을 위한 적당한 처분으로서 정정보도청구도 받아들이고 있다.[56] 피고에게 금전배상을 명하는 것만으로는 훼손된 원고들의 명예를 회복하는데 부족하므로, 원고는 민법 제764조에 따른 명예회복을 위한 적당한 처분으로서 정정보도문의 게재를 구할 권리가 있다고 한다. 그러나 손해배상과 정정보도 중

더 엄격한 요건을 충족해야 한다. 東京地決 1970(昭和 45). 3. 14(判例時報 586호 41면)는, '인격권의 침해에 대한 사전의 금지청구'는 표현의 자유에 대한 중대한 제약으로 되는 점, 헌법상의 검열금지규정을 고려하여, 권리침해의 위법성이 고도로 높은 경우에만 금지청구가 인정된다고 하였다.

54) 허위 보도로 명예가 훼손된 경우에는 민법 제764조의 규정에 의한 "명예회복에 적당한 처분"으로서 정정보도청구가 허용된다고 보아야 한다. 이는 반론보도청구와는 달리 잘못된 보도를 정정하는 것이다.

55) 헌재 1991. 4. 1, 89헌마160(헌집 3, 149). 대판 1996. 4. 12, 93다40614, 40621(공 1996, 1486)도 참조.

56) 서울고판 2000. 2. 10, 98나56579(국내언론관계판결집 제 7 집, 314면); 서울지판 2000. 1. 19, 99가합42730(국내언론관계판결집 제 7 집, 267면); 서울지판 2000. 2. 2, 99가합77460(언론중재 2000년 봄호, 144면); 서울지판 2000. 7. 12, 99가합90005(언론중재 2000년 가을호, 111면).

하나만을 인정한 재판례도 있다. 서울지판 2000. 6. 7, 99가합88873은 "이 사건 보도의 내용 및 경위, 이 사건 보도의 일회성, 이 사건 보도 직후 원고 A의 이의에 따라 곧 수정보도가 나간 점, 위 원고들의 정신적 손해를 전보하기 위해 위와 같은 위자료의 지급을 명한 점 등을 고려하여 볼 때 손해배상과 별도의 정정보도는 필요하지 않다."라고 판단하였다.57) 이에 반하여 서울지판 2000. 12. 27, 2000가합 16898은 "피고 소속 기자들은 사회의 관심이 집중되던 이른바 '옷 로비 의혹 사건'에 관하여 지속적인 취재를 거듭하였고 그로 인하여 위 사건의 실체에 상당 부분 접근할 수 있는 계기를 마련하기에 이르렀다고 보여지고, 위 보도 내용 역시 공공의 이익을 위한 것으로 상당 부분 진실에 부합하며, 한편 원고는 이른바 공인으로서 그에 대한 합리적이고 공적인 비판은 겸허하게 수용하여야 할 지위에 있는 점등 이 사건 변론과정에 나타난 여러 가지 사정을 참작하건대, 피고의 명예훼손에 대한 책임으로는 위자료에 해당하는 손해배상을 명하기보다는 명예회복에 적당한 처분으로서 정정보도만을 명함이 상당하다."라고 판단하였다. 한편 명예훼손 이외의 인격권이 침해된 경우에도 손해배상 이외에 원상회복을 위한 조치 또는 피해자에게 만족을 줄 수 있는 조치를 명할 수 있다는 하급심 판결58)이 있다. 인터넷에 의한 명예훼손의 경우에도 명예회복에 적당한 처분으로서 정정보도나 정정문게재 또는 철회청구 등을 할 수 있다고 보아야 한다.

4. 삭제 및 반박내용의 게재청구

「정기간행물의 등록등에 관한 법률」 제16조와 방송법 제91조는 반론보도청구권에 관하여 규정하고 있다.59) 반론보도를 청구하려면 정기간행물이나 방송에 공표된 사실적 주장에 의하여 피해를 받은 자에 해당하여야 한다. 반론보도청구권은 피해자의 권리를 구제한다는 주관적인 의미와 피해자에게 방송의 사실 보도 내용과 반대되거나 다른 사실을 주장할 기회를 부여함으로써 시청자들로 하여금 균형 잡힌 여론

---

57) 서울지판 2000. 6. 21, 2000가합1377도 마찬가지이다.

58) 서울고판 1994. 9. 27, 92나35846(하집 1994-2, 1).

59) 현재는 2005년 제정된 「언론중재 및 피해구제 등에 관한 법률」 제14조 이하에서 정정보도청구, 반론보도청구와 추후보도청구에 관한 규정을 두고 있고, 또한 제17조의 2에서 인터넷뉴스서비스에 대한 특칙을 두고 있다.

을 형성할 수 있도록 한다는 객관적 제도로서의 의미를 아울러 가지고 있다.[60]

그런데 반론보도청구는 정기간행물이나 방송에 대해서 허용된다. 인터넷에 게 재된 내용에 대해서 위 법률에 규정된 반론보도청구권이 적용되는지 문제된다. 인 터넷 홈페이지를 정기간행물이나 방송이라고 볼 수 없기 때문에, 위 법률에 규정 된 반론보도청구에 관한 규정을 인터넷 홈페이지에 그대로 적용할 수 없다고 생각 한다. 독일에서는 종래 인터넷상의 게재물에 대하여는 종래의 언론법상의 반론보 도청구권에 관한 규정을 적용할 수 없거나 논란이 제기되었기 때문에 1997년 8월 1일 「미디어서비스에 관한 주간계약」 제10조에서 반론보도청구권에 관한 특별규정 을 두었다. 인터넷상의 홈페이지가 그 내용면에서 일반공공성을 가진다면 이는 전 자출판으로 보고, 정기적으로 편집물을 게시하는 전자출판인 경우에는 반론보도의 무가 있다고 규정하고 있다. 즉 정기적으로 게시되는 편집물은 홈페이지의 운영자 가 그 홈페이지의 정기성 때문에 가지는 공공의 의사형성에 영향력이 크기 때문 에, 반론보도의무를 인정한다. 반론보도의 방법은 인터넷상에 반론보도를 게시하는 것으로 하고 있다.[61]

우리나라에서 2001년 개정된 「정보통신망이용촉진 및 정보보호 등에 관한 법 률」 제44조 제 1 항은 "정보통신망을 이용하여 일반에게 공개를 목적으로 제공된 정보로 인하여 법률상 이익이 침해된 자는 해당 정보를 취급한 정보통신서비스제 공자에게 당해 정보의 삭제 또는 반박내용의 게재를 요청할 수 있다."라고 규정하 고, 제 2 항은 "정보통신서비스제공자는 제 1 항의 규정에 의한 당해 정보의 삭제 등의 요청을 받은 때에는 지체없이 필요한 조치를 취하고 이를 즉시 신청인에게 통지하여야 한다."라고 규정하고 있다.[62] 따라서 인격권을 침해당한 피해자는 이 규정에 따라 정보통신서비스제공자에게 당해 정보의 삭제 또는 반박내용의 게재를 요청할 수 있다. 인터넷상의 전자게시판에 의하여 명예훼손을 입은 피해자는 위에 서 본 바와 같이 민법 제764조에 기하여 명예회복에 적당한 처분으로서 이러한 내 용을 삭제하고 반박내용을 게재해 달라고 청구할 수도 있을 것이나, 정보통신망이 용촉진및정보보호등에관한법률에 따른 청구는 명예훼손에 해당하는지 여부와는 무 관하게 법률상 이익을 침해당한 자가 위와 같은 청구를 할 수 있음을 명시적으로

---

60) 대판 1996. 12. 23, 95다37278(공 1997, 489); 대판 2000. 3. 24, 99다63138(공 2000, 1045).
61) Gounalakis, NJW 1997, 2997.
62) 개정법에서는 제44조의 2 제 1 항, 제 2 항에서 좀 더 구체적으로 규정하고 있다.

인정하고 있다.

[이십일세기 한국민사법학의 과제와 전망(심당 송상현 선생 화갑기념논문집), 박영사, 2002,
282-306면]

[후기] 이 논문을 발표한 이후 인터넷에 의한 인격권 침해에 관하여 판례가 많이
나왔다. 특히 대판(전) 2009. 4. 16, 2008다53812(공 2009, 626)는 인터넷 종합 정보제
공자의 명예훼손 책임에 관하여 상세한 법리를 제시하였다. 이에 관해서는 아래
제 3 장 제 3 절 참조. 또한 본문에서 언급한 「정보통신망 이용촉진 및 정보보호 등
에 관한 법률」은 2008년 6월 13일 개정으로 제44조, 제44조의 2, 3, 4에서 정보통
신망에서의 권리보호 등에 관하여 상세한 규정을 두고 있다(위 주 48, 62 참조). 이
러한 개정법에 관한 논의는 여기에서 하지 않는다.

제2장

인격권에 관한 구제수단

제1절 언론에 의한 인격권 침해에 대한 구제수단*

I. 서 론

언론의 자유는 민주사회를 지탱하는 기둥이다. 독재정권의 언론탄압은 그 반작용으로 언론에 신성한 지위를 부여하였다. 그러나 민주주의의 진전과 함께 언론의 자유는 새로운 도전에 직면하고 있다. 종전에는 정부로부터 언론 자유를 확보하는 것이 주된 관심사였다면, 이제는 개인의 권리가 언론 자유의 한계로 등장하고 있다. 우리나라에서 1987년 민주화 이후 언론보도에 대하여 인격권 침해를 이유로 한 분쟁이 급증한 것은 결코 우연한 일이 아니다. 우리 사회의 갈등구조가 다변화하고 있다고 볼 수 있는데, 다양한 가치의 충돌을 의식하고 그 조화를 위하여 노력하는 것은 민주주의가 그만큼 성숙하였다는 반증이다.

언론보도로 인한 인격권 침해가 증가한 원인은 두 측면에서 찾을 수 있다. 하나는 개인의 명예나 사생활을 침해하는 경우가 빈번해졌기 때문이다. 망원렌즈, 비디오 카메라, 도청기, 컴퓨터, 인터넷 등 과학기술이 발달함에 따라 타인의 사생활을 쉽게 탐색할 수 있게 되었다. 그리하여 개인의 사생활이 공중에 쉽게 노출되고 있다. 언론에서도 독자의 욕구를 충족시키기 위하여 개인의 사생활을 들추어내는 보도를 하거나 부정확하거나 허위의 사실을 보도하는 경우가 있다. 다른 하나는 개인들이 자신에 대한 부당한 간섭에 대하여 적극적으로 대응하고 있기 때문이다. 언론보도로 인하여 자신의 사생활, 인격적 가치 또는 감정이익이 침해된 경우에 단순히 항의하는 데 그치지 않고 법원에 그 구제를 요청하고 있다.

이러한 현상에 직면하여 법학의 여러 분야에서 다양한 논의가 이루어지고 있

---

* 이 논문은 2003년도 방일영문화재단의 언론학 학술연구지원사업에 의하여 지원을 받은 것이다.

다. 형법 분야에서는 언론보도로 인하여 명예훼손죄가 성립하는지가 문제된다. 민법 분야에서는 언론보도에 대하여 손해배상 등 민사적 구제수단이 인정되는지가 중심적인 문제이다. 이러한 논의는 형법이나 민법 차원에서 자족적으로 해결되는 것은 아니고, 표현의 자유와 인격권이 충돌함으로써 발생하는 헌법상의 기본권 충돌 문제와 직접 연관되어 있다. 헌법은 언론의 자유를 보장할 뿐만 아니라, 인격권을 보장하고 있기 때문이다.

표현의 자유와 인격권의 충돌을 구체적으로 어떻게 조정할 것인지는 언론에 의한 인격권 침해 문제 전반에 걸치는 중대한 문제이다. 언론에 의한 인격권 침해에 대하여 어떠한 구제수단을 인정할 것인지, 어떠한 요건에서 특정한 구제를 인정할 것인지도 표현의 자유와 인격권의 관계를 어떻게 설정할 것인지와 관련된다.

언론에 의하여 인격권이 침해되는 경우에 그 구제수단으로 손해배상청구가 많이 이용되나, 그 기준이 명확한 것은 아니다. 그리고 금지청구 또는 유지청구가 인정되고 있으나, 그 근거가 무엇인지, 금지청구를 인정하려면 어떠한 요건을 충족하여야 하는지도 명확하게 밝혀져 있지 않다. 나아가 명예훼손의 경우에 명예회복을 위한 적당한 처분으로서 어떠한 구제수단이 인정될 것인지도 규명할 필요가 있다. 그 밖에 반론보도청구도 실질적으로 언론에 의한 인격권 침해에 대한 중요한 구제수단으로 작용하고 있다. 이러한 구제수단 전반에 관하여 언론 자유의 보장과 관련하여 검토할 필요가 있다.

여기에서는 전제적 고찰로서 인격권의 의의, 언론에 의한 인격권 침해의 유형, 언론의 자유와 인격권의 관계에 관하여 간략하게 살펴본 다음, 인격권 침해에 대한 다양한 구제수단에 관하여 개별적으로 검토해 보고자 한다.

Ⅱ. 전제적 고찰

1. 인격권의 의의

인격권은 인격에 관한 권리라고 할 수 있는데, 사람의 자유, 명예, 신체, 생명 등에 관한 권리가 이에 속한다. 여기에서 인격이라는 것은 훌륭한 품성을 뜻하는 것이 아니다. 인격권은 사람이 자기 자신에 대하여 갖는 권리를 가리킨다. 따라서 모든 사람은 인격권을 가지고 있다고 할 수 있다. 좋은 품성을 갖춘 사람인지, 나쁜 마음씨를 가진 사람인지는 아무런 관계가 없다. 인격권은 사람 자신과 분리할 수 없는 권리라는 점에서, 재산권과 대응하는 개념으로 사용된다.[1]

인격권은 매우 포괄적인 권리이고, 그 보호 범위가 매우 넓다. 인격권은 새로운 권리를 인정하는 매개개념으로 작용하고 있다. 앞으로 사회의 발전에 따라 끊임없이 새로운 보호영역이 발견될 것이고, 인격권에 대한 침해유형도 다양해질 것이다. 그러나 어떠한 경우 인격권으로 보호되는지 여부가 불명확하여 법의 예측 가능성이나 법적 안정성이라는 요청을 충족시키지 못하고 있다는 문제점이 있다.[2] 인격권의 내용을 확정하는 것은 가능하지도 않고 바람직하지도 않지만, 이를 유형별로 분류하고 각 유형에 따른 법적 효과를 명확히 할 필요가 있다.

2. 언론에 의한 인격권 침해의 유형

(1) 명예훼손

인격권 침해의 유형 중에서 가장 많이 차지하는 것은 명예훼손이다. 명예는 사람의 품성, 덕행, 명성, 신용 등 세상으로부터 받는 객관적인 평가를 말한다. 법인에게도 명예가 인정되는데, 사회적 명성, 신용을 가리킨다. 따라서 명예를 훼손한다는 것은 그 사회적 평가를 침해하는 것이다.[3] 명예훼손이 되려면 객관적으로 보아 혐오 또는 경멸을 받게 할 우려가 있어야 하고, 단순히 주관적으로 명예감정이 침해되었다고 주장하는 것만으로는 명예훼손이 되지 않는다.[4]

법원의 판결에 나타난 사례를 보면, 허위의 사실을 보도한 경우,[5] 허위의 사실

---

1) 물권은 물건에 대한 권리이고, 채권은 다른 사람에 대하여 청구할 수 있는 권리이다. 이에 반하여 인격권은 자기 자신에 대한 권리라는 점에서 물권이나 채권과는 현격하게 다르다. 민법 재산편에 있는 개별 규정이 인격권에 적용되는 경우가 있다. 그러나 재산법에 있는 규정은 인격권을 염두에 둔 것이 아니기 때문에, 인격권에 그대로 적용되지 않는 경우가 많다.
2) 인격권이라는 용어 자체가 명확한 개념이 아니고, 인격권의 보호 범위에 속하는 명예나 프라이버시라는 개념도 여전히 모호하다. 최근에 나온 민법개정시안에서 인격권을 보호하는 규정을 둔 것은 진일보한 것이다. 그러나 그 규정내용이 지나치게 간략하여 그 해석과 적용은 여전히 학설과 판례의 몫이다.
3) 대판 1988. 6. 14, 87다카1450(공 1988, 1020); 대판 1990. 2. 27, 89다카12775(공 1990, 760); 대판 1997. 10. 24, 96다17851(공 1997, 3574).
4) 대판 1992. 10. 27, 92다756(공 1992, 3252); 대결 1997. 7. 9, 97마634(공 1997, 2599).

과 인신공격적 표현이 들어 있는 수기를 게재한 경우6) 등이 있다. 명예훼손과 함께 초상권 등 다른 권리가 침해되었다고 인정한 경우도 있다. 즉, 분유제조업체가 경쟁 기업에 대하여 근거 없이 비방광고를 한 경우 그 기업의 인격과 명예, 신용 등이 훼손된다고 본 사례,7) 호화 웨딩드레스 대여업자들의 횡포를 고발하는 뉴스에 그와 무관한 사람의 결혼식 장면을 자료화면으로 방송한 것에 대하여 명예훼손, 명예감정 손상 및 초상권 침해를 인정한 사례,8) 여배우와 그 여동생이 자매가 아니라는 소문이 있고 그 소문에 근거가 있는 듯한 인상을 일반 독자에게 주는 기사를 작성한 경우에는 명예훼손 및 프라이버시 침해가 된다는 사례9)가 이에 해당한다.

진실한 사실을 보도한 경우에도 명예훼손죄가 성립할 수 있으나(형법 제307조 제 1 항), 언론기관이 진실한 사실을 보도하였는데도 명예훼손으로 처벌받거나 손해배상을 인정한 사례는 찾기 어렵다. 형법상 명예훼손죄가 성립하려면 사실을 적시하여야 하는데, 사실을 적시하지 않더라도 형법상 모욕죄가 성립할 수 있는 경우에는 민사상으로 모욕에 의한 인격권 침해가 될 수 있다.

(2) 프라이버시 침해

개인의 사생활이나 프라이버시는 현대사회에서 매우 중요한 비중을 차지한다. 프라이버시는 미국에서 생성된 개념10)으로 "홀로 있을 권리"(the right to be let alone)를 의미하는 것이었다. 미국에서는 프라이버시 침해의 유형을 ① 원고의 신체적, 장소적 사영역에 대한 침입 또는 그 사적 사항에 대한 침투,11) ② 사생활의 공개, ③ 공중에게 원고에 대한 잘못된 인식을 심어주는 행위(false light in the public eye),12) ④ 성명 또는 초상 등에 대한 침해로 구분하고 있다.13) 그리고 유명인 등

---

5) 대판 1996. 5. 28, 94다33828(공 1996, 1973).
6) 대판 1988. 10. 11, 85다카29(집 36-3 민, 1).
7) 대판 1996. 4. 12, 93다40614, 40621(공 1996, 1486). 이 판결에 대한 평석으로는 강용현, "비방광고를 한 자에 대하여 사전에 광고금지를 명하는 판결 및 그 판결절차에서 명하는 간접강제," 대법원판례해설 제 25 호(1996년 상반기), 69면 이하가 있다.
8) 서울고판 1996. 6. 18, 96나282(국내언론관계판례집 제 5 집 157면).
9) 서울고판 1997. 9. 30, 97나14240(국내언론관계판례집 제 5 집 214면).
10) Warren/Brandeis, "The Right to Privacy," 4 Havard Law Review 193 (1890)은 프라이버시에 관한 미국 판례의 형성에 지도적인 역할을 수행하였다.
11) 집이나 숙소에 침입하는 것, 가게에서 가방을 불법적으로 수색하는 것, 도청기로 대화를 도청하는 것, 강제로 혈액검사를 하는 것 등이 이에 속한다.
12) 책, 사설의 집필자로 타인의 이름을 기재하거나, 아무런 권한 없이 타인의 이름으로 탄원서를

의 성명, 초상, 경력 등을 상업적으로 이용할 권리(right of commercial appropriation)를 퍼블리시티권이라고 하는데, 프라이버시권의 재산적 측면이라고 볼 수 있다.14)

　　우리나라에서는 프라이버시라는 용어가 매우 다양하게 사용된다. 일반적으로는 프라이버시를 "사생활이 함부로 공개되지 아니하고 사적 영역의 평온과 비밀을 요구할 수 있는 법적 보장"이라고 한다.15) 그러나 공법 분야에서는 "자기에 관한 정보를 통제할 권리"라는 의미로 사용하는 경우도 많다.16) 최근 개인정보보호17)가 중요한 문제로 등장하고 있는데, 이를 프라이버시와 동일한 의미로 사용하기도 한다.18)

　　사생활의 공개와 침해가 프라이버시 침해에 해당한다는 점은 이견이 없다. 그

　　작성하는 경우, 원고와 합리적인 연관이 없는 책이나 논문에 원고의 사진을 게재하는 경우 등이 이에 해당한다.

13) Prosser, "Privacy," 48 California Law Review 383, 389 (1960); Prosser/Keeton, The Law of Torts, 5th ed., 1984, pp. 851-866; Second Restatement of Torts §652A.

14) 서울지판 1995. 6. 23, 94카합9230(하집 1995-1, 323)은 우리나라 판결 중에서는 최초로 퍼블리시티권에 관하여 언급하고 있다. 퍼블리시티권에 관한 상세한 내용은 송영식·이상정·황종환, 지적소유권법, 육법사, 제 4 전정판, 1996, 1035면; 한국지적소유권학회, 광고와 저작권, 공보처, 1994, 125면; 한위수, "퍼블리시티권의 침해와 민사책임(상)," 인권과 정의 제242호(1996. 10), 29면 참조.

15) 대판 1974. 6. 11, 73다1691(공 1974, 7931)은 "사람이 그의 독점적 지배하에 있는 주택 내부에서 사생활을 함에 있어서 외부로부터 차단되어 공개되지 아니하고 자유로히[이] 기거 처신할 수 있음은 인간의 자유권에 속하는 침해되지 아니할 하나의 법익"이라고 판결하였는데, 이와 같이 주택 내부를 들여다보는 것은 사생활에 침입하는 것에 해당한다.

16) 헌법에서 프라이버시에 관한 초기 문헌으로는 변재옥, "정보화사회에 있어서의 프라이버시의 권리," 서울대 법학박사학위논문, 1979가 있는데, 최근 많은 연구가 진행되고 있다.

17) 「공공기관의 개인정보보호에 관한 법률」(2011. 9. 30. 폐지되고 개인정보보호법으로 대체되었음)은 공공기관의 컴퓨터에 의하여 처리되는 개인정보의 보호를 위하여 제정된 것인데, 같은 법 제 2 조 제 2 호에 의하면 '개인정보'라 함은 생존하는 개인에 관한 정보로서 당해 정보에 포함되어 있는 성명, 주민등록번호 등의 사항에 의하여 당해 개인을 식별할 수 있는 정보(당해 정보만으로는 특정개인을 식별할 수 없더라도 다른 정보와 용이하게 결합하여 식별할 수 있는 것을 포함한다)를 말한다. 「개인정보 보호법」제 2 조 제 1 호는 개인정보를 "살아 있는 개인에 관한 정보로서 다음 각 목의 어느 하나에 해당하는 정보"라고 정의하고, "가. 성명, 주민등록번호 및 영상 등을 통하여 개인을 알아볼 수 있는 정보", "나. 해당 정보만으로는 특정 개인을 알아볼 수 없더라도 다른 정보와 쉽게 결합하여 알아볼 수 있는 정보. 이 경우 쉽게 결합할 수 있는지 여부는 다른 정보의 입수 가능성 등 개인을 알아보는 데 소요되는 시간, 비용, 기술 등을 합리적으로 고려하여야 한다.", "다. 가목 또는 나목을 제1호의2에 따라 가명처리함으로써 원래의 상태로 복원하기 위한 추가 정보의 사용·결합 없이는 특정 개인을 알아볼 수 없는 정보(이하 "가명정보"라 한다)"를 열거하고 있다.

18) 대판 1997. 5. 23, 96누2439(공 1997, 1888). 원심은, 원고가 공개를 청구한 이 사건 자료 중 일부는 개인의 인적 사항, 재산에 관한 내용이 포함되어 있어서 공개될 경우에는 타인의 사생활의 비밀과 자유를 침해할 우려가 있다고 판단하였는데, 대법원은 원심판단이 정당하다고 하였다.

러나 공중에게 잘못된 인식을 심어주는 행위 또는 초상권이나 성명권의 침해도 프라이버시 침해에 포함시킬 것인지 문제된다.[19] 사생활 침해와 초상권 및 성명권의 침해는 개인에 관한 허위의 사실을 공표하는 등 사회적 평가를 저하시킴으로써 명예훼손이 성립하는지 여부와 상관없다. 언론에서 사실대로 보도를 하는 경우에 명예훼손으로 인한 불법행위가 성립할 가능성은 거의 없다. 그러나 이러한 경우에도 사생활 침해와 초상권 및 성명권의 침해가 동시에 문제될 수 있다. 세태를 비판하는 기사에 아무런 관련이 없는 개인의 사진이나 이름을 끼워넣는 경우에 명예훼손이 성립하지 않을 수 있으나, 공중에게 왜곡된 인상을 심어주었다는 이유로 프라이버시 침해가 될 수 있다. 그리하여 이러한 것을 포괄적으로 지칭하기 위하여 프라이버시라는 용어를 사용할 수 있다. 프라이버시라는 용어는 원래 초상권과 성명권 등을 포함하는 의미가 있는데, 프라이버시 침해를 사생활 침해에 한정하는 의미로 사용하는 것[20]은 프라이버시라는 용어의 연원과 맞지 않고 오히려 혼란을 불러일으킬 우려가 있다. 그리고 프라이버시의 재산적 측면을 강조하여 퍼블리시티권이 중요한 개념으로 등장하고 있는데, 이러한 개념에 대응하는 의미로서 프라이버시를 인정할 필요도 있다. 그러므로 프라이버시 개념을 넓게 파악하여 초상권, 성명권, 사생활의 비밀과 자유 등을 포괄하여야 할 것이고, 프라이버시권은 명예권과 함께 인격권의 중요한 하위개념으로 볼 수 있다.[21]

우리나라에서는 초상권이나 성명권 침해를 인정한 경우가 많았다. 예를 들면, 동의 없이 사진을 촬영하여 보도한 경우,[22] 독자적으로 입수한 사진을 동의 없이 게재한 경우[23]에 초상권 침해를 인정한 예가 있다. 촬영에 동의한 경우라도 본인

---

19) 이에 관하여는 우선 양창수, "정보화사회와 프라이버시의 보호," 민법연구 I, 박영사, 1991, 511면 이하 참조.

20) 일본에서도 프라이버시권이 인정되고 있다. 東京地判 1964(昭和 39). 9. 28(下民集 15권 9호 2317면; 判例時報 385호 12면); 日最判 1981(昭和 56). 4. 14(民集 35권 3호, 620면). 일본의 학설은 인격권에 명예권, 초상권, 성명권, 프라이버시권 등이 포함된다고 하는데(五十嵐清, 人格權論, 一粒社, 1989, 11면), 프라이버시라는 용어를 미국과는 달리 초상권, 성명권을 제외한 개념으로 사용하고 있다. 한편 프라이버시라는 용어가 매우 모호하므로, 일본에서는 이 용어를 사용할 필요가 없다는 견해도 있다. 菅野孝久, "「プライバシー」概念の機能の檢討," ジュリ 653호 (1977. 12), 60면 이하.

21) 김재형, "인격권 일반──언론 기타 표현행위에 의한 인격권 침해를 중심으로──," 민사판례연구(XXI), 1999, 645면 이하.

22) 서울민사지판 1993. 7. 8, 92가단57989(국내언론관계판례집 제 3 집, 177면); 서울민사지판 1994. 3. 30, 93나31886(국내언론관계판례집 제 3 집, 180면).

23) 서울지판 1997. 2. 26, 96가합31227(국내언론관계판례집 제 5 집 198면)과 그 항소심 판결인 서

의 예상과 다른 방법으로 사진이 공표되는 경우에도 초상권의 침해가 된다.[24] 또한 연극배우로부터 연극 공연에 관한 동의를 받지 않은 상태에서 연극배우가 연극을 공연한다는 내용을 홍보하고, 그러한 내용의 초청장과 초대권을 배부한 경우 성명권의 침해에 해당한다는 사례가 있다.[25] 유방 확대 수술을 받고 부작용으로 고통을 받고 있는 원고가 방송사에 대하여 자신의 사생활과 초상에 관한 방송을 동의하였으나, 원고가 예상한 것과 다른 방법으로 방송된 경우에 사생활의 비밀과 자유 및 초상권의 침해를 인정한 사례[26]도 있다. 전통적으로 사생활 침해에 해당하는 예로 타인의 전화를 도청하는 경우, 타인의 말을 엿듣고 녹음기로 비밀리에 녹음하는 경우 등을 들었다. 요즈음 많이 문제되는 전화광고나 전자우편(e-mail) 광고도 인격권, 그 중에서도 프라이버시의 침해가 될 수 있다.

3. 언론의 자유와 인격권의 충돌과 조정 문제

인격권의 중요한 특징은 다른 기본권, 특히 언론·출판의 자유, 예술의 자유, 종교의 자유, 학문의 자유 등과 충돌 문제가 발생한다는 점이다.

인격권은 헌법에 규정된 인간의 존엄과 가치[27]와 사생활의 비밀과 자유[28]에 근거를 두고 있다. 한편 헌법 제21조는 제 1 항에서 언론·출판의 자유를 보장하고 있는데, 제 4 항에서 "언론·출판은 타인의 명예나 권리 또는 공중도덕이나 사회윤

울고판 1997. 9. 30, 97나14240(국내언론관계판례집 제 5 집 214면).

24) 여성잡지에 미스코리아 출신인 연예인인 원고의 명예를 훼손하는 보도기사를 게재하면서 원고가 선전용으로 배포, 판매한 사진영상집의 사진 중 비교적 선정적으로 보이는 2매의 사진을 무단으로 함께 게재하여 독자들이 위 사진을 기사의 일부로 인식하여 원고의 행실이 좋지 못하다는 강한 인상을 받게 한 경우에 손해배상책임을 인정하였다. 서울민사지판 1989. 7. 25, 88가합31161(법률신문 1989. 9. 21. 자, 8면). 또한 서울고판 1989. 1. 23, 88나38770(하집 1989-1, 148); 서울민사지판 1988. 9. 9, 87가합6032(언론중재 1989년 봄호, 173면); 서울민사지판 1989. 7. 25, 88가합31161(법률신문 1989. 9. 21. 자, 8면); 서울민사지판 1992. 9. 22, 92가합12051(법률신문 1992. 11. 26. 자, 9면); 서울지법 동부지판 1990. 1. 25, 89가합13064(하집 1990-1, 126) 참조.

25) 서울지판 1996. 4. 25, 95가합60556.

26) 대판 1998. 9. 4, 96다11327(공 1998, 2377). 이와 유사하게 서울지법 남부지판 1997. 8. 7, 97가합8022(언론중재 1997년 가을호, 165면)도 동의의 범위를 벗어난 보도에 관하여 손해배상책임을 인정한 바 있다.

27) 헌법 제10조 1문은 "모든 국민은 인간으로서의 존엄과 가치를 가지며, 행복을 추구할 권리를 가진다."라고 규정하고 있다.

28) 헌법 제17조는 "모든 국민은 사생활의 비밀과 자유를 침해받지 아니한다."라고 규정하고 있다.

리를 침해하여서는 아니 된다. 언론·출판이 타인의 명예나 권리를 침해한 때에는 피해자는 이에 대한 피해의 배상을 청구할 수 있다."라고 규정한 것은 매우 이례적이다. 헌법의 기본권에 관한 규정은 국가와 국민의 관계를 규율한 것이고, 사인들 사이에도 기본권 규정이 적용되는 것인지는 별도의 고려가 필요하다. 그런데도 언론·출판으로 인한 피해가 심각하기 때문에, 헌법에 명문의 근거 규정을 둔 것이라고 이해할 수 있다.

그렇다면 언론·출판에 의하여 명예나 권리를 침해당한 경우에는 무조건 손해배상을 청구할 수 있다는 의미인가? 이 규정의 문언만을 보면 언론·출판의 자유의 한계로서 타인의 명예나 권리를 규정한 것으로, 언론·출판에 의하여 명예 등이 침해된 경우에는 항상 손해배상을 청구할 수 있다고 해석할 여지도 있다. 그러나 언론의 자유와 명예훼손의 관계를 이와 같이 이해하는 견해는 없다고 해도 과언이 아니다. 오히려 대다수의 견해는 인격권과 언론의 자유가 충돌하는 경우에 어떠한 방식으로 해결할 것인지에 관하여 논의를 집중하였다. 어느 한쪽을 우선시할 것인지, 아니면 개별적인 이익형량을 통하여 해결할 것인지 문제된다.

언론의 자유와 인격권은 모두 헌법에 기초를 두고 있는 것으로 어느 한쪽을 일방적으로 우선시할 수 없고, 개별적으로 이익형량을 통하여 언론에 의한 인격권 침해 여부를 결정하고 있다. 이에 관한 선례는 대판 1988. 10. 11, 85다카29(집 36-3, 민 1)이다.

> "헌법 규정에 의하면 표현의 자유는 민주정치에 있어 최대한의 보장을 받아야 하지만 그에 못지않게 개인의 명예나 사생활의 자유와 비밀 등 사적 법익도 보호되어야 할 것이므로, 인격권으로서의 개인의 명예의 보호와 표현의 자유의 보장이라는 두 법익이 충돌하였을 때 그 조정을 어떻게 할 것인지는 구체적인 경우에 사회적인 여러 가지 이익을 비교하여 표현의 자유로 얻어지는 이익, 가치와 인격권의 보호에 의하여 달성되는 가치를 형량하여 그 구제의 폭과 방법을 정하여야 할 것이다."

헌법재판소[29]도 정정보도청구권에 관한 사건에서 "모든 권리의 출발점인 동시에 그 구심점을 이루는 인격권이 언론의 자유와 충돌하게 되는 경우에는 헌법을 규범조화적으로 해석하여 이들을 합리적으로 조정하여 조화시키기 위한 노력"을

---

29) 헌재 1991. 9. 16, 89헌마165(헌집 3, 518).

해야 한다고 하였다.

그러나 공적 인물의 경우에는 사인의 경우보다는 언론의 자유를 우선시하고 있다. 헌재 1999. 6. 24, 97헌마265(헌집 11-1, 768)는, 형법상 명예훼손에 관한 사안에서, 공적 인물에 대한 명예훼손의 위법성을 판단할 때, 사인에 대한 명예훼손과는 다른 기준을 적용하여야 한다고 하였다.

> "당해 표현으로 인한 피해자가 공적 인물인지 아니면 사인(私人)인지, 그 표현이 공적인 관심 사안에 관한 것인지 순수한 사적인 영역에 속하는 사안인지, 피해자가 당해 명예훼손적 표현의 위험을 자초(自招)한 것인지, 그 표현이 객관적으로 국민이 알아야 할 공공성·사회성을 갖춘 사실(알 권리)로서 여론형성이나 공개토론에 기여하는 것인지 등을 종합하여 구체적인 표현내용과 방식에 따라 상반되는 두 권리를 유형적으로 형량한 비례관계를 따져 언론의 자유에 대한 한계 설정을 할 필요가 있는 것이다. 공적 인물과 사인, 공적인 관심 사안과 사적인 영역에 속하는 사안 간에는 심사기준에 차이를 두어야 하고, 더욱이 이 사건과 같은 공적 인물이 그의 공적 활동과 관련된 명예훼손적 표현은 그 제한이 더 완화되어야 하는 등 개별사례에서의 이익형량에 따라 그 결론도 달라지게 된다."
>
> "객관적으로 국민이 알아야 할 공공성·사회성을 갖춘 사실(알 권리)은 민주제의 토대인 여론형성이나 공개토론에 기여하므로 형사제재로 인하여 이러한 사안의 게재(揭載)를 주저하게 만들어서는 안 된다. 신속한 보도를 생명으로 하는 신문의 속성상 허위를 진실한 것으로 믿고서 한 명예훼손적 표현에 정당성을 인정할 수 있거나, 중요한 내용이 아닌 사소한 부분에 대한 허위 보도는 모두 형사제재의 위협으로부터 자유로워야 한다(대법원 1996. 8. 23, 94도3191, 공 1996하, 2928 참조). 시간과 싸우는 신문보도에 오류(誤謬)를 수반하는 표현은, 사상과 의견에 대한 아무런 제한 없는 자유로운 표현을 보장하는 데 따른 불가피한 결과이고 이러한 표현도 자유토론과 진실확인에 필요한 것이므로 함께 보호되어야 하기 때문이다. 그러나 허위라는 것을 알거나 진실이라고 믿을 수 있는 정당한 이유가 없는데도 진위(眞僞)를 알아보지 않고 게재한 허위 보도에 대하여는 면책을 주장할 수 없다."라고 하였다.

그 후 대판 2002. 1. 22, 2000다37524, 37531(공 2002, 522)은 위 헌법재판소 결정을 인용하면서, 언론·출판의 자유와 명예보호 사이의 한계를 정하는 기준을 제시하였다.

"언론·출판의 자유와 명예보호 사이의 한계를 설정함에 있어서 표현된 내용이 사적(私的) 관계에 관한 것인가 공적(公的) 관계에 관한 것인가에 따라 차이가 있다는 점도 유의하여야 한다. 즉 당해 표현으로 인한 피해자가 공적인 존재인지 사적인 존재인지, 그 표현이 공적인 관심사안에 관한 것인지 순수한 사적인 영역에 속하는 사안에 관한 것인지, 그 표현이 객관적으로 국민이 알아야 할 공공성, 사회성을 갖춘 사안에 관한 것으로 여론형성이나 공개토론에 기여하는 것인지 아닌지 등을 따져 보아 공적 존재에 대한 공적 관심사안과 사적인 영역에 속하는 사안 간에는 심사기준에 차이를 두어야 한다. 당해 표현이 사적인 영역에 속하는 사안에 관한 것인 경우에는 언론의 자유보다 명예의 보호라는 인격권이 우선할 수 있으나, 공공적·사회적인 의미를 가진 사안에 관한 것인 경우에는 그 평가를 달리 하여야 하고 언론의 자유에 대한 제한이 완화되어야 한다. 그리고 피해자가 당해 명예훼손적 표현의 위험을 자초한 것인지의 여부도 또한 고려되어야 한다."

"그러나 아무리 공적인 존재의 공적인 관심사에 관한 문제의 제기가 널리 허용되어야 한다고 하더라도 구체적 정황의 뒷받침도 없이 악의적으로 모함하는 일이 허용되지 않도록 경계해야 함은 물론 구체적 정황에 근거한 것이라 하더라도 그 표현방법에 있어서는 상대방의 인격을 존중하는 바탕 위에서 어휘를 선택하여야 하고, 아무리 비판을 받아야 할 사항이 있다고 하더라도 모멸적인 표현으로 모욕을 가하는 일은 허용될 수 없다."

당해 표현이 공적인 존재의 정치적 이념에 관한 것인 때에는 좀 더 엄격한 기준이 적용된다. 이에 대한 의혹의 제기나 주관적인 평가가 진실에 부합하는지 혹은 진실하다고 믿을 만한 상당한 이유가 있는지를 따질 때에는 일반의 경우와 같이 엄격하게 증명해 낼 것을 요구해서는 안 되고, 그러한 의혹의 제기나 주관적인 평가를 내릴 수도 있는 구체적 정황의 제시로 증명의 부담을 완화해 주어야 한다.30) 또한 공직자의 도덕성, 청렴성에 대하여는 국민과 정당의 감시기능이 필요함에 비추어 볼 때, 그 점에 관한 의혹의 제기는 악의적이거나 현저히 상당성을 잃은 공격이 아닌 한 쉽게 책임을 추궁하여서는 안 된다.31)

언론에 의하여 사생활 또는 프라이버시가 침해되는 경우에도 언론의 자유와 사생활 또는 프라이버시의 보호 사이에 이익형량이 필요하다. 이 경우에도 사인의 경우와 공인의 경우에 이익형량의 기준이 달라질 수 있다. 대판 1998. 9. 4, 96다

---

30) 위 판결.
31) 대판 2003. 7. 8, 2002다64384(공 2003, 1683); 대판 2003. 7. 22, 2002다62494(공 2003, 1770); 대판 2003. 9. 2, 2002다63558(공 2003, 1936); 대판 2004. 2. 27, 2001다53387(공2004, 594).

11327(공 1998, 2377)[32]은 대법원 판결로는 처음으로 사생활 침해 또는 프라이버시 침해만을 이유로 손해배상책임을 인정하였는데, 사인에 대한 사생활을 보도한 경우에 공중의 정당한 관심의 대상이 되는 사항인지를 중요한 기준으로 제시하고 있다.

> "사람은 자신의 사생활의 비밀에 관한 사항을 함부로 타인에게 공개당하지 아니할 법적 이익을 가진다고 할 것이므로, 개인의 사생활의 비밀에 관한 사항은, 그것이 공공의 이해와 관련되어 공중의 정당한 관심의 대상이 되는 사항이 아닌 한, 비밀로서 보호되어야 하고, 이를 부당하게 공개하는 것은 불법행위를 구성한다."
>
> "피고 회사가 이 사건 프로그램을 방송한 것은 일반 국민들에게 실리콘 백을 이용한 유방 확대 수술의 위험성을 알리고 그로 인한 보상 방법 등에 관한 정보를 제공하기 위한 것으로서 공공의 이해에 관한 사항에 대하여 공익을 목적으로 한 것이라고 할 것이나, 그러한 수술을 받고 부작용으로 고생하고 있는 사례로 위 방송에서 소개된 사람이 누구인가 하는 점은 개인의 사생활의 비밀에 속한 사항이지 공중의 정당한 관심의 대상이 되는 사항이라고 할 수 없고, 따라서 위 방송이 시청자들에게 위와 같은 의학적, 법적 정보를 제공하기 위하여 제작된 것이라고 하더라도 이를 위하여 위 방송에서 소개된 사람이 원고임을 밝힐 필요까지는 없는 것이므로, 피고들이 이 사건 프로그램을 방영하면서 원고의 신분노출을 막기 위한 적절한 조치를 취하지 아니하고 원고 주변 사람들로 하여금 원고가 위 수술을 받은 사실을 알 수 있도록 한 것은 원고의 사생활의 비밀을 무단 공개한 것으로서 불법행위를 구성한다."

공적 인물에 관하여 보도를 하는 경우에도 사생활이나 프라이버시를 보호하여야 한다. 그러나 공적 인물인 경우에는 사인의 경우보다 사생활이나 프라이버시가 보호되는 범위가 좁아진다. 그러나 공적 인물이라고 하더라도 사생활의 은밀한 부분을 대중의 호기심을 자극하기 위하여 보도하는 것은 허용되지 않는다.

Ⅲ. 손해배상청구권

1. 의   의

민법 제750조는 "고의 또는 과실로 인한 위법행위로 타인에게 손해를 가한 자

---

32) 그 원심판결인 서울고판 1996. 2. 2, 95나25819(국내언론관계판례집 제 4 집, 242면)에 관하여 상세한 것은 김재형, "언론의 사실 보도로 인한 인격권 침해," 서울대 법학 제39권 1호(1998. 5), 189면 이하 참조.

는 그 손해를 배상할 책임이 있다."라고 규정함으로써, 불법행위에 관하여 포괄적인 일반조항을 두고 있다. 따라서 독일 민법이나 일본 민법과 달리, 소유권 등 절대권이 침해된 경우 이외에도 위법성이 있으면 불법행위가 성립한다는 것이 명백하다. 통설33)에 의하면, 위법성의 판단은 피침해이익의 종류와 침해행위의 태양의 상관관계에 의하여 결정된다. 인격권은 위 규정에 의하여 보호받아야 할 이익에 속한다. 그러므로 인격권이 절대권에 해당하는지 여부와 상관없이 인격권 또는 인격적 이익의 침해를 위 규정에 쉽게 포섭할 수 있다. 다만 인격권 침해로 인한 불법행위의 성립과 관련하여 고의·과실과 위법성을 어떻게 판단할지가 중요한 문제로 된다.

민법 제751조 제 1 항은 "타인의 신체, 자유 또는 명예를 해하거나 기타 정신상 고통을 가한 자는 재산 이외의 손해에 대하여도 배상할 책임이 있다."라고 규정하고 있다. 이것은 명예를 침해하거나 정신상 고통을 가한 경우에도 민법 제750조의 불법행위가 될 수 있다는 것을 명확히 한 것이고, 이러한 경우에 비재산적 손해에 대한 배상책임을 인정하였다. 독일 민법에서는 종전에 비재산적 손해를 원인으로 한 손해배상은 법률에 규정이 있는 경우에만 허용된다고 규정하고 있었다(제253조). 독일의 판례에서 일반적 인격권의 침해를 이유로 손해배상을 인정하자, 이에 관하여 많은 논란이 제기되었다. 그러나 우리 민법에서는 인격권 침해의 경우에 고의·과실을 불문하고 손해배상책임을 인정하는 데 별다른 장애가 없다.

2. 손해배상의 요건

불법행위가 성립하려면 고의·과실, 위법성, 손해, 인과관계라는 네 요건이 충족되어야 한다. 그런데 언론에 의한 인격권 침해의 경우에 특수한 문제가 있다. 명예훼손과 프라이버시를 구분하여 살펴보고자 한다.

(1) 명예훼손의 경우

명예훼손의 경우에는 진실의 증명 또는 상당성의 증명이 중요한 의미를 갖는다. 다수의 대법원 판결34)은 타인의 명예를 훼손하는 행위를 한 경우에도 그것이

---

33) 곽윤직, 채권각론, 제 6 판, 박영사, 2003, 399면 이하.
34) 대판 1988. 10. 11, 85다카29(집 36-3 민, 1); 대판 1996. 5. 28, 94다33828(공 1996, 1973); 대판 1997. 9. 30, 97다24207(공 1997, 3279) 등 다수. 이러한 판결에 관한 분석으로는 이광범, "불

공공의 이해에 관한 사항으로서 그 목적이 오로지 공공의 이익을 위한 것인 때에는 진실이라는 증명이 있거나, 진실이라는 증명이 없더라도 행위자가 그것을 진실이라고 믿을 상당한 이유가 있는 경우에는 위법성이 없다고 한다. 이것은 형법의 명예훼손죄에 관한 위법성조각사유를 민사책임의 성립 여부를 판단할 때에도 수용한 것으로, 언론의 자유와 인격권이라는 두 법익을 조정하는 하나의 방식이다. 그러나 이것이 유일한 기준인 것은 아니고, 그 밖에도 좀 더 합리적인 다른 기준이 등장할 수 있음은 물론이다. 형사책임과 민사책임은 구별되는 것이고, 민법에는 명예훼손의 위법성조각사유에 관하여 정하고 있지 않기 때문에, 민법상 명예훼손의 경우에는 형법과는 다른 기준을 선택할 수도 있다. 그러나 법체계의 통일성이라는 요청은 가급적 준수되어야 한다. 따라서 민법에서도 형법상의 명예훼손의 개념이나 위법성조각사유를 끌어들이는 것을 수긍할 수 있다.

위와 같은 법리는 '공익성'과 '진실 또는 상당성의 증명'으로 나누어 살펴볼 필요가 있다. 여기서 '오로지 공공의 이익에 관한 때'라 함은 적시된 사실이 객관적으로 볼 때 공공의 이익에 관한 것으로서 행위자도 공공의 이익을 위하여 그 사실을 적시한 것이어야 한다. 이 경우에 적시된 사실이 공공의 이익에 관한 것인지 여부는 당해 적시 사실의 구체적 내용, 당해 사실의 공표가 이루어진 상대방의 범위, 그 표현의 방법 등 그 표현 자체에 관한 제반 사정을 감안함과 동시에 그 표현에 의하여 훼손되거나 훼손될 수 있는 명예의 침해 정도 등을 비교·고려하여 결정하여야 한다. 행위자의 주요한 목적이나 동기가 공공의 이익을 위한 것이라면 부수적으로 다른 사익적 동기가 내포되어 있었다고 하더라도 공공의 이익을 위한 것으로 보아야 한다.35) 언론보도에 관한 판결들을 보면, 공익성을 쉽게 인정하는 경향이 있다. 피해자가 공적 인물에 해당하는 경우에는 보도 내용 등이 공공의 이해에 관한 사항이거나 행위의 목적이 공공의 이익을 위한 것이라는 요건을 충족할 가능성이 높다.

한편 진실이라고 믿을 만한 상당한 이유가 있는지 여부를 판단할 때 기사의 성격상 신속한 보도가 요청되는 것인가, 정보원이 믿을 만한가, 피해자와의 대면 등 진실의 확인이 용이한가 등을 고려하여야 한다고 하였다.36) 상당한 이유의 존

법행위로서의 명예훼손과 그 구제방법," 재판자료 77집, 152면 이하 등이 있다.
35) 대판 1996. 10. 11, 95다36329(공 1996, 3297); 대판 1998. 7. 14, 96다17257(공 1998, 2108); 대판 2002. 1. 22, 2000다37524, 37531(공 2002, 522).

부는 언론보도의 내용, 기사의 성격, 취재원의 신빙성, 진실확인절차 등 제반사정을 고려하여 통상적인 언론인을 기준으로 객관적으로 판단하여야 한다. 보도 내용이 진실이라고 믿을 만한 적절한 사정이 있으면 상당한 이유를 인정하는 데 충분하다. 상당성 기준은 기자나 언론인에게 진실을 확인하여야 한다는 엄격한 의무를 부과하는 것이 아니다. 법원의 판결들을 보면 상당성 요건을 지나치게 엄격하게 판단하고 있는데, 이는 언론의 자유를 침해하는 결과가 될 수 있다. 기자 등 언론인이 제대로 확인하지 못하여 허위라는 것을 몰랐다고 하더라도 상당한 이유 또는 합리적인 이유가 있다면 명예훼손책임을 지지 않는다고 보아야 한다. 진실확인을 위한 모든 노력을 다할 것은 언론인의 윤리영역으로 남겨두어야 한다. 그러한 노력을 다하지 못했다고 하더라도 비난을 할 수 있을지언정 손해배상책임이나 형사책임을 지워서는 안 된다. 표현의 자유와 인격권 사이에 숨쉴 수 있는 빈 공간을 남겨두어야 한다.

위 Ⅱ. 3.에서 본 헌재 1999. 6. 24, 97헌마265에서는 공적 인물의 공적인 활동과 관련된 신문보도로 인하여 명예훼손죄의 성립 여부가 문제되었는데, "진실이라고 믿을 수 있는 정당한 이유가 없는데도 진위(眞僞)를 알아보지 않고 게재한 허위보도에 대하여는 면책을 주장할 수 없다."라고 결정하였다. 위와 같은 보도가 "진실이라고 믿을 수 있는 정당한 이유"가 없으면 진위를 알아보아야 한다고 하였기 때문에, 진실이라고 믿을 만한 정당한 이유가 있으면 진위를 알아보지 않고 보도해도 형사책임을 지지 않는다고 볼 수 있다. 이러한 논리가 종래의 "상당한 이유"에 관한 판단과 어떠한 관계에 있는지는 명확한 것이 아니지만, 진실이라고 믿을 만한 정당한 이유를 진위를 알아보아야 한다는 주의의무와 구별하였다는 점에서 시사하는 바가 있다.

그런데 상당성의 증명문제를 고의·과실 문제로 보는 대법원 판결들도 있다. 대판 1998. 2. 27, 97다19038(공 1998, 867)은, "방송 등 언론매체가 사실을 적시하여 개인의 명예를 훼손하는 행위를 한 경우에도 그것이 공공의 이해에 관한 사항으로서 그 목적이 오로지 공공의 이익을 위한 것일 때에는 적시된 사실이 진실이라는 증명이 있으면 그 행위에 위법성이 없다 할 것이고, 그 증명이 없다 하더라도 행위자가 그것이 진실이라고 믿었고 또 그렇게 믿을 상당한 이유가 있으면 그 행위

---

36) 대판 1997. 9. 30, 97다24207(공 1997, 3279).

에 대한 고의·과실이 없다고 보아야 할 것"이라고 하였다.37) 이 판결은 주류적인 판례와는 달리 상당성 증명을 위법성이 아니라 과실의 문제38)라고 함으로써 많은 논란을 불러일으켰다. 그러나 이 판결로 인하여 대법원의 입장이 확정된 것이라고는 할 수 없다. 왜냐하면 이 판결 이후에도 여전히 상당성 증명을 위법성 판단의 문제로 보고 있는 판결39)이 나오고 있기 때문이다.

　상당성 증명의 문제를 고의·과실의 문제로 볼 것인지, 아니면 위법성의 문제로 볼 것인지는 과실과 위법성의 구별문제 등 이론적으로 중요한 문제를 내포하고 있는데, 위와 같은 전환을 시도한 이 판결에는 몇 가지 문제가 있다. 첫째, 명예훼손에 대한 고의·과실은 사회적 평가의 저하에 대한 것이지, 위법성조각사유에 대한 것이 아니다. 우리나라에서는 진실한 사실을 보도한 경우에도 명예훼손이 될 수 있다. 허위의 사실을 진실이라고 믿고 이에 상당한 이유가 있다고 하더라도 명예훼손에 대한 고의·과실은 있을 수 있다. 논리적으로 언론보도에 공익성이 없는 경우와 공익성이 있는 경우로 나누어 보자. 먼저 공익성이 없다면, 언론매체가 진실한 사실을 보도하더라도 위법하다. 공익성이 없는 허위의 사실을 진실이라고 믿었고 이에 상당한 이유가 있는 경우에 위법성이 있음은 분명하다. 이러한 경우에 고의·과실이 있는지 문제되는데, 허위 사실을 보도한 것 자체에 대하여는 과실이 없다고 하더라도 명예훼손에 대한 고의·과실은 있을 수 있다. 다음으로 공익성이 있으면 전자의 경우, 즉 진실증명이 있는 경우에는 위법성이 없게 되고, 후자의 경우, 즉 상당성 증명이 있는 경우에는 고의·과실이 없게 된다고 보는 것은 납득하기 곤란하다. 후자의 경우에도 위법성조각사유를 확대한 것으로 볼 수 있다. 둘째, 이 사건에서 대법원은 상당성이 있는지를 판단하면서 "특히 적시된 사실이 역사적 사실인 경우 시간이 경과함에 따라 점차 망인이나 그 유족의 명예보다는 역사적 사실에 대한 탐구 또는 표현의 자유가 보호되어야" 한다는 점도 고려하고 있는데,40) 이것은 과실 여부와는 아무런 관련이 없는 것으로, 오히려 위법성 판단에 포섭하는 것이 낫다. 셋째, 언론에 의한 인격권 침해 문제를 고의·과실 문제로 해소

---

37) 종전에 이와 같은 취지의 판결로는 대판 1995. 6. 16, 94다35718(공 1995, 2496)이 있다. 또한 대판 1998. 5. 8, 96다36395(공 1998, 1572)도 마찬가지이다.
38) 이것은 日最判 1966(昭和 41). 6. 23(民集 20권 5호 1118면)의 입장과 동일하다.
39) 대판 1998. 5. 8, 97다34563(공 1998, 1575). 행정상 공표에 관한 대판 1998. 5. 22, 97다57689 (공 1998, 1713)도 마찬가지이다.
40) 이러한 관점에서 불법행위책임을 부정한 결론에는 찬성한다.

하는 것은 결국 언론의 자유에 대한 제약으로 작용할 우려가 있다. 비교법적으로 보면 언론매체의 상당성 증명을 요구하는 것 자체가 언론의 자유를 과도하게 제한하는 것이라고 볼 수 있다.[41] 나아가 언론매체의 주의의무를 기준으로 책임의 성립 여부를 가리는 것은 언론의 자기 검열을 강화하게 함으로써 언론의 자유를 지나치게 위축시키는 결과를 초래한다. 위에서 본 바와 같이 진실이라고 믿을 만한 상당한 이유가 있는지는 객관적으로 판단하여야 한다. 이 기준을 통하여 기자 등 언론인에게 진실을 확인하여야 한다는 법적 의무를 부과하는 것은 언론의 자유를 침해하는 결과가 된다.[42] 넷째, 형법에서 과실에 의한 명예훼손을 처벌하는 규정이 없다. 상당성 문제를 고의·과실 문제라고 본다면, 진실이라고 믿은 경우에 고의는 없기 때문에, 공익에 관한 것인지나 상당성이 있는지와는 상관없이 형법상 명예훼손죄가 성립할 수 없다. 그런데도 상당성이 없는 경우에 과실이 있다고 보고, 이러한 경우에 명예훼손죄로 처벌한다면, 과실에 의한 명예훼손을 처벌하는 것으로 된다. 이는 형법체계상 타당하지 않은 결과로 된다. 이러한 점에서도 상당성 문제를 위법성 문제로 파악하여야 한다. 상당성 이론이 정치하지 못한 면은 있으나, 상당성 문제를 고의·과실 문제로 볼 경우에는 명예훼손에 관한 형사책임과 민사책임에 관하여 통일적인 설명이 불가능하게 된다.

(2) 프라이버시 침해의 경우

프라이버시 침해의 경우에는 진실인지, 진실이라고 믿었는지는 전혀 문제되지 않는다. 즉 보도 내용이 진실하거나 진실이라고 믿은 데에 상당한 이유가 있다는 것이 증명되더라도 위법성이 조각되지 않고, 프라이버시 침해가 인정될 수 있다.

언론에서 개인의 사생활이나 사적 사항을 보도하는 경우에 프라이버시 침해가 될 수 있다. 공개된 사실이 통상의 감수성을 가진 합리적인 사람에게 매우 불쾌하게

---

41) New York Times Co. v. Sullivan, 376 U.S. 254 (1964)는 미국 명예훼손법에서 기념비적인 판결인데, 공무원에 대한 명예훼손으로 손해배상이 인정되려면, 그 명예훼손적인 내용이 현실적인 악의(actual malice), 즉 그것이 허위라는 것을 알거나 그 진위를 무모하게 무시하고 보도하였음을 피해자가 증명하여야 한다고 판결하였다. 이 판결에 관한 최근의 논의를 소개한 것으로는 염규호, "설리번판결과 미국의 언론 자유," 언론중재 2004년 여름호, 60면 이하.
   그러나 대판 1998. 5. 8, 97다34563(공 1998, 1575)은 "피해자가 공적 인물이라 하여 방송 등 언론매체의 명예훼손 행위가 현실적인 악의에 기한 것임을 그 피해자측에서 입증하여야 하는 것은 아니다."라고 함으로써, 미국의 공인에 관한 현실적 악의 이론을 배척하였다.
42) 이상에 관하여는 김재형, "인격권 일반"(주 21), 650면 이하.

여겨지는 것이어야 한다.43) 사생활이 공개된 개인이 공개를 원하지 않았다는 이유로 무조건 사생활 침해가 된다고 볼 수는 없다.44) 그리고 프라이버시 침해를 판단하기 위해서는 어떠한 매체에 의하여 공개되었는지도 중요한 의미를 가질 수 있다.

　프라이버시의 보호도 언론의 자유와 충돌할 수 있음은 물론이다. 그리하여 어떠한 내용이 보도 가치, 뉴스 가치가 있는 것으로서 언론의 자유에 의하여 보장되어야 하는지, 어떠한 경우에 단순히 대중의 호기심을 충족시키는 것에 불과한 것인지 문제된다. 이와 관련하여 공적 인물, 즉 공인에 관한 이론을 주목할 필요가 있다. 이것은 프라이버시권이 침해되었다고 주장하는 자의 사회적 지위에 따라 프라이버시권의 한계를 정한다. 미국에서는 공인이나 공적 이익에 관한 보도는 원칙적으로 프라이버시 침해가 되지 않는다고 한다. 공인은 원래 고위직 공무원을 가리키는 것이었으나, 점차 그 범위가 확장되었다. 그리하여 영화배우나 스포츠 스타뿐만 아니라, 범죄 피해자도 공인 개념에 포함되었다. 공인 개념은 지나치게 모호하다는 비판도 있지만, 미국 헌법상의 표현의 자유를 폭넓게 보장하기 위한 것으로 미국의 특수한 사정이 반영된 것이라고 볼 수 있다.

　우리나라에서 미국의 공인 이론을 그대로 수용하는 것은 무리라고 생각된다. 그러나 공적 인물에 관한 보도는 공공의 이익 또는 공적 관심사에 속하는 경우가 많을 것이기 때문에, 공인에 관한 보도인지는 프라이버시 침해 여부를 판단할 때 중요한 고려요소가 된다. 따라서 공인의 사생활을 보도하거나 사진을 게재하는 경우에는 언론이 거의 책임을 지지 않게 된다.45) 물론 공인이라고 하더라도 사생활의 은밀한 부분을 폭로하는 보도는 허용되지 않는다. 그런데 공인에 관한 이론은 프라이버시 침해의 유형 중에서는 '사생활의 공개'와 '공중에게 왜곡된 인상을 심어주는 행위'에 대해서만 적용된다. 이에 반하여 공인의 사생활에 침입하거나 성명, 초상 등을 영리적으로 이용하는 것은 통상 프라이버시 침해가 된다.46)

---

43) Prosser/Keeton(주 13), pp. 857-859.
44) 일본에서도 프라이버시 침해에 대하여 법적 구제를 받으려면, 공개된 사실이 일반인의 감수성을 기준으로 당해 사인의 입장에 선 경우 공개를 의욕하지 않았을 것이라고 인정되는 사항일 것, 바꾸어 말하면 일반인의 감각을 기준으로 하여 공개되는 것에 의하여 심리적인 부담, 불안을 느꼈을 것이라고 인정되는 사항일 것이어야 한다고 하였다. 東京地判 1964(昭和 39). 9. 28 (下民集 15권 9호 2317면; 判例時報 385호 12면); 東京地判 1987(昭和 62). 11. 20(判例時報 1258호 22면); 東京高判 1989(平成 元年). 9. 5(判例時報 1323호 37면).
45) Prosser/Keeton(주 13), p. 862.
46) Prosser/Keeton(주 13), p. 859.

3. 손해배상액의 산정

원래 정신적 고통을 금전으로 계량하는 것은 불가능하다. 그런데도 정신적 고통의 정도를 가늠하여 금전으로 배상하는 것이 위자료이다. 이와 같이 위자료의 본질을 손해배상으로 파악하는 것을 배상설이라고 한다.[47] 이에 반하여 위자료의 제재적 기능을 강조하여 가해행위의 위법성의 정도가 매우 강한 때에는 행위주체에 대하여 그 행위를 억제하는 데 알맞은 위자료를 부과하여야 한다는 주장이 있다.[48] 이를 제재설이라고 하는데, 가해자에 대한 제재를 통하여 복수심의 만족이 아니라 가해행위를 억제하는 데 위자료의 기능이 있다고 한다. 위자료에는 손해의 전보배상과 제재라는 두 기능을 모두 가지고 있다는 절충설도 있다.[49]

법원은 위자료를 자유재량으로 결정할 수 있는데, 이때 당사자 쌍방의 사회적 지위, 직업, 자산 상태, 가해의 동기, 가해자의 고의·과실을 참작하여 공평의 관념에 따라서 그 액수를 정하고 있다. 그러나 위자료를 인정하는 기준이 모호하여 당사자로서는 어느 정도의 위자료가 인정될지 알 수 없다. 인격권 침해의 경우에도 마찬가지이다. 그리하여 언론피해로 인한 위자료를 인정한 재판례를 유형별로 분류하여 손해배상액을 산정하는 기준을 제시하는 것이 필요하지만, 그것이 합당한 것인지는 여전히 어려운 문제로 남아 있다.

최근 언론피해의 경우에 위자료가 고액화되는 경향이 두드러진다.[50] 언론피해를 실질적으로 구제하기 위해서는 위자료를 올려야 한다는 주장이 있고, 이를 법원에서 받아들이고 있다고 볼 수 있다. 이와 관련하여 미국의 징벌적 손해배상에 관하여 살펴볼 필요가 있다. 미국에서는 명예훼손이나 프라이버시 침해의 경우에 징벌적 손해배상이 인정되기도 한다. 이는 손해의 범위를 넘는 배상을 인정하는 것이기 때문에, 우리 민법의 해석론으로 이를 도입할 수 없다. 이것은 언론의 자유를 심각하게 침해할 수 있다. 미국과 같이 명예훼손의 요건을 엄격히 하여 현실적 악의가 있는 경우에 한하여 징벌적 손해배상을 인정할 수 있겠지만, 이와 같이 하

---

47) 곽윤직(주 33), 378면.
48) 이명갑, "제재적 위자료의 입론(Ⅰ)," 사법행정 통권 제315호, 28면.
49) 김학수, "위자료청구권에 관한 일고찰," 민법학논총(후암 곽윤직 교수 화갑기념논문집), 1985, 774면; 윤철홍, "인격권 침해에 대한 사법적 고찰," 민사법학 제16호, 1998, 215면.
50) 허만, "언론보도에 대한 실체적 구제수단," 민사판례연구(XXI), 1999, 679면 이하에서는 언론보도로 인한 명예훼손 소송에서 인정된 손해배상액을 사안별로 정리하고 있다.

는 것이 타당한 것인지 의문이다. 금지청구나 정정보도청구가 인정되지 않는 미국에서는 손해배상, 특히 징벌적 손해배상을 통하여 언론피해를 구제하려고 한다고 볼 수 있다. 이와 달리 우리나라는 후술하듯이 언론에 의한 명예훼손의 경우에 금지청구, 정정보도나 반론보도청구 등 다양한 구제수단이 인정된다. 그러므로 이와 같이 다양한 구제수단을 통하여 언론피해를 적정하게 해결하는 것으로 충분하다. 징벌적 손해배상을 도입한다면 균형추가 한쪽으로 기울어질 우려가 있다.

언론피해로 인한 위자료가 지나치게 높아지면 언론의 자유가 위축될 수 있다. 따라서 피해를 실질적으로 구제하기에 적정한 정도가 어느 정도인지를 기준으로 위자료를 산정하여야 한다.

한편 공인에 대한 명예훼손의 경우에 언론사에게 현실적 악의가 있는 경우에만 손해배상책임을 인정해야 한다는 주장도 있다. 이는 언론 자유를 더욱 보장해야 한다는 헌법적 요청에서 그 근거를 찾고 있다. 그러나 미국에서는 징벌적 손해배상이 인정되고 있는데, 이를 통제하기 위한 수단으로 언론사에게 현실적 악의가 있다는 것을 원고가 증명해야 한다고 하였다. 징벌적 손해배상이 인정되지 않는 우리나라에서는 현실적 악의 이론을 그대로 수용하는 것은 무리이다. 위 Ⅱ. 3.에서 본 바와 같이 최근 대법원 판결에서 공적 존재의 정치적 이념에 관하여는 엄격한 증명이 있어야만 손해배상책임을 인정하고, 공무원의 도덕성, 청렴성에 관한 의혹의 제기에 대하여는 악의적이거나 현저히 상당성을 잃은 공격이 아닌 한 쉽게 책임을 인정할 수 없다고 하였다. 이러한 판결은 공적 존재의 정치적 이념이나 공무원의 청렴성 등에 대한 비판을 넓게 보장하려는 것으로 볼 수 있다. 그런데 이 판결들에서 '악의적'이라는 표현 등을 사용하였다고 하여 미국의 현실적 악의이론을 수용하였다고 볼 수는 없다.

Ⅳ. 명예회복에 적당한 처분

민법 제764조는 "타인의 명예를 훼손한 자에 대하여는 법원은 피해자의 청구에 의하여 손해배상에 갈음하거나 손해배상과 함께 명예회복에 적당한 처분을 명할 수 있다."라고 규정하고 있다. 명예회복(名譽回復)에 적당한 처분으로서 정정보

도청구,51) 철회 및 취소청구 등이 이용된다.52) 명예훼손의 경우에 항상 명예회복
에 적당한 처분을 하여야 하는 것은 아니다. 법원은 명예훼손에 기한 손해배상청구
를 인용하는 경우에도 명예회복에 적당한 처분을 할 필요가 없다고 판단할 수도 있
다. 한편 명예훼손 이외의 인격권이 침해된 경우에도 손해배상 이외에 원상회복을
위한 조치 또는 피해자에게 만족을 줄 수 있는 조치를 명할 수 있다는 하급심 판
결53)이 있다.

　　언론에 의한 명예훼손의 경우에 정정보도청구의 요건이 무엇인지, 손해배상에
갈음하여 정정보도청구를 인용할 것인지, 아니면 손해배상과 함께 이를 인용할 것
인지 문제된다. 법원 실무는 대체로 명예훼손을 이유로 한 손해배상책임을 인정하
는 경우에 명예회복을 위한 적당한 처분으로서 정정보도청구도 받아들이고 있
다.54) 피고에게 금전배상을 명하는 것만으로는 훼손된 원고들의 명예를 회복하는
데 부족하기 때문에, 원고는 민법 제764조에 따른 명예회복을 위한 적당한 처분으
로서 정정보도문의 게재를 구할 권리가 있다고 한다. 그러나 명예훼손의 경우에
손해배상과 정정보도를 모두 인정하여야 하는 것은 아니고, 그중 하나만을 인정할
수 있다. 서울지판 2000. 6. 7, 99가합88873은 "이 사건 보도의 내용 및 경위, 이 사
건 보도의 일회성, 이 사건 보도 직후 원고 A의 이의에 따라 곧 수정보도가 나간
점, 위 원고들의 정신적 손해를 전보하기 위해 위와 같은 위자료의 지급을 명한
점 등을 고려하여 볼 때 손해배상과 별도의 정정보도는 필요하지 않다."라고 판단
하였다.55) 이에 반하여 서울지판 2000. 12. 27, 2000가합16898은 "피고 소속 기자들
은 사회의 관심이 집중되던 이른바 '옷 로비 의혹 사건'에 관하여 지속적인 취재를
거듭하였고 그로 인하여 위 사건의 실체에 상당 부분 접근할 수 있는 계기를 마련

---

51) 허위 보도로 명예가 훼손된 경우에는 민법 제764조의 규정에 의한 "명예회복에 적당한 처
　　분"으로서 정정보도청구―문자 그대로 보도의 정정을 구한다는 의미로 반론보도청구와는 다
　　르다―가 허용된다고 보아야 한다.
52) 이에 관하여 상세한 것은 양삼승, "민법 제764조(명예훼손의 경우의 특칙)에 관한 연구," 언
　　론중재 제13권 3호, 6면 이하; 이건웅, "언론에 의한 법익침해에 대한 구제수단," 재판자료 제
　　77집, 법원도서관, 1997, 246면 이하 참조.
53) 서울고판 1994. 9. 27, 92나35846(하집 1994-2, 1).
54) 서울고판 2000. 2. 10, 98나56579(국내언론관계판결집 제 7 집, 314면); 서울지판 2000. 1. 19,
　　99가합42730(국내언론관계판결집 제 7 집, 267면); 서울지판 2000. 2. 2, 99가합77460(언론중재
　　2000년 봄호, 144면); 서울지판 2000. 7. 12, 99가합90005(언론중재 2000년 가을호, 111면); 서울
　　고판 2001. 11. 29, 2001나11989.
55) 서울지판 2000. 6. 21, 2000가합1377도 마찬가지이다.

하기에 이르렀다고 보여지고, 위 보도 내용 역시 공공의 이익을 위한 것으로 상당 부분 진실에 부합하며, 한편 원고는 이른바 공인으로서 그에 대한 합리적이고 공적인 비판은 겸허하게 수용하여야 할 지위에 있는 점 등 이 사건 변론과정에 나타난 여러 가지 사정을 참작하건대, 피고의 명예훼손에 대한 책임으로는 위자료에 해당하는 손해배상을 명하기보다는 명예회복에 적당한 처분으로서 정정보도만을 명함이 상당하다."라고 판단하였다. 한편 명예훼손 이외의 인격권이 침해된 경우에도 손해배상 이외에 원상회복을 위한 조치 또는 피해자에게 만족을 줄 수 있는 조치를 명할 수 있다는 하급심 판결56)이 있다.

명예회복에 적당한 처분으로서 사죄광고가 이용되었으나, 헌재 1991. 4. 1, 89헌마160(헌집 3, 149)은, 법원이 사죄광고를 명하고 이를 강제집행하는 것이 양심의 자유와 인격권을 침해하는 것으로서 헌법에 위반된다고 결정하였다. 사죄광고가 언론사의 양심의 자유를 침해한다고 볼 수 있는지에 관하여는 찬반양론이 팽팽하게 대립되고 있다. 그 후 대판 1996. 4. 12, 93다40614, 40621(공 1996, 1486)은 비방광고로 인한 손해액을 산정하면서 "부정적 광고에 대하여 효율적인 구제수단인 사죄광고가 허용되지 아니하는 점"을 참작한 원심을 지지하였는데, 이는 위 헌법재판소 결정을 수용한 것이다. 명예훼손의 당사자들이 합의로 사과문을 게재하기로 하는 것을 막을 이유는 없지만, 법원이 명예훼손을 한 사람에게 사죄광고 또는 사과문 게재를 명령할 수는 있는지는 별개의 문제이다. 대체로 명예회복을 위해서는 반론보도, 철회 및 정정보도, 추후보도로 충분하고, 굳이 사죄광고나 사과문 게재를 할 필요는 없다. 법원의 결정에 따른 정정보도문 등에서 사과문을 포함시키는 것은 피해자의 감정적인 만족을 위한 것이고, 사과문을 포함시켰다고 하여 명예가 회복되는 데 도움이 될 것인지는 의문이다.

그런데 법무부에서 2001년에 발표한 민법개정시안을 보면, 위 헌법재판소 결정을 받아들여 개정안 제764조 단서를 신설하여 "그러나 처분으로 가해자의 양심의 자유가 침해되지 아니하도록 하여야 한다."라고 규정할 것을 제안하고 있다. 그러나 사죄광고나 사과문 게재 자체가 양심의 자유에 반하는지는 의문이다. 언론사는 대부분 법인인데, 양심의 주체는 개인에 한정된다. 법인 자체에는 양심이라는 것을 상정할 수 없다. 법인의 경우에 사죄광고를 명하는 것은 그 대표자의 양심의

---

56) 서울고판 1994. 9. 27, 92나35846(하집 1994-2, 1).

자유를 침해한다고 하지만, 이는 지나치게 의제적인 해석으로 여겨진다. 또한 헌법재판소의 위 결정에서 사죄광고는 양심의 자유뿐만 아니라 인격권을 침해할 수 있다는 점을 들었는데, 이를 그대로 수용하려고 한다면 명예회복에 적당한 처분은 양심의 자유와 인격권을 침해해서는 안 된다고 규정해야 할 것이다. 위와 같은 처분이 헌법상의 다른 기본권, 예를 들면 종교의 자유나 학문의 자유 등을 침해할 수도 있는데, 개정시안 제764조 단서를 두려면, 헌법상의 다른 기본권에 관해서도 규정해야 된다는 논리도 성립할 수 있다.57) 2004년에 확정된 민법개정안에서는 위 개정시안에 대한 여러 비판을 수용하여, 위 조항을 삭제하였다.

한편 「정기간행물의 등록등에 관한 법률」 제16조와 방송법 제91조는 반론보도청구권에 관하여 규정하고 있다.58) 반론보도를 청구하려면 정기간행물이나 방송에 공표된 사실적 주장에 의하여 피해를 받은 자에 해당하여야 한다. 반론보도청구권은 피해자의 권리를 구제한다는 주관적인 의미와 피해자에게 방송의 사실 보도 내용과 반대되거나 다른 사실을 주장할 기회를 부여함으로써 시청자로 하여금 균형잡힌 여론을 형성할 수 있도록 한다는 객관적 제도로서의 의미를 아울러 가지고 있다.59) 반론보도청구도 실질적으로는 언론에 의한 명예훼손의 경우에 이를 구제하는 수단으로서 중요한 제도이다.

V. 금지청구권

1. 의 의

인격권에 기한 금지청구권(禁止請求權)에 관해서는 법률에 명문의 규정이 없다. 그런데 인격권이 침해된 경우에 손해배상청구가 인정된다고 하더라도 이는 사후적인 구제수단에 불과하여 피해자를 보호하는 데 만족스럽지 못하다. 그리하여 인격권을 침해하는 경우에 금지청구를 할 수 있는지, 가능하다면 어떠한 요건에 따라

---

57) 「민법개정(물권·채권편)」 좌담회, 인권과 정의 2003년 4월호, 18-19면(김재형 발언 부분).
58) 이 논문을 발표할 당시의 법규정으로, 현재는 2005년 제정된 「언론중재 및 피해구제 등에 관한 법률」에서 규정하고 있다.
59) 대판 1996. 12. 23, 95다37278(공 1997, 489); 대판 2000. 3. 24, 99다63138(공 2000, 1045).

가능한지 문제된다.

　　그런데 금지청구(禁止請求)라는 용어를 사용하는 경우도 있고, 유지청구(留止請求)라는 용어를 사용하는 경우도 있기 때문에, 용어에 관하여 검토할 필요가 있다. 먼저 유지청구60)라는 용어는 상법의 유지청구에서 유래한다. 상법에서는 유지청구권이라는 용어를 사용하고 있기 때문에,61) 인격권 침해의 경우에도 유지청구권이라는 용어를 사용한다. 그러나 저작권법에서는 저작권 등을 침해하는 행위에 대하여 "정지 등을 청구"할 수 있다는 표현을 사용하고 있고,62) 특허법은 '권리침해에 대한 금지청구권'이라는 용어를 사용하고 있다.63) 「부정경쟁방지 및 영업비밀의 보호에 관한 법률」 제4조, 제10조에서는 금지청구권이라는 용어를 사용하고 있다. 또한 민법 제214조에서는 소유권에 기한 방해제거 및 예방청구권에 관하여 규정하고 있는데, 통상 방해배제청구권이라는 용어를 사용한다. 「집합건물의 소유 및 관리에 관한 법률」 제43조는 구분소유자가 공동의 이익에 반하는 행위를 하는 경우에 정지 등을 청구할 수 있다고 규정하고, 제44조는 사용금지를 청구할 수 있는 경우를 정하고 있다. 인격권 침해는 소유권이나 저작권 등의 침해와 유사하기 때문에, 그 침해를 금지하는 것에 관해서도 금지청구권이나 정지청구권이라는 용어를 사용할 수 있다. 유지청구라는 용어를 사용할 것인지, 아니면 금지청구라는 용어를 사용할 것인지는 기호의 문제에 불과할 수도 있으나, 좀 더 이해하기 쉬운 용어를 사용하는 것이 바람직하다. 그리하여 필자는 금지청구라는 용어를 사용하고 있다. 법원의 판결에서도 주로 금지청구권이라는 용어를 사용하고 있다.

---

60) 일본의 差止請求라는 용어를 번역한 것이다.

61) 상법 제402조는 "이사가 법령 또는 정관에 위반한 행위를 하여 이로 인하여 회사에 회복할 수 없는 손해가 생길 염려가 있는 경우에는 감사 또는 발행주식의 총수의 100분의 1 이상에 해당하는 주식을 가진 주주는 회사를 위하여 이사에 대하여 그 행위를 유지할 것을 청구할 수 있다."라고 규정하고 있다.

62) 저작권법 제91조 제1항은 "저작권 그 밖의 이 법에 의하여 보호되는 권리(…)를 가진 자는 그 권리를 침해하는 자에 대하여 침해의 정지를 청구할 수 있으며, 그 권리를 침해할 우려가 있는 자에 대하여 침해의 예방 또는 손해배상의 담보를 청구할 수 있다."라고 규정하였다(현재는 저작권법 제123조 제1항에서 동일한 내용을 규정하고 있다).

63) 특허법 제126조 제1항은 "특허권 또는 전용실시권자는 자기의 권리를 침해한 자 또는 침해할 우려가 있는 자에 대하여 그 침해의 금지 또는 예방을 청구할 수 있다."라고 규정하고 있다.

2. 인정 여부

인격권을 침해할 우려가 있는 경우에 금지청구권이 인정된다.64) 법원의 실무
에서 1980년대부터 인격권에 기한 금지청구권을 인정한 사례가 상당수 있었다.65)
대법원 판결로는 1996년에 처음으로 인격권에 기한 금지청구권을 인정하였다.66)
이 판결은 비방광고로 인한 인격권 침해에 대하여 사전 구제수단으로서 광고중지
청구를 인정한다. 원심판결 이유는 다음과 같다. 인격권은 그 성질상 일단 침해된
후의 구제수단(금전배상이나 명예회복 처분 등)만으로는 그 피해의 완전한 회복이 어
렵고 손해전보의 실효성을 기대하기 어려우므로, 인격권 침해에 대하여는 사전(예
방적) 구제수단으로 침해행위 정지·방지 등의 금지청구권도 인정된다. 우리나라 우
유업계 전체가 이른바 '광고전쟁'의 소용돌이에 휘말리게 된 경위와 그 동안의 피
고의 광고 행태에 비추어 보면, 피고가 원고를 비방하는 광고를 재현할 위험은 아
직도 존재하므로 원고는 피고가 자행할 위법한 광고로부터 그 명예·신용 등을 보
전하기 위하여 피고에게 그러한 광고의 중지를 요구할 권리가 있다. 대법원은 이
러한 원심판결을 옳다고 하였다.67)

3. 인정 근거

인격권에 기한 금지청구권의 근거를 어디에서 찾아야 할지 문제된다. 프랑
스68)와 스위스69)에서는 명문의 규정으로 사생활이나 인격권 침해에 대한 금지청

---

64) 권성 외 4인, "인격권에 기한 금지청구권을 피보전권리로 한 가처분 및 간접강제명령의 병기
   의 가부," 가처분의 연구, 박영사, 1994, 497면; 한위수, "명예의 훼손과 민사상의 제문제," 사법
   논집 제24집, 1993, 449-453면; 양창수(주 19), 525면; 김상용, "인격권 침해에 대한 사법적 구
   제방법의 비교 고찰(3)," 사법행정 제322호(1988. 2), 65-66면; 박용상, "표현행위에 대한 부작위
   청구권," 기업과 법(도암 김교창 변호사 화갑기념논문집), 1997, 951면.
65) 서울민지결 1987. 12. 4, 87카53922; 서울민지결 1988. 2. 27, 87카36203; 서울민지결 1988. 6.
   20, 88카28987; 서울민지결 1992. 5. 16, 92카44613 등.
66) 대판 1996. 4. 12, 93다40614, 40621(공 1996, 1486).
67) 그 후 대판 1997. 10. 24, 96다17851(공 1997, 3574)도 위 판결과 마찬가지로 "사람(종중 등의
   경우에도 마찬가지이다)이 갖는 이와 같은 명예에 관한 권리는 일종의 인격권으로 볼 수 있는
   것으로서, 그 성질상 일단 침해된 후에는 금전배상이나 명예 회복에 필요한 처분 등의 구제수
   단만으로는 그 피해의 완전한 회복이 어렵고 손해 전보의 실효성을 기대하기 어려우므로, 이와
   같은 인격권의 침해에 대하여는 사전 예방적 구제수단으로 침해행위의 정지·방지 등의 금지청
   구권이 인정될 수 있다."라고 판결하였다.

구를 인정하고 있다. 이와 달리 독일과 일본에서는 우리나라와 마찬가지로 학설과 판례에 의하여 인격권에 기한 금지청구권을 인정하고 있다.

독일에서는 성명권[70] 등 개별적 인격권에 관하여는 명문으로 침해제거 또는 부작위를 청구할 수 있다고 규정하고 있으나, 일반적 인격권에 관하여는 명문의 규정이 없다. 그러나 일반적 인격권에 관해서도 물권적 청구권에 관한 규정을 유추 적용하여 부작위청구권을 인정하고 있다.[71]

일본에서 초기에는 금지청구권의 근거에 관하여 불법행위설이나 물권설이 제기되었으나, 점차 인격권설이 유력해지고 있다.[72] 프라이버시 침해를 이유로 손해배상청구를 처음으로 인정한 '잔치의 흔적' 사건에서, 프라이버시권은 사생활을 함부로 공개하지 않는다고 하는 법적 보장 또는 권리로 이해되므로, 그 침해에 대하여 침해행위의 금지나 정신적 고통으로 인한 손해배상청구권이 인정되어야 한다고 하였다.[73] 생활방해로 인한 인격권 침해에 관한 사건에서도, "개인의 생명, 신체, 정신 및 생활에 관한 이익은 각자의 인격에 본질적인 것이므로 그의 총체를 인격권이라 할 수 있고 이와 같은 인격권은 누구도 함부로 침해하는 것은 허용되지 않고 그 침해에 대해서는 이를 배제하는 권능이 인정되지 않으면 안 된다. 즉 인간은 질병을 초래하는 등의 신체적 침해행위에 대해서는 물론 현저한 정신적 고통을 받는다던가, 현저한 생활상의 방해를 초래하는 행위에 대하여도 그 침해행위의 배제를 구하는 것이 가능하고, 또 그 피해가 현실화되어 있지 않아도 그 위험이 절박해 있는 경우에는 사전에 침해행위의 금지를 구할 수 있다고 해석하여야 하므로 이와 같은 인격권에 기한 방해배제 및 예방청구권이 사법상 금지청구권의 근거로 될 수 있다."라고 판결하였다.[74] 일본 최고재판소[75]는 1986년에 인쇄물에 의하여

---

68) 프랑스 민법 제 9 조 2항 1문은 "법관은 사생활의 비밀에 대한 침해를 방지 또는 중지시키기 위하여 손해배상과 별도로 계쟁 재산에 대한 임시조치, 압류 기타 적절한 모든 조치를 명할 수 있다."라고 규정하고 있다.

69) 스위스 민법 제28c조 1항, 2항.

70) 독일 민법 제12조는 성명권을 침해하는 경우에 그 침해의 제거를 청구할 수 있고, 성명권이 계속 침해될 우려가 있는 때에는 부작위의 소를 제기할 수 있다고 규정하고 있다.

71) BGHZ 26, 52는 인격권의 침해를 부정하였지만 부작위청구권이 인정될 수 있음을 시사하였다. 그 뒤 BGHZ 27, 284; BGHZ 30, 7; BGHZ 50, 133; BVerfGE 30, 173 등에서 일반적 인격권에 기한 부작위청구를 인정하였다.

72) 齋藤博, 人格價值の保護と民法, 一粒社, 1986, 200면 이하.

73) 東京地判 1964(昭和 39). 9. 28(下民集 15권 9호 2317면; 判例時報 385호 12면).

74) 日大阪高判 1975((昭和 50). 11. 27(判例時報 797호, 36면).

명예를 훼손한 경우 인쇄물의 출판을 금지하는 청구를 할 수 있다고 하였는데, 그 근거로 명예가 생명, 신체와 함께 극히 중대한 보호법익으로서 물권의 경우와 같은 배타성을 갖는 권리라고 할 수 있다는 점을 든다.

우리나라에서 이에 관한 명문의 규정이 없기 때문에, 견해가 대립하고 있다. 인격권에 기한 금지청구권을 불법행위에서 찾는 견해가 있다. 불법행위를 이유로 손해의 배상을 인정하면서 그 손해를 발생케 하는 근원인 위법행위의 배제, 예방을 청구할 수 없다면 이는 불법행위제도의 취지에 어긋난다고 한다.[76] 고의 · 과실을 필요로 하지 않는 물권적 청구권에서도 방해배제 및 방해예방을 인정하는데, 하물며 고의 · 과실로 권리를 침해하는 경우에 이러한 청구권을 인정하지 않는 것은 모순이라고 한다. 한편 부작위청구권의 인정 여부는 실질적으로 가해자의 활동제한이라는 손실과 그로부터 피해자가 얻은 이익을 비교형량하여 이들 청구권의 인정 유무를 결정하여야 하고, 인격권 침해의 경우에도 마찬가지로 일정한도를 넘는 침해에 대하여는 방해의 배제 및 예방을 청구할 수 있다는 견해도 있다.[77] 불법행위를 이유로 금지청구권을 인정할 것인지는 입법정책적인 문제이고, 입법론으로서 불법행위의 효과로서 일정한 경우에 위법행위를 막기 위한 금지청구권을 도입할 수 있다. 그러나 불법행위설에 의하면, 인격권에 기한 금지청구권의 여러 측면을 설명하는 데 무리가 있다. 불법행위의 경우에 손해배상책임을 인정하면서 금지청구권을 정하지 않고 있는 현행 민법에서는 불법행위를 손해배상청구의 근거를 정한 것에 불과하고, 손해가 발생하기 이전에 위법행위의 금지를 청구하는 근거로 볼 수 없다.[78] 그리고 불법행위에는 고의 · 과실이라는 요건이 필요하지만, 금지청구권의 발생요건으로는 고의 · 과실이 필요하지 않기 때문에, 그 요건도 다르다. 하급심 판결 중에는 "민법 제764조에 기하여 인정되는 명예회복에 적당한 처분은 과거에 훼손된 명예에 관한 사후 구제수단인 데 반하여, 금지청구는 장차 발생할지 모르

---

75) 最判 1986(昭和 61). 6. 11. 大法廷判決(民集 40권 4호, 872면). 이 판결에 관한 번역과 소개에 관하여는 「북방저널」 사건 손해배상소송: 사전 금지결정은 합헌," 언론중재 6권 3호(1986. 9), 29-35면; 竹田稔, "사법에 의한 표현행위 사전 금지의 법리: 「북방저널」 사건 최고재판소판결을 보고," 언론중재 제 6 권 3호(1986. 9), 36-42면.

76) 김기선, 한국채권법각론, 법문사, 1988, 455-456면.

77) 곽윤직(주 33), 447면.

78) 김증한 · 안이준, 신채권각론(하), 박영사, 1965, 830면에 의하면, 불법행위제도는 위법행위로부터 이미 발생한 손해를 전보시키는 것이므로 현재 계속중인 위법행위의 정지나 장차 행하여질 염려가 있는 위법행위의 예방을 청구하는 것은 불법행위로부터 직접 생길 수 없다고 한다.

는 명예훼손행위를 금지해 줄 것을 청구하는 것이므로, 명예회복에 적당한 처분으로 서 원고들이 구하는 바와 같은 금지청구는 허용될 수 없다."라고 한 판결이 있다.[79]

그리하여 물권적 청구권을 유추 적용하여야 한다는 견해[80]가 있다. 소유권 침 해의 경우에 소유물방해배제청구권과 손해배상청구권은 적용법규가 다르다. 소유 물방해배제 및 예방청구권에 관해서는 물권편에 있는 민법 제214조에서 규정하고 있고, 불법행위로 인한 손해배상에 관해서는 채권편에 있는 민법 제750조가 적용 된다.

인격권을 침해한 경우에도 이와 유사하게 해결하여야 한다. 즉, 손해배상청구 권은 불법행위규정에 따라 발생하지만, 인격권에 기한 금지청구를 하는 것은 물권 적 청구권에 관한 규정을 유추 적용하는 방식으로 해결하여야 한다. 인격권과 물 권은 사람과 물건의 관계만큼이나 그 성질이 다르다. 그러나 인격권은 물권과 마 찬가지로 절대권의 일종으로 그 침해를 배제할 수 있는 배타적 권리이다. 물건에 대한 권리를 배타적인 권리로 보호하는 만큼 사람 자신에 관한 권리도 보호하여야 한다. 즉, 소유권에 대하여 방해배제청구권이 인정되는 것과 마찬가지로 인격권에 대해서도 그 침해를 금지할 수 있는 청구권이 있다고 보아야 한다.[81]

요컨대 인격권은 배타적인 절대권으로서, 방해배제 및 예방청구권을 규정한 민법 제214조를 유추 적용하여 금지청구권을 인정하여야 한다. 금지청구권의 근거 에 관하여 물권적 청구권설과 인격권설을 서로 대립하는 것으로 파악하기도 하지 만, 두 견해는 양자를 엄밀하게 구별할 필요는 없다. 인격권은 절대권으로서 이에 기하여 금지청구권이 발생하는데, 그 방법은 물권적 청구권을 유추 적용하여 도출 하여야 하기 때문이다.

4. 금지청구권이 사전검열에 해당하는지 여부

헌법 제21조 제 2 항은 언론·출판에 대한 허가나 검열은 인정되지 아니한다고

---

79) 서울지판 2000. 10. 18, 99가합95970(하집 2000-2, 149). 다만 이 판결은 인격권에 기한 금지 청구를 배제하고 있지는 않다.

80) 한위수(주 64), 451면; 양창수(주 19), 525면; 이영준, 물권법, 신정판, 박영사, 2001, 517면; 이근웅, "출판물에 관한 가처분," 재판자료 46집 보전소송에 관한 제문제(하), 법원행정처, 1989, 369면; 지홍원, "인격권의 침해," 사법논집 10집, 1979, 220면; 윤철홍(주 49), 225면.

81) 김재형, "인격권 일반"(주 21), 1999, 637면 이하.

규정하고 있다. 여기서의 검열은 행정권이 주체가 되어 사상이나 의견 등이 발표 되기 이전에 예방적 조치로서 그 내용을 심사, 선별하여 발표를 사전에 억제하는, 즉 허가받지 않은 것의 발표를 금지하는 제도를 뜻한다.82) 검열금지의 원칙은 모 든 형태의 사전적인 규제를 금지하는 것이 아니고, 의사표현의 발표 여부가 오로 지 행정권의 허가에 달려있는 사전심사만을 금지한다. 그리고 검열은 일반적으로 허가를 받기 위한 표현물의 제출의무, 행정권이 주체가 된 사전심사절차, 허가받지 않은 의사표현의 금지 및 심사절차를 관철할 수 있는 강제수단 등의 요건을 갖춘 경우에만 이에 해당한다.83)

언론·출판에 대한 검열이 허용될 경우 국민의 정신생활 및 의사형성에 미치는 위험이 클 뿐만 아니라, 행정기관이 집권자에게 불리한 내용의 표현을 사전에 억 제함으로써 이른바 관제의견이나 지배자에게 무해한 여론만이 허용되는 결과를 초 래할 염려가 있다. 그렇기 때문에 헌법이 직접 그 금지를 규정하고 있다. 헌법 제 37조 제 2 항이 국민의 자유와 권리를 국가안전보장·질서유지 또는 공공복리를 위 하여 필요한 경우에 한하여 법률로써 제한할 수 있도록 규정하고 있다. 그러나 언 론·출판의 자유에 대하여는 검열을 수단으로 한 제한만은 법률로써도 허용되지 않 는다.84)

그렇다면 언론보도에 대한 금지명령이 언론·출판에 대한 사전 제한으로서 허 용되는가? 이는 검열금지와 관련된 문제이다.

미국에서는 표현의 자유에 대한 사전 제한(Prior Restraint)이 표현의 자유를 침 해하는 것이라는 법리를 발전시켰다.85) 이에 관한 선례는 1931년의 미국 연방대법 원 판결이다.86) 이 판결은 언론에 의한 명예훼손을 이유로 금지명령을 인정하는

---

82) 헌재 1998. 2. 27, 96헌바2(헌집 10-1, 118); 헌재 1997. 8. 21, 93헌바51(헌공 제23호); 헌재 1997. 3. 27, 97헌가1(헌공 제21호); 헌재 1998. 12. 24, 96헌가23(헌공 제31호, 83); 헌재 1996. 10. 4, 93헌가13, 91헌바10(헌집 8-2, 212).

83) 헌재 1996. 10. 31, 94헌가6(헌집 8, 403).

84) 헌재 2001. 8. 30, 2000헌바36(헌공 제60호).

85) Emerson, "The Doctrine of Prior Restraint," 20 Law and Contemporary Problems 648, 671 (1955); Turkington/Allen, Privacy, 2. ed., 2002, p. 640. 우리나라의 문헌으로는 안경환, "표현의 자유와 사전 제한," 인권과정의 1989년 5월호, 17면 이하; 양건, "표현의 자유의 제한 에 관한 기본원리," 법학논총(한양대) 제 4 집, 1987, 73면 이하; 양건, "표현의 자유," 김동민 편, 언론 법제의 이론과 현실, 한나래, 1993, 43면 이하; 양건, "표현의 자유 관한 1990년대 미 국 연방대법원 판례의 동향," 미국헌법연구 11집, 2000, 234면 이하 참조.

86) Near v. Minnesota, 283. U.S. 697 (1931).

것이 사전 제한으로서 헌법에 위반된다고 하였다. 언론보도에 대하여 사후적으로 형사처벌을 하는 것은 허용되지만, 사전 제한은 허용되지 않는다고 한다. 사전 제한은 보도 자체를 막기 때문에 언론에 대한 중대한 위협이다. 사후적인 형사처벌이 엄밀한 증거조사를 통하여 이루어지는 것과는 달리, 사전 제한은 증거조사나 신중한 심리를 거치지 않고 신속하게 이루어지기 때문에, 그 남용의 위험이 크다고 한다. 그러나 사전 제한 금지가 절대적인 것은 아니고, 보도로 인하여 국가안전을 중대하게 위협하는 등 지극히 예외적인 경우에는 사전 금지가 인정될 수 있다. 사전 제한이 절대적으로 금지되는 것은 아니지만, 표현의 자유를 보장한 헌법에 위반하지 않으려면 사후처벌의 경우보다 무거운 증명부담을 진다.

또한 자유로운 언론과 공정한 재판의 보장 사이에 충돌이 발생했을 때, 형사 피고인의 재판에 편견을 불러일으킬 수 있는 정보의 출판을 금지하는 금지명령을 무효라고 한다.[87] 언론보도를 억제할 것인지 여부를 결정하는 요소로서 (a) 재판 이전의 뉴스 보도의 성질과 정도, (b) 다른 수단들을 채택하는 것이 손해를 줄일 것으로 판단되는지 여부, (c) 금지명령이 위협받고 있는 위험을 막기 위하여 얼마나 효율적으로 작동할 것인지를 고려하고 있다. 이 사건에서 하급심 법원이 그러한 공개의 효과를 막거나 줄이는 다른 방법을 찾으려는 노력을 거의 하지 않았고, 금지명령이 피고인의 권리를 보호하는 데 바람직한 효과가 없을 것이라는 점을 지적하고 있다. 금지명령을 신청하는 사람은 그러한 조치를 취하는 것이 정당하다는 점을 제시해야 한다. 나아가 미국 연방대법원은 반론권을 인정하는 법률도 언론의 편집권을 침해한다는 이유로 언론의 자유를 보장한 헌법에 위반된다고 판결하였다.[88]

이와 달리 프라이버시 침해의 경우에는 금지명령을 인정하기도 한다.[89] 정신 질환을 가진 사람과 관련된 다큐멘터리 영화를 만들면서 주정부가 허용한 범위를 벗어난 사례에서 영화의 배포에 대한 금지명령을 인용한 바 있다.[90] 이 사건에서

---

87) Nebraska Press Ass'n. v. Stuart, 427 U.S. 539 (1976).
88) Miami Herald Publishing Co. v. Tornillo, 418 U.S. 241 (1974).
89) 뉴욕에서는 프라이버시 침해를 이유로 한 소가 많이 제기된다. 뉴욕 민권법(N. Y. Civil Rights Law)은 프라이버시권에 관하여 명문의 규정을 두고 있다. 제51조는 광고나 거래의 목적으로 자신의 이름, 초상, 사진을 사용하는 데 서면으로 동의하지 않았는데도 이를 사용한 경우에는 그 사용을 방지하고 억제하기 위하여 금지청구와 손해배상을 청구할 수 있다고 규정한다. Turkington/Allen(주 85), p. 675.
90) Commonwealth v. Wiseman, 356 Mass. 251, 249 N.E.2d 610 (1969), cert. denied, 398 U.S. 960 (1970).

금지명령의 적절한 범위를 결정할 때 프라이버시의 이익과 공중의 알 권리를 비교 형량하여 결정하여야 한다고 하였다. 이러한 이익형량의 결과 제한적인 금지명령 을 내렸다. 금지명령은 다큐멘터리영화를 상업적인 목적으로 배포하는 것을 금지 하는 데 한정되고, 이 영화를 정신건강 전문가, 교육자, 정책입안자에게 배포하는 것까지 금지하지는 않는다. 특정된 범위의 사람들에게 재활이나 연구를 위하여 공 표할 공적 이익은 피해자의 프라이버시 이익보다 크다고 볼 수 있다. 또한 개인의 프라이버시를 침해하는 사진 촬영 등에 대하여 금지명령을 내린 판결이 있는데,91) 이 사건에서 표현의 자유에 관한 헌법 수정 제 1 조가 크게 문제되지 않았고, 프라 이버시 침해가 반복적으로 일어나는 경우에 해당한다.

일본에서는 가처분에 의한 사전 금지가 사전검열에 해당하지 않는다고 한다. 즉, 헌법상 금지되는 검열은 행정부가 주체가 되어 사상, 내용 등 표현물의 전부 또는 일부를 발표하는 것을 금지하는 것을 목적으로 한다. 대상이 되는 일정한 표 현물에 대하여 망라적, 일반적으로 발표 전에 그 내용을 심사한 다음 부적당하다 고 인정되는 것을 발표하지 못하도록 한다. 가처분에 의한 사전 금지는 개별적인 사인 간의 분쟁에 관하여 법원이 당사자의 신청을 받아 금지청구권 등 사법상의 피보전권리의 존부, 보전의 필요성의 유무를 심리, 판단하여 발하는 것으로 검열에 는 해당하지 않는다고 한다.92)

우리나라에서는 언론에 의한 명예훼손의 경우에 금지청구가 사전검열에 속하 는지에 관하여 논란이 되고 있다. 위에서 본 금지청구를 인정하는 견해는 금지청 구가 사전검열이 아니라는 것을 전제로 한다. 행정기관이 아닌 사법부가 개별적 분쟁에 대한 당사자의 신청을 심리하여 결정하므로 검열에 해당하지 않는다고 한 다.93) 이에 반하여 사전에 보도나 방영을 금지하는 것은 언론의 자유의 본질적 내 용을 침해하는 사전검열이라는 주장이 있다. 검열의 주체에 국가기관에 속하는 법 원을 포함시켜야 하고, 언론에 대한 보도 및 출판금지 가처분은 언론사로 하여금 스스로 뉴스가치가 있는 것으로 판단하고 원하는 것을 취재하고 보도하지 못하게

---

91) Galella v. Onassis, 487 F.2d 986 (2d Cir. 1973); 353 F. Supp. 196 (S.D.N.Y. 1972). 이에 관하여는 국내외언론관계판례집 제 1 집, 언론중재위원회, 19면 이하에 소개되어 있다.
92) 日最判 1976(昭和 61). 6. 11(判例時報 1194호 3면).
93) 표성수, 언론과 명예훼손, 육법사, 1997, 412면; 이규진, "언론 자유와 사전 제한의 법리," 언 론중재 2001년 겨울호, 31면.

한다고 한다.

헌재 1996. 10. 4, 93헌가13, 91헌바10(헌집 8-2, 212)은 이러한 금지청구권을 인 정하는 것이 헌법상의 검열금지의 원칙에 반하지 않는다고 한다. 즉, 검열금지의 원칙은 정신작품의 발표 이후에 비로소 취해지는 사후적인 사법적 규제를 금지하 는 것이 아니므로, 사법절차에 의한 영화상영의 금지조치 등은 헌법상 검열금지의 원칙에 위반되지 않는다고 한다. 위에서 본 헌재 2001. 8. 30, 2000헌바36은 금지청 구 문제에 관하여 상세하게 판단하고 있다. 당시 시행되던 민사소송법 규정(현재는 민사집행법에서 규정하고 있다)에 의한 방영금지 가처분은 비록 제작 또는 방영되기 이전, 즉 사전에 그 내용을 심사하여 금지하는 것이기는 하나, 이는 행정권에 의한 사전심사나 금지처분이 아니라 개별 당사자 간의 분쟁에 관하여 사법부가 사법절 차에 의하여 심리, 결정하는 것이므로, 헌법에서 금지하는 사전검열에 해당하지 않 는다고 판단하였다.

나아가 사전적인 금지 가처분이 과잉금지의 원칙에 위배되는지 문제된다. 언 론·출판의 자유에 대한 제한은 헌법 제37조 제2항의 기본권제한 입법의 한계가 적용될 수 있다. 법률에 의한 가처분제도가 언론의 자유만을 제한할 목적으로 규 정된 것은 아니지만, 이에 기한 보도 및 방영금지 가처분은 언론의 자유를 제한하 게 된다. 헌법 제37조 제2항에서 과잉금지의 원칙이 나오는데, 가처분에 의한 사 전 금지청구를 허용하는 것이 언론의 자유에 대한 지나친 제한으로서 과잉금지의 원칙에 위반되는지를 검토할 필요가 있다.

위 2000년 헌법재판소 결정은 가처분에 의한 사전 금지청구제도의 의미를 다 음과 같이 설명하고 있다. TV, 라디오 등의 방송매체가 공적 이해에 관계된 개인 의 부정과 비리를 폭로하고 편견과 독단을 비판하는 것이 언론의 자유로 허용되어 야 한다. 그러나 그 보도, 논평 등으로 인하여 개인이나 단체의 명예나 신용의 훼 손, 성명권이나 초상권, 프라이버시 등의 인격권 침해와 같이 타인의 법익 또는 기 본권을 침해하게 되는 것을 피할 수 없게 된다. 일정한 표현행위에 대한 가처분에 의한 사전 금지청구는 바로 이와 같이 언론의 자유가 실현되는 과정에서 개인이나 단체의 명예나 사생활 등 인격권이 침해될 수 있음이 명백한 경우에 이용된다.

그런데 인격권을 보호하는 다른 수단을 살펴보자. 가해자에 대한 형사처벌(형 법 제307조 및 제309조의 명예훼손죄와 제313조의 신용훼손죄), 민사상 손해배상책임이나 명예회복에 적당한 처분, 반론보도청구권 및 추후보도청구권(구 「정기간행물의 등록등에 관한 법률」 제16조, 제20조, 구 방송법 제91조. 현재는 「언론중재 및 피해구제 등에 관한 법률」에 규정되어 있다) 등이 있다. 그러나 민·형사책임의 추궁이나 반론보도 또는 추후보도의 청구는 모두 인격권 침해의 사후적 구제절차에 불과하여 이미 훼손된 명예의 회복 등 원상을 회복하기에는 부족할 뿐 아니라 많은 시간과 노력, 비용이 소요된다. 따라서, 인격권 침해에 대한 실효성 있는 구제를 위하여서는 이미 발생하여 지속하는 침해행위의 정지·제거, 즉 방해배제청구와 함께 침해의 사전억제, 즉 방해예방청구가 허용되어야 할 필요가 있다. 이에 가처분에 의한 사전 금지청구는 인격권 보호라는 목적에 있어서 그 정당성이 인정될 뿐 아니라 보호수단으로서도 적정하다고 한다.[94]

그리고 가처분에 의한 사전 금지청구가 허용된다고 해도 그 대상이 되는 표현행위 이외의 다른 간접적 방법에 의한 의사표현까지 금지되는 것은 아니다. 법원이 이를 허용하는 경우에도 일반 가처분에서와 마찬가지로 피보전권리와 보전의 필요성이라는 요건이 소명되어야 한다. 특히 금지청구권은 언론의 자유를 보장하고 검열을 금지한 헌법 제21조의 취지 등을 참작하여 충돌하는 두 법익(언론의 자유와 인격권)의 비교·형량 등 엄격하고 명백한 요건을 충족한 경우에만 인정된다. 사전 금지 가처분의 허용에 의한 언론의 자유 제한의 정도는 위 가처분의 필요성 및 목적의 정당성, 수단의 적정성 등을 고려할 때 침해 최소성의 원칙에 반하지 아니할 뿐만 아니라, 이에 의하여 보호되는 인격권보다 이로 인하여 제한되는 언론의 자유의 중요성이 더 크다고는 볼 수 없으므로 법익 균형성의 원칙 또한 충족한다.[95]

결국 일정한 표현행위에 대한 가처분에 의한 사전 금지청구는 개인이나 단체의 명예나 사생활 등 인격권 보호라는 목적에 있어서 그 정당성이 인정되고 보호수단으로서도 적정하며, 이에 의한 언론의 자유 제한의 정도는 침해 최소성의 원칙에 반하지 않을 뿐만 아니라 보호되는 인격권보다 제한되는 언론의 자유의 중요성이 더 크다고 볼 수 없어 법익 균형성의 원칙 또한 충족하므로, 이 사건 법률조항은 과잉금지의 원칙에 위배되지 않고 언론 자유의 본질적 내용을 침해하지

---

94) 위 결정.
95) 위 결정.

않는다.96)

미국에서는 언론에 의한 명예훼손이나 프라이버시 침해의 경우에 금지청구를 인용하는 것은 언론에 대한 사전 제한에 해당한다고 할 뿐만 아니라, 취소청구나 반론보도청구도 언론의 자유를 보장하기 위하여 허용되지 않는다. 그러나 반론보도는 피해자로 하여금 언론에 대한 접근을 용이하게 하고 언론의 자유를 적극적으로 보장하는 측면이 있기 때문에, 프랑스, 독일 등 여러 나라에서 인정될 뿐만 아니라, 국제협약에서 이를 규정하고 있다. 금지청구도 프랑스, 독일, 일본 등 여러 나라에서 인정되고 있다. 미국에서 금지청구나 반론보도 등을 부정하는 것은 언론의 자유와 인격권이 충돌하는 경우에 언론의 자유 쪽으로 저울추가 기운 것으로 볼 수 있다.

언론보도에 대하여 인격권에 기한 금지청구를 인정하는 것이 사전검열이라고 볼 수 없다. 개인들이 자신의 인격권을 침해당했다는 이유로 금지청구를 하고, 이에 대하여 법원이 금지명령을 하는 것은 행정부에 의한 사전검열과는 다르다. 언론보도로 인하여 인격권이 침해되어 불법행위에 기한 손해배상을 인정해야 하는 것이 명백한 상황이라면, 사전에 금지명령을 내려 분쟁을 예방하는 것이 바람직하다. 언론사 입장에서도 사후에 손해배상을 하는 상황보다는 금지청구에 따라 보도를 하지 않는 것이 나을 수도 있다. 금지청구를 인용하면 원천적으로 언론보도를 통제하는 결과가 된다. 이 문제는 금지청구의 요건을 엄격히 함으로써 해결해야 한다.

5. 금지청구권의 요건

어떠한 경우에 금지청구권을 인정할 수 있을 것인지 문제된다. 금지청구제도 자체가 합헌이라고 하더라도 헌법상 표현의 자유에 대한 중대한 제약임은 분명하므로, 엄격하고 명확한 요건을 충족해야만 허용된다.97)

독일에서는 인격권 침해를 이유로 한 금지청구권의 경우에 이익형량의 방법으로 해결하고 있다.98) 명예 등 인격권의 보호와 표현의 자유를 비교하여 인격권을

---

96) 위 결정.
97) 허만(주 50), 698면.
98) Larenz/Canaris, Lehrbuch des Schuldrechts Ⅱ/2, 13. Aufl., 1994, 530, 716. 또한 김재형,

보호할 이익이 큰 경우에는 금지청구권을 인용하고, 그렇지 않은 경우에는 금지청
구권을 받아들이지 않는다. 일본에서는 고도의 위법성설, 비교형량설, 개별적 요건
설정설 등 다양한 견해가 있다.99) '에로스와 학살' 사건은 영화에 관한 것으로, 1
심100)과 항고심101)은 모두 프라이버시 침해를 이유로 한 상영금지 가처분신청을
배척하였다. 항고심은 "인격적 이익을 침해받은 피해자는 가해자에 대하여 현재 행
해지고 있는 침해행위의 배제를 구하거나, 또는 장래 발생할 침해의 예방을 구할
청구권도 가진다."라고 한 다음, "인격적 이익의 침해가 소설·영화 등에 의하여 이
루어진 경우에는 개인의 존엄 및 행복추구권의 보호와 표현의 자유(특히 언론의 자
유)의 보장과의 관계에 비추어, 어떠한 경우에 위와 같은 청구권을 인정할 것인지
신중하게 고려하여야 한다. 일반적으로는 위 청구권의 존부는 구체적 사안에서 피
해자가 배제 또는 예방의 조치가 이루어지지 않은 채 방치되는 것에 의하여 입는
불이익의 태양, 정도와 침해자가 위의 조치에 의하여 그 활동의 자유를 제약받는
것에 의하여 받는 불이익의 태양, 정도를 비교형량하여야 한다."라고 하였다. 이

"모델소설과 인격권," 인권과 정의 제255호(1997. 11), 51, 60면도 참조.

99) 竹田稔, "人格權侵害と差止請求," 現代損害賠償法講座 2, 306면 이하; 大塚直, "人格權に基づ
〈 差止請求," 民商法雜誌 제116권 제4·5호(1997. 8), 501면 이하 참조. 이를 소개한 것으로는 이
근웅(주 79), 372면 이하 참조.

100) 東京地決 1970(昭和 45). 3. 14(判例時報 586호 41면). 이것은 사회주의운동가, 여성해방운동가
로서 중의원의원이었던 신청인(神近市子)이 영화 '에로스＋虐殺'의 제작회사 등에 대하여 프라
이버시 침해 및 명예훼손을 이유로, 위 영화의 상영금지 가처분을 신청한 사건에 관한 것이다.
위 영화는 헌병대위들에 의하여 학살된 무정부주의자 大杉榮을 둘러싸고 잡지의 편집장으로서
부인해방에 노력하는 伊藤野枝, 동경일일신문기자 正岡逸子(그것이 신청인의 가명인 점은 쉽게
알 수 있다), 大杉의 처 堀保子 등의 애증관계를 중심으로 하고 있다. 위 영화에서 현대의 젊은
남녀가 가공적인 인터뷰 등을 통하여 그들의 갈등과 좌절에 초점을 맞추면서 현대의 자유연애
와 위 大杉 등의 자유연애를 대조적으로 묘사하고, 특히 여관 日蔭茶屋에서 正岡逸子가 大杉에
게 질투하는 장면 및 칼로 상해를 입히는 장면을 강조하여 묘사하고 있으며, 正岡逸子가 타산
적 언동을 하는 점 등에서 伊藤野枝와 어느 정도 대조되고 있다.
　　東京地裁는 '인격권의 침해에 대한 사전의 금지청구'는 표현의 자유에 대한 중대한 제약으로
되는 점, 헌법상의 검열금지규정을 고려하여, 권리침해의 위법성이 고도로 높은 경우에만 금지
청구가 인정된다고 하고, 이 사건은 그 정도의 고도의 위법성은 없다고 하여 신청을 각하하였
다. 그 이유로 위 연애관계에 관한 갈등은 다수의 전기·소설 등으로 공간되어 공지의 사실로
되었고 또한 본인 스스로가 이 사건의 개요를 저술하고 있어 프라이버시의 요건인 비닉성이
없는 점, 위 영화가 역사적 사실을 일부러 왜곡, 과장하고 있지는 않는 점을 들었다. 다만 영
화에서 예컨대 칼로 상해를 입히는 사태의 인상이 선열한 점 등 사회적 평가에 영향을 주지
않는다고는 말할 수 없지만, 그것도 창작인 영화예술 표현의 자유권의 한계를 벗어나고 있지
는 않고, 상영금지청구권을 발생시킬 고도의 위법성은 존재하지 않는다고 하였다.

101) 東京高決 1970(昭和 45). 4. 13(判例時報 587호 31면).

결정은 인격적 이익과 표현의 자유가 충돌하는 경우에 개별적 형량설을 채택한 것이라고 하는데, 인격적 이익의 침해에 대하여 금지청구가 가능하다는 전제에 있다. 이 사건을 위 잔치의 흔적 사건과 비교해 볼 필요가 있다. 잔치의 흔적 사건은 사후적 구제수단인 손해배상청구 부분을 받아들인 것이고, 에로스와 학살 사건은 사전적 구제로서 영화상영의 금지를 구하는 가처분신청사건이기 때문에, 그 요건을 엄격하게 보아 가처분신청을 배척한 것이라고 볼 여지가 있다.[102]

위에서 본 북방저널 사건[103]에서는 기사에 의한 명예훼손이 문제되었는데, 인격권으로서의 명예권을 물권과 같은 배타성을 갖는 권리로 인정하고 명예권에 기하여 부작위청구를 할 수 있다고 하였다. 이 판결은 유형별 형량설을 채택한 것이라고 한다. 나아가 표현행위에 대한 사전 억제는 원칙적으로 허용되지 않지만, 엄격하고 명확한 요건에 따라 허용될 수 있다고 한다. 출판물의 사전 금지는 이러한 사전 금지에 해당하는데, 그 표현내용이 진실이 아니거나, 또는 그것이 오로지 공익을 도모할 목적이 아닌 것이 명백하고, 또 피해자가 중대하고 현저하게 회복곤란한 손해를 입을 우려가 있는 때에는 표현행위의 가치가 피해자의 명예보다 적은 것이 분명할 뿐만 아니라, 적절한 구제방법으로서 금지의 필요성도 긍정되므로 예외적으로 사전 금지가 허용된다고 한다.

우리나라에서 인격권에 기한 금지청구권의 요건에 관하여 명확한 견해를 밝히고 있는 판례는 없다. 그러나 그 요건에 관하여 언급하고 있는 판결들이 있다. 대판 1996. 4. 12, 93다40614, 40621(공 1996, 1486)에서 피고에 대하여 비방광고 금지 결정을 한 이유를 보자. 피고가 이미 여러 차례 비방광고를 하였다는 점, 이 사건 소송 중에도 위 광고가 비방광고가 아니라고 다투고 있는 점, 원고들의 대응광고에 대하여도 반박 광고를 내고 있는 점 등 피고의 과거 행태로 보아 장래에도 위와 같은 비방광고를 할 가능성이 있다고 한다. 한편 비방광고를 금지하는 것은 표현의 자유를 침해하는 것이 아닌지 문제된다. 금지되는 행위유형이나 그 실질적 내용이 비교적 특정되어 있어 금지로 인하여 피고의 언론 자유가 침해되는 정도는 비교적 가벼운 것임에 비하여, 만일 또다시 피고에 의하여 비방광고가 행해질 경우 원고가 입는 피해는 막심하고 사후구제만으로는 완전한 구제가 되지도 않다는

---

102) 五十嵐淸, 藤岡康宏, "人格權侵害と差止請求," 判例評論 제139호 4면 참조.
103) 日最判 1986(昭和 61). 6. 11(民集 40권 4호 872면). 위 주 74 참조.

점을 참작하여 피고에 대하여 사전에 이 사건 광고와 같은 비방광고를 금지하도록 명하는 것은 타당하다고 한다.104)

하급심 판결 중에는 명예훼손을 이유로 가처분신청을 한 경우에 손해배상의 경우와 유사한 방식으로 판단하는 경우가 많다. 예를 들면, 명예훼손 등의 인격권 침해는 구체적 사실을 적시함으로써 성립하며 이 사건 보도는 신청인들의 명예, 인격권을 침해할 개연성이 명백하고 진실한 사실로서 오로지 공공의 이익을 위한 것으로 보이지 않으므로 방영을 금지할 권리 및 보전의 필요성이 있다는 사례가 있다.105) 또한 언론기관의 특정한 보도가 그 보도 내용으로 인하여 개인 또는 단체의 명예를 포함한 인격권이나 재산권 등을 침해할 개연성이 명백하고, 그 침해에 따른 손해가 사후에 금전 등으로 배상할 수 없거나 쉽게 회복할 수 있는 방법이 없는 경우에는, 그 보도 내용이 추측 또는 허위 사실이 아닌 진실한 사실이고, 그 보도 내용의 보도에 따르는 공익적(국가적, 사회적 법익) 요구가 개인 권리의 침해에 따른 고통을 수인케 할 정도로 훨씬 강한 경우에 한하여 허용된다고 판단한 사례도 있다.106)

이와 달리 사전 금지는 손해배상의 경우보다 엄격한 요건에 따라 허용된다는 결정이 있다. 어떠한 표현의 발행, 출판, 인쇄, 복제, 판매, 배포, 광고 등(이하 출판 등이라 한다)에 대한 금지청구는 표현행위에 대한 사전 제한으로서 헌법 제21조 제 2 항에서 금지하고 있는 언론·출판에 대한 허가나 검열과 유사하다는 점에서 이러한 출판 등의 금지청구권은 그 적시된 사실의 진실성 여부, 침해행위의 태양 및 정도, 침해자의 주관적 의도, 침해자와 피해자의 관계 및 사회적 지위 등 제반 사정을 고려하여 개인의 명예와 프라이버시가 중대하게 침해된 경우에만 예외적으로 인정되어야 한다.107) 사전 금지는 그 내용이 진실이 아님이 명백한 때이거나 또는 그 내용이 진실하더라도 공공의 이해에 관한 사항이 아니면서 가해자에게 비방의 목적이 있는 경우에 침해행위의 태양, 가해자와 피해자 쌍방의 관계 및 사회적 지위 등 일체의 사정을 종합적으로 고려하여 피해자가 중대하고도 현저히 회복곤란

---

104) 강용현(주 7), 76면.
105) 서울지결 1996. 11. 23, 96카합3181; 서울지법 남부지결 2001. 11. 9, 2001카합2445.
106) 서울지법 남부지결 2001. 7. 28, 2001카합1627.
107) 서울지법 서부지결 1996. 4. 19, 95카합4745(하집 1996-1, 95); 서울지법 서부지결 1996. 6. 11, 96카합1545.

한 손해를 입을 염려가 있는 때에 한하여 허용된다고 한다.108)

사후적인 구제수단인 손해배상의 경우와 사전적인 구제수단인 금지청구의 경우에 그 요건이 동일한 것은 아니다. 금지청구의 경우에 언론기관의 주관적인 의도는 상대적으로 의미가 적다.109) 금지청구를 하는 단계에서 언론기관이 보도하려는 내용이 허위인지 여부를 알 수 있기 때문이다.

허위의 사실을 보도한 것에 대하여 손해배상을 청구한 사건에서 보도 내용이 공익에 관한 것이고, 언론사가 보도 내용을 진실이라고 믿었고 이와 같이 믿은 데 상당한 이유가 있으면 불법행위가 성립하지 않는다. 그러나 언론기관이 보도하려는 내용이 진실이라고 믿었고 이와 같이 믿은 데 상당한 이유가 있지만, 보도금지 가처분을 심리하는 과정에서 보도하려는 내용이 명백하게 허위임이 증명되었다면, 이를 보도하도록 해서는 안 된다.110)

금지청구의 기준은 손해배상의 경우와 동일하지 않고, 좀 더 엄격한 요건에 따라 금지청구를 인용하여야 한다. 진실이 아님이 명백하거나 진실이라고 하더라도 공적인 요소를 결여하고 있고 다만 비방의 목적만이 있을 경우, 중대하고 명백하게 회복곤란한 피해를 입을 것으로 예상되고 대체적인 구제수단이 없는 때에 금지청구를 인정해야 한다.111) 따라서 보도하려는 사실이 허위인지 아닌지 명확하지 않는 경우에 그것이 공익에 관한 것이라면 금지청구가 허용되지 않는다. 진실한 사실인 경우에는 원칙적으로 금지청구의 대상이 되지 않는다. 만일 진실한 사실을 보도하는 경우에도 그것이 프라이버시에 해당하는 것이라면 금지청구의 대상이 된다. 침해되는 인격권의 주체가 공적 인물인 경우에는 사인의 경우와는 그 심사기준을 달리 하여야 한다.112) 그리고 보도 내용에 일부만이 허위인 경우에 원칙적으로 그 부분에 한하여 금지청구의 대상이 될 수 있다.113) 다만 그 부분에 대한 금

---

108) 서울지법 남부지결 1999. 3. 16, 99카합451.

109) 물론 언론기관이 악의적으로 피해자를 비난하기 위하여 보도하는 경우에는 이를 금지하여야 한다. 의견이나 논평을 게재하는 경우에도 그것이 형법상 모욕죄를 구성할 것이라면 금지하는 것이 마땅하다. 이 점에서는 인격권 침해를 이유로 손해배상을 청구하는 경우나 금지청구를 하는 경우나 별다른 차이가 없다.

110) 박용상(주 64), 960면은, 보도 내용이 허위라고 판명되었는데도 계속 보도할 위험이 있다면 금지청구의 대상이 될 수 있다고 한다.

111) 한위수(주 64), 453면 이하; 황도수, "명예훼손에 대한 사전 제한의 법리와 실제," 언론중재 1998년 여름호, 14-15면.

112) 위 헌재 1999. 6. 24, 97헌마265(헌집 11-1, 768); 서울지결 1999. 2. 20, 98카합4070.

113) 박용상(주 64), 961면.

지만으로는 인격권 침해를 예방할 수 없는 경우에는 그 전체에 대하여 금지청구를 할 수 있다.

광고 등에서 유명인 등 공적 인물의 사진을 상업적으로 이용하는 경우에는 초상권 침해에 해당하지만, 단순히 언론보도에서 공인의 사진을 게재하는 데 그치는 경우에는 원칙적으로 초상권 침해에 해당하지 않는다고 한 사례들이 있다.114)

Ⅵ. 결 론

언론에 의한 인격권 침해에 대하여 다양한 구제수단이 인정된다. 불법행위에 기한 손해배상청구뿐만 아니라, 명예회복에 적당한 처분으로서 정정보도청구, 취소 및 철회청구 등이 인정된다. 나아가 명문의 규정이 없지만 인격권에 기하여 금지청구를 할 수도 있다. 이와 같이 다양한 구제수단을 인정하는 것이 바람직한 것인가? 최근 여러 법영역에서 미국법의 영향을 받고 있는 경우가 많은데, 이 문제는 기능적인 관점에서 접근할 필요가 있다.

미국에서는 언론에 의한 명예훼손이나 프라이버시 침해의 경우에 그 구제수단은 손해배상이다. 특히 징벌적 배상을 인정할 것인지가 주요한 관심사이다. 미국에서 금지청구나 취소광고청구 등은 언론의 자유에 반한다는 이유로 부정되고 있다. 그러나 미국에서는 금지청구 등을 부정하는 대신 징벌적 배상으로 고액의 손해배상을 인정하기 때문에, 오보로 인한 피해를 금전배상으로 해결하고 있다고 볼 수 있다. 징벌적 배상을 인정할 경우 언론사가 파산할 수도 있기 때문에, 명예훼손 소송에서는 엄격한 요건이 필요하다. 특히 공인에 대한 명예훼손 소송에서는 언론사의 현실적 악의를 증명한 경우에 한해서 징벌적 손해배상이 인정된다.

징벌적 손해배상과 현실적 악의로 대변되는 미국의 명예훼손법과는 달리, 우리나라는 '다양한 구제수단'이라는 특징을 갖고 있다. 이것은 손해배상의 요건에도 영향을 미치고 있다고 볼 수 있다. 예컨대 정정보도나 반론보도가 이루어진 경우

---

114) 서울지판 1995. 6. 23, 94카합9230(하집 1995-1, 323)은 이휘소를 모델로 한 소설의 출판금지를 청구한 사안에 관한 판결인데, 공적 인물에 속하는 사람은 자신의 사진, 성명, 가족들의 생활상이 공표되는 것을 어느 정도 수인하여야 한다고 하였다. 서울지결 1995. 9. 26, 95카합3438(법률신문 2453호 13면)은 평전에 대한 출판금지사건에서 위와 동일하게 판단하였다.

에 손해가 어느 정도 회복되었다고 볼 수 있다. 그렇기 때문에 손해배상책임이 인정되더라도 그 배상액이 미국처럼 많지 않아도 된다고 볼 수 있다. 언론소송과 관련하여 미국의 징벌적 손해배상제도를 도입하여야 한다는 주장이 있다. 그러나 이것은 미국에서도 비판이 많을 뿐만 아니라, 우리나라에서는 손해배상 이외에도 정정보도청구, 금지청구 등 다양한 구제수단이 인정되기 때문에, 징벌적 손해배상을 도입할 필요가 없다고 본다. 또한 징벌적 손해배상이 인정되지 않기 때문에, 손해배상의 요건이 미국보다 완화된 것이라고 이해할 수 있다. 한편 인격권 침해에 대하여 예외적으로 금지청구를 허용해야 하지만, 이는 언론보도를 사전에 제약할 수 있기 때문에, 엄격한 요건 하에서 인정하여야 한다.

[인권과 정의 제339호(2004. 11), 대한변호사협회, 68-94면]

[**후기**] 이 논문이 발표된 직후에 「언론중재 및 피해구제 등에 관한 법률」이 제정되었고, 이에 따라 본문에서 언급한 법률도 상당수 폐지 또는 개정되었다. 위 법률의 내용 중에는 필자의 주장과 동일한 내용도 있다. 이에 관한 상세한 것은 다음에 나오는 제 2 장 제 2 절 참조.

제 2 절 언론에 의한 명예 등 인격권 침해에 대한 구제수단과 그 절차*

I. 서 론

1. 우리 사회에서 「언론」이나 「인격권」은 매우 중요한 주제가 되었다. 언론은 전통적으로 민주주의를 지탱하는 지주로서의 역할을 수행하였고, 항상 사회적 담론의 중심을 차지하고 있다. 인격권은 명예·프라이버시 등을 포괄하는 개념으로, 그 윤곽이 점차 뚜렷해지면서 이에 대한 법적 대응은 우리 사회의 주요 관심사가 되고 있다. 언론에 의한 인격권 침해 문제는 이 둘이 교차하는 지점에서 발생하는 문제로서, 언론과 인격권이라는 두 영역이 서로 영향을 주고받으면서 법이 생성·전개·확산되는 과정을 잘 보여주고 있다.

먼저 인격권의 개념에 관하여 살펴보자. 인격권은 인격에 관한 권리라고 할 수 있는데, 자유, 명예, 신체, 생명, 건강 등에 관한 권리가 이에 속한다. 여기에서 인격이라는 것은 훌륭한 품성을 뜻하는 것이 아니다. 인격권은 사람이 자기 자신에 대하여 갖는 권리를 가리킨다. 따라서 모든 사람은 인격권을 가지고 있다고 할 수 있다.[1] 「언론중재 및 피해구제 등에 관한 법률」(이하 '언론피해구제법'이라 한다) 제 5 조 제 1 항은 "생명·자유·신체·건강·명예·사생활의 비밀과 자유·초상·성명·음성·대화·저작물 및 사적문서 그 밖의 인격적 가치 등에 관한 권리"를 "인격권"이라고 정의한다. 인격권에는 생명이나 자유에서부터 사적 문서 등까지 포함되기

---

* 이 글은 대한변호사협회 변호사연수원(원장 신영무 변호사)의 요청에 따라 2009년 8월 31일 개최된 『제19회 법의 지배를 위한 변호사대회』에서 강의를 하기 위하여 작성한 것을 수정·보완한 것이다. 이 글은 김재형, "언론에 의한 인격권 침해에 대한 구제수단," 인권과 정의 제339호(2004. 11)를 발표한 이후에 제정된 「언론중재 및 피해구제 등에 관한 법률」에 따른 구제수단과 구제절차를 추가하고 판례나 분쟁현황을 보완하였는데, 특히 'Ⅲ. 민법상의 구제수단 부분'은 위 논문의 관련 부분을 요약하고 보완하였다.

1) 김재형, "언론에 의한 인격권 침해에 대한 구제수단," 인권과 정의 제339호(2004. 11), 69면.

때문에, 인격권은 매우 포괄적인 권리라고 할 수 있다. 언론피해구제법에서 인격권의 범주로 열거하고 있는 내용 중에서 언론에 의한 인격권 침해가 주로 문제되는 것은 명예, 사생활의 비밀과 자유, 초상, 성명, 대화를 들 수 있다. 저작물이나 사적 문서에 관한 권리는 주로 저작권으로 보호받고 있으나, 그중 저작인격권에 해당하는 사항은 인격권의 범주에 포함된다.

언론은 전통적으로 신문과 방송을 가리켰으나, 인터넷 등 새로운 매체의 등장으로 언론의 범주가 더욱 넓어지고 있다. 언론피해구제법 제 2 조 제 1 호에서는 언론을 방송,2) 신문,3) 잡지 등 정기간행물,4) 뉴스통신5) 및 인터넷신문6)이라고 정하고 있다. 나아가 포털사이트 등도 언론의 범주에 포함되는지 논란이 되고 있다. 2009년 개정 언론피해구제법(2009. 8. 7. 시행)은 포털과 언론사 닷컴 등 인터넷 뉴스 서비스와 인터넷 멀티미디어 방송(IPTV)을 새롭게 언론중재위원회의 조정·중재 대상에 포함시키고 있다(제14조, 제18조, 제24조). 이에 따라 인터넷 포털 뉴스와 언론사 닷컴 등의 보도에 의해 피해를 입은 경우에도 언론중재위원회에 정정보도, 반론보도, 손해배상 등을 청구하는 조정·중재신청을 통해 간편하게 피해를 구제받을 수 있게 되었다.7)

---

2) "방송"이라 함은 방송법 제 2 조 제 1 호의 규정에 의한 텔레비전방송·라디오방송·데이터방송 및 이동멀티미디어방송을 말한다. 제 2 조 제 2 호.

3) "신문"이란 「신문 등의 진흥에 관한 법률」 제 2 조 제 1 호에 따른 신문을 말한다. 제 2 조 제 4 호.

4) "잡지 등 정기간행물"이란 「잡지 등 정기간행물의 진흥에 관한 법률」 제 2 조 제 1 호 가목 및 라목에 따른 잡지 및 기타간행물을 말한다. 제 2 조 제 6 호.

5) "뉴스통신"이한 「뉴스통신 진흥에 관한 법률」 제 2 조 제 1 호의 규정에 의한 뉴스통신을 말한다. 제 2 조 제 8 호.

6) "인터넷신문"이한 「신문 등의 진흥에 관한 법률」 제 2 조 제 2 호에 따른 인터넷신문을 말한다. 제 2 조 제10호.

7) 인터넷에 의한 인격권 침해가 중요한 문제가 되었다. 이에 관해서는 여기에서 다루지 않고 다만 최근에 나온 중요한 판결을 소개하고자 한다. 대판(전) 2009. 4. 16, 2008다53812(공 2009, 626)는 인터넷 종합 정보제공 사업자의 불법행위책임에 관하여 중요한 판단기준을 제시하고 있다. 먼저 인터넷 종합 정보제공 사업자가 보도매체로부터 기사를 전송받아 자신의 자료저장 컴퓨터 설비에 보관하면서 스스로 그 기사 가운데 일부를 선별하여 자신이 직접 관리하는 뉴스 게시 공간에 게재하였고 그 게재된 기사가 타인의 명예를 훼손하는 내용을 담고 있다면, 위 사업자는 명예훼손적 기사를 보도한 보도매체와 마찬가지로 그로 인하여 명예가 훼손된 피해자에 대하여 불법행위로 인한 손해배상책임을 진다고 하였다. 인터넷 종합 정보제공 사업자가 제공하는 인터넷 게시 공간에 게시된 명예훼손적 게시물의 불법성이 명백하고, 그 게시물이 게시된 사정을 구체적으로 인식하고 있었거나 그 게시물의 존재를 인식할 수 있었음이 외관상 명백히 드러나며, 또한 기술적, 경제적으로 그 게시물에 대한 관리·통제가 가능한 경우에는, 위 사업자에게 그 게시물을 삭제하고 향후 같은 인터넷 게시 공간에 유사한 내용의 게시물이 게시되지 않도록

2. 언론에 의하여 인격권이 침해된 경우에 초기에는 형사상 명예훼손죄나 모욕죄로 고소하거나 민법상 손해배상 등을 청구하였다. 1980년대 이후에는 구 언론기본법, 이를 대체한 구「정기간행물의 등록등에 관한 법률」(이하 '구 정간법'이라 한다) 등을 통하여 정정보도청구나 반론보도청구제도가 도입되어 언론 피해에 대한 구제수단으로 많이 활용되었다. 2005년 1월 27일 제정된 언론피해구제법은 언론보도에 대한 구제수단과 그 절차에 관하여 상세한 규정을 두고 있다.

특히 언론피해구제법 제4조 제2항은 "언론은 인간의 존엄과 가치를 존중하여야 하고, 타인의 명예를 훼손하거나 타인의 권리나 공중도덕 또는 사회윤리를 침해하여서는 아니 된다."라고 규정하고 제5조는 언론등에 의한 피해구제의 원칙을 다음과 같이 정하고 있다. 즉, 언론·인터넷뉴스서비스 및 인터넷 멀티미디어 방송(이하 "언론등"이라 한다)은 타인의 인격권을 침해하여서는 안 되고, 언론등이 타인의 인격권을 침해한 경우에는 이 법에서 정한 절차에 따라 피해를 신속하게 구제하여야 한다고 정한 다음(제1항), 인격권 침해에 대하여 책임을 지지 않는 경우로 두 가지를 들고 있다. 첫째, 인격권 침해가 피해자의 동의를 받아 이루어진 경우이다. 둘째, 언론등의 보도가 공공의 이익에 관한 것으로서 진실한 것이거나 진실하다고 믿는 데에 정당한 사유가 있는 경우이다(제2항).

이 글은 언론 분쟁과 관련하여 개별법에 있는 여러 구제수단이 어떻게 작동하고 있는지를 밝혀보고자 한다. 먼저 언론에 의한 인격권 침해의 유형과 언론분쟁의 현황을 개관한 다음, 그 구제수단과 절차에 관하여 검토하고자 한다.

Ⅱ. 일반적 고찰

1. 인격권 침해의 유형

인격권의 포괄성에 비례하여 그 침해 양상도 매우 다양하다. 그리하여 먼저

차단할 주의의무가 있고, 그 게시물 삭제 등의 처리를 위하여 필요한 상당한 기간이 지나도록 그 처리를 하지 아니함으로써 타인에게 손해가 발생한 경우에는 부작위에 의한 불법행위책임이 성립한다고 하였다. 위 사업자가 피해자로부터 게시물의 삭제 및 차단 요구를 받았는지 여부에 따라 결론이 달라지는 것은 아니다. 이 판결은 인터넷 종합 정보제공 사업자를 일정한 경우에 언론과 같이 취급하고, 엄격한 요건을 충족한 경우에 한하여 불법행위책임을 지우고 있다.

언론에 의한 인격권 침해의 주요 유형을 살펴보고자 한다. 이는 실제 사건에서 문제되고 있는 주요 침해 유형을 든 것에 불과하고, 그 밖에도 여러 침해 유형이 있다. 또한 인격권 침해의 유형을 분류하기 곤란한 경우도 많고 여러 유형의 인격권의 침해가 중첩적으로 나타나는 경우도 많다.

(1) 명예훼손

인격권 침해의 유형 중에서 가장 많이 차지하는 것은 명예훼손이다. 명예는 사람의 품성, 덕행, 명성, 신용 등 세상으로부터 받는 객관적인 평가를 말한다. 따라서 명예를 훼손한다는 것은 그 사회적 평가를 침해하는 것이다.8) 명예훼손이 되려면 객관적으로 보아 혐오 또는 경멸을 받게 할 우려가 있어야 하고, 단순히 주관적으로 명예감정이 침해되었다고 주장하는 것만으로는 명예훼손이 되지 않는다.9)

명예훼손이 인정되는 경우로 허위사실의 보도를 들 수 있다.10) 허위의 사실과 인신공격적 표현이 들어 있는 수기를 게재한 경우에 명예훼손을 인정한 판결이 있다.11) 언론이 사실대로 보도한 경우 프라이버시 침해가 될 수는 있어도 명예훼손은 성립되지 않는지 문제된다.12) 그러나 우리나라 형법에서는 사실을 적시한 경우에도 명예훼손죄가 성립한다고 정하고 있다.13) 이 점에서 미국의 명예훼손(defamation) 법리와는 다르다. 따라서 허위사실을 보도하는 경우에만 명예훼손이 문제되고, 사실대로 보도한 경우에는 프라이버시 침해만이 문제된다고 할 수 없다. 사실 보도의 경우에 명예훼손죄로 처벌하는 것은 헌법 위반이라고 생각할 수도 있으나, 과연 그와 같이 단정할 수 있는지는 의문이다. 이 경우에는 위법성조각사유14)로 해결하고 있기 때문이다. 우리나라에서는 진실한 사실을 보도한 경우에도

---

8) 대판 1988. 6. 14, 87다카1450(공 1988, 1020); 대판 1990. 2. 27, 89다카12775(공 1990, 760); 대판 1997. 10. 24, 96다17851(공 1997, 3574).
9) 대판 1992. 10. 27, 92다756(공 1992, 3252); 대결 1997. 7. 9, 97마634(공 1997, 2599).
10) 대판 1996. 5. 28, 94다33828(공 1996, 1973).
11) 대판 1988. 10. 11, 85다카29(집 36-3, 민 1).
12) 서울고판 1996. 6. 18, 96나282(국내언론관계판례집 제 5 집, 157면)는 호화 웨딩드레스 대여업자들의 횡포를 고발하는 뉴스에 그와 무관한 사람의 결혼식 장면을 자료화면으로 방송한 것에 대하여 명예훼손, 명예감정 손상 및 초상권 침해를 인정하였다. 이 판결에서 초상권 침해는 분명하다. 그러나 이와 같은 사안에서 허위의 사실을 보도한 것은 아니기 때문에, 명예훼손을 인정하는 것이 타당한 것인지는 논란이 있을 수 있다.
13) 형법 제307조는 "공연히 사실을 적시하여 사람의 명예를 훼손한 자"(제 1 항)와 "공연히 허위의 사실을 적시하여 사람의 명예를 훼손한 자"(제 2 항)를 구분하여 법정형을 달리 정하고 있다.

형법상 명예훼손죄가 성립할 수 있다. 그러나 언론기관이 진실한 사실을 보도한 경우에 명예훼손죄로 처벌하거나 손해배상을 인정한 사례를 찾기는 어렵다.

한편 인신공격적 표현을 사용하는 경우에 명예훼손이 될 수 있는지 문제된다. 구체적 사실을 적시하지 않고 모욕적이거나 인신공격적 표현을 사용한 경우에는 형법상으로 모욕죄15)로 처벌받을 수 있고, 민사상으로는 모욕으로 인한 불법행위가 성립할 수 있다.16) 따라서 언론에서 인신공격적 표현을 사용하는 경우에는 명예훼손이라기보다는 모욕이라고 보는 것이 간명하다. 물론 구체적 사실을 적시하면서 인신공격적 표현을 사용하는 경우에 형법상 명예훼손죄가 문제된다. 민법에서는 명예훼손을 형법과 마찬가지로 보는 것이 바람직하겠지만, 명예훼손이나 모욕을 엄밀하게 구분할 필요성이 적다. 명예훼손과 모욕 중에서 어느 쪽에 해당하는지가 중요한 문제가 아니라, 위법행위로서 불법행위에 기한 손해배상책임이 발생하는지 여부만이 관건이기 때문이다.

법인 등 단체도 명예권 기타 인격권의 주체가 될 수 있다. 이를테면 분유제조업체가 경쟁기업에 대하여 근거 없이 비방광고를 한 경우 그 기업의 인격과 명예, 신용 등이 훼손된다고 본 판결이 있다.17) 법인 아닌 사단이나 재단도 마찬가지이다.18) 한편 서울대 사회대 86학번 여학생 중 1인에 관한 허위의 수기를 게재한 것에 대하여 서울대 86학번 여학생 49명 중 12명이 손해배상을 청구하는 소를 제기한 사건에서 12명 전원에게 명예훼손에 기한 손해배상청구권을 인정한 판결이 있다.19) 그 이유로 "원고들이 생활하는 범위 내의 주변 사람들 사이에서는 이 사건 기사의 모델이 원고들일 수 있다고 추지하기에 충분하다."는 점을 들었다. 이 사건에서 서울대 86학번 여학생 중 1명의 명예가 훼손되었다고 볼 수 있으나, 그 여학생을 특정할 수 없어 원고들 12명 전원의 명예가 훼손되었다고 보았다.

---

14) 형법 제310조는 "위법성의 조각"이라는 제목으로 "제307조 제 1 항의 행위가 진실한 사실로서 오로지 공공의 이익에 관한 때에는 처벌하지 아니한다."라고 정하고 있다. 진실한 사실을 적시하였는데, 이것이 오로지 공공의 이익에 관한 것이 아니라면 처벌을 받는다고 볼 수 있다. 그러나 판례는 언론의 보도 내용이 오로지 공공의 이익에 관한 것이 아니라고 하더라도 그것이 주로 공공의 이익에 관한 것이라면 위법성이 없다고 한다. 상세한 것은 아래 Ⅲ. 1. (2) (가) 참조.
15) 형법 제311조.
16) 김재형, "'언론과 인격권'에 관한 최근 판례의 동향," 언론중재 2001년 봄호(2001. 3), 113면.
17) 대판 1996. 4. 12, 93다40614, 40621(공 1996, 1486).
18) 대판 1990. 2. 27, 89다카12775(공 1990, 760); 대판 1997. 10. 24, 96다17851(공 1997, 3574).
19) 서울지판 1996. 5. 14, 94가합91515.

(2) 사생활 침해

개인은 사생활이 타인으로부터 침해되거나 함부로 공개되지 아니할 권리를 가진다. 이와 같은 권리를 침해하는 것을 사생활 침해 또는 프라이버시 침해라고 한다. 프라이버시권의 개념을 이처럼 사생활을 침해하거나 공개하는 것에 한정하여 이해하기도 하나, 프라이버시는 성명권이나 초상권 등을 포괄하는 개념으로 사용되기도 한다.[20]

언론에 의한 사생활 침해는 점차 중요한 문제로 인식되고 있다. 우리나라에서 이에 관한 선례는 1998년에 나왔다. 유방 확대 수술을 받고 부작용으로 고통을 받고 있는 원고가 방송사에게 자신의 사생활과 초상에 관한 방송을 동의하였으나, 원고가 예상한 것과 다른 방법으로 방송된 사안에서, 대법원은 사생활의 비밀과 자유의 침해를 인정하면서, 사생활 침해로 인한 불법행위책임의 판단기준을 제시하였다.[21] 즉,

> "사람은 자신의 사생활의 비밀에 관한 사항을 함부로 타인에게 공개당하지 아니할 법적 이익을 가진다고 할 것이므로, 개인의 사생활의 비밀에 관한 사항은, 그것이 공공의 이해와 관련되어 공중의 정당한 관심의 대상이 되는 사항이 아닌 한, 비밀로서 보호되어야 하고, 이를 부당하게 공개하는 것은 불법행위를 구성한다."

(3) 성명권 · 초상권 침해

성명권[22]이나 초상권 침해를 인정한 사례들이 있다. 동의 없이 사진을 촬영하여 보도하거나,[23] 사진을 입수하여 동의 없이 게재한 경우[24]에 초상권 침해에 해당한다. 촬영에 동의한 경우라도 본인의 예상과 다른 방법으로 사진이 공표되는 경우에는 초상권의 침해가 된다.[25]

---

20) 김재형, "인격권 일반," 민사판례연구(XXI), 박영사, 1999, 645면 이하.
21) 대판 1998. 9. 4, 96다11327(공 1998, 2377). 이와 유사하게 서울지법 남부지판 1997. 8. 7, 97가합8022(언론중재 1997년 가을호, 165면)도 동의의 범위를 벗어난 보도에 관하여 손해배상책임을 인정한 바 있다.
22) 서울지판 1996. 4. 25, 95가합60556.
23) 서울민사지판 1993. 7. 8, 92가단57989(국내언론관계판례집 제 3 집, 177면); 서울민사지판 1994. 3. 30, 93나31886(국내언론관계판례집 제 3 집, 180면).
24) 서울지판 1997. 2. 26, 96가합31227(국내언론관계판례집 제 5 집, 198면)과 그 항소심 판결인 서울고판 1997. 9. 30, 97나14240(국내언론관계판례집 제 5 집, 214면).

(4) 개인정보 침해

개인정보는 프라이버시의 한 유형으로 파악할 수 있는데, 최근 개인정보의 보호가 더욱 중요한 의미를 띄게 되었다.26) 그리하여 개인은 "고도로 정보화된 현대 사회에서 자신에 대한 정보를 자율적으로 통제할 수 있는 적극적인 권리"27)를 갖는다고 한다. 언론이 이와 같은 개인정보를 침해하는 경우에는 불법행위에 기한 손해배상책임이 발생한다.

2. 언론분쟁의 현황

(1) 사건수의 추이

언론에 의한 인격권 침해로 인한 분쟁(이하 편의상 '언론분쟁'이라 한다)은 1980년대 이후 계속 증가하여 왔다. 언론분쟁은 언론중재위원회의 조정과 중재, 법원의 재판에 의하여 해결되고 있는데, 언론중재위원회의 통계를 통하여 언론분쟁의 추이를 알 수 있다.

언론중재위원회가 설립된 1981년부터 2008년까지 조정신청건수가 총 12,318건이고, 그 중 4,112건의 조정이 성립되었다. 2006년에 종전의 언론조정과 구분되는 언론중재가 생겼는데, 2008년까지 31건의 중재사건이 신청되었고 모두 중재결정을 하였다. 조정건수의 변동추이를 보면, 1981년에 44건, 1988년에 55건에 불과하였으나, 1989년부터 급증하기 시작하여 1998년에 602건, 2008년에 954건이 접수되었고, 2005년과 2006년에는 1,000건이 넘어서기도 하였다.28) 1987년 민주화 이후 언론분

---

25) 서울민사지판 1989. 7. 25, 88가합31161(법률신문 1989. 9. 21. 자, 8면). 또한 서울고판 1989. 1. 23, 88나38770(하집 1989-1, 148); 서울민사지판 1988. 9. 9, 87가합6032(언론중재 1989년 봄호, 173); 서울민사지판 1989. 7. 25, 88가합31161(법률신문 1989. 9. 21. 자, 8면); 서울민사지판 1992. 9. 22, 92가합12051(법률신문 1992. 11. 26. 자, 9면); 서울지법 동부지판 1990. 1. 25, 89가합13064(하집 1990-1, 126) 참조.

26) 대판 1997. 5. 23, 96누2439(공 1997, 1888). 원심은, 원고가 공개를 청구한 이 사건 자료 중 일부는 개인의 인적 사항, 재산에 관한 내용이 포함되어 있어서 공개될 경우에는 타인의 사생활의 비밀과 자유를 침해할 우려가 있다고 판단하였는데, 대법원은 원심판단이 정당하다고 하였다.

27) 대판 1998. 7. 24, 96다42789(공 1998, 2200). 이 판결은 보안사의 민간인 사찰에 관하여 국가배상책임을 인정하고 있다.

28) 언론중재위원회, 「연도별 조정신청 처리현황(1981년~2008년)」, http://www.pac.or.kr/html/data/dt_status_view.asp?seqid=97&num=57&page=1&cur_pack=0&s_field=&s_string=&tbname=ptbl_pds

쟁이 증가하기 시작하여 이제 양적으로나 질적으로나 중요한 분쟁유형이 되었다.

(2) 2008년 언론분쟁의 현황

(가) 언론중재위원회의 조정·중재

2008년 언론분쟁의 현황을 상세하게 살펴보자. 언론중재위원회에서 총 954건의 조정사건과 10건의 중재사건을 접수·처리하였다. 조정사건의 피해구제율은 72.9%로 중재위원회 설립 이후 가장 높았다. 청구의 내용을 보면, 정정보도청구가 50.4%로 가장 높았고 손해배상청구가 34.0%로 그 뒤를 이었으며, 반론보도청구는 13.3%를 차지하였다. 조정을 신청한 매체를 보면, 신문이 554건으로 가장 많아 58.1%를 차지하였고, 방송과 인터넷신문이 각각 19.8%(189건)와 16.5%(157건)를 차지하였다. 또한 인터넷신문을 대상으로 한 조정신청이 증가하고 있다. 한편 침해유형별로는 명예훼손이 90%를 넘고 그 밖에 초상권 등 인격권 침해사례는 그 비중이 높지 않다. 조정신청에 관한 통계자료는 아래 [표 1]과 같다.[29]

[표 1] 청구권별 조정신청 처리결과 및 피해구제율

청구명	청구건수	처리결과							피해구제율(%)
		조정성립	직권조정결정		조정불성립결정	기각	각하	취하	
			동의	이의					
정정	481	220	18	9	60(1)	8	2	164(104)	72.8
반론	127	56	6	1	12	7		45(29)	75.8
추후	22	11			2	2		7(3)	70.0
손해배상	324	115	11	7	51(2)	4	2	134(101)	72.0
계	954	402	35	17	125(3)	21	4	350(237)	72.9
	100%	42.1%	5.5%		13.1%	2.2%	0.4%	36.7%	

※ (   )안의 숫자는 조정성립·조정결정(동의) 외에 피해구제가 된 건수임
※ 피해구제율＝피해구제건수/조정건수
※ 피해구제건수＝조정성립＋조정결정 중 동의＋(조정결정 중 이의·조정불성립결정·취하) 중 정정 또는 반론기사 등이 이루어진 건수

11&j=57(2009. 9. 25. 검색).
29) 2008년도 조정중재·시정권고 사례집, 언론중재위원회.

[표 2] 침해유형별 조정신청 건수 및 처리결과

( )은 %

구 분\침해유형	청구건수 (%)	처 리 결 과					
		조정성립	직권조정 결정	조정 불성립결정	기 각	각 하	취 하
명예훼손	899(94.2)	375	51	122	18	4	329
신용훼손	6(0.6)	3					3
초상권	29(3.0)	11	1	3	1		13
음성권	10(1.0)	5					5
성명권	4(0.4)	4					
프라이버시	3(0.3)	3					
기 타	3(0.3)	1			2		
계	954(100.0)	402	52	125	21	4	350

(나) 법원의 소송

2008년에 법원에서 선고한 언론 관련 판결은 100건이 넘는다. 언론중재위원회에서 발표한 자료에 의하면, 2008년 언론 관련 판결 116건을 분석한 결과, 원고 승소율은 60.3%이고,[30] 손해배상청구의 인용액 평균은 2,340만 원, 위자료 인용 최고액은 1억 5,000만 원이었다.[31]

언론중재위원회에서 금전배상이 이루어진 32건의 조정액과 법원에서 손해배상 지급판결이 내려진 50건의 인용액을 비교해 보면, 위원회 조정액 평균은 약 333만 원인 데 비하여, 법원 인용액 평균은 2,340만 원으로, 위원회 인용액은 법원 인용액의 약 1/7 수준이었다.[32] 사안이 복잡하거나 피해가 큰 사건일수록 조정이 성립되지 않고 법원의 판결을 받게 되었을 가능성이 크기 때문에, 위와 같은 차이가 발생하였을 것으로 생각되지만, 그럼에도 불구하고 언론중재위원회의 인용액이 법원의 판결에 비하여 지나치게 낮은 것으로 보인다.

---

30) 언론중재위원회, 2008년 언론관련판결 분석보고서, 2009, 34면.
31) 2008년 언론관련판결 분석보고서(주 30), 46면.
32) 2008년 언론관련판결 분석보고서(주 30), 56면.

Ⅲ. 민법상의 구제수단

1. 불법행위에 기한 손해배상청구권

(1) 의의와 근거

㈎ 민   법

언론에 의한 명예 등 인격권 침해의 경우에 불법행위에 기한 손해배상청구권이 인정된다. 이는 어느 나라에서나 널리 인정되고 있기 때문에, 보편적인 구제수단이라고 할 수 있다. 물론 언론에 의한 인격권 침해의 경우에 채무불이행책임이나 부당이득이 이용될 수도 있다. 먼저 언론과 피해자 사이에 방송출연계약 등 계약이 체결되어 있는 경우에는 채무불이행책임이 성립할 수 있다.33) 언론에 의한 인격권 침해의 경우에 채무불이행책임을 추궁하는 사례가 앞으로 증가할 가능성은 있지만, 아직은 많지 않다. 또한 계약관계가 없는 경우에 권리 또는 법익의 침해에 대한 구제수단으로 불법행위에 기한 손해배상책임 이외에 부당이득이 성립할 수 있다. 그러나 언론에 의한 인격권 침해에 대한 구제수단으로 부당이득제도가 이용되는 경우는 드물다.34)

---

33) 방송출연계약의 당사자 쌍방은 계약의 원만한 이행을 위해 상호협력의무를 부담하게 되는데, 제작자인 방송법인은 제작하게 될 프로그램의 편성의도와 제작목적 및 주제, 출연계약의 상대방이 제작출연에 기여하게 될 형태(인터뷰 또는 토론)와 내용, 생방송되는가 또는 녹화방송되는가의 여부, 녹화방송 시에는 프로그램의 편집 여부와 삭제와 수정이 필요한 경우에는 그 취지 및 정도, 프로그램 내에서 출연자의 순번, 비중, 주어질 질문의 내용, 범위 등을 소상히 설명하고 출연자로 하여금 예상하지 못한 취급으로 기만당하였다고 느끼게 하여서는 아니 될 신의칙상의 의무를 부담하며, 출연자로서는 제작자측으로부터 방송내용에 관해 법적 책임이 발생할 부분이 있어 방송에 부적합한 내용의 삭제 또는 수정을 요청하는 경우에는 그에 응하여 수정편집에 협력하거나 의견을 제시할 신의칙상의 의무가 있다. 서울고판 1994. 9. 27, 92나35846(하집 1994-2, 1).

34) 부당이득이 성립하려면 침해자에게 이득이 있어야 하는데(민법 제741조), 성명·초상 등 인격적 가치에 속하는 사항을 상업적으로 이용하는 경우(이를 퍼블리시티권의 침해라고 한다)에는 부당이득이 성립한다. 이를테면 광고에서 유명인의 이름이나 사진을 무단으로 게재하는 경우를 들 수 있다. 언론에 의한 인격권 침해의 경우에는 금전적 이득을 인정하기가 쉽지 않거나 이득액이 많지 않다고 판단하여 부당이득제도를 이용하는 경우가 거의 없었다. 그러나 언론의 판매부수를 올리거나 인터넷매체의 경우에 클릭횟수를 높이는 것도 재산적 이득이라고 볼 수 있기 때문에, 부당이득이 성립할 수 있다.

민법 제750조는 "고의 또는 과실로 인한 위법행위로 타인에게 손해를 가한 자는 그 손해를 배상할 책임이 있다."라고 정함으로써, 불법행위에 관하여 포괄적인 일반조항을 두고 있다. 나아가 민법 제751조 제 1 항은 "타인의 신체, 자유 또는 명예를 해하거나 기타 정신상 고통을 가한 자는 재산 이외의 손해에 대하여도 배상할 책임이 있다."라고 규정하고 있다. 따라서 명예를 침해하거나 정신상 고통을 가한 경우에도 민법 제750조의 불법행위가 될 수 있다는 것은 명확하다.

불법행위는 원래 소유권 등 절대권을 보호하기 위해서 생성·발달된 것이지만, 절대권이 아니더라도 위 규정에 의하여 보호받아야 할 이익이 침해된 경우에는 위법성이 있는 한 불법행위에 기한 손해배상청구권이 발생할 수 있다. 인격권은 절대권의 일종으로, 위 규정에 의하여 보호받아야 할 이익 또는 권리에 속한다는 것이 점차 승인되었다. 인격권을 어떠한 방식으로 이론구성하든 인격권 또는 인격적 이익이 침해된 경우에 손해배상청구권이 인정된다는 점에는 이견이 없다.

독일 민법에서는 불법행위의 요건을 제한적으로 규정하고 있기 때문에, 인격권 침해를 불법행위로 포섭하는 데 이론적 가공이 필요하였다. 또한 미국에서는 개별 유형에 따라 불법행위에 기한 손해배상책임을 인정하고 있기 때문에, 이를테면 프라이버시 침해를 불법행위의 한 유형으로 보아야 했다. 우리 민법에서는 무엇이 불법행위에 포함되는지를 명확하게 알 수 없다는 단점이 있지만, 그 반면에 인격권 침해 등 새로운 유형의 불법행위를 탄력적으로 불법행위로 포섭하는 데 장점이 있다. 따라서 우리 민법의 이러한 장점을 살리면서 인격권 침해를 유형화하고 그 요건을 구체화함으로써 단점을 보완하는 것이 필요하다.

(나) 언론피해구제법

언론피해구제법은 그 목적을 "언론사 등의 언론보도 또는 그 매개(媒介)로 인하여 침해되는 명예나 권리 그 밖의 법익에 관한 다툼이 있는 경우 이를 조정하고 중재하는 등의 실효성 있는 구제제도를 확립함으로써 언론의 자유와 공적 책임을 조화"하는 것이라고 밝히고 있다(제1 조). 이에 따라 언론피해구제법 제 4 조 제 2 항은 "언론은 인간의 존엄과 가치를 존중하여야 하고, 타인의 명예를 훼손하거나 권리 또는 공중도덕이나 사회윤리를 침해하여서는 아니 된다."라고 규정하고, 제 5조는 언론등에 의한 피해구제의 원칙을 다음과 같이 정하고 있다. 즉, 언론·인터넷뉴스서비스 및 인터넷 멀티미디어 방송은 타인의 인격권을 침해하여서는 안 되고,

언론등이 타인의 인격권을 침해한 경우에는 이 법에서 정한 절차에 따라 피해를 신속하게 구제하여야 한다고 정한 다음(제 1 항), 인격권 침해에 대하여 책임을 지지 않는 경우로 두 가지를 들고 있다. 첫째, 인격권 침해가 피해자의 동의를 받아 이루어진 경우이다. 둘째, 언론등의 보도가 공공의 이익에 관한 것으로서 진실한 것이거나 진실하다고 믿는 데에 정당한 사유가 있는 경우이다(제 2 항). 언론에 의한 인격권 침해의 경우에 불법행위에 기한 손해배상청구권을 판단하는 데 언론피해구제법의 위 규정은 실정법적 근거로 작용한다.

한편 언론피해구제법은 언론등의 고의 또는 과실로 인한 위법행위로 인하여 재산상 손해를 입거나 인격권 침해 그 밖에 정신적 고통을 받은 자는 그 손해에 대한 배상을 언론사등에 청구할 수 있다고 정하고 있다(제30조 제 1 항). 이것은 언론피해의 경우에 불법행위에 기한 손해배상청구권이 발생한다는 것으로, 민법 제750조에서 도출되는 손해배상청구권과 동일한 취지이다. 따라서 언론피해구제법 제30조에 기한 것이든, 민법 제750조에 기한 것이든 불법행위에 기한 손해배상청구는 하나의 소송물이라고 보아야 한다.

(2) 위법성 판단

불법행위가 성립하려면 고의·과실, 위법성, 손해, 인과관계라는 네 요건이 충족되어야 한다. 언론에 의한 인격권 침해의 경우에 위 요건 중 위법성을 어떻게 판단할 것인지가 중요한 문제이다. 이에 관해서는 명예훼손과 사생활 등 프라이버시 침해로 구분하여 살펴보는 것이 편리하다.

㈎ 명예훼손의 경우

대판 1988. 10. 11, 85다카29[35]는 타인의 명예를 훼손하는 행위를 한 경우에도 그것이 공공의 이해에 관한 사항으로서 그 목적이 오로지 공공의 이익을 위한 것인 때에는 진실이라는 증명이 있거나, 진실이라는 증명이 없더라도 행위자가 그것을 진실이라고 믿을 상당한 이유가 있는 경우에는 위법성이 없다고 한다. 그 이후에 나온 대부분의 판결도 마찬가지이다.[36] 이것은 형법의 명예훼손죄에 관한 위법성조각사유를 민사책임의 성립 여부를 판단할 때에도 수용한 것이다.

---

35) 집 36-3, 민 1.
36) 대판 1988. 10. 11, 85다카29(집 36-3 민, 1); 대판 1996. 5. 28, 94다33828(공 1996, 1973); 대판 1997. 9. 30, 97다24207(공 1997, 3279) 등 다수.

이 법리는 '공익성'과 '진실 또는 상당성의 증명'으로 나누어 살펴볼 필요가 있다. '공익성'은 보도 내용이 객관적으로 볼 때 공공의 이익에 관한 것으로서 행위자도 공공의 이익을 위하여 그 사실을 적시한 것이라는 의미이다. 이 경우에 보도 내용이 공공의 이익에 관한 것인지 여부는 보도의 구체적 내용, 공표가 이루어진 상대방의 범위, 표현의 방법 등 표현 자체에 관한 제반 사정을 감안함과 동시에 표현에 의하여 훼손되거나 훼손될 수 있는 명예의 침해 정도 등을 비교하여 결정하여야 한다. 보도 내용이 오로지 공익에 관한 것일 필요는 없다. 또한 행위의 목적이 오직 공익만을 위한 것이어야 하는 것도 아니다. 행위자의 주요한 목적이나 동기가 공공의 이익을 위한 것이라면 부수적으로 다른 사익적 동기가 내포되어 있었다고 하더라도 공공의 이익을 위한 것으로 보아야 한다.37) 언론보도에 관한 판결들을 보면 공익성을 쉽게 인정하는 경향이 있다. 언론보도의 내용에 공익성이 없다고 판단한 예는 매우 드물다. 특히 피해자가 공적 인물에 해당하는 경우에는 보도 내용 등이 공공의 이해에 관한 사항이거나 행위의 목적이 공공의 이익을 위한 것이라고 판단할 가능성이 높다.38)

보도 내용이 진실인 경우에는 위법성이 없다는 주장도 있으나, 이러한 경우에도 우리 형법에서는 공익성이 있는 경우에 한하여 위법성이 없다고 보고 있다.39) 반면에, 보도 내용이 진실이 아니더라도 이른바 '상당성 증명'이 있으면 위법성이 없다. 상당한 이유의 존부는 언론보도의 내용, 기사의 성격상 신속한 보도가 요청되는 것인가, 정보원이 믿을 만한가, 피해자와의 대면 등 진실의 확인이 용이한가 등을 고려하여 통상적인 언론인을 기준으로 객관적으로 판단하여야 한다.40)

최근 언론보도에서 인터넷상의 정보를 인용하는 경우가 많이 있는데, 특정한 사안에 관하여 관심이 있는 사람들이 접속하는 인터넷상의 가상공동체(cyber community)의 자료실이나 게시판 등에 게시·저장된 자료를 보고 그에 터잡아 달리 사실관계의 조사나 확인이 없이 다른 사람의 사회적 평판을 저하시킬 만한 사실의 적시를 하였다면, 행위자가 그 내용이 진실이라 믿었다고 하더라도 그렇게 믿을

---

37) 대판 1996. 10. 11, 95다36329(공 1996, 3297); 대판 1998. 7. 14, 96다17257(공 1998, 2108); 대판 2002. 1. 22, 2000다37524, 37531(공 2002, 522).
38) 김재형(주 1), 77면.
39) 위 Ⅱ. 1. (1) 참조.
40) 대판 1997. 9. 30, 97다24207(공 1997, 3279).

만한 상당한 이유가 있다고 보기 어렵다는 것이 판례이다.41) 인터넷에서 무료로 취득한 공개 정보는 누구나 손쉽게 복사·가공하여 게시·전송할 수 있는 것으로서, 그 내용의 진위가 불명확하고 궁극적 출처도 특정하기 어렵기 때문이다.

공적 인물(public figure), 즉 공인에 대한 명예훼손의 경우에 언론사에게 현실적인 악의(actual malice)가 있는 경우에만 손해배상책임을 인정해야 한다는 주장이 있다.42) 이는 미국의 New York Times Co. v. Sullivan 판결43)의 영향을 받은 것으로, 언론사가 허위라는 것을 알거나 그 진위를 무모하게 무시하고 보도하였음을 피해자가 증명하여야 한다고 한다. 그러나 우리나라 대법원은 현실적 악의론을 채택하지 않았다. 공인에 대한 명예훼손을 이유로 불법행위책임을 구하는 소송에서 위법성이 없다는 것에 대한 증명책임은 명예훼손행위를 한 언론매체에 있다고 한다.44)

결국 우리나라에서는 공적 인물에 대한 명예훼손에서도 개별적인 이익형량을 통하여 위법성이 있는지 여부를 판단하고 있다. 그러나 공적 인물의 경우에는 사인(私人)의 경우와는 달리 언론의 자유를 우선시하고 있다. 헌재 1999. 6. 24, 97헌마26545)는, 형법상 명예훼손에 관한 사안에서, 공적 인물에 대한 명예훼손의 위법성을 판단할 때, 사인에 대한 명예훼손과는 다른 기준을 적용하여야 한다고 하였다. 그 후 대판 2002. 1. 22, 2000다37524, 3753146)은 언론·출판의 자유와 명예보호 사이의 한계를 설정함에 있어서 표현된 내용이 사적 관계에 관한 것인가 공적 관계에 관한 것인가에 따라 차이가 있다고 보고, 당해 표현이 공적인 존재의 정치적 이념에 관한 것인 때에는 언론·출판의 자유를 넓게 인정한다. 이에 대한 의혹의 제기나 주관적인 평가가 진실에 부합하는지 혹은 진실하다고 믿을 만한 상당한 이유가 있는지를 따질 때에는 일반의 경우와 같이 엄격하게 증명할 것을 요구해서는 안 되고, 그러한 의혹의 제기나 주관적인 평가를 내릴 수도 있는 구체적 정황의 제시로 증명의 부담을 완화해야 한다고 한다. 공적인 존재의 정치적 이념에 관하

---

41) 대판 2008. 4. 24, 2006다53214(공 2008, 779).

42) 김민중, "원고의 신분과 명예훼손법리의 적용," 언론중재 2000년 여름호(2000. 6), 32면. 이에 대하여 반대하는 견해로는 한위수, "공적 존재의 정치적 이념에 관한 문제제기와 명예훼손," 민사재판의 제문제 제11권, 2002, 611면.

43) 376 U.S. 254 (1964).

44) 대판 1997. 9. 30, 97다24207(공 1997, 3279); 대판 1998. 5. 8, 97다34563(공 1998, 1575); 대판 2004. 2. 27, 2001다53387(공 2004, 594).

45) 헌집 11-1, 768.

46) 집 50-1, 민 43.

여 증명부담을 완화한 것은 표현의 자유를 위하여 바람직하다. 정치적 이념에 관한 논쟁이나 토론에 법원이 직접 개입하여 사법적 책임을 부과하는 것은 바람직하지 않다. 어떤 사람이 가지고 있는 정치적 이념은 사실문제이기는 하나 의견과 섞여 있는 것으로 논쟁과 평가 없이는 정치적 이념을 판단하는 것 자체가 불가능하기 때문이다.

최근 공적 인물에 관한 대법원 판결이 많이 나오고 있다.47) 공직자의 도덕성, 청렴성, 업무처리의 정당성에 관한 의혹의 제기나 비판을 넓게 보장하려는 것이 대법원의 태도라고 할 수 있다. 그리하여 공직자의 업무와 관련해서는 공공의 이익에 관한 보도와는 달리 "악의적이거나 현저히 상당성을 잃은 공격"에 해당하는 경우에 한하여 위법성이 인정된다.48) 공직자에 관한 언론보도의 내용이나 표현방식, 의혹 사항의 내용이나 공익성의 정도, 공직자 또는 공직 사회의 사회적 평가를 저하시키는 정도, 취재 과정이나 취재로부터 보도에 이르기까지의 사실 확인을 위한 노력의 정도, 기타 주위의 여러 사정 등을 종합하여 판단할 때, 그 언론보도가 공직자 또는 공직 사회에 대한 감시 · 비판 · 견제라는 정당한 언론 활동의 범위를 벗어나 악의적이거나 심히 경솔한 공격으로서 현저히 상당성을 잃은 것으로 평가되는 경우에는, 비록 공직자 또는 공직 사회에 대한 감시 · 비판 · 견제의 의도에서 비롯된 것이라고 하더라도 이러한 언론보도는 명예훼손이 된다.49)

또한 당해 표현이 언론사에 대한 것인 경우에는, 언론사가 타인에 대한 비판자로서 언론의 자유를 누리는 범위가 넓은 만큼 그에 대한 비판의 수인 범위 역시 넓어야 하고, 언론사는 스스로 반박할 수 있는 매체를 가지고 있어서 이를 통하여 잘못된 정보로 인한 왜곡된 여론의 형성을 막을 수 있으며, 일방 언론사의 인격권 보장은 다른 한편 타방 언론사의 언론 자유를 제약하는 결과가 된다는 점을 감안

---

47) 대판 2002. 12. 24, 2000다14613(공 2003, 425); 대판 2004. 2. 27, 2001다53387(공 2004, 594); 대판 2003. 7. 8, 2002다64384(공 2003, 1683); 대판 2003. 7. 22, 2002다62494(공 2003, 1770); 대판 2003. 9. 2, 2002다63558(공 2003, 1936).

48) 표현행위자가 타인에 대하여 비판적인 의견을 표명하였다는 사유만으로 이를 위법하다고 볼 수는 없지만, 만일 표현행위의 형식 및 내용 등이 모욕적이고 경멸적인 인신공격에 해당하거나 혹은 타인의 신상에 관하여 다소간의 과장을 넘어서서 사실을 왜곡하는 공표행위를 함으로써 그 인격권을 침해한다면, 이는 명예훼손과는 별개 유형의 불법행위를 구성할 수 있다. 대판 2009. 4. 9, 2005다65494(공2009, 608).

49) 대판 2007. 12. 27, 2007다29379(공 2008, 127); 대판 2001. 11. 9, 2001다52216; 대판 2003. 9. 2, 2002다63558; 대판 2006. 5. 12, 2004다35199 등 참조.

하면, 언론사에 대한 감시와 비판기능은 그것이 악의적이거나 현저히 상당성을 잃은 공격이 아닌 한 쉽게 제한되어서는 아니 되고, 수사적인 과장 표현도 언론기관이 서로 반박할 수 있다는 점을 고려하여 개인에 대한 명예훼손의 경우보다 넓게 용인될 수 있다.[50]

　판례는 미국의 공적 인물에 관한 이론을 그대로 수용한 것은 아니지만, 공적 존재의 정치적 이념 등과 관련하여 표현의 자유를 넓게 보장하는 방향으로 독자적인 기준을 만들어가고 있다.[51] 먼저 언론에 의한 명예훼손의 위법성을 판단하는 기준은 공익성과 진실 또는 상당성 증명이다. 그러나 상당성은 매우 모호한 개념이다. 어떠한 경우에 보도 내용이 진실이라고 믿을 만한 상당한 이유가 있는지 판단하기 어렵다. 그리하여 판례는 공직자의 도덕성, 청렴성, 업무처리의 정당성에 관한 의혹을 제기하거나 비판하는 기사의 경우에는 '악의적이거나 현저히 상당성을 잃은 공격'에 해당하는지라는 엄격한 기준을 제시하고 있다. 대법원 판결에서 이와 같이 엄격한 기준을 요구하는 경우를 한정적으로 열거한 것은 아니고, 점차 이를 넓게 인정할 것으로 예상된다.

　언론피해구제법 제 5 조 제 2 항 제2호는 판례법리를 수용하여 "언론등의 보도가 공공의 이익에 관한 것으로서 진실한 것이거나 진실하다고 믿는 데에 정당한 사유가 있는 경우"에는 인격권 침해에 대하여 책임을 지지 않는다고 정하고 있다. 위 규정에서 정한 요건에 충족하려면 먼저 언론등의 보도가 공공의 이익에 관한 것이어야 한다. 보도 내용에 공공의 이익과 관련 없는 사항이 포함되어 있다고 하더라도 주된 내용이 공공의 이익에 관한 것이라면 이 요건을 충족시킨다. 또한 보도가 진실한 것이거나 진실하다고 믿는 데에 정당한 사유가 있어야 한다. 종래 판례는 진실하다고 믿는 데에 상당한 이유가 있어야 한다고 하였으나, 위 규정에서

---

50) 대판 2008. 4. 24, 2006다53214(공 2008, 779).
51) 공인이나 공적 인물이라는 용어가 적확한 것인지에 관하여 검토할 필요가 있다. 언론에 의한 명예훼손과 관련하여 유명한 운동선수를 공인에 포함시킬 수 있으나, 공인을 이와 같이 이해하는 것이 일상적인 어법으로 정착할 수 있을지는 의문이다. 미국에서는 범죄피해자를 공인에 포함시키기도 하지만, 우리나라에서 범죄피해자를 공인 또는 공적 인물이라고 부르기는 곤란하다. 물론 우리나라에서 일정한 경우에 범죄피해자에 관한 보도를 공공의 이익에 관한 것으로 보아, 표현의 자유를 이유로 인격권 침해의 위법성을 부정할 수도 있다. 미국과 우리나라에서 언론보도로 인한 명예훼손 사건에서 불법행위책임을 지지 않는다는 동일한 결론을 내릴 수 있다고 하더라도 이론구성이나 용어선택을 하는 것은 별개의 문제이다. 김재형, "인격권에 관한 판례의 동향," 민사법학 제27호(2005. 3), 363면.

는 '상당한 이유'라는 용어 대신 '정당한 사유'라는 용어를 사용하고 있는데, 이것이
어감의 차이를 넘어 의미상 어떠한 차이를 초래할 수 있을지 논란이 될 수 있다.
나아가 공직자의 도덕성, 청렴성, 업무처리의 정당성에 관한 의혹을 제기하거나 비
판하는 기사에 대해서는 아무런 규정을 두고 있지 않지만, 위 규정에서 말하는 '정
당한 사유'라는 요건의 구체적 적용례로 포섭할 수 있다. 즉, 위 법률에 따르더라
도 공직자의 도덕성에 대한 비판기사 등은 '악의적이거나 현저히 상당성을 잃은
공격'에 해당하는 경우에 한하여 위법성이 인정된다.

(나) 프라이버시 침해의 경우

언론에서 개인의 사생활이나 사적 사항을 보도하는 경우에 프라이버시 침해가
될 수 있다. 프라이버시의 개념을 넓게 보는 견해52)에 의하면, 언론피해구제법에
서 인격권의 종류로 들고 있는 내용 중에서 "사생활의 비밀과 자유·초상·성명·음
성·대화"가 프라이버시에 해당한다.

프라이버시 침해가 인정되려면 공개된 사실이 통상의 감수성을 가진 합리적인
사람에게 매우 불쾌하게 여겨지는 것이어야 한다.53) 사생활이 공개된 개인이 그
공개를 원하지 않았다는 이유로 무조건 사생활 침해가 된다고 볼 수는 없다.

프라이버시 침해의 경우에는 명예훼손과는 달리 진실인지, 진실이라고 믿었는
지는 문제되지 않는다. 즉, 보도 내용이 진실하거나 진실이라고 믿은 데에 상당한
이유가 있다는 것이 증명되더라도 위법성이 조각되지 않고, 프라이버시 침해를 이
유로 한 불법행위책임이 인정될 수 있다. 따라서 언론피해구제법 제 5 조 제 2 항
제 2 호의 내용은 사생활 등 프라이버시 침해에는 적용되지 않는다.

피해자가 동의한 경우에는 사생활을 공개하더라도 프라이버시 침해를 이유로
한 불법행위책임이 발생하지 않는다. 언론피해구제법 제 5 조 제 2 항 제 1 호에서
인격권 침해가 피해자의 동의를 받아 이루어진 경우에는 책임을 지지 않는다고 정
하고 있다. 피해자가 동의한 경우에는 원칙적으로 인격권 침해가 인정되지 않는다.

그렇다면 피해자의 동의가 없는 경우에는 사생활 등 프라이버시 침해가 허용
되지 않는지 문제된다. 미국에서는 공적 인물의 사생활을 보도하는 경우에는 허위
보도의 경우와 달리 언론이 거의 책임을 지지 않는다.54) 이를 공적 인물의 이론이

---

52) 위 Ⅱ. 1. (2).
53) Prosser/Keeton, *The Law of Torts*, 5th ed., 1984, pp. 857-859.
54) Prosser/Keeton(주 53), p. 862.

라고 하는데, 프라이버시권이 침해되었다고 주장하는 자의 사회적 지위에 따라 프라이버시권의 한계를 정한다. 그 근거로 공적 인물은 ① 공개를 원했거나 공개에 동의했다는 점, ② 그의 존재나 직업이 이미 공적 성격을 띤다는 점, ③ 언론은 대중에게 공익에 관한 정당한 관심사항으로 된 것을 알릴 특권을 헌법상 보장받는다는 점 등을 든다.55) 명예훼손에서 본 바와 같이 프라이버시의 경우에도 미국에서 발달한 공인 이론을 그대로 수용하는 것은 쉽지 않다. 그 이론 자체가 명확하지 않을 뿐만 아니라, 공인이나 언론보도에 관한 문화적 토양도 다르다. 그러나 공적 인물에 관한 보도는 공공의 이익 또는 공적 관심사에 속하는 경우가 많을 것이기 때문에, 공인에 관한 보도인지는 프라이버시 침해 여부를 판단할 때 중요한 고려 요소가 된다. 공인의 사생활을 보도하거나 사진을 게재하는 경우에 언론은 원칙적으로 책임을 지지 않는다.56) 다만 공인이라고 하더라도 사생활의 은밀한 부분을 폭로하는 보도는 허용되지 않는다. 또한 공인의 사생활에 침입하거나 성명, 초상 등을 영리적으로 이용하는 것은 허용되지 않는다.57)

대판 1998. 9. 4, 96다1132758)은 언론에 의한 프라이버시 침해에 대하여 기준이 되는 법리를 제시하고 있다. 즉, "사람은 자신의 사생활의 비밀에 관한 사항을 함부로 타인에게 공개당하지 아니할 법적 이익을 가진다고 할 것이므로, 개인의 사생활의 비밀에 관한 사항은, 그것이 공공의 이해와 관련되어 공중의 정당한 관심의 대상이 되는 사항이 아닌 한, 비밀로서 보호되어야 하고, 이를 부당하게 공개하는 것은 불법행위를 구성한다."라고 판결하였다. 따라서 사생활의 비밀에 속하는 사항이 "공공의 이해와 관련되어 공중의 정당한 관심의 대상이 되는 사항"인 경우에는 불법행위가 되지 않는다고 볼 수 있다. 이 사건에서 원고가 실리콘을 이용한 유방 확대 수술을 받고 부작용으로 고통을 받고 있다고 하여 공적 인물이 되었다고 볼 수는 없다. 그러나 실리콘을 이용하여 유방 확대 수술을 받는 것은 위험하다는 보도 내용은 공적 이익에 관한 것이고, 이를 일반국민들이나 의사들에게 경각심을 고취하기 위하여 원고와의 인터뷰를 방송했다고 볼 수 있다. 그러나 그러

---

55) Prosser/Keeton(주 53), p. 411.
56) Prosser/Keeton(주 53), p. 862.
57) Prosser/Keeton(주 53), p. 859.
58) 공 1998, 2377. 그 원심판결인 서울고판 1996. 2. 2, 95나25819(국내언론관계판례집 제 4 집, 242면)에 관하여 상세한 것은 김재형, "언론의 사실 보도로 인한 인격권 침해," 서울대학교 법학 제39권 1호(1998. 5), 189면 이하 참조.

한 수술을 받고 부작용으로 고생하고 있는 사례로 위 방송에서 소개된 사람이 누구인가 하는 점은 개인의 사생활의 비밀에 속한 사항이지 공중의 정당한 관심의 대상이 되는 사항이 아니다. 공공의 이익에 관한 사항을 보도하는 경우에도 개인의 사생활을 과도하게 침해하는 것까지 허용된다고 볼 수는 없다.

(3) 손해배상액의 산정

인격권 침해로 인한 손해배상은 위자료로 나타난다. 정신적 고통을 금전으로 계량하는 것은 불가능하지만, 정신적 고통을 가늠하여 금전으로 배상하는 것이 위자료이다. 불법행위로 입은 정신적 고통에 대한 위자료 액수에 관해서는 사실심 법원이 제반 사정을 참작하여 그 직권에 속하는 재량에 의하여 이를 확정할 수 있다.[59] 법원의 판결에서 위자료를 산정할 때 고려하는 요소로는 당사자 쌍방의 사회적 지위, 직업, 자산 상태, 가해의 동기, 가해자의 고의·과실 등을 들 수 있다. 그러나 위자료를 인정하는 기준이 모호하여 당사자로서는 어느 정도의 위자료가 인정될지 알 수 없다.

최근 언론피해의 경우에 위자료의 액수가 점점 높아지고 있다.[60] 2008년 손해배상청구의 인용액 평균은 2,340만 원, 중앙액은 1,100만 원이었고, 법원이 가장 자주 선고한 손해배상액은 1,000만 원이었다. 위자료 인용 최고액은 1억 5,000만 원으로 원고에 대해 성로비 의혹을 제기하면서 원고의 알몸 뒷면을 담은 컬러 사진을 일간신문에 게재한 사건에 대한 것이었다.[61]

언론피해구제법은 손해액의 산정에 관한 규정을 두고 있다. 즉, 법원은 언론등에 의한 인격권 침해 등으로 인한 손해가 발생한 사실은 인정되나 손해액의 구체적인 금액을 산정하기 곤란한 경우에는 변론의 취지 및 증거조사의 결과를 참작하여 그에 상당하다고 인정되는 손해액을 산정하여야 한다(제30조 제 2 항). 민법에 이에 관한 규정이 없으나, 판례는 채무불이행이나 불법행위로 인한 손해배상액 산정의 경우에 이와 동일한 법리를 인정하고 있다.[62] 따라서 손해가 발생한 사실이 인

---

59) 대판 1988. 2. 23, 87다카57(공 1988, 573); 대판 1999. 4. 23, 98다41377(공1999, 998); 대판 2002. 11. 26, 2002다43165(공 2003, 211); 대판 2006. 1. 26, 2005다47014, 47021, 47038(공 2006, 313).

60) 허만, "언론보도에 대한 실체적 구제수단," 민사판례연구(XXI), 1999, 679면 이하.

61) 2008년 언론관련판결 분석보고서(주 30).

62) 대판 2004. 6. 24, 2002다6951, 6968(공 2004, 1201).

정되나 손해액을 산정하기 곤란한 경우에 법원이 적극적으로 나서서 변론 전체의 취지와 증거조사의 결과를 참작하여 손해액을 산정하여야 한다.

언론보도로 인한 손해배상액의 산정에 관해서는 두 가지 문제가 있다. 하나는 위자료 산정기준이다. 이 기준이 불분명하면 법원의 판결에 대한 예측가능성이 확보되지 않는다. 다른 하나는 손해배상액을 어느 정도로 높여야 하는지에 관한 판단이다. 언론피해를 실질적으로 구제하기 위해서 위자료를 대폭 올려야 한다고 생각할 수 있다. 그러나 언론피해로 인한 위자료가 지나치게 높아지면 언론의 자유가 위축될 수 있다.63)

법원은 피해를 실질적으로 구제하기에 적정한 정도가 어느 정도인지를 가늠하여 위자료를 산정하여야 한다. 법원은 손해배상실무의 예측가능성을 높이기 위하여 손해배상, 특히 위자료를 산정하는 세부적 요소를 밝히고, 이를 토대로 손해배상을 산정하는 기준표를 마련하는 것이 바람직하다. 이를 위해서 언론 관련 판결이나 조정·중재에 관한 언론중재위원회의 조사자료는 좋은 참고자료가 될 것이나, 손해배상액을 산정하는 실무의 태도를 좀 더 포괄적으로 조사·분석하고 각계의 의견을 수렴하여 손해배상액 산정기준을 만드는 것이 좋다.

2. 금지청구권

(1) 의의와 근거

인격권에 기한 금지청구권에 관해서는 민법에 명문의 규정이 없지만, 실무는 인격권을 침해할 우려가 있는 경우에 금지청구권을 인정하였다.64) 하급심 법원에서 1980년대부터 인격권에 기한 금지청구권을 인정한 사례가 상당수 있었다.65) 대

---

63) 이와 같은 문제들을 해결하기 위하여 징벌적 손해배상제도를 도입하는 것은 바람직하지 않다. 상세한 것은 김재형, "징벌적 손해배상제도의 도입 문제," 언론과 법의 지배, 박영사, 2007, 163면 이하 참조.

64) 권성 외 4인, "인격권에 기한 금지청구권을 피보전권리로 한 가처분 및 간접강제명령의 병기의 가부," 가처분의 연구, 박영사, 1994, 497면; 한위수, "명예의 훼손과 민사상의 제문제," 사법논집 제24집, 1993, 449-453면; 양창수, "정보화사회와 프라이버시의 보호," 민법연구 제1권, 1991, 525면; 김상용, "인격권 침해에 대한 사법적 구제방법의 비교 고찰(3)," 사법행정 제322호(1988. 2), 65-66면; 박용상, "표현행위에 대한 부작위청구권," 기업과 법(도암 김교창 변호사 화갑기념논문집), 1997, 951면.

65) 서울민지결 1987. 12. 4, 87카53922; 서울민지결 1988. 2. 27, 87카36203; 서울민지결 1988. 6. 20, 88카28987; 서울민지결 1992. 5. 16, 92카44613 등.

법원 판결로는 1996년에 처음으로 인격권에 기한 금지청구권을 인정하였다.66)

인격권에 기한 금지청구권의 근거에 관하여 논란이 많았으나,67) 언론피해구제법은 이를 입법적으로 해결하였다. 즉, 제30조 제 3 항은 "제 1 항에 따른 피해자는 인격권을 침해하는 언론사등[언론사·인터넷뉴스서비스사업자 및 인터넷 멀티미디어 방송사업자를 가리킨다]에 대하여 침해의 정지를 청구할 수 있으며, 그 권리를 명백히 침해할 우려가 있는 언론사등에 대하여 침해의 예방을 청구할 수 있다."라고 정하고 있다(제30조 제 3 항). 제 1 항에 따른 피해자는 제 3 항의 규정에 의한 청구를 하는 경우에 침해행위에 제공되거나 침해행위에 의하여 만들어진 물건의 폐기나 그 밖의 필요한 조치를 청구할 수 있다(제30조 제 4 항).

인격권은 그 성질상 일단 침해된 후의 구제수단(금전배상이나 명예회복 처분 등)만으로는 그 피해의 완전한 회복이 어렵고 손해전보의 실효성을 기대하기 어려우므로, 인격권 침해에 대하여는 사전(예방적) 구제수단으로 침해행위 정지·방지 등의 금지청구권도 인정된다.

헌법 제21조 제 2 항은 언론·출판에 대한 허가나 검열은 인정되지 아니한다고 규정하고 있는데, 언론보도에 대한 금지청구권이 사전검열(事前檢閱)에 해당하는지 여부가 문제된다. 헌재 1996. 10. 4, 93헌가13, 91헌바10⁶⁸⁾은 이러한 금지청구권을 인정하는 것이 헌법상의 검열금지의 원칙에 반하지 않는다고 한다. 검열금지의 원칙은 정신작품의 발표 이후에 비로소 취해지는 사후적인 사법적 규제를 금지하는 것이 아니므로, 사법절차에 의한 영화상영의 금지조치 등은 헌법상 검열금지의 원칙에 위반되지 않는다고 한다. 헌재 2001. 8. 30, 2000헌바36은 여기에서 나아가 방영금지 가처분이 과잉금지의 원칙에 위배되지 않고 언론의 자유의 본질적 내용을 침해하지 않는다고 한다. 민·형사책임의 추궁이나 반론보도 또는 추후보도의 청구는 모두 인격권 침해의 사후적 구제절차에 불과하여 이미 훼손된 명예의 회복 등 원상을 회복하기에는 부족할 뿐 아니라 많은 시간과 노력, 비용이 소요된다. 따라서 인격권 침해에 대한 실효성 있는 구제를 위해서는 이미 발생하여 지속하는 침해행위의 정지·제거, 즉 방해배제청구와 함께 침해의 사전억제, 즉 방해예방청구가 허용되어야 할 필요가 있다. 이에 가처분에 의한 사전 금지청구는 인격권 보호라는

---

66) 대판 1996. 4. 12, 93다40614, 40621(공 1996, 1486).
67) 김재형(주 1), 85면.
68) 헌집 8-2, 212.

목적에서 그 정당성이 인정될 뿐 아니라 보호수단으로서도 적정하다고 한다.

언론보도에 대하여 인격권에 기한 금지청구를 인정하는 것이 사전검열이라고 볼 수 없다. 개인들이 자신의 인격권을 침해당했다는 이유로 금지청구를 하고 이에 대하여 법원이 금지명령을 하는 것은 행정부에 의한 사전검열과는 다르다. 언론보도로 인하여 인격권이 침해되어 불법행위에 기한 손해배상을 인정해야 하는 것이 명백한 상황이라면, 사전에 금지명령을 내려 분쟁을 예방하는 것이 바람직하다. 다만 금지청구를 인용하면 원천적으로 언론보도를 통제하는 결과가 되는데, 그로 인하여 발생하는 문제는 금지청구의 요건을 엄격히 함으로써 해결해야 한다.

(2) 금지청구권의 요건

언론보도에 대한 금지청구 자체가 합헌이라고 하더라도 헌법상 표현의 자유에 대한 중대한 제약이다. 따라서 손해배상의 경우보다 좀 더 엄격하고 명확한 요건에 따라 금지청구를 허용하여야 한다.[69] 이에 관해서는 개별적으로 검토할 필요가 있으나, 대체로 다음과 같이 말할 수 있다. 보도 내용이 명예훼손에 해당하더라도 그것이 진실한 사실인 경우에는 원칙적으로 금지청구의 대상이 되지 않는다. 보도하려는 사실이 허위인지 아닌지 명확하지 않는 경우에 그것이 공익에 관한 것이라면 금지청구를 할 수 없다. 이와 같은 경우에 금지청구를 할 수 있다면 언론사가 진실이라는 것을 증명할 수 있어야 하기 때문이다. 한편 진실한 사실을 보도하는 경우에도 그것이 프라이버시에 해당하는 것이라면 금지청구의 대상이 된다. 공적 인물에 대하여 보도하는 경우에는 사인(私人)의 경우와는 그 심사기준이 달라진다.[70] 그리고 보도 내용의 일부만이 허위인 경우에 원칙적으로 그 부분에 한하여 금지청구의 대상이 될 수 있다.[71] 다만 그 부분에 대한 금지만으로는 인격권 침해를 예방할 수 없는 경우에는 그 전체에 대하여 금지청구를 할 수 있다.

대결 2005. 1. 17, 2003마1477[72]은 금지청구권에 관하여 중요한 기준을 제시하고 있다.

---

69) 한위수(주 64), 453면 이하; 허만(주 60), 698면; 황도수, "명예훼손에 대한 사전 제한의 법리와 실제," 언론중재 1998년 여름호(1998. 6), 14-15면.

70) 헌재 1999. 6. 24, 97헌마265(헌집 11-1, 768); 서울지결 1999. 2. 20, 98카합4070.

71) 박용상(주 64), 961면.

72) 공 2005, 391.

"언론·출판 등의 표현행위에 의하여 명예의 침해를 초래하는 경우에는 인격권으로서의 개인의 명예보호와 표현의 자유가 충돌하고 그 조정이 필요하므로 어떠한 경우에 인격권의 침해행위로서 이를 규제할 수 있는지에 관하여는 헌법상 신중한 고려가 필요하다."

"따라서 표현행위에 대한 사전억제는 표현의 자유를 보장하고 검열을 금지하는 헌법 제21조 제 2 항의 취지에 비추어 엄격하고 명확한 요건을 갖춘 경우에만 허용된다고 할 것인바, 출판물에 대한 발행·판매 등의 금지는 위와 같은 표현행위에 대한 사전억제에 해당하고, 그 대상이 종교단체에 관한 평가나 비판 등의 표현행위에 관한 것이라고 하더라도 그 표현행위에 대한 사전 금지는 원칙적으로 허용되어서는 안 될 것이지만, 다만 그와 같은 경우에도 그 표현내용이 진실이 아니거나, 그것이 공공의 이해에 관한 사항으로서 그 목적이 오로지 공공의 이익을 위한 것이 아니며, 또한 피해자에게 중대하고 현저하게 회복하기 어려운 손해를 입힐 우려가 있는 경우에는 그와 같은 표현행위는 그 가치가 피해자의 명예에 우월하지 아니하는 것이 명백하고, 또 그에 대한 유효적절한 구제수단으로서 금지의 필요성도 인정되므로 이러한 실체적인 요건을 갖춘 때에 한하여 예외적으로 사전 금지가 허용된다고 할 것이다. 그리고 이러한 사전 금지를 명하는 가처분은 임시의 지위를 정하기 위한 가처분에 해당하므로 그 심리절차에서 원칙적으로 변론기일 또는 채무자가 참석할 수 있는 심문기일을 열어 표현내용의 진실성 등의 주장·입증의 기회를 주어야 하는 것이지만, 그와 같은 기일을 열어 심리하면 가처분을 신청한 목적을 달성할 수 없는 사정이 있는 경우에 한하여 예외적으로 그와 같은 절차를 거치지 아니하고 가처분 결정을 할 수 있으나(민사집행법 제304조), 그와 같은 예외적인 사정이 있는지의 여부는 표현행위의 사전억제라고 하는 결과의 중대성에 비추어 일반적인 임시의 지위를 정하기 위한 가처분보다 더욱 신중하게 판단되어야 할 것이다."

이 결정은 인격권에 기한 금지청구권에 관하여 중요한 기준을 제시한다. 다만 이 사건은 명예훼손에 대한 것이기 때문에, 프라이버시 침해에 대해서 그대로 적용되지는 않는다. 프라이버시의 경우에는 보도사실이 진실이라고 하더라도 금지청구의 대상이 될 수 있고, 그 침해가 중대한 경우에 한하여 금지청구를 허용해야 한다.

한편 언론피해구제법은 피해자가 인격권을 침해하는 언론사등에 대하여 침해의 정지를 청구할 수 있다고 정함으로써(제30조 제 3 항), 언론보도로 인한 인격권 침해의 경우에 침해정지청구에 관해서는 엄격한 요건을 요구하고 있지 않다. 이와 달리 침해예방청구에 관해서는 위에서 본 판례법리와 같은 맥락에서 "그 권리를 명백히 침해할 우려가 있는 언론사등"으로 한정하고 있다(제30조 제 3 항). 위와 같은 규정의 형식을 보면 침해정지청구의 경우에 손해배상을 청구하는 경우와 동일한 요건을 요구하고 있는 것처럼 보인다. 그러나 언론보도에 의한 인격권 침해의 정지 등을 청구하는 경우에 손해배상의 경우와는 달리 고의 또는 과실은 필요하지 않지만, 침해의 중대성 또는 명백성이라는 요건은 필요할 것으로 생각한다. 이 점에서 침해정지청구의 요건은 침해예방청구와 유사하게 해석하여야 한다. 법규정에서 이와 같은 요건을 부가하고 있지 않지만, 표현의 자유에서 그 근거를 도출해야 한다.

3. 명예회복에 적당한 처분

민법 제764조는 명예훼손의 경우에 법원은 피해자의 청구에 의하여 손해배상에 갈음하거나 손해배상과 함께 명예회복에 적당한 처분을 명할 수 있다고 정하고 있다. 또한 언론피해구제법 제31조는 타인의 명예를 훼손한 자에 대하여는 법원은 피해자의 청구에 의하여 손해배상에 갈음하거나 손해배상과 함께 정정보도의 공표 등 명예회복에 적당한 처분을 명할 수 있다고 정하고 있다. 위 두 규정은 중복이라고 볼 만큼 유사하나, 다만 언론피해구제법에서는 명예회복에 적당한 처분으로 정정보도의 공표를 예시하고 있다.

명예회복에 적당한 처분으로서 정정보도청구, 철회 및 취소청구 등을 들 수 있다.73) 언론피해구제법에서 정정보도청구권에 관하여 규정하고 있으나, 이와 별도로 허위 보도로 명예가 훼손된 경우에는 민법 제764조의 "명예회복에 적당한 처분"으로서 정정보도청구가 허용된다. 명예훼손의 경우에 그로 인한 피해자의 재산적·정신적 손해의 범위 및 그 금전적 평가를 구체적으로 증명하는 것이 곤란하고 또 금전배상만으로는 피해자의 구제가 실질적으로 불충분·불완전한 경우가 많다. 이러한 결함을 보완하여 피해자를 효과적으로 구제하려는 것이 정정보도청구이다.74) 한편 명예회복에 적당한 처분으로서 사죄광고가 이용되었으나, 1991년 헌법

---

73) 이에 관하여 상세한 것은 양삼승, "민법 제764조(명예훼손의 경우의 특칙)에 관한 연구," 언론중재 제13권 3호, 6면 이하; 이건웅, "언론에 의한 법익침해에 대한 구제수단," 재판자료 제77집, 법원도서관, 1997, 246면 이하 참조.

재판소에서 "명예회복에 적당한 처분"에 사죄광고를 포함시키는 것은 헌법에 위반 된다고 결정75)한 이래, 법원의 실무에서 더 이상 이용되지 않고 있다.

언론에 의한 명예훼손의 경우에 정정보도청구의 요건이 무엇인지, 손해배상에 갈음하여 정정보도청구를 인용할 것인지 아니면 손해배상과 함께 이를 인용할 것 인지 문제된다. 법원 실무는 대체로 명예훼손을 이유로 한 손해배상책임을 인정하 는 경우에 명예회복을 위한 적당한 처분으로서 정정보도청구도 받아들이고 있 다.76) 이때 기사 작성 및 보도 경위, 그 형식과 내용, 원고의 지위, 나이, 경력, 피 고들이 언론기관 또는 기자로서 차지하는 사회적 비중과 사회적 영향력 등 변론 에 나타난 여러 사정을 고려하여 피고들로 하여금 원고에게 위자료를 지급하도록 명함과 아울러, 그와 같은 금전배상만으로는 원고의 명예를 회복하는 데 충분하지 않은지를 판단하고 있다.77) 그러나 명예훼손의 경우에 손해배상과 정정보도를 모 두 인정하여야 하는 것은 아니고, 그중 하나만을 인정할 수 있다. 서울지판 2000. 6. 7, 99가합88873은 "이 사건 보도의 내용 및 경위, 이 사건 보도의 일회성, 이 사건 보도 직후 원고 A의 이의에 따라 곧 수정보도가 나간 점, 위 원고들의 정신 적 손해를 전보하기 위해 위와 같은 위자료의 지급을 명한 점 등을 고려하여 볼 때 손해배상과 별도의 정정보도는 필요하지 않다."라고 판단하였다.78) 이에 반하 여 서울지판 2000. 12. 27, 2000가합16898은 "피고 소속 기자들은 사회의 관심이 집중되던 이른바 '옷 로비 의혹 사건'에 관하여 지속적인 취재를 거듭하였고 그로 인하여 위 사건의 실체에 상당 부분 접근할 수 있는 계기를 마련하기에 이르렀다 고 보이고, 위 보도 내용 역시 공공의 이익을 위한 것으로 상당 부분 진실에 부합 하며, 한편 원고는 이른바 공인으로서 그에 대한 합리적이고 공적인 비판은 겸허 하게 수용하여야 할 지위에 있는 점 등 이 사건 변론과정에 나타난 여러 가지 사

---

74) 대판 2007. 12. 27, 2007다29379(공 2008, 127).

75) 헌재 1991. 4. 1, 89헌마160(헌집 3, 149)은 민법 제764조의 "명예회복에 적당한 처분"에 사죄 광고를 포함시키는 것은 헌법에 위반된다고 결정하였고, 법원의 실무도 이를 수용하고 있다. 대 판 1996. 4. 12, 93다40614, 40621(공 1996, 1486); 서울고판 1995. 12. 5, 94나9186(하집 1995-2, 362).

76) 서울고판 2000. 2. 10, 98나56579(국내언론관계판결집 제 7 집, 314면); 서울지판 2000. 1. 19, 99가합42730(국내언론관계판결집 제 7 집, 267면); 서울지판 2000. 2. 2, 99가합77460(언론중재 2000년 봄호, 144면); 서울지판 2000. 7. 12, 99가합90005(언론중재 2000년 가을호, 111면); 서울 고판 2001. 11. 29, 2001나11989.

77) 대판 2007. 12. 27, 2007다29379(공 2008, 127).

78) 서울지판 2000. 6. 21, 2000가합1377도 마찬가지이다.

정을 참작하건대, 피고의 명예훼손에 대한 책임으로는 위자료에 해당하는 손해배상을 명하기보다는 명예회복에 적당한 처분으로서 정정보도만을 명함이 상당하다."라고 판단하였다.

한편 민법 제764조의 규정이 명예훼손의 경우에만 적용되는지 문제된다. 하급심 판결 중에는 명예훼손 이외의 인격권 침해가 있는 경우에도 원상회복을 위한 조치 또는 피해자에게 만족을 줄 수 있는 조치를 명할 수 있다는 한 사례[79]가 있다.

Ⅳ. 정정보도·반론보도·추후보도청구권

1980년 이후 정정보도청구권 또는 반론보도청구권은 실질적으로는 언론에 의한 명예훼손에 대한 구제수단으로서 중요한 기능을 수행해 왔다.[80] 언론피해구제법은 정정보도청구, 반론보도청구, 추후보도청구에 관해서 상세한 규정을 두고 있다.

1. 정정보도청구권

(1) 의   의

언론피해구제법은 "정정보도"를 언론의 보도 내용의 전부 또는 일부가 진실하지 아니한 경우 이를 진실에 부합되게 고쳐서 보도하는 것이라고 정의하고(제 2 조 제16호), 정정보도청구권의 요건 등에 관하여 상세하게 규정하고 있다. 정정보도청구가 민법 제764조의 "명예회복에 적당한 처분"으로서 인정되지만, 언론피해구제법 상의 정정보도청구권은 주체 등에서 특칙을 두고 있다.

헌법재판소는 언론피해구제법 제14조에서 정하고 있는 정정보도청구권을 반론

---

79) 서울고판 1994. 9. 27, 92나35846(하집 1994-2, 1).

80) 구 정간법에서는 처음에 정정보도청구권이라는 용어를 사용하였는데, 이는 그 용어 표현과는 달리 반론보도청구권의 성질을 가질 뿐이기 때문에, 이 규정에 기하여 기사의 정정을 명할 수는 없다고 하였다. 대판 1998. 2. 24, 96다40998(공 1998, 842) 등. 1994년에 법원에서 정정보도청구를 인용할 경우 '정정보도문'을 게재하라고 하였으나, 필자는 서울민사지방법원에서 정정보도청구사건을 담당하는 재판부에 근무하고 있었는데, 그 법적 성격에 맞게 '반론보도문'이라는 표현을 사용하였다. 그 후 1996년 개정된 정간법에서 정정보도청구라는 용어를 반론보도청구로 수정하였고, 2005년 제정된 언론피해구제법에서는 정정보도청구권과 반론보도청구권을 구분하여 규정하였다.

보도청구권이나 민법상 불법행위에 기한 청구권과는 전혀 다른 새로운 성격의 청구권으로 파악한다. 허위의 언론보도로 피해를 입었을 때 피해자는 기존의 민·형사상 구제제도로 보호를 받을 수도 있지만, 언론사 측에 고의·과실이 없거나 위법성조각사유가 인정되는 등의 이유로 민사상의 불법행위책임이나 형사책임을 추궁할 수 없는 경우도 있다. 이러한 경우 피해자에 대한 적합한 구제책은 신문사나 신문기자 개인에 대한 책임추궁이 아니라, 문제의 보도가 허위임을 동일한 매체를 통하여 동일한 비중으로 보도·전파하도록 할 필요가 있다.[81] 이러한 필요를 충족시키는 것이 언론피해구제법이 정한 정정보도청구권이다.

(2) 요 건

언론피해구제법에 따라 정정보도청구가 인정되려면, 다음 두 요건을 충족하여야 한다(제14조 제 1 항). 첫째, 사실적 주장에 관한 언론보도등이 있어야 한다. 사실적 주장이 아니라 의견을 보도한 경우에는 정정보도의 대상이 아니다. 둘째, 피해자는 위와 같은 언론보도 등이 진실하지 아니함으로 인하여 피해를 입어야 한다. 이 점에서 반론보도청구권과 구별된다.

그러나 다음과 같은 사유가 있는 경우에는 언론사등은 정정보도청구를 거부할 수 있다. 피해자가 정정보도청구권을 행사할 정당한 이익이 없는 때, 청구된 정정보도의 내용이 명백히 사실에 반하는 때, 청구된 정정보도의 내용이 명백히 위법한 내용인 때, 정정보도의 청구가 상업적인 광고만을 목적으로 하는 때, 청구된 정정보도의 내용이 국가·지방자치단체 또는 공공단체의 공개회의와 법원의 공개재판절차의 사실 보도에 관한 것인 때(제15조 제 4 항). 이와 같은 사유는 구 정간법에서 인정한 반론보도청구의 거부사유와 거의 유사하다.

한편 언론사등의 고의·과실이나 위법성을 요하지 아니한다(제14조 제 2 항). 민법상의 정정보도청구는 불법행위에 기하여 인정되는 것이기 때문에, 고의·과실이나 위법성이 인정되는 경우에 한하여 인정되나, 언론피해구제법상의 정정보도청구는 이와 같은 요건이 필요하지 않다는 점을 명시하고 있다.

정정보도청구의 요건으로 언론사의 고의·과실이나 위법성을 요하지 않도록 규정한 언론피해구제법 제14조 제 2 항, 제31조 후문이 신문사업자의 언론의 자유를

---

81) 헌재 2006. 6. 29, 2005헌마165(집 18-1, 하 337).

침해하는지 문제되었다. 헌법재판소는 정정보도청구권을 민법상의 불법행위에 기한 손해배상청구권과 다른 것으로 파악하고, 그 내용이나 행사 방법에 있어 필요 이상으로 신문의 자유를 제한하고 있지 않다는 이유로 언론의 자유를 침해하지 않는다고 결정하였다.[82] 그 근거로 일정한 경우 정정보도를 거부할 수 있는 사유도 인정하고 있고, 제소기간도 단기간으로 제한하고 있으며, 정정보도의 방법도 동일 지면에 동일 크기로 보도문을 내도록 하여 원래의 보도 이상의 부담을 지우고 있지도 않다는 점을 들었다.

또한 정정보도청구의 주체에 관해서도 특칙을 두고 있다. 즉, 국가·지방자치단체, 기관 또는 단체의 장은 당해 업무에 대하여 그 기관 또는 단체를 대표하여 정정보도를 청구할 수 있다(제14조 제 3 항). 나아가 민사소송법상 당사자능력이 없는 기관 또는 단체라도 하나의 생활단위를 구성하고 보도 내용과 직접적인 이해관계가 있는 때에는 그 대표자가 정정보도를 청구할 수 있다(제14조 제 4 항). 국가나 지방자치단체가 민법상의 정정보도청구권의 주체가 됨은 물론이다. 그러나 언론피해구제법에서 그 밖의 기관이나 단체 등도 정정보도청구를 할 수 있도록 한 것은 민법상의 정정보도청구의 경우와 다른 점이라고 할 수 있다.

(3) 절차 등

피해자는 해당 언론보도등이 있음을 안 날부터 3개월 이내에 그 언론보도등의 내용에 관한 정정보도를 언론사·인터넷뉴스서비스사업자 및 인터넷 멀티미디어 방송사업자에게 청구할 수 있다(제14조 제 1 항 본문). 그러나, 해당 언론보도등이 있은 후 6개월이 경과한 때에는 정정보도청구를 할 수 없다(제14조 제 1 항 단서).

정정보도청구권을 행사하려면 피해자가 언론사등의 대표자에게 서면으로 정정보도를 청구하여야 하며, 청구서에는 피해자의 성명·주소·전화번호 등의 연락처를 기재하고 정정의 대상인 언론보도등의 내용 및 정정을 구하는 이유와 청구하는 정정보도문을 명시하여야 한다. 다만, 인터넷신문 및 인터넷뉴스서비스의 언론보도등의 내용이 해당 인터넷홈페이지를 통하여 계속 보도 또는 매개 중인 경우에는 그 내용의 정정을 함께 청구할 수 있다(제15조 제 1 항).

정정보도청구를 받은 언론사등의 대표자는 3일 이내에 그 수용 여부에 대한

---

82) 위 헌재 2006. 6. 29, 2005헌마165.

통지를 청구인에게 발송하여야 한다. 이 경우 정정의 대상인 언론보도등의 내용이 방송이나 인터넷신문·인터넷뉴스서비스 및 인터넷 멀티미디어 방송의 보도과정에서 성립한 경우에는 당해 언론사등이 그러한 사실이 없었음을 증명하지 않는 한 그 사실의 존재를 부인하지 못한다(제15조 제 2 항).

언론사등이 정정보도청구를 수용하는 때에는 지체 없이 피해자 또는 그 대리인과 정정보도의 내용·크기 등에 관하여 협의한 후 그 청구를 받은 날부터 7일 내에 정정보도문을 방송 또는 게재(인터넷신문 및 인터넷뉴스서비스의 경우 제 1 항 단서에 따른 해당 언론보도등 내용의 정정을 포함한다)하여야 한다. 다만, 신문 및 잡지 등 정기간행물의 경우 이미 편집 및 제작이 완료되어 부득이한 때에는 다음 발행 호에 이를 게재하여야 한다(제15조 제 3 항).

언론사등이 행하는 정정보도에는 원래의 보도 내용을 정정하는 사실적 진술, 그 진술의 내용을 대표할 수 있는 제목과 이를 충분히 전달하는 데 필요한 설명 또는 해명을 포함하되, 위법한 내용을 제외한다(제15조 제 5 항). 언론사등이 행하는 정정보도는 공정한 여론형성이 이루어지도록 그 사실공표 또는 보도가 행하여진 동일한 채널, 지면 또는 장소에 동일한 효과를 발생시킬 수 있는 방법으로 이를 하여야 하며, 방송의 정정보도문은 자막(라디오방송을 제외한다)과 함께 통상적인 속도로 읽을 수 있게 하여야 한다(제15조 제 6 항).

방송사업자, 신문사업자, 잡지 등 정기간행물사업자 및 뉴스통신사업자는 공표된 방송보도(재송신을 제외한다) 및 방송프로그램, 신문, 잡지 등 정기간행물, 뉴스통신 보도의 원본 또는 사본을 공표 후 6월간 보관하여야 한다(제15조 제 7 항). 인터넷신문사업자 및 인터넷뉴스서비스사업자는 대통령령으로 정하는 바에 따라 인터넷신문 및 인터넷뉴스서비스 보도의 원본이나 사본 및 그 보도의 배열에 관한 전자기록을 6개월간 보관하여야 한다(제15조 제 8 항).

2. 반론보도청구권

(1) 의   의

언론피해구제법은 "반론보도"를 보도 내용의 진실 여부에 관계없이 그와 대립되는 반박적 주장을 보도하는 것이라고 정의하고(언론피해구제법 제 2 조 제17호), 반론보도청구권의 요건이나 행사 등에 관해서도 상세한 규정을 두고 있다. 이는 구 정간법 제16조와 구 방송법 제91조에서 정하고 있던 반론보도청구권에 해당한다. 반론보도청구권은 언론의 보도에 의하여 공표된 사실적 주장에 대하여 피해자가 그 반박을 청구하는 권리이다. 따라서 반론보도청구권은 피해자의 권리를 구제한 다는 주관적인 의미와 피해자에게 방송의 사실 보도 내용과 반대되거나 다른 사실 을 주장할 기회를 부여함으로써 시청자들로 하여금 균형 잡힌 여론을 형성할 수 있도록 한다는 객관적 제도로서의 의미를 아울러 가지고 있다.[83]

(2) 요건 등

사실적 주장에 관한 언론보도등으로 인하여 피해를 입은 자는 그 보도 내용에 관한 반론보도를 언론사등에 청구할 수 있다(제16조 제 1 항). 반론보도청구에는 언 론사등의 고의·과실이나 위법함을 요하지 아니하며, 보도 내용의 진실 여부를 불 문한다(제16조 제 2 항). 이 점에서 정정보도청구권과는 명확히 구별된다.

그러나 반론보도청구권의 행사 방법 등은 정정보도청구권의 경우와 동일하다. 즉 언론피해구제법은 반론보도청구에 관하여 따로 규정된 것을 제외하고 이 법의 정정보도에 관한 규정을 준용하도록 하고 있다(제16조 제 3 항).

3. 추후보도청구권

추후보도는 언론 등에서 범죄혐의나 형사상의 조치를 받았다는 보도나 공표가 있은 후 추가적인 보도를 하는 것이다.

언론피해구제법은 "언론등에 의하여 범죄혐의가 있거나 형사상의 조치를 받았 다고 보도 또는 공표된 자는 그에 대한 형사절차가 무죄판결 또는 이와 동등한 형 태로 종결된 때에는 그 사실을 안 날부터 3월 이내에 언론사등에 이 사실에 관한 추후보도의 게재를 청구할 수 있다."라고 정하고 있다(제17조 제 1 항). 위와 같은 추 후보도에는 청구인의 명예나 권리회복에 필요한 설명 또는 해명이 포함되어야 한 다(제17조 제 2 항). 그 밖에 추후보도청구권에 관하여는 정정보도청구권에 관한 규 정을 준용하고 있다(제17조 제 3 항).

---

83) 대판 1996. 12. 23, 95다37278(공 1997, 489); 대판 2000. 3. 24, 99다63138(공 2000, 1045).

한편 추후보도청구권은 특별한 사정이 있는 경우를 제외하고는 이 법의 규정에 의한 정정보도청구권이나 반론보도청구권의 행사에 영향을 미치지 않는다(제17조 제4항).

4. 인터넷뉴스서비스에 대한 특칙

언론피해구제법에서는 인터넷뉴스서비스에 대하여 특칙을 두고 있다. "인터넷뉴스서비스"란 언론의 기사를 인터넷을 통하여 계속적으로 제공하거나 매개하는 전자간행물을 말한다. 다만, 인터넷신문 및 인터넷 멀티미디어 방송, 그 밖에 대통령령으로 정하는 것은 제외한다(제2조 제18호).

인터넷뉴스서비스사업자는 위에서 살펴본 정정보도청구, 반론보도청구 또는 추후보도청구(이하 "정정보도청구등"이라 한다)를 받은 경우 지체 없이 해당 기사에 관하여 정정보도청구등이 있음을 알리는 표시를 하고 해당 기사를 제공한 언론사 등(이하 "기사제공언론사"라 한다)에 그 청구 내용을 통보하여야 한다(언론피해구제법 제17조의 2 제1항). 정정보도청구등이 있음을 통보 받은 경우에는 기사제공언론사도 같은 내용의 청구를 받은 것으로 본다(언론피해구제법 제17조의 2 제2항).

기사제공언론사가 제15조 제2항(제16조 제3항 및 제17조 제3항에 따라 준용되는 경우를 포함한다)에 따른 청구에 대하여 그 청구의 수용 여부를 청구인에게 통지하는 경우에는 해당 기사를 매개한 인터넷뉴스서비스사업자에게도 통지하여야 한다(언론피해구제법 제17조의 2 제3항).

V. 구제절차

1. 의   의

민법상의 구제수단에 대해서는 민사소송절차에 따른다. 피해자는 민사소송을 통하여 손해배상을 청구하거나, 명예회복에 적당한 처분을 청구할 수 있다. 언론보도 등으로 인격권이 침해될 우려가 있는 경우에 민사소송을 제기하여 금지청구권

을 행사할 수도 있다. 그러나 민사소송은 시간이 오래 걸리기 때문에, 가처분절차
를 통하여 금지청구권을 행사하는 경우가 많다.

한편 언론피해구제법은 구제절차에 관하여 상세한 규정을 두고 있다. 특히 언
론중재위원회에 의한 조정과 중재를 통하여 언론피해에 대하여 신속한 구제를 받
을 수 있도록 하였고, 민사소송에 관해서도 특칙을 두고 있다.

2. 조   정

(1) 조정신청의 대상

언론피해구제법에 의한 정정보도청구등과 관련하여 분쟁이 있는 경우 피해자
또는 언론사등은 중재위원회에 조정을 신청할 수 있다(제18조 제 1 항). 나아가 손해
배상에 대해서도 중재위원회에 조정을 신청할 수 있다. 즉, 피해자는 언론보도등에
의한 피해의 배상에 대하여 제14조 제 1 항의 기간 이내에 중재위원회에 조정을 신
청할 수 있다. 이 경우 손해배상액을 명시하여야 한다(제18조 제 2 항).

(2) 조정신청의 절차

정정보도청구등과 손해배상의 조정신청은 제14조 제 1 항(제16조 제3 항에 따라
준용되는 경우를 포함한다) 또는 제17조 제 1 항의 기간 이내에 서면이나 구술 그 밖
에 대통령령으로 정하는 바에 따라 전자문서 등의 방법으로 하여야 하며, 피해자
가 먼저 언론사등에 정정보도청구등을 한 경우에는 피해자와 언론사등 사이에 협
의가 불성립된 날부터 14일 이내에 하여야 한다(제18조 제 3 항). 조정신청을 구술로
하고자 하는 신청인은 중재사무소의 담당 직원에게 조정신청의 내용을 진술하고
이의대상인 보도 내용과 정정보도청구등을 요청하는 정정보도문 등을 제출하여야
하며, 담당 직원은 신청인의 조정신청의 내용을 기재한 조정신청조서를 작성하여
신청인에게 이를 확인하게 한 다음에 당해 조정신청조서에 신청인 및 담당 직원이
서명 또는 날인하여야 한다(제18조 제 4 항).

신청인은 조정절차 계속 중에 정정보도청구등과 손해배상청구 상호간의 변경
을 포함하여 신청취지를 변경할 수 있고, 이들을 병합하여 청구할 수 있다(제18조
제 6 항).

(3) 조정절차의 진행

조정은 관할 중재부에서 한다. 관할 구역을 같이 하는 중재부가 여럿일 경우에
는 중재위원회 위원장이 중재부를 지정한다(제19조 제 1 항).

조정은 신청 접수일부터 14일 이내에 하여야 하며 중재부의 장은 조정신청을
접수한 때에는 지체 없이 조정기일을 정하여 당사자에게 출석을 요구하여야 한다
(제19조 제 2 항). 출석요구를 받은 신청인이 2회에 걸쳐 출석하지 아니한 경우에는
조정신청을 취하한 것으로 보며, 피신청 언론사등이 2회에 걸쳐 출석하지 아니한
때에는 조정신청취지에 따라 정정보도등을 이행하기로 합의한 것으로 본다(제19조
제 3 항). 출석요구를 받은 자가 천재지변 그 밖의 정당한 사유로 출석하지 못한 경
우에는 그 사유가 소멸한 날부터 3일 이내에 당해 중재부에 이를 소명하여 기일
속행신청을 할 수 있다. 중재부는 속행신청이 이유 없다고 인정하는 경우에는 이
를 기각하고 이유 있다고 인정하는 경우에는 다시 조정기일을 정하고 절차를 속행
하여야 한다(제19조 제 4 항).

조정기일에 중재위원은 조정대상인 분쟁에 관한 사실관계와 법률관계를 당사
자들에게 설명·조언하거나 절충안을 제시하는 등 합의를 권유할 수 있다(제19조 제
5 항). 변호사 아닌 자가 신청인이나 피신청인의 대리인이 되고자 하는 때에는 미
리 중재부의 허가를 받아야 한다(제19조 제 6 항). 신청인의 배우자·직계혈족·형제
자매 또는 소속 직원은 신청인의 명시적인 반대의사가 없는 한 위 제 6 항의 규정
에 의한 중재부의 허가 없이도 대리인이 될 수 있으며, 이 경우 대리인이 신청인
과의 신분관계 및 수권관계를 서면으로 증명하거나 신청인이 중재부에 출석하여
대리인을 선임하였음을 확인하여야 한다(제19조 제 7 항).

조정은 비공개를 원칙으로 하되, 참고인의 진술청취가 필요한 경우 등 필요하
다고 인정되는 경우에는 중재위원회규칙이 정하는 바에 따라 참석 또는 방청을 허
가할 수 있다(제19조 제 8 항). 조정절차에 관하여는 이 법에 규정한 것을 제외하고
는 민사조정법을 준용한다(제19조 제 9 항).

(4) 증거조사

중재부는 정정보도청구등 또는 손해배상의 분쟁의 조정에 필요하다고 인정하

는 경우 당사자 쌍방에게 조정대상 표현물이나 그 밖의 관련 자료의 제출을 명하
거나 증거조사를 할 수 있다(제20조 제 1 항). 증거조사에 관하여는 조정의 성질에
반하지 않는 한 민사소송법 제 2 편 제 3 장의 규정을 준용하며 중재부는 필요한 경
우 그 위원 또는 사무처 직원으로 하여금 증거자료를 수집·보고하게 하고 조정기
일에 그에 관하여 진술을 명할 수 있다(제20조 제 2 항).

중재부의 장은 신속한 조정을 위하여 필요한 경우 제 1 회 조정기일 전이라도
제 1 항 및 제 2 항에 따른 자료의 제출이나 증거자료의 수집·보고를 명할 수 있다
(제20조 제 3 항).

(5) 조정결정

중재부는 조정신청이 부적법한 때에는 이를 각하하여야 한다(제21조 제 1 항).
중재부는 신청인의 주장이 이유 없음이 명백한 때에는 조정신청을 기각할 수 있다
(제21조 제 2 항). 중재부는 당사자간 합의 불능 등 조정에 적합하지 아니한 현저한
사유가 있다고 인정되는 때에는 조정절차를 종결하고 조정불성립결정을 하여야 한
다(제21조 제 3 항).

(6) 직권조정결정

당사자 사이에 합의(제19조 제 3 항의 규정에 따른 합의간주를 포함한다)가 이루어
지지 아니한 경우 또는 신청인의 주장이 이유 있다고 판단되는 경우 중재부는 당
사자들의 이익 그 밖의 모든 사정을 참작하여 신청취지에 반하지 않는 한도 안에
서 직권으로 조정에 갈음하는 결정(이하 "직권조정결정"이라 한다)을 할 수 있다. 이
경우 제19조 제 2 항의 규정에 불구하고 조정신청 접수일부터 21일 이내에 하여야
한다(제22조 제 1 항). 직권조정결정에는 주문과 이유를 기재하고 이에 관여한 중재
위원 전원이 서명·날인하여야 하며 그 정본을 지체 없이 당사자에게 송달하여야
한다(제22조 제 2 항).

직권조정결정에 불복이 있는 자는 결정 정본을 송달받은 날부터 7일 이내에
사유를 명시하여 서면으로 중재부에 이의신청을 할 수 있다. 이 경우 그 결정은
효력을 상실한다(제22조 제 3 항). 직권조정결정에 관하여 이의신청이 있는 경우에는
그 이의신청이 있은 때에 제26조 제 1 항에 따른 소가 제기된 것으로 보며, 피해자

를 원고로 상대방인 언론사등을 피고로 한다(제22조 제 4 항).

(7) 조정에 의한 합의 등의 효력

조정결과 당사자간에 합의가 성립하거나 제19조 제 3 항의 규정에 따라 합의가 이루어진 것으로 간주되는 때 및 제22조 제 1 항의 규정에 의한 직권조정결정에 이의신청이 없는 때에는 재판상 화해와 동일한 효력이 있다(제23조).

3. 중   재

당사자 쌍방은 정정보도청구등 또는 손해배상의 분쟁에 관하여 중재부의 종국적 결정에 따르기로 합의하고 중재를 신청할 수 있다(제24조 제 1 항). 중재신청은 조정절차 계속 중에도 할 수 있다. 이 경우 조정절차에 제출된 서면 또는 주장·증명은 중재절차에서 제출한 것으로 본다(제24조 제 2 항). 중재절차에 관하여는 성질에 반하지 않는 한 조정절차에 관한 위 규정과 민사소송법 관련 규정을 준용한다(제24조 제 3 항).

중재결정은 확정판결과 동일한 효력이 있다(제25조 제 1 항). 중재결정에 대한 불복과 중재결정의 취소에 관하여는 중재법 제36조를 준용한다(제25조 제 2 항).

4. 소   송

(1) 정정보도청구등의 소

피해자는 법원에 정정보도청구등의 소를 제기할 수 있다(제26조 제 1 항). 피해자는 정정보도청구등의 소를 병합하여 제기할 수 있고, 소송계속 중 정정보도청구등의 소 상호간에 소를 변경할 수 있다(제26조 제2 항). 위 규정에 의한 정정보도청구등의 소는 제14조 제 1 항(제16조 제 3 항에 따라 준용되는 경우를 포함한다) 및 제17조 제 1 항의 기간 이내에 제기하여야 한다. 피해자는 제 1 항의 소와 동시에 그 인용을 조건으로 민사집행법 제261조 제 1 항의 규정에 의한 간접강제의 신청을 병합하여 제기할 수 있다(제26조 제 3 항). 위 규정은 민법 제764조의 규정에 의한 권리의 행사에 영향을 미치지 아니한다(제26조 제 4 항).

정정보도청구의 소에 대하여는 민사소송법의 소송절차에 관한 규정에 따라 재판하고, 반론보도청구 및 추후보도청구의 소에 대하여는 민사집행법의 가처분절차에 관한 규정에 따라 재판한다. 다만, 민사집행법 제277조 및 제287조는 적용하지아니한다(제26조 제6항).

언론피해구제법 제정 당시에는 정정보도청구의 소를 민사집행법상 가처분절차에 의하여 재판하도록 규정하고 있었다(개정전의 제26조 제6항 본문 전단). 헌법재판소는 이 규정이 신문사업자의 공정한 재판을 받을 권리와 언론의 자유를 침해한다는 이유로 위헌이라고 판단하였다.[84] 그 주요한 이유는 다음과 같다. 당시의 정정보도청구소송은 본안소송인데, 승패의 관건인 "사실적 주장에 관한 언론보도가 진실하지 아니함"이라는 사실의 증명에 대하여, 통상의 본안절차에서 반드시 요구하고 있는 증명을 배제하고 그 대신 간이한 소명으로 대체하고 있었다. 이는 소송을당한 언론사의 방어권을 심각하게 제약하므로 공정한 재판을 받을 권리를 침해하고, 언론의 자유를 매우 위축시키는 것으로 언론의 자유를 합리적인 이유 없이 지나치게 제한하는 것이라고 한다. 헌법재판소의 이와 같은 결정에 따라 정정보도청구의 소를 소송절차에 따라 진행하도록 법률을 개정하였다.

법원은 청구가 이유 있는 경우 제15조 제3항·제5항 및 제6항의 방법에 따라 정정보도·반론보도 또는 추후보도의 방송·게재 또는 공표를 명할 수 있다(제26조 제7항). 정정보도청구등의 소의 재판에 관하여 필요한 사항은 대법원규칙으로정한다(제26조 제8항).

정정보도청구등의 소는 접수 후 3월 이내에 판결을 선고하여야 한다(제27조 제1항). 법원은 정정보도청구등이 이유있다고 인정하여 정정보도·반론보도 또는 추후보도를 명하는 때에는 방송·게재 또는 공표할 정정보도·반론보도 또는 추후보도의 내용·크기·시기·횟수·게재부위 또는 방송순서 등을 정하여야 한다(제27조 제2항). 법원이 정정보도·반론보도 또는 추후보도의 내용 등을 정함에 있어서는청구취지에 기재된 정정보도문·반론보도문 또는 추후보도문을 참작하여 청구인의명예나 권리를 최대한 회복할 수 있도록 정하여야 한다(제27조 제3항).

정정보도청구등을 인용한 재판에 대하여는 항소하는 외에 불복을 신청할 수없다(제28조 제1항). 불복절차에서 심리한 결과 정정보도청구등의 전부 또는 일부

---

84) 위 헌재 2006. 6. 29, 2005헌마165. 이에 대해서는 반대의견이 있었다.

가 기각되었어야 함이 판명되는 경우에는 이를 인용한 재판을 취소하여야 한다(제 28조 제 2 항). 만일 제 1 심 재판을 취소하여야 하는 경우에 언론사등이 이미 정정보 도·반론보도 또는 추후보도의무를 이행한 때에는 언론사등의 청구에 따라 취소재 판의 내용을 보도할 수 있음을 선고하고, 언론사등의 청구에 따라 상대방으로 하 여금 언론사등이 이미 이행한 정정보도·반론보도 또는 추후보도와 취소재판의 보 도를 위하여 필요한 비용 및 통상의 지면게재 사용료 또는 방송 사용료로서 적정 한 손해의 배상을 하도록 명하여야 한다. 이 경우 배상액은 해당된 지면사용료 또 는 방송의 통상적인 광고비를 초과할 수 없다(제28조 제 3 항).

법원은 언론보도등에 의하여 피해를 받았음을 이유로 하는 재판은 다른 재판 에 우선하여 신속히 하여야 한다(제29조). 이는 정정보도청구등에 한정되지 않고 손 해배상청구권 또는 침해 등의 정지 등 청구권을 행사하는 경우에도 적용된다.

(2) 손해배상 등

손해배상에 관해서는 민사소송절차에 따른다. 침해 등의 정지 등을 청구하거 나 명예회복에 적당한 처분을 청구하는 경우에도 마찬가지이다. 다만 침해 등의 정지 등을 청구할 경우에 가처분절차를 이용할 수 있고, 이는 임시의 지위를 정하 는 가처분에 해당한다.

5. 사망자의 인격권에 대한 구제절차

언론피해구제법은 사망자의 인격권에 관하여 상세한 규정을 두고 있다. 즉, 제 5 조 제 1 항의 타인에는 사망한 자를 포함한다고 함으로써, 사망자의 인격권을 생 존자의 경우와 마찬가지로 보호하고 있다(제 5조의 2 제 1 항). 사망자의 인격권을 인 정할 것인지 논란이 있었는데,85) 언론피해에 관해서는 입법적으로 논란이 해소되 었다.

사망한 자에 대한 인격권의 침해가 있거나 침해할 우려가 있는 경우에는 이에 따른 구제절차를 유족이 수행한다(제 5 조의 2 제 2 항).86) 그러나 다른 법률에서 특별

---

85) 이에 관해서는 우선 김재형, "모델소설과 인격권," 인권과 정의 제255호(1997. 11), 66면 이하 참조.

86) 제 2 항의 유족은 다른 법률에서 특별히 정함이 없으면 사망한 자의 배우자와 직계비속에 한

히 정함이 없으면 사망 후 30년이 경과한 때에는 제 2 항에 따른 구제절차를 수행할 수 없다(제 5 조의 2 제 5 항). 언론에 의하여 사망자의 인격권을 침해하는 경우에 금지청구권이 인정될 수 있으나, 불법행위에 기한 손해배상청구권을 인정하는 것은 유족의 추모감정 등이 침해된 경우에 한한다. 그런데 이 규정에서는 사망자의 인격권 침해에 대하여 생존자의 경우와 마찬가지로 규정하고 있기 때문에, 손해배상도 청구할 수 있는지 문제될 수 있다.

VI. 결   론

우리나라에서는 그 어느 나라보다도 언론에 의한 인격권 침해에 대하여 다양한 구제수단이 인정되고 있다. 민법상의 구제수단으로서 불법행위에 기한 손해배상청구, 명예회복에 적당한 처분으로서 정정보도청구, 취소 및 철회청구 등이 인정되고, 판례에 의하여 인격권에 기한 금지청구도 인정되고 있다. 나아가 언론피해구제법을 제정하여 위와 같은 구제수단에 관한 명시적인 규정을 두고 있을 뿐만 아니라 정정보도청구, 반론보도청구, 추후보도청구를 인정하고 있다. 구제절차로는 민사소송절차나 가처분 등 보전처분절차가 이용되고 있으며, 이와 별도로 언론피해구제법에서 조정 등 상세한 구제절차를 마련하고 있다. 그리하여 언론피해에 대한 구제절차는 언론중재위원회에 의한 구제절차와 법원에 의한 구제절차로 양분되어 있다.

언론피해에 대한 구제수단이나 구제절차 사이의 관계가 명확하게 정립되어 있지 않아 혼란스럽게 보인다. 당사자나 그 대리인 입장에서는 적절한 구제수단과 절차를 찾아 활용할 필요가 있겠지만, 입법론으로서는 언론에 의한 인격권 침해에 대한 구제수단과 그 절차를 정비할 필요가 있다. 개정의 구체적인 내용은 언론과 인격권을 보는 시각에 따라 다르겠지만, 무엇보다도 구제수단과 절차를 명확하게 하여 당사자들이 혼란스럽지 않도록 하여야 하고, 언론의 자유와 인격권 보장이

하되, 배우자와 직계비속이 모두 없는 경우에는 직계존속이, 직계존속도 없는 경우에는 형제자매가 되며, 동순위의 유족이 2인 이상 있는 경우에는 각자가 단독으로 청구권을 행사한다(제 5 조의 2 제 3 항). 사망한 자에 대한 인격권 침해에 대한 동의는 제 3 항에 따른 동순위 유족의 전원의 동의가 있어야 한다(제 5 조의 2 제 4 항).

균형을 잃지 않도록 하여야 한다.

[인권과 정의 제399호(2009. 11), 대한변호사협회, 90-115면]

제3장

인격권에 관한 판례 동향

제1절 인격권에 관한 판례의 동향*

I. 서 론

민법을 뒷받침하는 세 기둥이 있다. 소유와 계약과 가족이 그것이다. 그 빈 공간에 인격의 영역이 있다. 사람은 자기 자신에 대한 이익이나 권리를 갖고 있다. 이러한 이익은 타인과의 관계에서 나올 수도 있고, 오로지 자기 자신의 영역에 머무르는 경우도 있다. 이를 보호하는 것이 인격권이다.[1]

인격권은 권리의 진화과정을 보여준다. 지금 인격권이라고 부르는 것은 오래 전에는 감정적 호소의 대상에 불과했다. 누군가로부터 비난받더라도 그저 울분을 드러내는 게 고작이었다. 개인의 사적 영역을 부당하게 침범하는 행위에 대하여 법원에 소를 제기하기 시작한 것은 비교적 최근의 일이다. 이를 보호하기 위하여 법원은 명예훼손이라는 틀에 의존하기도 하였고, 인격적 이익이라는 표현을 사용하기도 하였다. 이 과정을 거쳐 이제는 인격권이라는 독자적인 권리로 부상하였다.

헌법에서 인격권은 큰 비중을 차지한다. 헌법 제10조는 "모든 국민은 인간으로서의 존엄과 가치를 가지며, 행복을 추구할 권리를 가진다."라고 규정함으로써 인격권을 가장 근본적인 기본권으로 승인하고 있다. 또한 헌법 제17조는 "모든 국민은 사생활의 비밀과 자유를 침해받지 아니 한다."라고 규정함으로써 사생활을 보장하고 있다. 사법상의 인격권의 내용과 한계를 정하는 데 헌법규정이 중요한 의

---

* 이 논문은 2004. 12. 12. 대법원과 한국민사법학회가 "불법행위법의 새로운 동향"이라는 주제로 개최한 심포지엄에서 발표한 것을 수정·보완한 것이다.

1) 곽윤직, 민법총칙, 제7판, 박영사, 2002, 49면 이하는, 사권을 그 내용에 따라 재산권, 인격권, 가족권, 사원권으로 구분하고, 인격권은 권리의 주체와 분리할 수 없는 인격적 이익을 누리는 것을 내용으로 하는 권리라고 한다. 양창수, 민법입문, 제4판, 박영사, 2004, 361면은 민법의 기본원칙의 하나로 인격존중의 원칙을 들고 있다.

미를 갖는다. 그러나 인격권에 관한 모든 문제를 헌법적 차원에서 해결할 수는 없다. 예컨대 어떠한 요건에 따라 인격권 침해가 인정되는지, 인격권 침해로 인하여 어떠한 청구권이 발생하는지, 그 한계가 무엇인지 등은 결국 사법의 분야에서 해결해야 할 문제이다.2) 이러한 문제를 해결하는 것은 적어도 헌법상의 논의만큼 중요하다. 권리에 관한 추상적인 논의도 의미 있는 일이지만, 권리는 현실에서 구체적으로 실현될 때 진정한 힘을 발휘하기 때문이다.

민법 제정 당시 인격권은 관심 대상이 아니었다. 그러나 민법 제750조에서 불법행위에 관하여 포괄적인 일반조항을 두고 있기 때문에, 인격적 이익이 침해되는 경우 불법행위로 인한 손해배상책임을 인정하는 데 큰 어려움이 없다. 그리고 민법 제751조는 재산 이외의 손해의 배상에 관하여 정하고 있고, 제764조는 명예훼손의 경우 명예회복에 적당한 처분을 할 수 있다는 규정을 두었다. 이 규정들은 명예훼손 등 인격적 이익이 침해된 경우에 피해자가 구제를 받을 수 있는 토대가 되었다.

인격권의 발달과정에서 판례는 중대한 역할을 하였다. 명예훼손에 관한 판결들이 끊임없이 나오고 있고, 사생활 침해나 초상권 침해 등에 관한 판결들도 있다. 그리고 인격권의 침해는 언론 등 표현행위에 의하여 발생할 뿐만 아니라 행정기관이나 근로관계 등 다양한 영역에서 발생하고 있다. 또한 인격권 침해의 경우에 다양한 구제수단이 이용되는데, 이와 관련해서도 중요한 판결들이 있다.

이번 심포지엄에서 필자에게 주어진 주제는 인격권에 관한 판례의 동향이다. 인격권에 관하여는 이미 하나의 논문으로 다루기 힘들 정도로 무수히 많은 판결이 있다. 여기에서는 인격권에 관한 판례를 그 침해유형에 따라 언론, 인터넷, 성희롱으로 구분하여 그 동향을 살펴보고자 한다. 특히 1980년대 이후에 나타난 인격권에 관한 새로운 전개에 주목하면서 중요한 판결들을 중심으로 그 변천과 의미에 관하여 검토하고자 한다. 인격권에 관한 판결들을 개별적으로 검토한 많은 글들이 있지만, 이 글은 이러한 판결들을 전반적으로 검토함으로써 그 흐름을 파악하기 위한 것이다. 하나의 판결이 여러 문제를 다루고 있어서 어느 한 범주에 포섭하기 어려운 경우도 있는데, 이러한 경우에는 판결들을 관련성이 큰 부분에 포함시키고

---

2) 양창수, "헌법과 민법," 민법연구 제 5 권, 박영사, 1999, 7면 이하; 김재형, "인격권 일반," 민사판례연구(XXI), 1999, 633면도 참조.

자 한다. 판례는 주로 대법원 판결과 헌법재판소 결정을 중심으로 살펴보고자 하
나, 필요한 경우에는 하급심 판결도 다루고자 한다.

Ⅱ. 언론에 의한 인격권 침해

1. 언론의 자유와 인격권

언론에 의한 인격권 침해는 헌법상의 기본권 충돌 문제를 발생시킨다. 인격권
은 헌법 제10조와 제17조에 근거를 두고 있는 반면에, 헌법 제21조 제 1 항은 언
론·출판의 자유를 보장하고 있기 때문이다.

그런데 헌법 제21조 제 4 항에서 "언론·출판은 타인의 명예나 권리 또는 공중
도덕이나 사회윤리를 침해하여서는 아니 된다. 언론·출판이 타인의 명예나 권리를
침해한 때에는 피해자는 이에 대한 피해의 배상을 청구할 수 있다."라고 규정하고
있다. 헌법에서 언론·출판으로 명예나 권리를 침해받은 피해자가 손해배상을 청구
할 수 있다고 규정한 것은 매우 이례적이다. 언론·출판으로 인한 피해가 심각하기
때문에, 헌법에 명문의 근거 규정을 둔 것이라고 이해할 수 있다. 이 규정의 문언
만을 보면 언론·출판의 자유의 한계로서 타인의 명예나 권리를 규정한 것으로, 언
론·출판에 의하여 명예 등이 침해된 경우에는 항상 손해배상을 청구할 수 있다고
해석할 여지가 있다. 그러나 언론의 자유와 명예훼손의 관계를 이와 같이 파악하
는 견해는 없다고 해도 과언이 아니다. 오히려 인격권과 언론의 자유가 충돌하는
경우에 어떠한 방식으로 해결할 것인지에 관하여 논의가 집중되어 왔다. 언론의
자유와 인격권은 모두 헌법에 기초를 두고 있는 것으로 어느 한쪽을 일방적으로
우선시할 수는 없다. 판례도 구체적인 사례에서 개별적으로 이익형량을 통하여 언
론에 의한 인격권 침해 여부를 결정하고 있다.

언론에 의한 인격권 침해에 관하여 명예훼손과 프라이버시 침해로 나누어 살
펴보고, 인격권 침해의 구제수단 중에서 최근에 문제되고 있는 금지청구권에 관하
여 검토하고자 한다.

2. 명예훼손

(1) 공익성과 상당성 법리

(가) 언론에 의한 명예훼손에 관한 중요한 선례는 대판 1988. 10. 11, 85다카29 (집 36-3, 민 1)이다. 피고 회사는 월간잡지 「주부생활」 1982년 7월호에 "한국 최초로 변호사를 상대로 승소한 중학중퇴 기능공의 법정투쟁기" "위대한 소시민의 승리였 읍니다"라는 제목 아래 소외 A의 수기를 게재하였다. 그 수기는 A로부터 소송수행 을 위임받은 변호사인 원고가 위임사무를 제대로 처리하지 못하였다는 이유로 A가 원고를 상대로 하여 손해배상청구 소송을 제기하여 승소판결을 받기까지의 과정에 관한 것이다. 수기는 원고가 변호사로서의 윤리를 저버리고 본분을 망각한 행동을 하였다는 인신공격적인 표현으로 원고의 인격을 비방하였다. 원심은 위 수기로 인 하여 원고의 명예가 훼손되었다는 이유로 손해배상책임을 인정하였고, 대법원은 판단이유를 상세하게 밝히면서 원심판결을 지지하였다. 대법원이 밝힌 핵심적인 법리는 다음과 같다.

> "위와 같은 취지에서 볼 때 형사상이나 민사상으로 타인의 명예를 훼손하는 행위를 한 경우에도 그것이 공공의 이해에 관한 사항으로서 그 목적이 오로지 공공의 이익을 위한 것일 때에는 진실한 사실이라는 증명이 있으면 위 행위에 위법성이 없으며 또한 그 증명이 없더라도 행위자가 그것을 진실이라고 믿을 상당한 이유가 있는 경우에는 위법성이 없다."

이 사건에서 잡지에 변호사인 원고에 대한 인신공격적인 수기가 게재되었는 데, 발행인이 명예훼손을 이유로 손해배상책임을 지는지 여부가 문제되었다. 대법 원은 이 사건에서 명예훼손책임을 인정하면서 언론에 의한 명예훼손 문제에 관하 여 상세한 일반론을 펼치고 있다. 이 법리는 그 후의 판례 전개에 결정적인 영향 을 미쳤다.3)

언론에 의한 명예훼손을 판단할 때 개인의 명예를 보호해야 한다는 요청과 표 현의 자유를 보장해야 한다는 요청이 서로 상충된다. 이 두 법익은 헌법에 근거를

---

3) 이 판결은 언론에 의한 명예훼손에 관한 판결이나 논문에서 가장 많이 인용되어 왔다. 양창 수, "최근 중요 민사판례 동향," 민법연구 제7권, 박영사, 2003, 406면은 이 판결을 언론 기타 대중매체에 의한 명예훼손에 관한 판례에서 '출발점'으로 다루고 있다.

둔 것으로 그 조정이 쉽지 않다. 이 판결은 이와 같은 두 법익이 충돌할 경우 그 조정방법을 제시하고 있다. 즉, "구체적인 경우에 사회적인 여러 가지 이익을 비교하여 표현의 자유로 얻어지는 이익, 가치와 인격권의 보호에 의하여 달성되는 가치를 형량하여 그 규제의 폭과 방법을 정해야 할 것"이라고 한다. 구체적인 이익형량을 통하여 개인의 명예와 표현의 자유의 충돌을 해결해야 한다고 한다.4)

위와 같은 이익형량은 명예훼손의 위법성 판단에 반영된다. 그리하여 위법성에 관한 구체적인 판단기준으로 위에서 인용한 바와 같이 '공익성'과 '진실 또는 상당성'이라는 법리를 채택하고 있다.

이 법리는 명예훼손에 관한 형법 제310조에서 유래한다. 형법 제310조는 명예훼손에 대한 위법성조각사유로 명예를 훼손한 행위가 진실한 사실로서 오로지 공공의 이익에 관한 때에는 처벌하지 않는다고 규정하고 있다. 형법 제310조에서 "오로지 공공의 이익에 관한 때"라고 하였으나, 이 판결은 "공공의 이해에 관한 사항으로서 그 목적이 오로지 공공의 이익을 위한 것일 때"(이를 '공익성'이라 한다)라고 하였다. 이 부분에 관한 판결문의 문구만을 본다면, 형법 규정보다 좁게 한정하였다고 볼 수 있다. 그러나 형법 제310조는 진실인 경우에만 위법성이 없게 되는데, 이 판결에서는 공익성이 있으면 "진실이라고 믿을 만한 상당한 이유가 있는 때"(이를 '상당성'이라 한다)에도 위법성이 없다고 하였다. 따라서 이 법리는 형법 제310조의 위법성조각사유를 확대 적용한 것이라고 볼 수 있다. 이 판결은 민사사건에 관한 것이지만, 민사책임과 형사책임을 구분하지 않고 동일한 법리가 적용된다고 한다. 그리하여 언론에 의한 명예훼손에서 공익성과 상당성 법리가 명예훼손의 위법성을 판단하는 새로운 기준이 되었다고 볼 수 있다.5)

그러나 이 사건에 관한 구체적인 판단이 정당한 것인지 여부는 논란의 여지가 있다. 이 판결은 수기에 원고의 인격을 비방하는 인신공격적 표현이 상당히 포함되어 있어서 그 수기의 게재가 오로지 공익을 위한 의도로서 행한 것으로 볼 수

---

4) 헌재 1991. 9. 16, 89헌마165(헌집 3, 518)도 정정보도청구권에 관한 사건에서 "모든 권리의 출발점인 동시에 그 구심점을 이루는 인격권이 언론의 자유와 충돌하게 되는 경우에는 헌법을 규범조화적으로 해석하여 이들을 합리적으로 조정하여 조화시키기 위한 노력"을 해야 한다고 하였다.

5) 이 판결에서 잡지는 신속성의 요청이 덜하기 때문에 신문의 경우와는 달리 "기사내용의 진실 여부에 대하여 미리 충분한 조사활동"을 하여야 한다는 판단도 중요한 부분이다. 이것은 언론 매체의 종류에 따라 위법성에 관한 판단기준이 달라질 수 있다는 것을 보여준다.

없다고 하였다. 그러나 언론보도가 주로 공공의 이익에 관련된 것이면 충분하고 다른 의도도 포함되어 있더라도 상관없다고 볼 수도 있다. 또한 이 사건 수기가 보도된 것은 위 주부가 원고를 상대로 위임사무 처리를 게을리하였다는 이유로 손해배상을 청구한 사건의 1심에서 일부 승소판결을 받은 직후였고, 이 사실이 중앙일간지에 보도되었다. 원고가 이 판결에 대하여 항소하였는데, 위 1심판결이 파기되었다. 피고가 이 사건 수기를 보도할 당시에는 원고가 위임사무처리를 게을리하였다는 이유로 패소판결을 받은 상태였다. 그렇기 때문에 피고로서는 수기의 내용이 진실이라고 믿을 만한 상당한 이유가 있다고 볼 수도 있다.6) 그럼에도 불구하고 이 판결은 언론에 의한 명예훼손 분야에서 가장 영향력 있는 중요한 판결이라고 할 수 있다. 왜냐하면 구체적인 결론을 도출하기 위하여 상세한 논증을 전개하고 있고 언론에 의한 명예훼손책임에 관하여 기본틀을 제시하고 있기 때문이다.

　(나) 그 후 다수의 대법원 판결7)은 위 1988년 대법원 판결을 따르고 있다. 따라서 타인의 명예를 훼손하는 행위를 한 경우에도 그것이 공공의 이해에 관한 사항으로서 그 목적이 오로지 공공의 이익을 위한 것인 때에는 진실이라는 증명이 있거나, 그러한 증명이 없더라도 행위자가 그것을 진실이라고 믿을 상당한 이유가 있는 경우에는 위법성이 없다는 것이 판례라고 할 수 있다.8) 이것은 언론의 자유와 인격권이라는 두 법익을 조정하는 하나의 방식이다. 이것이 유일한 기준인 것은 아니고, 그 밖에도 좀 더 합리적인 다른 기준이 등장할 수 있음은 물론이다. 그러나 대법원은 위 요건을 중심으로 상세한 법리를 발전시켰다.

---

6) 이 판결에 대한 평석인 이은영, "명예훼손책임에서 언론보도의 진실성과 공공성," 민사판례연구(Ⅻ), 1990, 158면은 이 사건의 구체적인 결론에 대하여 비판하고 있다.

7) 대판 1988. 10. 11, 85다카29(집 36-3 민, 1); 대판 1996. 5. 28, 94다33828(공 1996, 1973); 대판 1997. 9. 30, 97다24207(공 1997, 3279); 대판 1998. 5. 8, 97다34563(공 1998, 1575); 대판 1998. 5. 22, 97다57689(공 1998, 1713) 등 다수. 이러한 판결에 관한 분석으로는 이광범, "불법행위로서의 명예훼손과 그 구제방법," 재판자료 제77집 헌법문제와 재판(하), 1997, 152면 이하 등이 있다.

8) 그런데 상당성의 증명문제를 고의·과실 문제로 보는 대법원 판결들도 있다. 즉, "방송 등 언론매체가 사실을 적시하여 개인의 명예를 훼손하는 행위를 한 경우에도 그것이 공공의 이해에 관한 사항으로서 그 목적이 오로지 공공의 이익을 위한 것일 때에는 적시된 사실이 진실이라는 증명이 있으면 그 행위에 위법성이 없다 할 것이고, 그 증명이 없다 하더라도 행위자가 그것이 진실이라고 믿었고 또 그렇게 믿을 상당한 이유가 있으면 그 행위에 대한 고의, 과실이 없다고 보아야 할 것"이라고 하였다. 대판 1995. 6. 16, 94다35718(공 1995, 2496); 대판 1998. 2. 27, 97다19038(공 1998, 867); 대판 1998. 5. 8, 96다36395(공 1998, 1572). 이는 日最判 1966(昭和 41). 6. 23(民集 20권 5호 1118면)의 입장과 동일하다.

첫째, '오로지 공공의 이익에 관한 때'라 함은 적시된 사실이 객관적으로 볼 때 공공의 이익에 관한 것으로서 행위자도 공공의 이익을 위하여 그 사실을 적시한 것이어야 한다. 이 경우에 적시된 사실이 공공의 이익에 관한 것인지 여부는 당해 적시 사실의 구체적 내용, 당해 사실의 공표가 이루어진 상대방의 범위, 그 표현의 방법 등 그 표현 자체에 관한 제반 사정을 감안함과 동시에 그 표현에 의하여 훼손되거나 훼손될 수 있는 명예의 침해 정도 등을 비교·고려하여 결정하여야 한다. 행위자의 주요한 목적이나 동기가 공공의 이익을 위한 것이라면 부수적으로 다른 사익적 동기가 내포되어 있었다고 하더라도 공공의 이익을 위한 것으로 보아야 한다.9) 언론보도에 관한 판결들을 보면, 공익성을 비교적 쉽게 인정하는 경향이 있다. 실제로는 오로지 공공의 이익에 관한 경우로 한정하는 것은 아니고 주로 공공의 이익에 관한 것이면 충분하다. 피해자가 공적 인물에 해당하는 경우에는 보도 내용 등이 공공의 이해에 관한 사항이거나 행위의 목적이 공공의 이익을 위한 것이라는 요건을 충족할 가능성이 크다.

둘째, '진실한 사실'이라고 함은 그 내용 전체의 취지를 살펴볼 때 중요한 부분이 객관적 사실과 합치되는 사실이라는 의미로서 세부에 있어 진실과 약간 차이가 나거나 다소 과장된 표현이 있더라도 무방하다.10) 자유로운 견해의 개진과 공개된 토론과정에서 다소 잘못되거나 과장된 표현은 피할 수 없다. 무릇 표현의 자유에는 그것이 생존함에 필요한 숨쉴 공간이 있어야 하므로 진실에의 부합 여부는 표현의 전체적인 취지가 중시되어야 하는 것이고 세부적인 문제까지 완전히 객관적 진실과 일치할 것이 요구되어서는 안 된다.11)

셋째, 진실이라고 믿을 만한 상당한 이유가 있는지 여부를 판단할 때 기사의 성격상 신속한 보도가 요청되는 것인가, 정보원이 믿을 만한가, 피해자와의 대면 등 진실의 확인이 용이한가 등을 고려하여야 한다고 하였다.12) 상당한 이유의 존부는 언론보도의 내용, 기사의 성격, 취재원의 신빙성, 진실확인절차 등 제반사정을 고려하여 통상적인 언론인을 기준으로 객관적으로 판단하여야 할 것이지만, 보

---

9) 대판 1996. 10. 11, 95다36329(공 1996, 3297); 대판 1998. 7. 14, 96다17257(공 1998, 2108); 대판 2002. 1. 22, 2000다37524, 37531(공 2002, 522).
10) 대판 1998. 10. 9, 97도158.
11) 대판 2002. 1. 22, 2000다37524(집 50-1, 민 43).
12) 대판 1997. 9. 30, 97다24207(공 1997, 3279).

도 내용이 진실이라고 믿을 만한 적절한 사정이 있으면 상당한 이유가 있다고 볼 수 있다. 대판 1998. 2. 27, 97다19038(공 1998, 867)은 상당성이 있는지 여부를 판단하면서 "특히 적시된 사실이 역사적 사실인 경우 시간이 경과함에 따라 점차 망인이나 그 유족의 명예보다는 역사적 사실에 대한 탐구 또는 표현의 자유가 보호되어야" 한다는 점도 고려하고 있는데, 피해자의 지위나 보도대상에 따라 상당성 기준이 달라질 수 있다는 점을 보여준다.

한편 헌재 1999. 6. 24, 97헌마265에서는 공적 인물의 공적인 활동과 관련된 신문보도로 인하여 명예훼손죄의 성립 여부가 문제되었는데, "진실이라고 믿을 수 있는 정당한 이유가 없는데도 진위(眞僞)를 알아보지 않고 게재한 허위 보도에 대하여는 면책을 주장할 수 없다."라고 결정하였다. 위와 같은 보도가 '진실이라고 믿을 수 있는 정당한 이유'가 없으면 진위를 알아보아야 한다고 하였기 때문에, 진실이라고 믿을 만한 정당한 이유가 있으면 진위를 알아보지 않고 보도해도 형사책임을 지지 않는다고 볼 수 있다. 이러한 논리가 종래의 '상당한 이유'에 관한 판단과 어떠한 관계에 있는지는 명확한 것이 아니지만, '진실이라고 믿을 만한 정당한 이유'를 '진위를 알아보아야 한다는 주의의무'와 구별하였다는 점에서 시사하는 바가 있다.

명예훼손 소송에서 상당성을 판단할 때 진실확인의무를 위반했는지를 고려하고 있다. 이 문제에 관한 법원의 종래의 판결들을 보면 상당성 요건을 지나치게 엄격하게 판단하고 있는데, 이는 바람직하지 못하다. 상당성 기준을 매개로 기자나 언론인에게 엄격한 진실확인의무를 부과하는 것은 언론의 자유를 침해하는 결과가 되기 때문이다. 기자 등 언론인이 제대로 확인하지 못하여 허위라는 것을 몰랐다고 하더라도 상당한 이유 또는 적당한 이유가 있다면 명예훼손책임을 지지 않는다고 보아야 한다. 진실확인을 위한 모든 노력을 다할 것은 언론인의 윤리영역으로 남겨두어야 한다. 그러한 노력을 다하지 못했다고 하더라도 비난을 할 수 있을지언정 손해배상책임이나 형사책임을 지워서는 안 된다. 표현의 자유와 인격권 사이에 숨쉴 수 있는 빈 공간을 남겨두어야 한다.13) 혹여 법원의 판결로 좋은 언론을 만들겠다는 생각을 할 수도 있지만, 이는 표현의 자유를 억압하는 결과를 초래할 뿐이고 결코 실현될 가능성도 없다. 나쁘다고 위법한 것은 아니다. 오히려 중립적인 공간을 인정하고 언론이 스스로 책임져야 할 자율적인 영역을 남겨두고 그 한

---

13) 김재형, "언론에 의한 인격권 침해에 대한 구제수단," 인권과 정의 제339호(2004. 11), 77면.

도에서는 인격권 등 다른 가치가 한 발짝 물러서야 한다.

(2) 공적 인물에 대한 명예훼손

(가) 공적 인물에 대한 명예훼손을 어떻게 판단할 것인지 문제된다. 미국에서는 공적 인물에 대한 명예훼손의 경우에는 매우 엄격한 요건에 따라 손해배상책임을 인정하고 있다. New York Times Co. v. Sullivan, 376 U.S. 254 (1964)는 미국 명예훼손법에서 기념비적인 판결이다. 이 판결은 공무원에 대한 명예훼손으로 손해배상이 인정되려면, 그 명예훼손적인 내용이 현실적인 악의(actual malice), 즉 그것이 허위라는 것을 알거나 또는 그 진위를 무모하게 무시하고 보도하였음을 피해자가 증명하여야 한다고 판결하였다.[14] 그 후 이 법리는 공적 인물(public figure)에 관한 이론으로 발전해 갔다. 공적 인물에는 공무원, 천재소년, 배우, 운동선수, 예술가 등과 같이 업적, 생활양식, 직업 등에 의하여 어느 정도 명성을 얻은 사람이 포함된다.[15] 나아가 범죄 사건의 피해자도 공적 인물이 될 수 있는데, 이를 비자발적인 공적 인물이라고 한다.[16] 우리나라에서도 이러한 영향을 받아 공인에 대한 명예훼손의 경우에 언론사에게 현실적 악의가 있는 경우에만 손해배상책임을 인정해야 한다는 주장이 있다.[17] 이는 언론 자유를 더욱 보장해야 한다는 헌법적 요청에서 그 근거를 찾고 있다.

그러나 우리나라 대법원은 현실적 악의론을 거부한다. 공인에 대한 명예훼손을 이유로 불법행위책임을 구하는 소송에서 위법성이 없다는 것에 대한 증명책임은 명예훼손행위를 한 언론매체에 있다고 한다. 대판 1997. 9. 30, 97다24207(공1997, 3279)은 "언론의 특성상 공직자의 윤리 및 비위 사실에 관한 보도에 있어서는 특별히 보도의 내용이 허위임을 알았거나 이를 무분별하게 무시한 경우에만 상당한 이유가 없다고 보아야 할 것이라거나 상당한 이유에 대한 입증책임을 피해자가 부담하여야 할 것이라는 등의 상고이유의 주장은 독자적인 견해에 불과하여 받아들일 수 없다."라고 판결하였다. 대판 1998. 5. 8, 97다34563(공 1998, 1575)은 "피해

---

14) 이 판결에 관한 최근의 논의를 소개한 것으로는 염규호, "설리번판결과 미국의 언론 자유," 언론중재 2004년 여름호(2004. 6), 60면 이하.

15) Prosser/Keeton, The Law of Torts, 5th ed., 1984, p. 410.

16) 공적 인물을 공무원, 전면적 공적 인물, 지역적인 전면적 공적 인물, 논쟁 사안의 공적 인물, 제한적인 공적 인물, 비자발적인 공적 인물로 구분하기도 한다.

17) 김민중, "원고의 신분과 명예훼손법리의 적용," 언론중재 2000년 여름호(2000. 6), 32면.

자가 공적 인물이라 하여 방송 등 언론매체의 명예훼손 행위가 현실적인 악의에 기한 것임을 그 피해자측에서 입증하여야 하는 것은 아니다."라고 하였다.18) 현실적 악의론을 그대로 수용하는 것에 대하여는 비판적인 견해가 많다.19) 미국의 명예훼손법에서 특징적인 점은 '징벌적 손해배상'과 '현실적 악의론'으로 대변될 수 있다. 명예훼손법에서 현실적 악의론은 징벌적 손해배상을 배제하기 위한 법리이다. 우리나라에서는 징벌적 손해배상이 인정되지 않기 때문에, 현실적 악의론을 채택하지 않은 것이라고 파악할 수도 있다.20)

　　(나) 우리나라에서는 공적 인물에 대한 명예훼손에서도 개별적인 이익형량을 통하여 위법성이 있는지 여부를 판단하고 있다. 그러나 공적 인물의 경우에는 사인과는 달리 언론의 자유를 우선시하고 있다. 헌재 1999. 6. 24, 97헌마265(헌집 11-1, 768)는, 형법상 명예훼손에 관한 사안에서, 공적 인물에 대한 명예훼손의 위법성을 판단할 때, 사인에 대한 명예훼손과는 다른 기준을 적용하여야 한다고 하였다.

　　"당해 표현으로 인한 피해자가 공적 인물인지 아니면 사인(私人)인지, 그 표현이 공적인 관심 사안에 관한 것인지 순수한 사적인 영역에 속하는 사안인지, 피해자가 당해 명예훼손적 표현의 위험을 자초(自招)한 것인지, 그 표현이 객관적으로 국민이 알아야 할 공공성·사회성을 갖춘 사실(알 권리)로서 여론형성이나 공개토론에 기여하는 것인지 등을 종합하여 구체적인 표현내용과 방식에 따라 상반되는 두 권리를 유형적으로 형량한 비례관계를 따져 언론의 자유에 대한 한계 설정을 할 필요가 있는 것이다. 공적 인물과 사인, 공적인 관심 사안과 사적인 영역에 속하는 사안 간에는 심사기준에 차이를 두어야 하고, 더욱이 이 사건과 같은 공적 인물이 그의 공적 활동과 관련된 명

---

18) 동지: 대판 2004. 2. 27, 2001다53387(공 2004, 594).

19) 한위수, "공적 존재의 정치적 이념에 관한 문제제기와 명예훼손," 민사재판의 제문제 제11권, 2002, 611면은 현실적 악의 원칙을 그대로 도입할 수 없는 이유를 상세하게 밝히고 있다.

20) 상세한 것은 김재형(주 13), 94면. 한편 미국의 징벌적 손해배상을 도입하여야 한다는 주장이 있고 이에 관한 입법을 추진한 바 있다. 그러나 우리나라는 미국과는 달리 손해배상 외에도 금지청구권, 반론보도청구권이나 명예회복에 필요한 조치를 청구할 수 있기 때문에, 징벌적 손해배상을 도입할 경우에 표현의 자유를 지나치게 위축시킬 우려가 있다. 우리나라에서 손해배상액의 산정기준이 모호하다고는 하나 징벌적 손해배상을 도입해서 해결할 일은 아니다. 명예훼손으로 인한 손해배상의 산정기준에 한정해서 말한다면, 법원이 할 수 없는 일을 입법으로 해결할 수 있는 것은 매우 제한적이다. 오히려 명예훼손에 관하여 유형별로 손해배상액을 산정하는 기준을 마련하는 것이 필요하다. 그리고 실질적인 피해자 구제가 필요하다면 피해자가 입은 손해에 맞게 배상을 하는 것으로 충분하다.

예훼손적 표현은 그 제한이 더 완화되어야 하는 등 개별사례에서의 이익형량에 따라 그 결론도 달라지게 된다.”

“객관적으로 국민이 알아야 할 공공성·사회성을 갖춘 사실(알 권리)은 민주제의 토대인 여론형성이나 공개토론에 기여하므로 형사제재로 인하여 이러한 사안의 게재(揭載)를 주저하게 만들어서는 안 된다. 신속한 보도를 생명으로 하는 신문의 속성상 허위를 진실한 것으로 믿고서 한 명예훼손적 표현에 정당성을 인정할 수 있거나, 중요한 내용이 아닌 사소한 부분에 대한 허위 보도는 모두 형사제재의 위협으로부터 자유로워야 한다. 시간과 싸우는 신문보도에 오류(誤謬)를 수반하는 표현은, 사상과 의견에 대한 아무런 제한없는 자유로운 표현을 보장하는 데 따른 불가피한 결과이고 이러한 표현도 자유토론과 진실확인에 필요한 것이므로 함께 보호되어야 하기 때문이다. 그러나 허위라는 것을 알거나 진실이라고 믿을 수 있는 정당한 이유가 없는데도 진위(眞僞)를 알아보지 않고 게재한 허위 보도에 대하여는 면책을 주장할 수 없다.”

그 후 대판 2002. 1. 22, 2000다37524, 37531(집 50-1, 민 43)은 ‘일반론’이라는 제목 아래 언론에 의한 명예훼손에 관한 종래의 판결을 종합하여 전개하고 있다. 특히 언론·출판의 자유와 명예보호 사이의 한계를 설정함에 있어서 표현된 내용이 사적 관계에 관한 것인가 공적 관계에 관한 것인가에 따라 차이가 있다고 지적한 다음, 위 헌법재판소 결정 중 (1) 부분을 거의 그대로 인용하고 있다. 나아가 공적인 존재의 정치적 이념에 관하여 다음과 같이 판단하고 있다.

“당해 표현이 공적인 존재의 정치적 이념에 관한 것인 때에는 특별한 의미가 있다. 그 공적인 존재가 가진 국가·사회적 영향력이 크면 클수록 그 존재가 가진 정치적 이념은 국가의 운명에까지 영향을 미치게 된다. 그러므로 그 존재가 가진 정치적 이념은 더욱 철저히 공개되고 검증되어야 하며, 이에 대한 의문이나 의혹은 그 개연성이 있는 한 광범위하게 문제제기가 허용되어야 하고 공개토론을 받아야 한다. 정확한 논증이나 공적인 판단이 내려지기 전이라 하여 그에 대한 의혹의 제기가 공적 존재의 명예보호라는 이름으로 봉쇄되어서는 안 되고 찬반토론을 통한 경쟁과정에서 도태되도록 하는 것이 민주적이다.

그런데 사람이나 단체가 가진 정치적 이념은 흔히 위장하는 일이 많을 뿐 아니라 정치적 이념의 성질상 그들이 어떠한 이념을 가지고 있는지를 정확히 증명해 낸다는 것은 거의 불가능한 일이다. 그러므로 이에 대한 의혹의 제기나 주관적인 평가가 진실에 부합하는지 혹은 진실하다고 믿을 만한 상당한 이유가 있는지를 따짐에 있어서는 일반의 경우에 있어서와 같이 엄격하게 입증해 낼 것을 요구해서는 안 되고, 그러한 의혹의 제기나 주관적인 평가를 내릴 수도 있는 구체적 정황의 제시로 입증의 부담을 완화해 주어야 한다. 그리고 그러한 구체적 정황을 입증하는 방법으로는 그들이 해 나온 정치적 주장과 활동 등을 입증함으로써 그들이 가진 정치적 이념을 미루어 판단하도록 할 수 있고, 그들이 해 나온 정치적 주장과 활동을 인정함에 있어서는 공인된 언론의 보도 내용이 중요한 자료가 될 수 있으며, 여기에 공지의 사실이나 법원에 현저한 사실도 활용할 수 있다."

이 판결은 기본적으로 개별적인 이익형량을 통하여 해결하는 종래의 판례를 따르고 있으나, 공적 존재의 경우에는 사적 존재와는 달리 비판이 폭넓게 인정되어야 한다고 하였다. 그런데 이 판단기준을 언론의 자유와 명예보호 사이의 충돌을 "조정하는 하나의 방법"이라고 하고 있다. 이는 다른 조정방법도 있다는 것을 의식한 것으로 볼 수 있다. 공적 존재에 대한 명예훼손은 좀 더 엄격한 기준하에서 인정된다고 한다. 즉, "당해 표현이 사적인 영역에 속하는 사안에 관한 것인 경우에는 언론의 자유보다 명예의 보호라는 인격권이 우선할 수 있으나, 공공적·사회적인 의미를 가진 사안에 관한 것인 경우에는 그 평가를 달리하여야 하고 언론의 자유에 대한 제한이 완화되어야 한다." 특히 당해 표현이 공적인 존재의 정치적 이념에 관한 것인 때에는 좀 더 엄격한 기준이 적용된다. 이에 대한 의혹의 제기나 주관적인 평가가 진실에 부합하는지 혹은 진실하다고 믿을 만한 상당한 이유가 있는지를 따질 때에는 일반의 경우와 같이 엄격하게 증명해 낼 것을 요구해서는 안 되고, 그러한 의혹의 제기나 주관적인 평가를 내릴 수도 있는 구체적 정황의 제시로 증명의 부담을 완화해 주어야 한다. 공적인 존재의 정치적 이념에 관하여 증명부담을 완화한 것은 표현의 자유를 위하여 바람직한 일이다. 정치적 이념에 관한 논쟁이나 토론에 법원이 직접 개입하여 사법적 책임을 부과하는 것은 바람직하지 않다. 어떤 사람이 가지고 있는 정치적 이념은 사실문제이기는 하나 의견과 섞여 있는 것으로 논쟁과 평가 없이는 정치적 이념을 판단하는 것 자체가 불가능하기 때문이다. 한편 공적 존재의 정치적 이념 이외의 영역에서도 '상당성'에 대한 증명을 완화하여야 할 것이나, 어느 정도 완화할 것인지는 개별적인 검토가 필요하다. 여기에서 나아가 사인(私人)의 경우에는 공공의 이익에 관한 경우에도 상당성이 있는 경우를 좁게 인정하는 경향이 있는데, 이 경우에도 상당성에 관한 증명의 부담을 완화하여야 한다.

(다) 대판 2002. 12. 24, 2000다14613(공 2003, 425)[21]은 위 (나)항의 2002년 대법원 판결을 따르고 있는데, "이 사건 기사와 이 사건 프로그램에서 공방의 대상으로 된 좌와 우의 이념문제, 그 연장선상에서 자유민주주의 가치를 앞세운 이념이냐 민족을 앞세운 통일이냐의 문제는 국가의 운명과 이에 따른 국민 개개인의 존재양식을 결정하는 중차대한 쟁점이고 이 논쟁에는 필연적으로 평가적인 요소가 수반되는 특성이 있다. 그러므로 이 문제에 관한 표현의 자유는 넓게 보장되어야 하고 이에 관한 일방의 타방에 대한 공격이 타방의 기본입장을 왜곡시키는 것이 아닌 한 부분적인 오류나 다소의 과장이 있다 하더라도 이를 들어 섣불리 불법행위의 책임을 인정함으로써 이 문제에 관한 언로를 봉쇄하여서는 안 된다."라고 하였다. 또한 대판 2004. 2. 27, 2001다53387(공 2004, 594)은 검사가 '한심한 검찰'이라는 제목으로 인터뷰를 보도한 방송에 대하여 명예훼손책임을 청구한 사건에 관한 것인데, 종래의 대법원 판결에서 나아가 공직자의 청렴성 등과 관련하여 새로운 위법성 요건을 추가하고 있다. 즉, "… 공공적, 사회적인 의미를 가진 사안에 관한 표현의 경우에는 언론의 자유에 대한 제한이 완화되어야 하고, 특히 공직자의 도덕성, 청렴성이나 그 업무처리가 정당하게 이루어지고 있는지 여부는 항상 국민의 감시와 비판의 대상이 되어야 한다는 점을 감안하면, 이러한 감시와 비판기능은 그것이 악의적이거나 현저히 상당성을 잃은 공격이 아닌 한 쉽게 제한되어서는 아니 된다."라고 하였다.[22] 그리하여 "이 사건 인터뷰의 방영은 피고들이 그 내용이 진실이라고 믿은 데에 상당한 이유가 있는 것이거나 공직자의 업무처리의 공정성 여부에 관한 언론의 감시와 비판기능의 중요성에 비추어 허용될 수 있는 범위 내의 것으로서 그 위법성을 인정할 수 없다."라고 판단하였다. 이러한 판례의 흐름을 보면 공직자의 도덕성, 청렴성, 업무처리의 정당성에 관한 의혹의 제기나 비판을 넓게 보장하려는 것이 대법원의 태도라고 할 수 있다. 그리하여 공직자의 업무와 관련해서는 공공의 이익에 관한 보도와는 달리 "악의적이거나 현저히 상당성을 잃은 공격"에 해당하는 경우에 한하여 위법성이 인정된다고 한다. 이것은 위법성의 판단 기준이 세밀화되고 있다는 것을 보여준다.

---

21) 이 판결에 대한 평석으로는 박철, "표현의 자유에 의한 명예훼손의 제한과 관용," 언론과 법 제 2 호(2003. 12), 333면 이하 참조.
22) 대판 2003. 7. 8, 2002다64384(공 2003, 1683); 대판 2003. 7. 22, 2002다62494(공 2003, 1770); 대판 2003. 9. 2, 2002다63558(공 2003, 1936).

최근에 나온 위 판결에서 공적 존재에 대한 명예훼손에서 표현의 자유를 강조하기 위하여 "표현의 자유에는 그것이 생존함에 필요한 숨쉴 공간이 있어야" 한다는 표현을 사용한다. 이러한 표현이 미국의 뉴욕 타임즈 사건에 연유한다고 볼 수 있다. 이를 들어 실질적으로 미국의 현실적 악의론을 수용하였다고 볼 수 있는지 문제될 수 있다. 그러나 공인의 명예훼손에 관하여 언론기관이 허위라는 사실을 알았거나 이를 무시하고 보도한 경우로 요건을 엄격하게 한정하고 증명책임을 피해자에게 전환한 것은 아니다. 대법원이 '악의적'이라는 표현을 사용하였지만, 이것이 현실적 악의와 동일한 의미도 아니다. 대법원은 미국의 공적 인물에 관한 이론을 그대로 수용한 것은 아니지만, 공적 존재의 정치적 이념 등과 관련하여 표현의 자유를 보장하는 방향으로 독자적인 기준을 만들어가고 있다고 말할 수 있다.23)

(3) 의견과 논평에 의한 명예훼손

(가) 의견과 사실의 구분

(ㄱ) 명예훼손에서 의견과 사실을 구분하여야 한다. 사실 보도에 한하여 허위인지 여부를 판가름할 수 있기 때문이다. 대판 1999. 2. 9, 98다31356(공 1999, 458)은 사실 보도의 경우와 의견 표명의 경우를 구분하고 의견 표명에 의한 명예훼손 성립 여부에 관하여 다음과 같은 기준을 제시하였다.

"그런데 민사상 타인에 대한 명예훼손 즉 사람의 품성, 덕행, 명성, 신용 등의 인격적 가치에 관하여 사회로부터 받는 객관적인 평가를 저하시키는 것은 사실을 적시하는 표현행위뿐만 아니라 의견 또는 논평을 표명하는 표현행위에 의하여도 성립할 수 있을 것인바, 어떤 사실을 기초로 하여 의견 또는 논평을 표명함으로써 타인의 명예를 훼손하는 경우에는 그 행위가 공공의 이해에 관한 사항에 관계되고, 그 목적이 공익을 도모하기 위한 것일 때에는 그와 같은 의견 또는 논평의 전제가 되는 사실이 중요한 부

---

23) 미국에서 공인 또는 공적 인물의 범위에 관하여 다양한 논의가 있는데, 우리나라에서 이러한 문제를 해결하기 위하여 공인이나 공적 인물이라는 용어가 적확한 것인지에 관하여 검토할 필요가 있다. 언론에 의한 명예훼손과 관련하여 유명한 운동선수를 공인에 포함시킬 수 있으나, 공인을 이와 같이 이해하는 것이 일상적인 어법으로 정착할 수 있을지는 의문이다. 미국에서는 범죄피해자를 공인에 포함시키기도 하지만, 우리나라에서 범죄피해자를 공인 또는 공적 인물이라고 부르기 어렵다. 물론 우리나라에서도 일정한 경우에 범죄피해자에 관한 보도를 공공의 이익에 관한 것으로 보아, 이에 대한 보도가 표현의 자유를 이유로 인격권 침해가 되지 않는다고 할 수도 있다. 미국과 우리나라에서 언론보도로 인한 명예훼손 사건에서 불법행위책임을 지지 않는다는 동일한 결론을 내릴 수 있으나, 이론구성이나 용어선택을 하는 것은 별개의 문제이다.

분에 있어서 진실이라는 증명이 있거나 그 전제가 되는 사실이 중요한 부분에 있어서 진실이라는 증명이 없더라도 표현행위를 한 사람이 그 전제가 되는 사실이 중요한 부분에 있어서 진실이라고 믿을 만한 상당한 이유가 있는 경우에는 위법성이 없다고 보아야 할 것이다.

이와 같이 의견 또는 논평을 표명하는 표현행위로 인한 명예훼손에 있어서는 그 의견 또는 논평 자체가 진실인가 혹은 객관적으로 정당한 것인가 하는 것은 위법성 판단의 기준이 될 수 없고, 그 의견 또는 논평의 전제가 되는 사실이 중요한 부분에 있어서 진실이라는 증명이 있는가, 혹은 그러한 증명이 없다면 표현행위를 한 사람이 그 전제가 되는 사실이 중요한 부분에 있어서 진실이라고 믿을 만한 상당한 이유가 있는가 하는 것이 위법성 판단의 기준이 되는 것이므로, 어떠한 표현행위가 명예훼손과 관련하여 문제가 되는 경우 그 표현이 사실을 적시하는 것인가 아니면 의견 또는 논평을 표명하는 것인가, 또 의견 또는 논평을 표명하는 것이라면 그와 동시에 묵시적으로라도 그 전제가 되는 사실을 적시하고 있는 것인가 그렇지 아니한가를 구별할 필요가 있다.

그런데 신문 등 언론매체가 특정인에 대한 기사를 게재한 경우 그 기사가 특정인의 명예를 훼손하는 내용인지 여부는 당해 기사의 객관적인 내용과 아울러 일반의 독자가 보통의 주의로 기사를 접하는 방법을 전제로 기사에 사용된 어휘의 통상적인 의미, 기사의 전체적인 흐름, 문구의 연결 방법 등을 기준으로 하여 판단하여야 할 것(대법원 1997. 10. 28. 선고 96다38032 판결 참조)인데, 이는 앞에서 본 사실 적시와 의견 또는 논평 표명의 구별, 의견 또는 논평 표명의 경우에 전제되는 사실을 적시하고 있는 것인지 여부의 판별에 있어서도 타당한 기준이 될 것이고, 아울러 사실 적시와 의견 또는 논평 표명의 구별, 의견 또는 논평 표명의 경우에 전제되는 사실을 적시하고 있는 것인지 여부의 판별에 있어서는 당해 기사가 게재된 보다 넓은 문맥이나 배경이 되는 사회적 흐름 등도 함께 고려하여야 할 것이다.

즉, 신문기사 가운데 그로 인한 명예훼손의 불법행위책임 인정 여부가 문제로 된 부분에 대하여 거기서 사용된 어휘만을 통상의 의미에 좇아 이해하는 경우에는 그것이 증거에 의하여 그 진위를 결정하는 것이 가능한 타인에 관한 특정의 사항을 주장하고 있는 것이라고 바로 해석되지 아니하는 경우라도 당해 부분 전후의 문맥과 기사가 게재될 당시에 일반의 독자가 가지고 있는 지식 내지 경험 등을 고려하여 볼 때에 그 부분이 간접적으로 증거에 의하여 그 진위를 결정하는 것이 가능한 타인에 관한 특정의 사항을 주장하는 것이라고 이해된다면 그 부분은 사실을 적시하는 것으로 보아야 할 것이고, 이를 묵시적으로 주장하는 것이라고 이해된다면 의견 또는 논평의 표명과 함께 그 전제되는 사실을 적시하는 것으로 보아야 할 것이다."

이 판결은 의견 또는 논평에 의한 명예훼손에 관하여 기준이 되는 판결이다.

그 의미는 다음과 같다.

첫째, 이 판결은 의견 또는 논평에 의한 명예훼손이 성립할 수 있다고 한 다음, 어떤 사실을 기초로 의견 또는 논평을 표명한 경우에 대해서 위법성 판단기준을 제시하고 있다. 즉, 어떤 사실을 기초로 하여 의견 또는 논평을 표명함으로써 타인의 명예를 훼손하는 경우에 '공익성'과 '진실 또는 상당성' 요건을 충족하면 위법성을 부정한다. 이때 진실 또는 상당성 요건은 그와 같은 의견 또는 논평의 전제가 되는 사실이 중요한 부분에 있어서 진실이라는 증명이 있는지, 그 전제가 되는 사실이 중요한 부분에 있어서 진실이라는 증명이 없더라도 표현행위를 한 사람이 그 전제가 되는 사실이 중요한 부분에 있어서 진실이라고 믿을 만한 상당한 이유가 있는지 여부에 따라 판단한다.24)

다만 사실을 적시하지 않은 순수의견에 의한 명예훼손의 성립가능성과 그것이 가능하다면 어떠한 경우에 위법성이 조각되는지라는 문제에 대해서는 명확한 입장을 밝히고 있지 않다.25) 이를테면 오로지 인신공격 목적으로 순수의견을 표명한 경우 혹은 전혀 공공의 관심사가 아닌 사항에 관하여 의견을 표명한 경우에는 불법행위가 성립할 여지도 있다.

둘째, 이 판결은 사실과 의견의 판별기준을 제시하고 있다. 증거에 의하여 신문기사의 진위를 결정하는 것이 가능한지에 따라 사실을 적시했는지를 판단하고 있는데, 이 기준은 사실과 의견을 구분하는 핵심적인 기준이다. 당해 기사의 객관적인 내용과 아울러 일반의 독자가 보통의 주의로 기사를 접하는 방법을 전제로 기사에 사용된 어휘의 통상적인 의미, 기사의 전체적인 흐름, 문구의 연결 방법 등을 기준으로 사실과 의견을 판단하여야 하고, 또한 당해 기사가 게재된 보다 넓은 문맥이나 배경이 되는 사회적 흐름 등도 함께 고려하여야 한다고 한다. 사실을 적시한 것인지를 판단할 때 신문기사에 사용된 어휘의 통상적인 의미만을 고려해서는 안 된다. 당해 부분 전후의 문맥과 기사가 게재될 당시에 일반의 독자가 가지고 있는 지식 또는 경험 등을 고려하여 볼 때 그 부분이 간접적으로 증거에 의하여 그 진위를 결정하는 것이 가능한 경우에는 사실을 적시한 것으로 보아야 한다. 이를 묵시적으로 주장하는 것이라고 이해할 수 있는 경우에도 사실의 적시로 보아

---

24) 형사판결에서도 마찬가지이다. 대판 2000. 2. 25, 98도2188(공 2000, 885).

25) 이 판결에 관한 재판연구관의 해설인 한기택, "광의의 의견 또는 논평에 의한 명예훼손," 대법원판례해설 제32호(1999년 상반기), 1999, 300면도 이 점을 지적하고 있다.

야 한다.

이 판결은 미국이나 일본의 판례에 의하여 영향을 받았지만, 동일한 것은 아니다. 이를 부정적으로 평가할 것은 아니고, 오히려 우리 대법원은 의견 또는 논평에 의한 명예훼손에 관하여 독자적인 기준을 설정하려고 노력하고 있다고 평가할수 있다.

(ㄴ) 위에서 본 대판 2002. 12. 24, 2000다14613은 사실과 의견을 구분하는 것이매우 어렵다는 것을 보여준다. KBS에서 1994. 1. 28. "대통령에 도전한다"와 6. 11. "한국전쟁 누가 일으켰는가"라는 다큐멘터리를 방영하였다. 이에 대하여 한국논단에 다음과 같은 비판이 실렸다. "KBS는 이 같은 역사적 사실을 늘 정반대로 왜곡하여 이승만을 사대주의자로 여운형을 민족주의자로 미화하는 말도 되지 않는 저질의 프로그램을 끊임없이 내보냈다. 한때 1TV의 다큐멘터리극장을 통해 시청자들을 상대로 이 같은 역사 왜곡을 자행하는 범죄를 저질렀던 것이다. 이것이 당시이 프로를 연출했던 PD의 자의적 해석이었다면 그는 분명히 주사파이다." 대법원은 "원고의 사상적 경향을 그가 제작한 프로그램 내용의 분석을 통하여 평가한 소위 '순수의견'으로 보이는 외관"을 가지고 있으나, 이 사건 기사 부분은 그 진위를가릴 수 있는 사실의 적시로 보았다. 나아가 "이 사건 기사 부분 중 위 프로그램의내용에 나타난 원고의 역사해석을 곧 주사파의 역사해석으로 단정하여 원고를 주사파로 지목한 부분은 지나친 논리의 비약이라 할 것이고, … 그 부분이 공적 존재의 정치적 이념에 관한 것으로서 진실성에 관한 입증의 부담을 완화하여야 한다는 입장에서 보더라도 이 부분 사실적시는 진실하거나 진실하다고 믿을 만한 상당한 이유가 있다고 보기 어려우며, '주사파'가 그 당시 우리나라의 현실에서 가지는부정적이고 치명적인 의미에 비추어 이를 단순히 수사적인 과장으로서 허용되는범위 내에 속한다고 보기는 어렵다." 그러나 위 문맥을 보면 주사파에 관한 부분도평가에 불과하다고 볼 여지도 있다. 그런데도 대법원이 사실의 적시로 보아 불법행위책임을 인정한 이유는 보도 당시인 1994년을 기준으로 주사파라는 표현이 우리나라 현실에서 갖는 부정적 의미를 고려하였기 때문이다. 이 정도는 당시 우리사회에서 인용할 수 없는 수준이라고 본 것이다. 시간의 경과와 함께 금기시되는영역이 없어지면, 종래 사실의 적시로 보아 명예훼손이라고 보았던 내용이 단순한수사적 과장에 불과하다는 판단을 할 수도 있을 것이다.

(나) 풍자만평

소설, 영화, 연극이나 만화에 의해서도 인격권이 침해될 수 있는데, 이러한 경우에는 언론보도와는 다른 고려가 필요하다.26) 대판 2000. 7. 28, 99다6203(공 2000, 1925)에서는 신문의 풍자만평에 의한 명예훼손이 문제되었다. 피고 A신문사는 1997. 12. 20.과 1998. 1. 21. 원고 등 3인 또는 5인이 항공권을 구입하거나 해외 도피를 의논하고 있는 장면을 담고 있는 풍자만화를 일간지에 게재하였다. 당시 원고 등이 경제위기의 책임자로 지목되면서 검찰수사 등이 거론되고 새로 출범할 정부가 경제위기의 원인규명과 책임자 처벌에 강한 의지를 피력하고 있었다. 원고는 피고들이 이 사건 만평들을 통하여 원고 등이 외환위기에 대한 처벌을 면하기 위하여 해외로 도피하려 하고 있거나 도피를 모의하고 있다는 내용의 허위사실을 적시함으로써 원고의 명예를 훼손하였다는 이유로 손해배상을 청구하였다.

원심은 원고 등이 경제위기와 관련된 책임 추궁 등을 면하기 어려운 절박한 상황에 처해 있음을 희화적으로 묘사하거나 원고 등이 해외로 도피할 가능성이 없지 않음을 암시함과 아울러 이들에 대한 출국금지조치가 필요하다는 견해를 우회하여 표현한 것일 뿐 원고 등이 해외로 도피할 의사를 갖고 있다거나 해외 도피를 계획 또는 모의하고 있다는 구체적 사실을 적시하였다고는 볼 수 없다는 이유로 명예훼손의 성립을 부정하였다.27) 원고가 상고하였으나, 대법원은 다음과 같은 이유로 이를 기각하였다.

"민법상 불법행위가 되는 명예훼손이란 사람의 품성, 덕행, 명성, 신용 등 인격적 가치에 대하여 사회로부터 받는 객관적인 평가를 침해하는 행위를 말하고, 그와 같은 객

---

26) 소설에 의한 인격권 침해에 관하여는 김재형, "모델소설과 인격권," 인권과 정의 제255호 (1997. 11), 44면 이하 참조.

27) 이 사건의 원심판결 중 다음과 같은 판단 부분은 매우 흥미롭다. "그러한 구체적인 사실의 적시 없이 단지 특정 인물이나 사건에 관하여 비평하거나 견해를 표명한 것에 불과할 때에는 명예훼손이 되지 않고, 나아가 이 사건과 같이 한두 컷(Cut)의 그림과 이에 관한 압축된 설명 문구를 통해 인물 또는 사건을 희화적(戲畫的)으로 묘사하거나 풍자(諷刺)하는 만평(漫評) 또는 풍자만화(Cartoon)의 경우에는 인물 또는 사건 풍자의 소재가 되는 구체적인 사실관계를 직접 적시하지 않고 이에 풍자적 외피(外皮)를 씌우거나 다른 사실관계에 빗대어 은유적(隱喩的)으로 표현하는 기법을 사용하는 만큼, 그 만평을 통하여 어떠한 사상(事象)이 적시 또는 표현되었는가를 판단하는 데에는 이와 같은 풍자적 외피 또는 은유를 제거한 다음, 작가가 그 만평을 게재한 동기, 그 만평에 사용된 풍자나 은유의 기법, 그 만평을 읽는 독자들의 지식 정도와 정보 수준, 그리고 그 만평의 소재가 된 객관적 상황이나 사실관계를 종합하여 그 만평이 독자들에게 어떠한 인상을 부여하는가를 기준으로 삼아야 한다."

관적인 평가를 침해하는 것인 이상, 의견 또는 논평을 표명하는 표현행위에 의하여도 성립할 수 있다." "다만 단순한 의견 개진만으로는 상대방의 사회적 평가가 저해된다고 할 수 없으므로, 의견 또는 논평의 표명이 사실의 적시를 전제로 하지 않은 순수한 의견 또는 논평일 경우에는 명예훼손으로 인한 손해배상책임은 성립되지 아니하나, 한편 여기에서 말하는 사실의 적시란 반드시 사실을 직접적으로 표현한 경우에 한정할 것은 아니고, 간접적이고 우회적인 표현에 의하더라도 그 표현의 전 취지에 비추어 그와 같은 사실의 존재를 암시하고, 또 이로써 특정인의 사회적 가치 내지 평가가 침해될 가능성이 있을 정도의 구체성이 있으면 족하다."[28]

의견이나 논평이 사실의 적시를 전제로 한 경우에는 위에서 본 바와 같이 명예훼손이 될 수 있다. 물론 간접적이고 우회적인 표현으로 허위사실을 암시하는 경우에도 명예훼손이 된다. 그러나 사실의 적시를 전제로 하지 않은 순수한 의견 또는 논평이 명예훼손으로 인한 손해배상책임을 성립시킬 수 있는지 문제되는데, 이 판결은 이를 부정한다. 이 판결에서 불법행위책임을 부정한 결론에는 찬성하나 그 근거에 관하여는 검토할 필요가 있다.[29]

형법에서 명예훼손죄가 성립하려면 구체적 사실을 적시하여야 하는데(형법 제307조), 민법에는 어떠한 경우에 명예훼손으로 인한 불법행위가 성립하는지에 관하여 명시적인 규정이 없다. 민법상 명예훼손의 성립 여부를 형법상의 명예훼손죄의 구성요건과 동일하게 보는 것이 법률용어의 일관성과 법체계의 통일성을 유지하는 데 바람직하다. 따라서 사실의 적시가 없는 경우에는 명예훼손이 되지 않는다고 하여야 한다.[30]

---

28) 또한 대판 2001. 1. 19, 2000다10208(공 2001, 497)은 위 대법원 1999년 2월 9일 판결에 따라 "사실을 적시하는 표현행위뿐만 아니라 의견 또는 논평을 표명하는 표현행위도 그와 동시에 묵시적으로라도 그 전제가 되는 사실을 적시하고 있다면 그에 의하여 민사상의 명예훼손이 성립할 수 있다."라고 하였으나, 사실과 의견이 혼합되어 있는 경우에 순수의견 부분은 명예훼손이 되지 않는다고 하였다. 즉, "피고는 이 사건 기사로 계엄이 불법이라는 자신의 의견을 표명하면서 그와 같이 보는 근거, 즉 그 의견의 기초가 되는 사실까지 따로 밝히고 있다고 할 것이므로, 피고가 표명한 의견 부분은 이른바 순수의견으로서 타인의 명예를 훼손하는 행위가 될 여지가 없다고 할 것이고, 한편 피고가 따로 밝히고 있는 의견의 기초가 되고 있는 사실, 즉 '계엄법이 1949. 11. 24.에 제정되었다는 사실'과 '이승만 정권이 1948. 11. 17.에 이 사건 계엄을 선포하였다는 사실'은 그 속에 타인의 사회적 평가를 저하시킬 만한 내용을 담고 있지 아니함이 명백하므로, 결국 이 사건 기사 중 계엄의 불법성에 관한 기사 부분은 그 전체가 명예훼손이 되지 아니한다."라고 판단하였다.
29) 이에 관하여는 김재형, "'언론과 인격권'에 관한 최근 판례의 동향," 언론중재 2001년 봄호 (2001. 3). 113면.

그렇다면 사실을 적시하지 않은 경우에는 불법행위책임이 인정되지 않는 것인 지 문제된다. 형법에서 구체적 사실을 적시하지 않는 경우에 모욕죄가 성립할 수 있는데, 이에 대응하여 모욕적이고 인신공격적인 의견 표명에 대해서도 민사적인 구제수단으로서 손해배상책임(민법 제751조)이 인정될 수 있다. 물론 순수한 의견 표명인 경우에는 불법행위가 성립할 가능성이 상대적으로 낮을 것이지만, 사실의 적시가 있는 의견 표명인지, 아니면 순수한 의견 표명인지 여부가 불법행위의 성 립 여부를 판가름하는 결정적인 기준이 될 수는 없다. 이 판결에서는 위 풍자만평 에 사실의 적시가 없다고 하여 명예훼손책임을 부정하였으나, 사실의 적시가 없다 고 하더라도 불법행위가 성립하는지 여부를 심리하였어야 한다. 이를테면 의견이 나 논평에서 사실의 적시가 없다고 하더라도 오로지 악의적으로 손해를 가할 목적 으로 행하여진 경우에는 불법행위가 성립할 수 있다. 이 사건에서 당사자인 원고 가 명예훼손을 이유로 한 손해배상책임만을 청구하였기 때문에, 변론주의의 원칙 에 따라 명예훼손에 대해서만 판단하였다고 볼 수도 있다. 그러나 법원은 명예훼 손이나 인격권 침해 소송에서 당사자의 그러한 주장에 엄격하게 구속되는 것은 아 니다. 모욕 등도 불법행위가 될 수 있기 때문에, 이 사건에서는 모욕 등을 이유로 한 불법행위의 성립 여부도 심리하여야 한다. 명예훼손이나 모욕은 형법상으로는 엄밀하게 구분되지만, 민사상으로는 모두 인격권 침해로서 불법행위를 이유로 한 손해배상책임을 발생시킬 수 있다. 다만 풍자만화나 시사만평의 경우에는 직설적 인 언행과는 달리 풍자나 은유를 동반하는 것으로, 어느 정도 과장된 표현은 감수 하여야 한다. 풍자만화나 시사만평을 보는 독자들도 그러한 과장이나 풍자를 그대 로 받아들이지는 않기 때문이다.

(다) 인신공격적 표현에 의한 불법행위책임

그 후 대법원은 인신공격적 표현에 대하여 불법행위책임을 인정한 예가 있다. 대판 2001. 7. 27, 2001다28626은 서울특별시 강남구 의회 의장을 비롯한 의원들이 의사당 내에서 도박성 내기 바둑과 장기를 두었다는 보도에 대한 것이다. 원심은

---

30) 다만 서울지법 서부지판 2000. 3. 22, 98가합14917(언론중재 2000년 여름호, 123면)은 "의견 또는 논평일지라도 그것이 진실에 반하는 사실의 적시를 포함하고 있다거나 의견 또는 논평임 을 빙자하여 사실상 타인의 명예를 해하는 허위의 사실을 암시하는 경우, 또 인신공격에 이르 는 등 논평으로서의 범위를 일탈하여 그것만으로도 사람의 인격적 가치에 관하여 사회로부터 받는 객관적인 평가를 저하시키는 경우에는 명예훼손에 해당한다."라고 하였다.

'막가파 구의회', '막가파 구의원', '동네 반장보다 못한 놈'이라 표현한 부분은 구체적 사실 적시로 볼 수 없으나 원고에 대한 경멸의 의사를 나타낸 표현으로서 원고의 사회적 평가를 저하하였다고 하였는데, 대법원은 이를 지지하였다.

위에서 본 대판 2002. 1. 22, 2000다37524, 37531(집 50-1, 민 43)은 "공적인 존재의 공적인 관심사에 관한 문제의 제기가 널리 허용되어야 한다고 하더라도 구체적 정황의 뒷받침도 없이 악의적으로 모함하는 일이 허용되지 않도록 경계해야 함은 물론 구체적 정황에 근거한 것이라 하더라도 그 표현방법에 있어서는 상대방의 인격을 존중하는 바탕 위에서 어휘를 선택하여야 하고, 아무리 비판을 받아야 할 사항이 있다고 하더라도 모멸적인 표현으로 모욕을 가하는 일은 허용될 수 없다."라고 한 다음, 각각의 표현에 대하여 개별적으로 판단하고 있다. 먼저 의견 표명에 대하여 불법행위책임을 부정한 부분을 보면, "'북한조선노동당의 이익을 위한 노동당운동'이라고 표현한 부분은 원고 민노총의 그와 같은 노동운동이 결과적으로 북한을 이익되게 하는 운동이라는 주관적인 평가를 '노동당운동'에 비유한 과장표현이라 할 것인바, 앞에서 전제한 바와 같이 공적인 존재의 정치적 이념에 대한 공개와 토론이 널리 허용되어야 한다는 필요성과 제시된 정황 및 현실투쟁의 강도와 양태 결과 등에 비추어 볼 때 이러한 정도의 과장표현으로 불법행위의 성립을 인정함으로써 언론의 자유를 제한해서는 안 될 것이다."라고 하였다. 이에 반하여 "원고 민노총의 투쟁방법을 '공산게릴라식 빨치산전투'라고 표현한 부분은 비록 그 표현 자체가 구체적인 사실의 적시가 아니라 원고 민노총의 투쟁방법을 그에 비유한 평가의 표현이라 하더라도, '공산게릴라식 빨치산전투'라 함은 공산주의 혁명을 달성하기 위해 적의 배후에서 파괴와 살상 등으로 기습, 교란하는 비정규부대의 유격전투를 뜻하는 표현으로서, 원고 민노총의 투쟁방법, 투쟁과정에서 나온 과격한 구호 등을 참작하여 본다고 하더라도 그 비유가 지나치고 감정적이고도 모멸적인 언사에 해당하여 이러한 모욕적인 표현까지 언론의 자유라는 이름 아래 보호받을 수는 없을 것이다."라고 하여 불법행위책임을 인정하였다. 이 판결은 모욕적인 표현에 대하여 불법행위책임을 인정한 것이라고 볼 수 있다.

대판 2003. 3. 25, 2001다84480(공 2003, 1040)은 TV 뉴스 프로그램에서 특정 변호사가 소송수행을 잘못하여 의뢰인에게 불리한 판결이 선고되도록 하였다는 기본적 사실에 기초하여 소위 '순백의 법조인'과 대비하여 '사람답게 살지 못한 사람'이

라거나 '한심하다 못해 분통이 터진다'는 등의 표현을 사용하여 의견을 표명한 것
은, 위 변호사의 잘못의 정도와 판결에 대한 영향을 지나치게 확대, 과장하여 평가
한 결과에 따른 표현으로서 그러한 의견 표명은 모멸적인 표현에 의한 인신공격에
해당하여 의견 표명으로서의 한계를 일탈한 불법행위가 될 수 있다고 판결하였다.

사실을 적시하지 않았지만 인신공격적인 표현으로 불법행위책임을 인정하는
경우에 대법원은 명예훼손이라는 표현을 사용하지 않고 있다. 사실을 적시하지 않
은 인신공격적인 표현으로 상대방의 사회적 평가가 저하될 수 있다. 그러나 사실
의 적시가 없기 때문에 명예훼손책임을 인정할 수 없다. 그렇다고 하더라도 책임
이 무조건 면제되는 것은 아니다. 사실을 적시하지 않은 순수의견은 명예훼손이
되지는 않지만, 모욕에 해당할 수 있다. 형법상으로는 모욕죄가 성립할 수도 있고,
민법상으로는 불법행위책임이 발생한다고 볼 수 있다. 우리나라의 불법행위 규정
하에서는 명예훼손과 모욕이 명확하게 구분되지 않고 이 둘은 포괄적으로 불법행
위책임의 발생원인이 될 수 있다. 그러나 언론기관에서 보도하는 의견의 경우에는
책임을 인정하는 경우를 대폭 제한해야 한다. 앞으로 어떠한 기준에 따라 모욕적
이고 인신공격적인 표현에 해당하는지 여부를 판단할 것인지가 중요한 문제로 등
장할 것이다.

㈜ 피의사실의 공표와 범죄 사건 보도

수사기관이 피의자의 자백을 받아 기자들에게 보도자료를 배포하는 경우가 많
다. 이와 같이 피의사실을 공표하는 경우에 명예훼손으로 인한 손해배상책임을 질
수 있다. 피의사실의 공표와 관련하여 중요한 판결들이 나왔는데,31) 대판 1999. 1.
26, 97다10215, 10222(공 1999, 330)는 상세한 법리를 전개하고 있다.

"… 수사기관의 피의사실 공표행위는 공권력에 의한 수사결과를 바탕으로 한 것으로
국민들에게 그 내용이 진실이라는 강한 신뢰를 부여함은 물론 그로 인하여 피의자나
피해자 나아가 그 주변 인물들에 대하여 치명적인 피해를 가할 수도 있다는 점을 고려
할 때, 수사기관의 발표는 원칙적으로 일반 국민들의 정당한 관심의 대상이 되는 사항
에 관하여 객관적이고도 충분한 증거나 자료를 바탕으로 한 사실 발표에 한정되어야
하고, 이를 발표함에 있어서도 정당한 목적하에 수사결과를 발표할 수 있는 권한을 가
진 자에 의하여 공식의 절차에 따라 행하여져야 하며, 무죄추정의 원칙에 반하여 유죄

---

31) 대판 1996. 8. 20, 94다29928(공 1996, 2776); 대판 1998. 7. 14, 96다17257(공 1998, 2108).

를 속단하게 할 우려가 있는 표현이나 추측 또는 예단을 불러일으킬 우려가 있는 표현
을 피하는 등 그 내용이나 표현 방법에 대하여도 유념하지 않으면 안 되므로, 수사기
관의 피의사실 공표행위가 위법성을 조각하는지의 여부를 판단함에 있어서는 공표 목
적의 공익성과 공표 내용의 공공성, 공표의 필요성, 공표된 피의사실의 객관성 및 정확
성, 공표의 절차와 형식, 그 표현 방법, 피의사실의 공표로 인하여 생기는 피침해이익
의 성질, 내용 등을 종합적으로 참작하여야 한다."[32]

언론기관이 범죄 사건이나 피의사실을 보도하였으나, 나중에 그것이 허위라는
것이 밝혀져 개인의 인격권을 침해한 것으로 인정되는 경우가 많다. 확정판결이
나오기 전까지는 무죄추정의 원칙이 적용되는데도 피의자를 범죄자로 단정하거나
피의자의 성명, 직업 등을 밝히게 되면 피의자에게 회복할 수 없는 손해를 초래하
게 된다. 언론매체의 범죄보도가 공익성을 띠고 일반 국민의 알 권리를 충족시키
는 측면도 있지만, 피의자의 인격권도 그에 못지않게 보호받아야 한다.

대판 1998. 7. 14, 96다17257(공 1998, 2108)은 범죄 사건 보도에 대하여 익명보
도의 원칙을 선언하고 있다.[33]

"일반적으로 대중 매체의 범죄 사건 보도는 범죄 행태를 비판적으로 조명하고, 사회
적 규범이 어떠한 내용을 가지고 있고, 그것을 위반하는 경우 그에 대한 법적 제재가
어떻게, 어떠한 내용으로 실현되는가를 알리고, 나아가 범죄의 사회문화적 여건을 밝히
고 그에 대한 사회적 대책을 강구하는 등 여론 형성에 필요한 정보를 제공하는 등의
역할을 하는 것으로 믿어지고, 따라서 대중 매체의 범죄 사건 보도는 공공성이 있는
것으로 취급할 수 있을 것이나, 범죄 자체를 보도하기 위하여 반드시 범인이나 범죄
혐의자의 신원을 명시할 필요가 있는 것은 아니고, 범인이나 범죄혐의자에 관한 보도
가 반드시 범죄 자체에 관한 보도와 같은 공공성을 가진다고 볼 수도 없다."

이 판결은 대중매체의 범죄 사건 보도가 공공성이 있다고 볼 수 있다고 하더
라도 범죄 자체를 보도하기 위하여 반드시 범인이나 범죄 혐의자의 신원을 명시할

---

32) 이 판결은 그와 같은 근거로 헌법 제27조 제4항의 무죄추정의 원칙, 형법 제126조의 피의사
실공표죄, 형사소송법 제198조의 검사 등 수사기관종사자의 비밀엄수 및 인권존중의무를 들고
있다.
33) 이 판결에 관한 평석으로는 韓騎澤, "言論의 犯罪事件 報道에 있어서 匿名報道의 原則," 大法
院判例解說 제31호(1998년 하반기), 1999, 110면 이하; 張鎭源, "言論의 犯罪事件報道로 인한
名譽毀損과 損害賠償請求," 法曹 제47권 12호(1998. 12), 157면 이하.

필요가 있는 것은 아니라고 한다. 특히 공적 인물이 아닌 사인에 대한 피의사실을 보도할 경우에는 특별히 예외적인 상황이 아닌 한 피의자의 신원이 노출되지 않도록 하여야 한다. 이 사건에서 원고들은 평범한 시민으로서 공적 인물이 아닌 이상 일반 국민들로서는 피고 언론 각사가 적시한 범죄에 대하여는 이를 알아야 할 정당한 이익이 있다 하더라도 그 범인이 바로 원고들이라고 하는 것까지 알아야 할 정당한 이익이 있다고 할 수 없다고 하였다. 대법원이 익명보도의 원칙을 선언한 것은 매우 의미 깊은 일이다. 피의사실에 관한 무분별한 보도관행에 상당한 제동을 걸었다고 볼 수 있다. 그러나 공적 인물을 판단하는 기준이 모호하기 때문에, 어떠한 경우에 익명보도의 원칙이 적용되는지에 관하여 논란이 많다.

대판 1999. 1. 26, 97다10215, 10222(공 1999, 330)는 "피의사실을 보도함에 있어 언론기관으로서는 보도에 앞서 피의사실의 진실성을 뒷받침할 적절하고도 충분한 취재를 하여야 함은 물론이고, 보도 내용 또한 객관적이고도 공정하여야 할 뿐만 아니라, 무죄추정의 원칙에 입각하여 보도의 형식 여하를 불문하고 혐의에 불과한 사실에 대하여 유죄를 암시하거나 독자들로 하여금 유죄의 인상을 줄 우려가 있는 용어나 표현을 사용하여서는 아니 되며, 특히 공적 인물이 아닌 사인(私人)의 경우 가급적 익명을 사용하는 등 피의자의 신원이 노출되지 않도록 주의해야 하지만, 한편으로 보도기관은 수사기관과는 달리 사실의 진위 여부를 확인함에 있어 현실적으로 상당한 제약을 받을 수밖에 없고, 신속한 보도의 필요성이 있을 때에는 그 조사에도 어느 정도 한계가 있을 수밖에 없는 점도 있다."라고 하였다.[34] 공적 인물이 아닌 사인의 경우에 익명으로 보도할 필요성이 높지만, 피의사실을 익명으로 보도하지 않았다고 하여 무조건 명예훼손책임이 발생하는 것은 아니다. 실명으로 피의사실을 보도한 경우에도 공익성 또는 상당성이 있는지 여부를 별도로 판단하여야 한다.

3. 프라이버시 침해

(1) 개   설

개인의 사생활이나 프라이버시가 매우 중요한 가치로 인성되고 있다. 최근 인

---

34) 이 판결에 관한 평석으로는 한웅길, "피의사실 보도에 의한 명예훼손," 판례월보 제352호 (2000. 1), 26면 이하.

터넷 등 과학기술의 발달로 말미암아 개인정보가 디지털화하는 현상이 발생하면서 광범위한 개인정보침해가 중요한 문제로 부각되고 있다. 학생정보에 관한 NEIS 시스템과 관련된 논란이나 수능부정 수사와 관련된 문제의 중심에 프라이버시의 문제가 있다.

프라이버시는 미국에서 생성된 개념[35])으로 "홀로 있을 권리(the right to be let alone)"[36])를 의미하는 것이었다. 미국에서는 사생활의 침해와 공개뿐만 아니라, 성명 또는 초상 등에 대한 침해 등도 프라이버시 침해로 파악한다.[37]) 독일에서는 일반적 인격권(allgemeines Persönlichkeitsrecht)에 관한 이론이 발달하였는데, 미국에서 프라이버시라는 이름으로 보호되는 것은 독일에서 일반적 인격권에 의하여 보호되고 있다. 특히 사적 영역은 프라이버시와 유사한 의미로 사용되고 있다. 그러나 독일에서 명문의 규정이 있는 초상권과 성명권은 통상 개별적 인격권으로 분류되고 있기 때문에, 독일의 사적 영역의 침해가 미국의 프라이버시 침해와 동일한 것은 아니다.[38]) 일본에서는 1950년대 후반에 프라이버시에 관한 논의가 활발하게 이루어졌는데, 1964년 '잔치의 흔적' 사건[39])에서 동경지방재판소가 프라이버시권을 최초로 인정한 이래, 프라이버시권에 관한 판결들이 계속 나오고 있다.[40]) 일본의 학설[41])은 인격권에 명예권, 초상권, 성명권, 프라이버시권 등이 포함된다고 하는데, 프라이버시라는 용어를 미국과는 달리 초상권, 성명권을 제외한 개념으로 사용하고 있다. 프라이버시의 문제는 나라마다 다루는 방식이 다르다는 것을 알 수 있다. 우리나라에서도 프라이버시라는 용어는 매우 다양하게 사용되고 있는데, 프라이버

---

35) Warren/Brandeis, "The Right to Privacy," 4 Havard Law Review 193 (1890).

36) 이것은 Cooley 판사가 사용한 말이라고 한다. Prosser/Keeton(주 15), p. 849.

37) Prosser, "Privacy," 48 California Law Review 383, 389 (1960).

38) 한편 미국에는 인격권에 대응하는 용어가 없었다. 그러나 현재는 인격권에 대응하는 용어로 moral right 또는 right of personality라는 용어를 사용하고 있다.

39) 東京地判 1964(昭和 39). 9. 28(下民集 15권 9호 2317면; 判例時報 385호 12면). 이 판결은 프라이버시권이 인격권에 포섭되는 것이지만, 이를 '하나의 권리'라고 볼 수도 있다고 하였다.

40) 日最判 1981(昭和 56). 4. 14(民集 35권 3호, 620면)에서 다수의견은 지방공공단체의 전과회답이 위법하다고 판결하면서 프라이버시라는 개념의 사용을 피하고 있는데, 伊藤正己 재판관은 보충의견에서 "타인에게 알리고 싶지 않은 개인의 정보는 그것이 비록 합치하는 것이라고 할지라도 그 사람의 프라이버시로서 법률상의 보호를 받아 이것을 함부로 공개하는 것은 허락되지 않으며, 위법하게 타인의 프라이버시를 침해하는 것은 불법행위를 구성하는 것"이라고 하였다. 프라이버시를 긍정하는 최고재판소 판결로는 日最判 1994(平成 6). 2. 8(民集 48권 2호, 148면); 日最判 2002(平成 14). 9. 24(判例時報 1802)이 있다.

41) 五十嵐淸, 人格權論, 一粒社, 1989, 11면.

시는 사생활과 동의어로 사용하기도 하나, 이보다 넓게 초상권, 성명권을 포함해서 파악하는 것이 바람직하다고 본다.42) 우리나라에서는 성명권이나 초상권에 관한 판결들은 상당수 있으나, 그 밖에 사생활의 침해를 인정한 판결들43)은 많지 않았다.44)

(2) 사생활 침해에 관한 판례

대판 1998. 7. 24, 96다42789(공 1998, 2200)는 보안사의 민간인 사찰에 관하여 국가배상책임을 인정한 판결이다. 이 판결은 헌법 제10조와 제17조의 규정은 개인의 사생활 활동이 타인으로부터 침해되거나 사생활이 함부로 공개되지 아니할 소극적인 권리는 물론, 오늘날 고도로 정보화된 현대사회에서 자신에 대한 정보를 자율적으로 통제할 수 있는 적극적인 권리까지도 보장하려는 데에 그 취지가 있다고 한다. 이 사건에서 "피고 산하 국군보안사령부가 군과 관련된 첩보 수집, 특정한 군사법원 관할 범죄의 수사 등 법령에 규정된 직무범위를 벗어나 민간인인 원고들을 대상으로 평소의 동향을 감시·파악할 목적으로 지속적으로 개인의 집회·결사에 관한 활동이나 사생활에 관한 정보를 미행, 망원 활용, 탐문채집 등의 방법으로 비밀리에 수집·관리하였다면, 이는 헌법에 의하여 보장된 원고들의 기본권을 침해한 것으로서 불법행위를 구성한다."라고 판결하였다.45) 이 판결은 개인의 사생활에 속하는 사항을 제 3 자에게 공개하지 않았는데도 국가기관이 그 직무범위를 벗어나 비밀리에 사생활에 속하는 사항을 수집, 관리한 것은 위법하다고 한 점에서 중요한 의미가 있다.

대판 1998. 9. 4, 96다11327(공 1998, 2377)46)은 언론에 의한 사생활 또는 프라이

---

42) 김재형(주 2), 645면 이하.

43) 대판 1997. 5. 23, 96누2439(공 1997, 1888). 원심은, 원고가 공개를 청구한 이 사건 자료 중 일부는 개인이 인적 사항, 재산에 관한 내용이 포함되어 있어서 공개될 경우에는 타인의 사생활의 비밀과 자유를 침해할 우려가 있다고 판단하였는데, 대법원은 원심판단이 정당하다고 하였다.

44) 사생활의 비밀에 관한 재판례에 관하여는 양창수, "사생활 비밀의 보호─사법적 측면을 중심으로," 저스티스 제76호(2003. 12), 47면 이하 참조.

45) 이 판결은 공적 인물에 대하여는 사생활의 비밀과 자유가 일정한 범위 내에서 제한되어 그 사생활의 공개가 면책되는 경우도 있을 수 있으나, 이는 공적 인물은 통상인에 비하여 일반 국민의 알 권리의 대상이 되고 그 공개가 공공의 이익이 된다는 데 근거한 것이므로, 이 사건과 같이 일반 국민의 알 권리와는 무관하게 국가기관이 평소의 동향을 감시할 목적으로 개인의 정보를 비밀리에 수집한 경우에는 그 대상자가 공적 인물이라는 이유만으로 면책될 수 없다고 한다.

46) 대판 1998. 9. 4, 96다11327(공 1998, 2377). 그 원심판결인 서울고판 1996. 2. 2, 95나25819(국내언론관계판례집 제 4 집, 242면)에 관하여 상세한 것은 김재형, "언론의 사실 보도로 인한 인

버시의 공개를 이유로 손해배상책임을 인정한 최초의 대법원 판결로서 이 문제에 관하여 중요한 기준을 제시하고 있다.

사안은 다음과 같다. 원고는 유방 확대 수술을 받고 그 부작용으로 고통을 겪고 있었다. 피고 회사(방송국)의 "PD수첩" 프로그램 제작진의 일원인 피고 A가 원고를 취재하였다. 원고는 피고 A에게 원고를 알아보지 못하도록 하여 달라는 조건을 붙여 취재 및 방영을 승낙하였다. 피고 A는 1994. 7. 5. 위 "PD수첩" 프로그램을 통하여 위 취재 내용을 방송하였다. 당시 원고의 성명 대신 가명을 사용하고 화면은 원고의 우측에서 조명을 투사하여 벽(셋팅)에 나타나는 그림자를 방영하였으나 그 그림자에 원고의 우측 옆모습, 즉 눈, 코, 입 모양과 머리 모양이 섬세하게 나타나고, 목소리는 원고의 肉聲을 그대로 방송하였다. "PD수첩" 프로그램에서 유방 확대 수술로 고통을 받고 있는 원고와 인터뷰를 방송하면서 원고를 알아보지 못하도록 하겠다는 조건을 위반한 경우 불법행위가 성립하는지 여부가 문제된다. 원심[47]은 "이 사건 방송을 시청한 원고의 주위 사람들이 쉽게 원고를 알아볼 수 있게 한 과실로 인하여 원고의 사생활의 자유와 비밀 및 초상권을 침해하였다."라고 판단하였다. 대법원은 피고의 상고를 기각하였다.

"사람은 자신의 사생활의 비밀에 관한 사항을 함부로 타인에게 공개당하지 아니할 법적 이익을 가진다고 할 것이므로, 개인의 사생활의 비밀에 관한 사항은, 그것이 공공의 이해와 관련되어 공중의 정당한 관심의 대상이 되는 사항이 아닌 한, 비밀로서 보호되어야 하고, 이를 부당하게 공개하는 것은 불법행위를 구성한다."

"피고 회사가 이 사건 프로그램을 방송한 것은 일반 국민들에게 실리콘 백을 이용한 유방 확대 수술의 위험성을 알리고 그로 인한 보상 방법 등에 관한 정보를 제공하기 위한 것으로서 공공의 이해에 관한 사항에 대하여 공익을 목적으로 한 것이라고 할 것이나, 그러한 수술을 받고 부작용으로 고생하고 있는 사례로 위 방송에서 소개된 사람이 누구인가 하는 점은 개인의 사생활의 비밀에 속한 사항이지 공중의 정당한 관심의 대상이 되는 사항이라고 할 수 없고, 따라서 위 방송이 시청자들에게 위와 같은 의학적, 법적 정보를 제공하기 위하여 제작된 것이라고 하더라도 이를 위하여 위 방송에서 소개된 사람이 원고임을 밝힐 필요까지는 없는 것이므로, 피고들이 이 사건 프로그램을 방영하면서 원고의 신분노출을 막기 위한 적절한 조치를 취하지 아니하고 원고 주변 사람들로 하여금 원고가 위 수술을 받은 사실을 알 수 있도록 한 것은 원고의 사생활의 비밀을 무단 공개한 것으로서 불법행위를 구성한다."

"본인의 승낙을 받고 승낙의 범위 내에서 그의 사생활에 관한 사항을 공개할 경우 이는 위법한 것이라 할 수 없다 할 것이나, 본인의 승낙을 받은 경우에도 승낙의 범위

격권 침해," 서울대학교 법학 제39권 1호(1998. 5), 189면 이하 참조.
[47] 서울고판 1996. 2. 2, 95나25819(국내언론관계판결집 제 4 집 243면).

를 초과하여 승낙 당시의 예상과는 다른 목적이나 방법으로 이러한 사항을 공개할 경우 이는 위법한 것이라 아니할 수 없다." "피고 A가 원고로부터 아무도 원고를 알아볼 수 없도록 하여 달라는 조건하에 취재 및 방영을 승낙받은 이상 영상을 모자이크 무늬로 가리고 음성을 변조하는 등 원고 주변 사람들을 포함한 일반인들이 피촬영자가 원고임을 알아볼 수 없도록 적절한 조치를 취한 다음 이를 방영하여야 하고, 그러한 방법에 의하여 원고의 신분노출을 막을 수 있음에도 불구하고 시청자들의 관심을 끌기 위한 방편으로 이러한 방법을 취하지 아니한 채 원고의 육성을 그대로 방송하는 등 앞서 본 바와 같은 방법으로 방송함으로써 원고 주변 사람들로 하여금 피촬영자가 원고임을 알 수 있도록 한 이상 이는 원고의 승낙 범위를 초과하여 승낙 당시의 예상과는 다른 방법으로 부당하게 원고의 사생활을 공개한 것으로 봄이 상당하고, 피고 회사가 종전 뉴스데스크 프로그램에서 원고의 뒷모습을 방영하고 육성을 그대로 방송함에 대하여 원고가 아무런 이의를 제기하지 아니하였다든가 원고가 피고 A의 전화 인터뷰에 응하여 주고 나아가 방송출연을 승낙하는 등의 사정이 있었다 하여 이 사건 방송에 있어 원고의 동일성을 식별할 수 있도록 방영하는 것에 대한 승낙까지 한 것으로는 볼 수 없다."

자신의 사생활의 비밀에 관한 사항을 함부로 타인에게 공개당하지 아니할 법적 이익은 인격권의 중요한 내용인 프라이버시권에 포함된다. 사생활의 비밀을 부당하게 공개하는 것은 불법행위를 구성한다. 피고가 원고와 인터뷰를 보도하면서 원고의 얼굴 윤곽과 음성을 그대로 방송하였는데, 이는 초상권과 음성권을 침해한 것이다.[48] 이 사건에서는 사생활의 비밀뿐만 아니라, 초상권과 음성권이 침해되었다고 볼 수 있다.

이 사건에서 피고 A가 원고의 동의를 얻어 인터뷰를 하고 이를 보도한 것이기 때문에 원고의 동의 범위에 속하는 것인지에 관하여 살펴볼 필요가 있다. 원고는 피고와 인터뷰하면서 유방 확대 수술을 받았고, 그 부작용으로 고통받고 있다고 말하였다. 이러한 내용만을 보도했다면, 원고가 공개에 대하여 동의한 것이기 때문에 사생활 침해에 해당하지 않는다. 그런데 원고의 얼굴 윤곽과 음성을 그대로 방송한 것은 동의의 범위를 벗어난다.[49]

---

48) 상세한 것은 김재형(주 46), 201-202면.
49) 우리나라에서 동의의 범위와 관련된 하급심 판결들이 상당수 있다. 서울민사지판 1993. 7. 8, 92가단57989(국내언론관계판례집 제 3 집, 177면); 서울민사지판 1994. 3. 30, 93나31886(국내언론관계판례집 제 3 집, 180면); 서울고판 1989. 1. 23, 88나38770(하집 1989-1, 148); 서울민사지판 1988. 9. 9, 87가합6032(언론중재 1989년 봄호, 173면); 서울민사지판 1989. 7. 25, 88가합

이 판결에서 가장 핵심적인 판단은 사생활의 비밀에 속하는 사항이 "공공의 이해와 관련되어 공중의 정당한 관심의 대상이 되는 사항"인 경우에는 불법행위가 되지 않는다고 한 부분이다. 이 사건에서 원고가 실리콘을 이용한 유방 확대 수술을 받고 부작용으로 고통을 받고 있다고 하여 공적 인물이 되었다고 볼 수는 없다. 그러나 실리콘을 이용하여 유방 확대 수술을 받는 것은 위험하다는 보도 내용은 공적 이익에 관한 것이고, 이를 일반국민들이나 의사들에게 경각심을 고취하기 위하여 원고와의 인터뷰를 방송했다고 볼 수 있다. 그러한 수술을 받고 부작용으로 고생하고 있는 사례로 위 방송에서 소개된 사람이 누구인가 하는 점은 개인의 사생활의 비밀에 속한 사항이지 공중의 정당한 관심의 대상이 되는 사항이 아니다. 공공의 이익에 관한 사항을 보도하는 경우에도 개인의 사생활을 과도하게 침해하는 것까지 허용된다고 볼 수는 없다.

미국에서는 공적 인물의 사생활을 보도하는 경우에는 허위 보도의 경우와 달리 언론이 거의 책임을 지지 않는다고 한다.[50] 이를 공인, 즉 공적 인물의 이론이라고 하는데, 프라이버시권이 침해되었다고 주장하는 자의 사회적 지위에 따라 프라이버시권의 한계를 정한다. 그 근거로 공적 인물은 ① 공개를 원했거나 공개에 동의했다는 점, ② 그의 존재나 직업이 이미 공적 성격을 띤다는 점, ③ 언론은 대중에게 공익에 관한 정당한 관심사항으로 된 것을 알릴 특권을 헌법상 보장받는다는 점 등을 든다.[51] 그러나 유명한 영화배우라도 친구끼리 모여 노는 것과 같은 단순한 사생활은 프라이버시에 의하여 보호된다고 한다. 그리고 언론이 공공의 이익에 관한 사항을 보도한 경우에는 프라이버시 침해가 되지 않는다고 한다.[52] 공공의 이익은 정보의 이익이라고도 하는데, 사회구성원이 어떤 사실을 아는 데 정당한 관심을 가지고 있고, 그것을 아는 것이 사회에 이익이 되는 것을 가리킨다. 그러나 단순히 대중의 호기심을 충족시키는 것에 불과한 것은 정당한 관심의 대상이라고 보기 어렵다.

31161(법률신문 1989. 9. 21. 자, 8면); 서울민사지판 1992. 9. 22, 92가합12051(법률신문 1992. 11. 26. 자, 9면); 서울지법 동부지판 1990. 1. 25, 89가합13064(하집 1990-1, 126); 서울고판 1996. 6. 18, 96나282.

50) Prosser/Keeton(주 15), p. 862.

51) Prosser/Keeton(주 15), p. 411.

52) Warren/Brandeis(주 35), p. 214에 의하면, 프라이버시는 공공의 이익 또는 일반적 이익이 되는 사항의 공개를 금지하는 것은 아니라고 하였다.

우리나라에서 미국의 공인 이론을 그대로 수용하는 것은 무리라고 생각된다. 그러나 공적 인물에 관한 보도는 공공의 이익 또는 공적 관심사에 속하는 경우가 많을 것이기 때문에, 공인에 관한 보도인지는 프라이버시 침해 여부를 판단할 때 중요한 고려요소가 된다. 따라서 공인의 사생활을 보도하거나 사진을 게재하는 경우에는 언론이 거의 책임을 지지 않게 된다.53) 물론 공인이라고 하더라도 사생활의 은밀한 부분을 폭로하는 보도는 허용되지 않는다. 주의할 것은 공인 이론은 프라이버시 침해의 유형 중에서 '사생활의 공개'와 '공중에게 왜곡된 인상을 심어주는 행위'에 대해서만 적용된다는 점이다.54)

4. 금지청구권 문제55)

(1) 의의와 근거

인격권에 기한 금지청구권에 관해서는 법률에 명문의 규정이 없다.56) 그런데 인격권이 침해된 경우에 손해배상청구가 인정된다고 하더라도 이는 사후적인 구제수단에 불과하여 피해자를 보호하는 데 만족스럽지 못하다. 그리하여 인격권을 침해하는 경우에 금지청구를 할 수 있는지, 가능하다면 어떠한 요건이 필요한지 문제된다.

인격권을 침해할 우려가 있는 경우에 금지청구권이 인정된다.57) 법원의 실무에서 1980년대부터 인격권에 기한 금지청구권을 인정한 사례가 상당수 있었다.58)

---

53) Prosser/Keeton(주 15), p. 862.

54) Prosser/Keeton(주 15), p. 859.

55) 이 부분은 김재형(주 13), 83면 이하를 요약한 것이다.

56) 금지청구(禁止請求)라는 용어를 사용하는 경우도 있고, 유지청구(留止請求)라는 용어를 사용하는 경우도 있다. 이 문제는 기호의 문제에 불과할 수도 있으나, 좀 더 이해하기 쉬운 용어를 사용하는 것이 바람직하다. 그리하여 필자는 금지청구라는 용어를 사용하고 있다. 법원의 판결에서도 주로 금지청구권이라는 용어를 사용하고 있다. 김재형(주 13), 83면.

57) 권성 외 4인, "인격권에 기한 금지청구권을 피보전권리로 한 가처분 및 간접강제명령의 병기의 가부," 가처분의 연구, 박영사, 1994, 497면; 한위수, "명예의 훼손과 민사상의 제문제," 사법논집 제24집, 1993, 449-453면; 양창수, "정보화사회와 프라이버시의 보호," 민법연구 제 1 권, 박영사, 1991, 525면; 김상용, "인격권 침해에 대한 사법적 구제방법의 비교 고찰(3)," 사법행정 제322호(1988. 2), 65-66면; 박용상, "표현행위에 대한 부작위청구권," 기업과 법(도암 김교창 변호사 화갑기념논문집), 1997, 951면.

58) 서울민지결 1987. 12. 4, 87카53922; 서울민지결 1988. 2. 27, 87카36203; 서울민지결 1988. 6. 20, 88카28987; 서울민지결 1992. 5. 16, 92카44613 등.

대법원 판결로는 1996년에 처음으로 인격권에 기한 금지청구권을 인정하였다.[59)]
이 판결은 비방광고로 인한 인격권 침해에 대하여 사전 구제수단으로서 광고중지
청구를 인정한다. 원심판결 이유는 다음과 같다. 즉, '인격권은 그 성질상 일단 침
해된 후의 구제수단(금전배상이나 명예회복 처분 등)만으로는 그 피해의 완전한 회복
이 어렵고 손해전보의 실효성을 기대하기 어려우므로, 인격권 침해에 대하여는 사
전(예방적) 구제수단으로 침해행위 정지·방지 등의 금지청구권도 인정된다. 우리나
라 우유업계 전체가 이른바 '광고전쟁'의 소용돌이에 휘말리게 된 경위와 그 동안
의 피고의 광고 행태에 비추어 보면, 피고가 원고를 비방하는 광고를 재현할 위험
은 아직도 존재하므로 원고는 피고가 자행할 위법한 광고로부터 그 명예·신용 등
을 보전하기 위하여 피고에게 그러한 광고의 중지를 요구할 권리가 있다.' 대법원
은 이러한 원심판결을 옳다고 하였다.[60)61)]

　　인격권에 기한 금지청구권의 근거가 무엇인지 문제된다. 물권적 청구권을 유
추 적용하는 견해[62)]가 타당하다. 소유권 침해의 경우에 소유물방해배제청구권과
손해배상청구권은 적용법규가 다르다. 소유물방해배제 및 예방청구권에 관해서는
물권편에 있는 민법 제214조에서 규정하고 있고, 불법행위로 인한 손해배상에 관
해서는 채권편에 있는 민법 제750조가 적용된다. 인격권을 침해한 경우에도 이와
유사하게 해결하여야 한다. 손해배상청구권은 불법행위규정에 따라 발생하지만, 인
격권에 기한 금지청구를 하는 것은 물권적 청구권에 관한 규정을 유추 적용하는

---

59) 대판 1996. 4. 12, 93다40614, 40621(공 1996, 1486). 이 판결에 대한 평석으로는 강용현, "비
　　방광고를 한 자에 대하여 사전에 광고금지를 명하는 판결 및 그 판결절차에서 명하는 간접강
　　제," 대법원판례해설 제25호(1996년 상반기), 1996, 69면 이하가 있다.

60) 그 후 대판 1997. 10. 24, 96다17851(공 1997, 3574)도 위 판결과 마찬가지로 "사람(종중 등의
　　경우에도 마찬가지이다)이 갖는 이와 같은 명예에 관한 권리는 일종의 인격권으로 볼 수 있는
　　것으로서, 그 성질상 일단 침해된 후에는 금전배상이나 명예 회복에 필요한 처분 등의 구제수
　　단만으로는 그 피해의 완전한 회복이 어렵고 손해 전보의 실효성을 기대하기 어려우므로, 이와
　　같은 인격권의 침해에 대하여는 사전 예방적 구제수단으로 침해행위의 정지·방지 등의 금지청
　　구권이 인정될 수 있다."라고 판결하였다.

61) 헌재 1991. 4. 1, 89헌마160(헌집 3, 149)은, 법원이 사죄광고를 명하고 이를 강제집행하는 것
　　이 양심의 자유와 인격권을 침해하는 것으로서 헌법에 위반된다고 하였다. 위 대법원 1996년
　　판결은 위 헌법재판소 결정을 수용한 것이라고 볼 수 있다.

62) 김증한·김학동, 물권법, 제 9 판, 박영사, 1997, 296면; 이영준, 한국민법론[물권편], 신정 2 판,
　　박영사, 2004, 525면; 양창수(주 56), 525면; 윤철홍, "인격권 침해에 대한 사법적 고찰," 민사법
　　학 제16호, 1998, 225면; 이근웅, "출판물에 관한 가처분," 재판자료 제46집 보전소송에 관한
　　제문제(하), 법원행정처, 1989, 369면; 지홍원, "인격권의 침해," 사법논집 제10집, 1979, 220면;
　　한위수(주 57), 451면.

방식으로 해결하여야 한다. 인격권과 물권은 사람과 물건의 관계만큼이나 그 성질이 다르다. 그러나 인격권은 물권과 마찬가지로 절대권의 일종으로 그 침해를 배제할 수 있는 배타적 권리이다. 물건에 대한 권리를 배타적인 권리로 보호하는 만큼 사람 자신에 관한 권리도 보호하여야 한다. 결국 소유권에 대하여 방해배제청구권이 인정되는 것과 마찬가지로 인격권은 그 침해를 금지할 수 있는 청구권이 있다고 보아야 한다.63)

(2) 금지청구권이 사전검열에 해당하는지 여부

헌법 제21조 제 2 항은 언론·출판에 대한 허가나 검열은 인정되지 아니한다고 규정하고 있다. 언론보도에 대한 금지청구권이 사전검열에 해당하는지 여부가 문제된다.

미국에서는 표현의 자유에 대한 사전 제한(Prior Restraint)이 헌법상의 표현의 자유를 침해하는 것이라는 법리를 발전시켰다.64) 이에 관한 선례는 1931년의 미국 연방대법원 판결이다.65) 이 판결은 언론에 의한 명예훼손을 이유로 금지명령을 인정하는 것이 사전 제한으로서 헌법에 위반된다고 하였다. 언론보도에 대하여 사후적으로 형사처벌을 하는 것은 허용되지만, 사전 제한은 허용되지 않는다고 한다. 사전 제한은 보도 자체를 막기 때문에 언론에 대한 중대한 위협이다. 사후적인 형사처벌이 엄밀한 증거조사를 통하여 이루어지는 것과는 달리, 사전 제한은 증거조사나 신중한 심리를 거치지 않고 신속하게 이루어지기 때문에, 그 남용의 위험이 크다고 한다.

우리나라에서는 언론에 의한 명예훼손의 경우에 금지청구가 사전검열에 속하는지에 관하여 논란이 되고 있다. 위에서 본 금지청구를 인정하는 견해는 금지청구가 사전검열이 아니라는 것을 전제로 한다. 행정기관이 아닌 사법부가 개별적 분쟁에 대한 당사자의 신청을 심리하여 결정하므로 검열에 해당되지 않는다고 한

---

63) 김재형(주 2), 637면 이하.

64) Emerson, "The Doctrine of Prior Restraint," 20 Law & Contempt. Problems 648 (1955); Turkington/Allen, Privacy, 2. ed., 2002, p. 640. 우리나라의 문헌으로는 안경환, "표현의 자유와 사전 제한," 인권과 정의 제153호(1989. 5), 17면 이하; 양건, "표현의 자유의 제한에 관한 기본원리," 법학논총(한양대) 제 4 집, 1987, 73면 이하; 양건, "표현의 자유," 김동민 편, 언론법제의 이론과 현실, 한나래, 1993, 43면 이하; 양건, "표현의 자유에 관한 1990년대 미국 연방대법원 판례의 동향," 미국헌법연구 제11집, 2000, 234면 이하 참조.

65) Near v. Minnesota, 283. U.S. 697 (1931).

다.66) 이에 반하여 사전에 보도나 방영을 금지시키는 것은 언론의 자유의 본질적 내용을 침해하는 사전검열이라는 주장이 있다. 검열의 주체에 국가기관에 속하는 법원을 포함해야 하고, 언론에 대한 보도 및 출판금지 가처분은 언론사로 하여금 스스로 뉴스가치가 있는 것으로 판단하고 원하는 것을 취재하고 보도할 수 없도록 한다고 한다.

헌재 1996. 10. 4, 93헌가13, 91헌바10(헌집 8-2, 212)은 이러한 금지청구권을 인정하는 것이 헌법상의 검열금지의 원칙에 반하지 않는다고 한다. 검열금지의 원칙은 정신작품의 발표 이후에 비로소 취해지는 사후적인 사법적 규제를 금지하는 것이 아니므로, 사법절차에 의한 영화상영의 금지조치 등은 헌법상 검열금지의 원칙에 위반되지 않는다고 한다. 위에서 본 헌재 2001. 8. 30, 2000헌바36은 여기에서 나아가 금지 가처분이 과잉금지의 원칙에 위배되지 않고 언론의 자유의 본질적 내용을 침해하지 아니한다고 한다. 민·형사책임의 추궁이나 반론보도 또는 추후보도의 청구는 모두 인격권 침해의 사후적 구제절차에 불과하여 이미 훼손된 명예의 회복 등 원상을 회복하기에는 부족할 뿐 아니라 많은 시간과 노력, 비용이 소요된다. 따라서 인격권 침해에 대한 실효성 있는 구제를 위하여서는 이미 발생하여 지속하는 침해행위의 정지·제거, 즉 방해배제청구와 함께 침해의 사전억제, 즉 방해예방청구가 허용되어야 할 필요가 있다. 이에 가처분에 의한 사전 금지청구는 인격권 보호라는 목적에 있어서 그 정당성이 인정될 뿐 아니라 보호수단으로서도 적정하다고 한다.

언론보도에 대하여 인격권에 기한 금지청구를 인정하는 것이 사전검열이라고 볼 수 없다. 개인들이 자신의 인격권을 침해당했다는 이유로 금지청구를 하고, 이에 대하여 법원의 금지명령은 행정부에 의한 사전검열과 다르다. 언론보도로 인격권이 침해되어 불법행위에 기한 손해배상을 인정해야 하는 것이 명백한 상황이라면, 사전에 금지명령을 내려 분쟁을 예방하는 것이 바람직하다. 다만 금지청구를 인용하면 원천적으로 언론보도를 통제하는 결과가 된다. 이 문제는 금지청구의 요건을 엄격히 함으로써 해결해야 한다.

---

66) 표성수, 언론과 명예훼손, 육법사, 1997, 412면; 이규진, "언론 자유와 사전 제한의 법리," 언론중재 2001년 겨울호(2001. 12), 31면.

(3) 금지청구권의 요건

어떠한 경우에 금지청구권을 인정할 수 있을 것인지 문제된다. 금지청구제도 자체가 합헌이라고 하더라도 헌법상 표현의 자유에 대한 중대한 제약임은 분명하므로, 엄격하고 명확한 요건 하에서만 허용되어야 한다.67) 대판 1996. 4. 12, 93다 40614, 40621(공 1996, 1486)에서 피고에 대하여 비방광고 금지결정을 한 이유를 보자. 피고가 이미 여러 차례 비방광고를 하였다는 점, 이 사건 소송 중에도 위 광고가 비방광고가 아니라고 다투고 있는 점, 원고들의 대응광고에 대하여도 반박 광고를 내고 있는 점 등 피고의 과거 행태로 보아 장래에도 위와 같은 비방광고를 할 가능성이 있다고 한다. 한편 비방광고를 금지하는 것은 표현의 자유를 침해하는 것이 아닌지 문제된다. 금지되는 행위유형이나 그 실질적 내용이 비교적 특정되어 있어 금지로 인하여 피고의 언론 자유가 침해되는 정도는 비교적 가벼운 것임에 비하여, 만일 또다시 피고에 의하여 비방광고가 행해질 경우 원고가 입는 피해는 막심하고 사후구제만으로는 완전한 구제가 되지도 않다는 점을 참작하여 피고에 대하여 사전에 이 사건 광고와 같은 비방광고를 금지하도록 명하는 것은 타당하다고 한다.68)

하급심 판결 중에는 명예훼손을 이유로 가처분신청을 한 경우에 손해배상의 경우와 유사한 방식으로 판단하는 경우가 많다. 예를 들면, 명예훼손 등의 인격권 침해는 구체적 사실을 적시함으로써 성립하며 이 사건 보도는 신청인들의 명예, 인격권을 침해할 개연성이 명백하고 진실한 사실로서 오로지 공공의 이익을 위한 것으로 보이지 않으므로 방영을 금지할 권리 및 보전의 필요성이 있다는 사례가 있다.69) 이와 달리 사전 금지는 손해배상의 경우보다 엄격한 요건이 필요하다는 결정이 있다. 어떠한 표현의 발행, 출판, 인쇄, 복제, 판매, 배포, 광고 등(이하 '출판 등'이라 한다)에 대한 금지청구는 표현행위에 대한 사전 제한으로서 헌법 제21조 제 2항에서 금지하고 있는 언론·출판에 대한 허가나 검열과 유사하다는 점에서 이러한 출판 등의 금지청구권은 그 적시된 사실의 진실성 여부, 침해행위의 태양 및 정도, 침해자의 주관적 의도, 침해자와 피해자의 관계 및 사회적 지위 등 제반 사

---

67) 허만, "언론보도에 대한 실체적 구제수단," 민사판례연구(XXI), 1999, 698면.
68) 강용현(주 59), 76면.
69) 서울지결 1996. 11. 23, 96카합3181; 서울지법 남부지결 2001. 11. 9, 2001카합2445.

정을 고려하여 개인의 명예와 프라이버시가 중대하게 침해된 경우에만 예외적으로 인정되어야 한다.[70] 사전 금지는 그 내용이 진실이 아님이 명백한 때이거나 또는 그 내용이 진실하더라도 공공의 이해에 관한 사항이 아니면서 가해자에게 비방의 목적이 있는 경우에 침해행위의 태양, 가해자와 피해자 쌍방의 관계 및 사회적 지위 등 일체의 사정을 종합적으로 고려하여 피해자가 중대하고도 현저히 회복곤란한 손해를 입을 염려가 있는 때에 한하여 허용된다고 한다.[71]

사후적인 구제수단인 손해배상의 경우와 사전적인 구제수단인 금지청구의 경우에 그 요건이 동일한 것은 아니다. 금지청구의 경우에 언론기관의 주관적인 의도는 거의 의미가 없다.[72] 금지청구를 하는 단계에서 언론기관이 보도하려는 내용이 허위인지 아닌지를 알 수 있기 때문이다.[73]

금지청구의 기준은 손해배상의 경우와 동일하지 않고, 좀 더 엄격한 요건에 따라 금지청구를 인용하여야 한다. 진실이 아님이 명백하거나 진실이라고 하더라도 공적인 요소가 없고 다만 비방의 목적만이 있을 경우, 중대하고 명백하게 회복곤란한 피해를 입을 것으로 예상되고 대체적인 구제수단이 없는 때에 금지청구를 받아들여야 한다.[74] 따라서 보도하려는 사실이 허위인지 아닌지 명확하지 않는 경우에 그것이 공익에 관한 것이라면 금지청구를 할 수 없다. 보도 내용이 명예훼손에 해당하더라도 그것이 진실한 사실인 경우에는 원칙적으로 금지청구의 대상이 되지 않는다. 그러나 진실한 사실을 보도하는 경우에도 그것이 프라이버시에 해당하는 것이라면 금지청구의 대상이 된다. 한편 침해되는 인격권의 주체가 공적 인물인 경우에는 사인의 경우와는 그 심사기준을 달리하여야 한다.[75] 그리고 보도 내용의 일부만이 허위인 경우에 원칙적으로 그 부분에 한하여 금지청구의 대상이

---

70) 서울지법 서부지결 1996. 4. 19, 95카합4745(하집 1996-1, 95); 서울지법 서부지결 1996. 6. 11, 96카합1545.
71) 서울지법 남부지결 1999. 3. 16, 99카합451.
72) 물론 언론기관이 악의적으로 피해자를 비난하기 위하여 보도하는 경우에는 이를 금지하여야 한다. 의견이나 논평을 게재하는 경우에도 그것이 형법상 모욕죄를 구성할 것이라면 금지하는 것이 마땅하다. 이 점에서는 인격권 침해를 이유로 손해배상을 청구하는 경우나 금지청구를 하는 경우나 별다른 차이가 없다.
73) 박용상(주 57), 960면은, 보도 내용이 허위라고 판명되었는데도 계속 보도할 위험이 있다면 금지청구의 대상이 될 수 있다고 한다.
74) 한위수(주 57), 453면 이하; 황도수, "명예훼손에 대한 사전 제한의 법리와 실제," 언론중재 1998년 여름호(1998. 6), 14-15면.
75) 위 헌재 1999. 6. 24, 97헌마265(헌집 11-1, 768); 서울지결 1999. 2. 20, 98카합4070.

될 수 있다.[76] 다만 그 부분에 대한 금지만으로는 인격권 침해를 예방할 수 없는 경우에는 그 전체에 대하여 금지청구를 할 수 있다.

Ⅲ. 인터넷에 의한 인격권 침해

1. 개　　설

인터넷의 발달과 함께 인터넷에 의한 인격권 침해가 심각한 문제로 등장하였다. 인터넷은 전파속도가 빠르고 전파범위도 광범위하기 때문에, 잘못된 정보로 말미암아 개인에게 치명적인 피해를 입힐 수 있다.

인터넷에 의한 인격권 침해에 관해서도 언론에 의한 인격권 침해에 관한 법리가 그대로 적용되는지 문제된다. 그런데 전통적인 언론매체와 인터넷은 표현행위를 하는 매체라는 점에서는 동일하지만, 중요한 차이가 있다. 전통적인 언론매체인 신문이나 방송은 일방적으로 정보를 전달한다. 그러나 인터넷은 정보를 서로 주고받는다는 의미에서 쌍방향적인(interactive) 의사소통을 가능하게 한다. 그리고 인터넷의 중요한 특징으로 익명성을 드는데, 익명이나 가명으로 인터넷에 글이나 영상을 올리는 데 별다른 제약이 없다. 이로 말미암아 자유로운 의사소통이 촉진되는 측면이 있다. 그러나 무책임한 소문이 많은 사람에게 전파될 가능성이 높아졌을 뿐만 아니라 소문의 진원지를 찾기 어려운 경우가 많아졌다. 그리하여 인터넷은 인격권 침해와 관련하여 여러 가지 측면에서 새로운 문제상황을 낳고 있다. 인터넷에 의한 인격권 침해 문제가 언론에 의한 인격권 침해 문제와 본질적으로 다르다고 볼 수는 없다. 그러나 인터넷에는 다양한 유형이 있고, 그 유형에 따라서는 언론과 상당한 차이가 있는 경우가 있기 때문에, 그 유형에 따라 언론에 의한 인격권 침해에 관한 법리를 수정하여 적용하여야 한다. 정보를 직접 제공하는 자와 인터넷서비스제공자로 구분하여 그 책임을 살펴보자.

---

76) 박용상(주 57), 961면.

2. 정보제공자의 책임

인터넷을 이용하여 타인의 인격권을 침해하는 글이나 영상을 게재한 경우 투고자나 정보제공자[77])의 책임에 관하여는 인격권에 관한 일반이론이 적용된다.

서울지법 동부지판 2000. 5. 25, 99가단42647[78])는 하급심 판결이기는 하지만 네티즌 사이의 명예훼손을 인정한 중요한 판결이다. PC통신이나 인터넷은 서로 의견을 주고받을 수 있는 쌍방향 매체라는 특징을 가지고 있고, 이 사건에서도 서로 맞대응하는 과정에서 명예훼손의 정도가 심해졌다. 이것은 종래의 언론매체에 의한 명예훼손과는 다른 측면이다. 그리하여 명예훼손을 인정하는 범위를 제한할 필요성이 있는데, 이 판결에서는 그 표현의 정도가 "PC통신을 이용하는 통상의 이용자가 수인할 수 있는 한도"를 벗어날 정도로 모욕적인 수준에 이르렀다고 판단하였다. 다만 이와 같이 수인한도론을 채택한 것은 PC통신을 서로 이용하는 자들 사이에 공방을 벌인 사건이기 때문이고, PC통신이나 인터넷을 전혀 이용하지 않는 사람에 대하여 명예훼손을 하는 경우에는 이와 같은 수인한도론을 채택할 수 없다.[79])

서울지판 2001. 9. 19, 2000가합8666[80])에서는 안티사이트에 게재된 내용이 명예훼손에 해당하는지가 문제되었는데, 명예훼손의 위법성을 부정하였다. 이 판결은 안티사이트라는 점이 중시하여 책임을 부정한 것으로 볼 수 있다. 신문이나 방송에 대한 안티사이트에서 신문기사나 방송보도에 관하여 반론을 펴거나 비판을 하는 것은 그것이 허위의 사실에 기한 것이거나 비방을 하는 것이 아니라면 넓게 허용되어야 한다. 안티사이트의 표현활동도 표현의 자유에 의하여 보장될 뿐만 아니라, 신문이나 언론이 언제든지 반박을 할 수 있기 때문에, 위법성을 매우 엄격한 요건에 따라 인정하여야 한다.

3. 인터넷서비스제공자의 책임

(1) 인터넷을 익명이나 가명으로 이용하는 경우에 피해자로서는 명예를 훼손하

---

77) 여기에서는 정보를 직접 제공하는 자 또는 1차적인 정보제공자를 가리키는 의미로 사용하고자 한다.
78) 언론중재 2000년 겨울호, 132면.
79) 김재형(주 29), 115면.
80) JURIST 2001년 11월호, 154면.

는 글을 올린 사람이 누구인지 알 수 없고, 그를 찾아내더라도 자력이 없거나 권리행사를 하기 곤란한 경우가 대부분이다. 따라서 피해자의 구제에 실효를 거두기 위해서는 인터넷서비스제공자[81])에게 책임을 추궁할 필요가 있다.

그러나 인터넷서비스제공자가 모든 게시물을 확인할 수 없다. 만일 인터넷서비스제공자에게 엄격한 책임을 추궁하면, 그는 책임을 면하기 위하여 사적(私的) 검열을 강화하게 되고 표현의 자유를 위축시키는 결과를 초래한다. 그리고 손해배상책임으로 인한 비용을 인터넷이용자에게 전가할 것이므로, 결국 이용자가 이를 부담하는 결과가 된다. 그리하여 인터넷서비스제공자의 책임을 추궁하는 것이 인터넷을 통한 표현의 자유를 보장하는 것과 조화를 이루는 기준을 마련하여야 한다.

인터넷서비스제공자가 타인의 인격권을 침해하는 정보를 직접 제공한 경우에는 위에서 본 정보제공자의 책임에 관한 법리가 적용된다. 그러나 인터넷서비스제공자가 전자게시판을 운영할 뿐이고 제 3 자의 정보를 매개하는 역할만을 하는 경우에는 논란이 있다.

인터넷이용자들이 사이버공간에서 인격권을 침해하는 정보를 올린 경우 인터넷서비스제공자가 그 공간과 시설을 제공하고 이를 매개하였다고 하더라도 책임을 지는 것은 아니라는 점에는 이견이 없다. 이때 인터넷서비스제공자에게 어떠한 주의의무가 있는지 문제된다. 사업자가 투고된 내용에 대하여 사전에 이를 점검할 의무는 없으나, 그 내용이 명예훼손적인 것을 알았거나 알 수 있었을 경우에 이를 삭제하는 등의 적절한 조치를 취하지 않고 방치하는 때에는 이에 대한 책임을 면할 수 없다는 견해가 있다.[82] 한편 명확한 것은 아니지만 인터넷서비스사업자의 책임을 좀 더 제한적으로 보아 피해자가 인터넷서비스사업자에게 명예훼손 사실을 통지하였거나 기타의 사유로 인터넷서비스사업자가 명예훼손적 게시물의 존재를 인식한 경우에 인터넷서비스사업자의 책임을 긍정하는 견해가 있다.[83]

(2) 이 문제에 관하여 중요한 대법원 판결이 있다. 먼저 대판 2001. 9. 7, 2001

---

81) 인터넷서비스제공자(Internet Service Provider), 온라인서비스제공자(Online Service Provider), 서비스제공자(Service Provider), 전자게시판 운영자(Bulletin Board System Operator)라는 용어가 사용된다. 독일에서는 서비스제공자(Diensteanbieter)라는 개념을 사용하는데, 이것은 직접 자신의 정보를 제공하는 자와 타인이 제작한 정보를 제공하는 자를 포함한다. 저작권법 제 2 조 제30호는 온라인서비스제공자라는 용어를 사용하고 있다.

82) 황찬현, "사이버스페이스에서의 명예훼손과 인권보장," 저스티스 제34권 제 1 호(2001. 2), 37면.

83) 이해완, "사이버스페이스와 표현의 자유," 헌법학연구 제 6 권 제 3 호(2000. 11), 114면 이하.

다3680[84])을 살펴보자. 이 판결의 사안은 위에서 본 서울지법 동부지판 2000. 5. 25, 99가단42644와 동일하다. 다만 원고가 전자게시판에 원고의 명예를 훼손하는 글을 올린 사람(소외 A)을 상대로 소를 제기한 것이 아니라, 위 전자게시판을 설치, 운영하는 전기통신사업자인 피고 회사를 상대로 손해배상책임을 청구하는 소를 제기하였다. 원심[85])은 다음과 같은 이유로 피고 회사의 손해배상책임을 인정하였다. '무릇 전자게시판을 설치, 운영하는 전기통신사업자는 그 이용자에 의하여 타인의 명예를 훼손하는 글이 전자게시판에 올려진 것을 알았거나 알 수 있었던 경우에 이를 삭제하는 등의 적절한 조치를 취하여야 할 의무가 있다. 하이텔의 공개게시판 플라자에 게재된 소외 A의 글들은 위 정보서비스이용약관 제21조에 정한 "다른 이용자 또는 제3자를 비방하거나 중상모략으로 명예를 손상시키는 내용인 경우"에 해당한다.[86]) 피고 회사로서는 원고와 정보통신윤리위원회의 시정조치 요구에 따라 그러한 글들이 플라자에 게재된 것을 알았거나 충분히 알 수 있었는데도, 무려 5, 6개월 동안이나 이를 삭제하는 등 적절한 조치를 취하지 않은 채 그대로 방치하여 두었다. 이로써 원고가 상당한 정신적 고통을 겪었을 것임은 경험칙상 명백하므로, 피고는 특별한 사정이 없는 한 원고에게 위와 같은 전자게시판 관리의무 위반행위로 인한 손해배상책임을 진다.' 나아가 손해배상액을 금 100만 원으로 정하였는데, 피고 회사의 게시판 관리의무 위반행위의 태양, 원고가 위 A를 상대로 제기한 손해배상청구소송에서 일부 승소(인용액 200만 원)한 점을 참작하고 있다. 피고가 상고하였으나, 대법원은 상고를 기각하고 원심의 사실인정과 판단을 지지하였다.

　위 판결은 대법원 판결로는 최초로 인터넷서비스제공자가 제공한 전자게시판

---

84) 이 판결에 관한 평석으로는 이인석, "명예훼손에 대한 온라인서비스제공자의 민사책임," 저스티스 제67호(2002. 6), 175면 이하가 있다.

85) 서울지판 2001. 4. 27, 99나74113.

86) 피고 회사와 하이텔 이용계약을 체결한 이용자에게 적용되는 정보서비스이용약관 제18조 제2항은 '회사는 이용고객으로부터 제기되는 의견이나 불만이 정당하다고 인정할 경우에는 즉시 처리하여야 한다. 다만 즉시 처리가 곤란한 경우에는 이용고객에게 그 사유와 처리 일정을 통보하여야 한다'라고 규정하고 있다. 그리고 제21조는 이용자가 게재 또는 등록하는 서비스 내의 내용물이 다음 각 호의 1에 해당한다고 판단되는 경우에 피고 회사가 이용자에게 사전 통지 없이 게시물을 삭제할 수 있다고 규정하면서, 그에 해당하는 경우로 1. 다른 이용자 또는 제3자를 비방하거나 중상모략으로 명예를 손상시키는 내용인 경우, 2. 공공질서 및 미풍양속에 위반되는 내용의 정보 등을 유포하는 내용인 경우, 3. 기타 관계 법령에 위배된다고 판단되는 내용인 경우 등을 들고 있다.

에 타인의 명예를 침해하는 내용이 게시된 경우에 인터넷서비스제공자에게 손해배
상책임을 인정하였다는 의미에서 매우 중요한 판결이다. 그러나 이 사건이 소액사
건으로서 상고이유가 제한되어 있는데다가,[87] 대법원이 적극적으로 법률적인 의견
을 밝히지 않고 단지 원심의 판단이 정당하다고 하고 있을 뿐이기 때문에, 이 문
제에 관한 대법원의 법률적 견해가 명확하다고 볼 수는 없다. 이 판결의 사실관계
를 보면 피고 회사가 게시물이 명예훼손에 해당한다는 것을 알았다고 볼 수 있고
게시물을 삭제할 것을 기대할 수 있었기 때문에, 이 사건에서 피고 회사의 책임을
인정한 구체적 판단은 정당하다고 생각한다. 그런데 이 판결의 원심은 전기통신사
업자가 그 이용자들이 타인의 명예를 훼손하는 글을 전자게시판에 올린 것을 알았
거나 알 수 있었던 경우에 이를 삭제하는 등의 적절한 조치를 취하여야 할 의무가
있다고 하였다. 그러나 전기통신사업자가 이용자의 글이 명예훼손에 해당한다는
것을 몰랐다고 하더라도 이를 알 수 있었다는 이유로 책임을 지우는 것이 타당한
지는 의문이다. 인터넷서비스제공자가 그 내용을 직접 작성하거나 게재하는 것은
아니기 때문에, 그 책임을 엄격한 요건에 따라 인정하여야 한다. 이러한 경우에는
인터넷서비스제공자가 게시물이 타인의 명예를 훼손하는 등 인격권을 침해한다는
것을 알고 이를 삭제할 수 있었는데도 이를 삭제하는 등의 조치를 취하지 않은 경
우에 한하여 손해배상책임을 인정하여야 한다.[88]

한편 대판 2003. 6. 27, 2002다72194(공 2003, 1613)는 인터넷 홈페이지에 게재
된 명예훼손적인 글에 대하여 관리자의 책임이 발생하는 요건을 명백하게 밝히고
있다.

사안은 다음과 같다. 피고(경상북도 청도군)가 인터넷 홈페이지를 운영하고 있었다.
2001. 4. 23. 12 : 14경 A 명의로 위 인터넷 홈페이지의 방명록란에 '원고에게 묻고 싶
다.'는 제목으로 원고의 공직생활 중 성추행사건, 부군수 재직시 금품수수, 감사 명목의
금품수수에 관한 내용의 글이, 2001. 4. 24. 20 : 56경 B 명의로 그 홈페이지의 '칭찬합시
다'란에 '원고의 성추행에 대한 진실을 말한다.'는 제목으로 원고의 금품수수가 사실이

---

87) 소액사건에서는 제 2 심판결이나 결정·명령에 대하여는 상고이유가 법률, 명령, 규칙 또는 처
분의 헌법위반 여부와 명령, 규칙 또는 처분의 법률위반여부에 대한 판단이 부당한 때, 대법원
판례에 상반되는 판단을 한 때로 제한되어 있다(소액사건심판법 제 3 조).
88) 김재형, "인터넷에 의한 인격권 침해," 이십일세기 한국민사법학의 과제와 전망(심당 송상현
선생 화갑기념논문집), 박영사, 2002, 300면.

라는 취지의 글이, 같은 날 21 : 25경 C 명의로 그 홈페이지의 '칭찬합시다'란에 '원고 성추행관련 신문보도'라는 제목으로 원고의 성추행 및 금품수수사실과 관련한 1992. 10. 24. 자 경북일보, 1992. 10. 25. 자 매일신문, 한겨레신문의 보도 내용이 게시되었다. 원고는 2001. 4. 24. 03 : 24경 그 방명록란에 '고맙습니다'라는 제목으로 A가 질문한 성추행 의혹 및 금품수수 의혹이 사실이 아님을 해명하는 내용의 글을, 2001. 4. 27. 00 : 58경 '칭찬합시다'란에 '무책임한 명예훼손에 경악'이라는 제목으로 B 명의의 글에 대하여 허위의 사실을 일방적으로 게재한 이상 그 책임을 면하기 어려울 것이라는 내용의 경고의 글을 게시하였다. 2001. 5. 7. 14 : 30경 답답해 명의로 '칭찬합시다'란에 '청도군의 자질문제'라는 제목으로 개인 사생활에 대한 명예훼손적인 글에 대한 삭제를 요구하는 내용의 글이 게시되었고, 2001. 5. 8. 11 : 01경 대박 명의로 '칭찬합시다'란에 '원고 성추행관련 신문보도'라는 제목으로 C 명의의 글을 비난하는 글이 게시되었고, 그 무렵 청사인 명의로 그 방명록란에 'A님 보세요'라는 제목으로 A 명의의 글을 비난하는 글이 게시되었다. 피고 전산관리담당직원 D는 2001. 4. 23. 오후경 A 명의의 글이 게시된 것을 발견하고 그 날 이를 총무과장에게 보고하였다. 원고는 2001. 6. 9. 피고 앞으로 A, B 명의의 글을 삭제해 줄 것을 내용증명으로 요구하여, 피고는 같은 달 12. 이를 수령하고, D는 군수의 결재를 받아 같은 달 13. 09 : 40경 원고가 요구하는 A, B 명의의 글을 비롯하여 관련된 모든 게시물을 삭제하였다. 원심은 원고의 손해배상청구를 인용하였으나, 대법원은 피고의 상고를 받아들여 원심판결을 파기환송하였다.

"온라인 서비스 제공자인 인터넷상의 홈페이지 운영자가 자신이 관리하는 전자게시판에 타인의 명예를 훼손하는 내용이 게재된 것을 방치하였을 때 명예훼손으로 인한 손해배상책임을 지게 하기 위하여는 그 운영자에게 그 게시물을 삭제할 의무가 있음에도 정당한 사유 없이 이를 이행하지 아니한 경우여야 하고, 그의 삭제의무가 있는지는 게시의 목적, 내용, 게시기간과 방법, 그로 인한 피해의 정도, 게시자와 피해자의 관계, 반론 또는 삭제 요구의 유무 등 게시에 관련한 쌍방의 대응태도, 당해 사이트의 성격 및 규모·영리 목적의 유무, 개방정도, 운영자가 게시물의 내용을 알았거나 알 수 있었던 시점, 삭제의 기술적·경제적 난이도 등을 종합하여 판단하여야 할 것으로서, 특별한 사정이 없다면 단지 홈페이지 운영자가 제공하는 게시판에 다른 사람에 의하여 제3자의 명예를 훼손하는 글이 게시되고 그 운영자가 이를 알았거나 알 수 있었다는 사정만으로 항상 운영자가 그 글을 즉시 삭제할 의무를 지게 된다고 단정할 수는 없다."

사안이 다르기는 하지만, 홈페이지 운영자가 홈페이지 게시판에 제3자의 명예를 훼손하는 글이 게시된 것을 알았거나 알 수 있었다는 이유로 그 글을 즉시 삭제할 의무는 없다고 본 것은 위 2001년 판결과는 다른 견해이다. 이 사건에서 문제된 게시판은 "비영리 군정(郡政) 홍보사이트의 게시판"이라는 점을 강조하고 있는데, 이러한 경우에는 상업적인 목적으로 운영되는 인터넷서비스제공자의 경우와 동일하게 취급할 수 없다는 시각이 반영된 것으로 보인다. 이 사건에서 원고가 익명의 이용자가 임의로 게시한 게시물에 관하여 반론을 게시하다가 그 게시물의 삭제를 공식 요청하자 즉시 피고측 담당자가 이를 삭제하였다. 게시판에서 게재된 내용에 관하여 피해자의 요청이 있기 전에는 명예훼손에 해당하는 글을 찾아내어 이를 삭제할 의무는 없다고 보아야 한다.

위 2001년 대법원 판결에서는 상업적인 인터넷서비스제공자인 피고 회사가 피해자의 삭제 요구나 정보통신윤리위원회의 시정조치 요구를 받았는데도 이를 이행하지 않았고, 정보서비스이용약관에 피고 회사가 게시판의 글을 삭제할 수 있는 조항이 있었다. 이와 달리 이 사건에서는 피고가 비영리 홈페이지 운영자로서 피해자로부터 삭제 요구를 받은 즉시 이를 삭제하였기 때문에, 피고의 책임을 부정한다.

인터넷서비스제공자가 직접 타인의 인격권을 침해하는 내용을 올리지도 않았는데, 불법행위를 저지른 사람과 동일한 법리로 책임을 진다고 볼 수는 없다. 이러한 점에서도 인터넷서비스제공자가 인격권을 침해하는 내용을 알고 이를 삭제할 것이 기대되는데도 이를 이행하지 않는 경우에 불법행위책임을 진다고 보아야 한다. 한편 인터넷서비스제공자로서는 게시물을 삭제할 의무 또는 권한이 있는지를 판단하기 어렵다. 언론의 경우에는 언론보도로 불법행위책임을 질 것인지 여부가 모호한 경우에 이를 보도하지 않으면 법적인 책임을 지지 않는다. 그러나 인터넷서비스제공자는 불법적인 내용인지 여부가 모호한 글이 게재되어 있는 경우에 어떠한 조치를 취할 것인지 곤란한 상황에 부딪친다. 이러한 글을 삭제하면 피해자에게 불법행위책임을 지지 않지만, 삭제한 내용이 나중에 표현의 자유에 의하여 보장된다고 밝혀진 경우에 게시자들로부터의 비난을 면할 수 없다. 그리하여 이를 완충하는 제도적 장치가 필요하다. 현재로서는 정보통신윤리위원회 등을 이용할 수도 있으나, 인터넷서비스제공자가 자체적인 규율장치를 마련하는 것이 적극 권장되어야 한다. 인터넷에 의한 인격권 침해에 관한 민법적인 법리는 이러한 자율규제를 뒷받침하는 기본적인 틀이 된다.

Ⅳ. 성희롱에 의한 인격권 침해

1. 인격권의 보호 범위는 명예훼손이나 프라이버시에 한정된 것은 아니다. 현행 법규정에서 명확하게 보호하고 있지 않은 이익이나 권리를 인정할 경우에 법원은 인격적 이익 또는 인격권이라는 매개개념을 사용하였다.[89] 그 대표적인 판결이 성희롱(性戲弄)에 관한 대판 1998. 2. 10, 95다39533(공 1998, 652)이다. 이 판결은 성희롱에 의한 불법행위책임을 인정한 중요한 판결이다. 이 판결은 성희롱을 인격권 침해로 보았는데, 이 판결을 살펴보는 것은 인격권의 보호 범위와 관련하여 많은 생각할 점을 제공한다.

원고는 자신이 서울대학교 자연과학대학 화학과에 MNR기기 담당 유급조교로 고용되어 근무하던 도중 위 기기의 담당교수인 피고 A로부터 일정기간 동안 계속적으로 여러 가지 형태의 성희롱을 당했고, 원고가 피고의 이와 같은 성적 접근에 응하지 않자 위 피고는 원고를 재임용하지 않아 결국 해고당하게 되었다고 주장했다. 이에 대하여 피고는 원고의 주장이 허위라고 반박하였다. 원고는 위 사건으로 인하여 프라이버시와 성적 자유를 침해당하였을 뿐만 아니라, 일하기 쉬운 직장에서 일할 권리를 침해당했다는 이유로 민사상 불법행위에 기한 손해배상을 청구하였다. 이 사건 당시 서울대학교 총장인 피고 B와 피고 대한민국에 대하여는 사용자책임이나 대리감독자로서 책임을 주장하였다. 원심판결은 원고의 청구를 기각하였다. 이에 대하여 원고가 상고하였는데, 대법원은 피고 A에 대한 원고의 청구를 받아들여 이 부분에 관하여 파기환송하였다.

"모든 국민은 인간으로서의 존엄과 가치를 가지며 행복을 추구할 권리가 있고 이를 실현하기 위하여는 개개인이 갖는 인격적 이익 내지 인격권은 법에 의하여 존중되고 보호되어야 한다. 특히 남녀관계에서 일방의 상대방에 대한 성적 관심을 표현하는 행위는 자연스러운 것으로 허용되어야 하지만, 그것이 상대방의 인격권을 침해하여 인간으로서의 존엄성을 훼손하고 정신적 고통을 주는 정도에 이르는 것은 위법하여 허용될 수 없는 것이다.

그리고 어떤 성적 표현행위의 위법성 여부는, 쌍방 당사자의 연령이나 관계, 행위가 행해진 장소 및 상황, 성적 동기나 의도의 유무, 행위에 대한 상대방의 명시적 또는 추

---

[89] 대판 1995. 11. 7, 93다41587(공 1995, 3890)은, 고문치사 사실을 은폐하거나 고문치사에 가담한 범인을 축소하는 등으로 그 진상을 은폐하는 것이 유족의 인격적 법익을 침해한 것이라고 하였다. 이 사건의 원심은 신원권(伸寃權)이라고 하였다.

정적인 반응의 내용, 행위의 내용 및 정도, 행위가 일회적 또는 단기간의 것인지 아니면 계속적인 것인지 여부 등의 구체적 사정을 종합하여, 그것이 사회공동체의 건전한 상식과 관행에 비추어 볼 때 용인될 수 있는 정도의 것인지 여부, 즉 선량한 풍속 또는 사회질서에 위반되는 것인지 여부에 따라 결정되어야 할 것이다. 그리고 상대방의 성적 표현행위로 인하여 인격권의 침해를 당한 자가 정신적 고통을 입는다는 것은 경험칙상 명백하다 할 것이다."

"… 화학과 교수 겸 엔엠알기기의 총책임자로서 사실상 원고에 대하여 지휘·감독관계에 있는 피고 A의 위와 같은 언동은 분명한 성적인 동기와 의도를 가진 것으로 보여지고, 그러한 성적인 언동은 비록 일정기간 동안에 한하는 것이지만 그 기간 동안만큼은 집요하고 계속적인 까닭에 사회통념상 일상생활에서 허용되는 단순한 농담 또는 호의적이고 권유적인 언동으로 볼 수 없고, 오히려 원고로 하여금 성적 굴욕감이나 혐오감을 느끼게 하는 것으로서 원고의 인격권을 침해하였다고 할 것이고, 이러한 침해행위는 선량한 풍속 또는 사회질서에 위반하는 위법한 행위이고, 이로써 원고가 정신적으로 고통을 입었음은 경험칙상 명백하다고 할 것이다."

"그리고 이른바 성희롱의 위법성의 문제는 종전에는 법적 문제로 노출되지 아니한 채 묵인되거나 당사자간에 해결되었던 것이나 앞으로는 빈번히 문제될 소지가 많다는 점에서는 새로운 유형의 불법행위이기는 하나, 이를 논함에 있어서는 위에서 본 바와 같이 이를 일반 불법행위의 한 유형으로 파악하여 행위의 위법성 여부에 따라 불법행위의 성부를 가리면 족한 것이지, 원심이 설시하는 바와 같은 불법행위를 구성하는 성희롱을 고용관계에 한정하여, 조건적 성희롱과 환경형 성희롱으로 구분하고, 특히 환경형의 성희롱의 경우, 그 성희롱의 태양이 중대하고 철저한 정도에 이르러야 하며, 불법행위가 성립하기 위하여는 가해자의 성적 언동 자체가 피해자의 업무수행을 부당히 간섭하고 적대적 굴욕적 근무환경을 조성함으로써 실제상 피해자가 업무능력을 저해당하였다거나 정신적인 안정에 중대한 영향을 입을 것을 요건으로 하는 것이므로 불법행위에 기한 손해배상을 청구하는 피해자로서는 가해자의 성희롱으로 말미암아 단순한 분노, 슬픔, 울화, 놀람을 초과하는 정신적 고통을 받았다는 점을 주장·입증하여야 한다는 견해는 이를 채택할 수 없는 것이다. 또한 피해자가 가해자의 성희롱을 거부하였다는 이유로 보복적으로 해고를 당하였다든지 아니면 근로환경에 부당한 간섭을 당하였다든지 하는 사정은 위자료를 산정하는 데에 참작사유가 되는 것에 불과할 뿐 불법행위의 성립 여부를 좌우하는 요소는 아니라 할 것이다."

2. 성희롱이라는 용어에 관하여 논란이 있지만, sexual harassment의 번역어로 사용되고 있다. 성희롱에 관하여는 미국에서 1970년대 말부터 상당수의 판례가 집

적되어 있고 논의도 활발하게 진행되고 있는데, 성차별(sex discrimination) 문제로 접근하고 있다. 이 사건에서 원심판결은 불법행위를 구성하는 성희롱90)을 고용관계에 한정하여, 조건적 성희롱91)과 환경형 성희롱92)으로 구분하고, 특히 환경형 성희롱의 경우, 그 요건을 엄격하게 한정하였다. 이러한 구분은 미국법에서 사용되는 이론을 따른 것이다. 그러나 우리 대법원은 성희롱을 인격권 침해로 파악하고 있다. 성희롱을 일반 불법행위의 한 유형으로 파악하여 행위의 위법성 여부에 따라 불법행위의 성립 여부를 가리면 족한 것이라고 하였다. 이는 다음과 같은 의미가 있다. 첫째, 인격권이라는 개념의 탄력성을 잘 보여준다. 권리인지 불분명한 경우에 이를 인정하기 위한 매개개념으로 인격권이 사용되고 있음을 알 수 있다. 둘째, 미국에서는 성희롱을 성차별의 한 유형으로 파악하고 있으나, 우리 대법원은 인격권의 문제로 보고 있다. 이것은 접근방법에서 중요한 차이가 있다. 미국에서는 성희롱을 평등 이념에 따라 파악하는 것이라면, 우리 대법원은 인간의 존엄이라는 시각에서 파악한 것으로 볼 수 있기 때문이다. 셋째, 성희롱에 의한 불법행위를 성차별에 한정하고 있지 않다. 성희롱은 남녀차별의 문제를 넘어 인간의 존엄과 직결된 문제이고 그 적용범위도 넓어질 수 있다. 넷째, 우리나라 불법행위법의 포괄적 성격을 보여준다. 민법 제750조에서 불법행위책임에 관한 일반조항을 두고 있기 때문에, 불법행위법은 성희롱이라는 문제영역을 탄력적으로 포섭할 수 있다. 이 경우에 위법성을 어떻게 판단할 것인지는 매우 중대한 문제이다.

한편 성희롱은 성희롱의 가해자와 피해자 당사자만의 문제가 아니라 사용자책임도 문제된다. 이 사건에서도 원고는 피고 A의 성희롱 행위가 그의 사무집행에 관련된 것임을 전제로 사용자 또는 그 대리감독자인 다른 피고들에게 사용자책임을 청구하였다. 대법원은 사용자책임을 부정하였는데, 그 이유로 피고 A의 성희롱 행위는 그 직무범위 내에 속하지 아니함은 물론 외관상으로 보더라도 그의 직무권한 내의 행위와 밀접하여 직무권한 내의 행위로 보여지는 경우라고 볼 수 없다는

---

90) 원심은 성희롱이라는 용어 대신 성적 괴롭힘이라는 용어를 사용하였다.

91) 조건적 성희롱은 보복적(quid pro quo: something for something) 성희롱이라고도 하는데, 성적 행위에 대한 거절에 대하여 해고나 승진거절 등 고용상의 차별적 처우를 하는 경우를 말한다.

92) 환경적(environmental) 성희롱은 적대적인 근로환경을 창출하는 성희롱으로서 성적 행위 자체가 피해자로 하여금 성적 굴욕감이나 혐오감을 품게 하여 그의 업무수행이나 근로환경에 부당하고 심각한 불이익을 가져오는 경우를 말한다.

점을 든다.93) 그러나 이 판결을 근거로 일반적인 직장내 성희롱 사건에서 사용자 책임을 부정할 수는 없다. 하급심에서 성희롱에 대하여 사용자의 손해배상책임을 인정한 예가 있다.94) 민법 제756조에서 사용자책임의 요건인 '사무집행에 관하여' 를 어떻게 해석할 것인지가 중요한 문제이다. 대법원은 외형이론에 따라 피용자의 불법행위가 외형상 객관적으로 사용자의 사업활동 또는 사무집행행위 또는 그와 관련된 것이라고 보여질 때에는 행위자의 주관적 사정을 고려함이 없이 이를 사무 집행에 관하여 한 행위로 본다고 한다. 이때 외형상 객관적으로 사용자의 사무집 행에 관련된 것인지의 여부는 피용자의 본래 직무와 불법행위와의 관련 정도 및 사용자에게 손해발생에 대한 위험 창출과 방지조치 결여의 책임이 어느 정도 있는 지를 고려하여 판단한다.95) 한편 피해자가 피용자의 행위가 사무집행에 속하지 않 는다는 사실을 알았거나 알지 못한 데 중대한 과실이 있는 경우에는 사용자책임이 배제된다고 한다. 그런데 사용자책임에서 사무집행관련성을 판단할 때 거래적 불 법행위와 사실적 불법행위로 구분하여 살펴보는 것이 유용하다고 생각한다.96) 성 희롱은 사실적 불법행위에 속하는 것으로 사무집행관련성을 판단할 때 피해자의 주관적인 인식과는 아무런 관련이 없다. 그리하여 성희롱이 업무수행과정에서 발 생한 것인지, 그 장소와 시간이 업무를 수행하는 장소와 시간과 밀접한지 등을 고 려하여 사무집행관련성을 판단하여야 한다.

3. 이 판결은 성희롱에 관한 입법에 중요한 기여를 하였다. 남녀고용평등법은 '직장내 성희롱'97)을 금지하고 사업자는 직장내 성희롱의 예방교육을 하여야 한다

---

93) 대법원은 원고가 고용계약상의 채무불이행을 이유로 피고 대한민국에 대한 손해배상을 청구 한 부분도 받아들이지 않았다.

94) 서울지판 1998. 4. 30, 97나51543(하집 1998-1, 226)은, 노동조합 사무실에서 압수·수색영장 집행 직무를 집행 중이던 경찰관이 그 장면을 비디오 촬영하던 피해자에게 위법한 신체접촉행 위를 한 것에 대하여 국가배상책임을 인정하였다. 위 신체접촉행위는 사회통념상 일상생활에서 허용되는 단순한 농담이나 접촉의 범주를 넘어 피해자로 하여금 성적 굴욕감이나 혐오감을 느 끼게 하는 것으로서 피해자의 인격권을 침해하는 위법한 행위라고 봄이 상당하고, 한편 위 행 위가 압수수색의 직무집행 행위 그 자체는 아니지만 그와 관련하여 행해진 행위라고 하였다. 또한 서울지판 2002. 11. 26, 2000가합57462는 직장내 성희롱에 대하여 주로 고용계약상의 보호 의무 위반을 이유로 사용자의 손해배상책임을 인정하였는데, 사용자책임도 성립할 수 있다는 것을 전제로 판결하고 있다. 후자의 판결에 관하여 상세한 것은 이정, "직장 내 성희롱(sexual harassment)과 사용자책임," 외법논집 제14집(2003. 8), 한국외국어대학교 법학연구소, 95면 이 하 참조.

95) 대판 1988. 11. 22, 86다카1923; 대판 1992. 2. 25, 91다39146; 대판 1996. 1. 26, 95다46890.

96) 김재형, "사용자책임에서의 사무집행관련성," 민법론 Ⅱ, 박영사, 2004, 321면.

는 규정을 두었다. 「남녀차별금지 및 구제에 관한 법률」(1999년 제정. 이하 '남녀차별금지법'이라 한다)[98]은 '성희롱'[99]을 금지하고,[100] 성희롱을 남녀차별로 보고 있다.[101] 그리고 공공기관의 장 및 사용자는 성희롱의 방지를 위하여 교육을 실시하는 등 필요한 조치를 하여야 한다고 규정하였다. 이 법률은 직장내 성희롱 이외에 교육현장에서의 성희롱 등에도 적용되기 때문에 좀 더 포괄적이라고 할 수 있다. 남녀고용평등법과 남녀차별금지법은 성희롱을 남녀평등이라는 관점에서 규율하고 있다. 그러나 이러한 법률에 따라 성희롱에 관한 법률문제가 모두 해결되는 것은 아니다. 성희롱을 이유로 한 손해배상청구는 여전히 민법 규정에 의하여 해결하여야 한다. 그러나 성희롱을 이유로 한 불법행위책임 또는 사용자책임을 판단할 때 위 법규의 내용이 영향을 미친다.

V. 결   론

1. 현대 생활에서 인격이라는 가치는 점점 더 중요한 가치로 부각되면서 이제 민법을 뒷받침하는 중심축으로 부상하고 있다. 민법 제정 이래 인격권에 관한 규율은 이론과 판례에 맡겨져 있었다. 이론과 판례는 서로 영향을 주고받으며 인격권법은 풍부한 내용으로 발전해 왔다. 민법전에 흩어져 있는 규정들에서 판례가 전개해 온 풍부한 법리를 상상할 수 있었을까? 현실의 사례만이 할 수 있는 일이다. 판례는 이론이 현실을 만나는 접점이다. 판례가 살아있는 법을 인식하는 창구

---

97) "사업주·상급자 또는 근로자가 직장 내의 지위를 이용하거나 업무와 관련하여 다른 근로자에게 성적 언동 등으로 성적 굴욕감 또는 혐오감을 느끼게 하거나 성적 언동 또는 그 밖의 요구 등에 따르지 아니하였다는 이유로 근로조건 및 고용에서 불이익을 주는 것"을 말한다(법 제 2 조 제 2 호).

98) 남녀고용평등법은 2007년 「남녀고용평등과 일·가정 양립 지원에 관한 법률」로 법률의 명칭이 바뀌었고, 「남녀차별금지 및 구제에 관한 법률」은 2005년 폐지되었다.

99) "성희롱"이라 함은 업무, 고용 기타 관계에서 공공기관의 종사자, 사용자 또는 근로자가 그 지위를 이용하거나 업무 등과 관련하여 성적 언동 등으로 성적 굴욕감 또는 혐오감을 느끼게 하거나 성적 언동 기타 요구 등에 대한 불응을 이유로 고용상의 불이익을 주는 것이라고 규정한다(법 제 2 조 제 2 호).

100) 법 제 7 조 제 1 항은 공공기관의 종사자, 사용자 및 근로자는 성희롱을 하여서는 아니 된다고 규정하고 있다.

101) 법 제 7 조 제 4 항.

라면, 판례연구는 이론과 현실을 이어주는 가교역할을 수행한다. 법의 창조적 발전은 어느 한쪽에 맡겨져 있는 것이 아니라 이론과 실무의 상호작용에서 나오는 열매이다.

2. 인격권에 관한 판례를 보면 일정한 흐름을 발견할 수 있다.

첫째, 명예훼손 등 인격권에 관한 판례는 1987년 민주화 이후에 현격하게 증가하였다는 점이다. 명예훼손 등 인격권을 침해하는 경우가 증가한 데도 원인이 있지만, 인격권과 민주주의의 발전 사이에 긴밀한 관계에 있다는 것을 보여준다. 민주주의가 성숙해 감에 따라 사람들의 관심이 개인의 자율과 인간의 존엄 문제에 침잠할 수 있게 되었다고 볼 수 있다. 반론보도청구권이 인정됨으로써 일반인이 언론피해에 대하여 쉽게 구제를 받을 수 있었다는 점도 중요한 원인이다.

둘째, 언론에 의한 인격권 침해는 표현의 자유와 인격권이라는 기본권 충돌 문제를 낳기 때문에, 헌법적 논의가 민법상의 논의에 영향을 미치고 있다. 최근 공적 인물에 대한 명예훼손 사건에서 표현의 자유를 중시하는 판례가 나오고 있다. 표현의 자유와 인격권을 합리적으로 조정하는 문제는 앞으로도 인격권법에서 가장 중요한 문제가 될 것이다. 무엇보다도 입법이나 판례에서 균형추가 한쪽으로 치우치지 않도록 하는 것이 필요하다.

셋째, 명예훼손은 인격권법에서 중심적인 위치를 차지하고 있다. 특히 언론에 의한 명예훼손에 관해서 판례법리가 세밀하게 발전하고 있다. 최근 사생활이나 초상권 침해 등 프라이버시 침해에 관한 판결도 상당수 있다. 그러나 현실에서 발생하는 수많은 프라이버시 침해사례에 비하면 소송으로 이어지는 경우는 미미하다. 장차 이 분야에 관한 사건이 대폭 증가할 것으로 전망된다.

넷째, 인터넷의 발달에 따라 인터넷에 의한 인격권 침해에 관한 판결들이 나오고 있다. 과학기술의 발달에 따라 새로운 유형의 인격권 침해가 증가할 것이다.

다섯째, 성희롱 등 새로운 유형의 분쟁을 인격권으로 해결하는 판례들이 나오고 있다. 이는 인격권이 언론 등 표현행위에 의해서만 침해되는 것은 아니라는 것을 보여준다.

여섯째, 우리 민법은 포괄적인 불법행위 규정을 두고 있기 때문에, 인격권이라는 새로운 권리를 보호하는 데 유연하게 대처해 왔다. 다른 나라의 경우와 비교해 보면 이 점이 더욱 뚜렷하게 드러난다. 독일은 불법행위 규정이 엄격하게 되어 있기 때문에 인격권에 기한 손해배상을 인정하는 데 복잡한 논리적 조작이 필요했다. 이에 비하여 우리나라의 불법행위규정은 인격권 침해에 대하여 탄력적으로 대응할 수 있었다. 또한 미국에서는 불법행위가 유형별로 엄격하게 구분되어 있어서 명예훼손에 해당하는지 여부가 중요한 문제이다. 그러나 우리나라에서는 명예훼손이든 모욕이든 성희롱이든 위법성 판단을 통하여 불법행위의 성립 여부가 결정된다.

일곱째, 인격권 침해에 대하여 손해배상뿐만 아니라 명예훼손에 적당한 처분으로서 정정보도 등도 활용되고 있다. 민법에 규정이 없는 금지청구권이 판례에 의하여 승인되었는데, 이는 인격권 침해에 대한 중요한 구제수단이다. 미국에서 명예훼손이나 프라이버시 침해에 대한 구제수단은 손해배상, 특히 징벌적 손해배상인 것과 비교해 보면, 우리나라는 인격권 침해에 대하여 '다양한 구제수단'을 갖고 있다는 것이 특징이다.

여덟째, 인격권에 관한 판례의 축적은 법률의 개정에 영향을 미치고 있다. 특히 2004년에 입법예고한 민법개정안에는 민법전의 앞부분에 인격권을 내세우고 있다: "사람의 인격권은 보호된다"(안 제 1 조의 2 제 2 항). 이것이 인격권에 관한 판례의 풍부한 성과를 충분히 반영하는 것은 아닐지라도 중요한 진전임에는 틀림없다.102)

[민사법학 제27호(2005. 3), 한국민사법학회, 349-402면]

---

102) 이에 관하여는 「민법개정(총칙편)」 좌담회, 인권과 정의 제319호(2003. 3), 27-28면; 양창수, "최근의 한국민법전개정작업," 민법연구 제 7 권, 박영사, 2003, 19면 참조.

제 2 절 2000년 '언론과 인격권'에 관한 판결의 동향*

I. 서 론

언론과 인격권에 관한 분쟁은 사회상을 반영하는 주요한 분쟁유형을 형성하고 있다. 이에 관한 재판례도 1980년대 이후 계속 증가하고 있다. 그러나 이에 관한 법리가 확고하게 정립되어 있는 것은 아니고, 오히려 혼란스러운 양상을 드러내기도 한다.

언론보도로 인한 인격권 침해 문제는 표현의 자유와 인격권의 충돌 문제를 발생시킨다. 대법원[1]은 "구 헌법(1980. 12. 27. 개정) 제20조, 제 9 조 후단의 규정 등에 의하면 표현의 자유는 민주정치에 있어 최대한의 보장을 받아야 하지만 그에 못지 않게 개인의 명예나 사생활의 자유와 비밀 등 사적 법익도 보호되어야 할 것이므로, 인격권으로서의 개인의 명예의 보호와 표현의 자유의 보장이라는 두 법익이 충돌하였을 때 그 조정을 어떻게 할 것인지는 구체적인 경우에 사회적인 여러 가지 이익을 비교하여 표현의 자유로 얻어지는 이익, 가치와 인격권의 보호에 의하여 달성되는 가치를 형량하여 그 구제의 폭과 방법을 정하여야 할 것이다."라고 판결하였다.[2] 표현의 자유와 인격권의 충돌을 구체적으로 어떻게 조정할 것인지는

---

* 이 글은 언론중재위원회의 요청으로 작성하여 「언론중재」 2001년 봄호에 "'언론과 인격권'에 관한 최근 판결의 동향"이라는 제목으로 발표된 것인데, 이 책자에 수록하면서 제목을 위와 같이 바꾸었다. 원래 풍자만평으로 인한 명예훼손에 관한 대판 2000. 7. 28, 99다6203(공 2000, 1925)과 PC통신에 의한 명예훼손에 관한 서울지법 동부지판 2000. 5. 25, 99가단42644(언론중재 2000년 겨울호, 132면)도 소개하였으나, 이 책에 수록한 다른 글에 위 판결 이후의 경과를 포함하여 위 판결을 상세하게 다루고 있어 여기에서는 생략한다. 이 책 330면 이하 및 208면 이하 참조.
 1) 대판 1988. 10. 11, 85다카29(집 36-3, 민 1).
 2) 헌재 1991. 9. 16, 89헌마165(헌집 13, 518; 국내언론관계판결집 제 2 집, 324면)는 정정보도청구권에 관한 것인데, "모든 권리의 출발점인 동시에 그 구심점을 이루는 인격권이 언론의 자유와 충돌하게 되는 경우에는 헌법을 규범조화적으로 해석하여 이들을 합리적으로 조정하여 조화시키기 위한 노력"을 해야 한다고 하였다.

매우 어려운 문제이다. 언론과 인격권에 관한 많은 재판례들이 이 문제를 해결하기 위한 것이라고 볼 수 있다. 언론에 의한 인격권의 침해에 관한 판단기준을 마련하기 위해서는 개별적인 재판례를 엄밀하게 분석하는 작업이 선행되어야 하고 이러한 재판례를 그 침해방식과 양상, 인격권의 내용, 매체의 종류, 피해자의 지위에 따라 유형별로 구분하여 분석할 필요가 있다.

2000년에도 언론과 인격권에 관한 다양한 재판례들이 나왔다. 의견 표명에 의한 명예훼손이 문제되는 사건이 상당수 있었고, 컴퓨터통신이나 인터넷에 의한 인격권 침해에 관한 판결도 나왔다. 명예훼손에서 위법성 판단에 관한 판결들이나 프라이버시 침해에 관한 판결들도 다수 있었다. 여기에서는 '언론과 인격권'에 관한 판결들 중에서 선례로서의 가치가 있거나 실무와 이론의 전개에 영향을 미칠 만한 판결들을 몇 개의 주제로 나누어 살펴보고자 한다. 특히 그러한 판결들이 어떠한 맥락에서 나왔는지를 밝히기 위하여 종래의 판례이론도 간략하게 소개하고자 한다.

Ⅱ. 의견 표명에 의한 명예훼손

공공의 이해에 관한 사항이나 일반공중의 관심사항에 관하여 의견을 표명한 경우에는 공정한 논평에 해당하는 한 명예훼손이 성립하지 않는다고 보아야 한다. 대판 1999. 2. 9, 98다31356[3]은 사실 보도의 경우와 의견 표명의 경우를 구분하고 의견 표명에 의한 명예훼손 성립 여부에 관하여 기준을 제시하였다. 즉, "민사상 타인에 대한 명예훼손, 즉 사람의 품성, 덕행, 명성, 신용 등의 인격적 가치에 관하여 사회로부터 받는 객관적인 평가를 저하시키는 것은 사실을 적시하는 표현행위뿐만 아니라 의견 또는 논평을 표명하는 표현행위에 의하여도 성립할 수 있을 것인바, 어떤 사실을 기초로 하여 의견 또는 논평을 표명함으로써 타인의 명예를 훼손하는 경우에는 그 행위가 공공의 이해에 관한 사항에 관계되고, 그 목적이 공익을 도모하기 위한 것일 때에는 그와 같은 의견 또는 논평의 전제가 되는 사실이 중요한 부분에 있어서 진실이라는 증명이 있거나 그 전제가 되는 사실이 중요한 부분에 있어서 진실이라는 증명이 없더라도 표현행위를 한 사람이 그 전제가 되는

---

3) 집 47-1, 민 37; 공 1999, 458.

사실이 중요한 부분에 있어서 진실이라고 믿을 만한 상당한 이유가 있는 경우에는 위법성이 없다."라고 한다.4)

2000년에도 위 판결과 동일한 내용의 판결이 계속 나왔다.5) 특히 서울지판 2000. 3. 29, 99가합346856)는 사실의 적시와 의견의 표명으로 이루어진, 즉 평가를 포함한 보도인 평론이나 해설은 공공의 사항에 관한 공정한 평론인 한, 그 평가의 내용이 객관적으로 타당한 의견인지, 사회의 다수가 지지하는 견해인지 여부를 묻지 않고, 또한 이로써 피평론자의 사회적 평가를 저하시켰다 하더라도 위법성이 없으며, 평론의 자유에 의하여 보장된다고 하였다. 나아가 서울지판 2000. 9. 20, 99가합102724에서는 "사실 보도를 목적으로 하는 기사가 아니라 수필 형식의 간단한 논평기사"에 의한 명예훼손이 문제되었는데, "이 사건 기사로 인해 원고 및 선정자들의 사회적 평가가 저하되었다 하더라도, 이 사건 기사가 논평기사인 점, 그 전제되는 사실이 역사적 사실인 점, 피고 A가 판단근거로 삼은 자료들에 상당한 객관성이 담보되어 있는 점, 역사적 사실에 대한 평가와 표현의 자유는 더욱 보장되어야 한다는 점들을 종합적으로 고려하여 볼 때 이 사건 기사로 인한 명예훼손행위는 위법성이 없는 경우에 해당한다."라고 판결하였다.

Ⅲ. 허위 보도에 의한 명예훼손과 위법성 판단

1. 의   의

판례는 타인의 명예를 훼손하는 행위를 한 경우에도 그것이 공공의 이해에 관

---

4) 그리하여 신문 등 언론매체의 어떠한 표현행위가 명예훼손과 관련하여 문제가 되는 경우 그 표현이 사실을 적시하는 것인가, 아니면 단순히 의견 또는 논평을 표명하는 것인가, 또는 의견 또는 논평을 표명하는 것이라면 그와 동시에 묵시적으로라도 그 전제가 되는 사실을 적시하고 있는 것인가 그렇지 않은가를 구별하여야 한다. 이러한 구별은 당해 기사의 객관적인 내용과 아울러 일반의 독자가 보통의 주의로 기사를 접하는 방법을 전제로 기사에 사용된 어휘의 통상적인 의미, 기사의 전체적인 흐름, 문구의 연결 방법 등을 기준으로 판단하여야 하고, 여기에다가 당해 기사가 게재된 보다 넓은 문맥이나 배경이 되는 사회적 흐름 등도 함께 고려하여야 한다고 하였다.

5) 대판 2000. 2. 25, 98도2188(공 2000, 885); 서울지판 2000. 2. 2, 99가합77460(언론중재 2000년 봄호, 144면); 서울지법 서부지판 2000. 3. 22, 98가합14917(언론중재 2000년 여름호, 123면).

6) 언론중재 2000년 여름호, 131면.

한 사항으로서 그 목적이 오로지 공공의 이익을 위한 것인 때에는 진실한 것이거나, 진실하지 않더라도 행위자가 그것을 진실이라고 믿은 데 상당한 이유가 있으면 위법성이 없다고 한다.[7] 이것은 언론보도에 의한 명예훼손의 성립 여부를 판가름하는 중요한 기준으로 작용하고 있는데, 이를 구체화한 판결들이 계속 나오고 있다.

2. 피의사실의 보도

범죄 사건이나 피의사실을 보도하였으나, 나중에 그것이 허위라는 것이 밝혀져 개인의 인격권을 침해한 것으로 인정되는 경우가 많다. 확정판결이 나오기 전까지는 무죄추정의 원칙이 적용되는데도 피의자를 범죄자로 단정하거나 피의자의 성명, 직업 등을 밝히게 되면 피의자에게 회복할 수 없는 손해를 초래하게 된다. 언론매체의 범죄보도가 공익성을 띠고 일반 국민의 알 권리를 충족시키는 측면도 있지만, 피의자의 인격권도 그에 못지않게 보호받아야 한다. 대판 1998. 7. 14, 96다17257[8]은 "대중매체의 범죄 사건 보도는 공공성이 있는 것으로 취급할 수 있을 것이나, 범죄 자체를 보도하기 위하여 반드시 범인이나 범죄 혐의자의 신원을 명시할 필요가 있는 것은 아니고, 범인이나 범죄혐의자에 관한 보도가 반드시 범죄 자체에 관한 보도와 같은 공공성을 가진다고 볼 수도 없다."라고 하여 익명보도의 원칙을 선언하고 있다. 특히 공적 인물이 아닌 사인에 대한 피의사실을 보도할 경우에는 특별히 예외적인 상황이 아닌 한 피의자의 신원이 노출되지 않도록 하여야 한다. 대판 1999. 1. 26, 97다10215, 10222[9]는 "피의사실을 보도함에 있어 언론기관으로서는 보도에 앞서 피의사실의 진실성을 뒷받침할 적절하고도 충분한 취재를 하여야 함은 물론이고, 보도 내용 또한 객관적이고도 공정하여야 할 뿐만 아니라, 무죄추정의 원칙에 입각하여 보도의 형식 여하를 불문하고 혐의에 불과한 사실에 대하여 유죄를 암시하거나 독자들로 하여금 유죄의 인상을 줄 우려가 있는 용어나 표현을 사용하여서는 아니 되며, 특히 공적 인물이 아닌 사인(私人)의 경우 가급적

---

7) 대판 1988. 10. 11, 85다카29(집 36-3, 민 1); 대판 1996. 5. 28, 94다33828(공 1996, 1973); 대판 1997. 9. 30, 97다24207(공 1997, 3279) 등 다수.
8) 공 1998, 2108.
9) 공 1999, 330.

익명을 사용하는 등 피의자의 신원이 노출되지 않도록 주의해야 하지만, 한편으로 보도기관은 수사기관과는 달리 사실의 진위 여부를 확인함에 있어 현실적으로 상당한 제약을 받을 수밖에 없고, 신속한 보도의 필요성이 있을 때에는 그 조사에도 어느 정도 한계가 있을 수밖에 없는 점도 있다."라고 하였다.

서울지판 2000. 8. 23, 99가합30768에서도 피의사실에 관한 언론보도가 피의자의 명예나 초상권을 침해하는지 문제되었다. 즉, 1998. 2. 24. 12 : 20경 유엔군 관할 공동경비구역(Joint Security Area, JSA, 이하 공동경비구역이라 한다) 내 241 GP 지하 3번 벙커에서 김훈 중위가 권총으로 머리 관통상을 입고 사망한 채 발견되었다. 원고 A와 그 친척인 나머지 원고들은, 원고 A가 당시 김훈 중위가 소대장인 소대에 소속되어 있었는데, 피고 방송사나 신문사가 원고 A를 김훈 중위의 살인범 또는 간첩인 것으로 잘못 보도하여 그의 사회적 명예를 훼손하였다고 주장하였다. 1심 법원은 명예훼손과 초상권 침해를 인정하였는데,10) 범죄 사건보도에 관한 기준을 상세하게 제시하고 있다.

일반 국민들은 사회에서 발생하는 제반 범죄에 대하여 알 권리를 가지고 있고, 수사 기관 등 관계 기관이 발표한 자료와 이를 근거로 그 범죄 혐의 사실을 보도하는 것은 국민들의 이러한 권리를 충족하기 위한 방법의 일환이다. 일반적으로 대중매체의 범죄 사건 보도는 범죄 행태를 비판적으로 조명하고, 사회적 규범이 어떠한 내용을 가지고 있고, 그것을 위반하는 경우 그에 대한 법적 제재가 어떻게, 어떠한 내용으로 실현되는가를 알리고, 나아가 범죄의 사회 문화적 여건을 밝히면서 그에 대한 사회적 대책을 강구하는 등 여론 형성에 필요한 정보를 제공하는 등의 역할을 하는 것이다. 따라서 대중매체의 범죄 사건 보도는 특별한 사정이 없는 한 공공성과 공익성이 있는 것으로 취급할 수 있을 것이다. 그러나 그러한 범죄 보도가 위와 같은 요건을 충족시키려면 그 보도가 어디까지나 범죄 행위에 대한 비판에 중점이 놓여 있어야 할 것이고, 공인에 대한 평가 자료로 제공된다거나 국민의 알 권리를 충족시켜 준다는 등의 사회에 대한 지대한 정보의 이익

---

10) 이 판결은 "피고들의 위 각 보도가 공공의 이해에 관련되어 있었던 점은 인정되나, 나아가 오로지 공공의 이익을 위하여 행하여진 것이었다고는 볼 수 없"고, 피고들은 충분한 근거도 없는 상태에서 별다른 확인이나 추가 취재도 없이 원고 A를 살인범이나 간첩으로 몰아세운 것이라고밖에 볼 수 없어 위 각 보도 내용이 진실이라고 믿은 데 상당한 이유가 있었다고 볼 수도 없다고 판단하였다.

이 없는 이상은 실명이나 신상과 같은 개인적인 사항에 중점이 놓여 있어서는 아니 될 것이다(이른바 익명 보도의 원칙). 이것을 인정할 필요성은 세 가지 측면에 근거를 두고 있다. 일반인들에 대하여는 그들이 범죄 혐의의 부담이 없는 가운데 인간으로서의 존엄과 행복추구권을 구가하며 자유롭게 생활할 수 있는 기반을 마련해 주어야 한다. 범죄 피의자 및 피고인에 대하여는 무죄 추정의 원칙이 적용된다. 그리고 두 경우 모두 범죄가 확정된 것이 아니어서 장래에 그 범죄 혐의가 사실이 아닌 것으로 판명될 수 있는 만큼 범죄 보도에는 그 자체 오류의 가능성을 안고 있다.

더욱이 정식 수사가 개시되기도 전에 단순히 어떠한 범죄와의 연관성만이 추상적으로 논란이 되어 있는 단계에서 그 범죄 가능성에 대한 보도를 하거나 더 나아가 실명 보도를 하기 위해서는 위 피의사실과 피의자의 실명을 보도하는 것보다도 훨씬 큰 사회에 대한 정보의 이익, 그리고 공개의 필요성이 인정되어야 한다. 왜냐하면 피해자가 자초하지도 않은 잘못으로 무고하게 범죄인으로 지목되어 그 이름이 사회에 알려져 버린다면 그 정신적 손상은 치명적일 수밖에 없기 때문이다.

이 사건에서 원고 A의 실명과 사진이 공공의 이해에 관한 사항으로서 피고들이 이를 공개하면서까지 그의 범죄 사실 및 범죄 가능성에 관하여 보도할 공적인 이익이나 필요성이 있었는지 문제되었다. 원고 A는 대북 접촉에 따른 국가보안법위반, 군형법위반 혐의에 대하여는 피의자의 지위에, 김훈 중위 사망과 관련하여서는 수사가 개시되기 전 단순한 연관 가능성만이 제기되던 단계에 놓여 있었다. 나아가 당시 원고 A는 위 각 보도가 있기 전에 이미 구속되어 도주 등의 우려가 없는 상태였다. 따라서 당시 공공성과 공익을 위한 필요성이 인정되는 범위는 어디까지나 원고 A의 피의 사실에 관한 보도에 국한되어 있었다고 보아야 하고, 피의 사실 또는 범죄 의혹 사실의 당사자 실명 및 사진을 공개하여 알릴 필요성까지 있었다고 할 수는 없다. 또한 피고들이 군 기강의 해이와 부대원들의 대북 접촉을 문제 삼으려는 의도였다면 군이 원고 A만을 부각시킬 것이 아니라 부대 차원에서 비롯된 잘못된 관행과 조직적인 문제를 그 비판의 대상으로 삼았어야 한다고 하였다.

3. 공익성 또는 공인에 관한 판단

언론보도가 공익성이 있는지 여부나 피해자가 공인에 해당하는지 여부는 인격권 침해의 위법성을 판단할 때 중요한 요소이다. 사회적으로 주목을 받는 문제에 관한 보도라도 개인의 내밀영역에 관한 호기심을 충족시키는 보도에 해당하면 공익성을 부정하여야 한다. 서울지판 2000. 10. 11, 99가합109817은, 유명 여배우와 패션모델의 비디오테이프가 사회적으로 큰 반향을 불러일으켰으나, 이 사건을 다룬 기사들이 공익목적으로 보도된 것이 아니라고 판단하였다. 위 기사들은 주로 비디오테이프의 남녀주인공의 연예활동경력, 그들의 근황과 생각, 위 비디오테이프에는 톱탤런트인 A의 적나라한 성행위가 나온다는 점 등에 초점을 맞추고 있고 위 기사들을 읽는 독자들의 성적 호기심과 성적 욕구를 대리만족시키며 위 비디오테이프에 대한 궁금증을 고조시키는 데 기여하고 있다고 한다.

또한 서울지판 2000. 8. 23, 99가합30768에서 공무원인 원고 A가 공인에 해당하는지 문제되었는데, 이 판결은 공인의 개념을 좁게 보았다. 원고 A가 전방 최전선의 중요 소대 부소대장직을 맡고 있던 공무원이었던 점은 인정되나, 공무원이라 하여 모두 피고들이 주장하는 '공인'의 지위에 있다고 할 수는 없고, 공무원으로서 그가 국가의 정책 방향을 정하는 지위에 있다거나, 선거직에 종사하여 그 활동이 일정 지역 사회나 국가적인 관심사에 해당하는 등의 사유가 있어 그 활동 상황을 사회에 알릴 필요가 있다는 점이 인정되어야 '공인'의 지위에 있다고 한다. 또한 사회적으로 중요한 범죄 사건이 있었고 그 범죄에 대하여 사회의 지대한 관심이 있더라도 그 사회의 관심은 어디까지나 범죄 행위에 놓여 있다고 보아야지 그 범죄인에 있다고 볼 것은 아니다. 더욱이 구속되어 수감 중이어서 자기의 혐의에 대하여 별다른 반론조차 제기할 수 없는 지위에 있는 자를 두고 그가 범한 범죄사실 때문에 '공인'의 지위를 가지게 되었다고 볼 수는 없다고 한다.

4. 상당성에 관한 판단

2000년에 군판사,[11] 검사,[12] 법의학전문가 등 전문직역에 종사하는 사람에 대

---

11) 서울지판 2000. 7. 12, 99가합90005(언론중재 2000년 가을호, 111면).

한 명예훼손을 인정한 사례가 많이 나왔다. 서울지판 2000. 3. 29, 99가합3468513)
는, 위 김훈 중위 사건과 관련하여 부검을 한 군의관인 원고가 허위로 부검감정서
를 작성하였다는 피고 신문사의 보도에 대한 것이다. 이 판결은 "법의학전문가인
원고에 대한 사회적 평가가 저해되었음"을 인정하여 명예훼손을 이유로 한 손해배
상책임을 인정하였다. 피고는 위 보도 내용이 진실이라고 믿을 만한 상당한 이유
가 있었다고 주장하였으나, "위 각 기사가 다루는 내용이 고도로 전문적인 분야임
을 인식하였을 피고 신문사와 기자는 보도의 객관성을 검증하기 위하여 여러 법의
학자들의 자문을 구하는 것은 물론 객관적인 자료를 입수하기 위하여 자료를 보관
하고 있는 군수사기관으로부터 보도 직전까지 이루어진 수사의 결과를 확인하는
작업을 거쳤다면, 위 기사가 허위임을 충분히 인식할 수 있었"다고 하여 이를 배척
하였다. 이것은 보도 내용이 전문적인 분야인 경우에는 일상적인 내용을 보도하는
경우와는 달리 관련 전문가의 의견을 들어야 한다는 것이다.

Ⅳ. 프라이버시 침해

1. 사생활 침해

언론의 사실 보도가 개인의 프라이버시를 침해하는 경우가 많이 있다. 대판
1998. 9. 4, 96다1132714)은 프라이버시 침해를 인정한 중요한 대법원 판결인데, "사
람은 자신의 사생활의 비밀에 관한 사항을 함부로 타인에게 공개당하지 아니할 법
적 이익을 가진다고 할 것이므로, 개인의 사생활의 비밀에 관한 사항은, 그것이 공
공의 이해와 관련되어 공중의 정당한 관심의 대상이 되는 사항이 아닌 한, 비밀로
서 보호되어야 하고, 이를 부당하게 공개하는 것은 불법행위를 구성한다."라고 판

---

12) 서울지판 1999. 6. 23, 99가합14391(언론중재 1999년 가을호, 166면); 서울지판 2000. 2. 2, 99
    가합77460(언론중재 2000년 봄호, 144면).
13) 언론중재 2000년 여름호, 131면.
14) 공 1998, 2377. 서울고판 1996. 2. 2, 95나25819(국내언론관계판결집 제 4 집, 243면)에 대한 상
    고사건인데, 위 서울고등법원 판결에 관하여는 김재형, "언론의 사실 보도로 인한 인격권 침
    해," 서울대학교 법학 제39권 1호(1998. 5), 189면 이하. 필자는 위 사건에서 프라이버시 침해를
    인정하여야 한다고 주장하였다.

결하였다.

사생활에 속하는 사항을 동의 없이 보도하는 것은 사생활 침해에 해당한다. 서울지판 2000. 2. 2, 99가합64112[15])는 유명 방송인인 원고가 PC통신에 게재된 자신에 관한 소문을 기사화한 기자를 상대로 손해배상책임을 청구한 사건에 대한 것이다. "개인의 이혼 사유와 그 배경에 관한 정보는 개인의 사생활 영역에 속하고 일반에 널리 알려진 사람, 즉 공인이라도 개인으로서 가지는 사생활(프라이버시)의 자유는 보장받아야 하고, 언론기관이라도 당사자의 동의 없이 보도할 수 없음이 원칙이다."라고 한 다음, "다만 사생활에 속하는 사항이라도 그것이 사회 일반의 공공 이익에 관한 것이거나 일반에 널리 알려진 사람의 활동에 대한 비판이나 평가의 자료를 제공하는 것으로 공익에 부합하는 경우에만 위 원칙에 대한 예외가 인정될 뿐이고, 이러한 예외가 인정된다 하더라도 필요한 확인 절차는 모두 거쳤어야 한다."라고 하여 1억 원의 위자료를 인정하였다.

그리고 서울고판 2001. 1. 11, 99나66474에서는 교수가 불법레슨을 한 연습실을 촬영하여 보도한 것이 사생활 침해에 해당한다고 보았다. 피고 방송사는 1999년 1월 4일, 5일, 7일 세 차례에 걸쳐 "SBS 8시 뉴스" 프로그램에서 "서울 유명 대학의 현직 바이올린 교수가 버젓이 교습실까지 차려놓고 자기 학과에 지원할 수험생들에게 불법레슨을 하다가 현장에서 들켰다."는 내용을 보도하였다.[16]) 당시 취재기자가 연습실 앞 복도에서 이동식 6mm 소형카메라를 사용하여 교습을 마치고 위 연습실에서 나오는 학생과 학부모 및 원고를 원고의 동의 없이 촬영하여 위 화면을 이 사건 보도에 사용하였다. 그는 위 경찰관들이 원고를 체포하기 위하여 위 연습실에 들어갈 당시 원고로부터 아무런 동의를 얻지 않고 카메라기자 등과 함께 위 연습실에 들어갔다. 또한 그는 원고에게 자신이 기자라는 신분을 밝히지 않은 채 원고에게 취재를 하였으며, 위 연습실 내부를 무단으로 촬영하고, 원고가 경찰에 연행된 후에도 위 연습실에 남아 연습실의 출입문을 열었다 닫았다 하는 행동을 수회 반복하면서 방송에 나갈 보도 내용(멘트)을 반복 촬영하였다.

이 판결은 피고 방송사와 취재기자를 상대로 한 명예훼손을 원인으로 한 손해

---

15) 언론중재 2000년 봄호, 136면.
16) 원고는 학생들에게 과외를 한 혐의로 학원의 설립·운영에 관한 법률 위반죄로 입건되어 1999. 2. 19. 서울지방검찰청 서부지청 검사로부터 기소유예처분을 받았으나, 이에 대하여 헌법소원을 제기하였고, 위 처분은 2000. 6. 29. 해당 조항이 위헌이라는 이유로 취소되었다.

배상청구는 배척하였으나, "원고의 동의를 얻지 아니한 위 취재기자의 위와 같은 행위로 원고가 배타적으로 사용하고 있던 위 연습실에서의 원고의 사생활과 초상권이 침해되었다."라고 보아 손해배상책임을 인정하였다. 그리고 위 피고들의 행위가 위법성이 없다는 주장을 받아들이지 않았다. "언론의 자유의 보장 속에는 취재의 자유도 포함된다고 할 것이지만 언론의 자유에 제한이 있듯이 취재의 자유 역시 다른 법익을 침해하지 않는 범위 내에서 인정된다고 할 것이다. 원고의 위 연습실과 같은 개인의 사적인 장소는 비록 취재 당시 원고가 현행범으로 체포되고 있는 때라고 하더라도 체포와 관련되어 적법절차를 갖춘 사람 이외에는 관계자의 동의 없이는 출입이 금지되고 그 곳에서의 취재도 원칙적으로 불법"이라고 했다.17)

2. 위 법 성

본인의 승낙을 받고 승낙의 범위 내에서 그의 사생활에 관한 사항을 공개하는 것은 위법하지 않다. 그러나 본인의 승낙을 받은 경우에도 승낙의 범위를 초과하여 승낙 당시의 예상과는 다른 목적이나 방법으로 이러한 사항을 공개하는 것은 위법하다.18) 서울지판 2000. 7. 4, 99나8369[19])은 사안이 좀 특이하다. 피고인 KBS 영상사업단이 KBS에 방송된 내용을 비디오로 제작·판매하였는데, 교통회관이 모범택시 운전자인 원고의 얼굴과 음성이 담긴 비디오를 구입하여 공공장소에서 반복하여 방영하였다. 법원은 "방송프로그램을 영리목적으로 대량 복제, 판매하거나 영리를 직접 목적으로 한 것이 아니라도 불특정다수인을 상대로 반복적으로 방영하는 데에 제공하는 것은 방송 프로그램의 통상적인 이용 범위를 넘어서는 것"이라고 하여 위 영상사업단의 손해배상책임을 인정하였다.

한편 원고의 사생활 등 사적인 사항에 관한 보도가 주로 공공의 이익을 위한 것이고, 위 보도로 인하여 침해된 원고의 사생활의 권리 또는 인격권은 위 보도를 위법하게 할 정도로 중하지 않다는 이유로 불법행위의 성립을 부정한 판결이 있다.20)

---

17) 원고는 피고 대한민국 소속 경찰관들의 행위가 원고의 사생활의 자유와 비밀을 침해하거나 취재기자 등의 프라이버시 침해행위를 용이하게 하여 원고에 대하여 불법행위를 하였다고 주장하였으나, 이는 받아들여지지 않았다.
18) 대판 1998. 9. 4, 96다11327(공 1998, 2377); 김재형(주 14), 204면 이하.
19) 언론중재 2000년 가을호, 128면.
20) 서울고판 2000. 3. 9, 99나43440(국내언론관계판결집 제 7 집, 328면).

3. 초 상 권

얼굴 이외의 신체의 일부에 관한 사진을 게재하는 것도 그가 누구인지 알 수 있다면 초상권 침해가 될 수 있다. 예컨대 축구선수의 뒷모습을 게재한 경우에도 초상권 침해에 해당한다. 서울지판 2000. 10. 11, 99가합109817은 피고 신문사의 기사에서 원고와 A 사이의 내밀한 성행위가 담긴 이 사건 비디오테이프의 내용을 이 사건 등쪽 사진들과 함께 섬세한 묘사로 그리고 있었는데, 법원은 원고와 A의 사생활과 초상권이 침해되었다고 인정하였다. 원고의 신체 중 얼굴 이외의 부분만이 나오는 사진이 게재되었다 하더라도 기사를 통해 원고와 A의 성행위장면을 섬세하게 묘사하면서 그 비디오테이프 중 일부 장면을 사진으로 게재한 것이어서 그 사진에 나오는 신체부분이 원고의 것임을 쉽게 알 수 있는 경우라면, 원고의 초상권은 당연히 법적으로 보호받을 수 있다고 한다.

그리고 서울고판 2000. 3. 9, 99나4344021)은, 원고의 전화통화내용이 무단으로 녹음된 테이프를 음성변조처리를 하지 않고 재생하여 방송한 것이 원고의 인격권인 음성권을 침해한 것이라고 판단하였다.

4. 의사에 의한 사생활 침해

서울지판 2000. 10. 11, 2000가합4673은 언론에 의한 명예훼손과 초상권 침해를 인정하였을 뿐만 아니라, 전문의가 환자의 질병을 공개한 것에 대해서도 불법행위 책임을 인정하였다.

피고 A는 서울방송의 시사프로그램인 '추적, 사건과 사람들'의 제작을 맡고 있던 중인 1997. 1.경 지하철에서의 성추행 범죄와 소매치기 범죄를 특집으로 기획하고, 지하철 수사대에 이에 대한 협조를 요청하였다. 원고가 경찰관에게 지하철 성추행 혐의로 현행범 체포되었고, 다음날 원고에 대하여 성폭력범죄의처벌및피해자보호등에관한법률 위반 혐의로 구속영장이 청구되었다가 기각되었다. 그 과정에서 원고의 신분이 법원사무관이라는 사실이 밝혀지자, 1997. 1. 11. 자 국민일보 및 다음날자 한국일보 등에는 원고가 성추행 혐의로 입건되었다는 사실이 원고의 실명

---

21) 국내언론관계판결집 제 7 집, 328면.

과 직업 그대로 보도되었다. 원고와 인터뷰하였던 피고 A는 원고에게 정신과 상담을 받아볼 것을 권유하였고, 위 권유에 따라 원고는 1997. 1. 13. 피고 B와 성상담을 한 후, 다면적 인성검사를 받았다. 위 과정도 취재진의 카메라에 녹화되었다. 피고 A는 원고에 대한 위와 같은 취재내용 등을 편집하여 방송을 위한 프로그램을 제작하였고, 위 프로그램은 1997. 1. 25. 서울방송의 '추적, 사건과 사람들'을 통해 방송되었다.

법원은 피고 A의 명예훼손과 초상권 침해를 인정하였다. 먼저 이 사건 방송 중 원고의 얼굴 부분이 모자이크 처리되긴 하였으나 그것이 완벽하지 못하여 간간이 원고의 얼굴이 식별 가능하고, 원고의 음성은 변조됨이 없이 방송되었으며, 확대 촬영된 신문기사와 구속영장 모니터 화면을 통해 원고의 이름 및 직업과 같은 신원이 노출되었다. 또한 이 사건 방송의 내용이 원고의 지하철 성추행 범죄사실 및 그에 대한 성상담 내용으로 이루어져 있다. 피고 A는 이 사건 방송을 제작하여 방송함으로써 원고의 사회적 평가를 저하시키는 사실을 적시하여 원고의 명예를 훼손하였다.[22)

다음으로 원고가 피고 A의 인터뷰와 취재진의 촬영에 응하였으나, 이 사건 취재 내용의 성격상 원고의 초상을 방송을 통해 그대로 내보는 것에 대해서까지 허락·승인하였다 볼 수 없고, 원고의 초상이 이 사건 방송을 통해 식별 가능하다는 것이므로, 피고 A는 이 사건 방송을 통해 원고의 초상권도 침해하였다고 했다.

한편 피고 B가 원고와 상담한 후 그의 지하철 성추행 행위를 성도착증이라고 진단한 것은 정신과 전문의라는 전문가 입장에서 행한 의견 혹은 견해 표명이라 할 것이지 이를 사실의 적시라고 할 수 없다고 하여 명예훼손 행위에 해당하지 않는다고 판단하였으나, "원고가 정신과 전문의인 위 피고와 상담할 때에는 그 전제로서 상담과정 중 원고가 피고에게 알린 사적 영역이 누설되지 않으리라는 신뢰관계가 바탕이 된다 할 것인데, 위 피고가 원고에게 음경노출증이 있다고 말한 것은 위 피고가 원고와의 상담과정 중 알게 된 사실을 누설한 것으로서 원고와 위 피고

---

22) 이 사건 범죄보도가 공익성이 있는지 여부에 관하여는 이를 부정하였는데 "범죄보도를 통해 얻어지는 공공의 이익과 그로 인해 침해되는 개인의 명예를 비교 교량하여 볼 때, 범죄보도에 있어서는 그 보도 내용이 어디까지나 범죄 행위 자체에 대한 비판에 중점이 놓여 있는 경우에만 공익성이 있다 할 것이지, 피의자의 실명이나 신상과 같은 개인적인 사항을 노출시킨 경우에는 이를 밝히는 것이 국민의 알 권리 충족에 있어 지대한 정보가치를 가지고 있다는 등의 특별한 사정이 없는 이상 공익성이 있다 할 수 없다."라고 판단하였다.

사이의 신뢰관계를 깨뜨리는 불법행위이다."라고 판단하였다. 의사가 환자와 상담 과정에서 알게 되는 질병에 관하여 비밀을 유지할 의무가 있다. 의사가 이러한 의무를 위반하여 환자의 질병을 공개하는 것은 신뢰관계를 깨뜨리는 행위이다.

V. 오보로 인한 재산적 손해의 배상

언론보도로 인한 손해배상은 거의 대부분 정신적 손해에 대한 것으로 위자료의 지급이 문제되었다. 특히 대판 1999. 10. 8, 98다40077[23]은 언론의 오보로 인하여 제조업자와 제품에 대한 사회적 평가와 신용이 훼손되었다는 이유로 손해배상책임을 인정하였으나, 매출액 감소로 인한 손해배상을 청구한 부분에 관해서는 오보와 매출액 감소 사이에 인과관계에 관한 증명이 없다는 이유로 이를 기각하기도 하였다. 그런데 서울지판 2001. 1. 10, 2000가합9265는 오보로 인한 재산적 손해를 인정하였다. 피고는 "대신그룹 A 회장의 아들이 운영하는 B건설이 부도 직전에 화의를 신청한 사실이 알려지면서 지수 800선 붕괴 등 주식시장의 투자심리를 크게 위축시키고 있다. 대신증권 관계자는 '최근 B건설이 부도 직전에 법원에 화의를 신청했다'면서 '대신계열사들이 회사채 등 지급보증한 금액이 약 1,600억 원에 달하고 있다'고 25일 밝혔다."는 취지로 보도하였다. 대신증권 주식 중 보통주의 주가는 이 사건 보도 직후 급락하였고, 원고들은 보유주식을 낮은 가격에 매도하였다.

법원은 "피고는 위와 같은 오보로 말미암아 보유하고 있던 대신증권의 주식을 급락된 가격에 매도함으로써 원고들이 입게 된 손해를 배상할 책임이 있다."라고 판단하였다. 화의신청, 거액의 지급보증 등 기업의 자금사정에 관한 부정적 보도가 있을 경우 해당 기업의 주가에 커다란 영향을 미치게 될 것이 명백하므로, 피고는 이 사건 보도를 하기 전에 A 증권회사, B 건설회사의 관계자 및 주채권은행 등에 대하여 사실 확인 작업을 충분히 거쳐야 한다. 그런데도 단순히 증권가의 소문과 대신증권의 성명불상 간부로부터 들은 말만을 근거로 위와 같은 사실 확인 작업도 거치지 않은 채 성급히 사실과 다른 내용의 이 사건 보도를 하여, 대신증권의 주

---

23) 공 1999, 2292. 이 판결에 대한 비판으로는 이은영, "명예훼손 소송에서의 재산적 손해 인정에 대한 법적 쟁점," 언론중재 2000년 여름호, 10면 이하.

가가 급락하도록 한 잘못이 있다. 그리고 이 사건 보도로 인하여 원고들이 입은 손해는, 이 사건 보도가 있던 시점의 주가와 원고들이 매도한 시점의 주가(즉, 원고들이 매도한 가격)의 차액이라고 하였다. 이 판결은 언론의 허위 보도로 인하여 어떤 기업의 주식이 하락한 경우에 그 주식투자자의 손해를 인정하였다는 점에 특색이 있다.

Ⅵ. 정정보도청구와 반론보도청구

1. 정정보도청구

타인의 명예를 훼손한 자에 대하여는 법원은 피해자의 청구에 의하여 손해배상에 갈음하거나 손해배상과 함께 명예회복에 적당한 처분을 명할 수 있는데(민법 제764조), 명예회복을 위한 적당한 처분으로 정정보도를 청구할 수 있다.

어떠한 경우에 정정보도청구를 인용할 것인지, 손해배상에 갈음하여 정정보도청구를 인용할 것인지, 아니면 손해배상과 함께 이를 인용할 것인지 문제된다. 법원 실무는 대체로 명예훼손을 이유로 한 손해배상책임을 인정하는 경우에 명예회복을 위한 적당한 처분으로서 정정보도청구도 받아들이고 있다.24) 피고에게 금전배상을 명하는 것만으로는 훼손된 원고들의 명예를 회복하는 데 부족하다 할 것이므로, 원고는 민법 제764조에 따른 명예회복을 위한 적당한 처분으로서 정정보도문의 게재를 구할 권리가 있다.

그러나 손해배상과 정정보도 중 하나만을 인정한 재판례도 있다. 서울지판 2000. 6. 7, 99가합88873은 "이 사건 보도의 내용 및 경위, 이 사건 보도의 일회성, 이 사건 보도 직후 원고 A의 이의에 따라 곧 수정보도가 나간 점, 위 원고들의 정신적 손해를 전보하기 위해 위와 같은 위자료의 지급을 명한 점 등을 고려하여 볼 때 손해배상과 별도의 정정보도는 필요하지 않다."라고 판단하였다.25) 이에 반하여

---

24) 서울고판 2000. 2. 10, 98나56579(국내언론관계판결집 제 7 집, 314면); 서울지판 2000. 1. 19, 99가합42730(국내언론관계판결집 제 7 집, 267면); 서울지판 2000. 2. 2, 99가합77460(언론중재 2000년 봄호, 144면); 서울지판 2000. 7. 12, 99가합90005(언론중재 2000년 가을호, 111면).

25) 서울지판 2000. 6. 21, 2000가합1377도 마찬가지이다.

서울지판 2000. 12. 27, 2000가합16898은 "피고 소속 기자들은 사회의 관심이 집중되던 이른바 '옷 로비 의혹 사건'에 관하여 지속적인 취재를 거듭하였고 그로 인하여 위 사건의 실체에 상당 부분 접근할 수 있는 계기를 마련하기에 이르렀다고 보여지고, 위 보도 내용 역시 공공의 이익을 위한 것으로 상당 부분 진실에 부합하며, 한편 원고는 이른바 공인으로서 그에 대한 합리적이고 공적인 비판은 겸허하게 수용하여야 할지위에 있는 점 등 이 사건 변론과정에 나타난 여러 가지 사정을 참작하건대, 피고의 명예훼손에 대한 책임으로는 위자료에 해당하는 손해배상을 명하기보다는 명예회복에 적당한 처분으로서 정정보도만을 명함이 상당하다."라고 판단하였다.

2. 반론보도청구

「정기간행물의 등록등에 관한 법률」 제16조와 방송법 제91조는 반론보도청구권에 관하여 규정하고 있다.26) 반론보도를 청구하려면 정기간행물이나 방송에 공표된 사실적 주장에 의하여 피해를 받은 자에 해당하여야 한다. 대판 2000. 2. 25, 99다1284027)은 논평이나 논설 등 가치평가나 의견표시를 하는 주장이라 하더라도 거기에 전제 혹은 예시 등을 위한 사실적 주장이 포함되어 있다면 그 사실적 주장은 반론보도청구권의 대상이 된다고 하였다. 그러나 이 사건에서는 송시열의 후손으로 구성된 원고 종중이 보도 내용과 직접적인 연관성이 없어 '피해를 받은 자'에 해당하지 않는다고 판단하였다.

대판 2000. 3. 24, 99다6313828)은 문화방송의 'PD수첩' 프로그램의 보도에 대하여 반론보도를 청구한 사건에 대한 것이다. 대법원은 "방송법이 규정하는 반론보도청구권은 피해자의 권리를 구제한다는 주관적인 의미와 피해자에게 방송의 사실보도 내용과 반대되거나 다른 사실을 주장할 기회를 부여함으로써 시청자들로 하여금 균형 잡힌 여론을 형성할 수 있도록 한다는 객관적 제도로서의 의미를 아울

---

26) 현재는 2005년 제정된 「언론중재 및 피해구제 등에 관한 법률」에 반론보도청구권과 정정보도청구권에 관하여 규정을 두고 있다.

27) 국내언론관계판결집 제 7 집, 54면.

28) 공 2000, 1045; 언론중재 2000년 여름호, 118면. 이 판결에 관한 평석으로는 권형준, "반론보도의 범위와 한계," 언론중재 2000년 겨울호, 83면 이하.

러 가지고 있고(대법원 1996. 12. 23, 95다37278 판결 참조), 법원이 반론보도의 내용을
정할 때에는 신청취지가 기재된 반론보도문을 참작하여 신청인의 명예나 권리를
최대한 회복할 수 있도록 하여야 한다(반론보도등청구사건심판규칙 제 4 조 제 3 항)."라
고 판결하였다. 이 판결은 반론보도문의 내용에 관하여 상세하게 판단하고 있는데,
"법원은 신청인이 구하는 반론보도의 전체적인 취지에 반하지 않는 범위 안에서
신청인의 명예나 권리가 최대한 회복될 수 있도록 이를 적절히 수정하여 인용할
수 있다."라고 하였다. 이것은 종래의 실무를 확인한 것이다. 또한 이 사건 방송이
2회에 걸쳐 행해졌으나 2차 방송은 1차 방송을 요약 보도한 것에 불과하므로, 이
러한 경우에는 1, 2차 방송의 내용과 길이 등을 종합적으로 고려하여 반론보도는
한 번에 포괄하여 1회 방송함으로써 족하다고 하였다.29)

[언론중재 2001년 봄호(2001. 3), 언론중재위원회, 110-124면]

---

29) 또한 서울고판 2000. 7. 13, 99나61271, 61288, 61295(언론중재 2000년 가을호, 134면)은 MBC
   뉴스데스크에 6회의 반론보도를 할 것을 청구한 것에 대하여, 나머지 방송이 첫 번째 방송의
   요약이거나 신청인 교회신도들의 MBC 사옥 난입과 관련한 수사진행상황 등에 대한 후속 보도
   정도에 불과하므로 반론보도는 두 번에 걸쳐 포괄적으로 행함이 합당하다고 판결하였다.

제 3 절   2009년 '언론과 인격권'에 관한 판례 동향

I. 서   론

언론분쟁에서 '판례'는 분쟁해결의 지침으로 작용한다. 2005년에 제정된 「언론중재 및 피해구제 등에 관한 법률」(이하 '언론피해구제법'이라 한다)은 그 동안 축적된 판례를 반영하고 있지만, 여전히 언론분쟁의 해결에 관한 지침을 상당부분 이론과 판례에 맡겨 놓고 있다. 언론중재위원회는 법원과 함께 언론분쟁해결의 양대 축을 형성하고 있는데, 판례는 하급심 판결에 영향을 미칠 뿐만 아니라 언론중재위원회의 결정에도 중요한 지침이 된다. 언론중재위원회의 조정이나 중재도 미세한 조정 또는 변형이 수반되기는 하지만 판례를 존중하지 않고서는 설득력을 얻기가 쉽지 않다.

언론분쟁은 언론중재위원회의 조정과 중재, 법원의 재판에 의하여 해결되고 있는데, 언론중재위원회에서 나오는 통계를 통하여 언론분쟁의 추이를 알 수 있다. 1987년 민주화 이후 언론분쟁이 증가하기 시작하여 이제 양적으로나 질적으로나 중요한 분쟁유형이 되었는데,[1] 특히 2009년에는 언론분쟁 사건이 조정과 중재 모두 크게 증가하였다.

언론중재위원회가 설립된 1981년부터 2009년까지 조정신청건수는 총 13,891건이고, 그 중 2009년에 1,573건이 접수되었다. 2006년에 종전의 언론조정과 구분되는 언론중재가 생겼는데, 2009년까지 총 142건의 중재사건이 있었고 그 중 2009년에 111건이 신청되었다. 2008년에 총 954건의 조정사건과 10건의 중재사건을 접수

---

1) 상세한 것은 김재형, "언론에 의한 명예 등 인격권 침해에 대한 구제수단과 그 절차," 인권과 정의 제399호(2009. 11), 90면 이하 참조.

·처리한 것과 비교하면, 2009년에 조정사건은 619건이나 증가하였고, 중재사건은 11배나 증가하였다. 조정사건의 피해구제율은 73.9%로 언론중재위원회 설립 이후 가장 높았다. 조정을 신청한 매체를 보면, 신문이 632건으로 40.2%를 차지했고, 방송과 인터넷신문이 각각 459건(29.2%)과 233건(14.8%)이었다. 인터넷뉴스 서비스에 대한 조정청구는 181건인데, 인터넷뉴스 서비스로 인한 분쟁이 점차 매우 중요한 부분을 차지하고 있다. 한편 침해유형별로는 명예훼손이 1,457건으로 92.6%이고 그 밖에 초상권 등 인격권 침해사례는 그 비중이 높지 않다.[2)]

법원에서도 언론에 의한 인격권 침해에 관한 사건이 계속 증가하고 있고, 중요한 판결이 계속 나오고 있다. 2009년에는 인터넷에 의한 명예훼손에 관하여 전원합의체 판결이 나왔고, 그 밖에도 명예훼손 등에 관해서 좀 더 세밀한 법리를 전개한 판결들이 나왔다. 여기에서는 2009년에 나온 언론분쟁에 관한 대법원 판결을 간략하게 살펴보고자 한다.[3)]

II. 인터넷 종합 정보제공자의 명예훼손 책임

1. 인터넷 이용자들이 사이버공간에 다른 사람의 명예를 훼손하는 정보를 올린 경우 인터넷서비스제공자가 어떠한 요건에 따라 책임을 지는지 문제된다. 인터넷서비스제공자가 직접 정보를 올린 사람과 동일한 책임을 진다고 볼 수는 없다. 반면에 인터넷서비스제공자는 무조건 면책된다고 볼 수도 없다.

대판(전) 2009. 4. 16, 2008다53812(공 2009, 626)는 '인터넷 포털사이트'(이 판결에서는 '인터넷 종합 정보제공 사업자'라는 표현을 사용하고 있다)에 의한 명예훼손에 관한 새로운 기준을 제시하였다. 이 분야에서 2009년에 나온 가장 중요한 판결로서 이미 여러 평석이 나왔다.[4)] 피고 엔에이치엔 주식회사(이하 '피고 엔에이치엔'이라 한

---

2) 상세한 통계는 언론중재위원회, "2009년도 조정·중재신청처리 및 시정권고 현황," 언론중재 제114호(2010년 봄호), 71면 이하.

3) 약 10년 전에도 이와 같은 형태의 글을 쓴 적이 있다. 김재형, "'언론과 인격권'에 관한 최근 판례의 동향," 언론중재 2001년 봄호(2001. 3). 당시에 비하여 언론분쟁에 관한 대법원 판결이 증가하였고, 다양한 하급심 판결이 나오고 있다. 특히 인터넷과 관련된 사건이 증가함에 따라 이에 관한 중요한 판결들도 나왔다.

4) 이 판결의 태도에 긍정적인 견해로는 문재완, "인터넷상의 명예훼손과 인터넷포털사이트의 법적 책임," 공법연구 제38집 1호 2권(2009. 10), 53면 이하; 시진국, "인터넷 종합 정보제공 사

다), 피고 주식회사 다음커뮤니케이션(이하 '피고 다음커뮤니케이션'이라 한다)은 보도매체로부터 위 피고들의 각 자료저장 컴퓨터 설비에 전송된 기사들 가운데 원고 관련 기사를 선별하여 위 피고들의 뉴스 게시 공간에 게재하였다. 위 원고 관련 기사들은 원고의 명예를 훼손하는 내용을 담고 있었고, 불법행위로 평가되는 명예훼손적 게시물들이 있었다. 원심은, 피고들이 보도매체로부터 위 피고들의 각 자료저장 컴퓨터 설비에 전송된 기사들 가운데 원고 관련 기사를 선별하여 위 피고들의 뉴스 게시 공간에 게재하였는데, 위 원고 관련 기사들은 원고의 명예를 훼손하는 내용이므로, 위 피고들은 위 각 기사들에 관하여 이를 최초로 작성한 해당 보도매체들과 함께 원고에 대한 공동불법행위자로서 손해배상책임을 부담한다고 판단하였다. 또한 댓글 등 위 명예훼손적 게시물에 대해서는 위 피고들이 원고의 요청이 없더라도 불법성이 명백하고 기술적, 경제적으로 관리·통제가 가능하였던 위 명예훼손적 게시물들을 삭제하거나 그 검색을 차단할 의무가 있고, 위 각 기사들에 관하여 이를 최초로 작성한 해당 보도매체들과 함께 원고에 대한 공동불법행위자로서 손해배상책임을 부담한다고 판단하였다. 피고들이 상고하였으나, 대법원은 이를 기각하였다.

(1) 먼저 인터넷 종합 정보제공 사업자가 보도매체의 기사를 보관하면서 스스로 그 기사의 일부를 선별하여 게시한 경우, 그로 인하여 명예가 훼손된 자에게 불법행위책임을 진다고 판단하였다. 즉,

"… 인터넷에 관한 종합적인 서비스를 제공하는 자5)(…)가 보도매체가 작성·보관하

업자의 명예훼손에 대한 불법행위책임," 저스티스 제114호(2009. 12), 327면 이하; 이헌숙, "뉴스서비스와 제 3 자 게시물로 인한 포털의 책임 여부," 사법 9호(2009), 247면 이하가 있고, 비판적인 견해로는 우지숙, "명예훼손에 대한 인터넷서비스제공자(ISP) 책임 기준의 현실적 타당성과 함의," Law & technology 제 5 권 제 4 호(2009. 7), 78면 이하가 있다.
5) "정보통신망 이용촉진 및 정보보호 등에 관한 법률 제 2 조 제 1 항 제 3 호 소정의 정보통신서비스 제공자로서, 인터넷 가상공간 내에 있는 각종 정보제공 장소(인터넷 이용자들은 '사이트'라고 부른다)들에 게재된 정보에 대한 분야별 분류 및 검색 기능을 비롯하여 인터넷 이용자가 직접 자신의 의견이나 각종 정보를 게시·저장하거나 이를 다른 이용자들과 서로 공유·교환할 수 있는 인터넷 게시 공간(그중 '블로그', '미니 홈페이지', '인터넷 동아리', '카페'라는 이름으로 개설된 게시 공간을 아래에서는 '사적(私的) 인터넷 게시 공간'이라고 한다)을 제공하고, 아울러 전자우편, 게임 이용 서비스를 제공하는 등 인터넷에 관한 종합적인 서비스를 제공하는 자(인터넷 이용자들은 위와 같은 서비스를 '포털서비스'로, 그 서비스가 이루어지는 정보제공 장소를 '포털사이트'로 부른다. 아래에서는 그 서비스를 '인터넷 종합 정보서비스', 그 서비스가 이루어지는 장소를 '인터넷 종합 정보제공 장소', 그 서비스를 제공하는 사업자를 '인터넷 종합

는 기사에 대한 인터넷 이용자의 검색·접근에 관한 창구 역할을 넘어서서 보도매체로
부터 기사를 전송받아 자신의 자료저장 컴퓨터 설비에 보관하면서 스스로 그 기사 가
운데 일부를 선별하여 자신이 직접 관리하는 뉴스 게시 공간에 게재하였고 그 게재된
기사가 타인의 명예를 훼손하는 내용을 담고 있다면, 이는 단순히 보도매체의 기사에
대한 검색·접근 기능을 제공하는 경우와는 달리 인터넷 종합 정보제공 사업자가 보도
매체의 특정한 명예훼손적 기사 내용을 인식하고 이를 적극적으로 선택하여 전파한 행
위에 해당하므로, 달리 특별한 사정이 없는 이상 위 사업자는 명예훼손적 기사를 보도
한 보도매체와 마찬가지로 그로 인하여 명예가 훼손된 피해자에 대하여 불법행위로 인
한 손해배상책임을 진다."

(2) 다음으로, 인터넷 종합 정보제공 사업자의 명예훼손 게시물에 대한 삭제 및
차단의무의 발생 요건에 관해서는 다수의견과 별개의견이 대립하고 있다. 먼저 다
수의견은 삭제 및 차단 요구가 없더라도 명예훼손책임이 발생한다고 하였다.

"명예훼손적 게시물이 게시된 목적, 내용, 게시기간과 방법, 그로 인한 피해의 정도,
게시자와 피해자의 관계, 반론 또는 삭제 요구의 유무 등 게시에 관련한 쌍방의 대응
태도 등에 비추어, 인터넷 종합 정보제공 사업자가 제공하는 인터넷 게시 공간에 게시
된 명예훼손적 게시물의 불법성이 명백하고, 위 사업자가 위와 같은 게시물로 인하여
명예를 훼손당한 피해자로부터 구체적·개별적인 게시물의 삭제 및 차단 요구를 받은
경우는 물론, 피해자로부터 직접적인 요구를 받지 않은 경우라 하더라도 그 게시물이
게시된 사정을 구체적으로 인식하고 있었거나 그 게시물의 존재를 인식할 수 있었음이
외관상 명백히 드러나며, 또한 기술적, 경제적으로 그 게시물에 대한 관리·통제가 가
능한 경우에는, 위 사업자에게 그 게시물을 삭제하고 향후 같은 인터넷 게시 공간에
유사한 내용의 게시물이 게시되지 않도록 차단할 주의의무가 있고, 그 게시물 삭제 등
의 처리를 위하여 필요한 상당한 기간이 지나도록 그 처리를 하지 아니함으로써 타인
에게 손해가 발생된 경우에는 부작위에 의한 불법행위책임이 성립된다고 봄이 상당하
다."6)

정보제공 사업자'라고 한다)"를 말한다.
6) 한편 인터넷 종합 정보제공 사업자의 불법행위책임을 개별 인터넷 게시 공간별로 포괄적으로
   평가할 수 있다고 하였다. "인터넷 종합 정보제공 장소는 특정 기사에 대한 댓글들, 지식검색란
   에서의 특정 질문에 대한 답변들, 특정 사적(私的) 인터넷 게시 공간 등과 같이 일정한 주제나
   운영 주체에 따라 정보를 게시할 수 있는 개별 인터넷 게시 공간으로 나누어져서 그 각 개별
   인터넷 게시 공간별로 운영 및 관리가 이루어지고 있고, 위와 같은 개별 인터넷 게시 공간 내
   에서의 게시물들은 서로 관련을 맺고 게시되므로, 불법 게시물의 삭제 및 차단의무는 위 개별
   인터넷 게시 공간별로 그 의무의 발생 당시 대상으로 된 불법 게시물뿐만 아니라 그 이후 이와

이 사건에서 인터넷 종합 정보제공 사업자인 위 피고들이 원고와 망 소외인의 교제 및 망 소외인의 자살 경위에 관하여 인터넷에 공개된 게시물 내용에 대한 자세한 소개와 함께 원고의 신원노출을 수반하는 인터넷 이용자들의 과도한 비난 일색의 반응 등을 보도한 기사를 스스로 게재한 사정을 비롯하여 원심이 들고 있는 사정들에 의하면, 위 피고들은 자신들이 제공한 기사 댓글, 지식검색란에서의 답변들, 사적(私的) 인터넷 게시 공간 등의 게시 공간에 원고에 대한 명예훼손적 게시물들이 존재한다는 것을 인식할 수 있었음이 외관상 명백히 드러난다고 할 수 있다고 한다.

이에 대하여 대법관 박시환, 김지형, 전수안의 별개의견은 피해자의 삭제 요구가 있는 경우에 한하여 명예훼손책임이 발생한다고 한다. 즉, 인터넷 종합 정보제공 사업자의 명예훼손 게시물에 대한 삭제의무는 특별한 사정이 없는 한 위 사업자가 피해자로부터 명예훼손의 내용이 담긴 게시물을 '구체적·개별적으로 특정'하여 '삭제하여 달라는 요구'를 받았고, 나아가 그 게시물에 명예훼손의 불법성이 '현존'하는 것을 '명백'히 인식하였으며, 그러한 삭제 등의 조치를 하는 것이 '기술적·경제적으로 가능'한 경우로 제한하는 것이 합리적이고 타당하다고 본다. 다만 "현실적으로 피해자의 삭제 요구가 없어도 삭제 요구가 있는 경우와 동일시할 수 있는 경우로서, 예를 들어 피해자로부터 직접적인 삭제 요구는 없었으나 삭제를 희망하고 있음을 간접적인 경로를 통하여 충분히 알게 된 때에는 삭제 요구가 있는 것과 동일하게 취급하여 삭제의무를 인정할 여지는 있다 할 것이나, 이와 같이 예외로 인정될 수 있는 특별한 사정은 삭제 요구가 있는 것과 동일시할 수 있는 경우로 한정되어야 할 것"이라고 한다. 그러나 이 사건에서는 원고가 위 피고들에게 명시적으로 삭제를 요구하였다고 보아 결론적으로는 다수의견과 마찬가지로 원심판결의 결론이 결과적으로 정당하다고 하였다.

대법관 김영란의 다수의견에 대한 보충의견은 위 별개의견을 반박하고 있다. 게시물의 불법성이 명백하고, 인터넷의 특성상 위 게시물의 게시행위 당시에 이미 그로 인한 법익 침해의 위험성이 현실화되어 있으며, 명예훼손이나 모욕의 경우 피해자의 의사에 관계없이 민사상 불법행위책임이 인정되는 이상, 인터넷 종합 정

관련되어 게시되는 불법 게시물에 대하여도 함께 문제될 수 있고, 따라서 그 의무 위반으로 인한 불법행위책임은 개별 인터넷 게시 공간별로 포괄적으로 평가될 수 있다."

보제공 사업자의 손해배상책임이 게시물 관리의무 불이행으로 인한 간접적인 불법행위책임이라는 사정만으로 피해자의 삭제 요구 유무에 따라 게시물 방치로 인한 명예훼손책임 성립 여부가 결정된다고 보는 것은 타당하지 않다고 한다.

2. 인터넷에 의한 명예훼손에 대하여 인터넷서비스제공자는 어떠한 요건에 따라 책임을 지는지에 관하여 논란이 있다. 인터넷서비스제공자가 게시내용이 명예훼손적인 것을 알았거나 알 수 있었을 경우에 이를 삭제하는 등의 적절한 조치를 취하지 않고 방치하는 때에는 책임을 면할 수 없다는 견해가 있다.[7] 이와 달리 피해자가 인터넷서비스제공자에게 명예훼손 사실을 통지하였거나 기타의 사유로 인터넷서비스 사업자가 명예훼손적 게시물의 존재를 인식한 경우에 한하여 인터넷서비스 사업자의 책임을 긍정하는 견해가 있다.[8]

판례는 혼선을 빚고 있었다. 대판 2001. 9. 7, 2001다36801[9]은 이 문제에 관한 최초의 대법원 판결이다. 피고 회사는 전자게시판을 설치·운영하는 전기통신사업자인데, A가 피고 회사의 하이텔 공개게시판 플라자에 원고의 명예를 훼손하는 글을 올리자, 원고가 피고 회사를 상대로 손해배상책임을 구하는 소를 제기하였다. 원심은 "무릇 전자게시판을 설치, 운영하는 전기통신사업자는 그 이용자에 의하여 타인의 명예를 훼손하는 글이 전자게시판에 올려진 것을 알았거나 알 수 있었던 경우에 이를 삭제하는 등의 적절한 조치를 취하여야 할 의무가 있다."라고 판단하였다. 나아가 이 사건에서 피고 회사로서는 원고와 정보통신윤리위원회의 시정조치 요구에 따라 그러한 글들이 플라자에 게재된 것을 알았거나 충분히 알 수 있었는데도, 무려 5, 6개월 동안이나 이를 삭제하는 등 적절한 조치를 취하지 않은 채 그대로 방치하였다는 점을 들어 피고 회사의 손해배상책임을 인정하였다. 피고가 상고하였으나, 대법원은 이를 기각하였다. 이 사건에서 피고 회사가 게시물이 명예훼손에 해당한다는 것을 알았다고 볼 수 있고 게시물을 삭제할 것을 기대할 수 있었기 때문에, 이 사건에서 피고 회사의 책임을 인정한 구체적 판단은 정당하다고 볼 수 있다. 다만 전기통신사업자가 그 이용자들이 타인의 명예를 훼손하는 글을 전자게시판에 올린 것을 알았거나 알 수 있었던 경우에 이를 삭제하는 등의 적절

---

7) 황찬현, "사이버스페이스에서의 명예훼손과 인권보장," 저스티스 제34권 제 1 호(2001. 2), 37면.
8) 이해완, "사이버스페이스와 표현의 자유," 헌법학연구 제 6 권 제 3 호(2000. 11), 114면 이하.
9) 이 판결에 관한 평석으로는 이인석, "명예훼손에 대한 온라인서비스제공자의 민사책임," 저스티스 제67호(2002. 6), 175면 이하가 있다.

한 조치를 취하여야 할 의무가 있다고 한 부분에 대해서는 그 타당성에 관하여 논란이 되었다.

그 후 대판 2003. 6. 27, 2002다72194(공 2003, 1613)는 인터넷 홈페이지에 게재된 명예훼손적인 글에 대하여 관리자의 책임이 발생하는 요건을 분명하게 제시하고 있다. 즉, "온라인 서비스 제공자인 인터넷상의 홈페이지 운영자가 자신이 관리하는 전자게시판에 타인의 명예를 훼손하는 내용이 게재된 것을 방치하였을 때 명예훼손으로 인한 손해배상책임을 지게 하기 위하여는 그 운영자에게 그 게시물을 삭제할 의무가 있음에도 정당한 사유 없이 이를 이행하지 아니한 경우여야 하고, 그의 삭제의무가 있는지는 게시의 목적, 내용, 게시기간과 방법, 그로 인한 피해의 정도, 게시자와 피해자의 관계, 반론 또는 삭제 요구의 유무 등 게시에 관련한 쌍방의 대응태도, 당해 사이트의 성격 및 규모·영리 목적의 유무, 개방정도, 운영자가 게시물의 내용을 알았거나 알 수 있었던 시점, 삭제의 기술적·경제적 난이도 등을 종합하여 판단하여야 할 것으로서, 특별한 사정이 없다면 단지 홈페이지 운영자가 제공하는 게시판에 다른 사람에 의하여 제 3 자의 명예를 훼손하는 글이 게시되고 그 운영자가 이를 알았거나 알 수 있었다는 사정만으로 항상 운영자가 그 글을 즉시 삭제할 의무를 지게 된다고 단정할 수는 없다." 이 사건에서 문제된 게시판은 "비영리 군정(郡政) 홍보사이트의 게시판"으로서, 상업적인 목적으로 운영되는 인터넷서비스와는 다르다. 그러나 이 판결은 홈페이지 운영자가 홈페이지 게시판에 제 3 자의 명예를 훼손하는 글이 게시된 것을 알았거나 알 수 있었다는 이유로 그 글을 즉시 삭제할 의무는 없다고 한 점에서 위 2001년 판결과는 다른 내용이다. 일반적인 명예훼손의 경우와는 달리 홈페이지 운영자가 게시판에 제 3 자의 명예를 훼손하는 글이 게시된 것을 안 경우에 한하여 명예훼손으로 인한 불법행위 책임이 있다고 한다. 이 사건에서 원고가 피고측에게 그 게시물의 삭제를 공식 요청하자 즉시 피고측 담당자가 이를 삭제하였기 때문에, 피고의 불법행위책임을 부정한 결론은 정당하다고 볼 수 있다.10)

---

10) 필자는 인터넷서비스제공자가 게시판에 직접 타인의 인격권을 침해하는 내용을 올리지도 않았는데도, 불법행위를 저지른 사람과 동일한 법리로 책임을 진다고 볼 수는 없다고 보고, 인터넷서비스제공자가 인격권을 침해하는 내용을 알고 이를 삭제할 것이 기대되는데도 이를 이행하지 않는 경우에 불법행위책임을 진다고 하였다. 김재형, "인터넷에 의한 인격권 침해," 이십일세기 한국민사법학의 과제와 전망(심당 송상현 선생 화갑기념논문집), 2002, 300면. 또한 김재형, "인격권에 관한 판례의 동향," 민사법학 제27호(2005. 3), 385-387면도 참조.

3. 이번 전원합의체 판결은 인터넷 종합 정보제공 사업자의 책임에 관하여 기존의 대법원 판결에서 나타난 혼란을 정리하여 새로운 법리를 제시하고 있다. 특히 언론매체의 뉴스기사를 선별하여 게시한 부분과 이용자가 댓글 등을 게시한 부분을 구분하여 세밀한 기준을 밝히고 있다.

(1) 뉴스기사 선별 부분

먼저 이 사건에서 인터넷 종합 정보제공 사업자가 "보도매체로부터 기사를 전송받아 자신의 자료저장 컴퓨터 설비에 보관하면서 스스로 그 기사 가운데 일부를 선별하여 자신이 직접 관리하는 뉴스 게시 공간에 게재"한 것이 문제되었다. 대법원은 이러한 경우를 "인터넷 종합 정보제공 사업자가 보도매체의 특정한 명예훼손적 기사 내용을 인식하고 이를 적극적으로 선택하여 전파한 행위"로 파악하고 위 사업자는 "명예훼손적 기사를 보도한 보도매체와 마찬가지로" 피해자에게 불법행위로 인한 손해배상책임을 진다고 판단하였다. 그러나 인터넷 종합 정보제공 사업자가 "보도매체가 작성·보관하는 기사에 대한 인터넷 이용자의 검색·접근에 관한 창구 역할"을 한 경우에는 이와 달리 보아야 한다고 하였다.[11]

인터넷 종합 정보제공 사업자가 언론매체에 해당하는지 논란이 되고 있다. 이 문제는 '이른바 포털은 언론인가'라는 문제로 논의되고 있다.[12] 언론피해구제법(제 2 조 제 1 호, 제18호)에서 인터넷뉴스서비스를 언론으로 규율하고 있지는 않다. 그러나 대법원은 포털이 언론인지에 대하여 명시적으로 판단하지는 않고 인터넷 종합 정보제공 사업자가 언론기관과 동일한 책임을 진다고 판단하고 있을 뿐이다. 인터넷 종합 정보제공 사업자가 명예훼손책임을 지는지는 포털의 언론성과 직접적인 관련성은 없다. 포털을 언론으로 볼 수 없다는 이유만으로 포털의 명예훼손책임을 부정할 수는 없다. 인터넷 종합 정보제공 사업자가 기사를 선별하여 게시하였으면 그에 상응하는 책임을 져야 한다. 인터넷 종합 정보제공 사업자가 선별한 기사가 타인의 명예를 훼손하는 것이라면 언론매체의 행위와 유사한 표현행위를 한 것으로 볼 수 있기 때문에, 언론매체와 동일한 책임을 져야 한다.

---

11) 인터넷 종합 정보제공 사업자가 정보를 제공하는 양태는 매우 다양하다. 이에 따라 책임의 발생요건이나 기준이 달라진다.

12) 이에 관해서는 문재완(주 4), 66면.

(2) 기사 댓글 부분

이 사건에서 또 하나의 중요한 쟁점은 인터넷 포털사이트에서 기사를 선별한 부분이 아니라 타인의 명예를 훼손하는 댓글 등13)이 올라와 있는 경우에 인터넷 종합 정보제공 사업자가 어떠한 요건에 따라 책임을 지는가이다. 이와 같은 댓글 등에 대해서는 사업자가 기사를 선별한 경우와는 달리 언론매체와 동일한 책임을 진다고 볼 수 없다. 이에 대한 다수의견과 별개의견은 이와 같은 댓글 등에 대해서 사업자가 언론매체와 동일한 책임을 지지는 않는다는 점에는 견해가 일치하고, 다만 어느 정도로 엄격한 요건이 필요한지에 대해서만 의견이 나뉘고 있다.

다수의견은 먼저 ① 인터넷 종합 정보제공 사업자가 제공하는 인터넷 게시 공간에 게시된 명예훼손적 게시물의 불법성이 명백하고, ② 위 사업자가 그 게시물이 게시된 사정을 구체적으로 인식하고 있었거나 그 게시물의 존재를 인식할 수 있었음이 외관상 명백히 드러나며, ③ 기술적, 경제적으로 그 게시물에 대한 관리 · 통제가 가능한 경우에 위 사업자가 그 게시물을 삭제하고 향후 같은 인터넷 게시 공간에 유사한 내용의 게시물이 게시되지 않도록 차단할 주의의무(이를 편의상 '삭제 · 차단의무'라고 한다)가 발생한다고 한다. 나아가 대법원은 위 사업자에게 그 게시물을 삭제하고 이와 유사한 내용의 게시물이 게시되지 않도록 차단할 주의의무가 있는데도, 그 게시물 삭제 등의 처리를 위하여 필요한 상당한 기간이 지나도록 그 처리를 하지 아니함으로써 타인에게 손해가 발생한 경우에는 부작위에 의한 불법행위책임이 성립된다고 한다.

위 ②와 관련하여 피해자의 삭제 및 차단 요구가 있어야 하는지 문제된다. 즉, 사업자가 위와 같은 게시물로 인하여 명예를 훼손당한 피해자로부터 구체적 · 개별적인 게시물의 삭제 및 차단 요구를 받은 경우에 한하여 삭제 · 차단의무가 발생하는가? 다수의견은 피해자가 위와 같은 삭제 및 차단 요구를 한 경우는 물론, 피해자로부터 직접적인 요구를 받지 않은 경우라 하더라도 그 게시물이 게시된 사정을 구체적으로 인식하고 있었거나 그 게시물의 존재를 인식할 수 있었음이 외관상 명백히 드러난 경우에는 삭제 · 차단의무가 성립한다고 하였다. 그러나 별개의견은 피

---

13) 기사 댓글, 지식검색란에서의 답변들, 사적(私的) 인터넷 게시 공간 등의 게시 공간에 게시된 글을 가리킨다.

해자로부터 명예훼손의 내용이 담긴 게시물을 '구체적·개별적으로 특정'하여 '삭제
하여 달라는 요구'를 받지 않았으면 예외적인 경우를 제외하고는 삭제의무가 발생
하지 않는다고 하였다. 다수의견과 별개의견은 결국 위 사업자의 불법행위책임이
성립하는 기준, 특히 피해자의 삭제 및 차단 요구가 있는 경우에 한하여 불법행위
책임이 발생하는지에 관하여 논박을 하고 있다.

사업자가 피해자로부터 구체적인 삭제 및 차단 요구를 받지 않은 경우에도 삭
제·차단의무가 발생할 수 있다는 다수의견이 타당하다. 피해자가 구체적인 삭제
및 차단 요구를 한 경우에는 쉽게 사업자의 불법행위책임을 인정할 수 있겠지만,
그와 같은 요구가 없는 경우에도 삭제 및 차단의무를 부정할 수는 없다. 인터넷을
이용하기 어려운 사람도 있고, 인터넷을 이용할 수 있는 사람에게도 인터넷게시물
에 대한 삭제 및 차단 요구를 하는 것이 쉽지 않다. 사업자가 명예훼손에 해당하
는 게시물을 알고 있거나 이를 쉽게 알 수 있는 경우에는 사업자에게 삭제·차단의
무를 긍정하더라도 불합리하지 않다. 따라서 인터넷 종합 정보제공 사업자가 제공
하는 인터넷 게시 공간에 게시된 명예훼손적 게시물의 불법성이 명백하고 사업자
가 이를 알고 있으며 기술적, 경제적으로 삭제할 수 있는 경우에는 삭제의무가 있
다고 보아야 한다.14)

다수의견은 삭제 및 차단의무를 도출하면서 "위 사업자가 그 게시물이 게시된
사정을 구체적으로 인식하고 있었거나 그 게시물의 존재를 인식할 수 있었음이 외
관상 명백히 드러나"는 경우를 들고 있다. 그 게시물의 존재를 인식할 수 있었음이
외관상 명백히 드러나는 경우가 무엇을 뜻하는지 문제이지만, 다수의견은 사업자
가 그 게시물이 게시된 사정을 구체적으로 인식하지 못한 경우에도 피해자를 구제
하기 위하여 사업자의 불법행위책임을 다소 넓게 인정한다.

이 판결의 사안은 명예훼손의 불법성이 명백하다고 볼 수 있는 경우이다. 이
와 같은 경우에 사업자가 위와 같은 게시물을 구체적으로 인식하지 못한 경우에도
사업자의 명예훼손책임을 긍정하였다고 볼 수 있다. 그러나 명예훼손에 해당하는
게시물의 불법성이 명백하지 않은 경우에도 사업자가 이를 알고 있다면 불법행위
책임을 인정해야 한다. 명예훼손의 불법성이 명백한 경우에는 사업자의 구체적인
인식의 수준이 낮아도 명예훼손책임이 인정될 수 있고, 불법성이 명백하지 않은

---

14) 김재형, "2009년 분야별 중요판례분석 ④ 민법(하)," 법률신문 제3828호(2010. 3. 25), 13면.

경우에는 사업자의 구체적인 인식의 수준이 높아야만 명예훼손책임이 인정될 수 있다.

Ⅲ. 수사 과정의 보도와 명예훼손의 위법성 판단

　　언론에서 사실을 적시하여 타인의 명예를 훼손한 경우 위법성조각사유에 관하여 판례 법리가 확고하게 정립되어 있다.15) 그런데 다종다양한 사안에 따라 구체적인 판단기준이 달라질 수 있다. 대판 2009. 2. 26, 2008다27769(공 2009, 373)는 공익성과 진실성 또는 그 상당성에 관한 종래의 법리를 확인16)한 다음, 수사 과정을 보도한 사건에서 위법성에 관한 판단기준을 제시하고 있다.

　　이 사건에서 원심은 이 사건 기사의 위법성을 긍정하고 있다. 즉, 이 사건 기사는 그 내용이 진실하다는 증명이 없고, 나아가 피고들이 이 사건의 주된 내용을 이루는 소외인의 고발내용이 진실이라고 믿을 만한 상당한 이유가 있었다고 보기 어렵다고 한다. 상당성을 부정한 근거로 '피고들이 소외인의 고발내용 자체가 진실이라는 점을 확인하기 위하여 객관적인 자료를 확인하는 등의 충분한 취재 활동을 하였다고 인정할 증거가 없는 점, 위 고발내용의 보도가 원고의 명예나 신용에 미치는 영향이 심각하다는 점, 그 보도가 추가적인 사실 확인 없이 속보를 요할 만큼 시급한 것은 아니라는 점 등'을 들고 있다.

　　그러나 대법원은 신문기사 3건 중 2건에 대한 위법성을 부정하고 있는데, 진실성과 공익성에 관하여 다음과 같이 판단하고 있다. ① 2건의 기사 내용은 "소외인이 원고에 대하여 제기한 형사고발 및 민사소송의 내용, 그로 인한 검찰의 수사

---

15) 대판 1988. 10. 11, 85다카29(집 36-3, 민 1); 대판 2001. 1. 19, 2000다10208(공 2001, 497); 대판 2002. 5. 10, 2000다50213(공 2002,1336) 등.

16) "언론을 통해 사실을 적시함으로써 타인의 명예를 훼손하는 행위를 한 경우에도 그것이 공공의 이해에 관한 사항으로서 그 목적이 오로지 공공의 이익을 위한 것인 때에는 진실한 사실이라는 것이 증명되면 그 행위에 위법성이 없고, 또한 그 진실성이 증명되지 아니하더라도 행위자가 그것을 진실이라고 믿을 만한 상당한 이유가 있는 경우에는 위법성이 없다고 보아야 한다. 그리고 그 표현내용이 진실이라고 믿을 만한 상당한 이유가 있는지의 여부는 적시된 사실의 내용, 진실이라고 믿게 된 근거나 자료의 확실성과 신빙성, 사실 확인의 용이성, 피해자의 피해 정도 등 여러 사정을 종합하여 행위자가 적시 내용의 진위 여부를 확인하기 위하여 적절하고도 충분한 조사를 다하였는가, 그 진실성이 객관적이고도 합리적인 자료나 근거에 의하여 뒷받침되는가 하는 점에 비추어 판단하여야 한다."

착수의 경위와 그 진행상황 등 사건의 객관적 경과를 보도한 것"으로서 "추측에 의한 보도가 포함되어 있지 않"다. 또한 "그 객관적 경과 자체는 모두 진실한 사실"이다. ② 또한 변호사 사무실의 직원이 그 변호사가 업무수행과 관련하여 불법행위를 저질렀다고 수사기관에 고발하였다는 내용 등은 변호사업의 공공적 특성 및 수임비리에 따른 폐해를 척결할 필요성 등에 비추어 위 기사는 공공의 이익에 관한 것을 다루고 있다. 대법원은 여기에서 나아가 고발의 구체적 내용이 진실인지 여부를 확인할 의무가 있는지 여부에 관하여 다음과 같이 판단하였다.

> "이와 같이 공공의 이익에 대한 사항과 관련하여 제 3 자의 형사고발로 시작된 수사 등 절차의 그 외적인 경과만을 객관적으로 보도하는 경우에는, 기사의 제목이나 보도의 방식이나 표현 등을 종합적으로 고려하여 ① 고발된 내용 자체가 진실이라는 인상을 통상의 독자들에게 준다거나 ② 고발 자체를 저급한 흥미에 영합하는 방식으로 취급하여 고발 상대방의 인격적 이익을 도외시하거나 ③ 고발의 내용이 합리적인 사람이 볼 때 진실인지를 쉽사리 의심하게 하는 것인 등의 특별한 사정이 없는 한, 보도를 하는 측에서 고발의 구체적인 내용에까지 들어가 그것이 진실인지 여부를 확인할 의무가 있다고 할 수 없다(원문자는 필자가 편의상 붙인 것이다)."17)

이 판결은 형사고발에 의하여 시작된 수사 등의 절차를 보도한 경우 위법성 판단기준을 제시하고 있다. 즉, 언론사가 공공의 이익에 대한 사항과 관련하여 제 3 자의 형사고발로 시작된 수사 등 절차의 외적 경과만을 객관적으로 보도한 경우에 원칙적으로 언론사가 그 고발의 구체적 내용의 진실 여부를 확인할 의무는 없다. 다만 위 ①, ②, ③의 세 경우를 포함하여 특별한 사정이 있는 경우에는 언론사가 진실 여부에 대한 확인의무가 있다고 한다.

언론사가 제 3 자의 고발에서 시작된 수사 과정을 객관적으로 보도하는 것은 원칙적으로 허용된다. 그러나 언론사가 고발내용을 보도하는 경우에도 ① 고발된 내용 자체가 진실이라는 인상을 통상의 독자들에게 주거나 ② 고발 자체를 저급한 흥미에 영합하는 방식으로 취급하여 고발 상대방의 인격적 이익을 도외시해서는 안 된다. 이 두 경우에는 언론사의 진실 확인의무의 이행 여부와 무관하게 언론사의 책임을 인정해야 한다. 한편 위 ③ '고발의 내용이 합리적인 사람이 볼 때 진실

---

17) 이 사건에서는 위와 같은 특별한 사정이 없다고 보아 위 각 기사의 보도행위에는 위법성이 없다고 판단하였다.

인지를 쉽사리 의심하게 하는 경우 등 특별한 사정이 있으면, 언론사의 진실 확인 의무가 있다.

Ⅳ. 실명보도 대 익명보도

1. 범죄 사건을 보도하는 경우에 익명으로 보도해야 하는지, 아니면 실명으로 보도해도 좋은지 논란이 되고 있다. 대판 1998. 7. 14, 96다17257(공 1998, 2108)은 "범죄 자체를 보도하기 위하여 반드시 범인이나 범죄 혐의자의 신원을 명시할 필요가 있는 것은 아니고, 범인이나 범죄혐의자에 관한 보도가 반드시 범죄 자체에 관한 보도와 같은 공공성을 가진다고 볼 수도 없다."라고 하였다.18) 일반 시민에 대한 피의사실을 보도할 경우에는 원칙적으로 피의자의 신원을 알 수 있도록 해서는 안 된다고 하였다. 이를 익명보도의 원칙이라고 할 수 있다. 대판 1999. 1. 26, 97다10215, 10222(공 1999, 330)는 "특히 공적 인물이 아닌 사인(私人)의 경우 가급적 익명을 사용하는 등 피의자의 신원이 노출되지 않도록 주의해야 하지만, 한편으로 보도기관은 수사기관과는 달리 사실의 진위 여부를 확인함에 있어 현실적으로 상당한 제약을 받을 수밖에 없고, 신속한 보도의 필요성이 있을 때에는 그 조사에도 어느 정도 한계가 있을 수밖에 없는 점도 있다."라고 지적하고 있다.19) 공적 인물이 아닌 사인의 경우에 익명으로 보도할 필요성이 높지만, 피의사실을 익명으로 보도하지 않았다고 하여 무조건 명예훼손책임이 발생하는 것은 아니다. 따라서 실명으로 피의사실을 보도한 경우에 공익성 또는 상당성이 있는지 여부를 판단하는 기준이 무엇인지가 중요한 문제이다.

2. 대판 2009. 9. 10, 2007다71(공 2009, 1615)에서는 언론기관이 범죄사실을 보도하면서 피의자의 실명을 공개하는 것이 허용되는지 문제되었다. 사안은 다음과 같다.

---

18) 이 판결에 관한 평석으로는 한기택, "언론의 범죄 사건 보도에 있어서 익명보도의 원칙," 대법원판례해설 제31호(1998년 하반기), 1999, 110면 이하; 장진원, "언론의 범죄 사건보도로 인한 명예훼손과 손해배상청구," 법조 제47권 12호(1998. 12), 157면 이하.

19) 이 판결에 관한 평석으로는 한웅길, "피의사실 보도에 의한 명예훼손," 판례월보 제352호(2000. 1), 26면 이하.

피고 주식회사 문화방송(이하 '피고 회사'라 한다)은 2001. 7. 4. '피디(PD)수첩'에서 '죽음 부른 사금고 ○○원 횡령사건'을 방영하였다. 이 프로그램은 피고 회사의 담당 프로듀서인 피고 2가 사금고인 ○○상조회의 문제점을 지적하여 향후 한센병 환자들의 정착촌에서 유사한 사건이 발생하는 것을 막고자 하는 의도에서 기획한 것으로서, 원고의 범죄혐의 사실을 공표하는 데 주안점을 두고 있기보다는 사회병리적 현상에 대한 감시·고발에 중점을 둔 시사성이 강한 프로그램이다. 원고가 이사장으로 재직하고 있던 기간 동안 ○○상조회가 유사수신행위의 규제에 관한 법률을 위반하여 사회적 약자인 한센병 환자 등을 상대로 불법적으로 여수신행위를 하여 오면서, 그 임직원들의 거액의 배임·횡령 및 부실대출, 예금기장 누락과 예금잔고 소진 등으로 인하여 정착촌 주민들이 예금을 찾지 못하고 소송에 휘말리며 일부는 양돈업도 그만두게 되는 등 절박하고 혼란스러운 상황에 처하게 되었다. 그 과정에서 ○○상조회 회원이었거나 임직원이었던 3명이 자살을 기도하여 2명이 사망하는 사태가 발생하였다. 이와 같은 일련의 사태는 사회적 관심을 불러일으키기에 충분한 사안이고 실제 다른 언론기관들도 이미 이 사건을 기사화하면서 일부 언론기관들은 ○○상조회에서 다액의 예금이 없어진 사실과 전임 이사진의 횡령 혐의에 대한 수사 진행 사실을 보도하였다. 원고는 위와 같은 일련의 사태의 원인이 발생한 기간 동안 한센병 환자 등을 상대로 사금융업을 하여 온 ○○상조회의 최고 관리·감독자인 이사장의 직위에 있었으므로 그 사태에 대한 법적 책임에서 자유롭기는 어려웠다. 실제로 원고는 이 사건 프로그램의 방영 전에 수사기관에 의하여 긴급체포되어 구속되었다가 일부 공소사실에 대하여는 무죄판결을 받기는 하였지만 최종적으로 유사수신행위의규제에관한법률위반죄와 업무상횡령죄 등으로 유죄의 확정판결을 받았고, 다른 ○○상조회 직원 2명도 업무상횡령죄 또는 업무상배임죄 등으로 유죄의 확정판결을 받았다. 이 사건 프로그램의 특성상 ○○상조회의 명칭과 그 전임 이사장에 대한 언급은 보도 내용과 밀접한 관련이 있어 그 공개가 불가피해 보이고, 이에 더하여 주민들이 원고에 대한 엄정 수사를 촉구하며 시위하는 장면 등을 방영하는 방법으로 원고의 실명이 간접적으로 공개되었다고 하여 그로 인하여 원고에게 미치는 불이익이 더 심각해진다고 보기 어렵다. 이 사건 프로그램은 원고에 대한 구체적인 피의사실이나 구속영장에 기재된 범죄사실을 공개한 것이 아니고, 여러 관련 당사자들과 담당경찰관 등에 대한 다방면의 취재결과 등을 토대로 ○○상조회 사건에 대하여 책임을 피하기 어려운 지위에 있는 원고에 대하여 범죄혐의의 의혹이 있으니 엄정한 수사를 통한 책임소재의 규명을 촉구하는 취지의 보도이다.

원심은 이 사건 프로그램이 ○○상조회의 전임 이사장이었던 원고의 실명이 나타난 영상 등을 방영함으로써 원고를 특정하여 원고에 대한 사회적 평가를 저하시킬 만한 구체적인 사실을 방영하였지만, 이 사건 프로그램은 공익성이 있고 오로지 공공의 이익을 위하여 방영한 것이었으며 그 내용이 진실하거나 진실이라고 믿은 데 상당한 이유가 있으므로 위법성이 조각된다고 판단하였다. 이에 대하여 원고가 상고하였으나, 대법원은 다음과 같은 이유로 원고의 상고를 기각하였다.

① "언론기관이 범죄사실을 보도하면서 피의자를 가명(假名)이나 두문자(頭文字) 내지 이니셜 등으로 특정하는 경우에는 그 보도 대상자의 주변 사람들만이 제한적 범위에서 피의자의 범죄사실을 알게 될 것이지만, 피의자의 실명을 공개하여 범죄사실을 보도하는 경우에는 피의자의 범죄사실을 알게 되는 사람들의 범위가 훨씬 확대되고 피의자를 더 쉽게 기억하게 되어 그에 따라 피의자에 대한 법익침해의 정도 역시 훨씬 커질 것이므로, 범죄사실의 보도와 함께 피의자의 실명을 공개하기 위해서는 피의자의 실명을 보도함으로써 얻어지는 공공의 정보에 대한 이익과 피의자의 명예나 사생활의 비밀이 유지됨으로써 얻어지는 이익을 비교형량한 후 전자의 이익이 후자의 이익보다 더 우월하다고 인정되어야 할 것이다. 또한 전자의 이익이 더 우월하다고 판단되더라도 그 보도의 내용이 진실과 다를 경우 실명이 보도된 피의자에 대한 법익침해의 정도는 그렇지 아니한 경우보다 더욱 커지므로, 언론기관이 피의자의 실명을 공개하여 범죄사실을 보도할 경우에는 그 보도 내용이 진실인지 여부를 확인할 주의의무는 더 높아진다고 할 것이다."

② "여기서, 어떠한 경우에 피의자의 실명보도를 허용할 수 있을 정도로 공공의 정보에 관한 이익이 더 우월하다고 보아야 할 것인지는 일률적으로 정할 수는 없고, 범죄사실의 내용 및 태양, 범죄 발생 당시의 정치·사회·경제·문화적 배경과 그 범죄가 정치·사회·경제·문화에 미치는 영향력, 피의자의 직업, 사회적 지위·활동 내지 공적 인물로서의 성격 여부, 범죄 사건 보도에 피의자의 특정이 필요한 정도, 개별 법률에 피의자의 실명 공개를 금지하는 규정이 있는지 여부, 피의자의 실명을 공개함으로써 침해되는 이익 및 당해 사실의 공표가 이루어진 상대방의 범위의 광협 등을 종합·참작하여 정하여야 할 것이다. 사회적으로 고도의 해악성을 가진 중대한 범죄에 관한 것이거나 사안의 중대성이 그보다 다소 떨어지더라도 정치·사회·경제·문화적 측면에서

비범성을 갖고 있어 공공에게 중요성을 가지거나 공공의 이익과 연관성을 갖는 경우 또는 피의자가 갖는 공적 인물로서의 특성과 그 업무 내지 활동과의 연관성 때문에 일반 범죄로서의 평범한 수준을 넘어서서 공공에 중요성을 갖게 되는 등 시사성이 인정되는 경우 등에는, 개별 법률에 달리 정함이 있다거나 그 밖에 다른 특별한 사정이 없는 한 공공의 정보에 관한 이익이 더 우월하다고 보아 피의자의 실명을 공개하여 보도하는 것도 허용될 수 있다고 할 것이다."

"이 사건 프로그램은 사회적 약자인 한센병 환자들의 폐쇄적인 정착촌에서 사금고 운영과 관련하여 발생한 사회병리적 문제점과 그로 인한 피해의 심각성을 밝히고 이에 연루된 원고를 비롯한 관련 임직원들의 범죄혐의에 대한 엄정한 수사를 촉구하는 것으로서 사회·경제·문화적 측면에서 공공에게 중요성을 가지거나 공공의 이익과 연관성을 갖고 있다고 할 수 있고, 그 사태에 관하여 최고 관리·감독자로서의 책임을 지고 있으면서 이미 수사기관에 구속되었던 전임 이사장인 원고에 대하여 그 실명을 보도함으로써 얻어지는 공공의 정보에 대한 이익과 원고의 명예나 사생활의 비밀이 유지됨으로써 얻어지는 이익을 비교형량할 때 전자의 이익이 후자의 이익보다 우월하다고 봄이 상당하다."

③ "개인은 자신의 성명의 표시 여부에 관하여 스스로 결정할 권리를 가지나, 성명의 표시행위가 공공의 이해에 관한 사실과 밀접불가분한 관계에 있고 그 목적 달성에 필요한 한도에 있으며 그 표현내용·방법이 부당한 것이 아닌 경우에는 그 성명의 표시는 위법하다고 볼 수 없다. 따라서, 범죄사실에 관한 보도 과정에서 대상자의 실명 공개에 대한 공공의 이익이 대상자의 명예나 사생활의 비밀에 관한 이익보다 우월하다고 인정되어 실명에 의한 보도가 허용되는 경우에는, 비록 대상자의 의사에 반하여 그의 실명이 공개되었다고 하더라도 그의 성명권이 위법하게 침해되었다고 할 수 없다."

3. 이 판결은 피의자의 실명보도에 관하여 크게 세 가지 주요 법리를 선언하고 있다.

첫째, 범죄사실의 보도에서 피의자의 실명을 공개하는 것이 허용되기 위해서는 "피의자의 실명을 보도함으로써 얻어지는 공공의 정보에 대한 이익과 피의자의 명예나 사생활의 비밀이 유지됨으로써 얻어지는 이익을 비교형량한 후 전자의 이익이 후자의 이익보다 더 우월하다고 인정"되어야 한다. 또한 위 기준에 따라 실명보도가 허용되더라도 "언론기관이 피의자의 실명을 공개하여 범죄사실을 보도할 경우에는 그 보도 내용이 진실인지 여부를 확인할 주의의무는 더 높아진다." 이 판결은 실명보도가 허용되는지 여부를 이익형량을 통하여 해결하고 있을 뿐만 아니라, 실명보도의 경우에는 언론기관이 진실을 확인할 주의의무가 더 높아진다고 보고 있다는 점에 특징이 있다. 피의자의 실명이 공개되는 경우에는 법익침해의 위법성이 가중되고,[20] 이에 따라 언론기관의 주의의무가 높아진다.

둘째, 이 판결은 피의자의 실명보도를 허용할 수 있을 정도로 공공의 정보에 관한 이익이 피의자의 명예나 사생활의 비밀이 유지됨으로써 얻어지는 이익보다 더 우월한지 여부의 판단기준을 제시하였는데, 고려해야 할 여러 사정을 열거하고, 피의자의 실명공개가 허용되는 경우를 예시하고 있다. ① 사회적으로 고도의 해악성을 가진 중대한 범죄에 관한 것, ② 사안의 중대성이 그보다 다소 떨어지더라도 정치·사회·경제·문화적 측면에서 비범성을 갖고 있어 공공에게 중요성을 가지거나 공공의 이익과 연관성을 갖는 경우, ③ 피의자가 갖는 공적 인물로서의 특성과 그 업무 또는 활동과의 연관성 때문에 일반 범죄로서의 평범한 수준을 넘어서서 공공에 중요성을 갖게 되는 등 시사성이 인정되는 경우 등이 이에 해당한다.

셋째, 범죄사실의 보도에서 피의자의 실명을 공개하는 것이 허용되는 경우에 그 실명의 공개가 피의자의 의사에 반하여 이루어졌다고 하더라도 성명권이 위법하게 침해되었다고 볼 수 없다. 개인은 자신의 성명의 표시 여부에 관하여 스스로 결정할 권리를 가지지만, 성명의 표시행위가 항상 위법한 것은 아니다. 성명의 표시행위가 위법성이 있는지 여부는 공공의 이해와 밀접한 관계에 있는지, 목적 달성에 필요한 한도에 있는지, 표현내용·방법이 부당한 것인지를 고려하여 판단하여야 한다.

V. 신문기사 제목으로 인한 명예훼손

1. 대판 2009. 1. 30, 2006다60908(공 2009, 219)에서는 신문기사의 제목으로 인한 명예훼손에 대하여 판단하고 있다. 이 사건 기사는 "권력 멀리해야 할 단체가 정부 돈받고 '낙선운동'"이라는 제목과 그 아래의 "원고 1 ○○○○○○시민연대 소속단체도 지원받아"라는 부제목 및 그 부제목 바로 아래의 "중앙단체 중 8곳

---

20) 대법원은 "원심이 이 사건 프로그램이 방영되어 원고에 관한 범죄혐의 사실이 보도됨에 따라 발생하는 명예훼손의 위법성 문제와 원고의 실명이 공개됨에 따라 가중되는 법익침해의 위법성 문제를 명확히 구분하지 아니하고 판단한 것은 다소 미흡하다."라고 지적하고 있다.

4,000만~1억 3,000만 원씩 산하 지방조직이 따로 지원받고 참여도"라는 또 다른 부제목의 배치, 제목의 크기, 제목과 중간제목 문구의 내용과 구조, 더구나 '낙선운동' 부분을 작은 따옴표로 강조하고 있다. 원심은 이 사건 기사를 읽는 독자들은 제목과 부제목으로부터 "원고 1 ○○○○○○시민연대를 제외한 나머지 원고(이하 '나머지 원고들'이라 한다)들을 포함한 시민단체들이 정부로부터 돈을 받고 낙선운동에 참여하였다."라는 강한 인상을 받은 다음 본문 내용이나 그 표는 대강 읽어 넘어가기 쉽고, 본문 내용을 읽어 본다 하더라도 그 본문의 내용과 각 문구의 연결 방법 등에 비추어 볼 때, 제목으로부터 받은 강한 인상과 시민단체가 원고 1 ○○○○○○시민연대의 활동에 참여한 방법에 대한 예시적인 내용이라든가, 기사 말미에 "'낙선운동'과 더불어 총선 당시 시민운동 흐름을 형성했던 '당선운동'은 시민운동가들이 개인 차원에서 참여했고, '후보자 정보공개'를 주도했던 경실련은 정부로부터 아무런 지원을 받지 않았다."는 대비되는 문구로 인하여, 이 사건 기사를 "정부가 시민단체에 보조금을 교부하였는데, 그와 같은 보조금을 교부받은 일부 시민단체들이 원고 1 ○○○○○○시민연대의 낙선운동에도 참여하였다."는 의미로 받아들이기보다 "원고 1 ○○○○○○시민연대에 참가한 나머지 원고들을 포함한 시민단체가 정부로부터 돈을 받고 낙선운동에 참여하였다."라는 구체적인 사실을 적시한 것으로 받아들인다고 봄이 상당하므로, 이 사건 기사는 "원고 1 ○○○○○○시민연대에 참여한 시민단체인 나머지 원고들이 정부로부터 돈을 받고 낙선운동을 하였다."는 나머지 원고들의 사회적 평가를 저하시킬 만한 구체적인 사실을 적시하고 있다고 판단하였다. 그러나 대법원은 원심판결을 파기환송하였다. 제목과 관련된 판단을 보면 다음과 같다.

① 한편 신문기사의 제목은 일반적으로 본문의 내용을 간략하게 단적으로 표시하여 독자의 주의를 환기시켜 본문을 읽게 하려는 의도로 붙여지는 것이므로, 신문기사의 명예훼손 여부를 판단함에 있어서는 제목이 본문의 내용으로부터 현저히 일탈하고 있어 그 자체만으로 별개의 독립된 기사로 보지 않을 수 없는 경우 등과 같은 특별한 사정이 없는 한 제목만을 따로 떼어 본문과 별개로 다루어서는 아니 되고, 제목과 본문을 포함한 기사 전체의 취지를 전체적으로 파악하여야 할 것이다.

② 이러한 이 사건 기사의 전체적인 내용 및 흐름, 문맥 등을 종합하여 보면, 일반 독자의 입장에서는 이 사건 기사의 주된 보도 내용은 공적인 존재인 시민단체가 정부

로부터 지원금을 교부받았고, 지원금을 교부받은 시민단체 중 원고 1 ○○○○○○시민연대에 참여한 나머지 원고들을 포함한 상당수가 '낙선운동'을 통해 선거에 참여하였다는 구체적인 사실을 전달함과 아울러 정부로부터 지원금을 교부받거나 '낙선운동'에 참여한 시민단체의 도덕성이 상당히 의심스럽다는 취지의 비판적인 의견을 표명함에 있다.

③ 이 사건 기사는 그 제목과 본문을 통하여 "시민단체들이 2003년에 정부로부터 보조금을 받았다"는 사실과 "원고들이 낙선운동을 하였다"는 사실을 별개로 적시하고 그와 관련된 의혹을 제기함에 그친 것으로 보일 뿐이며, 이와 달리 위 두 사실 사이에 인과관계를 인정하여 "원고들이 정부로부터 보조금을 받았기 때문에 낙선운동을 하였다" 또는 "원고들이 낙선운동을 하였는데, 이는 정부로부터 보조금을 지원받았기 때문이다"는 사실을 적시한 것으로 보이지 않는다.

2. 언론보도에 의한 명예훼손이 성립하려면 피해자의 사회적 평가를 저하시킬 만한 구체적인 사실의 적시가 있어야 한다. 따라서 언론보도가 사실인지, 아니면 의견 또는 논평인지를 구별하는 것이 중요하다. 언론매체의 표현이 사실을 적시하는 것인가, 아니면 단순히 의견 또는 논평을 표명하는 것인가, 또는 의견 또는 논평을 표명하는 것이라면 그와 동시에 묵시적으로라도 그 전제가 되는 사실을 적시하고 있는 것인가 그렇지 않은가의 구별은, 당해 기사의 객관적인 내용과 아울러 일반의 독자가 보통의 주의로 기사를 접하는 방법을 전제로 기사에 사용된 어휘의 통상적인 의미, 기사의 전체적인 흐름, 문구의 연결 방법 등을 기준으로 판단하여야 하고, 여기에다가 당해 기사가 게재된 보다 넓은 문맥이나 배경이 되는 사회적 흐름 등도 함께 고려하여야 한다.21)

이 사건에서 신문기사의 제목이 문제되고 있는데, 이 판결은 제목과 본문을 포함한 기사 전체의 취지를 전체적으로 파악하여야 한다고 하였다. 신문기사의 제목은 일반적으로 본문의 내용을 간략하게 단적으로 표시하여 독자의 주의를 환기시켜 본문을 읽게 하려는 의도로 붙여지는 것이기 때문이다. 다만 예외적으로 제목이 본문의 내용으로부터 현저히 일탈하고 있어 그 자체만으로 별개의 독립된 기사로 보지 않을 수 없는 경우 등과 같은 특별한 사정이 있으면 제목을 본문과 별개로 보아 명예훼손 여부를 판단하여야 한다.

---

21) 대판 2002. 1. 22, 2000다37524, 37531(집 50-1 민 43); 대판 2003. 1. 24, 2000다37647(공 2003, 688) 등 참조.

Ⅵ. 인신공격적 표현에 의한 불법행위

대판 2009. 4. 9, 2005다65494(공 2009, 608)에서는 인신공격적 표현에 의한 불법 행위책임이 문제되었다. 언론사인 피고가 원고 노동조합에 대하여 비판적인 논설 등의 기사를 여러 차례에 걸쳐 실었다. 원고는 피고를 상대로 불법행위로 인한 손 해배상을 청구하였다. 대법원은 5개의 기사(제1부터 5까지의 기사)에 대해서는 명예 훼손을 이유로 한 손해배상책임을 부정하였으나, 2개의 기사(제6, 7 기사)에 대하여 인격권 침해를 긍정하였다. 이 판결에서 주목할 점은 제6, 7 기사에 대한 판단 부분 이다.

이 사건에서 제6, 7기사는 사설과 오피니언의 형식으로 보도된 것으로 "원고 의 쟁의행위로 인하여 체결된 2003년도 단체협약에 따라 원고 조합원들이 연간 165일 내지 177일(또는 170일 내지 180일)의 휴일을 누리면서도 연봉 5,000만 원을 받게 되었다."라고 하면서 현대자동차 노사협상에 나타난 원고 조합원들의 임금과 휴일의 수준, 위 노사협상의 배경과 결과 등에 관하여 개략적인 상황을 적시한 다 음, 이러한 협상 내용을 평가하면서 이를 비판하는 의견을 표명하고 있다. 원심은, 제6, 7기사를 보도한 행위가 명예훼손에 해당한다고 판단하였다. 대법원은 피고의 상고를 기각하였으나, 그 이유를 다르게 판단하고 있다. 즉,

> "표현행위자가 타인에 대하여 비판적인 의견을 표명하였다는 사유만으로 이를 위법 하다고 볼 수는 없지만, 만일 표현행위의 형식 및 내용 등이 모욕적이고 경멸적인 인 신공격에 해당하거나(대법원 2002. 1. 22. 선고 2000다37524, 37531 판결, 대법원 2003. 3. 25. 선고 2001다84480 판결 등 참조) 혹은 타인의 신상에 관하여 다소간의 과장을 넘어서서 사실을 왜곡하는 공표행위를 함으로써 그 인격권을 침해한다면, 이는 명예훼 손과는 별개 유형의 불법행위를 구성할 수 있다."

나아가 대법원은 이 사건에 대한 구체적인 판단 부분에서 "제6, 7기사 역시 일 반 독자의 기준에서 볼 때 전체적인 인상과 맥락으로 보아 구체적인 사실전달보다 는 의견 표명 내지 논평을 주된 목적으로 하는 보도"라고 보고, 이는 "원고의 사회 적 평가를 저하시키는 사실을 적시한 명예훼손"에 해당한다고 보기 어렵다고 한다.

그러나 그 의견 표명의 전제로 적시한 사실관계 중 "원고의 쟁의행위로 인하여 체결된 2003년도 단체협약에 따라 원고 조합원들이 연간 165일 내지 177일(또는 170일 내지 180일)의 휴일을 누리면서도 연봉 5,000만 원을 받게 되었다."는 보도 내용은, "피고가 의도적으로 사실을 왜곡함으로써 원고 내지 그 조합원들의 인격권을 침해하였다 할 것이므로, 이는 원고에 대한 불법행위를 구성한다."라고 한다. 그 이유로 피고가 휴일수와 연봉액을 병렬적으로 거시하는 표현을 사용한 점, 제6, 7 기사의 다른 부분에서도 원고의 조합원들이 실제로 위와 같은 휴일을 사용하는 것이 아니라 제도적으로 보장된 휴일수의 최대한도라는 것을 시사하는 단서나 표현이 전혀 없는 점 등을 들고 있다.

의견이나 논평이 사실의 적시를 전제로 한 경우에는 명예훼손이 될 수 있다.[22] 그러나 사실의 적시를 전제로 하지 않은 순수한 의견 또는 논평은 명예훼손으로 인한 손해배상책임을 성립시키지 않는다. 그러나 이와 같은 경우에도 불법행위책임이 성립할 수 있다. 형법에서 구체적 사실을 적시하지 않는 경우에 모욕죄가 성립할 수 있는데, 이에 대응하여 모욕적이고 인신공격적인 의견 표명에 대해서도 민사적인 구제수단으로서 손해배상책임이 인정된다.[23] 이 판결은 타인에 대한 비판적인 의견 표명이 '명예훼손과는 별개 유형의 불법행위'를 구성할 수 있다는 점을 분명히 하고 있다.

Ⅶ. 언론 인터뷰에 의한 명예훼손

대판 2009. 6. 11, 2009다11570(미공간)은 언론 인터뷰로 인한 명예훼손이 문제되었다. 피고는 1980. 4. 21.부터 4. 24.까지 강원도 동원탄좌 사북영업소 일대에서 일어난 소요사태(이하 '사북탄광사태'라 한다)의 발생 및 사태수습 과정에서 동원탄좌 노조지부 지도위원으로서 광부 측의 핵심적인 역할을 하였는데, 2005. 8. 8. 「민주화운동관련자 명예회복 및 보상 등에 관한 법률」에 의하여 민주화운동관련자로 결정된 후 언론과 인터뷰를 하였다. 원고는 사북탄광사태 중에 광부들과 부녀자들로

---

22) 대판 1999. 2. 9, 98다31356(공 1999, 458).
23) 김재형(주 3), 113면; 김재형, "인격권에 관한 판례의 동향," 민사법학 제27호(2005. 3), 369면.

부터 극심한 성적 가혹행위 및 폭행을 당했는데, 위 인터뷰와 관련하여 명예훼손, 사생활의 비밀과 자유의 침해를 이유로 피고를 상대로 손해배상청구의 소를 제기 하였다. 원심은 원고의 청구를 받아들이지 않았다. 대법원은 원심판결 중 명예훼손 부분에 대한 판단을 수긍할 수 없다는 이유로 원심판결을 파기환송하였다. 먼저 인터뷰로 인한 명예훼손 여부를 판단할 때 고려사항에 관하여 다음과 같이 판단하 고 있다.

> "언론보도의 내용이 특정인의 명예를 훼손하는 내용인지 여부는 일반인이 이를 접하 는 통상의 방법을 전제로 그 전체적인 취지와의 연관하에서 객관적 내용, 사용된 어휘 의 통상적인 의미, 문구의 연결방법 등을 종합적으로 고려하여 독자에게 주는 전체적 인 인상을 기준으로 판단하여야 하고, 여기에다가 배경이 된 사회적 흐름 속에서 당해 표현이 가지는 의미를 함께 고려하여야 한다(대법원 2003. 1. 24. 선고 2000다37647 판 결 등 참조). 따라서 언론과의 인터뷰를 통한 진술도 그것이 언론보도의 내용이 된 이 상 같은 방법으로 명예훼손 여부를 판단하여야 할 것인바, 그 경우에는 보도 내용에 나타난 진술자와 진술의 대상이 된 자의 관계, 진술자의 의도 등을 아울러 고려하여야 한다."

이 사건에 관한 구체적인 판단에서 "비록 원고의 피해사실이 사북탄광사태의 중요한 부분으로서 역사적 사실에 해당하고, 이 사건 각 인터뷰에서 원고에 대한 성적 가혹행위 등이 구체적으로 묘사된 것도 아니어서 그로 인하여 원고의 사생활 의 비밀과 자유가 침해되었다고 볼 수 없다."라고 하더라도, 이 사건 각 인터뷰로 인하여 원고의 명예가 침해되었다고 볼 수 있다고 한다. 그 주요한 이유는 피고의 인터뷰내용이 원고가 피해를 입은 객관적인 경위 및 내용과 다른 허위라는 점에서 찾는다.[24] 또한 "피고의 인터뷰내용을 보면, 자신이 민주화운동관련자로 인정된 기 회에 원고의 피해내용과 정도를 되도록 축소시킴으로써 사북탄광사태의 정당성을 부각시키는 한편 원고가 입은 피해에 대한 자신의 관련성을 회피하고자 하는 피고

---

24) 즉, 원심의 사실인정에 따르면, 원고는 1980. 4. 22. 오후 늦게 피고가 광부들을 설득하여 묶 여 있던 게시판 기둥에서 풀려나기는 했으나 농성지역 밖으로 내보내지거나 병원으로 후송되지 않았고 이후 광업소 근처 창고에 갇혀 있거나 끌려 다니다가 4. 24. 8 : 00경 사북부읍장 소외인 과 일부 광부 등에 의하여 구조되어 병원으로 후송되었다. 그러나 피고의 인터뷰에서는 "피고 가 4. 21. 원고를 바로 풀어주었는데도 4. 24.에 풀어준 것으로 되어 있다. 이는 지금까지 권력 등에 의해서 과장되었던 것이고, 당시의 폭력성을 더 강하게 하기 위해서 그렇게 한 것이다", "피고가 원고를 게시판에서 풀어준 뒤 병원으로 보냈다."라고 하였다.

의 의도를 어렵지 않게 읽을 수 있다"는 점을 들고 있다.

나아가 피고의 인터뷰에 대하여 명예훼손으로 인한 불법행위의 성립을 인정하고 위법성조각사유가 없다고 판단한다.

"이 사건 인터뷰내용에 나타난 원·피고의 관계, 원고가 입은 피해의 내용과 정도, 진술내용의 진위, 사건의 배경 및 진술의 전후 맥락, 피고의 진술 의도 등을 종합하여 살펴보면, 이처럼 가해자 측에 있는 피고가 민주화운동관련자로 인정된 기회에 위와 같은 의도로 극심한 성적 가혹행위를 당한 피해자인 원고의 피해내용과 정도를 축소·왜곡한 허위 내용의 인터뷰를 한 것은, 그 자체로 위 범죄행위의 피해자인 원고의 사회적 평가를 떨어뜨리는 것일 뿐만 아니라, 보도 내용을 접하는 독자나 청취자에게 마치 원고가 입은 피해가 그리 중한 것이 아님에도 이를 과장하여 민주화운동을 매도하는 데에 이용하고 있다는 부정적인 인상을 줄 여지도 있으므로, 원고의 명예를 훼손한 불법행위가 될 수 있다.

한편 피고의 인터뷰는 이처럼 원고의 피해를 축소·왜곡한 허위의 내용일 뿐 아니라, 그와 같은 내용의 인터뷰가 공공의 이익을 위한 것이 될 수도 없으며, 원심이 적법하게 조사한 증거 등에 의하면, 원고의 피해내용 및 구조일시 등은 사건 당시 신문들에도 여러 차례 보도되었고, 피고가 민주화운동관련자 신청을 하면서 첨부하여 제출한 '사북사건자료집'에도 상세히 서술되어 있어, 설령 피고가 이를 제대로 알지 못하고 자신의 진술이 진실이라고 믿었다고 하더라도 그렇게 믿을 만한 상당한 이유가 있다고 볼 수 없으므로, 피고가 원고의 명예를 훼손하는 사실을 적시한 데에 위법성조각사유가 인정될 여지도 없다."

이 사건에서는 피고가 언론과 인터뷰한 내용이 보도되었는데, 언론사가 아니라 인터뷰를 한 피고의 손해배상책임이 문제되었다. 언론과의 인터뷰를 통한 진술도 그것이 언론보도의 내용이 된 경우에는 명예훼손 여부는 언론보도의 내용이 명예를 훼손하는 것인지를 판단하는 방법과 동일하게 판단하고 있다. 이 경우에 언론사의 책임이 아니라 인터뷰를 한 사람의 책임이 문제되고 있으므로, 보도 내용에 나타난 진술자와 진술의 대상이 된 자의 관계, 진술자의 의도 등을 아울러 고려하고 있다.

[언론중재 2010년 여름호(2010. 6), 언론중재위원회, 79-96면]

제4장

인격권에 관한 입법론

제1절 인격권에 관한 입법제안*

I. 서 론

재산권과 가족권은 민법의 중심을 차지하고 있지만, 이에 더하여 인격권이 점차 그 보호 범위를 넓혀 가고 있다. 이는 사람들이 재산이나 가족에 대한 권리를 넘어 '사람 그 자체', 사람이 자기 자신에 대해서 갖고 있는 이익이나 권리에 대해서도 큰 비중을 두기 시작하였기 때문이다.

인격권은 1980년대 이후 법원의 실무에서 눈부신 발전을 하였다. 특히 언론 분야에서 인격권이 문제되는 경우가 많았다. 이에 관한 판례법리는 인격권법의 발전에 견인차 역할을 수행하였다. 민법에 명예훼손 등에 관한 단편적인 규정은 있지만 인격권에 관한 포괄적인 규정은 없다. 그러나 판례는 인격권 침해에 대하여 손해배상청구권이나 금지청구권을 인정하였다.1) 이를 반영하여 2005년 「언론중재 및 피해구제 등에 관한 법률」(이하 '언론피해구제법'이라 한다)이 제정되었는데, 제5조 제1항에서 인격권을 "생명·자유·신체·건강·명예·사생활의 비밀과 자유·초상·성명·음성·대화·저작물 및 사적 문서 그 밖의 인격적 가치 등에 관한 권리"

---

* 이 글은 필자가 2009년에 시작된 민법개정을 위한 법무부 연구용역보고서로 작성한 것을 수정·보완한 것이다. 필자는 2010년 10월 6일 제2기 민법개정위원회 제6분과위원회(위원장 엄동섭 교수)에서 이 보고서의 내용을 발표하고 토론을 하였으며, 2011년 12월 9일 한국민사법학회 등의 주최로 개최된 「제1회 동아시아국제민사법학술대회」(주제: "동아세아에 있어서 민법전 개정과 국제화·통일화의 과제——인격권법과 불법행위법을 중심으로——")에서 이 글을 발표하였는데, 사회자인 전남대 정종휴 교수님, 지정토론자인 일본 東京大의 中田裕康 교수님과 대만 中正大의 曾品傑 교수님의 의견을 들었다. 동아시아 여러 나라에서 인격권에 관한 민법개정안을 마련하는 데 좋은 자료가 될 것이라고 평가를 해주었다. 이 글에 관하여 세세한 지적을 해 주신 분들에게 감사드린다.
1) 아래 III, IV, V 참조.

라고 정의하고 있다. 그러나 인격권은 언론 분야에 한정하여 문제되는 것이 아니고, 다양한 분야에서 인격권이 인정되고 있다.

2004년 법무부 민법개정안에서는 민법총칙에 인격권에 관한 규정을 둘 것을 제안하였다. 이 개정안은 국회에서 회기만료로 폐기되었는데, 민법의 통칙에서 인격권에 관하여 규정하려고 하였다는 점에서 의미가 있다. 이는 민법이 규율해야 할 주제가 재산권만이 아니라 인격권도 포괄하여야 한다는 것을 보여준다.

여기에서는 인격권에 관한 기존의 여러 연구를 토대로 인격권에 관한 민법개정안을 제시하고 그 이유를 밝히고자 한다. 인격권의 개념이나 범주를 어떻게 설정할 것인지, 인격권의 침해에 대하여 어떠한 구제수단이 있는지, 위법성을 배제하는 요건은 무엇인지, 사망한 사람의 인격권은 보호되는지, 성명, 초상 등을 상업적으로 이용할 권리가 인정되는지 여부에 관하여 입법론적인 검토를 하고자 한다. 다만 이 글의 목적은 인격권에 관한 구체적인 입법제안을 하고, 나아가 개정조문을 작성하는 데 있으므로, 학설과 판례는 이와 관련된 한도에서 간략하게 살펴보고자 한다.2) 또한 인격권에 관한 비교법적 검토는 별도의 연구로 미루고자 한다.

Ⅱ. 인격권에 관한 종래의 민법 개정논의

1. 인격권에 관한 문제를 해석론에 맡겨두어도 충분한지, 민법에 인격권에 관한 명시적인 규정을 신설해야 할 것인지 문제된다. 종래 인격권에 기한 금지청구권에 관한 법적 근거가 없기 때문에, 이에 관한 규정을 신설할 필요가 있다는 주장이 있었다. 이를 조문 형태로 제안하기도 하였는데, 불법행위에 관한 규정에서 방해배제청구권에 관한 규정을 신설하고 인격권의 보호에 관한 일반조항적 성격을

2) 인격권에 관한 해석론에 관해서는 필자의 다음과 같은 논문을 참고하였다. 김재형, "모델소설과 인격권," 인권과 정의 제255호(1997. 11); 김재형, "언론의 사실 보도로 인한 인격권 침해," 서울대학교 법학 제39권 1호(1998. 5); 김재형, "인격권 일반," 민사판례연구(XXI), 박영사, 1999; 김재형, "'언론과 인격권'에 관한 최근 판례의 동향," 언론중재 2001년 봄호(2001. 3); 김재형, "언론에 의한 인격권 침해에 대한 구제수단," 인권과 정의 제339호(2004. 11); 김재형, "인격권에 관한 판례의 동향," 민사법학 제27호(2005. 3); 김재형, "징벌적 손해배상제도의 도입 문제," 언론과 법의 지배, 박영사, 2007. 또한 이 보고서를 작성할 무렵 발표한 김재형, "언론에 의한 명예 등 인격권 침해에 대한 구제수단과 그 절차," 인권과 정의 제399호(2009. 11); 김재형, "2009년 '언론과 인격권'에 관한 판례의 동향," 언론중재 2010년 여름호(2010. 6)도 참조.

갖는 규정을 둘 것을 제안하는 견해가 있었다.3)

2. 2004년 법무부의 민법개정안은 민법 제 1 조 다음에 인간의 존엄과 자율에 관한 규정을 신설하고 인격권에 관한 선언적 규정을 신설할 것을 제안하고 있다.4)

[신설안] 민법 제 1 조의 2(인간의 존엄과 자율) ① 사람은 인간으로서의 존엄과 가치를 바탕으로 자신의 자유로운 의사에 좇아 법률관계를 형성한다.
② 사람의 인격권은 보호된다.

이와 같은 규정을 둘 필요가 없다는 견해도 있었으나,5) 민법의 총칙편에서 인격권에 관한 원칙적 규정을 둔 것은 중요한 의미가 있다. 현재에도 헌법 제10조에서 보장하고 있는 인간으로서의 존엄과 가치, 헌법 제17조에서 규정하고 있는 사생활의 비밀과 자유에서 인격권을 도출할 수 있다. 그러나 헌법상의 기본권은 기본적으로 국민의 국가에 대한 권리이므로, 사법의 영역에 그대로 적용되는 것은 아니다. 따라서 사회생활의 기본적 법률관계를 규율하는 민법에서 인격권에 관한 명시적인 규정을 둘 필요가 있다.

3. 인격권에 관한 규정을 총칙에 두는 것은 중요한 의미를 갖지만, 위 제안은 인격권에 관한 분쟁을 해결하는 지침으로는 충분하지 않다. 민법 규정이 인격권에 관해서도 분쟁해결의 지침으로 작용하려면 인격권에 관한 상세한 규정을 두어야 한다. 필자는 인격권에 관한 위 개정안이 구체적이지 못하기 때문에, 좀 더 상세한 규정을 두어야 한다고 주장하였다.6)

한편 법원행정처에서도 인격권 규정의 신설에 찬성하였으나, 특히 인격권에 기한 구제수단을 명문화할 필요가 있다고 하면서 다음과 같은 수정안을 제안하였다.7)

[수정안] 민법 제 1 조의 2(인격권의 보호) ① 사람의 인격권은 보호된다.
② 인격권을 침해한 자에 대하여는 손해배상에 갈음하거나 손해배상과 함께 침해된 인

---

3) 강남진, "인격권의 보호에 대한 하나의 제안," 민사법학 제13·14호(1996. 4), 134면.
4) 이에 관한 논의는 법무부, 민법(재산편) 개정 자료집, 2004, 10면 이하 참조. 2004년 민법개정안은 국회의원의 임기만료로 법안이 폐기되었다.
5) 헌법에 인격권에 관한 규정이 있기 때문에, 민법에서 이를 반복할 필요가 없다는 견해로는 법무부 송무과, 곽윤직 교수 등의 의견이 있었다. 법무부(주 4), 14면.
6) 민법개정 좌담회(총칙편), 인권과 정의 제319호(2003. 3), 28면(김재형 발언).
7) 법무부(주 4), 15-16면.

격권을 회복하는 데 적당한 조치를 할 것을 청구할 수 있고, 인격권을 침해할 염려가 있는 행위를 하는 자에 대하여는 그 예방이나 손해배상의 담보를 청구할 수 있다.

그러나 이 수정안은 당시 민법개정위원회에서 채택되지 않았다. 무엇보다도 민법의 맨 앞에 있는 '통칙' 부분에 세세한 규정을 두는 것은 체계상 맞지 않다고 보았기 때문이다.[8]

4. 2009년에 출범한 민법개정위원회에서 민법개정안을 마련하고 있는데, 필자는 인격권에 관한 민법개정안을 제안하고자 한다. 2004년 민법개정안과 달리 인격권에 관하여 비교적 상세한 규정을 둘 것을 제안하고자 한다.

독일 민법에는 제12조에서 성명권에 관한 규정을 두고 있을 뿐이고 인격권에 관한 일반적인 규정이 없다.[9] 일본 민법에서도 인격권에 관한 상세한 규정이 없고 아직 인격권에 관한 포괄적인 개정안이 나오지는 않고 있다. 그러나 1985년에 개정된 스위스 민법에서는 제28조 이하에서 인격의 보호에 관한 상세한 규정을 두고 있다. 미국에서는 판례에 의하여 명예훼손이나 프라이버시권에 관하여 규율되고 있으나, 미국법조협회에서 나온 불법행위법 리스테이트먼트 제 2 판[10])에서는 명예훼손(제24장)과 프라이버시(제28A장)에 관하여 상세한 규정을 두고 있다. 독일이나 일본에 인격권에 관한 포괄적인 규정이 없다고 해서 우리 민법도 그와 같이 규정해야 하는 것은 아니다. 인격권이 민법의 기초를 형성하는 중요한 권리가 되면서 인격권을 불법행위법의 테두리에 가둬두는 것은 바람직하지 않다.

그렇다면 인격권을 어느 곳에 규정할 것인지 문제된다. 인격권에 관한 규정은 민법총칙에 규정하는 것이 좋으나, 민법총칙 중 '제 1 장 통칙' 부분이 아니라, '제 2 장 인(人)' 부분에서 제 3 조 권리능력에 관한 규정 다음에 두는 것이 바람직할 것으로 생각한다. 인격권에 관한 규정을 통칙에 둘 경우에는 인격권에 관한 세세한 규정을 두는 것이 부적절하기 때문이다. 이 경우 제 1 절의 제목인 '능력'을 수정할

---

8) 법무부(주 4), 16면.

9) 1957년에 열린 제42회 독일 법률가대회에서 민법상 인격 보호에 관한 포괄적인 입법에 관하여 논의하였다. 이에 따라 독일 연방정부는 1959년 연방의회에 민법상 인격 및 명예보호의 새로운 규율을 위한 입법초안을 제출하였다. 1964년 제45회 독일 법률가대회에서는 손해배상법의 개정이 논의되었고, 그 후 연방법무부가 일반적 인격권을 입법화하려고 하였다. 그러나 이러한 입법시도들은 성공을 거두지 못했다. Klaus Martin, Das allgemeine Persönlichkeitsrecht in seiner historischen Entwicklung, 2007, S. 266ff.

10) The American Law Institute, Restatement of the Law, Second, Torts, 1977.

필요가 있다. 이를테면 제 1 절을 '권리능력과 인격권'으로 하고, 그 이하의 규정들을 제 2 절11) '행위능력'이라는 절을 마련하여 별도의 절을 둘 수도 있다.

　이곳에 인격권에 관한 세세한 규정을 두는 것이 여전히 어색하다는 비판이 있을 수 있다. 그러나 규정의 위치에 다소 어색한 점이 있더라도 이는 감내하여야 한다. 민법전을 새로 제정하는 것이 아니라 현재 있는 민법전을 토대로 개정을 하는 것이기 때문에, 민법전의 체계적인 완결성을 고집할 수만은 없다. 한편으로는 민법전의 체계적 완결성을 추구하는 것이 필요하지만, 다른 한편으로는 현실적 필요에 대한 대응이 요구된다. 이 두 가지를 모두 달성할 수 없을 때에는 그 두 가지 지향점을 적절하게 절충하는 것이 필요하다. 체계적 완결성만을 고수하다가 아무 것도 못하는 우를 범해서는 안 된다.12)

　개정제안의 내용을 항을 구분하여 살펴보고자 한다.

Ⅲ. 인격권의 개념과 범주

1. 인격권의 개념

　우리나라 학설은 대체로 인격권이라는 개념을 긍정하고 있다.13) 대법원 판결에서는 1980년에 "출근한 원고에게 근무를 못하게 하면서 급료를 지급하지 아니한 채 차별적 대우를 한 소위는 원고의 인격권 침해로서 불법행위가 된다."라고 판결14)하여 인격권이라는 용어를 처음으로 사용하였다. 그 후 1996년에 대법원은 인격권에 기한 금지청구권을 인정하였다.15)

---

11) 또는 '제 1 의 2절'로 할 수도 있다.
12) 민법이 아니라 인격권 등에 관하여 특별법을 제정하는 방안을 생각해 볼 수 있다. 그러나 이와 같은 문제에 대하여 특별법을 제정하는 방식으로 대응할 경우에는 민법이 사회생활을 규율하는 기본법의 지위를 잃게 되는 결과를 초래한다.
13) 곽윤직, 민법총칙, 제 7 판, 박영사, 2002, 51면; 김상용, 불법행위법, 법문사, 1997, 102면; 주석 채권각칙(Ⅳ), 1987, 118면(박철우 집필부분); 강남진(주 3), 117면; 김재형, "언론의 사실 보도로 인한 인격권 침해"(주 2), 189면. 이에 반하여 인격권 개념을 도입할 필요가 없다는 견해도 있었다. 이은영, 채권각론, 개정판, 박영사, 1995, 733면 이하.
14) 대판 1980. 1. 15, 79다1883(공 1980, 12586).
15) 대판 1996. 4. 12, 93다40614, 40621(공 1996, 1486).

인격권은 독일의 Persönlichkeitsrecht를 번역한 것으로서 독일법상의 개념을 수용한 것이다. 스위스, 오스트리아, 일본 등 대륙법계 국가에서 인격권이라는 용어를 사용하고 있다. 이와 달리 미국에서는 인격권이라는 표현을 사용하지 않고 프라이버시나 명예훼손으로 접근하고 있다.

인격권은 재산권과 대비되는 개념이다. 민법에는 재산권을 채권과 물권으로 구분하여 정하고 있다. 인격권은 이와 같은 재산권에 포함되지 않는다. 인격권은 사원권이나 가족권 또는 상속권에도 포함되지 않는다. 그 밖에도 사람은 생명, 자유, 신체, 건강, 명예, 사생활, 초상, 성명, 음성, 대화 등에 관하여 권리를 갖는데, 이와 같은 권리를 포괄하기 위하여 인격권이라는 용어를 사용하고 있다. 언론피해구제법에서는 인격권을 "생명·자유·신체·건강·명예·사생활의 비밀과 자유·초상·성명·음성·대화·저작물 및 사적 문서 그 밖의 인격적 가치 등에 관한 권리"라고 정하고 있다(제 5 조 제 1 항). 다만 인격권의 대상인 성명, 초상, 저작물, 사적 문서 등은 재산적 가치를 가질 수 있는데, 이러한 경우에는 성명 등 인격적 징표에 인격적 요소와 재산적 요소가 함께 존재한다고 볼 수 있다.

2. 인격권의 내용

인격권의 내용은 다양한 방식으로 구분할 수 있으나, 편의상 다음과 같이 구분해 보고자 한다. 여기에서 구분하는 내용이 서로 중첩되는 경우도 있을 수 있음은 물론이다.

(1) 생명, 자유, 신체, 건강

생명, 자유, 신체, 건강에 관한 권리를 침해하면 불법행위책임이 발생한다. 종래 이러한 권리도 인격권에 포함된다고 설명하고 있다.16) 생명, 자유, 신체, 건강은 사람, 즉 자연인에게 인정되는 것이기 때문에, 이에 대한 권리는 자연인에게 인정된다. 다만 언론출판의 자유 등의 경우에는 법인 등 단체에게도 인정될 수 있다.

---

16) 곽윤직(주 13), 51면. 대판(전) 2008. 11. 20, 2007다27670(집 56-2, 민 164)에서 반대의견 중에는 "자신의 신체에 대한 권리는 인격권의 핵심에 해당하고, 신체에 대한 자기결정권은 당사자가 살아 있는 동안에는 물론 그 사후에도 최대한 존중되어야 한다."라고 함으로써, 신체에 대한 권리를 인격권으로 보고 있다.

(2) 명예 등

명예훼손이나 모욕으로부터 개인을 보호하는 것은 프라이버시의 보호와 함께 인격권의 가장 중요한 기능 중의 하나이다. 명예는 사람의 품성, 덕행, 명성, 신용 등 세상으로부터 받는 객관적인 평가를 말한다. 명예훼손은 개인의 사회적 평가를 침해하는 것이라고 말할 수 있다.[17] 명예훼손이 되려면 객관적으로 보아 혐오 또는 경멸을 받게 할 우려가 있어야 하고, 단순히 주관적으로 명예감정이 침해되었다고 주장하는 것만으로는 명예훼손이 되지 않는다.[18] 한편 개인이 부당하게 모욕당하지 않도록 보호받아야 한다. 다른 사람이 이유 없이 모욕한다면 명예훼손과 마찬가지로 법적 보호를 받을 수 있어야 하기 때문이다.

그렇다면 명예훼손과 모욕은 어떠한 관계에 있는가? 형법은 허위의 사실을 적시한 경우뿐만 아니라 진실인 사실을 적시한 경우에도 명예훼손죄로 처벌하고 있다. 즉, 형법 제307조는 "공연히 사실을 적시하여 사람의 명예를 훼손한 자"(제 1 항)와 "공연히 허위의 사실을 적시하여 사람의 명예를 훼손한 자"(제 2 항)를 명예훼손죄로 처벌하면서 법정형만을 달리 정하고 있다. 미국의 명예훼손(defamation) 법리에서는 사실을 보도한 경우에는 명예훼손책임을 지지 않는다. 따라서 미국과 우리나라는 명예훼손에 관한 출발점이 다르다고 볼 수 있다. 한편 형법은 구체적 사실을 적시하지 않고 모욕한 경우에는 모욕죄로 처벌하고 있다(제311조).

구체적 사실을 적시하지 않고 모욕적이거나 인신공격적 표현을 사용한 경우에는 형법상으로 모욕죄로 처벌받을 수 있고, 민사상으로는 모욕으로 인한 불법행위가 성립할 수 있다.[19] 따라서 언론에서 인신공격적 표현을 사용하는 경우에는 명예훼손이라기보다는 모욕에 해당한다고 볼 수 있다. 물론 구체적 사실을 적시하면서 인신공격적 표현을 사용하는 경우에 형법상 명예훼손죄가 성립할 수 있다. 그런데 민법에서는 명예훼손이나 모욕을 엄밀하게 구분할 필요성이 적다. 민사상으

---

17) 대판 1988. 6. 14, 87다카1450(공 1988, 1020); 대판 1990. 2. 27, 89다카12775(공 1990, 760); 대판 1997. 10. 24, 96다17851(공 1997, 3574).

18) 대판 1992. 10. 27, 92다756(공 1992, 3252). 또한 대결 1997. 7. 9, 97마634(공 1997, 2599)는 종중의 명예훼손을 이유로 한 족보등록발간금지 가처분 사건에서, "신청인 종중이 주장하는 신청원인 사실을 그대로 인정한다 하더라도 그로 인하여 신청인 종중이 명예감정을 침해받는 것은 별론으로 하고, 법원이 개입하여 보호할 필요가 있을 정도로 신청인 종중에 대한 사회적 평가가 저하될 것이라고 보기 어렵다."라고 하였다.

19) 김재형, "'언론과 인격권'에 관한 최근 판례의 동향"(주 2), 113면.

로는 명예훼손 또는 모욕에 해당하는지 여부가 중요한 문제가 아니라, 위법행위로
서 불법행위에 기한 손해배상책임이 발생하는지 여부만이 관건이기 때문이다.

(3) 사 생 활

개인은 사생활이 타인으로부터 침해되거나 사생활이 함부로 공개되지 아니할
권리를 가진다. 이와 같은 권리를 침해하는 것을 사생활 침해 또는 프라이버시 침
해라고 한다. 이때 프라이버시권의 개념을 사생활을 침해하거나 공개하는 것에 한
정하여 이해하기도 하나, 프라이버시라는 용어가 성명권이나 초상권 등을 포괄하
는 개념으로 사용되기도 한다.[20]

대법원은 유방 확대 수술을 받고 부작용으로 고통을 받고 있는 원고가 방송사
에 자신의 사생활과 초상에 관한 방송을 동의하였으나, 원고가 예상한 것과 다른
방법으로 방송된 사안에서, "사람은 자신의 사생활의 비밀에 관한 사항을 함부로
타인에게 공개당하지 아니할 법적 이익을 가진다."라고 하였다.[21]

(4) 성명권과 초상권

개인은 자신의 성명 표시 여부에 관하여 스스로 결정할 권리를 가진다.[22] 이
를 성명권이라고 한다. 하급심 판결 중에 성명권을 인정한 사례가 있다.[23] 초상권
도 마찬가지이다. 동의 없이 사진을 촬영하여 보도하거나,[24] 사진을 입수하여 동의
없이 게재한 경우[25]에 초상권 침해에 해당한다. 촬영에 동의한 경우라도 본인의
예상과 다른 방법으로 사진이 공표되는 경우에도 초상권의 침해가 된다.[26]

---

20) 상세한 것은 김재형, "인격권 일반"(주 2), 645면 이하 참조.
21) 대판 1998. 9. 4, 96다11327(공 1998, 2377). 이와 유사하게 서울지법 남부지판 1997. 8. 7, 97
　　가합8022(언론중재 1997년 가을호, 165면)도 동의의 범위를 벗어난 보도에 관하여 손해배상책
　　임을 인정한 바 있다.
22) 대판 2009. 9. 10, 2007다71(공 2009, 1615).
23) 서울지판 1996. 4. 25, 95가합60556.
24) 서울민사지판 1993. 7. 8, 92가단57989(국내언론관계판례집 제 3 집, 177면); 서울민사지판
　　1994. 3. 30, 93나31886(국내언론관계판례집 제 3 집, 180면).
25) 서울지판 1997. 2. 26, 96가합31227(국내언론관계판례집 제 5 집, 198면)과 그 항소심 판결인
　　서울고판 1997. 9. 30, 97나14240(국내언론관계판례집 제 5 집, 214면).
26) 서울고판 1989. 1. 23, 88나38770(하집 1989-1, 148); 서울민사지판 1988. 9. 9, 87가합6032(언
　　론중재 1989년 봄호, 173면); 서울민사지판 1989. 7. 25, 88가합31161(법률신문 1989. 9. 21. 자, 8
　　면); 서울민사지판 1992. 9. 22, 92가합12051(법률신문 1992. 11. 26. 자, 9면); 서울지법 동부지판
　　1990. 1. 25, 89가합13064(하집 1990-1, 126) 참조.

(5) 개인정보

개인정보는 프라이버시의 한 유형으로 파악할 수 있는데, 최근 개인정보의 보호가 중요한 문제가 되고 있다. 대법원은 개인이 "고도로 정보화된 현대사회에서 자신에 대한 정보를 자율적으로 통제할 수 있는 적극적인 권리"[27]를 갖는다고 하였다. 이름, 주민등록번호, 사진 등 개인정보를 공개하거나 유출하는 경우에 개인정보의 침해를 이유로 한 소송을 제기하는 경우가 드물지 않다.[28] 정보주체의 동의 없이 그의 개인정보를 공개하는 것이 그 정보주체의 인격적 법익을 침해하는 것으로 평가할 수 있다면 위법성이 인정된다.[29]

2011년 3월 29일 「개인정보 보호법」이 제정되어 9월 30일부터 시행되고 있는데, 처음에는 개인정보를 "살아 있는 개인에 관한 정보로서 성명, 주민등록번호 및 영상 등을 통하여 개인을 알아볼 수 있는 정보(해당 정보만으로는 특정 개인을 알아볼 수 없더라도 다른 정보와 쉽게 결합하여 알아볼 수 있는 것을 포함한다)"라고 정의하였다. 현재는 법률이 개정되어 「개인정보 보호법」 제 2 조 제 1 호에서 개인정보를 "살아 있는 개인에 관한 정보로서 다음 각 목의 어느 하나에 해당하는 정보"라고 정의하고, "가. 성명, 주민등록번호 및 영상 등을 통하여 개인을 알아볼 수 있는 정보", "나. 해당 정보만으로는 특정 개인을 알아볼 수 없더라도 다른 정보와 쉽게 결합하여 알아볼 수 있는 정보. 이 경우 쉽게 결합할 수 있는지 여부는 다른 정보의 입수 가능성 등 개인을 알아보는 데 소요되는 시간, 비용, 기술 등을 합리적으로 고려하여야 한다.", "다. 가목 또는 나목을 제 1 호의2에 따라 가명처리함으로써 원래의 상태로 복원하기 위한 추가 정보의 사용·결합 없이는 특정 개인을 알아볼 수 없는 정보(이하 '가명정보'라 한다)"를 열거하고 있다.

(6) 음성, 대화

음성, 대화에 대한 침해도 인격권 침해가 될 수 있다. 개인의 목소리를 그대로

---

27) 대판 1998. 7. 24, 96다42789(공 1998, 2200). 이 판결은 보안사의 민간인 사찰에 관하여 국가배상책임을 인정하고 있다.

28) 대판 1997. 5. 23, 96누2439(공 1997, 1888). 원심은, 원고가 공개를 청구한 이 사건 자료 중 일부는 개인의 인적 사항, 재산에 관한 내용이 포함되어 있어서 공개될 경우에는 타인의 사생활의 비밀과 자유를 침해할 우려가 있다고 판단하였고, 대법원도 원심판단을 지지하였다.

29) 대판(전) 2011. 9. 2, 2008다42430(공 2011, 1997).

내보낸 경우에 불법행위책임을 인정한 사례가 있다.[30]

(7) 자기결정권

의사는 환자에게 설명의무를 부담하는데, 그 전제로 환자의 자기결정권이 인정된다. 즉, 의사가 설명의무를 위반한 채 수술 등을 한 경우에 환자측에서 선택의 기회를 잃고 자기결정권을 행사할 수 없게 된 것에 대하여 위자료를 청구할 수 있다.[31] 의사가 환자에게 설명하지 않고 수혈을 하는 것은 수혈 여부와 수혈 혈액에 대한 환자의 자기결정권이라는 인격권을 침해한다.[32] 또한 연명치료 중단에 관한 대법원 판결에서는 "회복불가능한 사망의 단계에 이른 후에 환자가 인간으로서의 존엄과 가치 및 행복추구권에 기초하여 자기결정권을 행사하는 것으로 인정되는 경우에는 특별한 사정이 없는 한 연명치료의 중단이 허용될 수 있다."라고 하였다.[33]

대판 1998. 2. 10, 95다3953[34]은 이른바 성희롱을 인격권 침해로 보고 있다. 즉, "특히 남녀관계에서 일방의 상대방에 대한 성적 관심을 표현하는 행위는 자연스러운 것으로 허용되어야 하지만, 그것이 상대방의 인격권을 침해하여 인간으로서의 존엄성을 훼손하고 정신적 고통을 주는 정도에 이르는 것은 위법하여 허용될 수 없는 것"이라고 판결하였다. 이와 같은 성희롱은 인격권의 한 내용인 성적 자기결정권을 침해한 것으로 볼 수 있다. 헌재 1990. 9. 10, 89헌마82[35]는 헌법 제10조가 "모든 기본권을 보장의 종국적 목적(기본이념)이라 할 수 있는 인간의 본질이며 고유한 가치인 개인의 인격권과 행복추구권을 보장"하고 있다고 보고, "개인의 인격권·행복추구권에는 개인의 자기운명결정권이 전제되는 것이고, 이 자기운명결정권에는 성행위여부 및 그 상대방을 결정할 수 있는 성적자기결정권이 또한 포함되어 있다"고 한다. 대법원 판결 중에는 "자기결정권은 인격체인 인간이 내리는 모든

---

30) 대판 1998. 9. 4, 96다11327(공 1998, 2377).
31) 대판 1994. 4. 15, 93다60953(집 42-1, 민 294). 대판 2010. 3. 25, 2009다95714(공 2010, 812)는 의료행위에 대한 환자의 동의는 헌법 제10조에서 규정한 개인의 인격권과 행복추구권에 의하여 보호되는 자기결정권을 보장하기 위한 것으로서, 환자는 생명과 신체의 기능을 어떻게 유지할 것인지에 대하여 스스로 결정하고 의료행위를 선택할 권리를 보유한다고 한다.
32) 대판 1998. 2. 13, 96다7854(집 46-1, 민 59).
33) 대판(전) 2009. 5. 21, 2009다17417(공 2009, 849).
34) 공 1998, 652.
35) 헌집 2, 306.

자율적 결정을 보장"하는 것이라고 한 판결도 있다.36) 이와 같은 자기결정권은 인격권의 전제가 되는 것이라고 볼 수 있는데, 위에서 든 생명, 신체, 자유, 명예, 사생활, 개인정보 등도 자기결정권과 관련이 있다.

(8) 기 타

그 밖에 인격권의 침해가 인정되는 경우는 무수히 많이 있을 수 있다. 대판 1995. 11. 7, 93다41587[37])은, 피고 A, B, C, D가 망 박종철의 고문치사사실을 은폐하거나 위 망인의 고문치사에 가담한 범인을 피고 E, F 등 2인인 것처럼 축소하는 등으로 그 진상을 은폐한 사건에서, 피고 A, B, C, D의 위와 같은 진상은폐행위로 인하여 위 망인의 부모이거나 형과 누이인 원고들의 인격적 법익이 침해된 것으로 보아야 할 것이므로, 위 피고들 및 피고 대한민국은 원고들에게 이로 인한 위자료를 지급할 의무가 있다고 판결하였다. 이러한 인격적 법익은 명예나 프라이버시라고 볼 수 없다. 또한 대판(전) 2010. 4. 22, 2008다38288[38])은 **종립학교**(宗立學校)의 종교교육이 우리 사회의 건전한 상식과 법감정에 비추어 용인될 수 있는 한계를 벗어난 경우에 학생의 종교에 관한 인격적 법익을 침해하는 위법한 행위라고 하였다. 대판 2011. 1. 27, 2009다19864[39])는 "사적 단체를 포함하여 사회공동체 내에서 개인이 성별에 따른 불합리한 차별을 받지 아니하고 자신의 희망과 소양에 따라 다양한 사회적·경제적 활동을 영위하는 것은 그 인격권 실현의 본질적 부분에 해당하므로 평등권이라는 기본권의 침해도 민법 제750조의 일반규정을 통하여 사법상 보호되는 인격적 법익침해의 형태로 구체화되어 논하여질 수 있고, 그 위법성 인정을 위하여 반드시 사인간의 평등권 보호에 관한 별개의 입법이 있어야만 하는 것은 아니다."라고 하였다.

3. 인격권의 개념에 관한 민법개정안

인격권에 관한 개념이나 그 범주를 정하는 규정을 둘 필요가 있다. 그 방안으

---

36) 대판(전) 2008. 11. 20, 2007다27670(주 16).
37) 공 1995, 3890.
38) 공 2010, 897.
39) 공 2011, 396.

로 인격권에 속하는 중요 내용을 예시하거나 인격권에 관한 포괄적인 규정을 두는 방식으로 규정할 수 있다. 인격권의 주요 대상을 예시하는 방안(제1안)이 좀 더 구체적인 지침을 줄 수 있다는 점에서 포괄적인 규정을 두는 방안(제2안)보다 나은 것으로 생각된다. 다만 인격권의 내용 중 생명, 신체, 자유, 건강에 관한 사항을 포함하지 않을 수도 있다. 그러나 이것도 인격권의 내용에 포함된다고 볼 수 있고 언론피해구제법에 이미 이를 포함하여 인격권을 정의하고 있기 때문에, 여기에서도 이를 포함하는 방안을 제시하였다. 또한 누구든지 정당한 사유 없이 다른 사람의 인격권을 침해하여서는 안 된다는 원칙적인 규정을 둘 수 있다. 이를 조문 형태로 제시하면 다음과 같다.

> **개정안** 제3조의2(인격권) ① [제1안] 사람은 생명·자유·신체·건강·명예·사생활의 비밀과 자유·성명·초상·개인정보·음성·대화 그 밖의 인격적 이익에 관한 권리(인격권)를 가진다.
> [제2안] 사람은 인격적 이익에 관한 권리(인격권)를 가진다.
> ② 누구든지 정당한 사유 없이 다른 사람의 인격권을 침해하여서는 아니 된다.

Ⅳ. 인격권 침해의 위법성

1. 인격권 침해의 위법성에 관한 법리

인격권의 침해가 있는 경우에도 항상 위법한 것은 아니다. 소유권의 경우에는 그 침해에서 위법성을 추정할 수 있지만, 인격권은 보호 범위가 넓기 때문에, 인격권 침해에서 바로 위법성을 추정할 수는 없다.

언론에 의한 인격권 침해의 경우 어떠한 요건에 따라 위법성이 없는지에 관한 법리가 발전되어 왔다. 이에 관하여 명예훼손과 프라이버시 침해로 구분하여 살펴보고자 한다.

(1) 명예훼손의 경우

(가) 판례의 위법성 배제사유

민법에는 명예훼손에 관한 상세한 규정이 없지만, 형법에는 이에 관한 상세한 규정을 두고 있다. 특히 형법 제310조는 명예훼손의 위법성의 조각에 관하여 "제 307조 제 1 항의 행위가 진실한 사실로서 오로지 공공의 이익에 관한 때에는 처벌 하지 아니한다."라고 정하고 있다. 판례는 여기에서 나아가 언론기관에 의한 명예훼 손으로 인한 손해배상책임이 문제된 사건에서 타인의 명예를 훼손하는 행위를 한 경우에도 그것이 공공의 이해에 관한 사항으로서 그 목적이 오로지 공공의 이익을 위한 것인 때에는 진실이라는 증명이 있거나, 진실이라는 증명이 없더라도 행위자 가 그것을 진실이라고 믿을 상당한 이유가 있는 경우에는 위법성이 없다고 한다.[40]

이 법리는 편의상 '공익성'과 '진실 또는 상당성'으로 나누어 살펴볼 필요가 있 다. '공익성'은 보도 내용이 객관적으로 볼 때 공공의 이익에 관한 것으로서 행위 자도 공공의 이익을 위하여 그 사실을 적시한 것이라는 의미이다. 이 경우에 보도 내용이 공공의 이익에 관한 것인지 여부는 보도의 구체적 내용, 공표가 이루어진 상대방의 범위, 표현의 방법 등 표현 자체에 관한 제반 사정을 감안함과 동시에 표현에 의하여 훼손되거나 훼손될 수 있는 명예의 침해 정도 등을 비교하여 결정 하여야 한다. 보도 내용이 오로지 공익에 관한 것일 필요는 없다. 행위자의 주요한 목적이나 동기가 공공의 이익을 위한 것이라면 부수적으로 다른 사익적 동기가 내 포되어 있었다고 하더라도 공공의 이익을 위한 것으로 보아야 한다.[41]

보도 내용이 진실인 경우에는 그 자체로 위법성이 없다는 주장도 있다. 그러 나 보도 내용이 진실이라고 하더라도 우리 형법은 공익성이 있는 경우에 한하여 위법성이 없다고 보고 있다. 반면에, 공익성이 있는 경우에는 보도 내용이 진실이 아니더라도 이른바 '상당성'이 있으면 위법성이 없다. 상당한 이유의 존부는 언론 보도의 내용, 기사의 성격상 신속한 보도가 요청되는 것인가, 정보원이 믿을 만한 가, 피해자와의 대면 등 진실의 확인이 용이한가 등을 고려하여 통상적인 언론인 을 기준으로 객관적으로 판단하여야 한다.[42]

공적 인물(public figure), 즉 공인에 대한 명예훼손의 경우에 언론사에게 현실적 악의(actual malice)가 있는 경우에만 손해배상책임을 인정해야 한다는 주장이 있

---

40) 대판 1988. 10. 11, 85다카29(집 36-3 민, 1); 대판 1996. 5. 28, 94다33828(공 1996, 1973); 대 판 1997. 9. 30, 97다24207(공 1997, 3279) 등 다수.

41) 대판 1996. 10. 11, 95다36329(공 1996, 3297); 대판 1998. 7. 14, 96다17257(공 1998, 2108); 대 판 2002. 1. 22, 2000다37524, 37531(공 2002, 522).

42) 대판 1997. 9. 30, 97다24207(공 1997, 3279).

다.43) 이는 미국의 New York Times Co. v. Sullivan 판결44)에 의하여 영향을 받은 것으로, 언론사가 허위라는 것을 알거나 그 진위를 무모하게 무시하고 보도하였음을 피해자가 증명하여야 한다고 한다. 그러나 우리나라 대법원은 현실적 악의론을 채택하지 않았다. 공인에 대한 명예훼손을 이유로 불법행위책임을 구하는 소송에서 위법성이 없다는 것에 대한 증명책임은 명예훼손행위를 한 언론매체에 있다고 한다.45)

결국 우리나라에서는 공적 인물에 대한 명예훼손에서도 개별적인 이익형량을 통하여 위법성을 판단하고 있다. 그러나 공적 인물의 경우에는 사인(私人)의 경우와는 달리 언론의 자유를 우선시하고 있다. 헌재 1999. 6. 24, 97헌마26546)는, 형법상 명예훼손에 관한 사안에서, 공적 인물에 대한 명예훼손의 위법성을 판단할 때, 사인에 대한 명예훼손과는 다른 기준을 적용하여야 한다고 하였다. 대판 2002. 1. 22, 2000다37524, 3753147)은 언론·출판의 자유와 명예보호 사이의 한계를 설정함에 있어서 표현된 내용이 사적 관계에 관한 것인가 공적 관계에 관한 것인가에 따라 차이가 있다고 보고, 당해 표현이 공적인 존재의 정치적 이념에 관한 것인 때에는 좀 더 엄격한 기준을 적용한다. 이에 대한 의혹의 제기나 주관적인 평가가 진실에 부합하는지 혹은 진실하다고 믿을 만한 상당한 이유가 있는지를 따질 때 일반의 경우와 같이 엄격하게 증명할 것을 요구해서는 안 되고, 그러한 의혹의 제기나 주관적인 평가를 내릴 수도 있는 구체적 정황의 제시로 증명의 부담을 완화해 주어야 한다고 한다. 공적인 존재의 정치적 이념에 관하여 증명부담을 완화한 것은 표현의 자유를 위하여 바람직하다. 정치적 이념에 관한 논쟁이나 토론에 법원이 직접 개입하여 사법적 책임을 부과하는 것은 바람직하지 않다. 어떤 사람이 가지고 있는 정치적 이념은 사실문제이기는 하나 의견과 섞여 있는 것으로 논쟁과 평가 없이는 정치적 이념을 판단하는 것 자체가 불가능하기 때문이다.48)

---

43) 김민중, "원고의 신분과 명예훼손법리의 적용," 언론중재 2000년 여름호(2000. 6), 32면. 이에 대하여 반대하는 견해로는 한위수, "공적 존재의 정치적 이념에 관한 문제제기와 명예훼손," 민사재판의 제문제 제11권, 2002, 611면.

44) 376 U.S. 254 (1964).

45) 대판 1997. 9. 30, 97다24207(공 1997, 3279); 대판 1998. 5. 8, 97다34563(공 1998, 1575); 대판 2004. 2. 27, 2001다53387(공 2004, 594).

46) 헌집 11-1, 768.

47) 집 50-1, 민 43.

48) 김재형, "인격권에 관한 판례의 동향"(주 2), 362면.

2000년대에 들어와 공적 인물에 관한 대법원 판결이 많이 나왔다.49) 공직자의 도덕성, 청렴성, 업무처리의 정당성에 관한 의혹의 제기나 비판을 넓게 보장하려는 것이 대법원의 태도라고 할 수 있다. 그리하여 공직자의 업무와 관련해서는 공공의 이익에 관한 보도와는 달리 "악의적이거나 현저히 상당성을 잃은 공격"에 해당하는 경우에 한하여 위법성이 인정된다.50) 언론보도가 공직자 또는 공직 사회에 대한 감시·비판·견제라는 정당한 언론 활동의 범위를 벗어나 악의적이거나 심히 경솔한 공격으로서 현저히 상당성을 잃은 것으로 평가되는 경우에는, 비록 공직자 또는 공직 사회에 대한 감시·비판·견제의 의도에서 비롯된 것이라고 하더라도 이러한 언론보도는 명예훼손이 된다. 이에 해당하는지는 언론보도의 내용이나 표현 방식, 의혹 사항의 내용이나 공익성의 정도, 공직자 또는 공직 사회의 사회적 평가를 저하시키는 정도, 취재 과정이나 취재로부터 보도에 이르기까지의 사실 확인을 위한 노력의 정도, 기타 주위의 여러 사정 등을 종합하여 판단하고 있다.51) 법원이 공적 인물에 관해서는 좀 더 세밀한 법리를 제시하려고 노력하고 있다고 볼 수 있다.

또한 당해 표현이 언론사에 대한 것인 경우에는, 언론사가 타인에 대한 비판자로서 언론의 자유를 누리는 범위가 넓은 만큼 그에 대한 비판의 수인 범위 역시 넓어야 하고, 언론사는 스스로 반박할 수 있는 매체를 가지고 있어서 이를 통하여 잘못된 정보로 인한 왜곡된 여론의 형성을 막을 수 있으며, 일방 언론사의 인격권 보장은 다른 한편 타방 언론사의 언론 자유를 제약하는 결과가 된다는 점을 감안하면, 언론사에 대한 감시와 비판기능은 그것이 악의적이거나 현저히 상당성을 잃은 공격이 아닌 한 쉽게 제한되어서는 아니 되고, 수사적인 과장 표현도 언론기관이 서로 반박할 수 있다는 점을 고려하여 개인에 대한 명예훼손의 경우보다 넓게 용인될 수 있다.52)

---

49) 대판 2002. 12. 24, 2000다14613(공 2003, 425); 대판 2004. 2. 27, 2001다53387(공 2004, 594); 대판 2003. 7. 8, 2002다64384(공 2003, 1683); 대판 2003. 7. 22, 2002다62494(공 2003, 1770); 대판 2003. 9. 2, 2002다63558(공 2003, 1936).

50) 표현행위자가 타인에 대하여 비판적인 의견을 표명하였다는 사유만으로 이를 위법하다고 볼 수는 없지만, 만일 표현행위의 형식 및 내용 등이 모욕적이고 경멸적인 인신공격에 해당하거나 혹은 타인의 신상에 관하여 다소간의 과장을 넘어서서 사실을 왜곡하는 공표행위를 함으로써 그 인격권을 침해한다면, 이는 명예훼손과는 별개 유형의 불법행위를 구성할 수 있다. 대판 2009. 4. 9, 2005다65494(공 2009, 608).

51) 대판 2007. 12. 27, 2007다29379(공 2008, 127); 대판 2001. 11. 9, 2001다52216; 대판 2003. 9. 2, 2002다63558; 대판 2006. 5. 12, 2004다35199 등 참조.

52) 대판 2008. 4. 24, 2006다53214(공 2008, 779).

(나) 언론피해구제법의 규정

언론피해구제법 제 5 조 제 2 항 제 2 호는 판례법리를 수용하여 "언론등의 보도가 공공의 이익에 관한 것으로서 진실한 것이거나 진실하다고 믿는 데에 정당한 사유가 있는 경우"에는 인격권 침해에 대하여 책임을 지지 않는다고 정하고 있다. 위 규정에서 정한 요건에 충족하려면 먼저 언론등의 보도가 공공의 이익에 관한 것이어야 한다. 보도 내용에 공공의 이익과 관련 없는 사항이 포함되어 있다고 하더라도 주된 내용이 공공의 이익에 관한 것이라면 이 요건을 충족시킨다. 또한 보도가 진실한 것이거나 진실하다고 믿는 데에 정당한 사유가 있어야 한다. 종래 판례는 진실하다고 믿는 데에 상당한 이유가 있어야 한다고 하였으나, 위 규정에서는 '상당한 이유'라는 용어 대신 '정당한 사유'라는 용어를 사용하고 있는데, 이것이 어감의 차이를 넘어 의미상 어떠한 차이를 초래하는지 논란이 될 수 있다. 두 개념 모두 불확정적인 것이라서 동일한 의미를 갖는 것으로 볼 수도 있지만, '정당한 사유'는 '상당한 이유'보다 좁게 해석될 여지가 있다. 나아가 공직자의 도덕성, 청렴성, 업무처리의 정당성에 관한 의혹을 제기하거나 비판하는 기사에 대해서는 아무런 규정을 두고 있지 않지만, 위 규정에서 말하는 '정당한 사유'라는 요건의 구체적 적용례로 포섭할 수 있다. 즉, 위 법률에 따르더라도 공직자의 도덕성에 대한 비판기사 등은 '악의적이거나 현저히 상당성을 잃은 공격'에 해당하는 경우에 한하여 위법성이 인정된다.[53]

(2) 프라이버시 침해의 경우[54]

사생활을 침해 또는 공개하는 경우에 프라이버시 침해가 인정된다. 이 경우에는 명예훼손과는 달리 진실인지, 진실이라고 믿었는지는 문제되지 않는다. 프라이버시 침해의 경우에는 보도 내용이 진실하거나 진실이라고 믿은 데에 상당한 이유가 있다는 것이 증명되더라도 위법성이 조각되지 않는다.[55] 따라서 언론피해구제법 제 5 조 제 2 항 제 2 호는 "언론등의 보도가 공공의 이익에 관한 것으로서 진실한 것이거나 진실하다고 믿는 데에 정당한 사유가 있는 경우"에는 인격권 침해에

---

53) 김재형, "언론에 의한 명예 등 인격권 침해에 대한 구제수단과 그 절차"(주 2), 101면.
54) 이하는 김재형, "언론에 의한 명예 등 인격권 침해에 대한 구제수단과 그 절차"(주 2), 101면 이하를 요약·정리한 것이다.
55) 양창수, "정보화사회와 프라이버시의 보호," 민법연구 제 1 권, 박영사, 1991, 514면.

대하여 책임을 지지 않는다고 하고 있다. 그러나 이 법리는 명예훼손에 관하여 발전된 것인데, 프라이버시 등 인격권 침해에 일반적으로 적용되는 요건으로 정한 것은 문제가 있다. 언론에 의한 프라이버시 침해는 진실한 사실을 보도한 경우에 문제된다. 진실이라고 믿는 데에 정당한 사유가 있는 경우에 프라이버시 침해에 대한 책임을 지지 않는다고 한 것은 적절하지 않다. 또한 언론에서 개인의 사생활을 보도한 경우에 공공의 이익에 관한 것이라는 이유로 책임을 지지 않는다고 하는 것이 적절한지도 입법론상 문제될 수 있다.

한편 피해자가 동의56)한 경우에는 사생활을 공개하더라도 프라이버시 침해를 이유로 한 불법행위책임이 발생하지 않는 것이 원칙이다. 언론피해구제법 제 5 조 제 2 항 제1호에서 인격권 침해가 "피해자의 동의를 받아 이루어진 경우"에는 책임을 지지 않는다고 정하고 있다.

그렇다면 피해자의 동의가 없는 경우에는 사생활 등 프라이버시 침해가 허용되지 않는지 문제된다. 이에 관하여 먼저 공인 이론을 채택할 것인지 여부를 검토하여야 한다. 미국에서는 공적 인물의 사생활을 보도하는 경우에는 허위 보도의 경우와 달리 언론이 거의 책임을 지지 않는다고 볼 수 있다.57) 이를 공적 인물의 이론이라고 하는데, 프라이버시권이 침해되었다고 주장하는 자의 사회적 지위에 따라 프라이버시권의 한계를 정한다. 그 근거로 공적 인물은 ① 공개를 원했거나 공개에 동의했다는 점, ② 그의 존재나 직업이 이미 공적 성격을 띤다는 점, ③ 언론은 대중에게 공익에 관한 정당한 관심사항으로 된 것을 알릴 특권을 헌법상 보장받는다는 점 등을 든다.58) 명예훼손에서 본 바와 같이 프라이버시의 경우에도 미국에서 발달한 공인(public figure) 이론을 그대로 수용하는 것은 쉽지 않다. 그 이론 자체가 명확하지 않을 뿐만 아니라, 공인이나 언론보도에 관한 문화적 토양도 다르다. 그러나 공적 인물에 관한 보도는 공공의 이익 또는 공적 관심사에 속하는 경우가 많을 것이기 때문에, 공인에 관한 보도인지는 프라이버시 침해 여부를 판단할 때 중요한 고려요소가 된다. 공인의 사생활을 보도하거나 사진을 게재하는

---

56) 독일에서는 Einwilligung, 미국에서는 consent라는 용어를 사용하고 있다. '승낙'이라는 용어를 사용할 수도 있으나, 계약의 성립요건인 승낙과 구별하기 위하여 '동의'라는 용어를 사용하고자 한다.

57) Prosser/Keeton, The Law of Torts, 5th ed., 1984, p. 862.

58) Prosser/Keeton(주 57), p. 411.

경우에 언론이 거의 책임을 지지 않는다.59)

　　대판 1998. 9. 4, 96다1132760)은 언론에 의한 프라이버시 침해에 관하여 중요한 판단기준을 제시하였다. 즉, "사람은 자신의 사생활의 비밀에 관한 사항을 함부로 타인에게 공개당하지 아니할 법적 이익을 가진다고 할 것이므로, 개인의 사생활의 비밀에 관한 사항은, 그것이 공공의 이해와 관련되어 공중의 정당한 관심의 대상이 되는 사항이 아닌 한, 비밀로서 보호되어야 하고, 이를 부당하게 공개하는 것은 불법행위를 구성한다."라고 판결하였다. 따라서 사생활의 비밀에 속하는 사항이 "공공의 이해와 관련되어 공중의 정당한 관심의 대상이 되는 사항"에 해당하는 경우에는 이를 공개하더라도 불법행위가 되지 않는다고 볼 수 있다. 이 사건에서 원고가 실리콘을 이용한 유방 확대 수술을 받고 부작용으로 고통을 받고 있다고 하여 공적 인물이 되었다고 볼 수는 없다. 그러나 실리콘을 이용하여 유방 확대 수술을 받는 것이 위험하다는 보도 내용은 공적 이익에 관한 것이고, 일반국민들이나 의사들에게 이에 관한 경각심을 고취하고자 원고와의 인터뷰를 방송했다고 볼 수 있다. 그러한 수술을 받고 부작용으로 고생하고 있는 사례로 위 방송에서 소개된 사람이 누구인가 하는 점은 개인의 사생활의 비밀에 속한 사항이지 공중의 정당한 관심의 대상이 되는 사항이 아니다. 공공의 이익에 관한 사항을 보도하는 경우에도 개인의 사생활을 과도하게 침해하는 것까지 허용된다고 볼 수는 없다.

2. 인격권 침해의 위법성에 관한 입법적 규율방안

(1) 인용의무에 관한 규정

　　인격권을 침해한 경우에 원칙적으로 위법성이 있다고 볼 것인지, 아니면 인격권 침해 이외에 별도로 위법한 사유가 있어야 하는지 문제된다. 소유권 침해의 경우에는 위법성이 추정되지만, 인격권 침해의 경우에는 위법성을 쉽게 추정할 수는 없다.

　　인격권 침해의 정도가 낮다면 위법성을 부정하는 것이 바람직하다. 그렇지 않고 사소한 인격권 침해에 대해서도 인격권에 기한 보호를 한다면 분쟁이 더욱 심

---

59) Prosser/Keeton(주 57), p. 862.
60) 공 1998, 2377. 그 원심판결인 서울고판 1996. 2. 2, 95나25819(국내언론관계판례집 제4집, 242면)에 관하여 상세한 것은 김재형, "언론의 사실 보도로 인한 인격권 침해"(주 2), 189면 이하 참조.

화될 것이다. 따라서 인격권 침해가 일정한 수준에 도달한 경우에 한하여 위법하다고 보아야 하고, 인격권 침해가 있다고 하더라도 그것이 통상적으로 발생하는 한도를 벗어나지 않는다면 위법성이 없다고 보아야 한다.

한편 독일의 인격영역론에 따르면 인격영역에 따라 인격권 침해의 위법성에 관한 판단이 다르다. 이를테면 인간의 내밀영역은 가장 강한 보호를 받아야 하고, 그것을 침해한 경우에는 위법성을 띠게 된다. 이에 반하여 비밀영역이나 사적 영역 등의 경우에는 어떠한 방식으로 침해된 것인지를 고려하여 그 침해 여부를 판단한다.[61]

또한 침해의 정도가 낮더라도 수단이나 목적이 위법한 경우에는 위법성을 쉽게 인정할 수 있다. 이를테면 인터뷰를 요청하는 사람이 자신의 신분을 속여 인터뷰를 받은 경우를 들 수 있다.[62] 은밀하게 정보를 획득하는 경우, 아무런 권한 없이 타인의 말을 녹음하거나 도청하는 경우도 이에 속한다.[63] 공개적인 발언, 예컨대 공개적인 장소에서 행해진 대화, 강연 등을 은밀하게 녹음한 경우에도, 정당한 사유가 없는 한 인격권 침해가 될 수 있다.[64] 대체로 사진을 은밀하게 촬영하는 것도 위법하다. 강제로 촬영하거나 녹취하는 경우에도 위법하다.[65] 이와 같이 위법하게 획득한 정보를 공표하는 경우에는 위법성이 추단된다고 볼 수 있다. 의사, 변호사, 세무사, 신용기관, 사용자, 종업원 등이 침묵의무에 위반하여 고객 등에 관한 정보를 유포하는 경우에도 위법성이 추단된다.[66]

그러나 진정한 사실을 적법하게 획득하여 이를 유포하는 경우에는 적법성이 추

---

61) Larenz/Canaris, Lehrbuch des Schuldrechts Ⅱ/2, 13. Aufl., 1994, S. 503f; MünchKomm/Rixecker, (5. Aufl., 2006) Anhang zu §12, Rn. 9; Soergel/Beater §823 Anh Ⅳ Rn. 43; 박용상, "표현행위의 위법성에 관한 일반적 고찰," 민사재판의 제문제 제 8 권, 1994, 255면 이하; 김재형, "언론의 사실 보도로 인한 인격권 침해"(주 2), 196면 이하.

62) Larenz/Canaris(주 61), S. 504; Staudinger/Hager, §823 Rn. C34f.

63) 대판 2002. 10. 8, 2002도123(집 50-2, 형 736)은 통신비밀보호법 위반에 관한 형사판결인데, 법 제 2 조 제 7 호가 규정한 '전기통신의 감청'은 제 3 자가 전기통신의 당사자인 송신인과 수신인의 동의를 받지 아니하고 감청 등의 행위를 하는 것만을 말한다고 한다. 따라서 전기통신에 해당하는 전화통화 당사자의 일방이 상대방 모르게 통화내용을 녹음하는 것은 여기의 감청에 해당하지 않는다. 그러나 제 3 자의 경우는 설령 전화통화 당사자 일방의 동의를 받고 그 통화내용을 녹음하였다 하더라도 그 상대방의 동의가 없었던 이상, 법 제 3 조 제 1 항 위반이 된다고 해석하여야 할 것(이 점은 제 3 자가 공개되지 아니한 타인간의 대화를 녹음한 경우에도 마찬가지이다)이라고 한다.

64) Larenz/Canaris(주 61), S. 504ff.

65) Larenz/Canaris(주 61), S. 507.

66) Larenz/Canaris(주 61), S. 509f.

정된다. 그것을 금지시키려면 특별한 근거가 필요하다. 다만 타인의 사생활에 관한 정보를 적법하게 획득한 경우라고 하더라도 이를 공개하는 것은 위법할 수 있다.[67)]

입법안으로서 인격권 침해의 경우에 인용의무(忍容義務)에 관한 규정을 두고, 그에 대한 예외로 성질상 그 침해가 허용되지 않는 경우 또는 인격권 침해의 수단이나 목적이 부적법한 경우를 명시하는 방안을 제안하고자 한다. 이 경우에 인용 의무에 관한 사항만을 규정하고 예외에 해당하는 사항은 명시적인 규정을 두지 않을 수도 있다. 이에 관한 규정은 다음과 같은 방안을 생각할 수 있다.

> "인격권의 침해정도가 인간의 공동생활에서 통상적으로 발생하는 한도를 벗어나지 않는 경우에 그 침해를 받은 사람은 이를 인용(忍容)할 의무가 있다. 그러나 성질상 침해가 허용되지 않는 경우 또는 침해의 수단이나 목적이 부적법한 경우에는 그러하지 아니하다."

(2) 피해자의 동의와 그 한계

피해자의 동의가 있으면 인격권의 침해가 있다고 볼 수 없고, 인격권 침해가 있다고 하더라도 위법성이 없는 것이 원칙이다. 그러나 무조건적인 동의가 허용되는 것은 아니다. 2011. 4. 14. 개정 전 언론피해구제법은 제 5 조 제 2 항에서 사회상규에 반하지 아니하는 한도 안에서 피해자의 동의에 의하여 인격권이 침해된 경우에는 인격권 침해에 대하여 책임을 지지 않는다고 정하고 있다. 이를 민법에 끌어들여 다음과 같은 규정을 둘 수 있다.

> "인격권 침해에 대한 동의는 사회상규에 반해서는 안 된다."

그러나 인격권 침해에 대한 동의에 공서양속에 관한 민법 제103조가 적용되기 때문에 위와 같은 규정을 둘 필요는 없다.

(3) 명예훼손의 위법성 배제사유

위에서 본 바와 같이 언론에 의한 인격권 침해의 경우에 위법성이 배제되는

---

67) Hubmann, Das Persönlichkeitsrecht, 2. Aufl., 1967, S. 302ff., S. 306ff; Larenz/Canaris(주 61), S. 508f; MünchKomm/Rixecker, Anhang zu §12, Rn. 103.

사유에 관하여 판례가 축적되어 있다. 이와 같은 판례 법리의 근거에 관하여 의문이 제기될 수 있으므로, 그 근거를 제공하기 위하여 이에 관한 명문의 규정을 둘 필요가 있다. 위법성조각사유에 관한 형법 규정을 계속 차용하는 것은 바람직하지 않다. 또한 언론피해구제법 제5조 제2항에서 언론등의 보도가 공공의 이익에 관한 것으로서 진실한 것이거나 진실하다고 믿는 데에 정당한 사유가 있는 경우에는 인격권 침해에 대하여 책임을 지지 않는다고 정하고 있지만, 언론피해구제법은 적용범위가 한정되어 있다. 따라서 민법에 이에 관한 규정을 두는 것이 필요하다. 이에 관한 규정으로는 다음과 같은 방안을 생각할 수 있다.

> "언론 그 밖에 이와 유사한 매체(媒體)에 의한 보도가 공공의 이익에 관한 것으로서 진실하거나 진실하다고 믿는 데에 정당한 사유가 있는 경우에는 명예훼손에 대하여 책임을 지지 아니한다."

(4) 위법성의 배제에 관한 입법안

결론적으로 위에서 제안한 입법안을 종합하면 다음과 같다.

제3조의3(위법성의 배제 등) ① 인격권의 침해정도가 인간의 공동생활에서 통상적으로 발생하는 한도를 벗어나지 않는 경우에 그 침해를 받은 사람은 이를 인용(忍容)할 의무가 있다. 그러나 성질상 침해가 허용되지 않는 경우 또는 침해의 수단이나 목적이 부적법한 경우에는 그러하지 아니하다.
② 인격권 침해에 대한 동의는 사회상규에 반해서는 안 된다.
③ 언론 그 밖에 이와 유사한 매체(媒體)에 의한 보도가 공공의 이익에 관한 것으로서 진실하거나 진실하다고 믿는 데에 정당한 사유가 있는 경우에는 명예훼손에 대하여 책임을 지지 아니한다.

V. 인격권 침해에 대한 구제수단

1. 현행법상의 구제수단

현행 민법 또는 언론피해구제법에서 인정되는 언론에 의한 인격권 침해에 대

한 구제수단에 관하여 간략하게 살펴보고자 한다.68)

(1) 불법행위에 기한 손해배상청구권

(가) 민법 제750조는 "고의 또는 과실로 인한 위법행위로 타인에게 손해를 가한 자는 그 손해를 배상할 책임이 있다."라고 정함으로써, 불법행위에 관하여 포괄적인 일반조항을 두고 있다. 나아가 민법 제751조 제 1 항은 "타인의 신체, 자유 또는 명예를 해하거나 기타 정신상 고통을 가한 자는 재산 이외의 손해에 대하여도 배상할 책임이 있다."라고 규정하고 있다. 따라서 명예를 침해하거나 정신상 고통을 가한 경우에도 민법 제750조의 불법행위가 성립할 수 있음이 분명하다.

불법행위는 원래 소유권 등 절대권을 보호하기 위해서 생성·발달된 것이지만, 절대권이 아니더라도 위 규정에 의하여 보호받아야 할 이익이 침해된 경우에는 위법성이 인정되는 범위에서 불법행위에 기한 손해배상청구권이 발생할 수 있다. 인격권은 절대권의 일종으로, 민법 제750조의 규정에 의하여 보호받아야 할 이익 또는 권리에 속한다는 것이 점차 승인되었다. 인격권을 어떠한 방식으로 이론구성하든 인격권 또는 인격적 이익이 침해된 경우에 손해배상청구권이 인정된다는 점에는 이견이 없다.

(나) 언론피해구제법 제 4 조 제 2 항은 "언론은 인간의 존엄과 가치를 존중하여야 하고, 타인의 명예를 훼손하거나 권리 또는 공중도덕이나 사회윤리를 침해하여서는 아니 된다."라고 정하고, 제 5 조 제 1 항은 "언론·인터넷뉴스서비스 및 인터넷 멀티미디어 방송(이하 "언론등"이라 한다)은 타인의 인격권을 침해하여서는 안 되고, 언론등이 타인의 인격권을 침해한 경우에는 이 법에서 정한 절차에 따라 피해를 신속하게 구제하여야 한다."라고 정하고 있다. 나아가 언론피해구제법은 언론등의 고의 또는 과실로 인한 위법행위로 인하여 재산상 손해를 입거나 인격권 침해 그 밖에 정신적 고통을 받은 자는 그 손해에 대한 배상을 언론사등에 청구할 수 있다고 정하고 있다(제30조 제 1 항). 이것은 언론피해의 경우에 불법행위에 기한 손해배상청구권이 발생한다는 것으로, 민법 제750조에서 도출되는 손해배상청구권과 동일한 취지이다.

---

68) 이 부분은 주로 김재형, "언론에 의한 인격권 침해에 대한 구제수단"(주 2), 68면 이하; 김재형, "언론에 의한 명예 등 인격권 침해에 대한 구제수단과 그 절차"(주 2), 90면 이하를 요약·정리한 것이다.

언론피해구제법의 위 규정들은 언론에 의한 인격권 침해의 경우에 불법행위에 기한 손해배상청구권을 판단하는 데 실정법적 근거로 작용한다.

(다) 인격권 침해로 인한 손해배상은 통상 정신적 손해에 대한 배상으로서 위자료로 나타난다.69) 정신적 고통을 금전으로 계량하는 것은 불가능하지만, 정신적 고통을 가늠하여 금전으로 배상하는 것이 위자료이다. 불법행위로 입은 정신적 고통에 대한 위자료 액수에 관해서는 사실심 법원이 제반 사정을 참작하여 그 직권에 속하는 재량에 의하여 이를 확정할 수 있다.70) 법원의 판결에서 위자료를 산정할 때 고려하는 요소로는 당사자 쌍방의 사회적 지위, 직업, 자산 상태, 가해의 동기, 가해자의 고의·과실 등을 들 수 있다. 그러나 위자료를 산정하는 기준이 모호하여 당사자로서는 어느 정도의 위자료가 인정될지 짐작할 수 없다.

언론피해의 경우에 위자료의 액수는 초기에 비하여 높아졌다고 볼 수 있으나,71) 피해자들 입장에서는 여전히 언론피해로 인한 손해를 회복하기에는 부족하다고 생각하는 경우가 많다. 2010년 손해배상청구의 인용액 평균은 2,424만 원, 중앙액72)은 1,000만 원이었고, 법원이 가장 자주 선고한 손해배상액은 1,000만 원이었다. 위자료 인용 최저액은 100만 원, 최고액은 1억 원이었다.73)

언론피해구제법은 손해액의 산정에 관한 규정을 두고 있다. 즉, 법원은 언론 등에 의한 인격권 침해 등으로 인한 손해가 발생한 사실은 인정되나 손해액의 구체적인 금액을 산정하기 곤란한 경우에는 변론의 취지 및 증거조사의 결과를 참작하여 그에 상당하다고 인정되는 손해액을 산정하여야 한다(제30조 제 2 항). 저작권법 제126조, 특허법 제128조 등 여러 법률에도 비슷한 규정이 있다. 민법에는 이에 관한 규정이 없으나, 판례는 채무불이행이나 불법행위로 인한 손해배상액 산정의 경우에 이와 동일한 법리를 인정하고 있다.74) 따라서 손해가 발생한 사실이 인정

---

69) 인격권 침해의 경우 재산적 손해의 배상이 문제될 수 있는데, 이에 관해서는 아래 Ⅶ. 참조.
70) 대판 1988. 2. 23, 87다카57(공 1988, 573); 대판 1999. 4. 23, 98다41377(공1999, 998); 대판 2002. 11. 26, 2002다43165(공 2003, 211); 대판 2006. 1. 26, 2005다47014, 47021, 47038(공 2006, 313).
71) 허만, "언론보도에 대한 실체적 구제수단," 민사판례연구(XXI), 1999, 679면 이하.
72) 손해배상사건에서 인용된 금액을 순서대로 배열하여 중앙에 있는 금액을 말한다.
73) 2010년도 언론관련판결 분석보고서, 언론중재위원회, 2011, 42면.
74) 대판 2004. 6. 24, 2002다6951, 6968(공 2004, 1201); 대판 2005. 11. 24, 2004다48508; 대판 2006. 9. 8, 2006다21880(공 2006, 1662); 대판 2009. 8. 20, 2008다51120, 51137, 51144, 51151(공 2009, 1516).

되나 손해액을 산정하기 곤란한 경우에 법원이 적극적으로 나서서 변론 전체의 취지와 증거조사의 결과를 참작하여 손해액을 산정하여야 한다.

언론보도로 인한 손해배상액의 산정에 관해서는 두 가지 문제가 있다. 하나는 위자료 산정기준이다. 이러한 기준이 불분명하면 법원의 판결에 대한 예측가능성이 확보되지 않는다. 다른 하나는 손해배상액을 어느 정도로 높여야 하는지에 관한 판단이다. 언론피해를 실질적으로 구제하기 위해서 위자료를 대폭 올려야 한다고 생각할 수 있다. 그러나 언론피해로 인한 위자료가 지나치게 높아지면 언론의 자유가 위축될 수 있다.75)

법원은 피해를 실질적으로 구제하기에 적정한 정도가 어느 정도인지를 가늠하여 위자료를 산정하여야 한다. 법원은 손해배상실무의 예측가능성을 높이기 위하여 손해배상, 특히 위자료를 산정하는 세부적 요소를 밝히고, 이를 토대로 손해배상을 산정하는 기준표를 마련하는 것이 바람직하다. 이를 위해서 언론 관련 판결이나 조정·중재에 관한 언론중재위원회의 조사자료는 좋은 참고자료가 될 것이나, 손해배상액을 산정하는 실무의 태도를 좀 더 포괄적으로 조사·분석하고 각계의 의견을 수렴하여 손해배상액 산정기준을 만들어야 한다.

(2) 금지청구권

㈎ 의의와 근거

인격권에 기한 금지청구권에 관해서는 민법에 명문의 규정이 없지만, 실무는 인격권을 침해할 우려가 있는 경우에 금지청구권을 인정하였다.76) 하급심 법원에서 1980년대부터 인격권에 기한 금지청구권을 인정한 사례가 상당수 있었다.77) 대법원 판결로는 1996년에 처음으로 인격권에 기한 금지청구권을 인정하였다.78)

---

75) 이와 같은 문제들을 해결하기 위하여 징벌적 손해배상제도를 도입하는 것은 바람직하지 않다. 상세한 것은 김재형, "징벌적 손해배상제도의 도입 문제"(주 2), 163면 이하 참조.

76) 권성 외 4인, "인격권에 기한 금지청구권을 피보전권리로 한 가처분 및 간접강제명령의 병기의 가부," 가처분의 연구, 박영사, 1994, 497면; 한위수, "명예의 훼손과 민사상의 제문제," 사법논집 제24집, 1993, 449-453면; 양창수(주 55), 525면; 김상용, "인격권 침해에 대한 사법적 구제방법의 비교 고찰(3)," 사법행정 제322호(1988. 2), 65-66면; 박용상, "표현행위에 대한 부작위청구권," 기업과 법(도암 김교창 변호사 화갑기념논문집), 1997, 951면.

77) 서울민지결 1987. 12. 4, 87카53922; 서울민지결 1988. 2. 27, 87카36203; 서울민지결 1988. 6. 20, 88카28987; 서울민지결 1992. 5. 16, 92카44613 등.

78) 대판 1996. 4. 12, 93다40614, 40621(공 1996, 1486).

인격권에 기한 금지청구권의 근거에 관하여 논란이 많았으나,79) 언론피해구제법은 이를 입법적으로 해결하였다. 즉, 제30조 제 3 항은 "제 1 항에 따른 피해자는 인격권을 침해하는 언론사등에 대하여 침해의 정지를 청구할 수 있으며, 그 권리를 명백히 침해할 우려가 있는 언론사등에 대하여 침해의 예방을 청구할 수 있다." 라고 정하고 있다. 제1 항에 따른 피해자는 제 3 항의 규정에 의한 청구를 하는 경우에 침해행위에 제공되거나 침해행위에 의하여 만들어진 물건의 폐기나 그 밖의 필요한 조치를 청구할 수 있다(제30조 제 4 항).

인격권은 그 성질상 일단 침해된 후의 구제수단(금전배상이나 명예회복 처분 등) 만으로는 그 피해의 완전한 회복이 어렵고 손해전보의 실효성을 기대하기 어려우므로, 인격권 침해에 대하여는 사전(예방적) 구제수단으로 침해행위 정지·방지 등의 금지청구권도 인정된다.

헌법 제21조 제 2 항은 언론·출판에 대한 허가나 검열은 인정되지 아니한다고 규정하고 있는데, 언론보도에 대한 금지청구권이 事前檢閱에 해당하는지 여부가 문제된다. 헌재 1996. 10. 4, 93헌가13, 91헌바10⁸⁰)은 이러한 금지청구권을 인정하는 것이 헌법상의 검열금지의 원칙에 반하지 않는다고 한다. 검열금지의 원칙은 정신작품의 발표 이후에 비로소 취해지는 사후적인 사법적 규제를 금지하는 것이 아니므로, 사법절차에 의한 영화상영의 금지조치 등은 헌법상의 검열금지의 원칙에 위반되지 않는다. 헌재 2001. 8. 30, 2000헌바36⁸¹)은 여기에서 나아가 방영금지 가처분이 과잉금지의 원칙에 위배되지 않고 언론의 자유의 본질적 내용을 침해하지 않는다고 한다. 이와 같은 결정에서 금지청구를 인정하는 논리는 다음과 같다. ① 민·형사책임의 추궁이나 반론보도 또는 추후보도의 청구는 모두 인격권 침해의 사후적 구제절차에 불과하여 이미 훼손된 명예의 회복 등 원상을 회복하기에는 부족할 뿐 아니라 많은 시간과 노력, 비용이 든다. ② 인격권 침해에 대한 실효성 있는 구제를 위해서는 이미 발생하여 지속하는 침해행위의 정지·제거, 즉 방해배제청구와 함께 침해의 사전억제, 즉 방해예방청구가 허용되어야 할 필요가 있다. ③ 따라서 가처분에 의한 사전 금지청구는 인격권 보호라는 목적에서 그 정당성이 인정될 뿐 아니라 보호수단으로서도 적정하다.

---

79) 김재형, "언론에 의한 인격권 침해에 대한 구제수단"(주 2), 85면.
80) 헌집 8-2, 212.
81) 헌집 13-2, 229.

언론보도에 대하여 인격권에 기한 금지청구를 인정하는 것이 사전검열이라고 볼 수 없다. 개인들이 자신의 인격권을 침해당했다는 이유로 금지청구를 하고, 이에 대하여 법원이 금지명령을 하는 것은 행정부에 의한 사전검열과는 다르다. 언론보도로 인하여 인격권이 침해되어 불법행위에 기한 손해배상을 인정해야 하는 것이 명백한 상황이라면, 사전에 금지명령을 내려 분쟁을 예방하는 것이 바람직하다.

(나) 금지청구권의 요건

언론보도에 대한 금지청구 자체가 합헌이라고 하더라도 헌법상 표현의 자유에 대한 중대한 제약이다. 따라서 손해배상의 경우보다 좀 더 엄격하고 명확한 요건에 따라 금지청구를 허용하여야 한다.[82]

보도 내용이 명예훼손에 해당하더라도 그것이 진실한 사실인 경우에는 원칙적으로 금지청구의 대상이 되지 않는다. 보도하려는 사실이 허위인지 아닌지 명확하지 않은 경우에도 그것이 공익에 관한 것이라면 금지청구를 할 수 없다고 보아야 한다. 이와 같은 경우에 금지청구를 할 수 있다고 한다면 언론사가 진실이라는 것을 증명할 부담을 져야 하기 때문이다. 한편 진실한 사실을 보도하는 경우에도 그것이 프라이버시에 해당하는 것이라면 금지청구의 대상이 된다. 공적 인물에 대하여 보도하는 경우에는 사인과는 그 심사기준이 달라진다.[83] 그리고 보도 내용의 일부만이 허위인 경우에 원칙적으로 그 부분에 한하여 금지청구의 대상이 될 수 있다.[84] 다만 그 부분에 대한 금지만으로는 인격권 침해를 예방할 수 없는 경우에는 그 전체에 대하여 금지청구를 할 수 있다.

대결 2005. 1. 17, 2003마1477[85]은 인격권에 기한 금지청구권에 관하여 중요한 기준을 제시하고 있다.

"따라서 표현행위에 대한 사전억제는 표현의 자유를 보장하고 검열을 금지하는 헌법 제21조 제 2 항의 취지에 비추어 엄격하고 명확한 요건을 갖춘 경우에만 허용된다고 할 것인바, 출판물에 대한 발행·판매 등의 금지는 위와 같은 표현행위에 대한 사전억제에 해당하고, 그 대상이 종교단체에 관한 평가나 비판 등의 표현행위에 관한 것이라고 하

---

82) 한위수(주 76), 453면 이하; 허만(주 71), 698면; 황도수, "명예훼손에 대한 사전 제한의 법리와 실제," 언론중재 1998년 여름호(1998. 6), 14-15면.
83) 헌재 1999. 6. 24, 97헌마265(헌집 11-1, 768); 서울지결 1999. 2. 20, 98카합4070.
84) 박용상(주 76), 961면.
85) 공 2005, 391.

더라도 그 표현행위에 대한 사전 금지는 원칙적으로 허용되어서는 안 될 것이지만, 다만 그와 같은 경우에도 그 표현내용이 진실이 아니거나, 그것이 공공의 이해에 관한 사항으로서 그 목적이 오로지 공공의 이익을 위한 것이 아니며, 또한 피해자에게 중대하고 현저하게 회복하기 어려운 손해를 입힐 우려가 있는 경우에는 그와 같은 표현행위는 그 가치가 피해자의 명예에 우월하지 아니하는 것이 명백하고, 또 그에 대한 유효적절한 구제수단으로서 금지의 필요성도 인정되므로 이러한 실체적인 요건을 갖춘 때에 한하여 예외적으로 사전 금지가 허용된다고 할 것이다."

이 결정은 인격권에 기한 금지청구권에 관한 일반적인 기준을 제시하고 있는데, 이 사건은 명예훼손에 대한 것이기 때문에, 프라이버시 침해에 대해서 그대로 적용되지는 않는다. 프라이버시의 경우에는 보도사실이 진실이라고 하더라도 금지청구의 대상이 될 수 있고, 그 침해가 중대한 경우에 한하여 금지청구를 허용해야 한다.

대법원은 최근 인격권 등 절대권의 침해가 없는데도 위법행위에 대한 금지청구권을 인정하였다. 즉, "경쟁자가 상당한 노력과 투자에 의하여 구축한 성과물을 상도덕이나 공정한 경쟁질서에 반하여 자신의 영업을 위하여 무단으로 이용함으로써 경쟁자의 노력과 투자에 편승하여 부당하게 이익을 얻고 경쟁자의 법률상 보호할 가치가 있는 이익을 침해하는 행위는 부정한 경쟁행위로서 민법상 불법행위에 해당하는바, 위와 같은 무단이용 상태가 계속되어 금전배상을 명하는 것만으로는 피해자 구제의 실효성을 기대하기 어렵고 무단이용의 금지로 인하여 보호되는 피해자의 이익과 그로 인한 가해자의 불이익을 비교·교량할 때 피해자의 이익이 더 큰 경우에는 그 행위의 금지 또는 예방을 청구할 수 있다."[86]

한편 언론피해구제법은 피해자가 인격권을 침해하는 언론사등에 대하여 침해의 정지를 청구할 수 있다고 규정함으로써, 언론보도로 인한 인격권 침해의 경우에 침해정지청구에 관해서는 엄격한 요건을 요구하고 있지 않다. 이와 달리 침해예방청구에 관해서는 위에서 본 판례법리와 같은 맥락에서 "그 권리를 명백히 침해할 우려가 있는 언론사등"으로 한정하고 있다(제30조 제 3 항). 위와 같은 규정의 형식을 보면 침해정지청구의 경우에 손해배상을 청구하는 경우와 동일한 요건을

---

86) 대결 2010. 8. 25, 2008마1541(공 2010, 1855). 이 결정에 대해서는 김상중, "불법행위의 사전적 구제수단으로서 금지청구권의 소고," 비교사법 제17권 4호(2010), 141면 이하; 김재형, "2010년 민법 판례 동향," 민사재판의 제문제 제20권(2011), 34-41면 참조.

요구하고 있는 것처럼 보인다. 그러나 언론보도에 의한 인격권 침해의 정지 등을 청구하는 경우에 손해배상의 경우와는 달리 고의 또는 과실은 필요하지 않다. 반면에 언론보도에 대한 침해정지청구의 경우에 침해의 중대성 또는 명백성이라는 요건이 필요할 것으로 생각된다. 이 점에서 침해예방청구와 유사하게 해석하여야 한다. 법규정에서 이와 같은 요건을 부가하고 있지 않지만, 표현의 자유에서 그 근거를 도출해야 한다.

(3) 명예회복에 적당한 처분

민법 제764조는 명예훼손의 경우에 법원은 피해자의 청구에 의하여 손해배상에 갈음하거나 손해배상과 함께 명예회복에 적당한 처분을 명할 수 있다고 정하고 있다. 또한 언론피해구제법 제31조는 타인의 명예를 훼손한 자에 대하여는 법원은 피해자의 청구에 의하여 손해배상에 갈음하거나 손해배상과 함께 정정보도의 공표 등 명예회복에 적당한 처분을 명할 수 있다고 정하고 있다. 위 두 규정은 중복이라고 볼 만큼 유사하나, 언론피해구제법에서는 명예회복에 적당한 처분으로 정정보도의 공표를 예시하고 있다.

명예회복에 적당한 처분으로서 정정보도청구, 철회 및 취소청구 등을 들 수 있다.87) 언론피해구제법에서 정정보도청구권에 관하여 규정하고 있으나, 이와 별도로 허위 보도로 명예가 훼손된 경우에는 민법 제764조의 "명예회복에 적당한 처분"으로서 정정보도청구가 허용된다. 명예훼손의 경우에는 그로 인한 피해자의 재산적·정신적 손해의 범위 및 그 금전적 평가를 구체적으로 증명하는 것이 곤란하고 또 금전배상만으로는 피해자의 구제가 실질적으로 불충분·불완전한 경우가 많다. 이러한 결함을 보완하여 피해자를 효과적으로 구제하기 위하여 정정보도청구가 필요하다.88) 한편 1980년대에 명예회복에 적당한 처분으로서 사죄광고가 이용되었으나, 1991년 헌법재판소에서 "명예회복에 적당한 처분"에 사죄광고를 포함시키는 것은 헌법에 위반된다고 결정89)한 이래, 법원의 실무에서 더 이상 이용되지

---

87) 이에 관하여 상세한 것은 양삼승, "민법 제764조(명예훼손의 경우의 특칙)에 관한 연구," 언론중재 1993년 가을호(1993. 10), 6면 이하; 이건웅, "언론에 의한 법익침해에 대한 구제수단," 재판자료 제77집, 법원도서관, 1997, 246면 이하 참조.

88) 대판 2007. 12. 27, 2007다29379(공 2008, 127).

89) 헌재 1991. 4. 1, 89헌마160(헌집 3, 149)은 민법 제764조의 "명예회복에 적당한 처분"에 사죄광고를 포함시키는 것은 헌법에 위반된다고 결정하였고, 법원의 실무도 이를 수용하고 있다. 대

않고 있다.

언론에 의한 명예훼손의 경우에 정정보도청구의 요건이 무엇인지, 손해배상에 갈음하여 정정보도청구를 인용할 것인지, 아니면 손해배상과 함께 이를 인용할 것인지 문제된다. 법원 실무는 대체로 명예훼손을 이유로 한 손해배상책임을 인정하는 경우에 명예회복을 위한 적당한 처분으로서 정정보도청구도 받아들이고 있다.90) 이때 기사 작성 및 보도 경위, 그 형식과 내용, 원고의 지위, 나이, 경력, 피고들이 언론기관 또는 기자로서 차지하는 사회적 비중과 사회적 영향력 등 변론에 나타난 여러 사정을 고려하여 피고들로 하여금 원고에게 위자료를 지급하도록 명함과 아울러, 그와 같은 금전배상만으로는 원고의 명예를 회복하는 데 충분하지 않은지를 판단하고 있다.91) 그러나 명예훼손의 경우에 손해배상과 정정보도를 모두 인정하여야 하는 것은 아니고, 그중 하나만을 인정할 수 있다. 서울지판 2000. 6. 7, 99가합88873은 "이 사건 보도의 내용 및 경위, 이 사건 보도의 일회성, 이 사건 보도 직후 원고 A의 이의에 따라 곧 수정보도가 나간 점, 위 원고들의 정신적 손해를 전보하기 위해 위와 같은 위자료의 지급을 명한 점 등을 고려하여 볼 때 손해배상과 별도의 정정보도는 필요하지 않다."라고 판단하였다.92) 이에 반하여 서울지판 2000. 12. 27, 2000가합16898은 피고의 명예훼손에 대한 책임으로는 위자료에 해당하는 손해배상을 명하기보다는 명예회복에 적당한 처분으로서 정정보도만을 명함이 상당하다고 판단하였다.

민법 제764조의 규정이 명예훼손의 경우에만 적용되는지 문제된다. 하급심 판결 중에는 명예훼손 이외의 인격권 침해가 있는 경우에도 원상회복을 위한 조치 또는 피해자에게 만족을 줄 수 있는 조치를 명할 수 있다고 한 사례93)가 있다. 명예훼손 이외의 경우 원상회복을 위한 적당한 처분을 할 수 있는지 문제되는데, 이를 긍정하여야 한다. 이를테면 초상권이나 성명권을 침해한 경우에 그 침해행위

판 1996. 4. 12, 93다40614, 40621(공 1996, 1486); 서울고판 1995. 12. 5, 94나9186(하집 1995-2, 362).

90) 서울고판 2000. 2. 10, 98나56579(국내언론관계판결집 제7집, 314면); 서울지판 2000. 1. 19, 99가합42730(국내언론관계판결집 제7집, 267면); 서울지판 2000. 2. 2, 99가합77460(언론중재 2000년 봄호, 144면); 서울지판 2000. 7. 12, 99가합90005(언론중재 2000년 가을호, 111면); 서울고판 2001. 11. 29, 2001나11989.

91) 대판 2007. 12. 27, 2007다29379(공 2008, 127).

92) 서울지판 2000. 6. 21, 2000가합1377도 마찬가지이다.

93) 서울고판 1994. 9. 27, 92나35846(하집 1994-2, 1).

를 제거함으로써 초상권이나 성명권이 침해되지 않는 상태로 회복하기 위한 조치를 해야 할 필요가 있을 수 있다. 이러한 경우에 대비하여 명문의 규정을 둘 수도 있고, 그와 같은 규정이 없더라도 유추 적용 등의 방법으로 해결할 수 있다.

(4) 정정보도 · 반론보도 · 추후보도청구권

1980년 이후 정정보도청구권 또는 반론보도청구권은 실질적으로는 언론에 의한 명예훼손에 대한 구제수단으로서 중요한 기능을 수행해 왔다.[94] 언론피해구제법은 정정보도청구, 반론보도청구, 추후보도청구에 관한 규정을 두고 있다. 첫째, 언론피해구제법은 "정정보도"를 언론의 보도 내용의 전부 또는 일부가 진실하지 아니한 경우 이를 진실에 부합되게 고쳐서 보도하는 것이라고 정의하고(제 2 조 제16호), 정정보도청구권의 요건 등에 관하여 상세하게 규정하고 있다. 둘째, 언론피해구제법은 "반론보도"를 보도 내용의 진실 여부와 관계없이 그와 대립되는 반박적 주장을 보도하는 것이라고 정의하고(제 2 조 제17호), 반론보도청구권의 요건이나 행사 등에 관해서도 상세한 규정을 두고 있다. 셋째, 추후보도는 언론 등에서 범죄혐의나 형사상의 조치를 받았다는 보도나 공표가 있은 후 추가적인 보도를 하는 것이다. 언론피해구제법은 "언론등에 의하여 범죄혐의가 있거나 형사상의 조치를 받았다고 보도 또는 공표된 자는 그에 대한 형사절차가 무죄판결 또는 이와 동등한 형태로 종결된 때에는 그 사실을 안 날부터 3월 이내에 언론사등에 이 사실에 관한 추후보도의 게재를 청구할 수 있다."라고 정하고 있다(제17조 제 1 항).[95]

---

94) 구 정기간행물 등록 등에 관한 법률(이하 '정간법'이라 한다)에서는 처음에 정정보도청구권이라는 용어를 사용하였다. 그 후 1995년 개정된 정간법에서 정정보도청구라는 용어를 반론보도청구로 수정하였고, 2005년 제정된 언론피해구제법에서는 정정보도청구권과 반론보도청구권을 구분하여 규정하였다.

95) 나아가 언론피해구제법에서는 인터넷뉴스서비스에 대하여 다음과 같이 특칙을 두고 있다. "인터넷뉴스서비스"란 언론의 기사를 인터넷을 통하여 계속적으로 제공하거나 매개하는 전자간행물을 말한다. 다만, 인터넷신문 및 인터넷 멀티미디어 방송, 그 밖에 대통령령으로 정하는 것은 제외한다(제 2 조 제18호). 인터넷뉴스서비스사업자는 위에서 살펴본 정정보도청구, 반론보도청구 또는 추후보도청구(이하 "정정보도청구등"이라 한다)를 받은 경우 지체 없이 해당 기사에 관하여 정정보도청구등이 있음을 알리는 표시를 하고 해당 기사를 제공한 언론사등(이하 "기사제공언론사"라 한다)에 그 청구 내용을 통보하여야 한다(제17조의 2 제 1 항). 정정보도청구등이 있음을 통보받은 경우에는 기사제공언론사도 같은 내용의 청구를 받은 것으로 본다(제17조의 2 제 2 항).

2. 구제수단에 관한 입법안

(1) 기본방향

인격권 침해에 대해서는 손해배상, 금지청구, 명예회복에 적당한 처분 등 다양한 구제수단이 이용된다. 그 밖에 부당이득이 인정되는 경우도 있을 수 있다. 또한 언론피해구제법에 있는 정정보도, 반론보도, 추후보도 청구권도 실질적으로 인격권 침해에 대한 구제수단으로 작용한다.

손해배상이나 명예회복에 적당한 처분에 대해서는 불법행위에 관한 규정으로 해결할 수 있다. 그러나 인격권에 기한 금지청구에 대해서는 명확한 규정이 없다. 판례에서 인격권 침해의 경우에 금지청구권이 인정되고 있으나, 그 근거나 요건에 관해서는 논란이 있다. 따라서 금지청구에 관한 명확한 근거 규정을 두고 그 요건을 정할 필요가 있다. 또한 인격권에 관한 구제수단이 여기저기에 산재되어 있는데, 인격권에 관한 구제수단에 관한 규정을 일목요연하게 한 곳에 모아두는 것이 바람직하다. 이 점에서 위법행위에 대한 금지청구권에 관하여 일반적인 규정을 둔다고 하더라도 여전히 인격권에 관한 금지청구권을 명시할 필요성이 있다. 다만, 언론피해구제법에서 정정보도·반론보도·추후보도청구권에 관하여 상세한 규정을 두고 있는데, 이는 언론보도에 특유한 것으로서 법기술상 민법에 수용하는 것은 쉽지 않다.

(2) 손해배상

(가) 인격권 침해의 경우에 불법행위 규정에 따라서 손해배상을 청구할 수 있다는 규정을 두어야 한다. 당사자 사이에 인격권 침해에 관한 약정이 있는 경우에는 채무불이행책임(민법 제390조)이 성립하는데, 이에 관해서는 별도로 규정을 둘 필요가 없다. 인격권 침해가 문제되는 상황은 일반적으로 불법행위로 해결하게 된다.

인격권 침해의 경우에 일반 불법행위와 마찬가지로 고의 또는 과실, 위법성이 필요하다. 이는 민법 제750조에 의하여 해결되고 있으나, 인격권 침해에 대한 구제수단을 일목요연하게 규정하기 위하여 인격권 침해에 대한 구제수단을 정한 조항에서 손해배상에 관한 규정을 둘 수 있다. 이 경우 민법 제750조와 유사하게 규정을 두거나 이를 적용하는 방식으로 규정할 수 있다.

한편 손해가 발생한 사실은 인정되나 손해액을 산정하기 곤란한 경우에 법원은 변론의 취지와 증거조사의 결과를 참작하여 손해액을 산정하여야 한다는 규정을 두는 것이 필요하다. 개별 법률에서는 변론 전체의 취지와 변론의 취지라는 용어가 혼재되어 사용되고 있는데, 어느 하나로 통일하는 것이 좋다. 또한 규정의 위치는 민법이나 민사소송법에서 두어야 하는데,[96] 채무불이행이나 불법행위로 인한 손해배상액의 산정에 일반적으로 적용될 수 있는 방식으로 규정하여야 한다. 민법에서는 채무불이행 부분에 규정을 두고 불법행위에 관한 규정에서 준용하는 형태가 바람직하다. 그러나 인격권 침해에 한정하여 규정을 두는 것도 생각할 수 있다.

(나) 인격권 침해로 인한 불법행위에 관한 규정을 다음과 같이 2개의 안으로 제시하고자 한다.

개정안 제 3 조의 4(인격권 침해로 인한 손해배상)
(제 1 안) "사람은 인격권을 침해한 자에 대하여 불법행위에 관한 규정[또는 민법 제750조의 규정]에 따라 손해배상을 청구할 수 있다."
(제 2 안) "고의 또는 과실로 인한 위법행위로 인격권을 침해하여 손해를 입힌 자는 그 손해를 배상할 책임이 있다."

(다) 손해액의 산정에 관한 입법안도 다음 두 가지 방안을 생각할 수 있는데, 제 1 안이 나은 것으로 생각한다.

(제 1 안) 개정안 제394조의 2(손해액의 산정) 손해가 발생한 사실은 인정되나 손해액을 산정하기 곤란한 경우에 법원은 변론 전체의 취지와 증거조사의 결과를 참작하여 그에 상당하다고 인정되는 손해액을 산정하여야 한다.
개정안 민법 제763조(준용규정)에서 제394조 다음에 "제394조의 2"를 추가한다.
(제 2 안) 인격권 침해에 의한 손해가 발생한 사실은 인정되나 손해액을 산정하기 곤란

---

96) 김재형, "프로스포츠 선수계약의 불이행으로 인한 손해배상책임," 민법론 Ⅲ, 박영사, 2007, 396면. UNIDROIT의 국제상사계약원칙 제7.4.3조 제 3 항과 유럽불법행위법그룹의 유럽불법행위법원칙 제2:105조에 손해의 평가 또는 손해의 증명에 관한 규정이 있다. UNIDROIT, Principles of International Commercial Contracts 2010, 2010, p. 269; European Group on Tort Law, Principles of European Tort Law Text and Commentary, 2005, p. 39. 독일에서는 민사소송법 제287조 제 1 항에서 규정하고 있다. 독일과 같이 민사소송법에서 규정할 수도 있지만, 손해배상에 관한 규정을 한 곳에 모아 둔다는 점에서 민법의 손해배상에 관한 규정에서 함께 규정할 수도 있다.

한 경우에 법원은 변론 전체의 취지와 증거조사의 결과를 참작하여 그에 상당하다고 인정되는 손해액을 산정하여야 한다.

(3) 금지청구

인격권에 기한 금지청구권은 소유권에 기한 방해배제 및 예방청구권에 관한 민법 제214조를 유추 적용할 수 있다. 민법에 인격권에 기한 금지청구권에 관한 명시적인 규정을 둘 경우에 위 규정과 유사하게 규정을 마련하여야 한다. 따라서 인격권 침해의 경우에 그 침해의 중지 그 밖에 필요한 조치를 청구할 수 있고, 인격권을 침해할 염려가 있는 행위를 하는 자에 대해서는 그 예방이나 손해배상의 담보를 청구할 수 있다는 규정을 두어야 한다. 또한 피해자는 침해행위에 제공되거나 침해행위에 의하여 만들어진 물건의 폐기나 그 밖의 필요한 조치를 청구할 수 있도록 하여야 한다. 이와 별도로 민법에 위법행위에 대한 금지청구권에 관한 규정을 두자는 제안97)에 찬성한다. 위법행위에 대한 금지청구권은 권리 침해와 무관한 형태로 규정될 것이기 때문에 인격권에 기한 금지청구권의 경우와는 그 요건에 차이가 있게 된다.

인격권에 기한 금지청구권에 관한 규정을 둘 경우 표현의 자유와 관련하여 그 요건을 어떻게 정할 것인지 문제되는데, 세세한 규정을 하기는 어렵다. 그리하여 인격권에 기한 금지청구권에 관한 규정에서 위법성을 요건에 명시하되 그 판단에 관해서는 제 3 조의 3에서 정한 위법성 문제로 해결하도록 하였다. 인격권에 기한 금지청구에 관해서는 다음과 같이 규정할 것을 제안한다.

개정안 제 3 조의 5(인격권 침해에 대한 중지 또는 예방 청구)
① 사람은 그 인격권을 위법하게 침해하는 자에 대하여 침해의 중지 그 밖에 필요한 조치를 청구할 수 있고, 인격권을 위법하게 침해할 염려가 있는 행위를 하는 자에 대하여 그 예방이나 손해배상의 담보를 청구할 수 있다.
② 제 1 항의 경우 피해자는 침해행위에 제공되거나 침해행위에 의하여 만들어진 물건의 폐기나 그 밖의 필요한 조치를 청구할 수 있다.

---

97) 양창수, "손해배상의 범위와 방법," 민법산고, 박영사, 1998, 256면. 필자는 이 제안에 찬성하였다. 김재형, "제 3 자에 의한 채권침해," 민법론 III, 박영사, 2007, 431면. 2011년 법무부 제 3 기 민법개정위원회 제 6 분과위원회에서도 위법행위에 대한 금지청구권을 도입할 것을 제안하고 있다. 김상중, "불법행위에 대한 금지청구권 규정의 신설 제안," 민사법학 제55호(2011. 9), 177면 이하 참조.

(4) 명예회복에 적당한 처분

명예훼손의 경우에 명예회복에 적당한 처분을 명할 수 있도록 하는 규정을 불법행위 부분에 그대로 둘 수도 있으나, 불법행위 부분에서 삭제하고 인격권에 관한 부분에 모아서 다음의 제 1 안과 같이 규정할 수도 있다. 또한 명예훼손에 한정하지 않고 인격권 침해의 경우 그 침해의 회복을 청구할 수 있다는 방식으로 제 2 안과 같이 규정할 수도 있다.

[제 1 안] 개정안 제3조의 6(명예훼손에 대한 특칙)

타인의 명예를 훼손한 자에 대하여는 법원은 피해자의 청구에 의하여 [손해배상에 갈음하거나 손해배상과 함께]98) 명예회복에 적당한 처분을 명할 수 있다.

[제 2 안] 개정안 제 3 조의 6(명예회복 등에 적당한 처분)

타인의 인격권을 침해한 자에 대하여는 법원은 피해자의 청구에 의하여 [손해배상에 갈음하거나 손해배상과 함께] 명예회복에 적당한 처분 그 밖에 이와 유사한 처분을 명할 수 있다.

(5) 조문의 배열방식

위에서 본 바와 같이 손해배상, 금지청구, 명예회복에 필요한 처분에 관하여 각각의 조문을 두는 방식(아래 제 1 안)이 바람직하다고 생각하나, 인격권 침해에 대한 구제수단에 관한 규정을 모아서 하나의 조문으로 구성할 수도 있다(아래 제 2 안). 이를 2개의 안으로 정리하면 다음과 같다.

[제 1 안]

제 3 조의 4(인격권 침해로 인한 손해배상)

① (제1-1안) 사람은 인격권을 침해한 자에 대하여 불법행위에 관한 규정[또는 민법 제750조의 규정]에 따라 손해배상을 청구할 수 있다.

　(제1-2안) 고의 또는 과실로 인한 위법행위로 인격권을 침해하여 손해를 입힌 자는 그 손해를 배상할 책임이 있다.

② (제1-1안) 제 2 항을 두지 않고 아래와 같이 제394조의 2를 신설하고 제763조 개정.

　(제1-2안) 인격권 침해에 의한 손해가 발생한 사실은 인정되나 손해액을 산정하기

---

98) 이 부분은 그대로 둘 수도 있고 삭제할 수도 있다. 제 2 안의 경우에도 마찬가지이다.

곤란한 경우에 법원은 변론 전체의 취지와 증거조사의 결과를 참작하여 그에 상당하다고 인정되는 손해액을 산정하여야 한다.

제 3 조의 5(인격권 침해에 대한 중지 또는 예방 청구)

① 사람은 그 인격권을 위법하게 침해하는 자에 대하여 침해의 중지 그 밖에 필요한 조치를 청구할 수 있고, 인격권을 위법하게 침해할 염려가 있는 행위를 하는 자에 대하여 그 예방이나 손해배상의 담보를 청구할 수 있다.

② 제 1 항의 경우 피해자는 침해행위에 제공되거나 침해행위에 의하여 만들어진 물건의 폐기나 그 밖의 필요한 조치를 청구할 수 있다.

[제 1 안] 제 3 조의 6(명예훼손에 대한 특칙)

타인의 명예를 훼손한 자에 대하여는 법원은 피해자의 청구에 의하여 [손해배상에 갈음하거나 손해배상과 함께] 명예회복에 적당한 처분을 명할 수 있다.

[제 2 안] 제 3 조의 6(명예회복 등에 적당한 처분)

타인의 인격권을 침해한 자에 대하여는 법원은 피해자의 청구에 의하여 [손해배상에 갈음하거나 손해배상과 함께] 명예회복에 적당한 처분 그 밖에 이와 유사한 처분을 명할 수 있다.

제394조의 2(손해액의 산정) 손해가 발생한 사실은 인정되나 손해액을 산정하기 곤란한 경우에 법원은 변론 전체의 취지와 증거조사의 결과를 참작하여 그에 상당하다고 인정되는 손해액을 산정하여야 한다.

제763조(준용규정)에서 제394조 다음에 "제394조의 2"를 추가한다.

제764조(명예훼손의 경우의 특칙) 삭제

[제 2 안]

위 제 1 안에서 제 3 조의 4, 5, 6을 하나의 조문으로 모아쓰는 방안이다.

VI. 사망자의 인격권 보호

1. 사망자의 인격권 보호

(1) 사망자의 인격권의 인정여부

사람은 생존한 동안 권리능력을 갖는다(민법 제 3 조). 그런데 사람이 사망한 후에도 인격을 보호할 필요성이 있는지 문제된다. 사망한 사람에 대한 허위 사실을 퍼뜨리는 경우에 유족의 인격권 침해로 해결하면 충분하다고 생각할 수 있다. 그러나 사망한 사람의 인격권과 유족의 인격권이 동일한 것은 아니다. 유족에 의해서 사자, 즉 사망자의 인격권이 침해되는 경우도 있고, 유족과 사망자가 서로 다른 입장에 있을 수 있기 때문이다.

사망자의 인격권에 관해서는 나라마다 접근방식이 다르고 각국에서도 견해 차이가 있다.99) 우리나라에서는 사망자 자신의 인격권을 인정하는 견해100)와 이를 부정하고 유족에 대한 불법행위로 해결해야 한다는 견해101)가 대립하고 있다. 이 문제에 관해서 사망자의 인격권을 보호하는 방법을 사망자의 인격권을 긍정하는 방법과 유족의 인격권을 통하여 사망자의 인격권을 보호하는 방법으로 구분하여 검토해 보고자 한다.

(개) 사망자의 인격권을 긍정하는 방법

독일에서는 사망자의 인격권을 긍정하고 있다.102) 생존하고 있는 동안 인격권이 침해되는 것이 허용되지 않는데, 사망한 후에도 이와 같은 인격권을 보호한다. 이와 같이 사망자의 인격권에 의하여 보호하는 것은 사망자의 이익(Interessen des Toten)을 인정하는 것이다.103) 그러나 사망자의 인격권이 침해된 경우 이에 대한 금지청구를 할 수 있지만, 사망자의 인격권 침해를 이유로 위자료를 청구할 수는 없다고 한다.104) 일본에서도 사망자 자신의 명예를 인정하는 견해105)가 있는데, 이를 직접보호설이라고 한다.

독일 연방대법원은 메피스토 사건에 대한 판결에서 사망자의 인격권 침해를

---

99) 상세한 것은 우선 김재형, "모델소설과 인격권"(주 2), 66면 이하 참조.

100) 민법주해(Ⅰ), 256면(양삼승 집필부분); 손동권 "언론보도와 사자의 명예훼손," 언론중재 1992 년 봄호(1992. 3), 9면.

101) 지홍원, "인격권의 침해," 사법논집 제10집, 1979, 226면; 주석 채권각칙(Ⅳ), 1987, 132-33면 (박철우 집필부분); 한위수(주 76), 401-2면; 이은영(주 13), 740면.

102) BGHZ 50, 133; Hubmann(주 67), S. 340ff; Larenz/Canaris(주 61), S. 531ff; Deutsch, Unerlaubte Handlungen, Schadensersatz und Schmerzensgeld, 2. Aufl., 1993, S. 208; Schwerdtner, "Der zivilrechtliche Persönlichkeitsschutz," JuS 1978, 292; MünchKomm/Rixecker, Anhang zu §12, Rn. 31ff; Staudinger/Hager, §823 Rn. C34f.

103) Larenz/Canaris(주 61), S. 533; BGHZ 15, 249; BGHZ 50, 133; BGHZ 107, 384; BGH Nr. 36 zu Art.1 GG.

104) BGH NJW 1974, 1371ff; Klippel, "Neuere Entwicklungen des Persönlichkeitsschutzes im deutschen Zivilrecht," Entwicklung des Deliktsrechts in rechtsvergleichender Sicht(Hrsg. Weick), 1987, S. 24.

105) 五十嵐淸, 人格權論, 一粒社, 1989, 170면; 齊藤博, 人格權法の硏究, 一粒社, 1979, 210면 이 하; 齊藤博, "故人に對する名譽毀損," 判例評論 228호, 1978, 33면.

인정하였다.106) 우리나라에서는 1995년에 선고된 이휘소 사건에 대한 하급심 판결에서 사망자의 인격권을 긍정한 바 있다.107)

"모델소설이 타인의 명예를 훼손하는 경우에는 명예훼손 또는 인격권 침해를 이유로 그 소설의 출판금지를 구할 수 있고, 그 모델이 된 사람이 이미 사망한 경우에도 그 유족이 명예훼손 또는 인격권 침해를 이유로 그 금지를 구할 수 있다. 왜냐하면 인간은 적어도 사후에 명예를 중대하게 훼손시키는 왜곡으로부터 그의 생활상의 보호를 신뢰하고 그 기대하에 살 수 있는 경우에만, 살아있는 동안 헌법상의 인간의 존엄과 가치가 보장되기 때문이다."

또한 대법원 판결에서 안대희 대법관은 사망자의 인격권을 인정하여야 한다고 주장하였다.108)

"법률상 권리의무의 주체는 살아있는 사람에 한하고, 이는 헌법상 기본권의 주체로서도 마찬가지라는 점에서 과연 사자(死者)가 인격권의 주체가 될 수 있는지 의문이 제기될 수 있다. 그러나 인간의 존엄성을 보호해야 할 국가의 의무는 사후에도 계속 존재하는 것이다. 그리고 만약 사람의 사후에 그 인격이 비하된다면 인간의 존엄과 가치는 훼손되고 살아있는 동안의 인간의 존엄성 보장조차 유지될 수 없다. 이는 인간의 존엄성에 기초한 우리 헌법의 기본 정신과 헌법 제10조에 근거한 개인의 인격권 보장의 이념에 반하는 것으로 받아들일 수 없다.
그렇다고 한다면, 실정법에 명문의 규정이 있는지 여부를 불문하고 사람의 명예와 같은 일반적 인격권은 사후에도 보장되어야 하고, 그러한 범위 내에서 사자도 인격권

---

106) BGHZ 50, 133. 이 판결에 관한 번역으로는 이시우 역, "독일 연방대심원 민사부 1968년 3월 20일 판결," 공법학의 현대적 지평(심천 계희열 박사 화갑기념논문집), 1995, 528면 이하가 있다. 위 판결이 위헌인지 문제되었으나, 독일 연방헌법재판소는 이를 부정하였다. BVerfGE 30, 173. 이 결정은 계희열, "메피스토-클라우스 만 결정," 판례연구 제 2 집, 고려대 법학연구소, 1983, 7면 이하에 소개되어 있다.
107) 서울지판 1995. 6. 23, 94카합9230(하집 1995-1, 323). 당시 필자는 재판부의 일원으로서 이 사건의 주심판사였다.
108) 대판(전) 2008. 11. 20, 2007다27670(주 16). 이 판결에서 다양한 의견들이 있는데, 다수의견에 대한 대법관 이홍훈, 대법관 김능환의 보충의견에서 "법률에서 망인의 인격권의 행사 방법 등을 규정하고 있는 경우가 아닌 한 망인의 인격권을 쉽사리 인정하는 것은 경계해야 하고, 오히려 유족 고유의 인격권 보호를 통해 망인의 인격권을 간접적으로 보호함으로써 위와 같은 문제점을 해소할 수 있을 것이다."라고 하였다. 이에 대하여 대법관 안대희, 대법관 양창수의 반대의견에 대한 대법관 안대희의 보충의견에서 본문에서 인용한 바와 같이 사자의 인격권을 인정해야 한다고 하였다.

의 주체가 된다. 즉, 사자의 권리는 사망 후 단순한 사체로서는 주체성을 인정하기 어렵다 할지라도 사자가 생존시에 이루어 놓은 명예, 인격과 의사표시 등에 대하여는 당연히 헌법상 보장의 대상이 된다. 다만, 사자의 인격권은 영원히 보장되는 것이 아니라 망인에 대한 기억이 희미해져 가고 시간이 흐름에 따라 그 보호의 필요성은 그만큼 사라져 가는 것이다."

(나) 유족의 인격권을 통하여 간접적으로 사망자의 인격권을 보호하는 방법

일본에서 사망자의 인격권을 보호하는 방법에 관하여 견해가 대립하고 있는데, 사망자 자신의 명예훼손을 이유로 하는 청구는 실정법상 근거가 없어 인정되지 않고, 사망자의 명예는 유족의 명예훼손에 대한 구제를 통하여 간접적으로 달성될 수 있다는 견해109)가 유력하다. 이를 간접보호설이라고 한다. 이 견해는 직접보호설에 의할 경우에도 사망자 자신이 아니라 그 유족이 청구권자로 될 수밖에 없기 때문에, 사망자의 명예훼손은 유족의 명예 또는 경애추모의 감정을 침해하는 불법행위라고 보게 된다. 이 견해를 따르는 하급심 판결들이 있다.110)

미국에서는 사망자의 명예가 훼손되었다는 이유로 그 유족이 민사소송을 제기할 수 없다. 다만 사망자에 대한 명예훼손이 유족 자신의 명예도 침해하게 되는 경우에는 예외이다.111) 이것은 사망자의 프라이버시의 경우에도 마찬가지이다.112)

(다) 결   어

형법과 저작권법은 사망자의 인격권을 보호하는 규정을 두고 있다. 첫째, 형법 제308조는 사자의 명예훼손죄에 관하여 "공연히 허위의 사실을 적시하여 사자의 명예를 훼손한 자"를 처벌한다고 규정하고 있는데, 그 보호법익은 "사자에 대한 사회적, 역사적 평가"113)라고 한다. 따라서 이 규정은 사자의 명예를 훼손하는 행위

---

109) 竹田稔, 名譽・プライバシー侵害に對する民事責任の硏究, 酒井書店, 1983, 91면 이하; 平井宜雄, 債權各論 Ⅱ 不法行爲, 弘文堂, 1993, 164면; 幾代通・德本伸一, 不法行爲法, 有斐閣, 1993, 89면; 川添利賢, "死者の名譽毀損と違法性," 現代民事裁判の課題⑦[損害賠償], 1989, 445면.

110) 東京高判 昭和 54(1979). 3. 14(判例時報 918호, 21면); 東京地判 昭和 58(1983). 5. 26(判例時報 1094호, 78면).

111) Prosser/Keeton(주 57), pp. 778-9; Second Restatement of Torts(주 10), §560 Comment a. 사자의 명예훼손을 처벌하는 주가 있다고 한다.

112) Second Restatement of Torts(주 10), §652 Ⅰ Comment a, b. 제정법이 없으면, 프라이버시 침해로 인한 소송은 프라이버시가 침해된 사람이 사망한 후에는 유지될 수 없는데, 死者의 프라이버시 침해에 대하여 유족에 의한 소송을 인정하는 주가 있다고 한다.

113) 대판 1983. 10. 25, 83도1520(공 1983, 1782). 학설도 위 규정의 보호법익을 "역사적 존재로서의 그 인격의 외부적 명예"(유기천, 형법학[각론강의 상], 전정신판, 일조각, 1983, 146면)라고

를 처벌하는 것이지, 유족의 경건감정을 침해한 것을 처벌하는 것이라고 볼 수 없다.[114] 둘째, 저작권법 제14조 제 2 항은 "저작자의 사망후에 그의 저작물을 이용하는 자는 저작자가 생존하였더라면 그 저작인격권의 침해가 될 행위를 하여서는 아니 된다. 다만, 그 행위의 성질 및 정도에 비추어 사회통념상 그 저작자의 명예를 훼손하는 것이 아니라고 인정되는 경우에는 그러하지 아니하다."라고 규정한다. 위 규정이 사망자 자신의 저작인격권을 보호하려는 것임은 사망한 "저작자의 명예를 훼손"한다는 표현을 사용하고 있는 점에 비추어 분명하다.[115] 언론피해구제법은 사망자의 인격권에 관하여 상세한 규정을 두고 있다. 즉, 제 5 조 제 1 항의 타인에는 사망한 자를 포함한다고 함으로써, 사망자의 인격권을 생존자의 경우와 마찬가지로 보호하고 있다(제 5 조의 2 제 1 항).

한편 민법 제 3 조는 "사람은 생존한 동안 권리와 의무의 주체가 된다."라고 규정하고 있다. 따라서 사람은 사망으로 인하여 권리의무의 주체가 될 수 없다고 볼 수 있다. 그러나 사망자의 명예를 훼손시키는 행위를 금지시킬 수 없다면, 인간의 존엄과 가치라는 헌법상의 기본권을 실효성 있게 보장할 수 없다. 그리하여 사망자의 인격권에 기하여 금지청구를 할 수 있어야 한다. 사망자의 명예훼손에 대하여 형사처벌을 하고, 사망자의 저작인격권이 침해된 경우에 한하여 저작권법상의 보호를 하는 것만으로 불충분하다. 그리고 저작자의 저작인격권에 관하여는 사후에도 보호하고 있는 점과 비교해 보더라도, 명예 등 인격권을 침해하는 경우에 대하여는 아무런 보호를 하지 않는 것은 불합리하다.

(2) 사망자의 인격권의 인정요건

명예훼손의 성립요건과 관련하여 보면 생존자와 사망자는 구별할 필요가 있다. 형법 제307조는 공연히 사실을 적시하면 명예훼손죄가 성립한다고 하고 있으나, 제308조는 "공연히 허위의 사실을 적시"하여야 사망자의 명예훼손죄가 성립한다고 하고 있다.[116] 사실을 적시한 때에도 사망자에 대한 명예훼손죄가 성립한다

하기도 하고, "역사적 존재로서의 사자의 인격적 가치"(이재상, 형법각론, 제 6 판, 박영사, 2009, 198면)라고 하기도 한다.

114) 그리고 사자의 명예를 훼손한 범죄에 대하여는 그 친족 또는 자손은 고소할 수 있고(형사소송법 제227조), 이러한 자가 없는 경우에 이해관계인의 신청이 있으면 검사가 고소권자를 지정하여야 한다(형사소송법 제228조).

115) 대판 1994. 9. 30, 94다7980(공 1994, 2836).

면 진정한 역사가가 명예훼손죄로 처벌받게 되거나, 또는 역사의 정확성을 기하지
못하고 진실한 사실이 은폐될 가능성이 있기 때문이라고 한다.117) 결국 사망자에
대한 명예훼손죄는 생존자에 대한 경우보다 엄격한 요건을 필요로 한다. 그리고
저작권법 제14조 제 2 항 단서는 사망자의 저작인격권의 침해요건을 엄격하게 보고
있다. 그러므로 사망자의 명예 또는 인격권을 침해하는 행위가 금지청구의 대상이
되는지 여부를 판단할 때에도 마찬가지라고 보아야 한다. 따라서 사람이 사망한
경우에는 그의 인격권을 침해하는 행위의 성질 및 정도에 비추어 사회통념상 사자
의 명예를 훼손하는 것이 아니라고 인정되는 경우에는 사망자의 인격권이 침해되
었다는 이유로 금지청구를 할 수 없다. 결국 사망자에 대한 인격권 침해는 생존자
에 대한 경우보다 심각하게 명예를 훼손시키는 경우에만 인정된다.

사망자의 프라이버시가 인정되는지 문제된다. 사망자의 프라이버시를 전면적
으로 부정할 수는 없다. 왜냐하면 사망자의 비밀스러운 생활 등을 흥미 위주로 공
개하는 것은 허용되어서는 안 되기 때문이다. 그러나 생존 당시의 비밀스러운 내
용을 공개한다고 해서 무조건 사망자의 프라이버시 침해를 인정할 수는 없다. 사
망자의 프라이버시 침해는 명예훼손과 마찬가지로 생존자에 비하여 그 위법성이
인정되는 범위를 좁게 설정해야 한다. 즉, 사망자의 명예훼손죄가 허위 사실을 적
시하는 경우에만 성립하는 것처럼, 사망자의 프라이버시 침해도 엄격한 요건에 따
라 인정하여야 한다. 사망자에 관한 사진이나 정보 등을 이용하여 사자에 대한 왜
곡된 이미지를 만들어내는 것은 사망자에 대한 프라이버시 침해가 될 수도 있다.

(3) 사망자의 인격권의 효과

사망한 사람의 인격권이 침해된 경우에 금지청구권을 행사할 수 있다. 그런데
사망한 사람이 직접 금지청구권을 행사할 수 없기 때문에, 누가 금지청구권을 행
사할 수 있는지 문제된다.

저작권법 제128조는 "저작자의 사망 후 인격적 이익의 보호"에 관하여 규정하
고 있는데, "저작자가 사망한 후에 그 유족(사망한 저작자의 배우자·자·부모·손·조부
모 또는 형제자매를 말한다)이나 유언집행자는 당해 저작물에 대하여 제14조 제 2 항

---

116) 대판 1972. 9. 26, 72도1798(집 23 형 19)은 사실을 적시한 때에는 사자에 대한 명예훼손죄가
성립하지 않는다고 한다.
117) 유기천(주 113), 145면; 이재상(주 113), 198면.

의 규정을 위반하거나 위반할 우려가 있는 자에 대하여는 제123조의 규정에 따른 청구를 할 수 있으며, 고의 또는 과실로 저작인격권을 침해하거나 제14조 제 2 항의 규정을 위반한 자에 대하여는 제127조에 따른 명예회복 등의 청구를 할 수 있다."라고 정하고 있다. 제123조는 침해의 정지 등 청구에 관한 규정이고, 제127조는 명예회복 등의 청구에 관한 규정이다. 위 규정에서 사망자의 저작인격권을 보호하고 일정한 요건에 따라 침해의 정지 등을 청구하거나 명예회복 등을 청구할 수 있도록 하고 있다.

언론피해구제법에 의하면, 사망한 자에 대한 인격권의 침해가 있거나 침해할 우려가 있는 경우에는 이에 따른 구제절차를 유족이 수행한다(제 5 조의 2 제 2 항).[118] 그러나 다른 법률에서 특별히 정함이 없으면 사망 후 30년이 경과한 때에는 제 2 항에 따른 구제절차를 수행할 수 없다(제 5 조의 2 제 5 항).

사망자의 인격권이 침해되었으나, 위 법률이 직접 적용되지 않는 경우에는 저작권법과 언론피해구제법의 위 규정들을 유추 적용하여 유족(즉 배우자·자·부모·손·조부모 또는 형제자매)이 그러한 청구를 할 수 있다고 볼 수 있다. 그러나 유언집행자가 청구권자에 포함되는지 논란이 될 수 있다.

한편 사망자의 인격권을 침해했다는 이유로 손해배상청구를 할 수 있는지 문제되나, 이것은 허용되지 않는다고 보아야 한다. 왜냐하면 사망자의 인격권은 살아 있는 동안 인간으로서의 존엄과 가치를 보장하기 위하여 최소한도로 보장되어야 하는데, 사후의 인격권을 침해한 것에 대하여 금지청구를 하거나 명예회복조치를 취할 수 있도록 하는 것으로 충분하고, 사망자의 인격권 침해를 이유로 손해배상청구권을 인정하면 사망시에 재산상속이 이루어지는 것과 조화롭게 설명할 수 없기 때문이다. 저작권법에서도 사망자의 저작인격권을 침해한 경우에 손해배상청구를 인정하지는 않고 있다. 다만 사망자에 대한 명예훼손이 유족의 명예도 훼손하거나 유족의 경건감정을 침해하는 경우에는 불법행위를 원인으로 한 손해배상청구를 할 수 있다.

---

118) 제 2 항의 유족은 다른 법률에서 특별히 정함이 없으면 사망한 자의 배우자와 직계비속에 한하되, 배우자와 직계비속이 모두 없는 경우에는 직계존속이, 직계존속도 없는 경우에는 형제자매가 되며, 동순위의 유족이 2인 이상 있는 경우에는 각자가 단독으로 청구권을 행사한다(제 5 조의 2 제 3 항). 사망한 자에 대한 인격권 침해에 대한 동의는 제 3 항에 따른 동순위 유족의 전원의 동의가 있어야 한다(제 5 조의 2 제 4 항).

2. 입 법 안

　　사망자의 인격권에 관하여 명시적인 법적 근거가 없어 논란이 있으므로, 사망
자의 인격권이 보호된다는 점을 명시하는 규정을 두는 것이 바람직하다. 또한 사
망자의 인격권 침해에 대한 구제수단으로 침해의 금지 등 청구와 명예회복조치의
청구를 인정하여야 한다. 다만 생존자의 경우와 달리 엄격한 요건을 정하는 것이
바람직하다. 그 형식은 "그 행위의 성질 및 정도에 비추어 사회통념상 인격권을 침
해하는 것이 아니라고 인정되는 경우" 또는 "그 행위의 성질 및 정도에 비추어 사
회통념상 사망한 자의 인격권을 중대하게 침해하는 것이 아니라고 인정되는 경우"
에는 금지청구를 하지 못한다고 정할 수 있으나, 위 두 방안 중 두 번째 방안이
나을 것으로 생각된다.

　　사망자의 인격권 침해의 경우에 유족이 금지청구권을 행사할 수 있도록 하여
야 하는데, 유족의 범위를 일차적으로 사망한 자의 배우자와 직계비속에 한정한다.
그러나 배우자와 직계비속이 모두 없는 경우에는 직계존속이, 직계존속도 없는 경
우에는 형제자매가 권리를 행사할 수 있도록 한다. 만일 동순위의 유족이 2인 이
상 있는 경우에는 각자 단독으로 청구권을 행사하고, 그 유족 사이에 의사가 대립
하는 경우에는 법원이 유족의 신청 또는 직권으로 그 청구권을 행사할 자를 정할
수 있도록 한다. 한편 사망한 자에 대한 인격권 침해에 대한 동의는 동순위 유족
전원의 동의가 있어야 한다고 정한다.

　　사망 후 30년이 경과한 때에는 사망자의 인격권에 기한 청구를 할 수 없도록
한다. 한 세대가 30년이기 때문에, 사자의 인격권이 원칙적으로 30년 동안 존속하
는 것으로 하였으나, 이는 논의를 위한 것이고 10년에서 50년 사이에서 그 기간을
결정할 수 있다.

　　유족 자신의 명예가 침해되거나 유족의 추모감정이 침해되는 경우에는 그것이
별도의 인격권 침해에 해당하는 경우에는 인격권에 관한 규정에 따라 보호를 받을
것이므로, 이에 관해서는 따로 규정을 두지 않는다.

　　이를 조문화하면 다음과 같다.

제3조의 7(사망자의 인격권 보호)
　① 사람이 사망한 후에도 인격권을 침해하는 행위는 허용되지 아니한다.

② 사망한 자에 대하여 인격권을 침해하거나 침해할 염려가 있는 경우에는 유족이 제 3조의5 제1항에 따른 중지 등의 조치나 예방, 제2항에 따른 조치 및 제3조의6에 따른 처분을 청구할 수 있다. 다만, 그 행위의 성질 및 정도에 비추어 사회통념상 사망한 자의 인격권을 중대하게 침해하는 것이 아니라고 인정되는 경우에는 그러하지 아니하다.

③ 제2항의 유족은 다른 법률에서 특별히 정함이 없으면 사망한 자의 배우자와 직계비속에 한하되, 배우자와 직계비속이 모두 없는 경우에는 직계존속이, 직계존속도 없는 경우에는 형제자매가 된다. 이때 동순위의 유족이 2인 이상 있는 경우에는 각자 단독으로 청구권을 행사하고, 그 유족 사이에 의사가 대립하는 경우에는 법원이 유족의 신청 또는 직권으로 그 청구권을 행사할 자를 정한다.

④ 사망한 자에 대한 인격권 침해에 대한 동의는 제3항에 따른 동순위 유족 전원의 동의가 있어야 한다.

⑤ 다른 법률에서 특별히 정함이 없으면 사망 후 30년이 경과한 때에는 제2항에 따른 청구를 할 수 없다.

Ⅶ. 성명·초상 등의 상업적 이용

1. 퍼블리시티권

(1) 의　　의

퍼블리시티권은 재산적 가치가 있는 개인의 성명, 초상 등 인격적 징표에 속하는 사항을 상업적으로 이용할 권리(right of commercial appropriation)를 말한다. 프라이버시가 사적이고 비밀성을 요하는 내용을 보호하는 것임에 비하여, 퍼블리시티권은 타인의 이름이나 유사성을 자신의 경제적인 이익을 위하여 활용하는 것을 금지하는 권리이다. 초기에는 유명인의 퍼블리시티권이 문제되었으나, 최근에는 유명인이 아닌 경우에도 퍼블리시티권이 문제되고 있다.

최근 하급심 판결에서 퍼블리시티권이 문제되는 경우가 많다. 저작권법 등에 퍼블리시티권을 입법화하려는 움직임이 있는데, 이것을 민법에서 특히 인격권과 관련하여 입법을 해야 하는 것은 아닌지 문제될 수 있다. 여기에서는 퍼블리시티권에 관해서 간략하게 살펴보고 이를 민법에 규정하는 방안을 검토해 보고자 한다.

(2) 퍼블리시티권의 인정 여부

우리나라에서 퍼블리시티권을 인정할 것인지 논란이 되고 있다.[119] 퍼블리시티권은 미국에서 형성되기 시작하였고, 우리나라에서도 이에 관한 미국의 판례나 학설을 소개하면서 논의를 전개하는 경우가 대부분이다.

미국에서 초기에는 퍼블리시티권은 프라이버시권의 한 내용으로 이해되었으나,[120] 점차 독자적인 권리로 발전해 왔다. 1953년에 나온 Haelan Laboratories, Inc. v. Topps Chewing Gum, Inc. 판결[121]은 최초로 퍼블리시티권을 프라이버시권과는 독립된 권리로 인정하였다. 원고는 껌판매회사로서 계약을 통하여 특정 야구선수의 사진을 광고에 사용할 독점권을 획득하였는데, 그 후 원고와 경쟁관계에 있는 피고가 동일한 야구선수의 사진을 실은 제품을 내놓자 이를 금지하기 위한 소를 제기하였다. 이 판결은 인간이 프라이버시권과는 별도로 퍼블리시티권을 가지며 이에 기하여 자신의 사진을 사용할 독점권을 타인에 허락할 수 있다고 하였다. 그 이유로 유명인은 그들의 모습이 대중에 노출됨으로 인한 정신적 고통과는 별도로 그러한 광고를 허락함에 대하여 금전적 보상을 받지 못하게 되는 데에 큰 박탈감을 느끼게 될 것이라는 점을 들었다. 미국 연방대법원 판결로는 Zacchini v. Scripps- Howard Broadcasting, Co. 판결[122]에서 처음으로 퍼블리시티권을 인정하였는데, 피고가 뉴스시간을 이용하여 원고의 전체 묘기(인간포탄공연)를 다 보여줌으로써 원고가 자신의 묘기를 경제적으로 활용할 수 있는 권리를 박탈하였으며 이는 퍼블리시티권의 침해가 된다고 판단하였다. 그 후 미국의 여러 주에서 입법 또는 판례에 의하여 퍼블리시티권이 인정되고 있다.

---

119) 퍼블리시티권에 관하여 초기에 소개한 문헌으로는 한국지적소유권학회, 광고와 저작권, 공보처, 1994, 125면; 한위수, "퍼블리시티권의 침해와 민사책임(상)," 인권과 정의 제242호(1996. 10), 29면 참조. 최근에는 이에 관한 문헌이 많이 나오고 있는데, 퍼블리시티권을 인정하여야 한다는 견해가 많다. 남형두, "세계시장 관점에서 본 퍼블리시티권," 저스티스 제86호(2005. 8), 87면 이하. 그러나 이에 반대하는 견해도 있다. 반대론에서는 미국의 퍼블리시티권 법리를 도입하는 것에 반대하면서 인격권으로 사람의 동일성 표지의 재산적 가치를 보호할 수 있다고 한다. 엄동섭, "퍼블리시티(Publicity)권," 서강법학연구 제 6 권(2004), 147면 이하; 안병하, "인격권의 재산권적 성격: 퍼블리시티권 비판 서론," 민사법학 제45-1호(2009. 6), 71면 이하; 권태상, "사망자의 동일성(identity)의 상업적 이용," 민사법학 제50호(2010. 9), 479면 이하.
120) Prosser/Keeton(주 57), pp. 851-4; Second Restatement of Torts, 1977, § 652C.
121) 202 F.2d 866 (2d Cir. 1953).
122) 433 U.S. 562 (1977).

우리나라 하급심 판결에서 초상권 침해를 인정하는 판결이 있었다. 서울고판 1989. 1. 23, 88나38770[123)]은 여자 탤런트를 모델로 한 카탈로그 제작용 사진의 촬영 및 광고에 관하여 승낙을 얻었으나 그 사진을 여성월간잡지의 광고에 게재한 사건에서 법원은 "그 승낙의 범위를 벗어나 당초 피해자가 모델계약을 체결할 때 예상했던 것과 상이한 별개의 광고 방법인 월간잡지에까지 피해자의 카탈로그용 사진을 사용하는 행위는 초상권 침해로 인한 불법행위를 구성하고 위 월간잡지들이 발간된 이후에 피해자가 가해자와 별도의 모델계약을 체결하거나 위 카탈로그용 사진의 모델료를 수령하였다 하여도 이를 들어 곧바로 위와 같은 행위에 대한 묵시적 승낙이라고 볼 수 없다."라고 판단하였다.

서울민사지판 1992. 9. 22, 92가합12051[124)]도 동일한 취지이다. 사안은 다음과 같다. 기성 모델이 아닌 원고가 피고 A의 요청에 따라 모델료를 받지 않고 모 출판사가 발간하는 여성백과사전에 게재할 사진의 모델이 되어 사진 촬영을 하였다. 은행인 피고 B가 A로부터 원고가 한복을 입고 세배하는 모습의 사진을 대출받아 위 사진에 "1992년 고객 여러분 새해 복 많이 받으십시오. ○○은행"이라는 문구를 넣어 옥내용 포스터 800매 및 옥외용 현수막 1매를 제작·설치하였다. 법원은 원고는 피고 A의 요청에 따라 위 여성백과사전에 실릴 사진의 모델이 됨으로써 본인의 초상이 촬영되고 공표된 것에는 동의하였지만, 원고로부터 별도의 동의 없이 위 백과사전과는 무관하게 사적인 홍보물인 피고 은행의 포스터 등에 위 사진을 사용한 것은 초상권을 침해하였다고 판단하였다. 이와 같은 판결은 초상권 침해로 볼 수도 있지만, 퍼블리시티권에 해당한다고 볼 수 있다.

1995년 이휘소 사건에 대한 판결은 우리나라에서 최초로 퍼블리시티권(right of publicity)에 관하여 정의를 내리고 그 인정 여부를 판단하였다. 이 판결은 문학작품인 소설에서 유명인의 성명, 사진 등을 사용하였다고 하더라도 이를 상업적으로 이용했다고 볼 수 없다는 이유로 퍼블리시티권 침해를 부정하였지만, 그 이후 퍼블리시티권에 관한 논의가 활발하게 이루어졌다.

우리나라에서 퍼블리시티권을 인정하는 하급심 판결들이 많지만, 이를 부정하는 판결도 있다. 먼저 퍼블리시티권을 부정하는 재판례를 살펴보자. 서울고판

---

123) 하집 1989-1, 148. 1심인 서울민사지판 1988. 9. 9, 87가합6032(언론중재 1989년 봄호, 173면)도 마찬가지이다.

124) 법률신문 1992. 11. 26자, 9면.

2002. 4. 16, 2000나42061[125)]은 다음과 같은 이유로 퍼블리시티권을 부정하였다.

"우리나라에서도 근래에 이르러 연예, 스포츠 산업 및 광고산업의 급격한 발달로 유
명인의 성명이나 초상 등을 광고에 이용하게 됨으로써 그에 따른 분쟁이 적지 않게 일
어나고 있으므로 이를 규율하기 위하여 이른바 퍼블리시티권(Right of Publicity)이라는
새로운 권리 개념을 인정할 필요성은 수긍할 수 있으나, 성문법주의를 취하고 있는 우
리나라에서 법률, 조약 등 실정법이나 확립된 관습법 등의 근거 없이 필요성이 있다는
사정만으로 물권과 유사한 독점·배타적 재산권인 퍼블리시티권을 인정하기는 어렵다
고 할 것이며, 퍼블리시티권의 성립요건, 양도·상속성, 보호대상과 존속기간, 침해가
있는 경우의 구제수단 등을 구체적으로 규정하는 법률적인 근거가 마련되어야만 비로
소 퍼블리시티권을 인정할 수 있을 것이다."

그러나 서울중앙지판 2005. 9. 27, 2004가단235324[126)]는 다음과 같은 이유로
퍼블리시티권을 긍정하였다.

"일반적으로 퍼블리시티권이란 사람이 자신의 성명이나 초상 등을 상업적으로 이용
하고 통제할 수 있는 배타적 권리를 의미하는 것으로서, 이는 초상 등의 경제적 측면
에 관한 권리라는 점에서, 인격권으로서의 성격을 가지는 전통적 의미의 초상권과 구
별된다고 할 것인바, 유명 연예인이나 운동선수 등의 경우 자신의 승낙 없이 자신의
성명이나 초상 등이 상업적으로 사용되어지는 경우 정당한 사용계약을 체결하였다면
얻을 수 있었던 경제적 이익의 박탈이라고 하는 재산상 손해를 입게 된다는 점에서 이
러한 퍼블리시티권을 별도의 권리로서 인정할 필요가 있다."

또한 서울동부지판 2006. 12. 21, 2006가합6780[127)]은 소설가 이효석의 초상·서
명 등을 기재한 상품권을 판매한 상품권판매자에 대하여 이효석의 상속인이 제기
한 손해배상청구소송(이하 '이효석 사건'이라 한다)에서 다음과 같은 이유로 퍼블리시
티권을 긍정하고 있다.

"소위 퍼블리시티권(right of publicity)이라 함은 사람이 그가 가진 성명, 초상이나
기타 동일성(identity)을 상업적으로 이용하고 통제할 수 있는 배타적 권리를 말한다고

---

125) 하집 2002-1, 28.
126) 각공 2006, 18.
127) 각공 2007, 507.

할 것이다. 이러한 권리에 관하여 우리 법에 명문의 규정은 없으나, 대부분의 국가가 법령 또는 판례에 의하여 이를 인정하고 있는 점, 이러한 동일성을 침해하는 것은 민법상의 불법행위에 해당하는 점, 사회의 발달에 따라 이러한 권리를 보호할 필요성이 점차 증대하고 있는 점, 유명인이 스스로의 노력에 의해 획득한 명성, 사회적인 평가, 지명도로부터 생기는 독립한 경제적 이익 또는 가치는 그 자체로 보호할 가치가 충분한 점 등에 비추어 해석상 이를 독립적인 권리로 인정할 수 있다."

퍼블리시티권에 관한 법규정이 없는 상태에서 이 권리를 인정할 수 있는지 문제된다. 사람은 자신의 성명, 초상 등 인격적 징표에 대하여 인격적 이익뿐만 아니라 재산적 이익을 가질 수 있는데,[128] 인격적 이익에 대한 권리가 인격권이고 재산적 이익에 대한 권리가 퍼블리시티권이라고 할 수 있다. 따라서 퍼블리시티권은 인격적 징표의 재산적 요소를 파악한 권리라고 볼 수 있다. 저작권법은 저작권을 저작물에 대한 저작인격권과 저작재산권을 포괄하는 권리로 구성하고 있는데, 이와 유사하게 재산적 가치가 있는 성명, 초상 등에 대한 권리는 인격적 요소와 재산적 요소를 갖고 있다고 볼 수 있다. 퍼블리시티권은 사람이 자신의 성명이나 초상 등을 상업적으로 이용할 수 있는 이익의 총합을 가리키는 표현으로 사용되고 있는데, 이것은 그 명칭을 어떻게 부를 것인지와는 무관하게 물권과 유사한 권리로 인정할 수 있다.

(3) 퍼블리시티권의 보호 요건

뉴스보도 등에서 유명인 등 개인의 이름이나 사진 등을 자유로이 이용할 수 있다. 그러나 광고에서 유명인의 이름이나 사진 등을 동의 없이 상업적으로 이용하는 것은 허용되지 않는다.

퍼블리시티권은 기본적으로 모든 개인에 대하여 인정될 수 있으나, 그 보호의 전제로서 해당 개인 자체에 상업적 이용가치가 있을 것이 요구된다. 퍼블리시티권은 개인이 자기 스스로에 대하여 가지는 상업적 가치를 보호하는 것이기 때문이다. 퍼블리시티권을 인정한 대부분의 사건에서 보호대상은 연예인, 스포츠스타 등 유명인이다.[129] 그러나 유명인이 아닌 경우에도 퍼블리시티권이 인정된다.

---

128) 독일에서는 인격권에 의하여 보호되는 범위가 비재산적 손해에 한정되지 않고, 인격의 상업적 이익에도 미친다고 한다. 이에 관해서는 우선 BGHZ 143, 214 (Marlene Dietrich); MünchKomm/Wagner, (5. Aufl., 2009) §823 Rn. 180.

한편 퍼블리시티권이 인정되기 위해서는 해당 유명인이 자신의 이름이나 유사성 등을 침해 이전에 이미 상업화하여야만 하는지 문제된다. 유명인이 자신의 이름 등을 상업적으로 이용하지 않는다는 이유만으로 다른 사람들이 이를 자유로이 이용할 수 있게 한다면 정의관념에 맞지 않는다.130)

개인의 외형적인 모습은 사진이나 초상 등 표현형태를 불문하고 퍼블리시티권의 전형적인 보호대상이 된다. 최근 전직 프로야구 선수들의 성명을 영문 이니셜로 변경하여 인터넷 야구게임에 등장하는 캐릭터에 사용한 행위가 위 선수들의 퍼블리시티권을 침해한 것이라고 한 하급심 결정이 있다.131) 또한 캐리커쳐도 보호범위에 포함될 수 있다.

(4) 퍼블리시티권의 양도와 상속

퍼블리시티권을 양도할 수 있는지, 상속의 대상인지에 관하여 논란이 있다. 서울고판 2000. 2. 2, 99나26339는 "퍼블리시티권이란 재산적 가치가 있는 유명인의 성명, 초상 등 프라이버시에 속하는 사항을 상업적으로 이용할 수 있는 권리로서 일반적으로 인정되는 인격권에 기초한 권리이지만, 인격권과는 달리 양도가 가능하다."라고 판결하였다. 퍼블리시티권은 개인의 인격적 징표를 이용하는 것이기는 하나 기본적으로 재산권으로서의 성질을 가지고 있다고 볼 수 있으므로, 양도가 허용된다고 보아야 한다.

퍼블리시티권의 상속성에 관해서는 서울지법 서부지판 1997. 8. 29, 94가합13831은 "일반적으로 인격권은 상속될 수 없는 것과 마찬가지로 Publicity권도 상속될 수 없는 권리"라고 하였다. 이에 반하여 서울지판 2000. 7. 14, 99가합84901은 퍼블리시티권에 관하여 "일종의 재산권으로서 인격권과 같이 일신에 전속하는 권리가 아니어서 상속이 가능"하다고 하였다. 또한 위 이효석 사건에 대한 판결에서 퍼블리시티권의 상속성을 긍정하면서 존속기간을 저작권법을 유추 적용하여 사후 50년으로 해석하여야 한다고 하였다. 퍼블리시티권은 인격권의 재산적 측면을 파악한 것으로 그 상속성을 긍정해야 한다. 거래현실에서 재산으로서 거래의 대상이

---

129) 뛰어난 인물(Prominent Person), 유명인(Celebrity)이라는 표현을 사용한다. 광고와 저작권(주 119), 132면.
130) 광고와 저작권(주 119), 133면.
131) 서울서부지결 2010. 4. 21, 2010카합245.

되고 있는 것을 상속의 대상에서 배제할 이유가 없다. 다만 퍼블리시티권의 행사 기간을 무한정 인정할 수는 없고 사망 후 일정기간으로 제한해야 할 것인데, 이를 해석론으로 해결하기는 매우 곤란하다.

2. 퍼블리시티권에 관한 입법 논의

(1) 입법의 필요성

퍼블리시티권을 입법할 것인지는 주로 저작권법에서 논의되었다. 입법을 통하여 퍼블리시티권에 관한 명문의 규정을 둘 것인지에 관해서는 견해가 대립하고 있다.[132)

(가) 퍼블리시티권에 관한 입법이 필요하다는 견해

첫째, 유명 연예인 등이 성명이나 초상이 무단으로 사용되더라도 손해를 배상 받지 못하는 경우가 있으므로, 손해배상의 법적 근거를 둘 필요가 있다.

둘째, 민법 제751조는 재산 이외의 손해에 대해서는 정신상 고통에 대한 배상 책임만을 인정하고, 재산적 가치가 있는 성명·초상 등 개인의 이미지에 대한 권리 를 보장할 적절한 수단이 미비하다.

셋째, 퍼블리시티권을 명시적으로 인정하면 재산적 가치를 가진 특정인의 성 명·초상의 독점적 사용권을 제도적으로 보장하게 되어 이를 사용하기 위한 거래가 이루어지는 시장이 형성되고 관련 산업이 활성화될 수 있다.

(나) 퍼블리시티권을 명시적으로 법률에 규정하는 것은 문제가 있다는 견해

첫째, 법률에 퍼블리시티권에 대한 보호를 명문화할 경우 개인의 성명·초상 등 을 이용하기 위해서는 본인과의 교섭 등이 필요하게 되어 사회적 비용이 증가할 뿐 만 아니라, 이용자의 측면에서는 헌법 제21조에서 보장되고 있는 언론·출판의 자 유에 대한 제한으로 작용할 수 있다.

둘째, 연예인 등 유명인의 명성은 개인적 노력 이외에도 우연적 기회 또는 타 인의 도움 등을 통해서 이루어지는 경우가 많은데, 이들에게 성명·초상 등에 대한 독점적·배타적 재산권을 주는 것은 일반인과 비교할 때 형평의 원칙에 어긋날 우 려가 있다.

---

132) 이에 관하여 많은 논의가 있는데, 이 부분은 최민수, 저작권법 일부개정법률안(이성헌 의원 대표발의) 검토보고서, 2010. 2, 9면 이하를 정리한 것이다.

⒟ 결   어

입법으로 퍼블리시티권을 인정하여야 한다. 해석론으로 퍼블리시티권을 인정할 수도 있지만, 퍼블리시티권에 관한 법적 근거, 내용과 존속기간이 불명확하여 많은 법적 불확실성이 초래되고 있다. 따라서 퍼블리시티권에 관하여 명시적인 규정을 도입하여 법적 불확실성을 해소할 필요가 있다.

(2) 저작권법에 퍼블리시티권에 관한 규정을 둘 것인지 여부

종전부터 저작권법에 퍼블리시티권에 관한 규정을 두자는 법률안이 제출되었는데, 현재 이성헌 의원이 2009. 4. 16. 대표발의한 저작권법 일부개정법률안이 국회에 제출되어 있다. 제안 이유는 다음과 같다.

> "개인의 초상(肖像) 등이 공개되어 권리를 침해당하는 경우 초상권침해를 이유로 손해배상에 의해 구제되고 있으나, 특히 영화배우, 운동선수 등 유명인의 경우 무분별한 초상의 도용(盜用) 또는 광고 등 상업적 이용으로 인하여 권리를 침해당하는 경우 인격적 측면의 구제만으로는 적절한 대응책이 되지 못하는 실정이다. 현실적으로 유명인의 초상(肖像), 성명, 음성 등 각종 이미지는 상당한 구매흡입력을 수반하여 광고와 상품판매 등 경제활동에 이용할 수 있는 재산적 가치가 매우 큰 것임에도 불구하고 그동안 법적 근거가 마련되지 않아 무분별한 침해가 다수 발생하고 이에 대한 정당한 경제적 보상기회조차 박탈되어 왔다. 외국의 경우는 '퍼블리시티권'(Right of Publicity)이라는 개념으로 문화산업의 발전을 위해 그 권리의 대상범위를 점점 확대하는 등 적극적인 조치를 하고 있으며, 우리나라도 최근 한류열풍 등 국제시장에서 문화 콘텐츠의 산업적 가치가 높아짐에 따라 법적인 장치에 의한 보호가 더욱 절실해지고 있는 실정이다. 이에 광고 또는 상품판매 등에 활용될 수 있는 초상, 성명, 음성 등 특정인의 각종 이미지가 본인의 동의 없이 무분별하게 상업적으로 이용되는 것을 방지하기 위해 초상재산권을 신설하고, 초상재산권의 보호 기간 설정 및 초상재산권을 양도할 수 있도록 하는 법적 근거를 마련하여 무분별한 도용을 막고 창작의욕을 높이는 동시에 문화산업의 발전을 도모하려는 것이다."

이 법안에서 퍼블리시티권을 초상재산권으로 번역하여 사용하고 있다. 이 개정안의 주요 내용은 저작물의 정의를 문학·학술 또는 예술의 범위에 속하는 창작물뿐만 아니라 재산적 가치가 있는 개인의 초상, 성명, 음성 등 창작 부산물까지로 확대하고,133) 초상, 성명, 음성 등에 관하여 재산적 권리를 가지는 초상재산

권을 부여하고 있다.134) 초상재산권의 보호기간은 생존하는 동안으로 하고, 공동
으로 소유하는 경우에는 마지막으로 생존하는 자의 사망시점까지 존속하는 것으
로 한다.135) 초상재산권의 양도·행사 등에 관하여는 저작재산권의 양도·행사 등
에 관한 규정을 준용한다.136) 한편 초상재산권의 상속을 인정하는 규정을 두지
않는다.

　　그러나 저작권법에 퍼블리시티권에 관한 규정을 두는 것은 부적절하다. 저작
권법은 기본적으로 창작성이 있는 저작물을 보호대상으로 한다. 퍼블리시티권은
저작권과 달리 인간의 노력이나 창작이 없이도 그 권리가 인정될 수 있다.137)

3. 민법개정안

　　민법에 인격권에 관한 규정을 두고 이와 관련하여 퍼블리시티권에 관한 규정
을 두는 것이 바람직하다고 생각한다. 성명이나 초상은 개인이 가지는 인격적 징
표에 속한다. 이에 관한 권리를 인격권과 재산권으로 엄밀하게 구별하기 어려운 경
우가 많다. 개인의 초상은 인격적 요소와 재산적 요소를 동시에 갖고 있을 수 있
다. 어떠한 사람인지에 따라 개인의 초상이 인격적 요소만이 있을 수도 있고 재산
적 요소를 아울러 가지고 있을 수도 있다. 유명한 배우나 스포츠스타의 경우에는

---

133) 개정안 제 2 조 제 1 호: "저작물"은 인간의 사상 또는 감정을 표현한 창작물 및 재산적 가치
　　가 있는 사람(단체를 포함한다)의 초상·성명 및 음성 등 창작 부산물을 말한다.
134) 개정안 제63조의 2(초상재산권) ① 저작자는 제 4 조 제 1 항 제10호에 따른 초상저작물에 관
　　하여 제16조 내지 제22조의 규정에 따른 권리(이하 "초상재산권"이라 한다)를 가진다. ② 초상
　　재산권은 저작할 때부터 발생하며 어떠한 절차나 형식의 이행을 필요로 하지 아니한다. ③ 초
　　상저작물을 본인의 동의 없이 광고 또는 상업적 목적을 위하여 이용할 수 없다
135) 개정안 제63조의 5(초상재산권의 보호기간) ① 초상재산권은 생존하는 동안 존속한다. ② 초
　　상재산권을 공동으로 소유하는 경우 초상재산권의 존속기간은 마지막으로 생존하는 자가 사망
　　하는 시점까지로 한다.
136) 개정안 제63조의 6(초상재산권의 권리의 양도·행사 등) 제45조 제 1 항은 초상재산권자의 권
　　리의 양도에, 제46조는 초상저작물의 이용 허락에, 제47조는 초상재산권자의 권리를 목적으로
　　하는 질권의 행사에, 제48조는 초상재산권이 공동소유인 경우의 권리행사에, 제49조는 초상재
　　산권자의 권리소멸에 관하여 각각 이를 준용한다. 이 경우 제45조 제 1 항·제46조·제47조 및
　　제49조 중 "저작물"은 "초상저작물"로, "저작재산권자"는 "초상재산권자"로, "저작재산권"은 "초
　　상재산권"으로 본다.
137) 그 대안으로 「부정경쟁방지 및 영업비밀보호에 관한 법률」에 규정을 두자는 의견으로는 이
　　미선, "퍼블리시티권(The Right of Publicity)에 관한 고찰: 그 범위와 한계 및 입법화 방안과
　　관련하여," Law &technology 제 6 권 제 2 호(2010. 3), 124면.

그 성명이나 초상에 재산적 이익이 크게 부여되어 있을 것이지만, 이러한 성명이나 초상에도 인격적 요소가 내포되어 있다. 또한 개인의 성명이나 초상에서 인격적 요소와 재산적 요소를 구분한다고 하더라도 이를 인격권의 성질을 가진 부분과 재산권의 성질을 가진 부분으로 분리하여 각각 다른 법률에 규정하는 것은 비효율적이다. 그리하여 민법에서 퍼블리시티권에 관한 사항도 인격권과 함께 규정하여야 한다.

그렇다면 퍼블리시티권을 민법에 어떻게 규정할 것인지 문제된다. 퍼블리시티권을 초상재산권으로 번역하는 것은 적확하지 않다. 그렇다고 민법전에 퍼블리시티권이라는 외래어를 사용하는 것도 바람직하지 않다. 민법전에서는 이에 해당하는 용어를 반드시 사용할 필요는 없다. 그리하여 "사람은 성명·초상 그 밖의 인격적 징표를 상업적으로 이용할 권리를 가진다."라는 규정을 두는 것으로 충분하고, 그 명칭을 어떻게 할 것인지를 법률에서 결정할 필요는 없다.

퍼블리시티권의 양도와 상속을 인정할 것인지 여부가 중요한 문제이다. 위에서 보았듯이 퍼블리시티권은 재산적 가치를 인정할 수 있기 때문에, 그 이용 허락 또는 양도의 대상이 된다고 규정하는 것이 바람직하다. 또한 퍼블리시티권은 사람이 생존하는 기간 동안 존속한다고 볼 수도 있고 권리자의 사망 후 상속의 대상이 된다고 볼 수도 있다. 퍼블리시티권이 재산권의 일종인 이상 상속도 긍정하여야 한다. 이 경우 사람이 사망한 후 언제까지 퍼블리시티권이 존속하는 것으로 정할 것인지 문제되는데, 10년, 30년, 50년 또는 그 이상의 기간을 생각해 볼 수 있다. 이 기간을 어떻게 정할 것인지는 추가적인 논의가 필요할 것이지만, 이 개정안에서는 사망자의 인격권에 관한 규정과 마찬가지로 잠정적으로 30년의 존속기간을 제시하고자 한다. 퍼블리시티권에 대한 구제수단으로는 인격권에 대한 구제수단에 관한 규정을 그 성질에 반하지 않는 한도에서 준용할 수 있다.

이와 같은 개정방안은 퍼블리시티권에 관한 이론적 논의와 배치되는 것이 아니고, 퍼블리시티권의 법적 성질을 어떻게 파악할 것인지 여부는 위와 같은 방향으로 입법이 되더라도 여전히 열려 있는 문제이다.

이상을 정리하여 퍼블리시티권에 관한 규정을 조문화하면 다음과 같다.

제 3 조의 8(성명·초상 등의 상업적 이용)
① 사람은 성명·초상(肖像) 그 밖의 인격적 징표를 상업적으로 이용할 권리를 가진다.

② 제1항의 권리는 타인에게 이용을 허락하거나 양도할 수 있고, 권리자가 사망한 때에 상속인이 그 권리를 승계한다. 제1항의 권리자가 사망한 후 30년이 경과한 때에는 그 권리를 행사할 수 없다.

③ 제1항의 권리에 관해서는 그 성질에 반하지 않는 한 제3조의4 내지 6의 규정을 준용한다.

Ⅷ. 결 론

민법은 인간 생활의 가장 기본적인 규범을 제시하고 있어야 한다. 민법은 재산법과 가족법으로 구분할 수 있는데, 이들은 사람이 살아가는 데 필수적인 규범체계를 형성한다. 민법이 이와 같은 체계를 갖추고 있는 것은 재산과 가족에 관한 규율이 인간 생활에서 가장 중요한 것으로 파악하였기 때문이다.

현대 생활에서 인격의 보호는 중요한 관심사가 되었다. 민법에 파편적으로 규정되어 있는 명예훼손 등에 관한 규정만으로는 인격권을 보호하는 데 충분하지 못하다. 판례와 학설은 민법의 빈 공간을 채우는 역할을 수행하였다. 특별법에서 인격권을 보호하는 규정도 계속 증가하고 있고 이러한 추세는 점차 심화될 것으로 전망된다.

이제 우리 생활의 기초가 되는 민법에서 인격권에 관하여 기본적인 규정을 두어야 할 때가 되었다. 이러한 인식을 토대로 입법제안을 작성하였다. 이 제안을 좀 더 가다듬거나 대폭 수정하여야 할지도 모르겠지만, 인격권을 불법행위법의 범주에 한정하여 규율하려는 태도는 바람직하지 않다고 생각한다. 인격권에 관한 여러 논의를 거쳐 민법전에 인격권에 관한 기초가 터 잡기를 기대한다.

인격권에 관한 민법개정시안

제3조의2(인격권) ① [제1안] 사람은 생명·자유·신체·건강·명예·사생활의 비밀과 자유·성명·초상·개인정보·음성·대화 그 밖의 인격적 이익에 관한 권리(인격권)를 가진다.
　[제2안] 사람은 인격적 이익에 관한 권리(인격권)를 가진다.
② 누구든지 정당한 사유 없이 다른 사람의 인격권을 침해하여서는 아니 된다.

제3조의3(위법성의 배제 등)

① 인격권의 침해정도가 인간의 공동생활에서 통상적으로 발생하는 한도를 벗어나지 않는 경우에 그 침해를 받은 사람은 이를 인용(忍容)할 의무가 있다. 그러나 성질상 침해가 허용되지 않는 경우 또는 침해의 수단이나 목적이 부적법한 경우에는 그러하지 아니하다.
② 인격권 침해에 대한 동의는 사회상규에 반해서는 안 된다.
③ 언론 그 밖에 이와 유사한 매체(媒體)에 의한 보도가 공공의 이익에 관한 것으로서 진실하거나 진실하다고 믿는 데에 정당한 사유가 있는 경우에는 명예훼손에 대하여 책임을 지지 아니한다.

제 3 조의 4(인격권 침해로 인한 손해배상)
① [제 1 안] 사람은 인격권을 침해한 자에 대하여 불법행위에 관한 규정[또는 민법 제750조의 규정]에 따라 손해배상을 청구할 수 있다.
　[제 2 안] 고의 또는 과실로 인한 위법행위로 인격권을 침해하여 손해를 입힌 자는 그 손해를 배상할 책임이 있다.

제 3 조의 5(인격권 침해에 대한 중지 또는 예방 청구)
① 사람은 그 인격권을 위법하게 침해하는 자에 대하여 침해의 중지 그 밖에 필요한 조치를 청구할 수 있고, 인격권을 위법하게 침해할 염려가 있는 행위를 하는 자에 대하여 그 예방이나 손해배상의 담보를 청구할 수 있다.
② 제 1 항의 경우 피해자는 침해행위에 제공되거나 침해행위에 의하여 만들어진 물건의 폐기나 그 밖의 필요한 조치를 청구할 수 있다.

[제 1 안] 개정안 제 3 조의 6(명예훼손에 대한 특칙)
　타인의 명예를 훼손한 자에 대하여는 법원은 피해자의 청구에 의하여 [손해배상에 갈음하거나 손해배상과 함께] 명예회복에 적당한 처분을 명할 수 있다.
[제 2 안] 개정안 제 3 조의 6(명예회복에 적당한 처분 등)
타인의 인격권을 침해한 자에 대하여는 법원은 피해자의 청구에 의하여 [손해배상에 갈음하거나 손해배상과 함께] 명예회복에 적당한 처분 그 밖에 이와 유사한 처분을 명할 수 있다.

제 3 조의 7(사망자의 인격권 보호)
① 사람이 사망한 후에도 인격권을 침해하는 행위는 허용되지 아니한다.
② 사망한 자에 대하여 인격권을 침해하거나 침해할 염려가 있는 경우에는 유족이 제 3 조의 5 제 1 항에 따른 중지 등의 조치나 예방, 제 2 항에 따른 조치 및 제 3 조의 6에 따른 처분을 청구할 수 있다. 다만, 그 행위의 성질 및 정도에 비추어 사회통념상 사망한 자의 인격권을 중대하게 침해하는 것이 아니라고 인정되는 경우에는 그러하지 아니하다.
③ 제 2 항의 유족은 다른 법률에서 특별히 정함이 없으면 사망한 자의 배우자와 직계비속에 한하되, 배우자와 직계비속이 모두 없는 경우에는 직계존속이, 직계존속도 없는 경우에는 형제자매가 된다. 이때 동순위의 유족이 2인 이상 있는 경우에는 각자 단독으로 청구권을 행사하고, 그 유족 사이에 의사가 대립하는 경우에는 법원이 유족의 신청 또는 직권으로 그 청구권을 행사할 자를 정한다.
④ 사망한 자에 대한 인격권 침해에 대한 동의는 제 3 항에 따른 동순위 유족 전원의 동의가 있어야 한다.
⑤ 다른 법률에서 특별히 정함이 없으면 사망 후 30년이 경과한 때에는 제 2 항에 따른 청구

를 할 수 없다.

제 3 조의 8(성명·초상 등의 상업적 이용)
① 사람은 성명·초상(肖像) 그 밖의 인격적 징표를 상업적으로 이용할 권리를 가진다.
② 제 1 항의 권리는 타인에게 이용을 허락하거나 양도할 수 있고, 권리자가 사망한 때에 상속인이 그 권리를 승계한다. 제 1 항의 권리자가 사망한 후 30년이 경과한 때에는 그 권리를 행사할 수 없다.
③ 제 1 항의 권리에 관해서는 그 성질에 반하지 않는 한 제 3 조의 4 내지 6의 규정을 준용한다.

제394조의 2(손해액의 산정) 손해가 발생한 사실은 인정되나 손해액을 산정하기 곤란한 경우에 법원은 변론 전체의 취지와 증거조사의 결과를 참작하여 그에 상당하다고 인정되는 손해액을 산정하여야 한다.

제763조(준용규정)에서 제394조 다음에 "제394조의 2"를 추가한다.

제764조(명예훼손의 경우의 특칙) 삭제

[민사법학 제57호(2011. 12), 한국민사법학회, 41-107면]

[후기] ⑴ 법무부는 2022. 4. 5. 인격권에 관한 규정을 민법에 도입하는 민법개정안을 다음과 같이 입법예고하였다. "제3조의2(인격권) ① 사람은 생명, 신체, 건강, 자유, 명예, 사생활, 성명, 초상, 개인정보, 그 밖의 인격적 이익에 대한 권리를 가진다. ② 사람은 그 인격권을 침해한 자에 대하여 침해를 배제하고 침해된 이익을 회복하는 데 적당한 조치를 할 것을 청구할 수 있고, 침해할 염려가 있는 행위를 하는 자에 대하여 그 예방이나 손해배상의 담보를 청구할 수 있다." 이 개정안은 필자가 이 논문에서 제안한 내용 가운데, 제3조의2(인격권) 제1항의 제1안과 제3조의5(인격권 침해에 대한 중지 또는 예방 청구) 제1항과 같고 다소 표현을 수정한 것이다. 또한 법무부는 "제34조의2(법인의 인격권) 제3조의2는 그 성질에 반하지 아니하는 범위 안에서 법인에 준용한다."라고 정할 것을 제안하고 있는데, 이러한 조항이 없더라도 동일한 해석을 할 수 있다.

⑵ 법무부는 2022. 12. 26. 퍼블리시티권에 관한 규정을 민법에 도입하는 민법개정안을 다음과 같이 입법예고하였다. "제3조의3(인격표지영리권) ① 사람은 자신의 성명, 초상, 음성 그 밖의 인격표지를 영리적으로 이용할 권리를 가진다. ② 제

1항의 인격표지영리권은 양도할 수 없다. ③ 인격표지영리권자는 다른 사람에게 자신의 인격표지의 영리적 이용을 허락할 수 있다. 다만, 신념에 반하는 등 중대한 사유가 있는 때에는 허락을 철회할 수 있다. ④ 다른 사람의 인격표지 이용에 정당한 이익이 있는 사람은 인격표지영리권자의 허락 없이도 합리적인 범위에서 인격표지를 영리적으로 이용할 수 있다. ⑤ 제1항의 권리는 본인이 사망한 후 상속되어 30년 동안 존속한다. ⑥ 제3조의2 제2항, 제3항의 규정은 인격표지영리권에 준용한다." 이 개정안은 퍼블리시티권에 대응하는 용어로 인격표지영리권이라는 용어를 사용하고 있는데, 필자가 이 논문에서 제안한 내용 가운데 제 3 조의 8(성명·초상 등의 상업적 이용)과 유사하다. 이 권리에 대한 이용 허락이 가능하고 본인의 사망 후 상속되며 그 존속기간이 사망 후 30년이라는 점이나 이 권리에 대한 침해 배제나 그 예장을 청구할 수 있다는 점은 필자의 의견과 같으나, 이 권리를 양도할 수 없다고 한 점은 필자의 견해와 다르다.

⑶ 2016. 3. 29. 민사소송법 개정 당시 제202조의2(손해배상 액수의 산정)를 신설하여 "손해가 발생한 사실은 인정되나 구체적인 손해의 액수를 증명하는 것이 사안의 성질상 매우 어려운 경우에 법원은 변론 전체의 취지와 증거조사의 결과에 의하여 인정되는 모든 사정을 종합하여 상당하다고 인정되는 금액을 손해배상 액수로 정할 수 있다."라고 하였다. 필자가 이 논문에서 '민법 제394조의 2(손해액의 산정)'로 규정할 것을 제안하였는데, 이것이 위와 같은 민사소송법 개정에 반영되었다.

제 2 절 징벌적 손해배상제도의 도입 문제
― 특히 언론 피해에 대한 구제수단으로서
징벌적 손해배상제도는 합리적인 제도인가? ―

I. 서 론

　네가 언론이라는 신성한 권력에 짓밟힌 약자의 눈물을 아느냐고 묻는다면 나는 모른다고 대답할 것이다. 그의 고통이 작을 거라고 생각해서가 아니라 너무 클 것이라고 생각하기 때문이다. 그렇다고 악의적인 보도를 막기 위하여 엄중한 처벌과 제재로 대응한다면 언론이 가지는 순기능을 발휘하지 못할 것이다. 이 문제를 어떻게 해결할 것인가?

　언론에 의한 인격권 침해에 대한 사법적 대응방안으로 반론보도, 정정보도, 손해배상, 금지청구 등 다양한 구제수단이 있다. 그중 손해배상은 대부분의 나라에서 인정되고 있는 가장 보편적인 구제수단이다. 우리나라에서도 1990년대 이후 손해배상은 언론에 대한 견제수단으로 중요한 기능을 수행하고 있다. 그러나 이것만으로는 피해를 회복하는 데 만족스럽지 못한 경우가 있기 때문에, 징벌적 손해배상(punitive damages)제도를 도입하는 방안이 논의되고 있다. 언론소송 이외에도 제조물책임, 환경침해, 증권집단소송 등 현대형 불법행위 영역에서 징벌적 손해배상제도를 도입하자는 주장이 강하게 제기되고 있다.[1]

---

1) 법무부가 1999년에 구성한 민법개정특별분과위원회에서는 징벌적 손해배상제도를 도입할 것인지 논의하였으나, 차기 개정의 연구과제로 남겨두었다. 법무부, 민법(재산편) 개정 자료집, 법무자료 제260집, 2004, 1084-1085면. 사법제도개혁추진위원회는 2006년 5월 30일 징벌적 배상제 도입방안에 대한 외부 전문가 토론회를 개최하였는데, 제조물책임 등 특정 영역에서 징벌적 손해배상제도를 도입하자는 안을 중심으로 논의되었다. 그러나 징벌적 손해배상에 관한 법안을 국회에 제출하지는 않았다. 당시의 토론 자료 및 내용에 관해서는 사법 선진화를 위한 개혁: 사법제도개혁추진위원회 자료집 제15집, 2006, 683면 이하 참조.

징벌적 손해배상을 도입하여야 한다는 주요 논거를 정리해 보면 다음과 같다. 첫째, 우리 법원의 손해배상실무에 대한 불만에서 비롯된 것으로, 손해배상액을 산정하는 기준이 모호하고, 법원에서 인정하는 손해배상액이 실제 손해에 미치지 못한다고 한다. 특히 대기업이나 언론기관을 상대로 한 소송에서는 판사들이 손해배상액을 적게 인정하는 경향이 있다. 둘째, 고의적인 불법행위를 저지른 사람에게 고액의 징벌적 손해배상을 부과함으로써 장래의 불법행위를 억제하여야 한다. 셋째, 고액의 손해배상액을 인정함으로써 피해자로 하여금 불법행위책임을 추궁하는 소를 제기하도록 유인하여야 한다.

그러나 징벌적 손해배상제도는 「손해를 초과하는 보상」이라는 자체 모순을 안고 있다. 뿐만 아니라 언론보도에 대한 과도한 손해배상은 언론의 자유에 중대한 제약으로 작용한다. 징벌적 손해배상제도의 도입 문제에 관하여 일반적으로 검토할 필요가 있지만, 제조물책임 등 개별 영역에서 징벌적 손해배상제도를 도입할 것인지에 관하여 개별적으로 검토할 필요도 있다. 특히 언론법 영역에서는 징벌적 손해배상제도가 언론의 자유에 어떠한 영향을 미칠 것인지를 검토하여야 한다.

이 글에서는 징벌적 손해배상제도를 도입하는 것이 타당한지에 관하여 검토하고자 한다. 먼저 징벌적 손해배상의 도입 문제를 다루는 데 필요한 범위에서 미국의 징벌적 손해배상제도를 간략하게 살펴보고자 한다. 다음으로 우리나라에서 징벌적 손해배상제도를 도입하는 것이 바람직한지, 특히 언론법 영역에서 징벌적 손해배상제도를 도입하는 것이 합리적인 것인지에 관하여 검토하고자 한다.

Ⅱ. 미국에서 징벌적 손해배상제도의 의미와 논의의 전개

1. 의   의

징벌적 손해배상제도는 그 기원을 함무라비 법전 등 고대법에서 찾을 수 있으나, 그 현대적인 형태는 영국법에서 발전된 것으로,[2] 미국의 판례가 이를 받아들

---

2) 영국에서는 징벌적 손해배상을 주로 exemplary damages라고 하는데, 징벌적 손해배상의 인정범위가 미국과는 다르다. 특히 영국의 귀족원(House of Lord)은 1964년 명예훼손에 관한 유명한 판결에서 징벌적 손해배상이 인정되는 경우를 엄격하게 제한하였다. 즉, 징벌적 손해배상

였다. 미국에서 징벌적 손해배상을 인정하지 않는 주도 있으나, 대부분의 주에서 징벌적 손해배상을 인정하고 있다. 다만 징벌적 손해배상을 인정하는 주들도 그 기능이나 내용에 상당한 차이가 있다.3)

징벌적 손해배상은 가해자의 악의적인 불법행위에 대하여 가해자를 처벌 (punishment)하고, 장래의 불법행위를 억제(deterrence)하기 위하여 부과하는 손해배상이다.4) 대체로 피고의 불법행위가 고의적이거나 악의적인 경우에 징벌적 손해배상이 인정된다. 징벌적 손해배상액을 정할 때에는 피고의 행위의 특성, 원고의 손해의 성질과 정도, 피고의 재산상태 등 여러 요소가 고려된다.5) 징벌적 손해배상은 전보적 손해배상과는 별도로 인정되는 것으로 피고의 행위에 대한 처벌6)이라는 성격을 갖고 있는데, 이 점에서 우리 민법의 손해배상과는 확연하게 다르다.

징벌적 손해배상액을 정하는 것은 원칙적으로 배심원의 권한이다. 배심원이 징벌적 손해배상에 관하여 평결을 하기 전에 판사가 배심원에게 징벌적 손해배상에 관하여 설명하는데, 그 내용은 간략하고 추상적인 설명에 그치는 경우가 많다. 예컨대, 피고의 행위가 고의적이고 악의적이며 원고에게 손해를 입혔고 또한 정의와 공공선에 비추어 징벌적 손해배상을 인정할 필요가 있다고 판단하는 경우에, 다른 손해배상에 부가하여 피고를 처벌하고 피고나 다른 사람이 비슷한 불법행위를 하는 것을 억제하기 위하여 손해배상을 부과할 수 있다고 한다.7)

이 민사책임의 배상적 성질과 양립할 수 없다고 보고, 다만 법령에 명시적인 규정이 있는 경우, 정부공무원의 강압적·자의적·위헌적인 행위가 있는 경우, 가해자가 가해행위로부터 이득을 얻을 것으로 계산하고 불법행위를 저지른 경우에만 징벌적 손해배상을 인정하여야 한다고 판결하였다. Rookes v. Barnard, [1964] A.C. 1129.

3) Guido Calabresi, "The Complexity of Torts—The Case of Punitive Damages," Stuart Madden(ed.), Exploring Tort Law, 2005, p. 333은 불법행위법이 일면적 목표가 아니라 다면적인 목표를 갖고 있는데, 그 예로 징벌적 손해배상은 최소한 다섯 가지의 매우 상이한 기능을 수행할 수 있다고 한다. 그러나 징벌적 손해배상에 관한 미국 연방대법원의 최근 판결은 이와 같은 다양한 기능을 고려하지 않고 있다고 비판한다.

4) The American Law Institute, Restatement of the Law, Second, Torts (1979), §908.

5) Second Restatement of Torts(주 4), §908.

6) 징벌적 손해배상을 '사적 벌금'(私的 罰金, private fines)이라고 하기도 한다. Gertz v. Robert Welch, Inc., 418 U.S. 323 (1974).

7) 징벌적 손해배상에 관한 안내는 주마다 다르지만, 어떠한 경우에 징벌적 손해배상을 결정할 수 있는지, 징벌적 손해배상의 목적이 무엇인지, 징벌적 손해배상액을 결정할 때 어떠한 요소를 고려하여야 하는지에 관하여 간략하게 설명하고 있다. Christie, Meeks, Pryor & Sanders, Cases and Materials on the Law of Torts, 4th ed., 2004, pp. 904-905; George L. Priest, "Introduction: The Problem and Efforts to Understand It," in Sunstein et al., Punitive

   징벌적 손해배상은 불법행위에 일반적으로 인정된다. 명예훼손이나 프라이버
시 침해의 경우에도 마찬가지이다. 따라서 피고가 원고의 명예를 훼손하는 내용
등을 악의적으로 공표하거나, 공표내용이 진실인지 허위인지를 무모하게 무시한
경우에는 징벌적 손해배상이 부과될 수 있다.[8] 피고가 악의적으로 프라이버시를
침해한 경우에도 마찬가지이다.[9] 그러나 언론보도에 대하여 징벌적 손해배상을 과
도하게 인정한다면 언론기관이 위축될 수밖에 없고, 이는 헌법상 표현의 자유를
침해하는 결과가 된다. 그리하여 뉴욕 타임즈 판결[10]은 표현의 자유를 보장하기
위하여 공무원에 대한 명예훼손의 경우에는 언론사에 현실적 악의(actual malice)가
있는 경우에 한하여 손해배상책임을 인정하였고, 그 후 이 법리를 공적 인물에 대
해서도 적용하였다.[11]

2. 현황과 문제점

   미국에서 징벌적 손해배상이 인정되는 비율은 불법행위소송에서 약 3 내지
6%로서 매우 낮다.[12] 그런데도 징벌적 손해배상은 많은 화제를 불러일으키고 있
다. 지난 20년 동안 징벌적 손해배상을 인정한 사건이 급증하였을 뿐만 아니라, 천
문학적인 액수의 징벌적 손해배상액을 인정한 사례가 등장함으로써 기업이 파산하
는 사건도 등장하고 있기 때문이다. 가장 규모가 큰 액수의 징벌적 손해배상을 인
정한 예는 플로리다 주에서 2000년 7월 담배 제조업자들을 상대로 제기된 집단소
송에서 배심원들이 1,448억 달러를 평결한 사건이다. 그러나 담배 소송을 제외하더
라도 고액의 징벌적 손해배상액을 인정한 사건이 많다. 이를테면 1999년 7월 캘리
포니아 주에서는 배심원들이 48억 달러의 징벌적 손해배상을 인정하는 평결
을 하였고, 1999년 5월 앨라배마 주에서는 경제적 손해로 주장한 액수가 600

Damages: How Juries Decide, 2002, p. 12.
8) Prosser & Keeton on Torts, 5th ed., 1984, p. 845.
9) Smith v. Wade, 461 U.S. 30 (1983); Monroe v. Darr, 559 P.2d 322 (Kan. 1977); Welch v. Mr. Christmas Inc., 57 N.Y.2d 143 (1982).
10) New York Times v. Sullivan, 376 U.S. 254.
11) Dan B. Dobbs, The Law of Torts, Vol. 2, 2001, pp. 1169-1173, 1210.
12) Michael L. Rustad, "Unraveling Punitive Damages: Current Data and Further Inquiry," 1998 Wis. L. Rev. 15, 19 (1998); Neil Vidmar & Mary R. Rose, Punitive Damages by Juries in Florida: In Terrorem and In Reality, 38 Harv. J. Leges. 487, 508 (2001).

달러에 미달하는데도 배심원들이 5억 8천만 달러의 징벌적 손해배상을 결정한 사건도 있었다.[13)

징벌적 손해배상에 관한 배심원의 평결은 유사한 사건에서도 편차가 심하다. 이와 같이 징벌적 손해배상에 관한 평결에 일관성이 없는 이유는 다음과 같다. 첫째, 징벌적 손해배상에 관한 판단은 법률전문가가 아닌 배심원의 재량에 맡겨져 있고 판사는 사후적으로 심사할 뿐이다. 둘째, 징벌적 손해배상을 인정하는 사례가 많지 않은데, 징벌적 손해배상에 관하여 잘 알고 있는 사람은 배심원 선정절차에서 배심원으로 선정될 가능성이 적다. 따라서 배심원으로서 징벌적 손해배상을 판단한 경험이 거의 없는 사람들이 징벌적 손해배상에 관하여 판단한다. 셋째, 배심원이 징벌적 손해배상에 관하여 평결을 하기 전에 판사로부터 설명을 듣지만 그 내용이 추상적이고, 판단기준도 모호하다.[14)

징벌적 손해배상은 미국에서 가장 논란이 많은 법제도 중의 하나이다. 징벌적 손해배상에 관하여 많은 논란이 제기되고 있고, 혼란스러울 정도로 다양한 연구결과가 나오고 있다. 징벌적 손해배상이 예측가능성이 있는지 여부 등에 관해서도 실제 사례를 분석한 경험적인 연구와 모의 배심원을 이용한 실험적인 연구들이 다수 있다.[15)

징벌적 손해배상의 부과가 예측가능성이 있다는 연구결과도 있으나,[16) 예측가능성이 없다는 연구결과[17)가 좀 더 설득력이 있는 것으로 보인다. 이와 같이 징벌적 손해배상이 예측가능성이 없다면, 이는 불법행위에 대한 처벌과 억제라는 징벌적 손해배상의 목적을 달성할 수 없게 된다. 어떤 사건에 대하여 과도한 보상을 한다면 결과적으로 과잉억제, 부적절한 보복과 불공정을 초래한다. 특히 2002년에 발표된 모의 배심원을 이용한 실험적 연구는 매우 흥미있는 결론을 도출하고 있는

---

13) George L. Priest(주 7), p. 1.

14) George L. Priest(주 7), pp. 6-12.

15) Christie, Meeks, Pryor & Sanders(주 7), p. 909.

16) Theodore Eisenberg et al., "The Predictability of Punitive Damages," 26 J. Legal Stud. 623 (1997)은 75개 지역의 3,000개 사건에 관하여 분석한 결과 징벌적 손해배상결정이 예측가능하다고 하였다. 또한 Michael L. Rustad(주 12), 54-55도 참조.

17) W. Kip Viscusi, "Why There Is No Defense of Punitive Damages," 87 Geo. L. J. 381 (1998); Jonathan M. Karpoff and John R. Lott Jr., "On the Determinants and Importance of Punitive Damage Awards," 42 J. L. & Econ. 527, 571 (1999); Cass R. Sunstein, "What Should Be Done?," in Sunstein et al., Punitive Damages: How Juries Decide, 2002, pp. 245-248.

데, 그중 몇 가지 주요한 내용은 다음과 같다.[18] 첫째, 배심원들은 동일한 불법행위에 대하여 다른 판단을 하는 경우가 많다. 일정한 불법행위에 대하여 배심원들이 분노하고 징벌을 하려는 도덕적 가치평가에 관해서는 예측가능성이 높지만(약 80%), 이에 대하여 어느 정도의 징벌적 손해배상액을 부과할 것인지에 관해서는 예측가능성이 매우 낮았다(약 18%).[19] 배심원이 혼자 결정하는 경우보다 오히려 배심원단에서 심의하는 과정에서 예측가능성이 낮은 결론에 도달한다. 둘째, 배심원들이 결정하는 징벌적 손해배상액은 원고가 요청한 금액이나 출신 지역에 따라 영향을 받았다. 셋째, 배심원들은 판사들보다 징벌적 손해배상을 부과하는 사건이 많았다. 넷째, 피고가 처벌가능성이 있는지 여부는 징벌적 손해배상액을 결정하는 데 영향을 미치지 않았다. 다섯째, 법관이 배심원들보다 좀 더 일관성 있는 결정을 하였다.

한편 미국에서 민사사건 중 97% 정도는 법정 밖에서 화해로 종결되고 있는데, 징벌적 손해배상이 화해에 영향을 미치는지에 관해서는 논란이 있다. 징벌적 손해배상이 화해에 영향을 미친다고 볼 수 있는 자료가 없다는 견해도 있으나, 징벌적 손해배상에 대한 두려움이 화해를 왜곡시킨다는 조사결과도 있다.[20]

3. 징벌적 손해배상의 합헌성 문제

미국에서 오랫동안 징벌적 손해배상이 헌법에 합치되는지 논란이 계속되고 있다. 특히 1980년대 이후 제조물책임 사건 등에서 배심원들이 엄청난 액수의 징벌적 손해배상액을 부과함으로써 다수의 연방대법원 판결이 나왔다.

먼저 징벌적 손해배상이 수정 헌법 제8조의 과도한 벌금 금지 조항에 반하는지 논란이 되었으나, 연방대법원은 이를 부정하였다.[21] 그 후 징벌적 손해배상이

---

18) Reid Hastie, "Overview: What We Did and What We Found," in Sunstein et al., Punitive Damages: How Juries Decide, 2002, pp. 21-26. 이 글은 서론 부분에 해당하는 것인데 연구결과를 일목요연하게 정리하고 있다. 이에 이어서 제2장부터 제11장에서는 실험결과를 개별적으로 분석한 글이 있고, 제12장은 이를 정리한 것이며, 제13장은 개선방향을 제시하고 있다.
19) 종전에도 이와 같은 연구결과가 발표된 바 있다. Cass R. Sunstein, Daniel Kahneman & David Schkade, "Assessing Punitive Damages (With Notes on Cognition and Valuation in Law)," 107 Yale L. J. 2071 (1998).
20) Christie, Meeks, Pryor & Sanders(주 7), p. 912.
21) Browning-Ferris Industries v. Kelco Disposal, Inc., 109 S. Ct. 2909 (1989)

헌법상의 적법절차(due process) 원칙에 반하는 것인지 논란이 되었다.22) 1991년의 Pacific Mut. Life Ins. Co. v. Haslip 판결23)에서 연방대법원은 징벌적 손해배상을 부과하는 것 자체는 적법절차에 반하는 것이 아니지만, 일정한 징벌적 손해배상은 적법절차조항 하에서 헌법적으로 받아들일 수 없다고 하였다. 그러나 헌법적으로 받아들일 수 있는 것과 헌법적으로 받아들일 수 없는 것 사이에 수학적으로 분명한 선을 그을 수는 없다고 하였다.

1996년의 BMW of North America, Inc. v. Gore 24) 판결은 적법절차 위반을 이유로 징벌적 손해배상에 관한 주대법원의 판결을 파기하였다. 피고인 BMW가 산성비로 손상을 입은 자동차에 도장을 다시 하고 원고인 Gore에게 이를 새 차로 판매하면서 위 차에 도장을 다시 하였다는 사실을 알리지 않았다. 원고는 보상적 손해배상으로서 4천 달러를 배상받았는데, 배심원들은 징벌적 손해배상으로 400만 달러를 평결하였고, 앨라배마 주 대법원은 징벌적 손해배상액을 200만 달러로 감액하였다. 연방대법원은 주가 불법행위를 처벌하고 억제하는 데 정당한 이익을 갖고 있고, 배상액이 이러한 이익에 비하여 지나치게 과도한 경우에만 적법절차 조항에 위반된다고 하였다. 나아가 징벌적 손해배상을 산정할 때 피고의 행위에 대한 비난성의 정도, 원고의 전보적 손해와 징벌적 손해배상액 사이의 비율, 유사행위에 대한 민·형사적 제재 사이의 차이를 고려하여야 한다고 하였다. 이 사건에서 Stephen Breyer 대법관은 별개의견에서 위와 같은 배상액은 법의 지배(rule of law)를 위반하였다는 점이 가장 심각한 문제라고 지적하였다. 그 이유로 배심원들에게 그들의 재량을 제한할 수 있는 지침이 주어지지 않았고 당사자들에게 예견가능성이 보장되지 않았다는 점을 들었다. 그 후에도 징벌적 손해배상이 헌법상의 적법절차 조항에 따라 제한된다는 연방대법원 판결이 나왔다.25)

---

22) 이에 관해서는 장재옥, "징벌적 손해배상과 법치국가의 원리," 법학논집 제20집(1995), 중앙대학교 법학연구소, 224–239면도 참조.

23) 499 U.S. 1.

24) 517 U.S. 559. 이 판결을 소개한 글로는 조상희, "과다한 징벌적 손해배상을 명한 앨라배마 주 대법원 판결을 위헌이라고 결정한 미국 연방대법원 판결," 인권과 정의 제242호(1996. 10), 119–121면.

25) State Farm Mutual Auto. Ins. Co. v. Campbell, 538 U.S. 408 (2003); Philip Morris USA v. Williams, 127 S.Ct. 1057 (2007).

4. 징벌적 손해배상제도의 개혁방안

징벌적 손해배상에 관한 배심원의 평결이 예측불가능하다는 것은 법의 지배
원리에 반한다는 점에서 심각한 문제이다.[26] 그리하여 개별 입법으로 징벌적 손해
배상을 부정하거나 제한하는 주들이 있다. 법률이 인정하는 경우에 한하여 징벌적
손해배상을 인정하는 주도 있고, 징벌적 손해배상의 상한을 제한하는 주도 있다.
징벌적 손해배상액 중 일부를 주정부나 공공기금에 지급해야 한다고 규정하는 주
도 있다.[27]

징벌적 손해배상제도를 폐지하여야 한다는 주장도 있고, 징벌적 손해배상제도
를 개혁하기 위한 방안도 다양하게 제시되고 있다.[28] 징벌적 손해배상제도를 폐지
하여야 한다는 주장도 있다. 최근 Cass R. Sunstein는 위에서 본 실험적 연구를 토
대로 징벌적 손해배상의 예측불가능성 문제를 해결하기 위하여 기본적으로 두 가
지 해결방안을 제시한다. 첫째, 판사들이 배심원들의 배상결정에 대하여 엄격하게
감독하는 방안이다. 판사들은 지나치게 높은 배상결정을 감액하거나 지나치게 낮
은 배상결정을 증액한다. 이는 시스템의 합리성을 증진시키고 예견가능성을 높일
것이다.[29] 둘째, 배심원이 징벌적 손해배상을 부과하는 것이 아니라 행정기관이
민사 제재금(civil penalty)을 부과하는 방식으로 해결한다. 이를 위하여 손해배상 산
정표(damages schedule) 등을 이용할 수 있다. 이는 급진적인 변화이지만 장래를 위
해서는 최선의 방법일 것이라고 한다.[30] 첫 번째 주장은 배심제의 문제점을 해결
하기 위한 것이지만, 두 번째 주장은 징벌적 손해배상제도에 대한 근본적인 개혁
방안을 제시한 것으로 볼 수 있다.

---

26) Cass R. Sunstein(주 17), p. 243.
27) Christie, Meeks, Pryor & Sanders(주 7), p. 934.
28) Dan B. Dobbs(주 11), pp. 1071-1075는 징벌적 손해배상 등에 영향을 끼친 불법행위법 개혁
   (tort reform)에 관하여 소개하고 있다. 특히 통일 주법 위원 전국회의(National Conference Of
   Commissioners On Uniform State Laws)는 1996년 모델 징벌적 손해배상법(Model Punitive D
   amages Act)을 채택하였다. 그 제정경위와 원문은 http://www.law.upenn.edu/bll/ulc/mpda/MP
   DAFNAL.htm에서 검색할 수 있고, 이에 관한 우리 문헌으로는 윤정환, "징벌적 손해배상에 관
   한 연구," 민사법학 제17호(1999. 4), 79-85면.
29) Cass R. Sunstein(주 17), pp. 242, 248-252.
30) Cass R. Sunstein(주 17), pp. 242, 252-255.

Ⅲ. 우리나라에서 징벌적 손해배상제도를 도입하는 것이 바람직한가?

1. 우리나라에서 징벌적 손해배상제도를 도입하자는 주장은 다양한 모습을 띠고 있다. 입법의 방법에 관하여는 민법을 개정하여 일반적으로 징벌적 손해배상제도를 도입하는 방안[31]과 특별법을 제정하여 특정영역에서 징벌적 손해배상제도를 도입하는 방안[32]이 주장되고 있다. 그 요건을 어떻게 정할 것인지, 배상액의 상한이나 하한을 정할 것인지, 판단의 주체를 배심제의 도입을 전제로 배심원으로 할 것인지, 아니면 법관으로 할 것인지, 징벌적 손해배상이라는 용어를 사용할 것인지, 아니면 징벌적 배상 또는 가산금 등 다른 용어를 사용할 것인지[33] 등 다양한 의견이 있다.

2. 그러나 필자는 징벌적 손해배상제도를 도입하는 것은 바람직하지 않다고 생각한다. 그 이유는 다음과 같다.

(1) 징벌적 손해배상은 손해배상 원리에 부합하지 않는다.

손해배상은 손해를 배상하는 것이다.[34] 손해를 입힌 사람이 손해를 입은 사람에게 손해를 전보할 만큼 배상하는 것이 손해배상이다. 손해를 입지 않은 사람에게 배상한다는 것은 손해배상이 아니다. 피해자는 손해보다 더 많은 배상을 받아서도 안 된다. 이것이 정의 관념에도 합치된다. 피해자를 불법행위가 없었던 경우보다 더 나은 상태로 만드는 것은 정의로운 것이 아니다. 이러한 시각에서 보면 징벌적 손해배상을 인정하여 피해자로 하여금 과도한 손해배상을 받도록 하는 것은 손해배상의 기본원리, 나아가 정의관념에 부합하지 않는다.

피해자가 불법행위로 정신적 고통을 겪는 등 회복할 수 없는 상처를 입은 경

---

31) 윤정환(주 28), 87면; 이점인, "징벌적 배상제 도입방안," 사법제도개혁추진위원회 편, 사법 선진화를 위한 개혁: 사법제도개혁추진위원회 자료집 제15집, 2006, 893면.

32) 김성천, 징벌적 손해배상제도와 소비자피해구제, 한국소비자보호원, 2003, 102면 이하; 장재옥, "사적 제재로서 위자료와 징벌적 손해배상," 사법제도개혁추진위원회 편, 사법 선진화를 위한 개혁: 사법제도개혁추진위원회 자료집 제15집, 2006, 697면.

33) 징벌적 손해배상은 실제로 발생한 손해를 초과하는 배상을 인정하는 것이기 때문에, 손해배상이라고 부르는 것이 타당하지 않다고 한다.

34) "손해가 없으면 배상도 없다."는 표현을 사용한다. 곽윤직, 채권각론, 제 6 판, 박영사, 2003, 378면.

우에, 불법행위가 없었던 상태보다 경제적으로 더 나은 상태로 만들어야만 손해가 회복되는 것이라고 볼 여지가 있다. 그러나 이를 위하여 징벌적 손해배상을 인정해야 하는 것은 아니다. 우리 민법에서 손해의 종류를 제한하고 있는 규정이 없고, 물질적 · 경제적 손해뿐만 아니라, 정신적 손해도 손해배상에서 말하는 '손해'의 범주에 포함된다. 손해를 금전으로 계산하기 곤란한 경우에도 피해자의 손해를 금전으로 평가하여 손해배상액을 산정하고 있다.35) 정신적 손해나 충격을 회복하기에 충분한 정도까지 배상하도록 하는 것은 우리 민법의 손해배상법리에 의하여 해결될 수 있다. 다만 피해자가 입은 손해를 모두 배상하여야 하는지, 아니면 피해자가 입은 손해 중에서 일정 정도까지만 배상하여야 하는지, 피해자가 입은 손해를 금전으로 어떻게 산정할 것인지, 소송비용 등을 어느 정도까지 배상받도록 할 것인지는 또 다른 판단이 필요한 문제이다. 법원에서 위자료를 정할 때 가해자의 고의를 고려하는 경우가 있다. 가해자에게 고의가 있는 경우에는 피해자가 더 많은 정신적 고통을 입었다고 볼 수도 있으므로,36) 더 많은 정신적 손해배상을 인정하는 것이 반드시 부당한 것은 아니다. 그런데 징벌적 손해배상제도는 그 근본 취지가 불법행위를 저지른 피해자를 처벌하고 장래의 불법행위를 억제하기 위한 것이지, 피해자로 하여금 손해를 충분히 배상받도록 하기 위한 것이 아니다.37) 일반적인 사건에서는 피해자의 손해를 충분히 배상하지 않으면서 징벌적 손해배상이 인정되는 사건에서만 손해를 넘는 고액의 배상금을 피해자에게 지급하도록 하는 것은 균형을 잃은 태도이다. 따라서 손해를 충분히 회복하기 위한 목적으로 징벌적 손해배상을 도입하여야 한다는 주장은 납득하기 어렵다.

　가해자가 불법행위로 인하여 많은 이득을 얻는 경우에 이를 피해자에게 지급

---

35) 우리 민법 제750조, 제751조는 손해배상을 쉽게 인정할 수 있도록 포괄적으로 규정하고 있고, 법원에서 정신적 손해를 이유로 위자료를 인정하는 범위가 매우 넓다. 나아가 판례는 손해배상책임이 인정된다면 손해액에 관한 증명이 불충분하다 하더라도 법원은 그 이유만으로 손해배상청구를 배척할 것이 아니라 그 손해액에 관하여 적극적으로 석명권을 행사하고 증명을 촉구하여 이를 밝혀야 한다고 하였다. 대판 1961. 12. 7, 4293민상853(집 9, 102); 대판 1997. 12. 26, 97다42892, 42908(공 1998, 505) 등 다수.

36) 법원은 불법행위의 경우에 위자료를 자유재량으로 결정할 수 있는데, 이때 당사자 쌍방의 사회적 지위, 직업, 자산 상태, 가해의 동기, 가해자의 고의 · 과실을 참작하여 공평의 관념에 따라서 그 액수를 정하고 있다. 허만, "언론보도에 대한 실체적 구제수단," 민사판례연구(ⅩⅩⅠ), 1999, 678면 이하.

37) 미국에서 징벌적 손해배상이 정신적 고통으로 인한 손해나 소송비용을 전보하는 기능이 있는 경우도 있으나, 이는 예외적인 경우에 해당한다.

하도록 하여야 한다는 주장이 있다. 그러나 손해배상제도는 가해자의 이득을 박탈하는 제도가 아니다.[38] 누군가 부당하게 이득을 얻은 경우에 이를 반환하는 것은 원칙적으로 민법 제741조 이하에 규정되어 있는 부당이득의 문제로 해결하여야 한다.

(2) 징벌적 손해배상제도를 찬성하는 가장 중요한 논거는 징벌적 손해배상이 불법행위를 억제하는 기능이 있다는 점이다.[39] 불법행위를 억제하려면 전보적 손해배상을 넘는 징벌적 손해배상을 인정할 필요가 있다고 한다. 이에 관한 법경제학자들의 설명은 다음과 같다.[40] 즉, 불법행위에 대한 처벌 또는 규제의 정도가 낮으면 피고가 불법행위를 저지르는 것을 억제할 수 없다. 이와 달리 처벌 또는 규제의 정도가 높으면 피고의 행위가 지나치게 억제된다. 따라서 처벌이나 규제가 너무 높지도 않고 낮지도 않은 최적의 억제(optimal deterrence) 상태를 유지하여야 한다. 피고가 불법행위로 발생하는 모든 비용을 배상하여야만 불법행위를 효과적으로 억제할 수 있으므로, 불법행위를 적발할 가능성이 줄어들수록 징벌적 손해배상액이 늘어나야 한다. 예컨대 불법행위가 발각되어 처벌되는 확률이 10분의 1이라면 불법행위자는 전보적 손해배상의 10배를 배상하여야 한다고 한다. 이를 효율적 억제(efficient deterrence) 이론 또는 최적의 경제적 억제(optimal economic deterrence) 이론이라고 한다.[41]

그러나 징벌적 손해배상이 불법행위자를 처벌 또는 징벌한다는 점에는 이견이 없겠지만, 불법행위를 억제하는 효과가 어느 정도 있는지, 이것이 불법행위를 그야말로 '효율적으로' 억제하는 것인지에 관해서는 논란의 여지가 있다.[42] 위에서 본 모의 배심원을 이용한 실험결과에서는 모의 배심원들이나 법경제학에 관한 지식이 있는 대학생들이 효율적 억제 이론에 따라 징벌적 손해배상을 산정하지 않는다는 결론에 이르고 있다. 즉, 징벌적 손해배상에 관한 법경제학적 연구에서 불법행위의

---

38) 물론 일정한 사안에서 가해자가 불법행위로 이득을 얻은 경우에 피해자에게 손해가 있는 것으로 추정할 수는 있다. 이것은 손해배상의 산정이 곤란한 경우에 손해액의 산정을 쉽게 하려는 것으로 손해배상의 목적이나 범위를 벗어나는 것이 아니다.

39) 윤정환(주 28), 86면.

40) 박세일, 법경제학, 개정판, 박영사, 2000, 313-314면; Robert D. Cooter and Thomas S. Ulen, 이종인 역, 법경제학, 비봉출판사, 2000, 376면; Steven Shavell, Foundations of Economic Analysis of Law, 2004, pp. 244-245.

41) A. Mitchell Polinsky & Steven Shavell, "Punitive Damages: An Economic Analysis," 111 Harv. L. Rev. 869 (1998).

42) Cass R. Sunstein(주 17), p. 109. 부정적인 견해로는 W. Kip Viscusi, "Why There is No Defense of Punitive Damages," 87 Geo. L. J. 381 (1998).

적발가능성은 매우 중요한 요소인데, 모의 배심원이나 대학생들이 적발가능성이 낮을 때 배상을 초과하여 처벌을 해야 한다는 법경제학에서 널리 인정되고 있는 견해에 따라 행동하지 않는다고 한다.[43)

한편 손해배상제도는 가해자가 입힌 손해를 배상하도록 함으로써 불법행위를 억제하는 기능을 수행하고 있다.[44) 손해배상을 청구당하지 않으려면, 불법행위를 저질러서는 안 되기 때문이다. 사실 모든 법은 불법행위를 억제하는 기능을 갖고 있다. 그러나 과도한 제재는 개인의 자유를 침해한다. 불법행위를 억제하기 위하여 어느 정도까지 규제할 것인지가 문제될 뿐이다.

불법행위를 억제하기 위하여 징벌적 손해배상이라는 수단을 사용하여야만 하는지는 의문이다. 불법행위를 억제하기 위한 수단은 다양하다. 예를 들면 형사처벌, 행정처분, 과징금제도 등 공법적인 수단과 손해배상 등 사법적인 수단이 있다. 집단소송제도도 불법행위를 억제하기 위한 장치로 파악할 수 있다. 불법행위를 억제하기 위하여 하나의 수단에 의존하여야 하는 것은 아니고, 위에서 든 여러 수단을 적절하게 이용하여야 한다. 그러나 불법행위를 억제하기 위하여 형벌이나 과징금을 무제한적으로 부과할 수는 없다. 이와 마찬가지로 불법행위에 대하여 손해배상을 과도하게 인정하는 것도 손해배상제도의 목적에 부합하지 않는다.

(3) 불법행위를 저지른 사람을 처벌하기 위해서 징벌적 손해배상을 인정하여야 하는가? 하나의 불법적 행위에 대한 법적 대응은 형사책임과 민사책임으로 구분할 수 있는데, 근대법은 형사책임과 민사책임의 분화에 터잡고 있다.[45) 물론 형사책임과 민사책임을 엄격하게 분리한 결과 처벌을 하지 못하는 공백이 발생하고 있다. 처벌을 하려고 해도 형법을 개정하는 데는 시간이 걸리고, 형사법에서는 죄형법정주의가 적용되기 때문에 엄격한 요건에 따라서만 처벌할 수 있으며, 형사증거

---

43) Cass R. Sunstein, David A. Schkade, and Daniel Kahneman, "Do People Want Optimal Deterrence?," in Sunstein et al., Punitive Damages: How Juries Decide, 2002, pp. 132-141; W. Kip Viscusi, "Deterrence Instructions: What Jurors Won't Do," 위 책, p. 163; Reid Hastie, "Putting It All Together," 위 책, p 237.

44) 위자료의 본질을 종래 손해배상으로 파악하였지만(이를 배상설이라고 한다), 그 밖에 위자료의 제재적 기능을 강조하는 제재설(이명갑, "제재적 위자료의 입론(Ⅰ)," 사법행정 통권 315호, 28면.), 위자료에는 손해의 전보배상과 제재라는 두 기능을 모두 가지고 있다는 절충설(김학수, "위자료청구권에 관한 일고찰," 민법학논총(후암 곽윤직 교수 화갑기념논문집), 1985, 774면; 윤철홍, "인격권 침해에 대한 사법적 고찰," 민사법학 제16호, 1998, 215면)이 있다.

45) 곽윤직(주 34), 377면.

법의 원칙에 따라 처벌할 수 없는 경우도 있다. 공적 기관이 불법행위를 적발하지 못하거나 제대로 작동하지 못하는 문제도 있다. 따라서 형사법이 불법행위에 대한 저지력을 갖지 못하는 경우를 대비하고, 사인들이 가해행위를 억제하는 것을 주도할 수 있도록 징벌적 손해배상을 도입해야 한다는 주장46)은 설득력이 있는 것처럼 보인다.

그러나 어떠한 불법적인 행위를 처벌하기 위하여 민사책임을 이용하는 것은 역사적으로 보면 법의 발전이라기보다는 퇴보이다. 형사처벌은 개인의 자유를 좀 더 강하게 제약하기 때문에, 죄형법정주의를 헌법상의 원칙으로 규정하고 있다. 징벌적 손해배상으로 처벌이라는 목적을 추구하는 것은 법관의 재량에 따라 형벌권을 행사하는 것과 동일한 결과를 가져온다. 또한 처벌로 인한 이득을 국가 등 공공기관이 아니라 개인이 갖는 것은 부당한 이득을 취득하는 것으로 납득하기 어렵다.47)

한편 형법이나 행정법에 의한 규제나 처벌의 공백을 메우기 위해서 징벌적 손해배상제도를 도입해야 한다면, 벌금, 과태료나 과징금을 쉽게 인정하는 방식으로 개정해도 된다. 극단적으로는 고의의 불법행위 등 징벌적 손해배상책임을 부과할 만한 사건에서 판사가 민사제재금을 부과하거나 행정기관으로 하여금 과징금을 부과하도록 하거나 형사처벌을 할 수 있도록 하는 방안도 있다. 이와 같은 방법은 자의적인 제재가 될 우려가 있지만, 적어도 손해가 없는 피해자에게 과도한 배상을 함으로써 발생하는 부정의를 회피할 수는 있다.

(4) 징벌적 손해배상제도의 가장 큰 문제점은 예측가능성이 없다는 점이다. 법의 지배는 예측가능성을 전제로 하는 것이기 때문에, 징벌적 손해배상으로 과도한 배상액을 인정하는 것은 법의 지배 원리에 반할 수 있다. 그리하여 미국에서 징벌적 손해배상에 관하여 위헌 논란이 계속되고 있다. 독일 등 대륙법계 국가에서 미국 법원이 인용한 징벌적 손해배상액을 집행할 수 있는지 문제된 사건에서 법치국가의 원리에서 나오는 비례의 원칙에 합치되지 않는다는 판결들이 있다.48) 우리나라에서도 징벌적 손해배상제도는 비례의 원칙49)이나 과잉금지의 원칙50)에 반한다

---

46) 이점인(주 31), 888-890, 919면.

47) 황찬현, "손해배상책임에 관한 현행법의 규정과 입법론적 검토," 정보법학 제 3호(1999), 331-332면.

48) BGH WM 1992, 1451; 서울지법 동부지판 1995. 2. 10, 93가합19069(법률신문 1995. 3. 27. 자, 10-12면).

49) 황찬현(주 47), 331면.

는 주장이 있다.

우리나라의 손해배상실무에서 손해배상액의 산정기준을 발견하기 어려운 경우가 많다. 그러나 우리나라에서 명예훼손으로 인한 손해배상액은 많아야 1억 원 수준이기 때문에, 그 예측할 수 없는 정도가 낮다. 이에 비하여 징벌적 손해배상에서는 천문학적으로 높은 금액이 인정되는 등 원칙적으로 그 한도가 없기 때문에, 예측할 수 없는 정도가 매우 높다. 또한 징벌적 손해배상액은 처벌적 요소를 갖고 있다는 점에서 일반적인 손해배상과는 다르다. 즉, 징벌적 손해배상액이 달라지는 것은 민사사건에서 손해배상액이 달라지는 정도의 문제가 아니라, 동일한 행위에 대하여 상이한 처벌을 하고, 잘못의 정도와 처벌 사이에 균형이 맞지 않는다는 비판에 직면할 수밖에 없다.

(5) 징벌적 손해배상제도를 특정 영역에서 개별적으로 도입하는 것은 정당화될 수 있는가? 특정 영역에서만 징벌적 손해배상제도를 도입하는 것은 징벌적 손해배상제도에 대한 위와 같은 비판이 적용될 뿐만 아니라, 형평에 맞지 않는다는 논란을 불러일으킬 수 있다. 이를테면 무거운 범죄에 속하는 불법행위(이를테면 학살, 고문, 테러 등)에는 징벌적 손해배상을 인정하지 않고 있는 상태에서 그보다 가벼운 불법행위에 대해서만 징벌적 손해배상을 인정해서는 안 된다. 또한 제조물책임이나 증권집단소송 등 손해를 증명하는 것이 어렵거나 소를 제기할 유인이 없는 영역에 한정하여 징벌적 손해배상제도를 도입하는 방안도 유력하게 주장되고 있으나, 징벌적 손해배상을 인정하는 경우와 그렇지 않은 경우를 구분하는 기준이 논란이 될 것이다.

Ⅳ. 언론보도에 대한 징벌적 손해배상제도의 문제점

1. 필자는 언론에 의한 인격권 침해와 관련하여 징벌적 손해배상제도를 도입하는 것에 반대하는 견해를 밝힌 바 있다.[51]

---

50) 전삼현, "징벌적 손해배상과 제조물책임," 시민과 변호사 2004년 9월호, 37면.
51) 김재형, "인격권에 관한 판례의 동향," 민사법학 제27호(2005. 3), 359면. 좀 더 상세한 것은 김재형, "언론에 의한 인격권 침해에 대한 구제수단," 인권과 정의 제339호(2004. 11), 94면 참조. 또한 2005년에 국가인권위원회에서 준비하고 있던 차별금지법안에서 징벌적 손해배상제도를 도입하는 것에 대해서도 반대한 바 있다. 김재형, "차별금지법안에 관한 검토의견," 국가인권위원회 차별금지법 간담회 발표문(2005. 7. 13), 6면 이하.

"우리나라는 미국과는 달리 손해배상 외에도 금지청구권, 반론보도청구권이나 명예회복에 필요한 조치를 청구할 수 있기 때문에, 징벌적 손해배상을 도입할 경우에 표현의 자유를 지나치게 위축시킬 우려가 있다. 우리나라에서 손해배상액의 산정기준이 모호하다고는 하나 징벌적 손해배상을 도입해서 해결할 일은 아니다. 명예훼손으로 인한 손해배상의 산정기준에 한정해서 말한다면, 법원이 할 수 없는 일을 입법으로 해결할 수 있는 것은 매우 제한적이다. 오히려 명예훼손에 관하여 유형별로 손해배상액을 산정하는 기준을 마련하는 것이 필요하다. 그리고 실질적인 피해자 구제가 필요하다면 피해자가 입은 손해에 맞게 배상을 하는 것으로 충분하다."

2. 언론보도에 대한 징벌적 손해배상제도에 관해서는 위 Ⅲ에서 논의된 내용이 그대로 적용된다. 나아가 징벌적 손해배상제도는 언론의 자유를 위축시킬 수 있다는 점을 주목하여야 한다. 미국의 뉴욕타임즈 판결에서 공무원에 관한 언론보도가 명예훼손에 해당한다는 이유로 손해배상을 청구하려면 피고에게 현실적 악의가 있어야 한다고 하였다. 이 법리는 징벌적 손해배상에 한정된 것이 아니라 손해배상 일반에 관한 것이다. 그러나 이 사건에서 뉴욕타임즈에 고액의 징벌적 손해배상을 부과한 것이 문제되었다. 형식적인 논리가 아니라 실질적 기능이라는 측면에서 위 판결을 살펴보면, 현실적 악의 법리는 과도한 징벌적 손해배상으로부터 언론을 보호하는 기능을 수행하고 있다. 그 후 Gertz v. Robert Welch, Inc. 판결[52]은 피고의 부주의한 행위에 기하여 징벌적 손해배상을 부과한다면 언론의 자유가 부당하게 속박 또는 동결될 것이라고 하였다.

미국과 같이 공인에 대한 명예훼손의 요건을 엄격히 하여 이를테면 현실적 악의가 있는 경우에 한하여 징벌적 손해배상을 인정하는 방안이 바람직한 것인지는 의문이다. 미국에서는 금지청구, 취소광고청구, 반론보도청구 등은 언론의 자유에 반한다는 이유로 부정되고 있다. 그 대신 징벌적 손해배상으로 고액의 손해배상을 인정하고 있다. 이것은 두 가지 특징이 갖고 있다. 첫째, 오보로 인한 피해를 금전배상만으로 해결한다. 둘째, 책임이 인정되는 경우가 적은 대신, 책임이 인정되면 고액의 징벌적 손해배상을 부과할 수 있다. 이와 달리 우리나라에서는 언론에 의한 명예훼손의 경우에 금지청구, 정정보도나 반론보도청구, 손해배상 등 다양한 구제수단이 인정된다. 언론에 의한 프라이버시 침해에 대해서도 금지청구나 손해배

---

52) 418 U.S. 71 (1988).

상청구가 가능하다. 그러나 징벌적 손해배상이 인정되지 않는다. 징벌적 손해배상과 현실적 악의로 대변되는 미국의 명예훼손법과는 달리, 우리나라는 '다양한 구제수단'을 갖고 있다는 특징을 갖고 있다. 이것은 손해배상의 요건에도 영향을 미치고 있다고 볼 수 있다. 또한 정정보도나 반론보도가 이루어진 경우에 손해가 어느 정도 회복되었다고 볼 수 있기 때문에 손해배상책임이 인정되더라도 그 배상액이 미국처럼 많지 않아도 된다고 볼 수 있다.[53]

언론피해 문제를 금전배상, 특히 징벌적 손해배상으로 해결하려는 방안보다는 다양한 구제수단을 인정하는 방안이 좀 더 온건한 해결방안이라고 볼 수 있다. 이와 같이 다양한 구제수단을 통하여 언론피해문제를 적정하게 해결하는 것도 훌륭한 모델이라고 생각한다. 이 상황에서 징벌적 손해배상을 도입한다면 균형추가 한쪽으로 기울어질 우려가 있을 뿐만 아니라, 개인이나 언론 모두 예측할 수 없는 불확실한 상황으로 빠져들어 가게 된다.

V. 결   론

영국과 미국 이외에도 캐나다, 호주, 뉴질랜드 등 보통법계 국가에서 징벌적 손해배상을 인정하고 있다.[54] 그러나 독일, 프랑스, 일본 등 대륙법계 국가에서 징벌적 손해배상을 인정하고 있는 나라를 찾기 어렵다. 오히려 독일 등 대륙법계 국가에서 징벌적 손해배상을 인정한 미국 판결의 승인 및 집행이 문제되는 경우에 징벌적 손해배상은 공서양속에 반한다는 판결이 나오고 있다. 따라서 징벌적 손해배상은 보통법계와 대륙법계의 중요한 차이 중의 하나라고 할 수 있다. 전세계적으로 보면 징벌적 손해배상을 인정하는 나라는 많지 않고, 징벌적 손해배상제도가 세계적으로 보편적인 제도로 정착될 가능성은 매우 희박하다고 볼 수 있다.

우리나라에서 미국의 징벌적 손해배상제도를 도입하자는 주장이 있지만, 미국의 징벌적 손해배상제도에 관한 논의를 살펴보면 워낙 혼란스러워서 과연 다른 나라에서 본받아야 할 만큼 정돈된 제도라고 볼 수 있는지 의문이다. 종래 독일의

---

53) 김재형, "언론에 의한 인격권 침해에 대한 구제수단"(주 51), 94면.
54) John G. Fleming, The Law of Torts, 8th ed., 1992, p. 241.

법이론을 과도하게 수입함으로써 독일법 특유의 문제점까지 수입한 것에 대하여 우려가 적지 않았는데, 이제는 미국법의 계수와 함께 미국법 특유의 문제점까지 수입하는 우를 범하지 않을까 걱정해야 할 형편이다.

한편 징벌적 손해배상제도에 관한 논의는 법원에 대한 불신과 법원에 대한 기대가 이중적으로 작용하고 있다. 먼저 징벌적 손해배상을 도입하자는 주장이 상당한 공감을 얻은 이유는 법원의 손해배상실무에 대한 불신 때문이다. 손해배상액이 피해자의 고통을 외면하는 소액에 그치고 손해배상의 산정에 관하여 예측가능성이 없다면, 손해배상제도와 이를 운용하는 주체는 개혁의 대상이 될 수밖에 없다. 그럼에도 불구하고 법관에게 징벌적 손해배상을 산정할 재량을 부여하려고 하는 것은 극단적인 면이 없지 않지만 법원에 대한 믿음이 있고 기대가 크기 때문이다.

우리나라의 손해배상 규정은 그 어느 나라보다도 유연하다는 장점을 갖고 있다. 이 장점은 제대로 활용되지 않으면 가장 치명적인 단점이 될 수 있다. 법원으로서는 손해배상실무의 예측가능성을 높이기 위하여 손해배상, 특히 위자료를 산정하는 세부적 요소를 밝히고, 이를 토대로 손해배상을 산정하는 기준표를 마련하여야 한다. 이를 위해서는 손해배상에 관한 실증적 조사연구도 필요하다.

법에서 대안을 찾는 것은 어렵지 않다. 무수히 많은 대안이 있을 수 있다. 그러나 그 대안에는 비용이 따른다.55) 발견의 즐거움만으로는 법개혁의 처방전을 만들 수 없다. 그 비용을 상쇄할 만큼 효용이 큰 것인지, 그 대안이 합리성과 정당성을 인정받을 수 있는 것인지는 좀 더 넓은 시각에서 검증되어야 한다.

[언론과 법의 지배(정종섭 편), 박영사, 2007, 163-179면]

---

55) Guido Calabresi(주 3), pp. 346-351에서 미국의 징벌적 손해배상제도에 대한 대안을 검토하고 있는데, 법은 항상 대안을 찾을 수 있지만, 비용이 들어간다고 한다. 우리나라에서는 현행 손해배상제도에 대한 대안으로 징벌적 손해배상제도를 도입하자고 주장하고 있기 때문에 미국과는 정반대의 상황에 있다. 그러나 Calabresi의 주장은 우리에게도 시사하는 바가 있다.

판례색인

사항색인

김재형

저자 약력

서울대학교 법과대학 졸업
법학박사(서울대학교)
서울지방법원 등 판사
독일 뮌헨대학교와 미국 콜럼비아 로스쿨에서 법학연구
서울대학교 법과대학·법학전문대학원 교수
대법관
현 : 서울대학교 법학전문대학원 교수

주요 저서

민법론Ⅰ, Ⅱ, Ⅲ, Ⅳ, Ⅴ(박영사)
근저당권연구(박영사)
민법판례분석(중판, 박영사)
계약법(제3판, 박영사)(공저)
민법총칙〔민법강의 Ⅰ〕(제9판, 박영사)(공저)
물권법〔민법강의 Ⅱ〕(제8판 보정, 박영사)(공저)
채권총론〔민법강의 Ⅲ〕(제7판, 박영사)(공저)
민법주해 제16권(박영사)(분담집필)
주석 민법-물권(4)(한국사법행정학회)(분담집필)
주석 민법-채권각칙(6)(한국사법행정학회)(분담집필)
기업회생을 위한 제도개선방향(대한상공회의소)
민법개정안 연구(박영사)(공저)
2000년대 민법 판례의 경향과 흐름(박영사)(공저)
채무불이행과 부당이득의 최근 동향(박영사)(공편)
금융거래법강의Ⅱ(법문사)(공편)
도산법강의(법문사)(공편)
통합도산법(법문사)(공편)
한국법과 세계화(법문사)(공편)
판례민법전(편)(2023년판, 박영사)
유럽계약법원칙 제1·2부(번역)(박영사)

제 2 판
언론과 인격권

초판 발행   2012년 9월 20일
제2판 발행   2023년 11월 30일

지은이   김재형
펴낸이   안종만·안상준

편 집   이승현
기획/마케팅   조성호
표지디자인   권아린
제 작   고철민·조영환

펴낸곳   (주) **박영사**
           서울특별시 금천구 가산디지털2로 53, 210호(가산동, 한라시⊐
           등록 1959. 3. 11. 제300-1959-1호(倫)
전 화   02)733-6771
f a x   02)736-4818
e-mail   pys@pybook.co.kr
homepage   www.pybook.co.kr
ISBN   979-11-303-4526-0   93360

정 가   35,000원